Kulturtopographie
des alemannischen Raums

Band 1

Herausgegeben von
Jeffrey F. Hamburger, Nigel F. Palmer und Hans-Jochen Schiewer

DE
G

Kulturtopographie des deutschsprachigen Südwestens im späteren Mittelalter

Studien und Texte

Herausgegeben von
Barbara Fleith und René Wetzel

DE GRUYTER · BERLIN · NEW YORK

Bildnachweis der Abbildung auf dem Einband:

›Tabula nova Heremi Helvetiorum‹, Holzschnitt nach der Karte von Konrad Türst von 1495/97 im Anhang von Claudius Ptolomaeus, Geographia, Strassburg: Johann Schott, 1513. Nach dem Faksimile bei Ed. Imhof, Die ältesten Schweizerkarten, Orell-Füssli, Zürich/Leipzig 1939.

∞ Gedruckt auf säurefreiem Papier, das die US-ANSI-Norm über Haltbarkeit erfüllt.

ISSN 1867-8203
ISBN 978-3-484-89500-3

Bibliografische Information der Deutschen Nationalbibliothek

Die Deutsche Nationalbibliothek verzeichnet diese Publikation in der Deutschen Nationalbibliografie; detaillierte bibliografische Daten sind im Internet über http://dnb.d-nb.de abrufbar.

© Copyright 2009 by Walter de Gruyter GmbH & Co. KG, 10785 Berlin

Dieses Werk einschließlich aller seiner Teile ist urheberrechtlich geschützt. Jede Verwertung außerhalb der engen Grenzen des Urheberrechtsgesetzes ist ohne Zustimmung des Verlages unzulässig und strafbar. Das gilt insbesondere für Vervielfältigungen, Übersetzungen, Mikroverfilmungen und die Einspeicherung in elektronischen Systemen.

Printed in Germany
Satz: Jochen Conzelmann, Freiburg
Druck und buchbinderische Verarbeitung: Hubert & Co. GmbH & Co. KG, Göttingen

Inhalt

Vorwort IX

BARBARA FLEITH / RENÉ WETZEL
   Einleitung: Kulturtopographie des deutschsprachigen
   Südwestens im späteren Mittelalter XI

MARTINA BACKES
   Literarische Kommunikationswege am Oberrhein 1

NIKOLAI A. BONDARKO
   Nu fraget sant Bernhart waz got si.
   Zur paraphrasierenden Textübertragung und Dialogizität in den
   ›St. Georgener Predigten‹ und im ›Baumgarten geistlicher Herzen‹ . . 13

RÉJANE GAY-CANTON
   Zwischen Zensur und Selbstzensur.
   Verbesserungsappelle in der ›Vita beate Marie et Salvatoris Rhythmica‹
   und ihren mittelhochdeutschen Bearbeitungen 41

CATHERINE DRITTENBASS
   Die ›Melusine‹ des Thüring von Ringoltingen: Bezaubernde Worte –
   gefährliches Schweigen.
   Zur Ambivalenz des Dialogs zwischen
   Reymond und Melusine in der Quellenszene 61

GREGOR WÜNSCHE
   Hadewijch am Oberrhein.
   Niederländische Mystik in den Händen der sogenannten
   ›Gottesfreunde‹ 83

PETER RÜCKERT
   Legitimation – Tradition – Repräsentation.
   Pragmatische Schriftkultur bei den Zisterziensern im
   deutschsprachigen Südwesten 99

NIGEL F. PALMER/PETER RÜCKERT
   Das ›Lignum vitae‹ aus Bebenhausen 121

FELIX HEINZER
   Klösterliche Netzwerke und kulturelle Identität –
   Die Hirsauer Reform des 11./12. Jahrhunderts als Vorläufer
   spätmittelalterlicher Ordensstrukturen 127

ANNE WINSTON-ALLEN
   ›Nonnenmalerei‹: Iconography in Convent Women's Art of the
   Upper Rhine Region 141

BALÁZS J. NEMES
   Dis buch ist iohannes schedelin.
   Die Handschriften eines Colmarer Bürgers aus der Mitte des
   15. Jahrhunderts und ihre Verflechtungen mit dem Literaturangebot der
   Dominikanerobservanz 157

ANDREAS BIHRER
   Repräsentationen adelig-höfischen Wissens – ein Tummelplatz für
   Aufsteiger, Außenseiter und Verlierer.
   Bemerkungen zum geringen gesellschaftlichen Stellenwert höfischer
   Literatur im späten Mittelalter 215

JOHANNA THALI
   Regionalität als Paradigma literarhistorischer Forschung zur
   Vormoderne. Das Beispiel des Benediktinerinnenklosters St. Andreas
   in Engelberg 229

NIGEL F. PALMER
   Die Münchner Perikopenhandschrift Cgm 157 und die
   Handschriftenproduktion des Straßburger Reuerinnenklosters im späten
   15. Jahrhundert 263

RENÉ WETZEL
   Spricht maister Eberhart.
   Die Unfestigkeit von Autor, Text und Textbausteinen im
   Cod. Bodmer 59 und in der Überlieferung weiterer mystischer
   Sammelhandschriften des 15. Jahrhunderts.
   Mit einem Exkurs zur Buch- und Bibliotheksgeschichte der
   Kartause Buxheim 301

RICHARD F. FASCHING
   Ein Text Heinrich Seuses? Untersuchungen zum Prolog des
   ›Solothurner Legendars‹ 327

ANNETTE VOLFING
  Körper, Natur und Eucharistie bei Tauler: Zur Allegorese
  der Verdauung   373

WOLFRAM SCHNEIDER-LASTIN
  Leben und Offenbarungen der Elsbeth von Oye.
  Textkritische Edition der Vita aus dem ›Ötenbacher
  Schwesternbuch‹   395

Karte: Im Sammelband erwähnte Orte im deutschsprachigen Südwesten   468

Register historischer Personen, Werke und Orte   471

Handschriftenregister   485

Vorwort

Zu Beginn dieses Jahrtausends hat sich, angeregt von Nigel F. Palmer (Oxford) und Hans-Jochen Schiewer (Freiburg i. Br.), eine rasch anwachsende internationale Forschergruppe mit der Absicht formiert, über die Möglichkeiten und Chancen eines kulturtopographischen Ansatzes für die Literaturgeschichtsschreibung des deutschsprachigen Mittelalters nachzudenken und einen solchen Ansatz an Fallbeispielen zu erproben, die das literarische Profil des südwestdeutschen Sprachraums im späteren Mittelalter erhellen sollten. Die Gruppe traf sich zunächst 2002 und 2003 zu Arbeitsgesprächen in Oxford, um sich dann 2005 zu einer größeren Tagung zusammenzufinden, die vom 31. März bis 1. April in den Räumlichkeiten der Bibliotheca Bodmeriana der Martin Bodmer Stiftung in Cologny bei Genf organisiert wurde.

Die Forschergruppe setzt sich zusammen aus über dreißig transdisziplinär ausgerichteten Mediävisten (Germanisten, Mittellateiner, Historiker, Kunsthistoriker, Handschriftenforscher) aus Deutschland, Großbritannien, den USA und der Schweiz. Neben etablierten Forscherpersönlichkeiten sind in dieses Projekt auch Graduierte eingebunden. Die Forschergruppe ist nicht institutionell gebunden und finanziert ihre Projekte jeweils fallweise. Die Arbeitsgespräche in Oxford wurden durch die British Academy unterstützt, die Genfer Tagung ermöglicht durch Zuschüsse des Schweizerischen Nationalfonds (SNF), der Schweizerischen Akademie der Geistes- und Sozialwissenschaften (SAGW) sowie der Universität Genf (Rektorat, Faculté des lettres und Département de langue et littérature allemandes). Die Martin Bodmer Stiftung stellte großzügigerweise die »salle historique« der Bibliotheca Bodmeriana zur Verfügung und organisierte eine Sonderausstellung ihrer deutschsprachigen Handschriften. Dem Direktor der Bodmeriana, Prof. Dr. Charles Méla und ganz besonders seiner Vizedirektorin, Frau Elisabeth Macheret-van Daele, sei an dieser Stelle ganz herzlich gedankt.

Der vorliegende Band verbindet Beiträge, die aus der Genfer Tagung hervorgegangen sind mit solchen, die aus dem direkten Umkreis der Forschergruppe stammen oder von dieser angeregt wurden.

Die Redaktion und Herausgeberschaft wurde von den Genfer Organisatoren der Tagung verantwortet. Der Satz wurde in Freiburg i. Br. von Jochen Conzelmann, dem unser spezieller Dank für seine Mühe und Sorgfalt gilt, und für Wolfram Schneider-Lastins Edition von Leben und Offenbarungen der Elsbeth von

Oye vom Beiträger selbst besorgt.[1] Für die Mitarbeit bei der Registererstellung sei Robert Schulz M. A. (Genf) herzlich gedankt.

Der Band bildet den Auftakt zur Publikationsreihe ›Kulturtopographie des alemannischen Raumes. Texte und Untersuchungen‹, die von den Initiatoren der Forschergruppe, Nigel F. Palmer und Hans-Jochen Schiewer, ins Leben gerufen wurde. Er ist insofern auch als programmatisch für die Anliegen und Ziele der Forschergruppe und ihrer Publikationsreihe anzusehen, als er Bausteine liefert für die von der Gruppe anvisierte »Literaturgeschichte in Einzelbeiträgen unter Einbeziehung wichtiger Einzeldisziplinen.«[2]

Genf, im November 2007   Die Herausgeber

---

[1] Jochen Conzelmann und Wolfram Schneider-Lastin arbeiten mit dem Tübinger System für Textverarbeitungsprogramme (TUSTEP).

[2] Nigel F. Palmer und Hans-Jochen Schiewer, Literarische Topographie des deutschsprachigen Südwestens im 14. Jahrhundert, in: Regionale Literaturgeschichtsschreibung. Aufgaben, Analysen und Perspektiven, hg. v. Helmut Tervooren/Jens Haustein, Berlin 2003 (ZfdPh 122, Sonderheft), S.178–202, hier S. 178.

Barbara Fleith / René Wetzel (Université de Genève)

Einleitung: Kulturtopographie des deutschsprachigen Südwestens im späteren Mittelalter

Im Jahre 2003 haben NIGEL F. PALMER und HANS-JOCHEN SCHIEWER unter dem Titel ›Literarische Topographie des deutschsprachigen Südwestens im 14. Jahrhundert‹ programmatisch das Konzept der gleichnamigen Forschergruppe zur Beschreibung des literarischen Profils einer Sprachlandschaft vorgestellt.[1] Es ging ihnen im wesentlichen darum, eine innovative Literaturgeschichtsschreibung zu initiieren bzw. zu etablieren, welche in Anwendung eines um rezeptionsgeschichtliche und intermediale Aspekte erweiterten überlieferungsgeschichtlichen Ansatzes zum literarischen Relief einer Landschaft vorzustoßen in der Lage wäre. Ausgegangen werden sollte somit primär von den überlieferten Handschriften und ihrem Leben in unterschiedlichen historischen und institutionellen Kontexten sowie von sozialen Formationen und ihren Netzwerken als Verteilersysteme. Der alemannische Raum im 14. Jahrhundert als unbestrittene kulturelle und literarische Drehscheibe der Zeit wurde als zur Erprobung des Konzeptes besonders geeignet ausgewählt. Angestrebt war somit eine Literaturgeschichte des deutschsprachigen Südwestens im 14. Jahrhundert, die in miteinander vernetzbaren Fallbeispielen die literarische Topographie dieser Gegend, die »Gleichzeitigkeit von Produktion und Rezeption, von Export und Import literarischer Texte«,[2] nachzeichnen und damit neue Maßstäbe für die Literaturgeschichtsschreibung setzen sollte. Die eingehende Auseinandersetzung mit diesem und vergleichbaren oder konkurrierenden Konzepten und Ansätzen in den Beiträgen von JOHANNA THALI und ANDREAS BIHRER entlastet uns von einer weiteren methodischen Erörterung des Konzeptes und seinen Implikationen an dieser Stelle.

Die Beiträge des Bandes sind als der von PALMER/SCHIEWER angekündigte Aufsatzband und als erste Sammelpublikation der Forschergruppe zu verstehen, »die das Zusammenwirken sozial unterschiedlicher Literaturkreise im alemannischen Raum beschreiben« sollte.[3] Die Kategorie des alemannischen Raumes wurde allerdings insofern aufgeweicht, als nunmehr (und in Übereinstimmung mit dem Titel des Programmaufsatzes von PALMER/SCHIEWER) fast ausschließlich

---

[1] NIGEL F. PALMER und HANS-JOCHEN SCHIEWER, Literarische Topographie des deutschsprachigen Südwestens im 14. Jahrhundert, in: Regionale Literaturgeschichtsschreibung. Aufgaben, Analysen und Perspektiven, hg. v. HELMUT TERVOOREN/JENS HAUSTEIN, Berlin 2003 (ZfdPh 122, Sonderheft), S.178–202.
[2] Ebd., S. 181.
[3] Ebd., S. 184.

vom »deutschsprachigen Südwesten« die Rede ist und die ohnehin unfesten Ränder gegen benachbarte Dialekträume für inter- und überregionale Entwicklungen offengehalten werden. Auch der Zeitrahmen des 14. Jahrhunderts, welcher für die Erprobung des Konzeptes im Zentrum stehen sollte, wurde fallweise flexibel nach oben und nach unten geöffnet. Der Blick zurück erlaubt, wie der Beitrag von FELIX HEINZER zur Hirsauer Reformbewegung zeigt, Strukturen und Bewegungen zu erfassen, die in den vorangehenden Jahrhunderten modellhaft vorgezeichnet sind – im konkreten Fall Ordensstrukturen im Spannungsfeld zwischen ihrer Einbindung in ein internationales Netzwerk und der Ausbildung einer kulturellen Identität, die durch regionale und überregionale Eigenheiten geprägt werden oder solche verbreiten. Noch öfter werden in den vorliegenden Beiträgen die Grenzen allerdings nach vorne, über das 14. Jahrhundert hinaus, verschoben, denn die Überlieferungsgeschichte macht vor dem Jahr 1400 keineswegs halt, sondern läßt weit über diesen Zeitpunkt hinaus vielfältige Transformationen und Verflechtungen sichtbar werden sowie das literarische Profil der Landschaft in ihrer Dynamik erfassen. Schließlich ist auch der Begriff der ›literarischen Topographie‹ in Übereinstimmung mit dem Reihentitel zugunsten einer weitergefaßten ›Kulturtopographie‹ modifiziert worden, ohne daß sich damit allzu viel ändern würde, war doch schon der frühere Begriff von einem erweiterten Literaturbegriff ausgegangen, hatte er Nachbardisziplinen einbezogen und die »Beachtung aller textuellen und nichttextuellen Reflexe auf den Text- und Literaturbetrieb«[4] gefordert. Der bereits schon durch Rezeptionsgeschichte und Intermedialität beträchtlich erweiterte überlieferungsgeschichtliche Ansatz einer ›Literaturtopographie‹ wird nun noch durch kulturgeschichtliche und kulturwissenschaftliche Aspekte und Ansätze bereichert. Der literarische Raum erweitert sich zum Kulturraum.

Daß der Frage nach Transfer-Phänomenen und literarischen Überlieferungs- und Kommunikationswegen, d.h. nach den vielschichtigen Aspekten des Literaturimports aus anderen Regionen und damit anderen Sprachräumen in die zu untersuchende Region sowie des Exports aus dieser Region in andere Gebiete bei der Erforschung der Kulturtopographie einer Region eine wesentliche Rolle zukommt, unterstreicht MARTINA BACKES in dem ersten Beitrag des Bandes. Anhand von Beobachtungen zum ›Rappoltsteiner Parzival‹ und zu den ältesten Fragmenten romanischer Liedstrophen in einer deutschen Handschrift will sie zur Diskussion über Aufgaben und Probleme, die sich aus den Daten zum Transfer dieser Werke ergeben, anregen. Näher zu untersuchen wären zum Beispiel die Orte und Anlässe des Literaturaustauschs, bei adligen Festen etwa oder aufgrund von verwandtschaftlichen dynastischen Beziehungen, wofür Chroniken und Urkunden systematisch gesichtet werden müßten. Die von den Bewohnern der Region besuchten Orte für die Schulausbildung müßten eruiert werden, ebenso die Rolle der Kleriker in diesem Zusammenhang, für die eine besondere Funktion in der deutsch-französischen Literaturvermittlung ange-

---

[4] Ebd., S. 181.

nommen werden muß. Als konkreter Überlieferungsweg in den deutschsprachigen Südwesten und aus ihm heraus gewinnt dabei die Nord-Südverbindung am Rhein entlang an Profil. Familiäre Beziehungen und persönliche Bindungen bilden in vielen Fällen den Hintergrund für den Literaturaustausch mit der fränkisch-bairischen Region.

Die drei folgenden Beiträge führen exemplarisch einige der von MARTINA BACKES angesprochenen Transferverhältnisse weiter aus und zeugen auf je eigene Weise von der von PALMER/SCHIEWER angesprochenen »sprachlichen Vereinnahmung der kopierten Texte«.[5]

Der Ermittlung von redaktionellen Strategien bei der Paraphrasierung als eines der Mittel, um der Funktionsdivergenz zwischen Ausgangs- und Zieltext bei der volkssprachlichen Übertragung lateinischer Texte gerecht zu werden, geht NIKOLAI A. BONDARKO am Beispiel paraphrasierender Textübertragung von einem Auszug aus Bernhards lateinischem Traktat ›De consideratione ad Eugenium papam‹ nach. Diese deutschsprachigen Redaktionen liegen in zwei der ältesten oberdeutschen kompilativen Textsammlungen des 13. Jahrhunderts vor, im ›Baumgarten geistlicher Herzen‹ (franziskanisch) und in den ›St. Georgener Predigten‹ (zisterziensisch). Während der lateinische Ausgangstext ursprünglich auf die Privatlektüre in der Zelle zielte und daher auch akademische Züge trägt, sollten die deutschen Texte einer neuen kommunikativen Situation gerecht werden: Sie dienen auch gemeinsamer Tischlektüre in der Klostergemeinschaft oder individueller Meditation. Folge des Transferprozesses ist die Überführung in eine neue Textgestalt mit dialogischen Strukturen, welche den Gattungsanforderungen der (Lese-)Predigt gerecht wird und Vereinfachung und Sinnreduktion nach sich zieht, wobei die einzelnen Redaktionen Unterschiede aufweisen können: Es kommt zu je spezifischen Teilreduktionen. Die Untersuchung gewährt exemplarisch Einblicke in Strategien bei der Übertragung von lateinischen Lehrtexten in die Volkssprache im monastischen Kontext des deutschsprachigen Südwestens; die Strategien sind abhängig von den jeweiligen Gebrauchsfunktionen, wobei sich eine Tendenz zur ordensübergreifenden Rezeption abzeichnet.

War die Untersuchung BONDARKOS eher kompositorischen Aspekten bei der Übertragung in eine andere Sprache gewidmet, fragt die Studie von RÉJANE GAY-CANTON nach dem Umgang des Übersetzers mit an das Publikum gerichteten Anweisungen im lateinischen Quellentext: Konkret geht es um die Herausarbeitung der Einstellung deutschsprachiger Autoren den in ihrer direkten lateinischen Vorlage verarbeiteten apokryphen Quellen gegenüber. Mindestens vier der besprochenen Autoren von deutschsprachigen Marienleben wirkten im deutschsprachigen Südwesten: Sibilla von Bondorf, Walther von Rheinau, Wernher der Schweizer und Heinrich von Sankt Gallen. Im Zentrum steht die Frage, wie diese Autoren den Begriff ›apokryph‹ verstanden, inwiefern die In-

---

[5] Ebd., S. 180.

tention der Texte die Übernahme apokryphen Gedankenguts rechtfertigt, ob die Angst vor möglicher Zensur an der Wurzel von im Text formulierten Autodaféaufrufen steht und wie ernst solche Verbesserungsaufforderungen an den Leser überhaupt zu nehmen sind.

Als Beispiel für den Kulturimport aus dem französischen Sprachraum und seine Verarbeitung im deutschsprachigen Südwesten untersucht CATHERINE DRITTENBASS die 1456 vom Berner Bürger Thüring von Ringoltingen abgeschlossene deutsche Bearbeitung des französischen, für die Grafen von Partenay angefertigten ›Melusine‹-Romans Coudrettes. Thürings ›Aufsteigerroman‹ fand noch in handschriftlicher Form im städtischen Bürgertum und im Adel der uns interessierenden Region weite Verbreitung bis nach Franken und Tirol. Die Bearbeitung ist Rudolf, Graf von Neuenburg, gewidmet und soll nach Auffassung von DRITTENBASS noch einmal die Pracht französischer Hofkultur in einem deutschen Text aufleben lassen zu einer Zeit, in der Bern politisch in engem Kontakt mit dem französischsprachigen Raum stand. Durch die Untersuchung der Erzähltechnik in der Quellenszene zeigt die Autorin, inwiefern es dem Berner Bearbeiter gelungen ist, wesentliche Themen des Romans, z. B. die Ambivalenz, schon bei der ersten Begegnung zwischen Melusine und Reymond auf verschiedenen Ebenen herauszuarbeiten, um damit den Erwartungen und der Rezeptionssituation in seinem Umfeld gerecht zu werden.

Die Bedeutung der Verbindung zwischen den *oberlanden* und den *niderlanden* für die zu untersuchende Südwest-Region betont der Beitrag von GREGOR WÜNSCHE am Beispiel der Hadewijch-Überlieferung im deutschsprachigen Südwesten, wo diese bisher nur in Inserten in drei Sammel-Handschriften nachgewiesen werden konnte und damit als eher marginal anzusehen ist: Zwei der Handschriften stammen aus Straßburg und gehören überlieferungsgeschichtlich eng zusammen; die dritte stammt aus Basel. Am Beispiel dieser drei Handschriften kann WÜNSCHE aufgrund von deutlichen Überresten Infrastrukturen rekonstruieren, in denen ideale Bedingungen für die Beschaffung, Übersetzung und Verteilung von Hadewijch-Material und anderen Texten aus dem niederländischen Raum geherrscht haben. Diese Infrastrukturen möchte er mit dem von der Forschung lange Zeit als ›gottesfreundliches Milieu‹ bezeichneten Netzwerk in Verbindung bringen, mit dessen Hilfe literarisch Interessierte, eine ›Reading Community‹, in der Lage war, ihren Aktionsradius weit über die Grenzen des oberdeutschen Sprachraums hin auszudehnen. Die interessante Frage, in welchem Umfang das Werk der Hadewijch Objekt solcher Austauschprozesse war, muß ohne Kenntnis entsprechender Textzeugen offenbleiben. Für den Vorlagentransfer werden Beziehungen dieser Kreise – vorstellbar sind Persönlichkeiten wie Rulman Merswin oder Tauler – zu Jan van Ruusbroec vermutet. Die Basler (heute Einsiedler) Mechthild-Handschrift mit ihrer Hadewijch-Kompilation läßt sich vielleicht auf Heinrich von Nördlingen zurückführen, die Handschrift mit Eckhart-Predigten und Hadewijch-Texten, die im Hagenauer Reuerinnenkloster lag, vielleicht auf die Johanniter.

Einleitung

Die zuletzt aufgeführten Vermutungen führen zu einem der wichtigsten Parameter einer regionalen Literaturgeschichtsforschung, dem Fragenkomplex nach den Trägern der Literatur: Welche Personen, Familien, Höfe, Orden, d.h. welche Institutionen bzw. sozialen Formationen mit ihren mehr oder weniger ausgeprägten Netzwerken tragen den Literaturbetrieb im deutschsprachigen Südwesten?

Im Hinblick auf Ordensgemeinschaften als Literaturträger setzt sich PETER RÜCKERT zum Ziel, am Beispiel der Untersuchung des verlorenen, aber in einer späteren wortgetreuen Abschrift erhaltenen ›Bebenhäuser Gesamturbars‹ von 1356 (Landesarchiv Baden-Württemberg, Hauptstaatsarchiv Stuttgart H 102/8 Bd. 3), Aussagen über die pragmatische Schriftkultur der Zisterzienser im deutschsprachigen Südwesten zu gewinnen. Erkennbar wird dabei ein eigenes ›zisterziensisches‹ Profil der Schriftlichkeit, das im Falle dieses und weiterer Urbare der Region in erster Linie der klösterlichen Wirtschaftsverwaltung dient, aber auch repräsentative, traditionsstiftende und legitimationsträchtige Funktionen erfüllt, wodurch pragmatische Schriftkultur in die Nähe literarischer und liturgischer Texte gerät. Die Gestaltung solcher Prachturbare übernahm nicht nur deskriptive Funktion für die klösterliche Wirtschaftsverwaltung, sondern zeugt von der repräsentativen Funktion des Urbars, das dem Kloster als »besitzgeschichtliches Monument«[6] gedient hat und zur Traditionsbildung und Legitimation für das Kloster beitragen konnte. Damit geraten diese Prachturbare des 14. Jahrhunderts in die Nähe der Historiographie, die in der chronikalischen Überlieferung der Zisterzen, etwa im Gesamturbar von Tennenbach deutlich wird; in Ebrach erscheint dieser Zug in zeitgenössischen Kopiaren, in Salem in der Klosterchronistik.

Zusammenfassend konstatiert PETER RÜCKERT eine »Tendenz zur Regionalisierung der Verschriftlichungspraxis«:[7] Obwohl die zentral organisierte zisterziensische Ordensverwaltung verschriftlichte Wirtschaftsverwaltung der einzelnen Zisterzen forderte, ging sie nicht soweit, einheitliche Normen für die Abfassung von Güter- und Besitzverzeichnissen vorzugeben. Es sind die engeren Kontakte über die Filiation oder die räumliche Nähe, die zu gegenseitigem Austausch und Nachahmung von Verschriftlichungspraktiken führen – nicht nur im eigenen Orden (wobei Neuschöpfungen Raum gelassen wird), sondern auch in anderen Klöstern und weltlichen Herrschaften.

Im Falle der Ordensgemeinschaften als Literaturträger läßt sich der Aufschwung der klösterlichen Literatur oft an Reformbemühungen koppeln. Als Folie für diese Phänomene im Zisterzienser- und in den Mendikantenorden des Spätmittelalters im deutschsprachigen Südwesten versteht FELIX HEINZER die Hirsauer Klosterreform des 11. und 12. Jahrhunderts, die Kommunikationsnetze stiftete, um vorbildhafte Klosterlebenspraxis im Sinne der *regularis vita* ein-

---

[6] S. u., S. 105.
[7] S. u., S. 113.

heitlich zu vermitteln. Um exemplarische Einsichten in Kommunikations- und Kodifizierungsstrategien in einem solchen klösterlichen Netzwerk zu erhalten, wählt HEINZER die Untersuchung des normativen liturgischen ›Liber ordinarius‹ des hirsauisch geprägten Klosters Rheinau, da Liturgie als das Zentrum geistlicher Reformtätigkeit betrachtet werden kann. An solchen normierenden Sammlungen liturgischen Repertoires läßt sich besonders gut die Vereinheitlichung des Klosterlebens als Zielvorstellung ablesen, deren Realisierung für nicht zentralistisch geführte Klosterverbände (»offenes Gefüge«)[8] wie diejenigen in Cluny und Hirsau eine echte Herausforderung darstellten. Daher ist es nicht erstaunlich, daß nach der Einführung von Normierungen in der Liturgie des Hirsauer Kreises Texte und Musik in der Substanz übereinstimmen, aber dennoch eine gewisse Offenheit und Integrationsfähigkeit gegenüber lokalen und regionalen Traditionen gewahrt bleiben. Ähnliches gilt für das ›literarische Profil‹ und die Buchkultur im Hirsauer Kreis, denn diese sind geprägt von der Tendenz zur Verschmelzung von adligen und klösterlichen Idealen.

War im letzten Beitrag die Rolle der Reformbewegung bei der Literaturproduktion im Hochmittelalter als Folie für spätere Entwicklungen abgesteckt worden, so sammelt ANNE WINSTON-ALLEN in ihrem Beitrag Zeugnisse dafür, daß sich in observanten Frauenklöstern unter Einfluß der Reform im späten 15. Jahrhundert und der Hinführung zu eigenem Lesen, Abschreiben und Ausmalen ein eigener Darstellungsstil entwickelt habe, bei dem das Ich der einzelnen Nonne selbstbewußter als in der Vergangenheit in den Vordergrund rückt. Dies wird etwa in der ikonographischen Gestaltung geistlicher Interaktion zwischen Christus und der Seele, der Leserin oder der Anbeterin, z. B. in den Illustrationen der Sibilla von Bondorf, deutlich. Ein anderes Beispiel bietet die im Vergleich mit der lateinischen Vorlage stärker auf Partizipation der Leserin ausgerichtete Akzentuierung in der von Schwester Regula kopierten deutschen ›Leben-Jesu‹-Übersetzung. Auch die vergleichsweise hohe Anzahl von Porträtzeichnungen von Schreiberinnen und Illustratorinnen in einer Reihe von Handschriften kommt als Beleg für die hier entwickelte Überlegung in Frage, sowie die im eigenen Stil von Nonnen handgemalten Andachtsbilder, die als Geschenke an andere Klöster – auch fremder Orden – oder an Laien vergeben wurden.

Die Bedeutung der Observanzbewegung für den Aufschwung in der Überlieferung geistlichen Schrifttums deutscher Sprache wird im Beitrag von BALÁZS J. NEMES mit dem Hinweis auf die Rolle privater Sammlungen, die erst sekundär in Klosterbesitz übergegangen sind und als Zeichen existenten lokalen Literaturaustausches aufgefasst werden können, differenziert: Rezipiert wurden der Reformbewegung entsprungene geistliche Texte sowohl im Kloster als auch in Laienkreisen. Inwiefern städtische Laienkreise in der Rezeption von Erbauungsliteratur und im regionalen Literaturtransfer eine eminente Rolle gespielt

---

[8] S. u., S. 131.

Einleitung XVII

haben, zeigt der Autor durch seine Untersuchung der bislang weitgehend unbekannt gebliebenen Handschriftensammlung aus dem Besitz des Colmarer Bürgers Hans Schedelin. Im Zentrum stehen sechs Handschriften, die als Depositum der Bibliothèque Consistoriale Protestante in der Colmarer Stadtbibliothek aufbewahrt werden und wohl ab dem 2. Viertel des 15. Jahrhunderts gänzlich oder teilweise von Schedelin selbst geschriebenen wurden und für den Eigengebrauch bestimmt waren. Diese Handschriften werden vom Autor in einem Anhang ausführlich beschrieben. Die Sammlung hat einen ausgeprägt dominikanischen Charakter und unterscheidet sich kaum von der Literatur, die in Klosterbibliotheken und in observanten Kreisen des 15. Jahrhunderts immer wieder anzutreffen ist. Parallelüberlieferungen führen zu den Dominikanerinnenklöstern St. Katharina in Nürnberg, Unterlinden in Colmar, Dießenhofen oder Konstanz und vielleicht Schönensteinbach und können als Hinweis auf die Vermittlungswege verstanden werden. Die vorliegende Untersuchung zeigt, daß Schedelin aus umfangreichen Vorlagen schöpfte, aus welchen er gezielt auswählte. Diese Vorlagen dürften der Literaturproduktion in dominikanischen observanten Kreisen entstammen, denen neben der *cura monialium* auch die seelsorgerische Betreuung von Laien wie etwa Hans Schedelin oblag. Als Ganze gesehen spiegelt die Schedelin-Sammlung Interesse an geistlicher Literatur in Laienkreisen der Stadt Colmar, wie dies im vorliegenden Band auch im Beitrag von JOHANNA THALI für Luzern nachgewiesen wird.

Weitere wichtige Trägerkreise deutschsprachiger Literatur bilden auch noch im späteren Mittelalter die Mitglieder weltlicher und geistlicher Höfe. Am Beispiel des Konstanzer Bischofshofs zwischen 1290 und 1360 untersucht ANDREAS BIHRER Auftraggeber und Verfasser und unterscheidet bei der Bestimmung des gesellschaftlichen Status der Literaturträger die »Aufsteiger, Außenseiter und Verlierer«[9] von den etablierten einflußreichen Höflingen. BIHRER kommt zu dem erstaunlichen Ergebnis, daß die Aufsteiger, Außenseiter und Verlierer als Träger höfischer Dichtungen und deren visueller Umsetzungen, Wappenreihen, Chronistik und wissenschaftlich-didaktischer Literatur nachgewiesen werden können, während sich die etablierten Kreise auf Stiftungen oder die Beauftragung liturgischer Handschriften konzentrierten. Am Konstanzer Hof dieser Zeit hat damit die Förderung höfischer Literatur der »Positionierung von Randgruppen und Außenseitern in der innerhöfischen Auseinandersetzung um Ansehen und gesellschaftlichen Status«[10] gedient, nicht nur den höherrangigen Höflingen und den herrschenden Gruppen sondern auch der eigenen Gruppe gegenüber. Ob dieser Konstanzer Befund für die Zeit ein Einzelfall darstellt, kann erst die weitere Analyse vergleichbarer Institutionen erweisen; daher plädiert BIHRER in Übereinstimmung mit dem literaturtopographischen Ansatz bzw. in Ergänzung dazu entschieden für eine Rekonstruktion von

---

[9] S. u., S. 215.
[10] S. u., S. 227.

sozialen Netzwerken, welche sich nicht nur an den Überlieferungsträgern und sozialen Formationen orientiert, sondern auch eine Positionierung einzelner, an der Literaturproduktion und -rezeption beteiligter Personen in diesem Netzwerk zur Bestimmung der Funktion von Literatur und Kunst im lebensweltlichen Zusammenhang leistet.

Wie im Einzelfall der räumliche Aktions- und Interaktionsradius einer Institution im Zusammenspiel mit den mit ihr vernetzten weiteren Institutionen, Personengruppen und Einzelpersönlichkeiten den Literaturbetrieb und damit die Produktions-, Rezeptions- und Distributionsmechanismen zu bestimmen vermag, zeigen die Fallbeispiele von JOHANNA THALI und NIGEL F. PALMER auf ganz besonders prägnante Weise.

JOHANNA THALI, die sich ausführlich mit den Konzepten der jüngeren regionalen Literaturforschung auseinandersetzt, positioniert sich insofern zwischen den beiden Polen eines flächendeckend-systematischen und eines kleinräumig-exemplarischen Vorgehens, als sie zwar einerseits von einem exemplarischen Einzelfall ausgeht – dem Buchbestand des ehemaligen Benediktinerinnenklosters St. Andreas in Engelberg –, andererseits jedoch die Interregionalität bewußt als Untersuchungsparameter mit einbezieht: Zum einen wird der Literaturbetrieb in Engelberg in den konkreten Lebenszusammenhang mit den spezifischen Bedürfnissen und interdependenten Bedingungen von Männer- und Frauenkonvent gesetzt (St. Andreas war Teil des Engelberger Doppelklosters) und der Bibliotheksbestand auf die dortigen Bildungsvoraussetzungen und -verhältnisse sowie auf die Gebrauchszusammenhänge im Kloster hin befragt. Zum anderen fallen aber neben dem historisch gewachsenen und aus den Erfordernissen des Klosters heraus entstandenen Manuskriptbestand, der sich gut in literarische und regionale Traditionszusammenhänge (etwa, was die Gebetsbücher angeht) einfügt, gerade im 14. Jahrhundert die zahlreichen Handschriften auf, die sich der Initiative von Literaturförderern und -vermittlern aus dem engeren und weiteren Umfeld des Klosters verdanken. Diese stammen zumeist aus dem städtischen Kontext und versorgen das Kloster mit einer hochaktuellen spirituellen Literatur aus dem Umkreis der dominikanischen Mystik, die man bei Benediktinerinnen der Zeit eigentlich nicht vermuten würde. Auch in der Ikonographie und in Bildprogrammen wird dominikanischer Einfluß sichtbar. Das literarische Profil des Klosters ist somit nicht zuletzt abhängig vom regionalen und interregionalen Radius seiner Ausstrahlung, die sich räumlich etwa mit den Städten Luzern, Zürich, Freiburg und Straßburg abstecken läßt, sowie vom Austausch mit literarisch aktiven bzw. vermittelnden Einzelpersönlichkeiten, welche das Kloster durch Versorgung mit Literatur an eine Bewegung und geistige Strömung anschließen, die im alemannisch-oberrheinischen Raum in Kloster- wie in Laienfrömmigkeit den geistlichen Diskurs der Zeit entscheidend prägt. Ganz klar zeichnet sich in dieser Fallstudie die hohe Bedeutung regionaler Netzwerke ab, die nicht nur als weitgehend ordensunabhängig zu bezeichnen sind, sondern auch geistlich interessierte Laienkreise mit einbeziehen.

Einleitung XIX

Eine Vernetzung weit über den eigenen Orden hinaus belegt auch NIGEL F. PALMER in seinem Beitrag zur Buchkultur der Straßburger Reuerinnen im späten Mittelalter. Wenn auch nicht wie im Fall des Engelberger Benediktinerinnenklosters weltliche Persönlichkeiten im Zusammenhang mit dem Literaturtransfer sichtbar werden, so belegen doch Buchproduktion und Buchbestand des Straßburger Magdalenenklosters auf beeindruckende Weise eine zur Zeit ihres Aufbaus und ihrer Blüte bisher nicht im Zusammenhang gesehene lebendige Buchkultur. Diese verdankt sich nicht zuletzt den überaus engen Verbindungen mit geistlichen Formationen der unmittelbaren Umgebung in Straßburg, macht aber auch ihre Verankerung im weiteren Oberrheingebiet und im Norden der Schweiz deutlich. Ausgangspunkt für PALMERs Untersuchung bildet die Frage nach dem Gebrauchskontext der aus dem St. Magdalenenkloster stammenden Münchner Handschrift Cgm 157, eine fragmentarisch überlieferte Perikopenhandschrift, welche die ›Freiburger Perikopen‹ wiedergibt und aus welchen im Textanhang Auszüge ediert werden. Die Handschrift läßt sich wohl in den Kontext einer Einführung der Observanz (1438) sowie des gleichzeitig unternommenen Versuchs stellen, das Kloster dem Dominikanerorden anzuschließen; die Erstellung eines neuen Lektionars für die Tisch- oder Kapitellesungen im Konvent wäre in diesem Zusammenhang durchaus plausibel. Der Großteil der Handschriften des Straßburger Magdalenenklosters stammt allerdings aus dem letzten Drittel des 15. oder dem Anfang des 16. Jahrhunderts, als das Reuerinnenkloster zu einer der wichtigsten Wirkungsstätten der mit dem Namen des Johannes Geiler von Kaysersberg in Zusammenhang stehenden Reformbestrebungen wurde. Der Gesamtbestand paßt auf jeden Fall bestens zum Bild einer Klosterreform, die durch die gelehrten Priester Paulus Munthart und Engelinus von Braunschweig gepflegt und nach ihrem Tode durch die Predigttätigkeit und sonstige Beratung Geilers im Kloster fortgesetzt wurde.

Eine Einzelhandschrift und deren Einbettung in einen Bibliotheksbestand stehen auch im Beitrag von RENÉ WETZEL im Zentrum, doch werden hier die überlieferungsgeschichtlichen Vernetzungen zunächst einmal anhand der Zirkulation einzelner ihrer Texte aus dem Umkreis der eckhartschen Mystik analysiert. Ob die sekundär aus drei Teilen zusammengesetzte Sammelhandschrift Cod. Bodmer 59, deren Texte im 2. und 3. Drittel des 15. Jahrhunderts kompiliert wurden, in der Kartause Buxheim entstand oder durch Schenkung dorthin gelangte, ist letztlich nicht mehr zu eruieren. Die in die Handschrift aufgenommenen Texte führen jedoch zu Parallelüberlieferungen sowie in einigen Fällen zu identischen Schreiberhänden, welche ein dichtes Netz von Handschriftenzirkulation und -transfer sichtbar werden lassen, deren Fäden immer wieder nach Buxheim zurückführen und auf Verbindungen des Klosters weisen, die auch hier wieder weit über die Ordensgrenzen hinausführen. In einem Exkurs über die Buch- und Bibliotheksgeschichte der Buxheimer Kartause im Kontext von Kartäuserbibliotheken überhaupt zeigt WETZEL, daß in Kartausen Laienbibliotheken mit nichtwissenschaftlichem deutschem Buchbestand wohl üblich waren. Angesichts der äußerst heterogenen Zusammensetzung des Konvents bei gleichzeitig regem schriftliterarischem Leben in der zweiten Hälfte des 15. und zu Beginn des 16. Jahrhunderts sind aber auch Buxheimer Mönche als Schreiber oder Empfänger deutschsprachiger Handschriften nicht auszuschließen. Auch wenn die ›Kartäuserspiritualität‹ schließlich als kaum sehr verschieden zu beurteilen ist von derjenigen anderer Orden, die sich der Reformierung des christlichen Lebens und seiner Strukturen in Kirche und Orden verschrieben hatten, könnte die Buxheimer Sammelhandschrift in ihrer ihr eigenen Verbindung von praktischer und spekulativer Mystik, von Wissenschaft und Betrachtung, von Erbauung, Belehrung und Versenkung etwas von einem Interesse verraten, das in dieser Zeit ganz besonders die Kartäuser charakterisierte.

Die Buxheimer Handschrift hat auf jeden Fall Teil an einem mystisch geprägten Diskurs, der wie kein anderer im 14. und 15. Jahrhundert das literarische Profil des deutschsprachigen Südwestens und seiner Handschriftenproduktion und -rezeption dominiert und wesentlich von Autoren der Mendikantenorden und speziell der Dominikaner geprägt ist. Daß zu diesem spirituellen Umkreis auch hagiographische Schriften gezählt werden können, ist bekannt. RICHARD FASCHING macht nun wahrscheinlich, daß Heinrich Seuse als der Autor der Einleitung zu einer Sammlung von Heiligenlegenden zu identifizieren sein könnte, welche den ersten Teil des sogenannten ›Solothurner Legendars‹ (Zentralbibliothek Solothurn, Cod. S 451) bilden. Der Initialenschmuck in weiteren Handschriften sowie der Schreibduktus ihrer Schriften lassen darauf schließen, daß diese Handschriften sowie der erste Teil des ›Solothurner Legendars‹ im selben Skriptorium, vermutlich im Dominikanerinnenkloster Töss bei Winterthur, in den 30er Jahren des 14. Jahrhunderts entstanden, mit welchem Heinrich Seuse über seine geistliche Tochter Elsbeth Stagel besonders eng verbunden war. Eine dieser Handschriften, ein frühes Exemplar von Seuses ›Büchlein der ewigen Weisheit‹, gelangte über den ehemaligen Luzerner Stadtschreiber Johannes Fricker in die Bibliothek der Benediktinerinnen von St. Andreas in Engelberg (vgl. den Beitrag von THALI), während andere das dominikanische Netzwerk des deutschsprachigen Südwestens nicht verliessen. Minutiös durchgeführte formale, stilistische und inhaltliche Vergleiche des Prologtextes im ›Solothurner Legendar‹ mit den Schriften Heinrich Seuses erhärten den Verdacht, daß der Prolog, der im Anhang des Beitrags ediert wird, tatsächlich auf diesen zurückgeht und damit auch ein neuer Textzeuge für Seuses Leidenskonzeption, welche das Zentrum der Prologaussage ausmacht, zur Diskussion gestellt werden kann. Die Studie zeigt, wie der überlieferungsgeschichtliche Ansatz des Konzeptes einer literarischen Kulturtopographie nicht nur das Profil einer Region oder einer Institution, sondern auch dasjenige einer einzelnen Person zu schärfen in der Lage ist, die im Falle von Heinrich Seuse eine Schlüsselstelle im religiösen Denken der Zeit einnimmt.

Nach Meister Eckhart im Beitrag von RENÉ WETZEL und Heinrich Seuse in der Untersuchung von RICHARD FASCHING, durfte in einem Band zur Kultur-

Einleitung XXI

topographie des deutschsprachigen Südwestens im späteren Mittelalter Johannes Tauler als der Dritte im Dreigestirn der oberrheinischen Mystik nicht fehlen. ANNETTE VOLFING geht in ihrem Beitrag zwar nicht von der handschriftlichen Überlieferung aus, doch fokussiert sie eine vom späten 13. bis Ende des 14. Jahrhunderts deutlich bemerkbare und mentalitätsgeschichtlich wie kulturanthropologisch relevante Tendenz, die geradezu als Charakteristikum der gesamten religiösen Literaturlandschaft des deutschsprachigen Südwestens gelten kann: die ausgeprägte Tendenz zur Verinnerlichung und Introspektion, die sich in einer verstärkten Problematisierung der kollektiven wie individuellen *natura humana* sowie des Körpers mit seinem Innen- und Außenaspekt, dem ›inneren‹ und ›äußeren‹ Menschen, manifestiert. VOLFING zeigt dies am Beispiel der Thematisierung des Verzehrs und des Verdauens des eucharistischen Brotes und damit des Leibs Christi, wie sie in der Verdauungsmetaphorik der Eucharistiepredigten des Johannes Tauler zum Ausdruck kommen. Der Darstellung des Körpers in Taulers Predigten fällt dabei zunächst die Funktion zu, den (gemeinhin als unzulänglich erachteten) Körper als Objekt beschaulicher Betrachtung und Besinnung zu etablieren und als Ausgangspunkt für die *verklerung* der Seele zu empfehlen. Auf der anderen Seite wird die Seele bzw. der innere Mensch metaphorisch ebenfalls als ein Leib dargestellt, um die *verklerung* analog zur Auferstehung des Körpers nach dem Tod zu gestalten.

Zeugnis für die Rezeption mystischer Texte in der Zisterze von Bebenhausen zu Beginn des 14. Jahrhunderts ist ein fragmentarisch erhaltenes Pergamentblatt, welches den Lebensbaum mit allegorischen Früchten und Blättern beschrieben mit den Eigenschaften Christi in lateinischer und teilweise deutscher Sprache zeigt. Das Pergamentblatt bildete zeitweise den Einband eines Bebenhäuser Urbars von 1354/55 (Landesarchiv Baden-Württemberg, Hauptstaatsarchiv Stuttgart H 102/8 Bd. 2). Diese ›Lignum vitae‹-Darstellung wird im Anschluß an RÜCKERTS Beitrag zum ›Bebenhäuser Gesamturbar‹ im gemeinsamen Beitrag von NIGEL F. PALMER und PETER RÜCKERT zum ersten Mal ediert. Die Texttradition führen die beiden Herausgeber z. T. auf Bonaventura zurück, dessen Traktat in das ›Speculum theologiae‹ aufgenommen wurde, eine mit Diagrammen und beschrifteten allegorischen Bildern versehene Tafelsammlung, die in den erhaltenen Handschriften entweder dem Pariser Franziskaner Johannes Metensis oder dem italienischen Dominikaner Bonacursus de Gloria zugeschrieben wird. Das Bebenhäuser Fragment dürfte ursprünglich als Wandplakat benutzt worden sein.

In einem letzten Fallbeispiel fügt sich noch einmal all jenes zusammen, das den Wert eines literatur- bzw. kulturtopographischen Ansatzes ausmacht: Ein Handschriftenfund (1994) bildet den Ausgangspunkt für den Beitrag von WOLFRAM SCHNEIDER-LASTIN: Ms. IV F 194a der Universitätsbibliothek Breslau beginnt mit einer Beschreibung des Lebens und der Offenbarungen der Elsbeth von Oye, von welcher bisher nur die Vorrede bekannt war, die in einer frühen Abschrift (Stadtbibliothek Nürnberg, Cod. Cent. V, 10a; um 1460) einer

Sammlung von dominikanischen Schwesternbüchern durch Johannes Meyer OP (um 1450) den Abschluß bildete und zu welcher der Breslauer Band die Fortsetzung darstellt. Die Vita selbst erweist sich als das Werk eines zeitgenössischen anonymen Dominikaners, der kurz nach Elsbeths Tod Teile aus den Aufzeichnungen der Ordensschwester zu einer Art ›Vita‹ zusammenfügte und dabei das vorgefundene Material kürzte und völlig neu ordnete, aber Elsbeths Wortlaut weitgehend unverändert ließ. Das beweist der Vergleich mit einer einwandfrei zu identifizierenden Vorlage des Bearbeiters. SCHNEIDER-LASTIN gelingt es, die jahrhundertlange Bearbeitungs- und Rezeptionskette nachzuzeichnen, die von den eigenhändigen Aufzeichnungen der Autorin über mehrere Redaktionen bis hin, im 17. Jahrhundert, zur Übersetzung ins Lateinische reicht. Noch unklar bleibt, »inwieweit diese Überlieferungskette des Elsbethschen Corpus – in ihrer Vollständigkeit singulär – Modellcharakter beanspruchen darf und Rückschlüsse auf die Entstehung anderer Zeugnisse der spätmittelalterlichen Viten- und Offenbarungsliteratur, zumal der dominikanischen Schwesternbücher, erlaubt. Am Modell Elsbeth läßt sich wie nirgends sonst beobachten, welchen Veränderungen autographe Aufzeichnungen ausgesetzt waren, wie der mehrstufige Prozeß einer Entindividualisierung, welche gleichzeitig Schutz und Exemplarität gewährte, schließlich zu ihrer approbierten Kodifizierung in Schwesternbuch und lehrhaftem Traktat führte.«[11] Nicht zuletzt zeigt die Sammlung und Verbreitung von dominikanischen Schwesternbüchern aber auch die überregionale Vernetzung im Transfer und in der Rezeption dieser spezifischen Nonnen-Spiritualität und ihrer literarischen Verarbeitung sowie ihrer Kanalisierung in Form einer neu konstituierten literarischen Textsorte, welche das literarische Profil der Region mitprägt.

Die erstmalige textkritische Edition von Leben und Offenbarungen der Elsbeth von Oye schließt den vorliegenden Band ab. Sie und die anderen Editionen dieses Bandes machen noch einmal deutlich, daß literatur- und kulturtopographische Studien für das Mittelalter ihre Basis in der handschriftlichen Überlieferung haben und daß das Erschließen und Bereitstellen von Texten in Form von Katalogen und Editionen unabdingbar sind.

---

[11] S. u., S. 400.

Martina Backes (Universität Freiburg/Schweiz)

Literarische Kommunikationswege am Oberrhein

Schlüpfrig und unzüchtig, ein typisches Produkt welscher Sittenlosigkeit – so lauteten die vernichtenden Urteile über den sog. ›Rappoltsteiner Parzival‹ Ende des 19. und Anfang des 20. Jahrhunderts, in einer Zeit also, in der Globalisierung noch kein allgegenwärtiges Zauberwort war und man in Deutschland, berauscht von dem Wunsch nach einer eigenen starken, autarken Nation, von literarischer Kommunikation insbesondere mit den westlichen Nachbarn nichts bzw. nichts mehr wissen wollte.[1] Dabei war die vorherrschende Stellung der Minnethematik in diesem 1336 beendeten höfischen Versepos, das Wolframs ›Parzival‹ und französische Gralsdichtungen miteinander verband, nicht der einzige Punkt, der damals Mißfallen erregte. Erstaunen und Geringschätzung rief auch das freimütige Geständnis des Autors Philipp Colin hervor, das umfangreiche Buch sei keineswegs das Werk eines Einzelnen, der Vers für Vers in einsamer Schreibtischarbeit gedichtet und niedergeschrieben hätte. Die Kompilation, über deren Entstehungsgeschichte Colin im Epilog des Werks ungewöhnlich ausführlich berichtet, verdankte sich vielmehr einem fünfjährigen intensiven Kommunikationsprozeß zwischen einer ganzen Reihe von Personen.[2] Neben Colin hatte als Co-Autor zeitweise noch ein zweiter Straßburger Bürger namens Claus Wisse an dem Buch mitgearbeitet, das nach Aussage des Textes Frau Minne, de facto allerdings der elsässische Adlige Ulrich von Rappoltstein in Auftrag gegeben hatte. Da weder Colin noch Wisse ausreichende Fremdsprachenkenntnisse besaßen, waren sie bei der Bearbeitung der französischen

---

[1] Siehe den Forschungsüberblick bei DOROTHEE WITTMANN-KLEMM, Studien zum ›Rappoltsteiner Parzival‹, Göppingen 1977 (GAG 224), S. IIIf. und ihre Ausführungen zur Rezeption des Werks Anfang des 20. Jahrhunderts, S. 135–139.
[2] Zur Entstehungsgeschichte des ›Rappoltsteiner Parzival‹ siehe die zusammenfassende Darstellung bei JOACHIM BUMKE, Autor und Werk. Beobachtungen und Überlegungen zur höfischen Epik (ausgehend von der Donaueschinger Parzivalhandschrift G^d), ZfdPh 116 (1997), Sonderheft, S. 87–114, zum Epilog zuletzt SONJA EMMERLING, Geld und Liebe: Zum Epilog des ›Rappoltsteiner Parzifal‹, in: Forschungen zur deutschen Literatur des Spätmittelalters. Festschrift für Johannes Janota, hg. von HORST BRUNNER/WERNER WILLIAMS-KRAPP, Tübingen 2003, S. 31–49 und PETER STROHSCHNEIDER, Literarische Ligaturen. Philipp Colin über Paradoxien höfischer Kunstaufträge im Mittelalter, in: Kunst, Macht und Institution. Studien zur Philosophischen Anthropologie, soziologischen Theorie und Kultursoziologie der Moderne. Festschrift für Karl-Siegbert Rehberg, hg. von JOACHIM FISCHER/HANS JOAS, Frankfurt a. M./New York 2003, S. 537–556.

Quellen auf die Unterstützung eines kompetenten Dolmetschers angewiesen, den sie (bzw. ihr Auftraggeber) in Samson Pine fanden, einem zweisprachigen Juden. Und für die Niederschrift des Werks standen ihnen schließlich zwei professionelle rappoltsteinische Schreiber zur Verfügung, deren Arbeit, wie die zahlreichen Überklebungen und Rasuren in der erhaltenen Originalhandschrift zeigen, offenbar penibel kontrolliert wurde.[3]

Wie die ›Werkstattgespräche‹ dieser fünf bzw. sechs Personen genau ausgesehen haben, entzieht sich leider unserer Kenntnis, und so ist es schwer, im Nachhinein genau den Anteil der Einzelnen, vor allem der drei Hauptbeteiligten Wisse, Colin und Pine, am fertigen Werk zu bestimmen. Doch entstand der ›Rappoltsteiner Parzival‹ offensichtlich nicht nur aus einem fruchtbaren kommunikativen Miteinander verschiedener Personen, sondern vor allem auch verschiedener Texte. Wie Untersuchungen insbesondere zu den zahlreichen Korrekturen in der Donaueschinger Handschrift belegen, müssen die Bearbeiter damals am Entstehungsort des Werks im Elsaß, sei es auf der Burg der Rappoltsteiner oder aber in der Stadt Straßburg, eine ganze Reihe von Handschriften für ihre Arbeit zur Verfügung gehabt haben. So konnten sie etwa für die sorgfältige Abschrift von Wolframs ›Parzival‹ mindestens zwei Vorlagen benutzen. Ob es sich dabei um bereits vorhandene, ältere Bände aus der Bibliothek des rappoltsteinischen Auftraggebers handelte, den Colin als besonders lesefreudigen Adligen charakterisierte, läßt sich nicht mehr klären, da weder ein entsprechendes Verzeichnis der rappoltsteinischen Bibliothek noch konkrete Besitzeintragungen in ›Parzival‹-Handschriften aus der entsprechenden Zeit erhalten sind. Dem Einwand, man hätte, wenn die Bände in der eigenen Bibliothek vorhanden gewesen wären, sicherlich auf eine erneute kostspielige Abschrift von Wolframs Werk im Rahmen des ›Rappoltsteiner Parzival‹ verzichtet und sich auf die Aufzeichnung der übersetzten französischen Dichtungen beschränken können, muß man entgegenhalten, daß die Eintragung der verschiedenen Texte im Codex des ›Rappoltsteiner Parzival‹ nicht sukzessive erfolgte, sondern der sorgfältigen Abschrift von Wolframs Text an entsprechenden Stellen ergänzend immer wieder Passagen aus den französischen Dichtungen eingefügt wurden.[4] Offenbar ging es darum, nicht eine bloße Sammlung von Texten, sondern eine aus verschiedenen Quellen komponierte Summe der bekannten Artus- und Gralsgeschichten herzustellen, auch wenn die angestrebte Harmonisierung der Handlungsabläufe nicht immer gelang, aufgrund der Disparatität der Werke auch nicht gelingen konnte, wenn man wie die Straßburger Bearbeiter nicht stärker in die Textgestalt eingreifen wollte.[5] Natürlich können die verwendeten

---

[3] Zur Untersuchung der Rasuren und Überklebungen siehe zuletzt DORIS OLTROGGE/MARTIN J. SCHUBERT, Von der Reflektographie zur Literaturwissenschaft. Varianzen im ›Rappoltsteiner Parzival‹, Wolfram-Studien 17 (2002), S. 347–376.

[4] Vgl. die tabellarische Übersicht über die Zusammensetzung des Textes aus den verschiedenen Quellen bei WITTMANN-KLEMM [Anm. 1], S. 10–13.

[5] Zum Summencharakter des Werks siehe BERND BASTERT, Late Medieval Summations:

›Parzival‹-Vorlagen aber auch von anderen befreundeten Buchbesitzern in der Umgebung ausgeliehen worden sein. Denn wenn sich auch die Überlieferung des ursprünglich für bayerisch-thüringische Kreise entstandenen Romans Wolframs erst im 15. Jahrhundert – vermutlich mit dem Aufkommen der elsässischen Schreibwerkstätten – schwerpunktmäßig in den südwestdeutschen Raum verlagern sollte, so war der Besitz einer ›Parzival‹-Handschrift bereits zu Beginn des 14. Jahrhunderts im Elsaß wohl durchaus nicht ungewöhnlich.[6] Anders verhält es sich jedoch mit dem *welsch[en] buoch* (V 850,12), das Ulrich von Rappoltstein Pine, Wisse und Colin zum Übersetzen gab. Dieser französische Codex war, wie man verschiedenen Bemerkungen Colins entnehmen kann, damals im Elsaß offenbar nicht nur eine Novität, sondern eine ausgesprochene Rarität.[7] Der Band enthielt eine Anthologie von mindestens fünf Dichtungen, die das Straßburger Autorenteam für seine Kompilation heranzog, darunter Chrétiens ›Conte du Graal‹ mit der sog. ›Elucidation‹, die ›Erste‹ und ›Zweite Fortsetzung‹ sowie die ›Fortsetzung des Manessier‹. Neben den genannten Epenhandschriften stand den Bearbeitern überdies eine Sammlung von deutschen Minneliedern zur Verfügung, aus der einzelne Strophen verschiedener Autoren nach thematischen Gesichtspunkten ausgewählt und zur Markierung der Trennlinie zwischen *altem* und *nuwem Parzival* in das Versepos eingefügt wurden.[8] Die Strophe eines französischen Minneliedes, die sich am Ende des Werkes findet, trug erst ein Benutzer des 16. Jahrhunderts nach. So entstand das Werk in einem kommunikativen Kontext, in dem sich die verschiedensten geographischen, gesellschaftlichen und literarischen Bereiche berührten und durchdrangen: Hof und Stadt, Christen und Juden, Epik und Lyrik und nicht zuletzt französische und deutsche Literatur.

Ich habe im Titel meines Beitrags wie in meiner Einleitung bereits mehrfach das Stichwort ›Kommunikation‹ benutzt, was an dieser Stelle einer kurzen

---

Rappoltsteiner Parzifal and Ulrich Füetrers Buch der Abenteuer, in: The Arthur of the Germans. The Arthurian Legend in Medieval German and Dutch Literature, ed. by WILLIAM H. JACKSON/SILVIA A. RANAWAKE, Cardiff 2000, S. 166–180.

[6] Vgl. THOMAS KLEIN, Ermittlung, Darstellung und Deutung von Verbreitungstypen in der Handschriftenüberlieferung mittelhochdeutscher Epik, in: Deutsche Handschriften 1100–1400. Oxforder Kolloquium 1985, hg. von VOLKER HONEMANN/NIGEL F. PALMER, Tübingen 1988, S. 110–167, hier S. 127; BERND SCHIROK, Parzivalrezeption im Mittelalter, Darmstadt 1982 (Erträge der Forschung 174), S. 63.

[7] Vgl. die zitierten Stellen bei WITTMANN-KLEMM [Anm. 1], S. 30f.

[8] Siehe dazu die Untersuchungen von FRANZ-JOSEF HOLZNAGEL, Minnesang-Florilegien. Zur Lyriküberlieferung im Rappoltsteiner Parzival, im Berner Hausbuch und in der Berliner Tristan-Handschrift N, in: *Dâ hoeret ouch geloube zuo*. Überlieferungs- und Echtheitsfragen zum Minnesang. Beiträge zum Festkolloquium für Günther Schweikle anläßlich seines 65. Geburtstages, hg. von RÜDIGER KROHN in Zusammenarbeit mit WULF-OTTO DREESSEN, Stuttgart/Leipzig 1995, S. 65–88; THOMAS BEIN, Walther und andere Lyriker im Rappoltsteiner Florilegium. Zum Spannungsfeld von Poetik, Textkritik und Edition, in: Mittelalterliche Lyrik: Probleme der Poetik, hg. von THOMAS CRAMER/INGRID KASTEN, Berlin 1999 (PhStQu 154), S. 169–196.

Erläuterung bedarf. Das Thema ›Kommunikation‹ markiert seit einigen Jahren einen Schwerpunkt nicht nur in Managementschulungen und modernen Medienwissenschaften, sondern auch in der mediävistischen Forschung. Wie sehr das Thema en vogue ist, zeigen nicht zuletzt die in den vergangenen Jahren erschienenen Sammelbände.[9] Ausgehend von der Alterität, d. h. den ›vormodernen‹ Besonderheiten der mittelalterlichen Gesellschaft, standen (und stehen) in den meisten Arbeiten bislang das Verhältnis von Mündlichkeit und Schriftlichkeit und – insbesondere seit den Forschungen GERT ALTHOFFS – die non-verbalen, symbolischen Formen mittelalterlicher Kommunikation wie etwa Gesten und Rituale im Mittelpunkt. Mir geht es im folgenden jedoch nicht um eine Untersuchung solch unmittelbarer, personaler Kommunikationssituationen zwischen einander direkt gegenüberstehenden Akteuren, sondern vielmehr um die vielschichtigen Aspekte der Vermittlung literarischer Kommunikation, d. h. genauer um Netzwerke, Umschlagplätze, Verkehrswege, institutionelle oder persönliche Verbindungen und Kontexte, die den Austausch von Text(botschaften) über räumliche Entfernungen hinweg möglich machten. Solche Kommunikationsnetzwerke zu untersuchen, erscheint mir unumgänglich im Zusammenhang eines Projektes, das topographischen Fragestellungen der mittelalterlichen Literatur gewidmet ist. Denn Versuche, das besondere Profil des literarischen Lebens einer bestimmten Region, etwa auch hinsichtlich der Frage nach Eigenständigkeit oder Abhängigkeit, zu erfassen, müssen neben den exemplarischen Studien zu einzelnen herausragenden Werken, Orten und Institutionen notwendigerweise auch die Wege einbeziehen, auf denen der literarische Austausch bzw. Einfluß erfolgt. Im Rahmen solcher Untersuchungen gibt es eine immense Fülle noch völlig offener Fragen. Woher kommen literarische Anregungen, wer gibt die Aufträge, welche Personen sind als Sender, Empfänger und Vermittler/Übersetzer an den jeweiligen Transfers beteiligt? Ist der Austausch von Texten an familiäre, dynastische bzw. politische Verbindungen geknüpft, folgt er Ordensstrukturen, den Itineraren von Beichtvätern und Visitatoren oder schlicht traditionellen Handelsrouten, oder geht die Literatur ihre ganz eigenen Wege? Welche Intensität hat die literarische Kommunikation innerhalb des untersuchten Raumes, aber auch über dessen Grenzen hinweg? Gibt es gattungsspezifische Besonderheiten? Läßt sich schließlich erkennen, ob der zu untersuchende Raum, in unserem Fall der deutschsprachige Südwesten, nicht nur durch Sprache und geographische oder politische Gegebenheiten konstituiert wird, sondern möglicherweise auch durch ein besonders dichtes Kommunikationsnetz, das im Dienst bestimmter literarischer Interessen steht?

---

[9] Siehe etwa die Bände New Approaches to Medieval Communication, hg. von MARCO MOSTERT, Turnhout 1999 (Utrecht Studies in Medieval Literacy 1); Kommunikation, hg. von HEDWIG RÖCKELEIN, Berlin 2001 (Das Mittelalter 6,1); Formen und Funktionen öffentlicher Kommunikation im Mittelalter, hg. von GERD ALTHOFF, Stuttgart 2001 (Vorträge und Forschungen/Konstanzer Arbeitskreis für Mittelalterliche Geschichte 51), und Medien der Kommunikation im Mittelalter, hg. von KARL-HEINZ SPIESS, Stuttgart 2003 (Beiträge zur Kommunikationsgeschichte 15).

Da die literarische Kommunikation im Mittelalter weitgehend ständisch gebunden ist, sind bezogen auf die volkssprachliche Literatur des Oberrheins (wie allgemein in der Literatur des Mittelalters) vor allem drei Bereiche zu untersuchen, die in einzelnen Fällen freilich auch Überschneidungen aufweisen: 1. die höfische Literatur, 2. die Literatur der Klöster, 3. die Literatur in der Stadt.

Um Aufgaben und Probleme solcher Untersuchungen etwas genauer zu skizzieren, werde ich im folgenden anhand einiger ausgewählter Beispiele vor allem auf die beiden ersten Bereiche eingehen.[10] Dabei sind meine Ausführungen keineswegs als abschließende Präsentation von Ergebnissen zu verstehen, sondern vielmehr als die Diskussion anregende Überlegungen.

1. Der Bereich der höfischen Literatur

Hier wäre als erstes z. B. nach den französischen Vorlagen der höfischen Literatur zu fragen, die im Südwesten entstand. Woher hatte etwa Ulrich von Rappoltstein jenes *welsch[e] buoch*, das er Pine, Wisse und Colin zum Übersetzen übergab? So ausführlich und detailliert Colin im Epilog des ›Rappoltsteiner Parzival‹ über die beteiligten Personen, die Arbeitsdauer und die Kosten des Buches berichtet, so karg sind bedauerlicherweise seine Angaben über die Herkunft der französischen Handschrift: *Wir beide daz vernommen hant / daz dir ein welsch buoch ist gesant* [...] (850,11f.).[11] Mehr erfahren wir nicht. Im Bemühen, seinen elsässischen Auftraggeber zu einem würdigen Nachfahren des sagenhaften König Artus zu stilisieren, fügt Colin lediglich die Information hinzu, das *welsch[e] buoch* sei auf Veranlassung des König Artus geschrieben worden, der selbst stets mit Vergnügen darin gelesen habe.[12]

---

[10] Für den Bereich der Stadt verweise ich auf meine Untersuchung: Literarische Interessenbildung im mittelalterlichen Südwesten am Beispiel der Stadt Freiburg i. Br., in: *Ze hove und an der strâzen. Die deutsche Literatur des Mittelalters und ihr ›Sitz im Leben‹*. Festschrift für Volker Schupp, hg. von ANNA KECK/THEODOR NOLTE, Stuttgart/Leipzig 1999, S. 1–11.

[11] Ich zitiere nach folgender Ausgabe: Parzifal von Claus Wisse und Philipp Colin (1331–1336). Eine Ergänzung der Dichtung Wolframs von Eschenbach, hg. von KARL SCHORBACH, Straßburg/London 1888 (Elsässische Literaturdenkmäler aus dem 14.–16. Jahrhundert 5).

[12] [...] *ein welsch buoch* [...] *daz der künig Artus / hiez schreiben von orte unze ende zu / von ir aller munde / der von der tofelrunde / daz buoch er alle zit gerne laz / wan ez wor und bewert waz* (850,12–18). Diese Vorstellung von Artus als Auftraggeber eines Buchs spielt weniger auf die in der Artusliteratur erwähnte und im Bereich der Mündlichkeit angesiedelte *costume* an, wonach Artus nie zu Tisch ging, bevor nicht einer der Ritter von einer bestandenen *aventiure* erzählt hatte, wie STROHSCHNEIDER [Anm. 2] meint (S. 544), sondern findet sich bereits im ›Prosalancelot‹. Dort wird berichtet, daß Artus vier Schreiber kommen ließ, denen er befahl, alle *aventiuren*, die seine Ritter erlebt hatten, schriftlich in einem Buch zu fixieren. Bildlich dargestellt

Die realhistorischen Vermittlungswege deutsch-französischer Literaturbeziehungen interessieren ihn nicht. Wenn das Wörtchen *gesant* nicht bereits Teil der nachfolgenden literarischen Stilisierung ist, läßt sich daraus immerhin schließen, daß Ulrich die Handschrift weder selbst aus Frankreich mitbrachte, noch sie während eines Festes von französischen Gästen auslieh. Der Austausch von Literatur auf den glanzvollen Festen des europäischen Hochadels gehört zu den Lieblingsvorstellungen der deutschen Mediävistik, und man verweist dazu gern auf das prächtige Hoffest Kaiser Friedrich Barbarossas in Mainz oder die literarische Schilderung der Vorfälle während der Klever Hochzeit in Veldekes ›Aeneasroman‹.[13] Belegen läßt sich der Austausch französischer epischer Vorlagen bei solchen Gelegenheiten allerdings bislang nicht. Trotzdem bleibt die grundsätzliche Frage, ob es im 14. Jahrhundert am Oberrhein überhaupt deutsch-französische Adelstreffen gab, bei denen in literarischer Hinsicht Kontakte geknüpft werden konnten, oder ob man reisen mußte wie zuvor etwa der Augsburger Bürger Otto der Bogner, der Mitte des 13. Jahrhunderts die französische Vorlage des ›Rennewart‹ Ulrichs von Türheim aus Frankreich mitgebracht hatte.[14] Gibt es in Chroniken des deutschsprachigen Südwestens Berichte über solche Zusammenkünfte, die ja nicht immer so glanzvoll gewesen sein müssen wie das mehrtägige Fest anläßlich des Besuches des burgundischen Herzogs Philipp des Guten 1454 in Freiburg?[15] Eine systematische Sammlung dieser chronikal oder urkundlich bezeugten Treffen könnte möglicherweise nähere Aufschlüsse über das soziale Geflecht deutsch-französischer Beziehungen im oberrheinischen Raum geben. Das ›Rappoltsteinische Urkundenbuch‹ enthält allerdings leider keinerlei Hinweise auf direkte französische Kontakte der elsässischen Adligen. Verwandtschaftliche Beziehungen der Rappoltsteiner nach Frankreich, etwa durch Heirat, bestehen Anfang des 14. Jahrhunderts nicht, und als Studienort der für eine geistliche Karriere vorgesehenen Familienmitglieder ist bislang nur Bologna, nicht aber eine französische Stadt bezeugt.[16] Bleibt die Frage nach

---

findet sich diese Szene etwa in der französischen Handschrift Paris, BnF, Ms. fr. 122, fol. 149ᵛ. Vgl. die entsprechende Textstelle in der deutschen Übersetzung des ›Prosalancelot‹, Lancelot und Ginover, Bd. 1, übersetzt, kommentiert und hg. von HANS-HUGO STEINHOFF, Frankfurt a. M. 1995 (Bibliothek des Mittelalters 14), S. 1288.

[13] Vgl. JOACHIM BUMKE, Höfische Kultur. Literatur und Gesellschaft im hohen Mittelalter, München 1986, S. 107.

[14] Zu Otto siehe JOACHIM BUMKE, Mäzene im Mittelalter. Die Gönner und Auftraggeber der höfischen Literatur in Deutschland 1150–1300, München 1979, S. 286f.

[15] Vgl. BERND SCHWINEKÖPER, Das ›große Fest‹ zu Freiburg (3.–8. Juli 1454), in: Geschichte – Wirtschaft – Gesellschaft. Festschrift für Clemens Bauer, hg. von ERICH HASSINGER [u. a.], Berlin 1974, S. 73–91.

[16] Ulrich V. von Rappoltstein, der zwischen 1310 und 1345 als Straßburger Domherr urkundlich bezeugt ist und den WITTMANN-KLEMM [Anm. 1], S. 2–4 mit guten Gründen als Auftraggeber des ›Rappoltsteiner Parzival‹ favorisiert, hatte in seiner Jugend in Bologna studiert. Natürlich könnte er auch während seines Aufenthaltes in Norditalien die im ›Rappoltsteiner Parzival‹ benützte französische Literatur kennengelernt haben. Von den in Italien entstandenen Chrétien-Handschriften, die erhalten sind, enthalten allerdings keine den ›Perceval‹ oder seine Fortsetzungen.

möglichen Vermittlern. Urkundlich bezeugt sind Beziehungen der Rappoltsteiner zum luxemburgischen Herrscherhaus, etwa zu König Johann von Böhmen, der selbst perfekt französisch sprach, literarisch interessiert war und sich oft und gern am französischen Königshof aufhielt,[17] oder – auf den ersten Blick noch naheliegender – zum Herzog von Lothringen. Allerdings gilt in der romanistischen Forschung die Region Lothringen als ausgesprochen »anti-arthurienne«,[18] und man mag daher bezweifeln, daß die Vorlage des ›Rappoltsteiner Parzival‹ tatsächlich über diese Kontakte ins Elsaß gekommen ist. Gegen eine lothringische Herkunft des verlorenen französischen Buchs spricht außerdem die Tatsache, daß die Handschrift von Textbestand und -gestaltung her erhaltenen Codices aus Tournai sowie aus der Gegend um Arras und Amiens sehr nahe stand.[19] Sie weist also nach Flandern bzw. Nordfrankreich und damit in Gebiete, die geographisch gerade nicht unmittelbar benachbart sind.

Ich habe bereits bei einem früheren Treffen des Arbeitskreises für die Erforschung der literarischen Topographie des deutschsprachigen Südwestens darauf hingewiesen, daß entgegen bisheriger Meinung nicht die geographische Nähe zur Sprachgrenze ausschlaggebend für Vorkommen und Intensität des deutsch-französischen Literaturaustausches ist, sondern andere Faktoren entscheidender sind.[20] Die Bedeutung des Oberrheins, der wegen seiner Grenzlage lange als führende Vermittlungslandschaft angesehen wurde, wird bis heute häufig überschätzt. Ich möchte dies noch einmal an einem in der Germanistik bislang völlig unbekannten Beispiel verdeutlichen, und zwar an den ältesten Fragmenten romanischer Liedstrophen, die in einer deutschen Handschrift erhalten sind.

---

[17] 1329 dient Johann von Rappoltstein, der Bruder Ulrichs V., Johann von Böhmen auf seinem Zug gegen Litauer und Polen, 1331 auf dem Italienzug. Siehe Rappoltsteinisches Urkundenbuch 759–1500, hg. von KARL ALBRECHT, Bd. 1: 759–1363, Colmar 1891, Nr. 406, 413, 429. Zu den Aufenthalten Johanns in Frankreich und im Elsaß siehe Un itinéraire européen. Jean l'Aveugle, comte de Luxembourg et roi de Bohême 1296–1346, éd. par MICHEL MARGUE, Bruxelles 1996.

[18] »La Lotharingie littéraire se définit donc esthétiquement comme anti-arthurienne. Elle cherche une autre manière littéraire.« PHILIPPE WALTER, Tout commence par des chansons, in: Styles et valeurs. Pour une histoire de l'art littéraire au Moyen Age, éd. par DANIEL POIRION/ANNE BERTHELOT, Paris 1990, S. 17–209, hier S. 197. Vgl. KEITH BUSBY, Codex and Context. Reading Old French Verse Narrative in Manuscript, Amsterdam/New York 2002, Bd. 2, S. 551.

[19] Es handelt sich um die Chrétien-Handschriften Mons, Bibliothèque de l'Université de Mons-Hainaut, Ms. 331/206, Paris, BnF, Ms. fr. 12576 und Ms. n. a. fr. 6614. Zur Frage der Vorlage siehe WITTMANN-KLEMM [Anm. 1], S. 16–28, zur Beschreibung der Handschriften TERRY NIXON, Catalogue of Manuscripts, in: Les Manuscrits de / The Manuscripts of Chrétien de Troyes, éd. par KEITH BUSBY [u. a.], Amsterdam/Atlanta 1993, Bd. 2, S. 1–85, hier Nr. 23, 24 und 26.

[20] Siehe MARTINA BACKES, Literatur und Region. Zur Bedeutung eines Problemfeldes am Beispiel des französischen Einflusses auf die deutsche Literatur des Mittelalters, OGS 31 (2002), S. 1–16.

Erstaunlicherweise haben sich für diese Lieder bislang nur die Mittellateiner bzw. der Romanist ULRICH MÖLK interessiert, obwohl Thema und Motivik auch für den frühen Minnesang durchaus von Interesse wären.[21] Es handelt sich um neumierte Texte, die bereits Ende des 11. Jahrhunderts auf die Rückseite des letzten Blattes einer Terenz-Handschrift eingetragen sind. Wie BERNHARD BISCHOFF und ULRICH MÖLK plausibel machen konnten, sind die Strophen eines oder zweier ursprünglich provenzalischer Liebeslieder nicht aus einer älteren Handschrift kopiert, sondern von einem deutschen Schreiber nach dem Gehör bzw. aus der Erinnerung aufgeschrieben worden. Mir scheint zweierlei an diesen Fragmenten besonders bemerkenswert. Erstens: Der literarische Kontext der Terenz-Überlieferung weist deutlich in den Schulzusammenhang und damit einmal mehr auf die besondere Rolle der Kleriker im deutsch-französischen Literaturaustausch, der bislang viel zu einseitig auf die weltlichen adligen Mäzene eingegrenzt wurde. Diese Sichtweise wirkt im übrigen auch in der Diskussion um die Identifizierung des rappoltsteinischen Auftraggebers noch nach. Denn von den drei zeitlich in Frage kommenden Rappoltsteiner dieses Namens wurde Ulrich V. trotz am besten passender Belege lange mit dem Hinweis auf seinen Status als Straßburger Domherr abgelehnt. Zweitens: Geographisch gehört die Handschrift mit den provenzalischen Liedfragmenten gerade nicht an den Oberrhein, wie man erwarten würde, sondern an den Niederrhein. Sie weist damit in eine Region, deren Bedeutung für den deutsch-französischen Literaturaustausch noch einmal neu gewichtet werden müßte, wobei allerdings gleichzeitig die Kontakte dieses Raums zum Oberrhein mit einzubeziehen und zu überprüfen wären. Könnte es sein, daß für die Rezeption der französischen Literatur am Oberrhein nicht, wie bislang stets vermutet, direkte Ost-West-Kontakte über die Sprachgrenze hinweg entscheidend waren, sondern die Werke von Norden her den Rhein hinunter vermittelt wurden? Auch die für die MERTENSsche Zähringerthese wichtige Ida von Boulogne stammte ja z. B. aus dem französischen Nordwesten und war vor ihrer Heirat mit Berthold von Zähringen mit Graf Gerhard III. von Geldern verheiratet.[22] Und für den oben als möglichen Vermittler der französischen Vorlage des ›Rappoltsteiner Parzival‹ ins Spiel gebrachten Johann von Böhmen wäre es ebenfalls ein leichtes gewesen,

---

[21] Siehe BERNHARD BISCHOFF, Altfranzösische Liebesstrophen, in: Anecdota novissima. Texte des 4. bis 16. Jahrhunderts, hg. von BERNHARD BISCHOFF, Stuttgart 1984, S. 266–268; ULRICH MÖLK, Zwei Fragmente galloromanischer weltlicher Lyrik des 11. Jahrhunderts, in: Ensi firent li ancessor. Mélanges offerts à Marc-René Jung, hg. von LUCIANO ROSSI, Alexandria 1996, Bd. 1, S. 47–51. Vgl. inzwischen auch MARTINA BACKES, Fremde Historien. Untersuchungen zur Überlieferungs- und Rezeptionsgeschichte französischer Erzählstoffe im deutschen Spätmittelalter, Tübingen 2004, S. 20 und S. 66.

[22] Siehe VOLKER MERTENS, Das literarische Mäzenatentum der Zähringer, in: Die Zähringer. Bd. 1: Eine Tradition und ihre Erforschung, hg. von KARL SCHMID, Sigmaringen 1986, S. 117–134; HELMUT TERVOOREN, Literaturwege: Ida von Boulogne, Gräfin von Geldern, Herzogin von Zähringen, ZfdPh 110 (1991), S. 113–120.

eine im Grenzgebiet von Nordfrankreich und Flandern entstandene Handschrift zu erwerben, da er sich nicht nur im Elsaß, sondern häufig auch in dieser Gegend aufgehalten hat.

Ich breche meine Überlegungen zur höfischen Literatur an dieser Stelle ab und komme zum zweiten wichtigen Bereich:

Literatur der Klöster

Als die Schwestern des Klosters St. Katharina zu St. Gallen 1484 den Augustinerchorfrauen des Stifts Inzigkofen eine umfangreiche Sammelhandschrift als *zaichen ewiger früntschaft und liebi* schenkten, legten sie in der Widmungsinschrift unmißverständlich fest, [...] *daz dis buch also belib in dem convent, das es niemer für das kloster kainem menschen gelichen noch gelesen ward, waz orden sy sind, noch abgeschriben.*[23] Das Verbot, die Handschrift auszuleihen und abschreiben zu lassen, und damit die ausdrückliche Begrenzung, ja Verweigerung der literarischen Kommunikationswege, erscheinen sehr ungewöhnlich, wenn man bedenkt, daß Reformklöster, zu denen das St. Galler Katharinenkloster seit 1482 zählte, eigentlich geradezu als die Produktionsstätten, Multiplikatoren und Umschlagplätze für geistliche Literatur gelten. Doch ist die oben zitierte restriktive Haltung offenbar auch in St. Katharina ein Einzelfall gewesen, mit dem die Schwestern vielleicht die Exklusivität des Geschenks und die besonders engen Verbindungen der beiden Klöster unterstreichen wollten, die nicht nur durch gleiche Reforminteressen, sondern auch durch verwandtschaftliche Beziehungen der Schreiberin gegeben waren. Andere Bücher wurden jedenfalls ohne jede Einschränkung verschenkt, und so gilt auch für das Katharinenkloster die längst vielfach belegte Feststellung der Forschung, daß vor allem die Reformbestrebungen des 15. Jahrhunderts zu einem enormen Aufschwung der Literatur in den Klöstern und zu einem lebhaften Austausch führten. Die Bedingungen für eine Untersuchung dieses Textaustausches im monastischen Bereich sind ungleich günstiger als im Bereich der Höfe, da die Quellen aufgrund der entwickelteren Schriftlichkeit in den klösterlichen Institutionen sehr viel zahlreicher fließen und Verbindungen wegen der überregionalen Organisationsstruktur der Orden leichter zu rekonstruieren sind. Doch fehlen trotz der steigenden Zahl von Studien zum Schriftbetrieb einzelner Klöster auch hier bislang übergreifende systematische Untersuchungen der literarischen Kommunikationswege.

---

[23] Tübingen, UB, Hs. Md 456. Eintrag zitiert nach KATHARINA VOGLER, Geschichte des Dominikanerinnen-Klosters St. Katharina in St. Gallen 1228–1607, Freiburg/Schweiz 1938, S. 32. Zur Beschreibung der Handschrift siehe WERNER FECHTER, Deutsche Handschriften des 15. und 16. Jahrhunderts aus der Bibliothek des ehemaligen Augustinerchorfrauenstifts Inzigkofen, Sigmaringen 1997, S. 118–120.

Anknüpfend an die Überlegungen zur höfischen Literatur fallen auch im Bereich der religiösen Texte die engen Kontakte nach Nordwesten auf, insbesondere nach Köln und in die Niederlande. Grundlage dieser Verbindungen waren sicherlich institutionelle Ordenswege insbesondere der Dominikaner. Doch spielen nicht nur große Namen eine Rolle wie etwa Johannes Tauler, der, wie rund 60 niederländische Handschriften und mehrere Drucke belegen, in den Niederlanden großen Einfluß hatte, oder Jan van Ruusbroec, dessen ›Büchlein von der Geistlichen Hochzeit‹ rasch in Straßburger Gottesfreund-Kreisen übersetzt und von dort aus verbreitet wurde.[24] Auch kleinere Texte finden auf den einmal gebahnten Wegen Verbreitung. Daß der Austausch mit den Niederlanden nicht auf dominikanische Kreise und bekannte Namen beschränkt, sondern offenbar sehr viel umfassender und vielschichtiger war als gedacht, zeigen etwa die Eintragung eines mittelniederländischen geistlichen Gedichts auf der letzten Seite eines um 1370 angelegten Zinsbuches des Benediktinerinnenkonvents Sölden/Freiburg,[25] die Übersetzung eines niederländischen Liedes durch Heinrich Laufenberg[26] oder die breite Überlieferung eines der Freiburger Klarissin Magdalena Beutlerin zugeschriebenen Passionsgebets in niederländischen Handschriften und Drucken.[27] Hier sind die genauen Übermittlungswege noch längst nicht geklärt.

Offenbar war der Austausch von Büchern keineswegs nur auf Klöster der näheren Umgebung beschränkt, sondern konnte weit über den deutschsprachigen Südwesten hinausreichen, nicht nur in den Nordwesten, sondern auch nach Osten hin. Dies legt nicht nur die Verbreitung einzelner Texte nahe, sondern ebenso ein Blick in die Skriptorien der Klöster. Wichtiger als die Büchergeschenke der Basler Geistlichen, die mit der Betreuung des Konvents betraut waren, oder als der Austausch mit Klöstern in Inzigkofen, Zofingen, Villingen oder Straßburg war für die Nonnen des St. Galler Katharinenklosters z. B. der literarische Austausch mit dem gleichnamigen Konvent in Nürnberg, mit dem seit dem Amtsantritt der Priorin Angela Varnbühler äußerst enge Kontakte bestanden.[28] Daß die konkrete Übermittlung der Nürnberger Vorlagen, die in

---

[24] Zur niederländischen Überlieferung Taulers siehe LOUISE GNÄDINGER/JOHANNES G. MAYER, Johannes Tauler, ²VL, Bd. 9, 1994, Sp. 631–657, zu Ruusbroec WOLFGANG EICHLER, Jan van Ruusbroecs ›Brulocht‹ in oberdeutscher Überlieferung, München 1969.

[25] Siehe HEINRICH LÖFFLER, Niederländische Mystik am Oberrhein im 14. Jahrhundert, ZGO 120 (1972), S. 481–492.

[26] Siehe HELMUT TERVOOREN, Überlegungen zu einer regionalen Literaturgeschichte des Rhein-Maas-Raumes, ZfdPh 122 (2003), Sonderheft, S. 7–30, hier S. 28f.

[27] Siehe KAREN GREENSPAN, Erklärung des Vaterunsers. A Critical Edition of a 15th Century Mystical Treatise by Magdalena Beutler of Freiburg, Diss. Amherst/Mass. 1984, S. 311–315.

[28] Siehe VOGLER [Anm. 23]; ANDREAS RÜTHER, Schreibbetrieb, Bücheraustausch und Briefwechsel: Der Konvent St. Katharina in St. Gallen während der Reform, in: Vita religiosa im Mittelalter. Festschrift für Kaspar Elm zum 70. Geburtstag, hg. von FRANZ FELTEN/NIKOLAUS JASPERT, Berlin 1999, S. 653–677.

St. Gallen abgeschrieben wurden und als Muster für die eigene Buchproduktion dienten, nicht nur auf klösterlich-institutionellen Wegen geschah, sondern wesentlich durch die seit Ende des 14. Jahrhunderts bestehenden engen Handelsbeziehungen zwischen Nürnberger und St. Galler Kaufleuten erleichtert und gefördert wurde, war eine 1938 geäußerte Vermutung KATHARINA VOGLERS, die in neueren Arbeiten kommentarlos zur Gewißheit geworden ist. Sie bedürfte allerdings genauerer Prüfung.

Verbindungen über den eigentlichen südwestlichen Raum hinaus lassen sich auch bei anderen Klöstern feststellen. So tauschte man in Colmarer Frauenklöstern nicht nur mit Freiburger Konventen Texte aus, sondern Dorothea von Kippenheim, Schwester des Unterlindenklosters, benutzte, wie KARL ERNST GEITH nachgewiesen hat, für ihre Übersetzung der ›Ulrichsvita‹ eine für das Augsburger Kloster St. Ulrich und Afra entstandene, gedruckte Sammlung der dortigen Hausheiligen.[29] Vermittelt wurde der Druck offenbar über enge verwandtschaftliche Kontakte der Augsburger Familie Gossembrot zum Kloster Unterlinden, dessen Seelbuch mehrere Jahrzeitstiftungen für Angehörige dieser Familie verzeichnet. Der Anteil der Drucke an den zwischen den Klöstern ausgetauschten Schriften bzw. die Auswirkungen des Buchdrucks auf die »zwischenklösterliche Kommunikation«[30] sind noch längst nicht untersucht. Zweifellos ermöglichte der Buchdruck einen einfacheren Zugriff auf Texte, der zudem noch vermehrt von persönlichen Verbindungen unabhängig war. Denn für den Erwerb des Straßburger Parzival-Drucks war man z. B. im Benediktinerkloster Blaubeuren 1486 nicht mehr darauf angewiesen, nach Straßburg zu reisen oder Ordensbrüder und Verwandte um Hilfe zu bitten, sondern konnte selbst bei den Buchführern Mentelins, die bis nach Österreich, Polen und Ungarn reisten, Bücher kaufen.[31] Doch läßt das Beispiel Dorotheas von Kippenheim vermuten, daß auch nach der Erfindung des neuen Mediums und der zunehmenden Expansion des Buchgewerbes und -handels bei der Vermittlung der Frühdrucke nicht anders als bei den Handschriften noch lange verwandtschaftliche Kontakte zwischen den Städten bzw. Klöstern entscheidend blieben. Persönliche Bindungen, die Grundlage jeglicher mittelalterlichen Kommunikation, erscheinen auch als Voraussetzung literarischer Kommunikation unverzichtbar. Die Erforschung dieser personengeschichtlichen Verbindungen gilt es daher voranzutreiben, will man den Kommunikationswegen in diesem Raum wirklich auf die Spur kommen.

---

[29] Siehe KARL ERNST GEITH, Eine deutsche Übersetzung der ›Vita Sancti Udalrici‹ des Bern von Reichenau aus Unterlinden zu Colmar, in: Durch aubenteuer muess man wagen vil. Festschrift für Anton Schwob, hg. von WERNFRIED HOFMEISTER/BERND STEINBAUER, Innsbruck 1997 (Innsbrucker Reihe zur Kulturwissenschaft: Germanistische Reihe 57), S. 109–119. Zum Austausch zwischen Colmar und Freiburg i. Br. siehe BACKES [Anm. 10].

[30] Der Begriff stammt von ANDREAS RÜTHER [Anm. 28].

[31] Siehe PETER JÖRG BECKER, Handschriften und Frühdrucke mittelhochdeutscher Epen, Wiesbaden 1977, S. 252f.

Nikolai A. Bondarko (St. Petersburg)

Nu fraget sant Bernhart waz got si

Zur paraphrasierenden Textübertragung und Dialogizität in den
›St. Georgener Predigten‹ und im ›Baumgarten geistlicher Herzen‹[*]

Die Entwicklungsgeschichte der deutschen Predigt im Mittelalter ist ein Paradebeispiel dafür, daß der Sprachcodewechsel von Latein zu Deutsch immer auch mit dem Wechsel von Textsortennormen und Textstruktur einhergeht. Der funktionale Stil der spätmittelhochdeutschen geistlichen Prosa, zu deren primären Gattungen Lesepredigt und Traktat gehören, steht zwar in größter Abhängigkeit vom Stil der lateinischen Prosa, verfügt aber darüber hinaus über einige individuelle Merkmale. Stilistische (an sich vor allem kompositorische und syntaktische) Differenzierungen des Sprachmaterials lassen sich nur in Bezug auf Gebrauchsfunktionen[1] des Textes feststellen. Dieser funktionellen Modifizierung unterliegen kompilative Werke der mittelhochdeutschen geistlich-erbaulichen Prosa, in denen der Ausgangstext an einen neuen Kontext sowohl mit den üblichen Kompilationsmethoden (Auslassungen, Zufügungen, Umstellungen, Ersetzungen) als auch mit Hilfe einer feineren Redaktionstechnik angepaßt wird, die sich auf die Variierung nicht nur textueller, sondern auch sprachlicher Einheiten stützt. Eine gebrauchsfunktionale Untersuchung solcher Texte setzt eine Analyse verschiedener sprachlicher und textueller Strukturen (d. h. Einheiten, die den Text- und Textsortenaufbau leisten und in dieser Funktion nicht in kleinere Konstituenten zerlegbar sind) voraus, die eine Ermittlung

---

[*] Die Arbeit am vorliegenden Beitrag wurde in ihrer Endphase durch ein Forschungsstipendium der Alexander von Humboldt-Stiftung unterstützt und an den Universitäten Augsburg und Freiburg im Breisgau zu Ende gebracht. Ich nutze an dieser Stelle die Gelegenheit, den Mitarbeiterinnen und Mitarbeitern der Badischen Landesbibliothek in Karlsruhe und der Württembergischen Landesbibliothek in Stuttgart für ihre Auskünfte und die Bewilligung der Herstellung von Digitalaufnahmen herzlich zu danken.

[1] Vgl. STEERS Bewertung der Gebrauchsfunktion deutscher spätmittelalterlicher Prosatexte als textanalytische Kategorie in ihrer Rolle für den überlieferungsgeschichtlichen Ansatz: »Geht man davon aus, daß die Überlieferung eines Textes [...] von den Intentionen des Autors, der Redaktoren und der Schreiber in Verbindung und in Bezugnahme auf die literarischen Bedürfnisse der Benutzer und Leser, also des »literarischen Publikums«, gesteuert werden, dann erscheinen Funktion und Gebrauch als jene Kategorien, mit denen die Vorgänge der Textüberlieferung und Textgeschichte adäquat erfaßt werden können«, GEORG STEER, Gebrauchsfunktionale Text- und Überlieferungsanalyse, in: Überlieferungsgeschichtliche Prosafoschung. Beiträge der Würzburger Forschergruppe zur Methode und Auswertung, hg. von KURT RUH, Tübingen 1985 (TTG 19), S. 5–36, hier S. 33.

pragmatischer Strategien von Redaktoren zum Ziel hat. Die redaktionelle Textbearbeitung ist ein Vorgehen, das die paraphrasierende Übersetzung begleitet. Für die Übersetzer ist die Paraphrasierung bekanntlich ein Mittel, der Funktionsdivergenz zwischen Ausgangs- und Zieltext gerecht zu werden.[2]

In den hier zu analysierenden Übertragungen eines Auszugs aus dem Traktat ›De consideratione ad Eugenium papam‹ Bernhards von Clairvaux sind die textkonstituierenden Strukturen durch variierbare syntaktische Komplexe vertreten, die die Aufgabe haben, eine dialogische Rede zu inszenieren: vor allem sind es Einleitungsformeln zur zitierten Rede. Allerdings hat ihr Gebrauch diejenige Besonderheit, daß man es bei den zu analysierenden deutschen Übertragungsfassungen zwar ganz allgemein mit der *sermocinatio*, aber weder mit einem literarischen Dialog im vollen Sinne des Wortes noch mit einem Dialog als Darbietungsform theologischer Werke zu tun hat: Vorhanden sind lediglich lose miteinander verknüpfte Elemente des Dialogs, die nur eine bedingte Dialogizität schaffen. Deshalb werde ich solche Einleitungsformeln im Weiteren als ›quasidialogische‹ Strukturen bezeichnen. Die Transformation dieser quasidialogischen Strukturen hat sich als dasjenige Instrument erwiesen, das den textstrukturellen Umbau und das Umfunktionieren bewirkt. Insofern werden vor allem Sprachformeln der Zitateinleitung und die damit verbundenen Interpungierungen in ihrer Funktion der Satz- und Textgliederung bzw. Neustrukturierung berücksichtigt.[3]

In lateinischen Traktaten und Predigten des berühmten Theologen Bernhard von Clairvaux (1090–1153) findet die Forschung ein Stilmuster für die ganze Predigtliteratur der deutsch-niederländischen Region im Spätmittelalter.[4] Die Zahl der Übertragungen seiner Werke und deren Teilabschnitte ist kaum abzuschätzen.[5] Als Untersuchungsmaterial habe ich verschiedene Redaktionen ei-

---

[2] Zur Definition der pragmatischen Paraphrasierung (Adaption) gehört folgendes: »Ziel der Bearbeitung ist eine adäquate Umsetzung des AS-Textes in Ausrichtung auf eine neue Funktion des ZS-Textes, die entweder als Teildimension der AS-Textfunktion aufzufassen ist oder aber gänzlich außerhalb des ursprünglichen Funktionsrahmens liegt. Zur Erzielung einer Funktionsadäquatheit werden sowohl obligatorische als auch fakultative Paraphrasen eingesetzt.«, ANDREAS BIEBERSTEDT, Die Übersetzungstechnik des Bremer Evangelistars. Eine syntaktisch-stilistische Analyse unter Einbeziehung von Vergleichsübersetzungen des 14. bis frühen 16. Jahrhunderts, Berlin/New York 2004 (Studia Linguistica Germanica 71), S. 66.

[3] Zur konstitutiven Funktion minimaler thematischer Einheiten siehe NIKOLAI A. BONDARKO, Analyse, Synthese, Transformation. Modelle der Textreproduktion im kompilativen Erbauungsbuch *Geistlicher Herzen Bavngart*, in: Übertragungen: Formen und Konzepte von Reproduktion in Mittelalter und Früher Neuzeit, hg. von BRITTA BUSSMANN [u. a.], Berlin 2005 (Trends in Medieval Philology 5), S. 199–217.

[4] Siehe z. B. GERRIT CORNELIUS ZIELEMANN, Das Studium der deutschen und niederländischen Predigt im Mittelalter, in: Sô predigent etelîche. Beiträge zur deutschen und niederländischen Predigt im Mittelalter, hg. von KURT OTTO SEIDEL, Göppingen 1982 (GAG 378), S. 5–48, hier S. 22–23.

[5] Siehe z. B. zum Einfluß der Christologie Bernhards von Clairvaux auf das literarische

nes Textes gewählt, der in zwei der ältesten oberdeutschen kompilativen Textsammlungen des 13. Jahrhunderts vorliegt, im ›Baumgarten geistlicher Herzen‹ (im folgenden ›BgH‹)[6] und in den ›St. Georgener Predigten‹ (im folgenden ›SGP‹); der gewählte Text stellt einen Auszug aus Bernhards lateinischem Traktat ›De consideratione ad Eugenium papam‹[7] dar. An diesem Beispiel versuche ich, einige Strategien der paraphrasierenden Textübertragung zu ermitteln.

Der ›BgH‹ wird von H. UNGER auf die Zeit zwischen 1270 und 1290 datiert, als Entstehungsort des Archetypen dieses Werkes wurde schon von der älteren Forschung die Augsburger Gegend, als Verfassergruppe der sog. Augsburger Franziskanerkreis (Mitbrüder und Schüler Davids von Augsburg) erkannt.[8] Mit seinen mehr als 200 Einzeltexten ist der ›BgH‹ eine offene, jedoch als Korpus in sechs Handschriften überlieferte Sammlung, die sich nach ihrer Funktion als erbauliches Handbuch, als Kompendium für die geistliche Seelsorge für Nonnen bestimmen läßt. Aufgrund einer »ziemlich textkonstanten« Korpusüberlieferung[9] konnte H. UNGER eine einzige Redaktion des Gesamtwerks feststellen und eine kritische Edition auf Grundlage der ostschwäbischen Leithandschrift L vorlegen.[10] Viele der ›BgH‹-Kapitel sind »sekundäre Ad-hoc-Redaktionen« von den Textstücken, die auch außerhalb von Korpustextzeugen tradiert werden.[11] Zu dieser Gruppe gehört etwa Kap. 41 ›Waz got si‹, das eine Kurzfassung des Auszugs aus ›De consideratione‹ enthält. Die wichtigsten Angaben zu der St. Georgener Predigtsammlung seien hier nach SEIDEL angeführt.[12] Die Bezeichnung der Sammlung hat bekanntlich nichts mit dem Kloster St. Georgen als Entstehungsort der Primärredaktion zu tun.[13] Die Entstehungszeit wird als 2. Viertel

---

Schaffen von Augsburger Franziskanern: GEORG STEER, Die Passion Christi bei den deutschen Bettelorden im 13. Jahrhundert, in: Die Passion Christi in Literatur und Kunst des Spätmittelalters. Arbeiten zur literarischen Tradition zwischen dem 13. und 16. Jahrhundert, hg. von WALTER HAUG/BURGHART WACHINGER, Tübingen 1993 (Fortuna vitrea 12), S. 52–75, hier S. 61–62; Virtus und Sapientia. Der Einfluß Bernhards von Clairvaux auf Davids von Augsburg deutsche Traktate ›Die sieben Vorregeln der Tugend‹ und ›Der Spiegel der Tugend‹, in: Zisterziensische Spiritualität. Theologische Grundlagen, funktionale Voraussetzungen und bildhafte Ausprägungen im Mittelalter, bearb. von CLEMENS KASPER/KLAUS SCHREINER, St. Ottilien 1994 (Stud. Mitt. OSB, 34. Ergänzungsbd.), S. 171–188, hier S. 186–187.

[6] Kritische Ausgabe: Geistlicher Herzen Bavngart. Ein mittelhochdeutsches Buch religiöser Unterweisung aus dem Augsburger Franziskanerkreis des 13. Jahrhunderts. Untersuchungen und Text, hg. von HELGA UNGER, München 1969 (MTU 24).

[7] Bernardus Claraevallensis. De consideratione ad Eugenium papam. Liber V, in: Bernhard von Clairvaux. Sämtliche Werke lateinisch/deutsch, hg. von GERHARD B. WINKLER, Bd. 1, Innsbruck 1990, S. 775–827. Eine andere Stelle aus dem 5. Buch (Kap. 14) dieses mystischen Traktats wird in ›SGP‹ 53 zitiert: siehe dazu WOLFGANG FRÜHWALD, Der St. Georgener Prediger. Studien zur Wandlung des geistlichen Gehaltes, Berlin 1963 (QF, NF 9), S. 133–136.

[8] Siehe dazu UNGER [Anm. 6], S. 3–13.

[9] Ebd., S. 17.

[10] München, BSB, Cgm 6247, kurz nach 1300; die Beschreibung bei UNGER [Anm. 6], S. 73–78.

[11] Ebd., S. 17–18.

[12] KURT OTTO SEIDEL, ›Die St. Georgener Predigten‹. Untersuchungen zur Überlieferungs- und Textgeschichte, Tübingen 2003 (MTU 121).

[13] Zur Namensgebung der Sammlung siehe ebd., S. 2f.

des 13. Jahrhunderts, der Entstehungsraum als nördliches alemannisches Oberrheingebiet (ohne genauere Zuordnung) bestimmt. Die Sammlung wurde im zisterziensisch geprägten Milieu als Predigtlesebuch für weibliche Klosterangehörige zusammengestellt. Ihre Überlieferungstradition zählt insgesamt 29 Korpushandschriften und ca. 55 Textzeugen mit Streuüberlieferung.[14]

Die einzige kritische Ausgabe bleibt bisher diejenige von KARL RIEDER,[15] die in der Forschung als überlieferungsgeschichtlich verfehlt gilt, denn als Leithandschrift wählte RIEDER nicht die älteste Handschrift G (Karlsruhe, Badische LB, Cod. St. Georgen 36; Ende des 13. Jahrhunderts), die die frühere Redaktion x repräsentiert, sondern die Handschrift A (Freiburg, UB, Hs. 464; 1387), die die Redaktion x^1, eine spätere kompilative Bearbeitung von x, enthält.[16] Wohl die prägnanteste Charakterisierung der ›SGP‹ im Überlieferungsaspekt wurde von SEIDEL zu Beginn seiner Untersuchung formuliert: »Die Sammlung ist landschaftlich weit verbreitet, sie hat eine lange Überlieferungs- und Wirkungsgeschichte, sie findet sich in unterschiedlichen Benutzerkreisen, die Konsistenz der Sammlung insgesamt wie auch – allerdings in schwächerem Maß – des einzelnen Textes ist gering, die Gebrauchsfunktion dominiert.«[17]

Obwohl es keine direkte Verwandtschaft zwischen diesen Sammelwerken gibt, verschränken sich einzelne Textstücke (Kapitel/Predigten/Teilabschnitte) im Laufe ihrer Überlieferungsgeschichte als Streugut.[18] Für die Problematik einer textpragmatischen und stilistischen Analyse und besonders der Dialogizität sind die für die beiden Sammlungen gemeinsamen Faktoren grundlegend: Realisierungsmodus – »das Vorlesen in einer klösterlich lebenden Frauengemeinschaft –, daneben vielleicht auch die individuelle Lektüre« und Gebrauchsfunktion – »Grundlage für persönliche Erbauung und Meditation«.[19] Die Mündlichkeit dieser Texte ist eine ›fiktionale‹, weshalb an ›Predigt‹ als Gattungsbezeichnung

---

[14] Zu der Überlieferungstradition der Sammlung insgesamt siehe die genannte Studie von SEIDEL [Anm. 12] (damit sind die Ergebnisse der früheren Forschung überholt). Zur Zeit wird unter der Leitung von Prof. K. O. SEIDEL eine neue Edition der ›St. Georgener Predigten‹ vorbereitet (siehe Projektbeschreibung auf der Internetseite ‹www.mediae.uni-essen.de/projekt_predigten/index.htm›.)

[15] KARL RIEDER, Der sogenannte St. Georgener Prediger, Berlin 1908. Im folgenden werden die behandelten Predigten nach ihrer Reihenfolge in dieser Ausgabe bezeichnet: Rd. + Nr.

[16] Siehe FRÜHWALD [Anm. 7], S. 140–154; Seidel [Anm. 12], S. 189–195; 251–257.

[17] SEIDEL [Anm. 12], S. 5.

[18] Die wichtigsten Verschränkungen sind: 1) Kap. 41 des ›BgH‹ = Rd. 41; 2) Streuüberlieferung in gemeinsamen Sammelhandschriften: a) Karlsruhe, Badische LB, Cod. St. Georgen 37 (Ende 13. Jahrhundert): ›BgH‹ 24 (fol. 87^r–88^r), ›BgH‹ 28 (fol. 88^v–90^r), ›BgH‹ 67 (fol. 107^v–108^r), ›BgH‹ 72 (fol. 48^r–49^v) – Rd. 38 (fol. 68^r–73^v), Rd. 41 (fol. 59^r–68^r), Rd. 71 (74^r–79^r); b) Heidelberg, UB, cpg. 24 (1370): ›BgH‹ 24 (fol. 258vb–259ra) – Rd. 55 (fol. 230rb–232vb), Rd. 39 (fol. 233ra–235ra), Rd. 66 (fol. 257rb), Rd. 68 (fol. 257^{va-vb}), Rd. 69 (fol. 257vb–258vb), Rd. 70 (fol. 258^{rb-vb}); c) Handschrift Karlsruhe, Badische LB, Cod. St. Georgen 38 (um 1300): ›BgH‹ 67 (fol. 13^r–14^r) und ›BgH‹ 68 (fol. 23^r–26^r) – Rd. 44 (fol. 108^r–112^v); d) München, BSB, Cgm 5067 (1. Hälfte 15. Jahrhundert): ›BgH‹ 69 (fol. 358^v) sowie exzerpierende Bearbeitung mehrerer Kapitel (fol. 307^v–312^r) – Rd. 38 (fol. 313^r–316^r), 39 (fol. 356^r–357^v), 42 (fol. 355^v), 43 (fol. 355^r–356^r), 50 (fol. 316^{r-v}).

[19] SEIDEL, [Anm. 12], S. 310, 314.

nicht streng festzuhalten ist. Die bestehenden Gemeinsamkeiten zwischen den Sammlungen (bei allen Unterschieden in ihrer Entstehungsgeschichte) sind durch die folgenden Faktoren bedingt:

1) Geistiger Hintergrund und thematische Ausrichtung: Nicht nur die zisterziensische ›SGP‹-Sammlung, sondern auch der franziskanische ›BgH‹ weist einen außerordentlichen Einfluß bernhardischen Gedankenguts auf.

2) Die Funktion dieser Sammelwerke als erbauliche meditative Lesebücher im Kontext der Frauenklöster-Seelsorge.

3) Die den Aufbau beider Sammlungen bestimmende Rolle des Redigierens und der kompilatorischen Technik. Wenn die Konstitution des ›BgH‹ und der ›SGP‹ als ganzer Korpora (in verschiedenen Redaktionen) für die mittelalterlichen Kompilationsmethoden als paradigmatisch gelten kann, so können auch die einzelnen Kapitel und Predigten in ihrer Überlieferungsgeschichte äußerst variabel sein oder die Spuren einer intensiven Bearbeitung aufweisen. Es sind jene ›offenen‹ Texte, »die vielfältigem Gebrauch unterliegen, in den verschiedensten Gestalten und Ausformungen erscheinen, von anderen Texten ›durchschossen‹ oder in andere inseriert, erweitert, gekürzt werden [...]: alles nur Erdenkbare ist textgeschichtliche Wirklichkeit«.[20]

Das Kapitel 41 des ›BgH‹ ›Waz got sei‹ und die Predigt 41 der ›SGP‹ werden im vorliegenden Aufsatz anhand der folgenden Handschriften behandelt:[21]

1. Karlsruhe, Badische LB, Cod. St. Georgen 36, fol. 19.[22] Diese Handschrift wurde jüngst von KURT OTTO SEIDEL beschrieben. Nach seinen Angaben wurde die Handschrift kurz vor 1300 im alemannischen Schreibdialekt geschrieben und stammt aus dem südlichen Schwarzwald (in Frage käme das Benediktinerinnenkloster Amtenhausen).

---

[20] KURT RUH, Überlieferungsgeschichte mittelalterlicher Texte als methodischer Ansatz zu einer erweiterten Konzeption von Literaturgeschichte, in: Überlieferungsgeschichtliche Prosaforschung. Beiträge der Würzburger Forschergruppe zur Methode und Auswertung, hg. von KURT RUH, Tübingen 1985 (TTG 19), S. 262–272, hier S. 268–269. Vgl. die Bemerkung SEIDELs in Bezug auf die ›SGP‹: »Textlösungen bis hinunter zur Stufe eines Kurztextes aus Autoritätenzitat mit Erläuterung, Textbindungen bis hin zur mosaikartigen Neukomposition von Texten aus Versatzstücken sind möglich« SEIDEL [Anm. 12], S. 308. Vgl. die Feststellung FRÜHWALDS über die Textbearbeitung in Handschrift A der ›SGP‹:»Die Skala der Textbearbeitungen beginnt bei einer Umsetzung der Vorlage in die Mundart des Schreibers und reicht bis zur Uminterpretation, teilweise bis zur völligen Neugestaltung des originalen Textes« FRÜHWALD [Anm. 7], S. 50–61.

[21] Den Text der Hss. A (fol. 93rb–96rb) und G (fol. 19va–23rb) hatte ich zunächst nach den Abbildungen von SEIDEL untersucht: KURT OTTO SEIDEL, Die St. Georgener Predigten. Ausgewählte Abbildungen zur handschriftlichen Überlieferung, Göppingen 1982 (Litterae 89), S. 1–4; 21–25. Dank der finanziellen Unterstützung der Alexander von Humboldt-Stiftung konnte ich alle Handschriften, die im vorliegenden Beitrag behandelt werden, auch selbst sichten. Dies machte es mir möglich, einige vorläufige Ergebnisse zu korrigieren und zu vervollständigen.

[22] Die ausführlichste Beschreibung dieser Handschrift erfolgte durch SEIDEL [Anm. 12], S. 62–66.

2. Freiburg, UB, Hs. 464, fol. 93rb–96rb (A). Die Handschrift wurde im Jahr 1387 in Göfis bei Feldkirch vom Schreiber Albrecht dem Kolben erstellt; den Auftrag dazu erteilte ihm Margareta Mörlin, Ehefrau von Hans Stöckli, Stadtammann von Feldkirch.
3. Karlsruhe, LB, Cod. St. Georgen 37, fol. 59^r–68^r (Streu 24). Die Handschrift wurde im ostalemannischen Dialektraum gegen Ende des 13. Jahrhunderts geschrieben und könnte aus einem Nonnenkloster in der Gegend von Laupheim/Biberach stammen.[23] Die Handschrift enthält eine Sammlung einzelner Predigten und Traktate mystisch-theologischen und erbaulichen Inhaltes.

Von der bisherigen Forschung wurde eine interessante Tatsache übersehen: Laut der Beschreibung von THEODOR LÄNGIN fehlen zwischen fol. 32 und 33 (in der heutigen Numerierung) fünf Blätter, die herausgeschnitten wurden. Der Katalog verzeichnet aber nur die Texte, die vor und nach der Lücke stehen: einen geistlichen Brief und eine Betrachtung ›Von contemplieren‹. Letztere beginnt aber erst fol. 33^v, während das Reststück vom herausgeschnittenen Text auf fol. 33^{r-v} bisher unidentifiziert blieb. Wie ich feststellen konnte, handelt es sich um ›SGP‹ 41, die mit einigen Abweichungen auch auf fol. 59^r–68^r überliefert ist. In der Studie von SEIDEL, die den neuesten Stand der ›SGP‹-Forschung repräsentiert, ist diese Handschrift als Nr. 24 der Streuüberlieferung verzeichnet. Das neu entdeckte Fragment möchte ich daher als Streu 24a bezeichnen. Somit wird aber auch klar, weshalb die Blätter herausgeschnitten wurden: Ein spätmittelalterlicher bzw. frühneuzeitlicher Leser wird wohl das Vorhandensein zweier identischer Texte entdeckt und auf diese Weise die »überflüssige« Abschrift beseitigt haben. Leider wurde dabei nicht bemerkt, daß die Textgestalt beider Stücke nicht identisch war. Oder wollte man den »schlechteren« Text entfernen?

Das Fragment weist Lesarten auf, die es einerseits mit Streu 24, andererseits aber mit G teilt, hat dabei aber auch einige individuelle Besonderheiten.[24] In den mei-

---

[23] Siehe THEODOR LÄNGIN, Deutsche Handschriften. Neudruck der Ausgabe Karlsruhe 1894 mit bibliographischen Nachträgen, Wiesbaden 1974 (Die Handschriften der Badischen Landesbibliothek Karlsruhe. Beilage II, 2), S. 6–8, 139; auch SEIDEL [Anm. 12], S. 139 (Kurzbeschreibung mit Literatur). Die Signatur Streu 24, die auf die Zugehörigkeit zur Streuüberlieferung der ›SGP‹-Sammlung hinweist, übernehme ich von SEIDEL. In einer brieflichen Mitteilung machte mich Herr PD Dr. Jürgen Wolf (Berlin) darauf aufmerksam, daß dieses Bändchen »dem Typus der ausgesprochen kleinformatigen, einspaltigen, sehr einfachen, wohl von den Predigern/Seelsorgen privat (?) genutzten Gebrauchshandschrift im Taschenformat« entspricht. Für die Zusendung einer gescannten Kopie von Streu 24 (fol. 59^r–68^r), die mir in der Anfangsphase meiner Untersuchung gute Dienste leistete, gilt mein bester Dank Herrn Dr. Klaus Klein und Frau Dr. Barbara Stiewe (Marburg).

[24] Der Text der ›SGP‹ 41 ist außerdem nicht bis zum Ende abgeschrieben, nach den folgenden Worten bricht er ab: *Jch sprich abir · Wc ist bezzir zeminnenne danne der*

sten Fällen geht es um kleinere Einschübe bzw. Auslassungen oder aber um offensichtliche Textverderbnisse, die letztendlich in der Frage der überlieferungsgeschichtlichen Einordnung des Textes wenig aussagefähig sind. Es gibt aber eine Stelle, an der das Fragment Streu 24a eine wichtige (d. h. keinesfalls zufällige) syntaktische Lesart mit Streu 24 gegen G (Anrede *herre sant Bernhart* gegen eine Parenthese *sprihit sant Bernhart*) aufweist und unmittelbar danach umgekehrt mit G gegen Streu 24 (Auslassung eines ganzen Nebensatzes).[25]

Diese Beispiele lassen mit hoher Wahrscheinlichkeit darauf schließen, daß in Streu 24a eine Kontamination auf der Basis der Vorstufen von Streu 24 und G vorliegt. Alle Varianten überschreiten dabei nicht die Grenzen der x-Redaktion und des gleichen ostalemannischen Schreibdialekts. Merkwürdig ist dabei, daß die beiden Textvarianten der Karlsruher Handschrift St. Georgen 37 zweifelsohne von ein und derselben Hand stammen. Zu erklären ist das nur dadurch, daß der Schreiber bei der Arbeit an seiner Handschrift den gleichen Text nach unterschiedlichen Vorlagen abgeschrieben hat.

4. Stuttgart, Württembergische LB, Cod. theol. phil. 8° 27 (St). Diese Handschrift überliefert eine spätere Redaktion y1 der St. Georgener Predigtsammlung.[26]

Die Betrachtung der Übertragungsvarianten im ›BgH‹ und in verschiedenen Handschriften der ›SGP‹ vermag eine Vorstellung über bestimmte Tendenzen bei der gebrauchsfunktionalen und strukturellen Adaptation des Ausgangstextes zu vermitteln. Bei jeder Textbearbeitung geht es um eine kreative Aktivität von mehreren Bearbeitern, ohne daß irgendwelche direkten textuellen Abhängigkeiten festzustellen wären.[27] Die bisher erschienenen Untersuchungen zur Überlieferungsgeschichte beider Sammlungen, von denen vor allem diejenigen von UNGER (1969) für den ›BgH‹ und SEIDEL (2003) für die ›SGP‹ zu erwähnen sind, haben die notwendige Basis auch für die textpragmatischen Einzelanalysen

---

geminnet ist . vnd der da minnet · vnd von dem du geminnet bist . dc ist der groze got · der gůte got . der dich gar sǽr geminnet hat . Damit ist diese erste Variante der ›SGP‹ 41 in der Handschrift St. Georgen 37 um eine ganze Handschriftenseite kürzer als die spätere vollständig erhaltene Variante.

[25] *wc sol abir die minne an vns meren · h e r r e s a n t B e r n h a r t · dc lere vns wies si tegliches an vns wahse ·* (Streu 24a, fol. 33ʳ); *wc sol aber die an vns meren herre S a n t B e r n h a r t · dc si an vns wahsin sǒle.* (Streu 24, fol. 67ʳ); *wc sol abir dů an ůns meren. sprihit sant bernhart. dc lere ůns abir. wie sie tegelich an ůns wahsin suln.* (G, fol. 23ʳᵃ)

[26] Siehe die neueste Beschreibung bei SEIDEL [Anm. 12], S. 100–104. Zur Handschriftengruppe y1 siehe ebd., S. 167–174. Für die Bereitstellung der Digitalabdrucke vom Mikrofilm der Handschrift danke ich Herrn Prof. Hans-Jochen Schiewer (Freiburg i. Br.) und seinen Mitarbeitern.

[27] Vgl. SEIDEL [Anm. 12], S. 148f. In diesem Zusammenhang ist noch der etwas später entstandene Mosaiktraktat ›Sant Bernart fragt was got sey‹ zu erwähnen, dessen Zusammenhänge mit den Fassungen der ›BgH‹ 41 und ›SGP‹ 41 noch ungeklärt sind; siehe ebd., S. 130–131. Ich kann hier darauf nicht näher eingehen, doch sind neue Ergebnisse zur Überlieferungsgeschichte dieses Textzeugen Christine Steinert und Gabriele Wiederhöft (Univ. Essen) zu erwarten, deren Untersuchung demnächst erscheinen soll (briefliche Mitteilung von Herrn Prof. Dr. Kurt Otto Seidel).

redaktioneller Transformationen geschaffen, die nicht unbedingt auf die Klärung der Überlieferungsverhältnisse abzielen.

Der Text der ›SGP‹ 41 wurde schon von FRÜHWALD nach der Version der Handschrift G mit dem lateinischen Original vor allem in inhaltlicher und teilweise in kompositorischer Hinsicht verglichen;[28] trotzdem bedarf die neue Problemstellung einer neuen eingehenden Analyse.

Der übertragene Auszug aus dem Traktat ›De consideratione‹ Bernhards von Clairvaux wurde von den Kompilatoren des ›BgH‹ 41 und der ›SGP‹ 41 unabhängig voneinander in ihre Texte eingefügt.[29] Um die ganze kreative Freiheit der Handhabung von fremden Worten erfassen zu können, seien zunächst die inhaltlichen Zusammenhänge des behandelten Abschnitts im lateinischen Werk Bernhards erläutert.

Das fünfte und letzte Buch dieser Schrift befaßt sich mit der Frage nach den Wegen der Gotteserkenntnis und kann teilweise als polemische Auseinandersetzung mit der trinitarischen Doktrin Gilberts de la Porrée gelten.[30] Hauptsächlich ist hier aber Bernhard mit der Klassifizierung der Kontemplationsarten und Eigenschaften Gottes beschäftigt und bietet insofern eine Abhandlung, die für die Erfassung seiner mystischen Theologie unentbehrlich ist.

Das 5. Buch weist folgende Komposition auf:
1. Das Verhältnis von Glaube (*fides*), Einsicht (*intellectus*) und Vermutung (*opinio*);
2. Die ›Bürger‹ des Himmlischen Jerusalem: die Darstellung der himmlischen Hierarchie;
3. Das Wesen Gottes als Gegenstand der Betrachtung.

Von hier an lautet die bis zum Schluß des Werkes mehrmals wiederholte Frage: »Was ist Gott?« (*Quid est Deus?*). Ganz im Sinne der christlich-neuplatonischen Tradition werden die Wesensmerkmale Gottes als Ursprung (*principium*) und Urheber des Seienden (*auctor atque alium opifex*), Form (*forma*), Wesenheit (*essentia*) und Einfachheit (*simplicitas*) bestimmt. In Anlehnung an Boethius wird Gott ontologisch als »das Beste, das gedacht werden kann« (*Quo nihil melius cogitari potest*) definiert und dann halbwegs apophatisch prädiziert. Weiterhin stellt Bernhard die gegen Gilbert de la Porrée polemisch zugespitzte Frage nach dem Verhältnis zwischen Gott und Gottheit (*divinitas*) – welcher er eine eigene Existenz als von Gott selbst verschiedene Substanz abspricht – sowie das Problem der Einheit der Dreieinigkeit (*unitas Trinitatis*). Ein damit

---

[28] FRÜHWALD [Anm. 7], S. 136–138.
[29] Beim folgenden Vergleich verschiedener Fassungen des übertragenen Abschnitts wird davon abgesehen, nach der Diachronie der Bearbeitungsvarianten zu fragen; eine Ausnahme stellt nur die Berücksichtigung der zeitlichen Nachfolge beim Vergleich der Handschrift A als Hauptzeugen der späteren Redaktion x1 mit G (Redaktion x) dar; siehe das Stemma bei SEIDEL [Anm. 12], S. 189.
[30] Siehe den Kommentar von H. BREM zu ›De consideratione‹ in: Bernhard von Clairvaux [Anm. 7], S. 840, Anm. 151.

verbundenes, obwohl nach der Einschätzung des Verfassers diesem untergeordnetes Problem ist die Einheit von Wort (*verbum*), Seele und Leib in Christo. Nach diesem Problem behandelt der Autor das Thema der Inkarnation Christi.
4. Nach der Auseinandersetzung mit den trinitarischen Problemen wird zur eigentlichen Kontemplation übergegangen, indem eine prinzipiell unbegrenzte Vielfalt der Kontemplationsweisen festgestellt wird. Als eine der Möglichkeiten, Gott zu betrachten, wird der dem Eph 3, 18 folgende Bezug auf die vier räumlichen Dimensionen gewählt: *Quid est Deus? Longitudo, latitudo, sublimitas et profundum* (›De consideratione‹, l. V, c. XIII, n. 27, S. 489, 21). Die eingehende Erläuterung dieser Definition in Kap. XIII-XIV ist eben derjenige Abschnitt, der in den beiden Stücken der ›SGP‹ und des ›BgH‹ überarbeitet wurde. Die vier Dimensionen als Wesensmerkmale Gottes dienen Bernhard nur als Bedeutungsträger allegorischer Inhalte: Länge bedeutet die Ewigkeit (*aeternitas*), Breite die Liebe (*caritas*), Höhe die Macht (*potentia*) bzw. Erhabenheit (*maiestas*), Tiefe die Weisheit (*sapientia*). Die Auslegung dieser Begriffe tritt aber erst dann in ihre Hauptphase, wenn die Heiligkeit (*sanctitas*) als echtes Mittel der Gotteserfassung im Gegensatz zur wissenschaftlichen Erörterung (*disputatio*) erklärt wird (Kap. XIV). Die heilige Gesinnung (*affectio sancta*) fußt auf zwei Elementen: Gottesfurcht (*timor Domini sanctus*) und heilige Liebe (*amor sanctus*). Letztere werden nun auf die vier Dimensionen sowie auf deren eben ermittelte Bedeutungen bezogen, nämlich auf die Weise, daß die Furcht der vertikalen Achse von Höhe und Tiefe = Allmacht und Weisheit, während die Liebe der horizontalen Achse der Länge und Breite = der Ewigkeit und eigentlichen Liebe selbst, zugeordnet wird.

An dieser Stelle endet der in die ›SGP‹ 41 übernommene Abschnitt zusammen mit der Predigt selbst. Doch erst jetzt kommt Bernhard zum mystischen Schwerpunkt der ganzen Abhandlung, an dem es ihm eigentlich gelegen ist (§ 31, 32). Die mit der Furcht und Liebe erfaßten Dimensionen der Heiligkeit sind als Voraussetzung und Grundlage der mystischen Gotteserkenntnis gedacht: Diese ist insofern möglich, als die menschlichen Eigenschaften analog auf die göttlichen projiziert werden. Die Vermittlung erfolgt mit Hilfe von vier physischen Zuständen, die der kontemplierende Mensch erlebt: Staunen, Erbeben, Glühen und Ertragen. Diese psychosomatischen Erscheinungen werden dann generalisiert und als Signifikanten für vier Arten der Kontemplation interpretiert: Die erste bewundert die Größe Gottes (*admiratio maiestatis*), die zweite blickt auf die Gerichte Gottes (*est enim intuens iudicia Dei*), die dritte erinnert an seine Wohltaten (*occupatur [...] circa memoriam beneficiorum*), die vierte erwartet nur die von Gott verheißenen Güter (*in sola requiescit exspectatione promissorum*).[31]

---

[31] Diese Stelle ist in einer übertragenen Form in die ›SGP‹ 53 übernommen; eine Textanalyse siehe bei FRÜHWALD [Anm. 7], S. 133–136.

Diese Gleichsetzung ist nicht die letzte. Das 5. Buch und somit der ganze Traktat endet damit, daß die zuvor in einer mehrstufigen analogen Projizierung ermittelten Arten der Beschauung noch einmal in Beziehung gesetzt werden — diesmal auf die Gott beschreibenden paulinischen räumlichen Dimensionen, und zwar unter ausdrücklichem Hinweis auf die Aussagen des Apostels. Die zwei letzten Kapitel (XIII und XIV) stellen somit eine kompositorisch gerundete und inhaltlich geschlossene Einheit dar, die nur mittelbar mit den ebenso autonomen vorhergehenden Passus über die himmlische Hierarchie von Engelchören, über die Trinität und die doppelte Natur Christi verbunden ist.

Das paulinische Gedankengut findet sich bei Bernhard nicht nur in der schon erwähnten Epistel an die Epheser (Eph 3,18). Schon zu Beginn des Buches artikuliert der Verfasser ausdrücklich die kommunikative Hauptintention des Buches als Einleitung zur eigentlichen Betrachtung Gottes und mystischen Schau und läßt es sich nicht nehmen, den berühmten Satz aus Rm 1, 20 *Invisibilia Dei per ea quae facta sunt, intellecta conspiciuntur* (»Gottes unsichtbare Wirklichkeit wird an den Werken der Schöpfung mit der Vernunft wahrgenommen«) zu zitieren.

In der westlichen patristischen Tradition (exemplarisch bei Augustinus in seiner Schrift ›De Genesi ad litteram‹, Buch XII, Kap. 28) wird das Thema der Gottesschau, *visio beatifica*,[32] vor allem mit dem *raptus Pauli* verbunden. Bernhard greift darauf im 2. Kapitel des 5. Buches seines Traktats zurück. Der Auslegung von II Cor 12, 2 (*Scio hominem in Christo ante annos quattuordecim sive in corpore nescio sive extra corpus nescio Deus scit raptum eiusmodi usque ad tertium caelum*) ist die Predigt ›SGP‹ 41 gewidmet, deren Anlaß wohl der Festtag der Bekehrung Pauli (25. Januar) war.

Das Bild der drei Himmel wird vom Verfasser der ›SGP‹ 41 als dreigliedriger Aufhang für die Komposition des Textes benutzt und wird daneben als dreifaches Meditationsobjekt interpretiert. Der erste Himmel erhält die Bedeutung ›Seele‹, der zweite ›die von Gott geschaffene Welt‹, der dritte ›die intellektuelle Erkenntnis Gottes‹. Als *dilatatio* des letzten Gliedes des Schemas wurden gerade Bernhards Ausführungen aus den letzten Kapiteln seines Traktats ›De consideratione‹ verwendet, die sich somit als bereits vorliegendes Material zur Beschreibung der geistigen Schau (*visio intellectualis*) angeboten haben.[33]

Quid est Deus? – das ist die Frage, die Bernhard von Clairvaux im 6. Kapitel des 5. Buches (›De consideratione‹, l. V, c. VI, n. 13, S. 794, 10) stellt und die sich noch mehrmals bis zu dem Ende des Traktats wiederholt. Mit derselben Frage beginnt auch das XIII. Kapitel (§ 27), weiterhin wird sie ebenfalls in den folgenden Paragraphen (§ 28 und 29) mit wenigen Variationen gestellt, die den rhetorischen Effekt dieser Repetition verstärken sollen: *Quid igitur est*

---

[32] Zum Thema der *visio beatifica* in der ›SGP‹ siehe ebd., S. 127–139.
[33] Vgl. den Anfang des Abschnitts: *Der dritte himil. da wir inegezuckit sulne werdin. der haizit intellectualis. dc sprichit ain uirstandinisse.* (G, fol. 22rb).

Deus? / Quid item Deus? Die ganze Ausführung des Autors über die Definition Gottes nach räumlichen Dimensionen wird von den Verfassern der Predigt ›SGP‹ 41 und des Kapitels 41 des ›BgH‹ mit einem Hinweis auf die Autorität Bernhards entlehnt. Die adaptierende Übertragung des lateinischen Textes bedurfte entsprechender deutscher Strukturen der Zitateinleitung, vor allem der *verba dicendi*. Aber in diesem Punkt lassen sich erhebliche Unterschiede sowohl zwischen ›BgH‹ 41 und ›SGP‹ 41 als auch zwischen verschiedenen Fassungen des letzteren beobachten.

Die Variante des ›BgH‹ ist knapper gefaßt. Sie leitet Bernhards Rede mit dem Verb *sprechen* in präsentischer Form ein; die Rede wird im Weiteren nicht mehr unterbrochen. Dagegen ist den meisten analysierten Fassungen der ›SGP‹ 41 (eine Ausnahme bietet die Handschrift St, worauf ich später eingehen werde) ein Bruch zwischen der ersten Frage »Was ist Gott?« und deren Wiederholung gemeinsam, welche die emotionelle Wirkung dieses Fragens nach Gott steigert. Diese zweite Komponente lautet in der unifizierten Schreibung *und sprichet also*. Was die erste Komponente betrifft: In Handschrift Streu 24 ist dem neutralen *sprechen* das Verb mit einer engeren Bedeutung gegenübergestellt — *vragen*, das eine indirekte Frage einleitet. Das Erscheinen von *sprechen* an dieser Stelle in Streu 24 hängt wohl mit einer Variation des ursprünglichen Textes zusammen. Davon zeugt die grammatische Struktur des folgenden Satzes. In allen drei Handschriften wird die Frage in der Form eines Objektsatzes mit Endstellung des finiten Verbs geäußert, dabei steht das Verb im Konjunktiv: *waz got si*. Eine ganz andere Struktur liegt in ›BgH‹ 41 vor: Dem Verb *sprechen* folgt ein selbständiger Satz *O we, waz ist got?* (›BgH‹, S. 229, 1), der Modus des finiten Verbs ist hier der Indikativ. Als zusätzliches Merkmal für die Selbständigkeit dieses Satzes dient die Interjektion *O we*. In ›SGP‹ 41 steht sie vor der zweiten Frage, die als selbständiger Satz ausgestaltet ist, der mit dem Verb *sprechen* eingeleitet wird und in dem das finite Verb indikativisch gebraucht wird.

Ist die Repetition der Einleitungsformel in ›SGP‹ 41, die durch Gegenüberstellung der *verba dicendi sprechen* und *vragen* in den Handschriften A und G begleitet wird,[34] eine rein rhetorische Erscheinung, oder sollte sie eine wichtigere Funktion ausüben? Es ist anzunehmen, daß sowohl die erste als auch die zweite Einleitungsformel grundsätzlich verschiedene Rollen im Text spielen. Wie gezeigt wurde, stellen die Worte *Nu uraget sant Bernhart. Wc got únsir herre sie.* (G, fol. 22rb) / *Nu spricht. S. Bernhart. waz got si.* (Streu 24, fol. 66^v) eine engere syntaktische Einheit im Vergleich zu dem darauffolgenden Text dar. Das Verb *vragen / sprechen* leitet die Hauptfrage Bernhards als Hauptthema für den ganzen entlehnten Textabschnitt ein, während die zweite Konstruktion mit dem Verb *sprechen*: *und sprichit also. we wer sagit mir wc got. sie.* (G, fol. 22rb–22va) dieselbe Funktion für Bernhards direkte Rede ausübt.

---

[34] In Streu 24 tritt diese Gegenüberstellung nicht ein.

Die Bestätigung dieser Interpretation kann man in der Interpunktion von Streu 24 finden. In der Übereinstimmung mit der syntaktischen Struktur des Satzes *Nu spricht. S . Bernhart. waz got si . und spricht also · Owe wer sagit mir wer got si ·* (Streu 24, fol. 66[v], Z. 1–3; vgl. Abb. 1) ist die indirekte Frage *waz got si* mit einem Punkt in unterer Stellung von dem Matrixsatz abgehoben, das Pronomen *waz* ist mit Minuskel geschrieben.

Diese Kombination[35] ist einer anderen gegenübergestellt, die Bernhards direkte Rede einleitet: der Punkt und die folgende Majuskel *O* in der Interjektion *Owe*. Die Majuskel wird, wie dies in Streu 24 auch sonst meistens der Fall ist, mit roter Strichelung zusätzlich markiert.

Auch in G sind funktionelle Unterschiede im Gebrauch der Verben *vragen* und *sprechen* sichtbar. Die Kombination des Punktes mit der darauffolgenden Majuskel (manchmal aber auch Minuskel) markiert in derselben Handschrift G die Grenzen der Aussagen, deren Rolle nicht in der Mitteilung einer neuen Information, sondern im zusätzlichen Lenken der Aufmerksamkeit auf das laufende Thema beim Übergang zu einem neuen Mikrothema besteht, z. B. in demjenigen Abschnitt, der unmittelbar auf die betrachteten Einleitungsformeln folgt:

> *O we wer sagit mir wc got. sie. u̇ent ẘrte er ich abir sprichit er. Er ist du̇ lengi. un[de] div braiti. und du̇ hoihi. und du̇ tiefi. Div vier dinc . diu sint an got u̇nsirm herrin. Er ist div lengi ander ewekait. wan an sinir ewekait. ist wedir aneuanck. noch ende. un[de] darumbe nemmit er in du̇ lengi. Er ist div braiti. ander minne. wan er het sich mit der minne gebraitit inhimilriche. un[de] in ertriche. Er ist ouch div hoihi. an der maginkrefte. wan sin maginkrafth diu ist umbegriffinliche. Er ist ouch div tiefi . an der wishait. wan sin wishait. ist ane grunt. wan ir kan nieman zeendi komin. Du̇ vier dinc. sprichit er dc got sie. unde sprichit denne vu̇rbaz · O we wie sulne wir den begrifin.* [...]. (G, fol. 22va; vgl. Abb. 2)

Kennzeichnend ist, daß die erste Komponente der Interjektion *O we* in diesem und in allen weiteren Fällen mit Majuskel geschrieben wird. Es sei hier noch

---

[35] Wie die Interpungierungen in deutschen mittelalterlichen Handschriften kombiniert mit orthographischen und hervorhebenden Mitteln zu relevanten Repräsentationstypen syntaktischer Funktionen werden können, hat neuerdings SIMMLER gezeigt, FRANZ SIMMLER, Geschichte der Interpunktionssysteme im Deutschen, in: Sprachgeschichte. Ein Handbuch zur Geschichte der deutschen Sprache und ihrer Erforschung, hrsg. von WERNER BESCH [u. a.], Tbd. 3, Berlin/New York ²2003, S. 2472–2504, siehe besonders S. 2474–2481; vgl. FRANZ SIMMLER, Zur Geschichte der Interpunktion im Deutschen. Gebrauchsnormen zur Kennzeichnung von Fragen und Ausrufen, in: Philologische Forschungen. Festschrift für Philippe Marcq, hg. von YVON DESPORTES, Heidelberg 1994, S. 43–115. SIMMLER teilt die Interpungierungsmittel in zwei Gruppen: Repräsentanten von Makrostrukturen, d. h. von satzübergreifenden Texteinheiten (Abschnitte, Absätze, Kapitel u. a.) und syntaktisch orientierte Indikatoren. Die Anerkennung einer Reihe von syntaktischen Funktionen bei der mittelalterlichen Interpunktion modifiziert wesentlich die traditionelle Vorstellung von ihrem ausgesprochen rhetorischen Charakter.

angemerkt, daß in G großen Wert auf die äußere Gestalt der Majuskeln gelegt wird: alle Majuskeln werden abwechselnd in roter und blauer Farbe geschrieben. Auch in Streu 24 wird dasselbe Prinzip streng eingehalten. Die Interpungierung trennt auch das Ende des Mikrothemas von der Formel, die die nächste thematische Einheit einleitet:

> *Owe wer sagit mir wer got si · Nu antwrtich sprichit er. Er ist diu lengi vnd diu brati · Vnd diu tiefi · Diu fier dinc sint an got . Er ist diu lengi der ewikait . wan siner ewikait ist weder anevanc noch ende . Vn darumbe nemmit er in die lengi · Er ist och diu braiti ander minne · wan er hat sich mit der minne gebraitet . in himilrich vnd in ertrich · er ist och diu hŏohi an der magincraft. wan sin maginchraft díu ist vnbegrifinlich · er ist och diu tiefi ander wishait. wan sin wishait ist ane grunt. vnd kan ir nieman ze ende komin · Diu. IIII dinc sprichit er dc got sí · Nu sprichit er wrbaz · Owe wie sun wír den begrifen.* (Streu 24, fol. 66ʳ; vgl. Abb. 1)

Beim Vergleich dieses Textes mit der Variante der Handschrift G fallen zwei wesentliche Unterschiede auf. Erstens beginnt die Einleitungsformel *Nu antwrtich sprichit er* mit dem Temporaladverb *Nu*, das sehr oft den Anfang einer neuen thematischen Einheit signalisiert. Die entsprechende Stelle in G (*ůent ẘrte er ich abir sprichit er*) ist augenfällig verderbt, weil das Personalpronomen *er* nach *ůent ẘrte* zweifelsohne fehl am Platz ist.[36] Zweitens steht in Streu 24 auch *Nu* in Majuskelschreibung im Unterschied zur Minuskelschreibung der Konjunktion *abir* im Satz *abir sprichit er* in G.

Es ist zu bedenken, daß auf ähnliche Gedanken zum Gebrauch der Interpungierungskombination des Punktes und der Majuskel als Indikator der strukturell-kompositorischen Textgliederung in den spätmittelalterlichen Handschriften auch DAGMAR NEUENDORFF gekommen ist, die die deutschen Predigten Bertholds von Regensburg von diesem Standpunkt aus untersucht hatte. So konnte man z. B. mit der Kombination von Punkt und Majuskel das *thema* der Predigt von deren eigentlichem Text oder die Übersetzung des Themas ins Deutsche von dessen Auslegung (nach einer entsprechenden Einleitungsformel mit *verbum dicendi*) abgrenzen. Diese Interpungierungsmodelle, mit deren Hilfe man nach der Meinung der Forscherin die rhetorischen Einheiten *comma*, *colon* und *periodus* markierte, sollten auch als Mittel des funktionellen Strukturierens und als Vorlesehilfe gedient haben.[37]

Das beschriebene Nebeneinander zweier Einleitungsformeln konnte in der späteren handschriftlichen Überlieferung auch als überflüssig empfunden werden. Beispielhaft dafür ist die in der späteren Handschrift St (fol. 69ʳ) überlieferte Variante. Die Einleitung der Frage Bernhards und der darauffolgenden

---

[36] Vgl. FRÜHWALD [Anm. 7], S. 136.
[37] DAGMAR NEUENDORFF, Überlegungen zu *comma*, *colon* und *periodus* in den Predigten Bertholds von Regensburg, in: Neuere Forschungen zur historischen Syntax des Deutschen. Referate der Internationalen Fachkonferenz Eichstätt 1989, hg. von ANNE BETTEN, Tübingen 1990 (Reihe Germanistische Linguistik 103), S. 393–405, hier S. 399–400.

Antwort sieht hier schon ganz anders aus: *Sant Bernhart spricht . Owe wer sagt mir was gott sij · Nun antwrt ich.* Alle Dubletten der Ausgangsstruktur sind beseitigt. So wird die erste Frage (zugleich die Bezeichnung des Themas des gesamten Abschnitts) zusammen mit der Einleitungsformel zur Wiederholungsfrage weggelassen (In G: *Wc got ůnsir herre sie. und sprichet also.*). Dann wird auch der Satz mit *verbum dicendi sprichit er* (G) getilgt, der die Antwort des Autors einleitet und diese quasidialogische Struktur von der weiteren Textpartie trennt.

Es sei wiederholt: Wichtig für die Erfassung der Textbearbeitungsstrategie der ›SGP‹ 41 ist die Einführung der quasidialogischen Struktur *Nu antwrtich sprichit er* (Streu 24) nach der zweiten Frage und vor der darauffolgenden Antwort in den Handschriften G und Streu 24, die beide eine ältere Phase der Textgeschichte widerspiegeln. Diese Struktur fehlt in der die x1-Redaktion repräsentierenden Handschrift A.

Die entsprechende Stelle sieht im lateinischen Original folgendermaßen aus: *Quid igitur est Deus? LONGITUDO, inquam. Quid ipsa? AETERNITAS. Haec tam longa, ut non habeat terminum, non magis loci quam temporis. Est et LATITUDO. Et ipsa quid? CARITAS.* (›De consideratione‹, l. V, c. XIII, n. 28, S. 822, 3–5). Seine Erörterung des theologischen Problems will Bernhard von Clairvaux zugänglicher machen, indem er jede neue Etappe der Gedankenführung durch die Fragestellung hervorhebt und dabei die rhetorische Figur der *subiectio*[38] benutzt. Auf jede Frage gibt der Autor sofort eine Antwort. In der Redaktion x der ›SGP‹ 41 ist die Zahl solcher Fragen bis auf eine einzige, in einer indirekten Form gestellten, reduziert: *Nu uraget sant Bernhart. Wc got ůnsir herre sie.* (G, fol. 22rb). Zum Ausgleich wird die emotionale Spannung verstärkt. Die Frage des Predigers setzt nämlich keine Antwort voraus, weshalb man sie als *interrogatio*[39] bestimmen kann: *we wer sagit mir wc got. sie.* (G, f. 22va). Diesen Ausruf der Verzweiflung legt der Redaktor in den Mund Bernhards, der – in dieser Interpretation – darunter versteht, daß kein Mensch die göttliche Natur kenne, und sich deshalb gezwungen fühlt, seine eigene, sei es auch eine von vornherein unvollständige, Antwort zu geben.

Daß Gott nicht zu begreifen und mystische Erfahrung nicht auszusprechen ist, dessen ist sich der Verfasser des lateinischen Ausgangstexts zwar in vollem Maße bewußt,[40] jedoch bietet er gleichzeitig eine mögliche Lösung. Obwohl die

---

[38] »Die *subiectio* ist ein in die Rede hineingenommener fingierter (also monologischer) Dialog mit Frage und Antwort (meist mit mehreren Fragen und Antworten) zur Belebung der Gedankenfolge«, HEINRICH LAUSBERG, Handbuch der literarischen Rhetorik. Eine Grundlegung der Literaturwissenschaft, Stuttgart ³1990, § 771, S. 381. »Der Redner kann die Frage auch fiktiv an sich selbst richten oder richten lassen« (ebd., § 772, S. 382).

[39] »Die *interrogatio* ist der Ausdruck eines gemeinten Aussagesatzes als Frage, auf die keine Antwort erwartet wird, da die Antwort durch die Situation im Sinne der sprechenden Partei angenommen wird« (ebd., § 767, S. 379).

[40] »*Dixisti*«, inquis, »*satis qua ascendatur; etiam ascendendum dicere habes.*« *Falleris, si id speras: ineffabile est* (›De consideratione‹, l. V, c. III, n. 5, S. 780, 3–4).

geistigen Geheimnisse für eine gewöhnliche Beobachtung und logische Betrachtung nicht zugänglich sind, können sie trotzdem vom Heiligen Geist gnadenhaft geoffenbart werden. Dies ist mit Besinnung, Gebet, tugendhafter Lebensführung und seelischer Reinheit zu erreichen. Die Besinnung (*consideratio*) selbst teilt sich in drei Arten: die verwaltende (*consideratio dispensativa*), die beurteilende (*consideratio aestimativa*) und die schauende (*consideratio speculativa*) (›De consideratione‹, l. V, c. III, n. 4, S. 778). Letztere ist für den Verfasser selbst am wichtigsten; den Eigenschaften der Kontemplation sind die letzten Kapitel des Traktats gewidmet. Da aber sogar die gewöhnliche Spekulation als ein mögliches, wenn auch an sich keinesfalls ausreichendes Mittel der Besinnung anerkannt wird, läßt sich der alte mystische Topos, jede Gotteserkenntnis sei unvollständig und jede erhaltene Offenbarung unausdrückbar, im Laufe der weiteren Behandlung des gestellten Problems bewältigen.

Die im lateinischen Quellentext und in der St. Georgener Predigt ermittelten quasidialogischen Strukturen (Imitation eines Selbstgesprächs des Verfassers) fehlen in ›BgH‹ 41. Die rhetorische Frage *Owe, wie sol ich in danne begriffen?* (›BgH‹, S. 229, 6) erfüllt eine andere Funktion, indem sie die vermeintliche Hilfslosigkeit des Sprechenden betont.[41] Im allgemeinen werden in ›BgH‹ 41 die Formeln der Zitateinleitung mit dem einzigen *verbum dicendi sprechen* (*Ez s p r i c h e t s a n t B e r n h a r t*) nur zur Signalisierung eines neuen Zitatanfangs gebraucht und nur in denjenigen Fällen, in welchen der Wechsel von Mikrothemen offensichtlich ist.

Es lohnt sich, die einzige Ausnahme zu betrachten. Dasselbe Verb *sprechen* leitet die Worte ein, die der Redaktor fälschlicherweise dem Apostel Paulus zuschreibt:

Owe, wie sol ich in danne begriffen? So mach auch ich mich des niht getrosten, daz ich in immer begriffen muge; wan daz mich trostet ein wort, daz s p r i c h e t d e r h o h e l e r æ r s a n t P a u l s: D i v s e l s o l h a b e n z w e n a r m, d a m i t s i g o t b e g r i f f e, e i n e n g e r e h t e n v n d e i n e n t e n g e n. D e r g e r e h t i s t d i v w a r m i n n e, d e r t e n g e i s t d i v h e i l i g e v o r h t. Der ist gůt ze furhten, der so wise ist, daz niemen vor im niht verbergen mach;[42] der so gewaltich ist, daz im niemen widersten mach. Der ist gůt ze minnen, der selbe die war minne ist. (›BgH‹, S. 229, 6–330, 13)

Der Zitierfehler hängt wohl mit der Verkürzung des Ausgangstexts zusammen: Diejenige Stelle aus dem Epheserbrief (Eph 3,18), auf die Bernhard von Clair-

---

[41] Dieser Fragetyp steht demjenigen nah, der in der klassischen und spätantiken Rhetorik als *dubitatio* bezeichnet wurde: »Die *dubitatio* besteht darin, daß der Redner die Glaubwürdigkeit (*fides veritatis*) seines eigenen Standpunktes zu kräftigen sucht durch die gespielte rednerische Hilfslosigkeit, die sich in der an das Publikum gestellten Bitte um Beratung hinsichtlich der sach- und situationsgerechten gedanklichen Ausführung der Rede äußert«, LAUSBERG [Anm. 38], § 776, S. 383.

[42] *nec est ulla res create non manifesta in conspectus ipsius imo omnia sunt nuda et intime patentia oculis ejus* (Hebr 4,13). Bernhard selbst verweist nicht auf diese Stelle, deshalb ist sie auch in der Bearbeitung des ›BgH‹ nicht als Zitat markiert und vom vorausgehenden Text nicht gesondert.

vaux verweist (*At nisi posset, non dixisset Apostolus ut comprehendamus cum omnibus sanctis* – ›De consideratione‹, l. V, c. XIV, n. 30, S. 824, 8–10), wurde weggelassen, und an dieser Stelle erschien eine Paraphrase des von Bernhard selbst stammenden Textes. Auch hier ließ sich ein Mißverständnis nicht vermeiden. Wenn Bernhard auf eine metaphorische Weise von Liebe und Furcht als von den zwei Armen der Gott umfangenden (d. h. erkennenden) Seele spricht, meint er damit die Braut aus dem ›Canticum Canticorum‹, die ihren Bräutigam umfängt, und zitiert sogar die entsprechende Stelle (Ct 3, 4):

> *Novimus haec. Num ideo et arbitramur nos comprehendisse? N o n e a d i s p u t a t i o c o m p r e h e n d i t, s e d s a n c t i t a s, s i q u o m o d o t a m e n c o m p r e h e n d i p o t e s t q u o d i n c o m p r e h e n s i b i l e e s t. At nisi posset, non dixisset Apostolus ut comprehendamus cum omnibus sanctis. Sancti igitur comprehendunt. Quaeris quomodo? Si sanctus es, comprehendisti et nosti; si non, esto, et tuo experimento scies. Sanctum facit affectio sancta, et ipsa gemina: timor Domini sanctus et sanctus amor. His perfecte affecta anima, veluti quibusdam duobus brachiis suis comprehendit, amplectitur, stringit, tenet et ait: T e - N U I E U M N E C D I M I T T A M. Et timor quidem sublimi et profundo, amor lato longoque respondet.* (›De consideratione‹, l. V, c. XIV, n. 30, S. 824, 6–15).[43]

Der lateinische Quellentext ist in der deutschen Übertragung des ›BgH‹ 41 auf eine Skizze reduziert; er stellt nur den ersten Teil des Kapitels dar. Die folgenden Bernhardzitate (ihre genaue Quelle wurde bisher meines Wissens noch nicht eruiert) sind schon nicht unmittelbar mit der ersten verbunden: Sie enthalten eine Unterweisung im Sinne der Christusnachfolge: *Ez sprichet sant Bernhart: Dvnchestv dich arm, mensche, so gench zv̊ dem chruce, so wirstv riche* (›BgH‹, S. 230, 13–14) usw. Obwohl die für den Originaltext kennzeichnenden Anreden an einen konkreten Leser (Papst Eugenius) in der deutschen Übertragung getilgt sind, wird in diesem neuen Zitat der direkte Appell Bernhards an das Publikum wiederhergestellt, was mit dem insgesamt predigthaften Charakter des ›BgH‹ als Erbauungsbuch gut übereinstimmt. Eine Basisstruktur für das ganze Kapitel bietet das Zitieren selbst. Dieses Zitieren aus Bernhards Gedankengut setzt sich auch weiter fort, erst am Ende kommt ein Zitat von Augustinus vor, mit dem das Gesamtthema der Gottesminne abgeschlossen wird.

Während dialogische Strukturen in ›BgH‹ 41 stark reduziert werden, erfahren sie dagegen in ›SGP‹ 41 eine Ausweitung im Vergleich zum Originaltext. Die als Gliederungssignale für die Gedankenfolge dienenden Fragen (*subiectio*) werden auf zwei verschiedene Weisen gestellt. Es wird entweder vom Standpunkt des Adressaten (Papst Eugenius) aus gefragt, indem seine verständniserstaunende Haltung (›*Quid?*‹ *inquis*; *Quaeris quomodo?*) eingenommen wird, oder der Autor fragt sich selbst, wobei mehrere Fragen und Antworten aufeinander folgen können: *Quid igitur est Deus? L o n g i t u d o, inquam. Quid ipsa? Aeternitas. Haec tam longa, ut non habeat terminum, non magis loci quam temporis. Est et* LATITUDO. *Et ipsa quid? Caritas. Quibus et ista terminis an-*

---

[43] Die vom Bearbeiter ausgelassenen Stellen wurden durch Sperrung hervorgehoben.

gustetur in Deo, qui nihil odit horum quae fecerit? (›De consideratione‹, l. V, c. XIII, n. 28, S. 822, 3–6). Der Verfasser der ›SGP‹ 41 geht noch einen Schritt weiter und verwandelt die im Grunde genommen monologische Rede der Quelle in einen eigenartigen Dialog, an dem St. Bernhard, der Apostel Paulus, welcher die Autorität der Hl. Schrift vertritt, sowie der Verfasser (›Prediger‹) selbst teilnehmen.

Wie bereits bemerkt, führt Bernhard von Clairvaux in seinem Traktat den Gedanken konsequent durch, es sei durchaus möglich, die himmlischen Geheimnisse zu begreifen, zwar nicht auf eine rationale Weise, aber durch Heiligkeit. Zur Bekräftigung dieser These verweist er explizit auf die Worte von Paulus (Eph 3, 18): *Non ea disputatio comprehendit, sed sanctitas, si quo modo tamen comprehendi potest quod incomprehensibile est. At nisi posset, non dixisset Apostolus ut comprehendamus cum omnibus sanctis. Sancti igitur comprehendunt* (›De consideratione‹, l. V, c. XIV, n. 30, S. 6–10). Die an dieser Stelle recht ruhige Ausführung wird sowohl in ›BgH‹ 41 als auch in ›SGP‹ 41 zu einem pathetischen Ausruf, der den ursprünglichen Sinn transformiert. Es wirkt jetzt so, als ob Bernhard an der Unmöglichkeit der Gotteserkenntnis völlig verzweifeln würde, wenn die ermunternden Worte des Apostels ihn nicht davon abhielten.[44] Dann mischt sich der deutsche Redaktor der ›SGP‹ 41 in den von ihm übertragenen Monolog Bernhards ein und entscheidet, sich an den Verfasser des Epheserbriefes zu wenden:

> *Owe sprichit er. ich hat des gar virtroestit dc ich in iemir moehti begriffin. wan dc mich ain wort troestit. dc sprichit der groze. und der edile bredier sant paulus. dv git mir ainen trost. andirs so engetorste ich niemir des gedenkin. dc ich ine iemir geuan mehti. Wc ist abir dc. daz der groz sant paulus spichit. Er sprichit. Ir sulnt got únsirne herrin geuahin. mit der hailkait. Dc ist also gesprochin. Ir sulnt got geuahin mit der hailigun minne. und mit hailigun vorhte. dc sint die sele arma. da mit sie got sol umbeuahin. und denne sol sie ine uaste haben. dc er ir nút entwiche. Wa uon sol abir dú hailige uorht an úns meren tegelichis. O we sprichit er. mentsche wc ist me zeuurhtanne. denne ain gwalt. dem nieman mac widir stan. und dem elliu dinc offin sint.* (G, fol. 22va–22vb)

Merkwürdigerweise ist in Streu 24 die erste von den Fragerepliken des Autors (*subiectio*), welche die Worte von Paulus einleitet (*Wc ist abir dc. daz der groz sant paulus spichit. Er sprichit*), ausgelassen: *Der git mir ainen trost . anders so getorst ich ez nimmer gedenken · dc ich in immer geuahin mit der hailickáit · Dc ist gesprochin · Ir sunt got geuahen mit hailiger vorhte. und mit hailiger minne* (Streu 24, fol. 67^r). Das rhetorisch-dialogische Element wird in G so verstärkt, daß man dahinter eine bewußte rhetorische Strategie vermuten kann, die der Schreiber dieser Handschrift oder deren Vorlage angewendet haben könnte.

---

[44] Die inhaltliche Übereinstimmung in einer so auffälligen Abweichung vom Ausgangstext in den beiden deutschen Werken – wobei die Selbständigkeit des Zitierens in jedem von ihnen als gesichert gelten kann (siehe SEIDEL [Anm. 12], S. 127) – läßt die Existenz einer deutschen Bearbeitung von ›De consideratione‹ annehmen, die sowohl dem Verfasser der ›SGP‹ 41 als auch den Kompilatoren des ›BgH‹ vorgelegen haben müßte. Diese Frage muß hier offen gelassen werden.

Die Worte des Paulus werden zweimal unterbrochen: zuerst mit einer kurzen allegorischen Auslegung, die durch die Formel *Dc ist also gesprochin* eingeleitet wird, dann mit der Frage *Wa ͧon sol abir dů hailige ͧorht an ůns meren tegelichis*, die ein Zitat von einer anderen Stelle, Hbr 4,13, einleitet. Danach wendet sich der Redaktor wieder an St. Bernhard, wobei er den Heiligen zum ersten Mal im ganzen Text in der 2. Person anredet. Er erinnert ihn an seine Worte, statt sie mit einer Einleitungsformel in der 3. Person zu zitieren: *Sprichist du denne herre sant Bernhart. dc got ellů dinc offin sint. und dc wir niht so clainis mugin getůn. mit gedankin. mit wortin. mit werkin. ez ensie im alliz gar offin.* (G, fol. 22^(vb)). Aber diese Aussage (im Original: *Nunc autem perfecte oportet timeas illum, cui nec oculus deest omnia videns, nec manus potens omnia.* ›De consideratione‹, l. V, c. XIV, n. 30, S. 17–18) ist gleichzeitig ein Zitat, das Bernhard selbst aus dem Herbräerbrief (Hbr 4,13) anführt. Deshalb ist es Paulus, der Bernhard erwidert: *Da ez ist im alliz offin. sprichit der edil sant paulus. Alliz dc wir ie getatin. dc ist im alliz offin. und endekkit ͧor gotis ougon. wir enmugin niht hainlichis getůn. noch gedenkin. ez ensie im allis kunt.* (G, fol. 22^(vb)). Auf diese Worte spricht schon der Verfasser der Predigt den Apostel so an, als ob er sich über das Gesagte wundere und eine Bestätigung der Aussage über Gottes Allwissenheit wünsche: *Ist dc war grozir herre sant paulus./* – Darauf antwortet Paulus nicht nur ihm, sondern auch allen Lesern der Predigt und erklärt: *Da gewerliche ez war. intrůwan mentsche so ist er wol zeůurhtinne. ain gwalt. dem ellů dinc offin sint. der gwalt mac wol die ͧorht an ůns meron. dc sie tægelichis an ůns wahse.* (G, fol. 22^(vb)).

In Streu 24 fehlt der hervorgehobene Teil der Replik, der nach der Einleitungsformel steht (von *Alliz dc wir ie getatin* bis *ez ensie im allis kunt*), weshalb der Dialog dynamischer wird: *Sprichist du denne . herre sante Bernhart · dc got alliu dinc offin sint . vnd niut so clainez mugun getůn · mit gedankín mit worten mit werkin · ez insi im alliz offin. Ja ez ist im alliz offin · spricht der edil Sant Paulus . Ist dc war grozir herre . S · Paul · Ja gewærlich ez ist war . triuwer mensch · so ist er wol zer ẘrhtenne . ain gewalt dem alliu dinc offin sínt.* (Streu 24, fol. 67^r–67^v).

Ab hier kann das Fragment Streu 24a zum Vergleich herangezogen werden. Darin fehlt nicht nur derselbe Teil der Replik von Paulus wie in Streu 24, sondern auch die an Paulus gerichtete Frage ist weggelassen: *Ja ez ist im allez offin · Spricht der edil Paulus · ia gwelich* (so in der Hs.) *ez ist war* (Streu 24a, fol. 33^v). Somit macht hier die ursprüngliche dialogartige Gestaltung der Rede einem Monolog Platz.

In der vollständigen Variante der ›SGP‹ 41, wie sie die Hs. G bietet, ist die Technik der paraphrasierenden Repetition eines Mikrothemas auffallend, das man als ›Gottes Allwissenheit‹ bezeichnen kann, die im Laufe des ganzen eigenartigen Dialogs angewendet wird. Dieses Thema erscheint im folgenden inhaltlichen Kontext. Bernhard von Clairvaux meint, die Heiligkeit sei die Vorbedingung und die einzige Möglichkeit zur Schau des göttlichen Wesens. Die

Heiligkeit kann man durch Gottesfurcht und Gottesliebe erreichen: Diese Eigenschaften werden metaphorisch als Arme der Seele (›Canticum Canticorum‹) bezeichnet, mit denen die Seele Gott umfängt.[45] Es ist eben die Furcht, die durch den Gedanken erregt wird, daß »keine Kreatur vor ihm unsichtbar« ist und »alles bloß und entdeckt vor seinen Augen« ist (Hbr 4,13). In Handschrift G wird diese Idee viermal mit einigen Variationen artikuliert: Beim ersten, dritten und vierten Mal wird sie vom Apostel Paulus selbst ausgesprochen, beim zweiten Mal wird sie in den Mund Bernhards gelegt:

Wa uon sol abir dů hailige uorht an ůns meren tegelichis. [1] *O we sprichit er.* [Paulus] *mentsche wc ist me zevůrhtanne. denne ain gwalt. dem nieman mac widir stan. un[d] dem elliu dinc offin sint. Sprichist du denne herre sant Bernhart.* [2] *dc got ellů dinc offin sint. und dc wir niht so clainis mugin getůn. mit gedankin. mit wortin. mit werkin. ez ensie im alliz gar offin.* [3] *Da ez ist im alliz offin. sprichit der edil sant paulus. Alliz dc wir ie getan. dc ist im alliz offin. un[d] endekkit uor gotis ougon. wir enmugin niht hainlichis getůn. noch gedenkin. ez ensie im allis kunt. Ist dc war grozir herre sant paulus./* [4] *Da gewerliche ez war. intrůwan mentsche so ist er wol zevůrhtinne. ain gwalt. dem ellů dinc offin sint. der gwalt mac wol die uorht an ůns meron. dc sie tægelichis an ůns wahse.* (G, fol. 22ᵛᵇ)

Der Gedanke, daß Gott alle Dinge offenkundig sind (*got/im sint/ist elliu dinc/alliz offen*), wird dabei sechsmal fast wörtlich wiederholt (die syntaktische Gestaltung dieser Aussage ist natürlich in jedem Einzelfall unterschiedlich). Es wäre zu bedenken, ob damit nicht ein Beispiel der *meditatio* geboten wird, für deren technische Ausübung die mittelalterliche monastische Tradition, darunter Bernhard von Clairvaux selbst, auch eine mündliche Wiederholung von ein und demselben Gedanken (*ruminatio*) empfahl.[46]

Darauf folgt ein (im Sinne der Rollenstruktur des Textes) anscheinend schon Bernhard angehörender Passus, in welchem er die Aussage des Paulus von der Furcht kurz resümiert und zum Thema der Liebe übergeht, indem er die allegorische Analogie von Furcht und Liebe als die zwei Arme der Seele weiter entwickelt: *nu han wir ainen arn. da mit wir got ůnsirne herren sulne umbeuahin. Der andir arne. dc ist div hailigů minne.* (G, fol. 22ᵛᵇ–23ʳᵃ). Erst danach erscheint die entsprechende Einleitungsformel: *wc sol abir dů an ůns meren. sprihit sant Bernhart. dc lere ůns abir. wie sie tegelich an ůns wahsin suln. Ich spriche abir zedir. wc ist bezzir zeminnenne. denne d[er]. der geminnet hat. u[nd] uon dem du geminnit bist. dc ist der groze got. d[er] gůte got. der dich gar sere geminnet hat.* (G, fol. 23ʳᵃ). Hier erscheint ein wesentlicher Unterschied

---

[45] In inhaltlicher Übereinstimmung mit ›De consideratione‹, l. V, c. XIV, n. 30, S. 824, 6–15 (vgl. die Analyse oben).

[46] Grundsätzliches zu den Begriffen der *meditatio* und *ruminatio* in der monastischen Pädagogik des 12. Jahrhunderts sowie Textbelege siehe bei JEAN LECLERCQ, Études sur le vocabulaire monastique du Moyen Âge, Rom 1961 (Studia Anselmiana 48), S. 134–137; vgl. FIDELIS RUPPERT, *Meditatio – Ruminatio. Zu einem Grundbegriff christlicher Meditation.* in: Erbe und Auftrag (Beuron) 53, 1977, S. 83–93; zur Bedeutung der Meditation für die ›SGP‹ vgl. FRÜHWALD [Anm. 7], S. 79f.

in der Zitateinleitung zwischen den Varianten in G einerseits und in Streu 24 und Streu 24a andererseits, der die syntaktische und semantische Struktur des Abschnitts betrifft. In der Variante G wird die Formel *sprihit sant Bernhart*, die von den darauffolgenden Worten durch einen Punkt getrennt ist, inmitten der Frage eingesetzt,[47] die auf diese Weise in den Mund des Heiligen gelegt wird. Nach dem verallgemeinernden *vns* sieht die folgende Anrede Bernhards an den Leser in der 2. Person Singular etwas unerwartet aus: *Ich spriche abir zedir*. Einheitlicher scheint die dialogische Struktur in Streu 24 (darin stimmen die Varianten von Streu 24 und Streu 24a überein) zu sein: *wc sol aber díe an vns meren herre Sant Bernhart · dc si an vns wahsin sv̊le . Ich sprich abir wc ist bezzir ze minnenne . denne der da geminnet ist . vnd minnet . vnd von dem du geminnet bist. Dc ist der groze got. der gůte got . der dich gar sere ge minne hat .* (Streu 24, fol. 67ᵛ). Die Frage wird hier vom Verfasser der Predigt gestellt, der Bernhard als *herre Sant Bernhart* anredet.

Der ganze folgende Text bis zum Predigtende soll als Bernhards Worte verstanden werden, obwohl es nur die freie Paraphrase einer ziemlich knappen Aussage der Quelle ist: *Ama igitur perseveranter et longanimiter, et habes longitudinem; dilata amorem tuum usque ad inimicos, et latitudinem tenes; esto ctiam in omni sollicitudine timoratus, et sublime profundumque apprehendisti* (›De consideratione‹, l. V, c. XIV, n. 30, S. 21–23). Der Abschnitt übt die Funktion der für die Komposition der Predigt üblichen abschließenden Belehrung aus, die an die gesamte Gemeinde gerichtet ist (*admonitio*), und kann ohne weiteres als Worte des Predigers selbst verstanden werden (nicht zufällig ist deshalb die Überführung der Rede in den Plural):

> *Den sulne wir sv̊zeclîche und stæteclîche minnen. so haben wir zwene arm. da mit wir got ůnsirne herrin sulne umbeuahin. Vnd swenne wir got alsus crefteclîch begriffen. so suln wir in uaste haben. dc er ůns niht enpfliehe. und suln ůns ulizen der hailigun vorhte. und der hailigun minne. wie swie wir die arm uirliesen. sone mugin wir ůnsir got niht geuahin. Flize dich liebir mentsche. dc du got uor allen dingin liep habest. so lebest du allezan intuginden. Swa ouch dů gotis liebi. die tuginde niht zůhit. die uirderbint schiere. der lon wir ouch gemezzen. nah der minne. Wan hetti ain mentsche alle tuginde ane die minne. alde alle minne. ane die tuginde. des enphienge er niemer lon. Und darumbe suln wir crefteclîche kerin. an die minne. so wirt ellů ůnsir arbait. ain lon uon der minne. ane die enmac niht gůtis gesin.* (G, fol. 23ʳᵃ–23ʳᵇ)

In der Tat stellen die dem Thema der Liebe gewidmeten beschließenden Zeilen nach der Aufforderung *Flize dich liebir mentsche* ein freies Zitat aus dem ersten Korintherbrief[48] dar. Einen Hinweis auf die Hl. Schrift gibt die Handschrift A:

---

[47] Diese Tatsache ist nicht ganz offensichtlich, denn die Frage hat eine komplizierte syntaktische Struktur mit dem durchaus autonomen ersten Teil, aber die Stellung des finiten Verbs *sprechen* vor dem Nomen und der allgemeine Sinn der Textstelle scheinen eine sichere Grundlage für diese Interpretation zu sein; die verbale Form *lere* ist als Konjunktiv Präsens zu verstehen.

[48] *si linguis hominum loquar et angelorum caritatem autem non habeam factus sum velut aes sonans aut cymbalum tinniens et si habuero prophetiam et noverim mysteria omnia*

won hetti ain mentsch alle tugend an die minne, dar umb wurde im niemer lon, sprichet sant Paulus.[49]

Davon, daß der Dialog zwischen dem Verfasser, St. Bernhard und dem Apostel Paulus die Aufmerksamkeit späterer Redaktoren auf sich lenkte und ihnen als solcher überflüssig vorkam, zeugt die Tatsache, daß Bernhards Name in Handschrift A nach dem ersten Zitieren der Worte des Paulus (Eph 3,18) nicht mehr erwähnt wird, obwohl sich die Paraphrase seines Textes fortsetzt. Somit wird die Grenze zwischen dem in der ersten Person sprechenden Prediger und dem von ihm zitierten Autor getilgt.[50]

Noch weiter in diese Richtung geht der Verfasser des Mosaiktextes in Handschrift St. Das ganze Zitat aus dem Epheserbrief beschränkt sich auf die ersten Sätze, denen der weitere Text von ›SGP‹ 41 schon nicht mehr folgt, da der Kompilator zu einer verdeutschten Aussage des Seneca übergeht, die in allen vollständigen Fassungen dem ganzen übertragenen Abschnitt vorausgeht:[51] *Aber des trôstet vns Sant Paul[u]s vnd sprichet jr sollend gott uachen mit hailikait das ist als vil gesprochen Yr sollend gott uachen mit hailiger forcht vnd mit der hailigen minn. Das sind der sel arm da mit si gott vmb fachen sol vnd sol jn fast haben das er sy icht lasse Ein wyser man haisset Seneca. Der spricht* [...] (St, fol. 69ʳ–69ᵛ). Hier ist der Dialog zugunsten eines üblichen Zitats aufgelöst. In der Rede Bernhards findet der Übergang von der 1. Person Plural zu der 1. Person Singular nicht statt, so daß es nicht mehr möglich ist, hinter dem verallgemeinernden *vns* die rhetorisch zugespitzte, kunstvoll individualisierte Redeweise des Kirchenlehrers zu erkennen. Zu einem Vergleich lohnt es sich, den betroffenen Passus in Handschrift G nochmals mit Hervorhebung der sich ungefähr entsprechenden Stellen anzuführen: *Owe sprichit er. ich hat des gar virtroestit dc ich in iemir moehti begriffin. wan dc mich ain wort troestit. dc sprichit der groze. und der edile bredier sant paulus. dv git mir ainen trost. andirs so engetorste ich niemir des gedenkin. dc ich ine iemir geuan mehti. Wc ist abir dc. daz der groz sant paulus spichit. Er sprichit.* [...] (G, fol. 22ᵛᵃ). Eine so radikale Deformation des Textes, bei der man dialogische Strukturen ganz konsequent beseitigt, ist offensichtlich mit einer neuen kontextuellen Umgebung eines Mosaiktexts verbunden, in der der übernommene Textbau-

---

et omnem scientiam et habuero omnem fidem ita ut montes transferam caritatem autem non habuero nihil sum et si distribuero in cibos pauperum omnes facultates meas et si tradidero corpus meum ut ardeam caritatem autem non habuero nihil mihi prodest (I Cor 13, 1–3).

[49] RIEDER, [Anm. 15], S. 134, 22–23.

[50] Vgl. die Beobachtung SEIDELS zur Arbeitsweise des Redaktors von x1: Die SG-Texte seien »gekürzt, entlatinisiert, Klosterbezüge werden teilweise durch allgemeine Formulierungen ersetzt, auch Anreden werden allgemeiner gefaßt«, SEIDEL [Anm. 12], S. 254. Vgl. dazu auch die Untersuchungsergebnisse FRÜHWALDS zur Textbearbeitung in der Handschrift A: FRÜHWALD [Anm. 7], S. 28–54; zur Zitierung Bernhards von Clairvaux in A siehe ebd., S. 140–147.

[51] Vgl. die Version von Handschrift A, RIEDER [Anm. 15], S. 130, 1–4.

stein seine ursprüngliche Selbständigkeit einbüßt und schon an andere pragmatische Anforderungen angepaßt wird.[52]

Alle oben dargestellten dialogischen Strukturen in den Handschriften G und Streu 24 sind zweifellos an einer bestimmten rhetorischen Tradition der mhd. Literatursprache orientiert, die sich unter dem Einfluß der lateinischen christlichen Rhetorik mit ihrer Vorliebe für den *sermo humilis* ausformte.[53] Es sei diesbezüglich auf die Erkenntnisse von ZIELEMANN verwiesen: *interrogationes* und *exclamationes* erwähnt er unter typischen Figuren, die den Stil deutscher Übersetzungspredigten charakterisieren.[54]

In den meisten Handschriften der St. Georgener Predigtsammlung (z. B. in G) beschließt die bearbeitende Übertragung des Abschnittes aus dem Traktat ›De consideratione‹ die 41. Predigt, aber in manchen anderen wird das folgende Stück (›SGP‹ 42), ein vor der Beichte empfohlenes Gebet des Anselm von Canterbury (eigentlich eine kurze Kompilation seiner Zitate), an ›SGP‹ 41 angeschlossen.[55] Es ist die allgemeine Dialogizität des Textes, die noch ein fremdes, jedoch ebenfalls als Ansprache (diesmal direkt an Gott) gestaltetes Textstück an ihn anhängen läßt. Dies ist natürlich eher ein Einzelfall, aber die Tatsache, daß ein und derselbe Text sowohl in einen Kapitelanfang des ›BgH‹ als auch in eine Lesepredigt als deren letztes Kompositionselement eingefügt werden kann, ist ein Zeugnis für die gattungsmäßige Polyvalenz dieses Textes, eines Bausteins, der fähig ist, in verschiedene semantische Beziehungen im neuen Kontext zu treten.

Ergebnisse

Der Vergleich des lateinischen Originaltextes von Bernhard von Clairvaux mit dessen mittelhochdeutschen Übertragungen führt zu den folgenden Ergebnissen:

1. Die deutschen Fassungen weisen neue Prinzipien des Textaufbaus auf, die den ebenso neuen Gattungsanforderungen entsprechen. So wird die zyklische

---

[52] Ausführlicher zum Textbearbeitungsverfahren in St (am Beispiel anderer ›SGP‹-Stükke) siehe SEIDEL [Anm. 12], S. 193–195; 305–306. SEIDEL zählt St zu den Handschriften, die Einzelbearbeitungen darstellen und mit dem Textmaterial ihrer Vorlagen sehr frei umgehen. St schafft »größere traktatartige Texte, gibt die Predigtform aber auf«, ebd., S. 315.

[53] Siehe ZIELEMANN [Anm. 4], S. 22–23. Zum Stellenwert des *sermo humilis* in der spätantiken und frühmittelalterlichen christlichen Rhetorik siehe auch ERICH AUERBACH, Literatursprache und Publikum in der lateinischen Spätantike und im Mittelalter, Bern 1958, S. 25–53; ROMAN MÜLLER, Sprachbewußtsein und Sprachvariation im lateinischen Schrifttum der Antike, München 2001, S. 93–116.

[54] ZIELEMANN [Anm. 4], S. 25–26.

[55] So z. B. in Handschrift A. Weiteres dazu siehe in FRÜHWALD [Anm. 7], S. 52–53; SEIDEL [Anm. 12], S. 230–232; 291–292.

Kompositionsart der zwei letzten Kapitel des Traktats ›De consideratione‹ aufgegeben, die durch die Methode allegorischer Gleichsetzungen bei der Ausdeutung der Hl. Schrift bedingt ist. Im neuen Kontext verliert diese feine hermeneutische Technik ihren Sinn und ist nicht mehr nachvollziehbar.

2. Der primäre Text wird nicht nur quantitativ, sondern auch qualitativ transformiert. Die quantitativen Änderungen (Erweiterung und besonders Verkürzung des Textes) führen hauptsächlich zur Vereinfachung seines Sinns. Diese Sinnreduktion ist besonders in ›BgH‹ 41 auffällig. Die qualitativen Änderungen des Texts hängen mit dessen Umbau zusammen. Dabei tritt die Variierung von quasidialogischen Strukturen als Hauptinstrument der Transformation auf. Zu den bemerkenswerten Neuerungen gehört der ausgesprochen häufige Gebrauch der Interjektion *Owe* in allen deutschen Fassungen. Bernhard selbst kommt demgegenüber ohne Interjektionen aus: In ›De consideratione‹ kommen sie nur in Zitaten aus der Vulgata vor.

3. Die strukturelle Texttransformation weist mehrere Realisierungsformen auf, die in großem Maße von der Gattungsspezifik des Zieltextes abhängen.

a) Der Verfasser der ›SGP‹ 41 (Redaktion x) führt eine neue Textgliederung ein, die durch eine spezifische syntaktische Beschaffenheit der Zitateinleitung und Interpunktion markiert wird. So weisen die Interpungierungstypen bei zwei Einleitungsformeln auf zwei verschiedene textuelle Makrostrukturen hin: die Themaangabe des darauffolgenden Zitats (*Nu uraget sant Bernhart. Wc got únsir herre sie.*) und die eigentliche Einleitungsformel (*unde sprichet · also*). Eine spezielle Modifikation der letzteren grenzt das Zitat von dessen Ausdeutung ab: *Dc ist also gesprochin*. Das Vorhandensein von regelmäßig gebrauchten syntaktischen Mustern und Interpungierungen spricht für eine bestimmte Strategie, welche die deutschen Redaktoren bei der Bearbeitung von fremden Texten angewendet haben müssen. Gegen diese Annahme kann auch nicht die Tatsache sprechen, daß ein und derselbe Schreiber beim mehrfachen Abschreiben eines Textes eine manchmal beachtliche Varianz zuläßt (wie dies am Beispiel der Karlsruher Handschrift St. Georgen 37 mit ihren nicht identischen Abschriften Streu 24 und Streu 24a gezeigt wurde).

b) Aus einem gelehrten theologischen Traktat mit obligatorischen Verweisen auf die Hl. Schrift entsteht ein dialogartiges, fast dramatisches Werk, in dem die Autoritäten – der Apostel Paulus und St. Bernhard –, mit dem ›Prediger‹ eine Art ›Gespräch‹ führen: Auf diese Weise findet der alte Inhalt eine neue Textgestalt.

c) In der späteren Redaktion x1 der ›SGP‹ 41 (Handschrift A) vollzieht sich eine Teilreduktion von eigentlich dialogischen Strukturen: Der Dialog zwischen dem Prediger und den zitierten Autoren, die wichtigste Besonderheit der Redaktion x, fehlt.

d) Die stark verkürzte Übertragung des lateinischen Textes in ›BgH‹ 41 verliert fast völlig die rhetorische Spezifik des Originals (vor allem *subiectio* als Methode einer dynamischen Gedankenführung), behält aber einige quasidialogische Strukturen, z. B. die *interrogatio*, bei.

4. Die dialogische Redeweise stellt an sich keine Neuerung von deutschen Bearbeitern dar, der Beitrag der Redaktoren zur Genese neuer Texte war ein anderer: Während der lateinische Text an eine bestimmte Person, den ehemaligen Zisterzienser und Schüler des Abtes von Clairvaux, Papst Eugen III., gerichtet war, tilgen die Redaktoren von ›BgH‹ 41 und ›SGP‹ 41 alle konkreten Adressatenbezüge und bauen den Text als eine an jeden potenziellen Leser gerichtete predighafte Aufforderung auf. Die kommunikative Textfunktion wechselt: Ein Auszug aus dem theologischen Traktat, dessen Dominante Spekulation war, wird in eine Predigt eingebaut, in der die appellative Funktion vorherrscht.[56] In ›SGP‹ 41 sprechen St. Bernhard und der Apostel Paulus mit dem Leser direkt aus der Ewigkeit, so daß sich die zeitlichen Grenzen völlig verwischen. Das Zitat wird zu einer dialogischen Replik. Der dialogische Modus der Rede wird dadurch verstärkt, daß die Autoren der zitierten Texte zu handelnden Personen werden, die ihre Texte ›aussprechen‹ und mit dem Verfasser selbst in Kontakt kommen. Dies hängt mit zwei Faktoren zusammen:

a) Es ist eine besondere Einstellung zur Kategorie der Autorschaft in mittelalterlichen prädikationellen Texten zu beachten. Der Prediger spricht prinzipiell nichts Neues, er aktualisiert nur die Information aus dem allgemeinen Wissensgut, weshalb seine Autorschaft von ihm selbst, von den späteren Bearbeitern seines Textes und vom Lesepublikum im Vergleich zu der *auctoritas* des Heiligen Geistes sowie der Apostel und Kirchenlehrer als sekundär[57] empfunden wird. Demzufolge scheint es durchaus berechtigt, auf die behandelten Werke der spätmittelalterlichen geistlichen Prosa den Begriff der ›unbewußten Autorschaft‹ anzuwenden, den STEBLIN-KAMENSKIJ in bezug auf die *oral tradition* gebrauchte.[58] Obwohl Bernhard von Clairvaux auch als *auctoritas* auftritt, wird seine Autorschaft ebenso in Abhängigkeit von der Autorität der Hl. Schrift gebracht. Die Grenze zwischen den Worten Bernhards und des Verfassers der ›SGP‹ 41 wird durch Einleitungsformeln markiert, sie ist jedoch nicht obligatorisch.

b) Der deutsche Text sollte einer neuen kommunikativen Situation gerecht werden. Indem der lateinische theologische Traktat der Tradition einer durchaus

---

[56] Die gattungsmäßigen Unterschiede zwischen einer Lesepredigt und einem Buchkapitel als einem autonomen Teil einer ›Makro-Predigt‹ sind gegebenenfalls nicht von Bedeutung.

[57] Vgl. hierzu z. B. ERNST ROBERT CURTIUS, Europäische Literatur und lateinisches Mittelalter, Bern 1948, S. 56, 59; SERGEJ S. AVERINCEV, Ritorika i istoki evropejskoj literaturnoj tradicii. [Rhetorik und Ursprünge der europäischen literarischen Tradition], Moskau 1996, S. 86–87; Mikhail L. Gasparov, Srednevekovyje latinskije poetiki v sisteme srednevekovoj grammatiki i ritoriki. [Mittelalterliche lateinische Poetiken im System der mittelalterlichen Grammatik und Rhetorik], in: MIKHAIL L. GASPAROV, Izbrannyje trudy [Ausgewählte Werke], Bd. 1, Moskau 1997, S. 590–660, hier S. 595–596.

[58] MIKHAIL I. STEBLIN-KAMENSKIJ, Istoriceskaja poetika [Historische Poetik], Leningrad 1978, S. 133–134.

akademischen Zitierweise folgte, zielten die deutschen Texte nicht nur auf die Privatlektüre in der Zelle, sondern auch auf eine gemeinsame Tischlektüre in der Klostergemeinschaft oder aber auf die individuelle Meditation ab. In diesem Fall hatte es keinen Sinn, die von Bernhard zitierten Worte Pauli als sekundäres Zitat im Zitat zu gestalten. Doch auch die primären Zitate können eine neue Eigenschaft gewinnen: Bernhard wird nicht bloß zitiert, sondern man läßt ihn ›sprechen‹.

vfstan w' got. si. Nu sprych ʒ. vñ. waz got si
vñ spruchr also. Owe wer sagit mir wer got si.
Nu antwurtich spruchit er. Er ist diu len
gi vñ diu brait. vñ diu tieffi. Diu fier
dinc sint an got. Er ist diu lengi der ewi
kait. wan siner ewikait ist weder anevãc
noch ende. vn darumbe nemmit er in die
lengi. Er ist och diu brait an der minne. wā
er hat sich mit der minne gebraitet. in hi
milrich vñ in ertrich. er ist och diu hohi an
der magin craft. wan sin magincraft diu
ist unbegrifinlich. er ist och diu tieffi an der
wishait. wan sin wishait ist ane grunt. vñ
kan ir nieman ze ende komin. Diu un
dinc spruchit er d' got si. Nu spruchit er
wirbaz. Owe wie sun wir den begrifen der
alli die welte vullet. vñ d' allui diu welte niht

also. O we wer sagit mir wi got
iene wirt er ich abir sprichit
er. Er ist du lengi· un div brätii.
und du hohi. und du tiefi. Div
vier dinc. div sint an got unsirm
herrin. Er ist div lengi an der
ewekait. wan an sinr ewekait
ist wedir aneuanck noch ende.
un darumbe nemit er in du
lengi. Er ist div brätii. an der
minne. wan er her sich mit der
minne gebraitit. in himilriche.
un in ertriche. Er ist ouch div
hohi. an der magnikreftc. wa
sin magnikraft div ist unbe-
griffinliche. Er ist ouch div tiefi. an der wishait. wan sin wis
hait ist ane grunt. wan ir kan
nieman zegrunde komin. Div vier
dinc. sprichit er. die got sie· unde
spehit denne vurbaz. O we wie
sulne wir den begrifin. der alle
die welt vullit. und den diu welt
niht begrifin mac. O we wir armin menschin. wir ellondin
mensche. wie sulne wir den
iemir begrifin. O we sprichit er.
ich hat mich des gar virtroestit.
de ich in iemir moehti begrifin.
wan du mich ain wort troestit.
daz sprichit der grôze· un der edile
prediier sant paulus. daz git mir
amen trost. ander so engetorste
ich nimit des gedenkin. de ich
inc iemir getun mehti. We ist
abir de. daz der grôze sant paul'
sprichit. Er sprichit. Ez sulnt

got unsirne herrin genahin.
mit der hailkait. Ez ist also ge
sprochin. Ez sulnt got genahin
mit der hailigun minne· un mit
hailigun vohte. daz sint die sele
arma. da mit sie got sol umbevil
hin. un denne sol sie ine vaste
haben. daz er ir nit entwiche.
Div von sol abir du hailige vohte
an uns meren tegelichis. O we
sprichit er. mensche we ist me
zevurhtinne. denne ain gwalt.
dem nieman mac widirstein.
un dem ellu dinc offin sint.
Sprichist du denne herre sant
Bernhart. de got ellu dinc offin
sint. und de wir niht so clarius
mugin getun. mit gedankin.
mit wortin. mit werkin. ez
ensie im allez gar offin. Daz ez
ist im allez offin. sprichit der
edil sant paul'. Alliz de wir te-
getarin. de ist im alliz offin. un
endekit vor gotis ougon. wir
enmugin niht hamlichis getun. noch gedenkin. ez ensie
im allis kunt. Ist daz war grozir
herre sant paulus. Ja gewerliche ez war. nir uwan mensche. so ist er wol zevurhtinne.
ain gwalt. dem ellu dinc offin
sint. der gwalt mac wol die
vorht an uns meren. daz sie tægelichis an uns wahse. nu han
wir ainen arn. da mit wir got
unsirne herren sulne umbevil
hin. Der ander arne. daz ist du

Réjane Gay-Canton (Université de Genève)

Zwischen Zensur und Selbstzensur

Verbesserungsappelle in der ›Vita beate Marie et Salvatoris Rhythmica‹ und ihren mittelhochdeutschen Bearbeitungen

> *Libellum huius carminis omnibus transmitto*
> *Marie dilectoribus, et ipsis hoc committo,*
> *Ut hoc opus perlegant et corrigant perlectum,*
> *Et etiam examinent, hic forte si defectum*
> *Aliquem invenerint, vel fidei errorem;*
> *Ob benigne dei matris et virginis amorem*
> *Hunc suppleant, vel corrigant, vel etiam abradant,*
> *Vel, si placet, totum librum ad comburendum tradant.*
> *Quia non intendo quicquam hic dogmatizare,*
> *Sed modum per poeticum tantummodo laudare*
> *Volebam dei genitricem et virginem Mariam*
> *Per istius carminis rudem poetriam;*
> *Nec pro vero nec pro falso quicquam hic defendo,*
> *Tantum laudes dei matris et virginis canendo* [...][1]

Mit diesen Worten appelliert der anonyme Verfasser der ›Vita beate Marie et Salvatoris Rhythmica‹ im Epilog an seine Rezipienten. Er gibt ihnen den Auftrag, sein Werk ganz durchzulesen und es nötigenfalls zu verbessern, in den Text selbst einzugreifen, ja diesen sogar ganz zu verbrennen, falls er einen Glaubensfehler enthielte. Anscheinend will der Autor keine Verantwortung für sein Werk übernehmen, das an manchen Stellen vielleicht gegen die Orthodoxie verstößt. Er scheint Kritik zu fürchten und eine mögliche Zensur antizipieren zu wollen. Der Verfasser der ›Vita Rhythmica‹ hat nämlich eine Quellensorte für seine Bearbeitung gewählt, die an und für sich nicht unproblematisch ist: Er vermischt in seiner Dichtung biblischen Stoff, – das heißt einen, der als göttlich inspiriert gilt – mit apokryphem Stoff – also mit einem, dessen Ursprung un-

---

[1] Vita beate virginis Mariae et salvatoris rhythmica, hg. von ADOLF VÖGTLIN, Tübingen 1888 (Bibliothek des Litterarischen Vereins in Stuttgart 180), S. 267, Epilog, V. 7994–8007: »Das Büchlein dieses Gesanges übermittle ich allen, die Maria lieben, und bitte sie, Folgendes zu tun: Sie sollen das Werk durchlesen und das Gelesene korrigieren und auch prüfen, ob sie hier etwa irgendeinen Fehler oder einen Irrtum im Glauben finden; aus Liebe zur wohlwollenden Mutter Gottes und Jungfrau sollen sie es ergänzen oder verbessern oder sogar ausradieren oder, wenn sie es wünschen, das ganze Buch verbrennen. Denn ich beabsichtige hier keinerlei Lehre festzulegen, sondern wollte nur auf dichterische Weise die Mutter Gottes und Jungfrau Maria durch die grobe Dichtung dieses Gesanges loben; ich verteidige hier nichts als wahr oder falsch, ich singe nur das Lob der Mutter Gottes und Jungfrau [...]«. Die Übersetzungen in diesem Beitrag stammen von mir.

bekannt ist, der zwar von biblischen Personen handelt, aber nie in den biblischen Kanon übernommen oder sogar erst nach der Kanonbildung geschrieben worden ist.[2] Dies erklärt, wieso der Autor meint, seine Rezipienten könnten ihm vorwerfen, manche Passagen seiner Erzählung enthielten »Glaubensfehler«, und wieso er sich mithilfe eines Korrekturaufrufes davor schützen möchte.

Forscher wie LUCA BIANCHI,[3] J. M. M. H. THIJSSEN[4] oder ALAIN DE LIBERA[5] haben gezeigt, daß die Zensur im 13. und 14. Jahrhundert einen viel größeren Einfluß ausgeübt hat, als die bisherige Forschung dachte; dies nicht vor allem aufgrund von machtvollen Kontrollinstrumenten, die die Zensurorgane seit Einführung des Druckes hatten, sondern wegen einer Tendenz zur Selbstzensur, die sie in den Geistern verwurzelten. Die Angst vor Zensur führte zu einer Selbstzensur und hat dadurch das mittelalterliche Denken beeinflußt. Wenn der Autor der ›Vita Rhythmica‹ zum Eingreifen in seinen Text sowie zum Autodafé auffordert, erinnert dies an Geschehnisse, die sich in der Abfassungszeit des Werkes, das heißt im zweiten Viertel des 13. Jahrhunderts, ereignet haben. So wiederholte Papst Gregor IX. 1231 das Verbot der *libri naturales* des Aristoteles. Seiner Ansicht nach waren diese durchaus nützlich und hätten nach einer Untersuchung und eventuellen Korrektur weiter benutzt werden können. Die Ausdrücke, die der Papst für den Akt dieser möglichen Verbesserung benutzt, weisen auf ein handfestes Eingreifen hin: *purgare, resecare* und *removere*.[6] Ebenfalls bekannt ist, daß manchmal ein ganzes Buch den Flammen ausgesetzt

---

[2] Zur Definition des Begriffs ›Apokryph‹ siehe die Einleitung zur neuesten kritischen Übersetzung der wichtigsten christlichen Apokryphen durch die AELAC (Association pour l'étude de la littérature apocryphe chrétienne): Ecrits apocryphes chrétiens I, édition publiée sous la direction de FRANCOIS BOVON/PIERRE GEOLTRAIN, Paris 1997, S. XVII–LX.

[3] LUCA BIANCHI, Censure et liberté intellectuelle à l'Université de Paris (XIIIe–XIVe siècles), Paris 1999.

[4] J. M. M. H. THIJSSEN, Censure and Heresy at the University of Paris 1200–1400, Philadelphia 1998.

[5] ALAIN DE LIBERA, Philosophie et censure. Remarques sur la crise universitaire parisienne de 1270–1277, in: Was ist Philosophie im Mittelalter? Akten des X. Internationalen Kongresses für mittelalterliche Philosophie der Société Internationale pour l'Etude de la Philosophie Médiévale. 25. bis 30. August 1997 in Erfurt, hg. von JAN A. AERTSEN/ANDREAS SPEER, Berlin/New York 1998 (Miscellanea Mediaevalia 26), S. 71–89.

[6] BIANCHI [Anm. 3], S. 28–29; 103–116; 275. Eine Kommission wurde gebildet, die die aristotelischen Texte prüfen sollte. Ihr Unternehmen scheiterte aber, nicht zuletzt aufgrund der enormen Menge an Texten, die zu überprüfen waren. Das Dekret hatte zur Folge, daß die *libri naturales* wieder in den Studiengang der Artistenfakultät eingeführt wurden; so STEVEN J. WILLIAMS, Repenser l'intention et l'effet des décrets de 1231 du pape Grégoire IX sur l'étude des *libri naturales* d'Aristote à l'Université de Paris, in: L'enseignement de la philosophie au XIIIe siècle. Autour du ›Guide de l'étudiant‹ du ms. Ripoll 109, Actes du colloque international édités, avec un complément d'études et de textes, par CLAUDE LAFLEUR avec la collaboration de JOANNE CARRIER, Turnhout 1997 (Studia Artistarum 5), S. 139–163.

wurde. Zu nennen ist hier das Beispiel eines Werkes aus der Entstehungsperiode der ›Vita Rhythmica‹, das insofern besonders interessant ist, als es beweist, daß ganze Bücher auch dann verbrannt werden konnten, wenn sie nicht nur Falsches enthielten. 1247 berichtet Bischof Eudes von Châteauroux dem Papst, alle Bücher des Talmuds seien verbrannt worden (*incendio* […] *cremati*), und weiter:

> *Dicit enim beatus Jeronimus loquens de leprosis, quos Dominus curavit, quod nulla est adeo perversa doctrina, que aliqua vera non contineat. Similiter non inveniuntur heretici, qui de aliquo symboli articulo bene non sentiant. Quia tamen libri aliqui insertos errores habebant, quamvis multa bona et vera continerent, auctoritate tamen Conciliorum sunt dampnati. Similiter diversi heretici sunt dampnati licet in omnibus non errarent. Sic quamvis predicti libri aliqua bona contineant licet rara, nichilominus sunt dampnandi.*[7]

Für unorthodoxe Aussagen in scholastischen Texten bestand die Gefahr von Zensurmaßnahmen in Form von Textmodifikationen. Wie der Autor der ›Vita Rhythmica‹ aber selber sagt, gehört sein Werk einer anderen Kategorie an: Er will nicht *dogmatizare*, sondern lediglich *laudare*. Unter diesem Aspekt wurden Apokryphen im Mittelalter häufig benutzt und verbreitet sowohl in der Literatur als auch in der Ikonographie[8] und bei liturgischen Festen.[9] Infolgedessen stellt sich die Frage, ob der Verfasser der ›Vita Rhythmica‹ tatsächlich Angst vor der Zensur hatte, und wie ernst sein Verbesserungsaufruf und seine Erlaubnis zum Autodafé genommen werden müssen. Aufgrund des Mangels an Informationen, die über den Autor und den Entstehungskontext des Werkes vorliegen, wird eine definitive Antwort kaum möglich sein. Dennoch können wir uns dieser annähern. Dabei soll zuerst aufgeführt werden, ob und wo sich solche

---

[7] Litterae Odonis […] ad Innocentium papam IV, in: Chartularium Universitatis Parisiensis, édité par Henricus (Henri) Denifle et Aemilio (Emile) Chatelain, 4 Bde, Paris 1889–1897, Bd. 1, n. 173, S. 204: »Der selige Hieronymus sagt nämlich über die Aussätzigen, die der Herr geheilt hat, daß keine Lehre so verderbt ist, daß sie nicht einige Wahrheiten enthalten würde. Ebenso lassen sich keine Häretiker finden, die nicht irgendeinen Punkt der Glaubenswahrheit richtig wahrnehmen. Weil aber einige Bücher mit Irrtümern durchsetzt waren, auch wenn sie viel Wahres und Gutes enthielten, wurden sie dennoch von den Autoritäten des Konzils verurteilt. Auf gleiche Weise wurden verschiedene Häretiker verurteilt, obwohl sie sich nicht in allem geirrt haben. Obwohl die erwähnten Bücher tatsächlich etwas Gutes enthielten, wenn auch nur wenig, seien sie nichtsdestoweniger zu verurteilen.«

[8] Siehe zum Beispiel Daniel Russo, La sainte Famille dans l'art chrétien au Moyen-Âge. Étude iconographique, in: Marie dans les récits apocryphes chrétiens, Tome II. Communications présentées à la 62ᵉ session de la Société Française d'Etudes Mariales, Nevers 2005, édité par Jean Longere, Paris 2006, S. 97–119.

[9] Für die Rezeption des ›Protevangeliums des Jakobus‹ siehe zum Beispiel Jean Evenou, Des apocryphes à la liturgie: les origines du culte de sainte Anne, in: Marie dans les récits apocryphes chrétiens, Tome I. Communications présentées à la 60ᵉ session de la Société Française d'Etudes Mariales, Sanctuaire Notre-Dame-du-Chêne, Solesmes, 2003, édité par Jean Longere, Paris 2004, S. 201–221.

Verbesserungsaufrufe in der mittelhochdeutschen Literatur finden.[10] Dann soll auf die Einstellung des aus dem deutschen Sprachraum stammenden[11] Verfassers der ›Vita Rhythmica‹ seiner ›problematischen‹ Quelle gegenüber eingegangen werden: Was ist für ihn ein Apokryph? Wie beurteilt er die Tatsache, daß er für seine Erbauungsschrift extra-kanonische und unbewährte Schriften benutzt? Läßt sich in dieser Hinsicht eine Entwicklung bei den drei Übersetzern seines Werkes feststellen? Erst die nähere Untersuchung der Stellungnahmen des lateinischen Verfassers und seiner Übersetzer ihren Quellen gegenüber erlaubt uns, besser verstehen zu können, wie diese Verbesserungsaufrufe gemeint sind.

> *Suppleant, vel corrigant, vel etiam abradant,*
> *vel si placet, totum librum ad comburendum tradant.*
> (›Vita Rhythmica‹, V. 8000f.)

Der Mangel an Selbstbewußtsein der Autorfigur, die hier die eigene literarische Schöpfung dem Leser aufzuopfern scheint, mag uns in Betracht der Varianz mittelalterlicher Texte nicht verwundern. Es ist bekannt, daß Texte im Mittelalter bewußt oder unbewußt ständig Modifikationen ausgesetzt waren und deren Verfasser darum wußten. So beklagt sich zum Beispiel Hugo von Trimberg in ›Der Renner‹, daß der *schrîber unverstandenheit* ihm *manic leit* getan habe. Einerseits protestiert er gegen unwillkürliche Änderungen aufgrund von Verlesungen und Mißverständnissen, andererseits erlaubt er aber seinem Leser, Reim und Metrik zu verbessern, falls dieser es besser könne als er selbst.[12] Neben der Erlaubnis für formale Verbesserungen läßt sich auch eine solche für

---

[10] Die Frage nach einer literarischen Tradition eines solchen Topos liegt natürlich nahe. Für die antike Literatur ist WOLFGANG SPEYER der Meinung, daß Aufforderungen zur inhaltlichen oder formalen Korrektur und zur Vernichtung des Werkes in »vielen Fällen« »nur als ein Topos der affektierten Bescheidenheit zu bewerten sei«, daß »eine derartige Bitte« aber manchmal »einen durchaus realen Hintergrund gehabt haben« könne. Ernstzunehmende Aufrufe sieht er unter anderem bei Cicero, Horaz und Ovid, »literarische Scherze« bei Pherekydes von Syos, Martial und Auronius; WOLFGANG SPEYER, Büchervernichtung und Zensur des Geistes bei Heiden, Juden und Christen, Stuttgart 1981 (Bibliothek des Buchwesens 7), S. 92–98; die zitierten Passagen befinden sich auf den Seiten 96 und 98. Dies besagt zwei Dinge: Erstens, daß der Verfasser der ›Vita Rhythmica‹ wahrscheinlich einen ähnlichen Verbesserungsaufruf in einem lateinischen Text gelesen hatte, auf jedem Fall, daß er nicht der ›Erfinder‹ dieser Tradition ist. Zweitens zeigt es, daß in der mittelalterlichen wie in der antiken Literatur eine individuelle Untersuchung von textinternen und -externen Elementen erforderlich ist, um sich ein klares Bild von den jeweiligen Verbesserungsaufrufen zu verschaffen.

[11] Siehe ACHIM MASSER, Bibel, Apokryphen und Legenden. Geburt und Kindheit Jesu in der religiösen Epik des deutschen Mittelalters, Berlin 1969, S. 48. Nach EDWARD SCHRÖDER, Von der Vita b. Mariae rhythmica, ZfdA 68 (1931), S. 245, weist der Wortschatz auf einen Autor des Oberdeutschen Gebiets hin.

[12] Hugo von Trimberg, Der Renner, hg. von GUSTAV EHRISMANN, mit einem Nachwort und Ergänzungen von GÜNTHER SCHWEIKLE, 4 Bände, Berlin 1970, Bd. 3, V. 24520f.

inhaltliche Korrekturen feststellen, z. B. in der spätmittelalterlichen Prosa.[13] In ihrer Übersetzung der ›Legenda Sancti Francisci‹ erklärt sich Sibilla von Bondorf *gar fro* über Verbesserungen und wünscht demjenigen, der *daz besseren will [...] gottes lon*.[14] In der Versepik aber, wie KLAUS GRUBMÜLLER hervorgehoben hat, sind inhaltliche Korrekturaufrufe nur im Bereich der Marienleben zu finden.[15] Noch stärker eingeschränkt sind Inhaltliche Korrekturaufforderungen in Versepen nur in der ›Vita Rhythmica‹ und ihren Nachdichtungen zu finden. Andere Bearbeiter von Apokryphen wie Priester Wernher,[16] Konrad von Fußesbrunnen[17] oder Konrad von Heimesfurt[18] problematisieren zwar ihre Verwendung von apokryphen Schriften und versuchen, Kritik vorwegzunehmen, keiner von ihnen jedoch erlaubt dem Leser, in sein Werk einzugreifen.

Die Werke mit Korrekturaufforderung, in denen wir die Auseinandersetzung mit der Verarbeitung von apokryphen Quellen untersuchen wollen, sind die ›Vita Rhythmica‹ und die Marienleben von Walther von Rheinau, Wernher dem Schweizer und Bruder Philipp.[19]

Die ›Vita Rhythmica‹ entstand zwischen 1225 und 1250. Da die Handschriftenüberlieferung (54 Handschriften und Fragmente, 2 Prosafassungen, 6 Auszüge ›Soliloquium quod habuit Jesus cum Maria matre sua‹ und 23 Auszüge ›Regula Mariae‹) vor allem in Benediktiner- und Zisterzienserkonventen des südöstlichen deutschen Sprachraumes erfolgt ist, nimmt man an, daß der Verfasser aus einem dieser Konvente stammt.[20] Die ›Vita Rhythmica‹ war wohl ursprünglich für die Tischlektüre gedacht, wurde aber auch im schulischen

---

[13] KLAUS GRUBMÜLLER, Verändern und Bewahren. Zum Bewußtsein vom Text im deutschen Mittelalter, in: Text und Kultur. Mittelalterliche Literatur 1150–1450, hg. von URSULA PETERS, Stuttgart 2001 (Germanistische Symposien, Berichtbände 23), S. 15.

[14] Bonaventuras Legenda Sancti Francisci in der Übersetzung der Sibilla von Bondorf, hg. von DAVID BRETT-EVANS, Berlin 1960 (Texte des späten Mittelalters 12), Vorrede, S. 38, zitiert nach GRUBMÜLLER [Anm. 13], S. 16.

[15] Ebd., S. 19.

[16] Priester Wernher, Maria. Bruchstücke und Umarbeitungen, hg. von CARL WESLE, Halle 1927, 2. Aufl. besorgt durch HANS FROMM, Tübingen 1969 (Altdeutsche Textbibliothek 26).

[17] Konrad von Fußesbrunnen, Die Kindheit Jesu, kritische Ausgabe von HANS FROMM/KLAUS GRUBMÜLLER, Berlin/New York 1973.

[18] Konrad von Heimesfurt, ›Unser vrouwen hinvart‹ und ›Die Urstende‹, mit Verwendung der Vorarbeiten von WERNER FECHTER hg. von KURT GÄRTNER/WERNER J. HOFFMANN, Tübingen 1989 (Altdeutsche Textbibliothek 99).

[19] Die ›Vita Rhythmica‹ wurde auch vom Verfasser des ›Grazer Marienleben‹ (nach 1280) und des Marienlebens ›Es spricht sant Iheronymus‹ (um 1430/1435) benutzt, die aber keine Nachdichtungen sind und die Verbesserungsaufrufe der ›Vita‹ nicht übernehmen.

[20] KURT GÄRTNER, Vita beate virginis Mariae et salvatoris rhythmica, ²VL, Bd. 10, 1999, Sp. 437–439. Außerhalb des deutschsprachigen Raumes wurde die ›Vita Rhythmica‹ noch in einer irischen Übersetzung überliefert, die in zwei Handschriften bezeugt ist; WERNER J. HOFFMANN, Vita Rhythmica, in: Marienlexikon, hg. im Auftrag des Institutum Marianum Regensburg E. V. von REMIGIUS BÄUMER und LEO SCHEFFCZYK, St. Ottilien, Bd. 6, 1994, S. 646.

Unterricht benutzt, wie Hugo von Trimberg in einem von ihm verfaßten Epilog zur ›Vita‹ bezeugt.[21]

Um seinem Werk Autorität zu verschaffen, verweist der anonyme Verfasser auf die Gelehrtheit der Autoren seiner Quellen. Dieser Verweis wie auch die Behauptung, er habe sein Werk mit Beistand des Heiligen Geistes verfaßt, ist traditionell topisch. Interessanter ist dagegen die Vorstellung, die er sich vom Apokryph macht und das Bild, das er davon zu vermitteln versucht. Manche Schriften, so behauptet er, könnten aufgrund ihrer apokryphen Natur verworfen werden, dann nämlich, wenn es lediglich darum geht, daß ihr Wahrheitscharakter anzweifelbar ist. Trotzdem versucht der Autor die Benutzung von Apokryphen zu rechtfertigen. Seiner Ansicht nach könnten diese Schriften genauso gut wahr sein, und ihre Verwerfung aus einer übertriebenen Vorsicht würde den Leser dazu führen, das in ihnen enthaltene Gute nicht zu erfahren:

> Que [=scripta] *pro laude virginis Marie compilavi,*
> *Et per donum spiritus sancti consumavi.*
> *Si quis ut apocrifum hoc velit reprobare*
> *Caveat, ne veritatem presumat condempnare.*
> *Et in locis singulis ponendi sunt auctores,*
> *Qui sunt huius carminis verissimi doctores*
> *Si qua tamen hic fortassis apocrifa ponantur,*
> *Non idcirco perprudenter ut falsa condempnantur.*
>
> (›Vita Rhythmica‹, V. 31–38)[22]

Diese Stellungnahme des Verfassers der ›Vita Rhythmica‹ ist die geläufige im Mittelalter: Da die Apokryphen wahre Episoden enthalten könnten, sollte man sie nicht in globo verwerfen.[23] Vielmehr sollte man deren Inhalt wieder aufnehmen und versuchen, *diu spriu vom weize* zu sondern, wie Priester Wernher sagt.[24] Der Verfasser der ›Vita Rhythmica‹ möchte diese Aufgabe den *litterati*, den Gebildeten, überlassen, eine Aussage, die ihm einen dreifachen Vorteil bringt: Erstens erlaubt es dem Autor, sich von jeder Verantwortung für den Inhalt seines Werkes zu entlasten, da er seinen potentiellen Verleumdern anheim stellt, selbst zu urteilen und angibt, hinter ihrem Urteil zu stehen. Zweitens dürfen sich die davon Angesprochenen geschmeichelt fühlen, daß man sie dieser

---

[21] KARL LANGOSCH, Das ›Registrum Multorum Auctorum‹ des Hugo von Trimberg. Untersuchungen und kommentierte Textausgabe, Berlin 1949, Nachdruck Nendeln/Liechtenstein 1969 (Germanische Studien 235), S. 259–268.

[22] »Ich habe diese [Schriften von *sancti* und *doctores*, die über das Leben Marias geschrieben haben] zum Lob der Jungfrau Maria zusammengestellt und habe sie mithilfe des Heiligen Geistes benutzt. Wenn jemand das als Apokryph tadeln wollte, soll er sich davor hüten, die Wahrheit nicht voreilig zu verurteilen. Den Autoren ist eine besondere Stellung einzuräumen, da sie die wahrhaftigen Gelehrten dieses Gesanges sind. Wenn sich hier jedoch einiges Apokryphes finden läßt, so ist das dennoch nicht aus übergroßer Vorsicht als falsch zu verurteilen«.

[23] Siehe unter anderem MASSER [Anm. 11], S. 21–23.

[24] Priester Wernher, ›Driu liet von der maget‹, [Anm. 16], C¹ 5804–5805.

Aufgabe für würdig hält. Drittens kann der Verfasser dadurch sein Werk gegen das unberufene Urteil ungelehrter Leute schützen, die eben nicht zu diese Adressatenkategorie gehören:

> *Illud autem deprecor a viris litteratis:*
> *Hic si que repperierint, que limen veritatis*
> *Excedant, illa corrigant vel radant detrucando,*
> *Vel ut libet totum opus condempnent reprobando,*
> *Ego quia nihil hic scribens assevero,*
> *Que cupiam astruere pro falso vel pro vero;*
> *Sed tantum per poeticum modum decantare*
> *Laudes volo virginis et Jesum collaudare.*
>
> (›Vita Rhythmica‹, V. 39–46)[25]

Indem er in den Prologen seiner fünf Bücher und im Epilog betont, daß sein Vorhaben nur im Lob Marias und Jesu besteht, schafft der Verfasser der ›Vita Rhythmica‹ eine wichtige Abgrenzung. So wie die Natur des Willensaktes aus einer tadelnswerten Tat eine Sünde machen kann, könnte auch hier die vom Autor intendierte Funktion des Werkes (die ja von der Rezeption des Werkes zu unterscheiden ist) aus einem Buch ein verwerfliches Buch machen. Deshalb wiederholt er mehrmals die Reinheit seiner Intention, bevor er sein Werk in die Hände der Gelehrten gibt. Im Epilog hält er fest, daß seine Intention nicht zu *dogmatizare* (V. 8002) ist: Es ist nicht seine Aufgabe, das Wahre vom Falschen zu unterscheiden und Glaubensinhalte zu etablieren, sondern er hat sich lediglich vorgenommen, das Lob Marias zu fördern. Es sind jetzt auch nicht mehr nur die *litterati*, an die er seinen Korrekturaufruf und die damit verbundene Erlaubnis zur Vernichtung des Werkes adressiert, sondern er richtet sich an jeden Leser, insofern – und das ist wiederum eine Schutzmaßnahme – dieser ein Marienverehrer ist. Und noch eine weitere Bedingung wird gefordert: Der Verbesserungsaufruf ist nur dann ausführbar, wenn der Leser das Werk ganz gelesen (*perlegant*, V. 7996) und gründlich untersucht (*examinent*, V. 7997) hat. Erst dann wird die Erlaubnis zur Korrektur gültig.

Im Prolog des zweiten Buches stützt sich der Autor auf einen Vers aus dem Johannesevangelium, um die Benutzung von Apokryphen zu rechtfertigen. Johannes schreibe nämlich, daß der biblische Kanon nicht alle Zeichen enthalte, die von Christus gesetzt worden seien (Io 20,30): *multa quidem et alia signa fecit Iesus in conspectu discipulorum suorum quae non sunt scripta in libro hoc.*[26]

---

[25] »Dies bitte ich mit Nachdruck die Gelehrten: Wenn sie hier etwas finden, was die Schwelle der Wahrheit überschreitet, mögen sie das verbessern oder ausradieren oder nach ihrem Belieben das ganze Werk verurteilen, indem sie es verwerfen, weil ich meinerseits beim Schreiben nichts behaupte, was ich als falsch oder als wahr beweisen möchte; sondern ich will nur auf dichterische Weise das Lob der Jungfrau singen und in das Lob Jesu einstimmen«.

[26] Io 20,30: »Noch viele andere Zeichen, die in diesem Buch nicht aufgeschrieben sind, hat Jesus vor den Augen seiner Jünger getan.« Lateinische Bibelzitate aus: Biblia Sacra. Iuxta Vulgatam Versionem, adiuvantibus BONIFATIO FISCHER [u. a.], recensuit et brevi

Mit seinem indirekten Zitat des biblischen Verses will der Verfasser der ›Vita Rhythmica‹ natürlich nicht andeuten, die Bibel sei unvollständig: das, was in den Evangelien steht (V. 1489–1491), vor allem über die Predigtzeit Christi, sei für den Glauben ausreichend.[27] Aber, so meint er, Jesus wirkte in seinen neunundzwanzig ersten Lebensjahren viele andere Zeichen, unter anderem in seiner Jugend – mit dieser Präzisierung möchte er die Verwendung von apokryphen Erzählungen über die Kindheit Jesu rechtfertigen. Auch wenn diese Zeichen nicht notwendig für den Glauben seien, nützten sie doch der Belehrung der Gläubigen. Unter dem Wort *instructio* versteht er das Belehren durch das Beispiel der Tugend Christi, aber auch einfach das Wissen, das Kennen von Einzelheiten aus dem Leben Christi, wie sie die Apokryphen beschreiben, da sie die Erzähllücken des biblischen Textes füllen, indem sie Ereignisse schildern, die vor, zwischen oder nach Episoden der Bibel stehen.

> *Evangelista[e] Johannis scripta protestantur*
> *Quod multa signa fecerit Jesus que non scribantur*
> *Scriptis in autenticis; per eum tamen facta*
> *Sunt plurima magnalia que nusquam sunt redacta*
> *In libris evangelicis, qui tamen posuerunt*
> *Tempus predicationis eius, et scripserunt*
> *Virtutes et miracula quae solum faciebat*
> *Tribus annis, cum in mundo populum docebat,*
> *Etiam nativitatem eius describentes,*
> *Reliqua que pius Jesus fecit ommittentes.*
> *Ad annum nam vicesimum nonum nil scripserunt*
> *De sua sanctissima vita, nam sciverunt*
> *Sufficere pro fidei confirmatione,*
> *Quod de sua scriberent predicatione.*
> *Tamen nullus dubitat, quin Jesus multa signa*
> *Virtutes et miracula fecerit que digna*
> *Forent ad instructionem hominum scriptura.*
> *Multisque fidelibus post hoc pro futura,*
> *In adolescentia sive iuventute,*
> *Non mansit Jesus sine segnis magnaque virtute.*
>
> (›Vita Rhythmica‹, V. 1478–1497)[28]

---

apparatu critico intruxit ROBERTUS WEBER, editionem quartam emendatam preparavit ROGER GRYSON, Deutsche Bibelgesellschaft, Stuttgart 1994; Deutsche Bibelzitate aus: Die Heilige Schrift, Einheitsübersetzung, Verlag Katholisches Bibelwerk-Deutsche Bibelgesellschaft, Stuttgart 1981.

[27] Io 20,31: *haec autem scripta sunt ut credatis quia Iesus est Christus Filius Dei et ut credentes vitam habeatis in nomine eius* / »Diese aber sind aufgeschrieben, damit ihr glaubt, daß Jesus der Messias ist, der Sohn Gottes, und damit ihr durch den Glauben das Leben habt in seinem Namen.«

[28] »Der Evangelist Johannes und seine Schriften verkünden, daß Jesus zahlreiche Zeichen setzte, welche in den echten Schriften nicht aufgeschrieben wurden; durch ihn wurde nämlich sehr viel Wunderbares getan, das nirgendwo in den Büchern der Evangelien geschrieben steht, die allerdings die Zeit seiner Predigttätigkeit darstellten und die tugendvollen Taten und die Wunder, die er einzig während der drei Jahre vollbrachte,

Nach dieser Argumentation, die sich auf die Bibel stützt, um gerade die Benutzung von außerkanonischen Schriften zu legitimieren, rechtfertigt nun der Autor die Praxis durch die Praxis. Da die Texte, die als Apokryphen gelten, in den Kirchen gelesen werden, sei deren Weiterbenutzung legitim. Ihre Benutzung durch Heilige zeige ihre Authentizität, und die katholische Kirche selbst tadele sie nicht. Unter den vom Autor zitierten Büchern finden wir das Makkabäerbuch, das aus der griechischen jüdischen Tradition stammt und infolgedessen nicht auf Hebräisch verfaßt worden ist. Dies gilt auch für manche Passagen bei Daniel, wie zum Beispiel die Geschichte Susannas,[29] aber weder für das Buch Ruth noch für das Buch der Richter, die der Autor fälschlicherweise hier zitiert.[30] Neben diesen Texten, die in den biblischen Kanon integriert worden sind, nennt der Autor mehrere Märtyrerlegenden, denen er ähnliche Autorität zuschreibt wie den Büchern des biblischen Kanons. Diese Bemerkungen erlauben uns, die Haltung des Autors dem Apokryph gegenüber genauer einzukreisen: Er versteht ihn als eine für den Gläubigen nützliche Erzählung, deren Wahrheitsgehalt durch ihre Benutzung bewiesen worden ist:

> *Ecclesia katholica nequaquam universa*
> *Respuit apocrifa, quia per diversa*
> *Loca sacre pagine multa reperimus,*
> *Que quamvis sint apocrifa tamen ea scimus*
> *Esse vera, quia sunt a sanctis approbata,*
> *Et libris in autenticis scriptis commendata,*
> *Ut est liber Danielis et Machabeorum,*
> *Ruth et liber Judicum et plurime sanctorum*
> *Passiones, que per omnem ecclesiam leguntur;*
> *Tamen hec apocrifa fore referuntur.*
>
> (›Vita Rhythmica‹, V. 6062–6071)[31]

---

als er in der Welt das Volk lehrte. Sie beschrieben auch seine Geburt, ließen aber alles Übrige, was der fromme Jesus noch tat, aus. Bis hin zu seinem neunundzwanzigsten Lebensjahr schrieben sie nichts über sein überaus heiliges Leben, denn sie entschieden, daß das, was sie über seine Predigttätigkeit schrieben, zur Bestärkung des Glaubens reichte. Trotzdem soll niemand bezweifeln, daß Jesus zahlreiche Zeichen, tugendvolle Taten und Wunder vollbrachte, die würdig gewesen wären, zur Belehrung der Menschen niedergeschrieben zu werden. Jesus blieb in seiner Jugend und Kindheit nicht ohne Zeichen und große Tugendhaftigkeit, die danach vielen Gläubigen nützlich sein sollten«.

[29] Dn 13. Die anderen deuterokanonischen Schriften sind die Bücher Tobit, Judith, Weisheit, Sirach, Baruch und die griechischen Teile von Esther, die Luther nicht in den protestantischen Kanon integrierte und als ›apokryph‹ bezeichnet.

[30] Da *c* und *t* in Handschriften ähnlich aussehen, könnte man denken, daß es sich um den Fehler eines Abschreibers handelt; die ursprüngliche Fassung hätte dann das Buch Judith (anstatt *Judicum*) genannt. Dies müßte aber an mehreren Handschriften verifiziert werden und würde den unkorrekten Genitiv Plural nicht erklären.

[31] »Die katholische Kirche verwarf keineswegs alle Apokryphen, weil wir viele verschiedene Stellen in der Heiligen Schrift gefunden haben, von denen wir wissen, daß sie wahr sind, obwohl sie Apokryphen sind, weil sie von Heiligen anerkannt wurden und

Die Einstellung des Verfassers der ›Vita Rhythmica‹ den Apokryphen gegenüber läßt sich folgendermaßen zusammenfassen: Der Autor weiß genau, daß seine Quellen außerkanonisch sind, aber seiner Meinung nach ist dies an und für sich kein Grund, solche Texte zu verwerfen. Eine klare Definition des Wortes *apocryphus* gibt er nicht. Seine Erzählung – so schreibt er an einer anderen Stelle – könnte als Apokryph abgelehnt werden: Hier bedeutet das Wort so viel wie eine unsichere Geschichte, die man verwirft, weil sie eben nicht bewährt ist. Andererseits stellt er fest, daß Apokryphen in den Kirchen gelesen und dadurch Ansehen bekommen haben: Hier ist *apocryphus* in einer neutraleren Bedeutung eine Schrift, die sich erst einmal bewähren muß. Der Autor spielt also mit der Ungenauigkeit der Definition; die Texte können seiner Meinung nach dem Gläubigen nützlich sein, so daß er sie verwertet und sie durch seine *compilatio* vermittelt. Da er dennoch weiß, daß dies keine Selbstverständlichkeit ist, verwendet er verschiedene Schutzmaßnahmen gegen eventuelle Kritiker. Die offensichtlichste ist die Korrekturaufforderung und die Erlaubnis zum Autodafé.

Im letzten Viertel des 13. Jahrhunderts übersetzt Walther von Rheinau die ›Vita Rhythmica‹ ins Mittelhochdeutsche. Walther sagt über sich selbst, er sei Berufsdichter. Er wirkte in Bremgarten im heutigen Schweizer Kanton Aargau; eine Schaffhauser Urkunde vom 2. September 1278 erwähnt einen *Walther der rinouwer* von bürgerlicher Herkunft. Sein ›Marienleben‹ scheint nur im alemannischen Sprachraum bekannt gewesen zu sein; wir kennen heute zwei Handschriften und zwei Fragmente.[32] Inhaltlich bleibt Walther sehr nahe an seiner Quelle, er versucht jedoch die biblischen Passagen an den Wortlaut der ›Vulgata‹ anzupassen. Seine Haltung den außerbiblischen Quellen gegenüber stammt direkt aus der ›Vita Rhythmica‹.[33]

---

in den authentischen Bibelbüchern angezeigt werden, wie es der Fall ist für das Buch Daniel und das Buch der Makkabäer, das Buch Ruth und das Buch der Richter und für viele Heiligenpassionen, die in jeder Kirche gelesen werden; dennoch wird von ihnen gesagt, es seien möglicherweise Apokryphen«.

[32] Die älteste Handschrift, die nicht ganz vollständig ist, ist um 1300 entstanden (C= Karlsruhe, Bad. LB, Cod. St. Georgen Perg. 35). Die zwei Fragmente stammen auch aus dieser Zeit (Z= Zürich, Zentralbibl., Cod. C 79c, Bl. 7–8, um 1300, und P= Innsbruck, Tiroler Landesmuseum Ferdinandeum, Cod. FB 1519/VI, 1 Doppelblatt, Anfang des 14. Jahrhunderts). Der jüngste Zeuge (die Handschrift S= Stuttgart, Württ. LB, Cod. theol. et phil. 8° 144) ist auf 1388 datiert. Alle vier Zeugen wurden in alemannischer Mundart verfaßt; vgl. dazu KURT GÄRTNER, Walther von Rheinau, ²VL, Bd. 10, 1999, Sp. 658.

[33] Den Verbesserungsaufruf und die Erlaubnis zur Korrektur der ›Vita Rhythmica‹ übernimmt Walther wortwörtlich. Im Epilog schiebt er dann nicht nur die Verantwortung auf den Leser, sondern auch auf die Verfasser seiner Quellen (V. 16129–16131), wie es im Prolog der ›Vita Rhythmica‹ steht (vgl. ›Vita Rhythmica‹ V. 35–36): *Allem dem gesinde, / Daz Marîen kinde / Und ir selber holt ist, / Dien sende ich an dirre frist / Diz getihtes büechelîn / Und bitte si und bevilhe in, / Daz siz ruochen überlesen / Unde rihter wellen wesen, / Swâ si bresten vinden dar an / Ald des*

Zwischen Zensur und Selbstzensur 51

Werfen wir einen Blick darauf, wie er den Begriff *apocryphus* übersetzt:

Ecclesia katholica nequaquam universa	*Diu heilige kristenheit*
	Aller schrift nit widerseit,
Respuit apocrifa, quia per diversa	*Diu von ir nit bestaetet ist,*
	Wan man offenlîche list
Loca sacre pagine multa reperimus,	*Vil buoche in der kristenheit,*
	Dien si nit giht der wârheit.
Que quamvis sint apocrifa tamen ea scimus	*Unde wizzen wir doch wol*
	Daz man für wâr si haben sol,
Esse vera, quia sunt a sanctis approbata,	*Wan wir si für bewaeret han*
	Von mangem heiligen man
Et libris in autenticis scriptis commendata,	*Unde sint dâ von geleit*
	In bewaertiu buoch der kristenheit,
Ut est liber Danielis et Machabeorum,	*Als der Kempfen buoch is*
	Und der Rihter, diu man lis
Ruth et liber Judicum et plurime sanctorum	*In allen kilchen überlût,*
	Und Danieles unde Rûth
Passiones, que per omnem ecclesiam leguntur;	*Und der heiligen marter vil,*
	Diu man für bewaert nit haben wil
Tamen hec apocrifa fore referuntur.	*Und man ir doch als bewaert*
	Ze lesen offentlîche gert.
(›Vita Rhythmica‹, V. 6062–6071)	(Walthers ›Marienleben‹, V. 12278–12297)

Ein Apokryph ist für Walther eine Schrift, die von der Kirche nicht genehmigt ist. Er setzt *apocrifus* in Gegensatz zu *authenticus* und *approbatus*: Beide Begriffe werden mit *bewaert* übersetzt. *Apocryfus* qualifiziert also eine Schrift, die von der Autorität der Kirche nicht bestätigt worden ist (V. 12280) und die man als nicht erprobt betrachtet (V. 12295). Die Wiederholungen des Wortes *bewaert* (»autorisiert« aber auch »bewiesen«), die er im Vers 12296 auch als Zusatz dem lateinischen Text gegenüber hinzufügt, nehmen wohl die Idee der ›Vita Rhythmica‹ auf: Der Unterschied zwischen kanonischen und außerkanonischen Texten wird durch ihre Rezeption begründet. So werden manche Texte, die als apokryph gelten, in den Kirchen *überlût* (V. 12292, »sehr laut«)

---

glouben arcwân, / Und die unmuoze dur die maget / Haben, diu got hât getraget, / Und den bresten slihten, / Volfüeren unde rihten. / Ouch gib ich urloup dâ bî, / Swaz dar an unrehtes sî, / Ob si wellen, daz daz abe / Ir hant von dem buoche schabe / Ald daz buoch verbrennen gar, / Wan ich nime hie keinr lêre war, / Wan daz ich nâch der mâze / Der meister gelâze / Dises getihtes began / Dur die maget lobesan, / Die maget, diu gotes sun gebar, / Daz an ir kiusche nie gewar. / Ouch hân ich manec maere / Für valsch noch für gewaere / An disem büechelîn geseit / Wan ze lobe aleine der meit [...]; Das ›Marienleben‹ Walthers von Rheinau, hg. von EDIT PERJUS, 2. vermehrte Auflage, Åbo 1949 (Acta Academiae Aboensis, Humaniora 17, 1), S. 324, S. 324f., V. 16110–16139 (Sperrung von R. G.-C.: Bemerkenswerte Hinzufügungen). Die Ausgabe von PERJUS basiert auf der Handschrift C.

gelesen, und diese Benutzung führe dazu, aus ihnen bewährte Schriften zu machen.[34]

In der ersten Hälfte des 14. Jahrhunderts schreibt Wernher der Schweizer, ein Landsmann Walthers, ein Marienleben, das ebenfalls auf die ›Vita Rhythmica‹ zurückgeht. Dieser Autor war vermutlich Weltgeistlicher[35] und stammte aus dem Nordosten der heutigen Schweiz, wohl aus der Nähe der alemannisch-schwäbischen Sprachgrenze.[36] Sein ›Marienleben‹ ist in einer einzigen Handschrift erhalten, die auf das Jahr 1381 datiert ist.[37] Wernher hat Walthers Werk gekannt und es für seine »bearbeitende Übersetzung« der ›Vita‹ herangezogen.[38] Seine Intention ist es, so schreibt er in seinem Prolog, den *illitterati* die ›Vita Rhythmica‹ in der Volksspache quellentreu zu verkünden:

> *So wil ich, genant Wernher,*
> *Den ungelerten lúten*
> *Mit warhait hie betúten*
> *Ain búch zetúschem alsus.*
> (Wernhers ›Marienleben‹, V. 10–13)

In den Prologen seiner vier Bücher häuft Wernher das Substantiv *warhait* und das Adjektiv *war*, um die Authentizität seiner Quelle zu betonen. *War* und *wahrheit* erscheinen einundzwanzig Mal in den Prologen und werden mit Begriffen wie *recht* oder *nit gelogen* verstärkt. Gleichzeitig aber, der ›Vita Rhythmica‹ entsprechend, äußert der Autor, daß er selber nicht zwischen Wahrem und Falschem unterscheiden möchte (V. 55f.). Denjenigen, der *es wil fúr lugi han* (V. 6679), verweist er auf die Autorität der *lerer búchen / Die zem ersten geschriben hant* (V. 6682–6683). Wernher behauptet nämlich, daß Dionysius Aeropagita – dessen Namen er in einer Glosse gefunden hat[39] – die Ereignisse nach dem Bericht heiliger Augenzeugen überliefert habe:

---

[34] Vgl. dazu einen wesentlichen Punkt der Definition des Apokryphs durch ENRICO NORELLI: »Ciò che distingue gli uni [die kanonischen Texte] dagli altri [die Apokryphen] non sono dunque elementi interni, ma la ricezione da parte della comunità ecclesiale cui tutti questi scritti erano indirizzati: agli uni, essa ha riconosciuto quell'autorità, agli altri l'ha negata.« ENRICO NORELLI, Maria negli apocrifi, in: Gli Studi di Mariologia Medievale. Bilancio storiografico. Atti del I Convegno Mariologico della Fondazione Ezio Franceschini con la collaborazione della Biblioteca Palatina e del Dipartimento di storia dell'Università di Parma, Parma 7–8 novembre 1997, a cura di CLELIA MARIA PIASTRA, Firenze 2001, S. 21.

[35] Die Tatsache, daß er sich nicht als ›Bruder‹ bezeichnet, aber über ein profundes Wissen im Bereich der Liturgie verfügt, läßt an einen Weltkleriker denken; Das Marienleben des Schweizers Wernher. Mit Nachträgen zu Vögtlins Ausgabe der Vita Marie Rhythmica, hg. von MAX PÄPKE, Berlin 1913 (Palaestra 81), S. 22.

[36] Ebd., S. 113–118, wieder aufgenommen von KURT GÄRTNER, Wernher der Schweizer, ²VL, Bd. 10, 1999, Sp. 953.

[37] Heidelberg, UB, Cpg 372. Der Schreiber gibt an, daß er die Handschrift für seine Geliebte abgeschrieben hat und nicht gegen Geld; Schweizer Werner, Marienleben. Aus der Heidelberger Handschrift hg. von MAX PÄPKE, zu Ende geführt von ARTHUR HÜBNER, Zürich ²1967, S. 245, V. 1–4 des Minneliedes. Ich zitiere aus dieser Ausgabe.

[38] MASSER [Anm. 11], S. 60–69.

[39] Die Glose ist bei PÄPKE [Anm. 35], S. 123 ediert.

> *Als es geschriben was gegeben*
> *Von mænigen hailigen cristen,*
> *Die es fúr war da wisten,*
> *Hortend und sǎchend,*
> *Mit warhait es verjachend.*
> (Wernhers ›Marienleben‹, V. 20–24)[40]

Wernher übernimmt die Rechtfertigungen der ›Vita Rhythmica‹, was die Benutzung von Apokryphen angeht. Im Prolog des vierten Buches gibt er aber selber eine Definition von Apokryph:

> *Vil warhait man geschriben vint*
> *Die ypocripha doch sint,*
> *Wan die lerer unbekant*
> *Sint die sú geschriben hant.*
> (Wernhers ›Marienleben‹, V. 11729–11732)

Seine Definition beruht auf der Etymologie des griechischen Wortes, das soviel wie ›unbekannter Ursprung‹ bedeutet. Aber auch wenn die Autorschaft dieser Apokryphen nicht bekannt ist, werden sie von den Christen akzeptiert:

> *Doch haltet sú die cristenhait*
> *Fúr rechte, gancze warhait*
> *Und versprichet sú bi nút:*
> *Das wissend wol gelerte lút*
> *Und das der selben bůch sint vil,*
> *Der ich ain tail hie nemmen wil*
> *Dú namhaft sint und wol bekannt,*
> *Alse Danieles bůch genant […].*
> (Wernhers ›Marienleben‹, V. 11733–11740)

Wernher spielt hier mit dem Wort *namhaft*: Diese Schriften tragen einen Namen, aber Apokryphen im allgemeinen auch. So können wir *namhaft* in seiner zweiten Bedeutung lesen, die dem Ausdruck *wol bekannt* entspricht, nämlich ›berühmt‹.

Die Erklärungen, die Wernher in Bezug auf die Apokryphen gibt, und die Wiederholungen seiner Wahrheitsbeteuerungen zeigen, daß auch er sich des problematischen Status dieser Schriften bewußt ist. In der Nachfolge der ›Vita

---

[40] Dies erinnert an den Anfang des Evangeliums nach Lukas: *Quoniam quidem multi conati sunt ordinare narrationem quae in nobis conpletae sunt rerum sicut tradiderunt nobis qui ab initio ipsi viderunt et ministri fuerunt sermonis visum est et mihi adsecuto a principio omnibus diligenter ex ordine tibi scribere optime Theophile ut cognoscas eorum verborum de quibus eruditus es veritatem* (Lc 1,1–4). [»Schon viele haben es unternommen, einen Bericht über all das abzufassen, was sich unter uns ereignet und erfüllt hat. Dabei hielten sie sich an die Überlieferung derer, die von Anfang an Augenzeugen und Diener des Wortes waren. Nun habe auch ich mich entschlossen, allem von Grund auf sorgfältig nachzugehen, um es für dich, hochverehrter Theophilus, der Reihe nach aufzuschreiben. So kannst du dich von der Zuverlässigkeit der Lehre überzeugen, in der du unterwiesen wurdest«.]

Rhythmica‹ schiebt er ebenfalls die Verantwortung der Beurteilung auf den Leser mithilfe von Korrekturaufforderungen. Jedoch entnimmt er sie nicht ohne Änderungen aus seiner Quelle. Im Prolog des dritten Buches schreibt der Verfasser der ›Vita Rhythmica‹ einen Verbesserungsaufruf, den Wernher im Epilog wieder aufnimmt:

> *Illud autem deprecor a viris litteratis,*
> *Ut hec sique repererint que viam veritatis*
> *Excedant, illa corrigant vel penitus abradant,*
> *Vel si placet totum librum combustioni tradant.*
> *Sic invidus non habet hic locum detrahendi,*
> *Nec emulus inveniet causam hic mordendi ;*
> *Nam cuilibet conceditur potestas corrigendi*
> *Librum istum, vel si placet totum abradendi.*
>
> (›Vita Rhythmica‹, V. 3654–3661)[41]

An der gleichen Stelle finden wir bei Wernher:

> *Ich wil die warhait hier von Got*
> *Sprechen ăn liegen,*
> *Niement da mitte triegen;*
> *Und wer es wil fúr lugi han,*
> *Der sol fúro selber gan*
> *Es fragen und sůchen*
> *An der lerer bůchen*
> *Die zem ersten geschriben hant*
> *Und och mit namen hier genant.*
> *Doch vindet dar an iement út*
> *Geschriben das im gevallet nút,*
> *Das sprech er mit der warhait bas:*
> *Dar umb bin ich im nút gehass;*
> *Ich wil es haben wol vergůt*
> *Wer es bas mit warhait tůt*
> *Wan ich hie tůn das min.*
> *Ich welte das iegkliches sin*
> *Mit warhait wære also gestalt*
> *Und es môste zehenvalt*
> *Ze lobe Got und eren*
> *Und siner můter heren.*
>
> (Wernhers ›Marienleben‹, V. 6676–6696)

Zuerst betont Wernher die Lauterkeit seines Vorhabens: Er will nur die Wahrheit erzählen. Sollte jemand an der Echtheit der Geschichten zweifeln, verweist

---

[41] »Dies bitte ich mit Nachdruck die Gelehrten: Wenn sie hier etwas finden, was den Weg der Wahrheit überschreitet, mögen sie das verbessern oder völlig ausradieren, oder, wenn sie es wünschen, das ganze Buch der Verbrennung ausliefern. So wird hier der Neider nichts herabzuwürdigen haben, noch wird der Geschwätzige eine Ursache finden, um zu beißen; jedem Menschen ist die Macht gegeben, dieses Buch zu verbessern, oder, wenn er das möchte, es ganz auszuradieren.«

ihn Wernher auf die Autoritäten seiner Quellen. Die Gelehrten, die diese Bücher geschrieben haben sollen, hatte er schon im Prosaprolog genannt: Es handelt sich um keine geringeren als die Apostel Jakobus und Johannes und den von Paulus bekehrten Dionysius Aeropagita.[42] Vor die Korrekturerlaubnis stellt Wernher die Wahrheitsbeteuerung und den Verweis auf Autoritäten, die als Garanten für die Echtheit der Geschichte fungieren sollten. Erst dann kommt er zur Korrekturerlaubnis; auffällig ist jedoch, daß der Autor nicht bis zur Aufforderung zum Autodafé geht. Dagegen legt er besonderen Wert auf die Betonung, daß seine Intention das Lob Marias sei. Denn stärker als die Korrekturaufforderungen bietet ihm die Aufrichtigkeit seiner Intention, einen Gottesdienst zu leisten, Schutz vor Kritik.

Anfang des 14. Jahrhunderts bearbeitet zeitgleich mit Wernher ein dritter Autor namens Bruder Philipp die ›Vita Rhythmica‹. Sein ›Marienleben‹ war so erfolgreich wie keine andere Reimpaardichtung des deutschen Mittelalters. Wir kennen heute 103 Textzeugen der Versfassung und 22 Abschriften einer Prosaauflösung.[43] Bruder Philipp war Kartäuser in Seitz in der Südsteiermark, heute Slowenien. Seinen Geburtsort kennen wir nicht, doch weist sein Dialekt auf das mitteldeutsch-niederdeutsche Grenzgebiet hin.[44] Bruder Philipp spricht *aller kristenheit gemeine* an,[45] widmet jedoch sein Werk ausdrücklich dem deutschen Ritterorden. In der Tat weisen Änderungen im Prolog mancher Handschriften auf eine Rezeption innerhalb dieses Ordens hin.[46] In seinem ›Marienleben‹ läßt Philipp die fünf Prologe mit den Rechtfertigungen der Benutzung von Apokryphen aus. Bei ihm findet sich keine Spur einer Reflexion über die Echtheit der ursprünglichen Quellen. Sein Prolog von bloß zweiundzwanzig Versen ist ein Mariengebet, in welchem er die Jungfrau um Hilfe bittet, um sein Werk zu vollenden. Seine Intention, so schreibt er, ist es, der ganzen Welt all das über die Heiligkeit und die Reinheit Marias zu verkünden, was die Schrift sagt, was er überall dort gelesen und gehört hat, wo er gewesen ist:

> *Ich wil schrîben, reiniu magt,*
> *allez daz diu schrift uns sagt*
> *von dîner grôzen heilikeit*
> *und dînes lêbes reinikeit.*
> *swaz ich gehôrt hân und gelesen*

---

[42] Apg. 17,34.
[43] KURT GÄRTNER, Bruder Philipp, ²VL, Bd. 7, 1989, Sp. 589–592 und KURT GÄRTNER, Ein neues Fragment von Bruder Philipps ›Marienleben‹ im Stadtarchiv Burghausen, ZfdA 127 (1998), S. 183–190.
[44] GÄRTNER 1989 [Anm. 43], Sp. 588–589; MASSER spricht von westlichem Mitteldeutschland; ACHIM MASSER, Bibel- und Legendenepik des deutschen Mittelalters, Berlin 1976 (Grundlagen der Germanistik 19), S. 109.
[45] Bruder Philipp der Carthäuser, Marienleben, hg. von HEINRICH RÜCKERT, Quedlinburg und Leipzig 1853, Nachdruck Amsterdam 1996 (Bibliothek der deutschen National-Literatur 34), S. 273, V. 10080.
[46] GÄRTNER [Anm. 43], Sp. 589.

> *von dir, swâ ich pin gewesen,*
> *daz wil ich al der werlde künden.*
>
> (Philipps ›Marienleben‹, V. 9–15)

Wenn Bruder Philipp hier noch zwischen der Bibel und anderen schriftlichen und mündlichen Quellen unterscheidet, nennt er einige Zeilen weiter das Alte Testament (*daz puoch der alten ê*) als Quelle für die Geschichte Annas und Joachims, obwohl diese nur in christlichen apokryphen Schriften erzählt wird:

> *Uns lêrt daz puoch der alten ê*
> *daz in dem lant ze Galilê*
> *in einer stat, diu was genant*
> *Nazarêth und wol erkant,*
> *was ein rîcher man gesezzen,*
> *ze aller tugent wol vermezzen.*
> *er was geheizen Jôachim* [...].
>
> (Philipps ›Marienleben‹, V. 23–29)

Bruder Philipp weiß sicherlich, daß die Vorfahren Marias nicht im *puoch* des Alten Testaments genannt werden.[47] Bloß rein chronologisch gesehen stimmt es, daß die Vorfahren Marias dem Alten Bund zugehören, denn der Neue Bund beginnt mit der *Annuntiatio*.[48] Bruder Philipp scheint die Geschichte Annas und Joachims als ein so wahrscheinliches Geschehen zu akzeptieren, daß er gar kein Problem darin sieht, sie in die biblische Chronologie einzureihen, die ja als historische Chronologie galt. Vielleicht will er zudem durch die Erwähnung des *puoch[es]* des biblischen Kanons die Autorität seiner Dichtung stärken? Sicher ist, daß er nur am lobpreisenden Erzählen interessiert ist. Unter diesem Aspekt ist die Benutzung apokrypher Quellen für ihn selbstverständlich. Lediglich in seinem Epilog übernimmt Bruder Philipp den Korrekturaufruf, der aber wie bei Wernher dem Schweizer nicht bis zur Aufforderung zum Autodafé führt: Eine solche Strafe ist ihm wohl zu hart für einen lobpreisenden Text. Bevor er aber zur Veränderungserlaubnis kommt, beschränkt er deren Adressatengruppe, indem er die Ungelehrten und die Toren von der Erlaubnis ausschließt. Mit diesem Ausschluß diskreditiert er im voraus diejenigen, die seinen Text angreifen könnten: Er verteidigt seine Integrität als Autor. Diese Beobachtung und die

---

[47] Gewiß verfügte Bruder Philipp über eine Bibel, wenn nicht *ad usum*, so zumindest in seiner Klosterbibliothek. Die Tatsache, daß sein Orden nach seinem Tod für ihn ein *Tricenarium* beten sollte, d. h. während dreißig Tagen Messen und Offizien für sein Seelenheil halten sollte, weist auf eine wichtige Persönlichkeit hin (so GÄRTNER [Anm. 43], Sp. 588), die dementsprechend auch gebildet gewesen sein sollte. Ferner besagt die Rezeption durch den deutschen Ritterorden, der ja für seine Bearbeitungen von Büchern aus dem Alten Testament bekannt ist, daß der Verweis auf das *puoch der alten ê* Bruder Philipp nicht übel genommen worden ist.

[48] Das ›Marienleben‹ des Bruders Philipp wurde später in die ›Weltchronik‹ Heinrichs von München integriert. Dort steht aber die Geschichte Annas und Joachims am Beginn der *niuwen ee*. Theologisch gesehen setzt dies einen anderen Akzent: Es zeigt den Willen, den Neuen Bund mit Maria (und ihrer Vorgeschichte) anzufangen, insofern, als sie schon den *adventus domini*, das Kommen des Erlösers, vorankündigt.

Tatsache, daß wir bei Philipp keine Reflexion über den Status der Apokryphen oder irgendeine Rechtfertigung der Benutzung solcher Schriften finden, führt zum Eindruck, daß die Erlaubnis zur Korrektur, die *ze lobe Marîen und ze êren*[49] erfolgen sollte, mehr einen Bescheidenheitstopos darstellt als einen tatsächlichen Schutz gegen Häresieverdacht:

> *ouch bite ich al und tuon daz kunt,*
> *den ditz buoch ze handen kumt,*
> *ob sî vindent iht an deme*
> *daz der wârheit widerzaeme*
> *sî und den gelouben swache*
> *und ouch valsche lêre mache,*
> *daz sî gar daz abe schaben*
> *und daz niht langer bî in haben,*
> *wand ich anders niht enger*
> *dan Marîen lop und êr.*
> *den ungelêrten und den affen*
> *den verbiut ich widerklaffen,*
> *die ir tôrheit dâ mit meldent*
> *daz sî zaller zît daz scheltent*
> *daz sî selbe niht enkunnen,*
> *des wellent sî doch niemen gunnen.*
> *swer doch wil ditz büechelîn*
> *bezzern mit den sinnen sîn*
> *und mit getihte daz gemêren*
> *ze lobe Marîen und ze êren,*
> *dem wil ich gerne erlouben daz:*
> *ich kann ez niht gemeistern baz.*
>
> (Philipps ›Marienleben‹, V. 10094–10115)

Fassen wir zusammen: Die Verwendung von apokryphen Schriften scheint für den Verfasser der ›Vita Rhythmica‹, für Walther von Rheinau und den Schweizer Wernher nicht selbstverständlich zu sein. Walther und Wernher haben die Rechtfertigungen der ›Vita Rhythmica‹ über die Benutzung und Verbreitung von Apokryphen übernommen. Ein ›Apokryph‹ ist für Walther eine unbewährte Schrift, die in Verbindung mit der Bibel steht, für Wernher eine solche Schrift, deren Verfasser nicht bekannt ist. Dennoch sind Apokryphen nicht zu verwerfen, weil sie auch Wahres enthalten und die Bibel nicht alles erzählt. Sie erzählen nämlich teilweise wahrscheinliche Geschichten, Episoden, die hätten passieren können; außerdem sind auch Apokryphen, so denken die mittelalterlichen Autoren, von anerkannten Autoritäten geschrieben worden, zum Beispiel von Aposteln (deren Autorschaft heute als pseudepigraph nachgewiesen ist). Schließlich gewinnen die Apokryphen an Autorität durch ihren Gebrauch vor allem in der Liturgie: Die Praxis wird durch die Praxis bestätigt. Diese Rechtfertigungen zeigen eine Reflexion über den Status des Apokryphs und dies in einem Umfang, der in mehrerer Hinsicht bemerkenswert ist.

---

[49] Philipps ›Marienleben‹, V. 10113.

Erstens ist der Kontext zu beachten, in welchem die ›Vita Rhythmica‹ entstand, die ja als erste diese größere Reflexion einführte. Die Abfassungszeit korrespondiert nämlich mit den Erneuerungen der Bibelstudien in Paris, unter anderem mit Hugo von Saint-Cher und der Entwicklung der ersten Konkordanz: Eine günstige Zeit also, um über den Stand und die Benutzung von außerkanonischen Schriften zu reflektieren und für einen wissenschaftlichen Umgang mit Texten einzutreten.[50]

Zweitens ist ihre Ausführlichkeit auffallend: Kreative Rechtfertigungen über die Benutzung apokrypher Schriften finden sich in der ›Vita Rhythmica‹, bei Walther und Wernher in allen Prologen und Epilogen.

Drittens informiert uns diese Reflexion darüber, was unter *apocryphus* verstanden wird und wie diese Schriften damals rezipiert wurden. Die Tatsache zum Beispiel, daß wir bei Bruder Philipp keine entsprechende Reflexion finden, sagt etwas über seine Einstellung aus: Ihm geht es ausschließlich um das Lob, und für dieses Ziel erscheint ihm die Benutzung von Apokryphen selbstverständlich. Andere vor ihm – wie der Autor des ›Grazer Marienlebens‹[51] – und nach ihm – wie Heinrich von Sankt Gallen[52] oder der Verfasser des ›Es spricht sant Iheronymus‹,[53] der auch die ›Vita Rhythmica‹ als Quelle benutzt – problematisieren den Gebrauch solcher Quellen ebenfalls nicht.[54]

---

[50] Siehe u. a. Le Moyen Age et la Bible, sous la direction de PIERRE RICHÉ/GUY LOBRICHON, Paris 1984 (Bible de tous les temps 4); Hugues de Saint-Cher (+1263), Bibliste et théologien, Etudes réunies par LOUIS-JACQUES BATAILLON, GILBERT DAHAN, PIERRE-MARIE GY, Turnhout 2004 (Bibliothèque d'Histoire culturelle du Moyen Age 1). Diesen Hinweis verdanke ich Prof. Dr. Agostino Paravicini-Bagliani (Lausanne).

[51] ›Grazer Marienleben‹, hg. von ANTON EMMANUEL SCHÖNBACH, ZdfA 17 (1874), S. 519–560.

[52] Das ›Marienleben‹ des Heinrich von St. Gallen. Text und Untersuchung. Mit einem Verzeichnis deutschsprachiger Prosamarienleben bis etwa 1520, hg. von HARDO HILG, Zürich/München 1981.

[53] Freiburg i. Br., UB, Hs. 192.

[54] Im allgemeinen läßt sich eine Entwicklung in der Wertschätzung der Apokryphen feststellen, die von einer Problematisierung und einer Tendenz zur Rechtfertigung bis zur selbstverständlichen Aufnahme des apokryphen Stoffes geht. Nimmt man die erwähnten Texte des Priesters Wernher, Konrads von Fußesbrunnen, Konrads von Heimesfurt, der ›Vita Rhythmica‹, des ›Grazer Marienlebens‹, Walthers von Rheinau, Wernhers der Schweizer, Bruders Philipp, Heinrichs von Sankt Gallen und des ›Es spricht sant Iheronymus‹, so ist die Wende an den Anfang des 14. Jahrhunderts zu setzen. Wernher übernimmt die Erlaubnis zum Autodafé nicht mehr, Bruder Philipp rechtfertigt seine Benutzung der Apokryphen schon gar nicht mehr. Interessant ist, daß diese Wende mit der Verbreitung des liturgischen Festes der Empfängnis Marias korrespondiert, die ursprünglich auf dem ›Protevangelium des Jakobus‹ basiert. Anfang des 14. Jahrhunderts übernimmt auch ein Theologe wie Franz von Meyronnes ohne Kommentar Elemente aus den lateinischen Bearbeitungen des ›Protevangeliums‹; siehe FRANZ VON MEYRONNES, *III Sent.*, d. 3 q. 1., in: *In Libros Sententiarum, Quodlibeta, Tractatus Formalitatum, De Primo Principio, Terminorum Theologicalium Declarationes*, De Univocatione, Venezia 1520, Nachdruck Minerva, Frankfurt a. M. 1966, fol. 164v.

Das Bewußtsein der Autoren bezüglich der mangelnden Kanonizität ihrer Quelle hat sie dennoch nicht dazu geführt, unwahrscheinliche Einzelheiten der apokryphen Erzählung auszusondern. Episoden wie die Anbetung der Drachen vor dem Christusknaben[55] oder Kinderspiele Jesu, etwa seine Erschaffung der sieben Vögelein aus Lehm,[56] haben hier ihren Platz neben der Verkündigungsszene und der Passionsgeschichte. Wieso sollten aber die Verfasser Passagen zensieren, wenn Apokryphen tatsächlich – nach den Worten Walthers von Rheinau – *in allen kilchen überlût* gelesen wurden?

Die Verbesserungsappelle an den Leser der ›Vita Rhythmica‹ und deren mittelhochdeutschen Bearbeitungen sind also keine Zeichen einer Selbstzensierung im Sinne einer Weglassung unwahrscheinlicher und unbewährter Stellen. Ferner von Bedeutung ist, daß diese Reflexion über den Status des Apokryphs nicht mit Erklärungen zu besonders umstrittenen theologischen Punkten verbunden ist. Denn weit mehr als die Verwendung von apokryphen Schriften in der Erbauungsliteratur, war die dogmatische Tragbarkeit mancher Stellen problematisch, vor allem diejenige der Empfängnis Marias.[57] Und der einzige, unter den Bearbeitern der ›Vita Rhythmica‹, der Unterweisungen zu problematischen Stellen hinzufügt (wie über die Erbsündenweitergabe zum Beispiel), nämlich Bruder Philipp, ist auch derjenige, der die Rechtfertigungen seiner Quelle zur Verwendung der Apokryphen nicht übernimmt. Der Verfasser der ›Vita Rhyth-

---

[55] ›Vita Rhythmica‹, V. 2172–2181. Die Anbetung von verschiedenen Wildtieren wird im ›Pseudo-Matthäus Evangelium‹ Kapitel 18–19 beschrieben. Siehe Evangile de l'Enfance du Pseudo-Matthieu, traduit par JAN GIJSEL, in: Ecrits apocryphes chrétiens I, édition publiée sous la direction de FRANCOIS BOVON/PIERRE GEOLTRAIN, Paris 1997, S. 136–138.

[56] ›Vita Rhythmica‹, V. 2924–2963. Dieses Motiv stammt aus der so genannten ›Kindheitserzählung des Thomas‹, die dem Apostel fälschlicherweise zugeschrieben wurde. Siehe Histoire de l'Enfance de Jésus, traduit par SEVER J. VOICU, in: Ecrits apocryphes chrétiens I, édition publiée sous la direction de FRANCOIS BOVON/PIERRE GEOLTRAIN, Paris 1997, S. 197–198.

[57] Zum theologischen Streit im Mittelalter um die Frage, ob Maria mit oder ohne Erbsünde empfangen worden ist, siehe vor allem MARIELLE LAMY, L'Immaculée Conception: Etapes et enjeux d'une controverse au Moyen-Âge (XIIe–XVe siècles), Paris 2000 (Collection des Etudes Augustiniennes, Séries Moyen Âge et Temps modernes 35). Die Rezeption dieser theologischen Kontroverse in der mittelhochdeutschen Literatur ist Thema meiner noch ungedruckten Genfer Dissertation ›Littérature entre dévotion et théologie scolastique. La réception de la controverse médiévale autour de l'Immaculée Conception en pays germaniques‹, Genf 2008. Interessanterweise ist es Bruder Philipp, der zwar die Verwendung von Apokryphen gar nicht thematisiert, aber theologische Lehren einführt, um seinen Leser in der seiner Ansicht nach richtigen Lektüre des Textes zu leiten (siehe zum Beispiel seine Erbsündenlehre, V. 350–364, die er in die Darstellung von der Reinigung Marias im Mutterleib einschiebt). Auch hier handelt Bruder Philipp als Seelsorger, der kein Interesse an der Auseinandersetzung mit dem Ursprung und dem wissenschaftlichen Umgang mit Apokryphen zeigt, sondern nur an dem Erbaulichen dieser Texte, die aber seiner Meinung nach erklärungsbedürftig sind, wenn sie Ungebildeten zu Ohren kommen.

mica‹ schützte sich, indem er sein Werk in die Reihe der Lobtexte einreihte und betonte, daß er nicht *dogmatizare* wollte. Da er weder unwahrscheinliche Stellen wegließ, noch vorsichtige Erklärungen zu theologisch umstrittenen Inhalten hinzufügte, ist aber zu bezweifeln, daß er wirklich damit rechnete, sein ganzes Werk könnte aufgrund von Glaubensfehlern vernichtet werden. Seine Aufforderung an dem Leser, sein Werk nötigenfalls ganz abzukratzen (*totum abradendi*, V. 3661), scheint auch nicht ganz realistisch zu sein: Wer würde sich schon die Mühe geben, ein ganzes Werk auszuradieren? Diese Vermutung wird von Textstellen aus der ›Legenda Aurea‹ bestätigt, in denen man ein ähnliches argumentatives Verfahren findet. Auch Jakobus von Voragine überläßt nämlich seinem Leser an einigen Stellen die Entscheidung, ob er das von ihm Erzählte als wahr einschätzt oder nicht: *Vtrum autem hec uera sint, lectoris iudicio relinquatur, cum in nulla chronica nec hystoria autentica ista legantur.*[58] Aber auch bei Jakobus handelt es sich, wie BARBARA FLEITH gezeigt hat,[59] nicht um einen wirklichen Verdacht den Apokryphen gegenüber. Ganz im Gegenteil: Im Vergleich zu seinen Quellen (Johannes von Mailliaco, Bartholomäus von Trient und Vinzenz von Beauvais) bereichert er seine Legenden mit Details aus Apokryphen. Auch wenn diese Einzelheiten zum Teil unwahrscheinlich waren, hatten sie doch den Vorteil, die Güte und die Macht Gottes zu zeigen. Wie der Verfasser der ›Vita Rhythmica‹ entschloß sich der Dominikaner, diese narrativen Details willentlich zu übernehmen, ohne aber zu vergessen, den Leser über den unbewährten, apokryphen Ursprung seiner Quelle zu informieren.

Der anonyme Verfasser der ›Vita Rhythmica‹ und mit ihm zwei seiner Übersetzer gehen insofern noch weiter, als sie sich sogar für die Benutzung von Apokryphen einsetzen. In dieser Hinsicht erscheinen ihre Korrekturaufforderungen mehr rhetorisches Spiel als reale Angst vor Zensur zu sein.

---

[58] »Ob diese Dinge wahr sind, wird der Urteilskraft des Lesers überlassen, weil sie in keiner authentischen Chronik oder Geschichte zu lesen sind.« Jacopo da Varazze, Legenda aurea, edizione critica a cura di GIOVANNI PAOLO MAGGIONI, 2a edizione rivista dall'autore, 2 Bde., Tavarnuzze-Firenze 1998, Bd. 1, De inuentione sancte crucis, LXIV, S. 459–470, hier S. 460, 11.

[59] FLEITH BARBARA, Die *Legenda Aurea* und ihre dominikanischen Bruderlegendare. Aspekte der Quellenverhältnisse apokryphen Gedankenguts, Apokrypha 7 (1996), S. 167–192.

Catherine Drittenbass (Université de Lausanne)

Die ›Melusine‹ des Thüring von Ringoltingen: Bezaubernde Worte – gefährliches Schweigen

Zur Ambivalenz des Dialogs zwischen Reymond und Melusine in der Quellenszene

Die Rolle, welche der am 29. Januar 1456 vollendete Melusineroman des Berner Patriziers Thüring von Ringoltingen[1] für die Kulturtopographie des deutschsprachigen Südwestens im 15. Jahrhundert spielt, kann unter den drei Aspekten französisch-deutscher Kulturtransfer, Breite der Überlieferung in Handschrift und Druck, sowie Intermedialität im Hinblick auf die Illustration des Romans betrachtet werden.

 Thürings unmittelbare Vorlage für seine bearbeitende Übersetzung der ›Mélusine‹ bildet der im Auftrag des Grafen von Parthenay, Guillaume VII Larchevêque († 1401), und nach dessen Tod seines Sohnes Jean II († 1427) in den frühen Jahren des 15. Jahrhunderts angefertigte Versroman des Klerikers Coudrette.[2] Wie bereits der 1393 vollendete Prosaroman des Jean d'Arras,[3] den der Herzog Jean de Berry (1386–1401) in Auftrag gab, erzählt der Roman Coudrettes in der Geschichte Reymonds und Mélusines die Gründungssage des Hauses Lusignan, mit dem die Auftraggeber jeweils verwandt sind. Für den Patrizier Thüring, der aus eigener Initiative schreibt, das Werk aber seinem literarisch interessierten Lehnsherrn, Rudolf von Hochberg,[4] Graf von Neu-

---

[1] Zum Autor vgl. v. a. Vinzenz Bartlome, Thüring von Ringoltingen – ein Lebensbild, in: Thüring von Ringoltingen. Melusine (1456). Nach dem Erstdruck Basel: Richel 1473/1474, hg. von André Schnyder in Verbindung mit Ursula Rautenberg, Wiesbaden 2006, Bd. 2, S. 49–60. Dieser Ausgabe folgt die Wiedergabe des Textes im vorliegenden Aufsatz; normalisiert wurde lediglich die s- und z-Schreibung.

[2] Le Roman de Mélusine ou histoire de Lusignan par Coudrette. Edition avec introduction, notes et glossaire établie par Eléanor Roach, Paris 1982 (Bibliothèque Françaises et Romane 18); Mélusine or Le roman de Parthenay. A critical edition with foreword and introduction by Matthew W. Morris, Lewiston 2003 (Medieval Studies 19).

[3] Louis Stouff, Essais sur Mélusine. Roman du XIVe siècle par Jean d'Arras, Paris 1930 (Publications de l'Université de Dijon 3); eine zweisprachige Ausgabe liegt vor in: Jean d'Arras, Mélusine ou la noble histoire de Lusignan. Roman du XIVe siècle. Nouvelle édition critique d'après le manuscrit de la bibliothèque de l'Arsenal avec les variantes de tous les manuscrits, traduction, présentation et notes par Jean-Jacques Vincensini, Paris 2003 (Le livre de poche 4566 Lettres gothiques).

[4] Rudolf hielt sich in den 40er Jahren am Hof von Burgund auf, gehörte dem Kreis der Mäzene um Philipp den Guten an und tritt als Erzähler der ›Cent nouvelles nouvelles‹ auf. (Vgl. Jan-Dirk Müller, Melusine in Bern. Zum Problem der »Verbürgerlichung« höfischer Epik im 15. Jahrhundert, in: Literatur – Publikum – historischer Kontext (Beiträger zur Älteren Deutschen Literaturgeschichte, Bd. 1), hg. von Gert Kaiser,

enburg, widmet, entfällt die Anforderung an den literarischen Text, das genealogische Lob eines Auftraggebers zu verkünden. Wohl aber stellen für den Berner Autor neben den von Melusine errichteten Bauten die noch lebenden und in der ganzen damaligen Welt regierenden Nachkommen der Fee ein Argument für den Wahrheitsgehalt der Geschichte dar.[5] Thüring gibt uns in seinem Vor- und Schlußwort zwei Gründe an, die ihn dazu veranlaßt haben, den Roman in die deutsche Sprache zu übertragen. Einerseits handelt es sich um eine *zů mol selczene vnd gar wunderliche fremde hystorie* (Z. 20), die, so die Einschätzung des Autors, an Fremdartigkeit und Abenteuerlichkeit die bekannten Artus- und Liebesromane übertrifft (Z. 3364f.). Andererseits wurde die Geschichte noch nie ins Deutsche übersetzt:

> *vnd wan nů solliches gedicht diß bůch noch vff diß zijt als ich eyentlichen vnym ī tůtscher zungen vnd sprache noch nie funden ist So hab ich diß bůch zů tůtsche gemachet zů dieēst vnd eren als vor geschriben stot.* (Z. 3340–3343)

In Anbetracht dessen, daß der Markgraf Rudolf, wie auch die Berner Standesgenossen Thürings sehr wohl der französischen Sprache mächtig waren, ja von Thüring im Sinne des Humilitas-Topos aufgefordert werden, seine Übersetzung dort zu korrigieren, wo es nötig sei, mag es dem Berner Verfasser vorrangig darum gegangen sein, den Glanz und Vorbildcharakter französischer Lebens- und Hofkultur ausstrahlenden Roman durch das Medium der bearbeitenden Übersetzung dem eigenen Kulturkreis einzuschreiben. Das literarische Interesse an der französischsprachigen Kultur läuft dabei parallel zum politisch sehr regen Kontakt, den Bern im 15. Jahrhundert mit dem französischen Raum pflegte, unter gleichzeitigem Versuch, die Grenzen des Territoriums Richtung Westen zu erweitern.

Die Breite der Überlieferung in Handschrift und Druck zeigt, daß Thürings Roman unmittelbar zum Bestseller der frühen Neuzeit avancierte, womit die ›Melusine‹ das literarische Profil des deutschsprachigen Südwestens im 15. und 16. Jahrhundert maßgeblich mitbestimmte: Zum Zeitpunkt des Medienwechsels von der Handschrift zum Druck verfaßt, ist die deutschsprachige ›Melusine‹ mit 16 erhaltenen, durchgehend ins 15. Jahrhundert zu datierenden Handschriften,[6]

Frankfurt a. M./Las Vegas 1977, S. 29–77, hier S. 48, Fn. 50. Ebenso zeugt das fragmentarisch erhaltene Inventar der gräflichen Bibliothek von den literarischen Interessen Rudolfs. Vgl. ANDRÉ SCHNYDER [Anm. 1], Bd. 2, S. 5; ferner auch BARTLOME [Anm. 1], S. 55.

[5] *besunder halt ich do von* [von der Historie Melusines] *mer dan von den andern von sach wegē als die vor genāt groß gesclecht aldo harkomen vnd erborn sint darumb dis bůch für ein worheit geschriben vnd erzelt werden mag* (Z. 3365–3368).

[6] Eine Liste der Handschriften findet sich bei SCHNYDER [Anm. 1], Bd. 2, S. 116. Zu den einzelnen Handschriften vgl. auch MARTINA BACKES, Fremde Historien. Untersuchungen zur Überlieferungs- und Rezeptionsgeschichte französischer Erzählstoffe im deutschen Spätmittelalter, Tübingen 2004 (Hermae 103); Thüring von Ringoltingen, Melusine. Nach den Handschriften kritisch hg. von KARIN SCHNEIDER, Berlin 1958 (TspMA 9), S. 7–35.

10 nachweisbaren Inkunabeldrucken[7] und 20 Drucken aus dem 16. Jahrhundert reich überliefert.[8] Ausgehend von den in den Handschriften verzeichneten Besitzerangaben, die auf Angehörige des städtischen Bürgertums und des Adels verweisen, läßt sich als Überlieferungsraum das Bodenseegebiet, der Oberrhein und Schwaben fassen, ferner auch Tirol und Franken (Nürnberg).[9] Fünf der Handschriften überliefern die Melusine einzeln. In den restlichen Fällen handelt es sich um Sammelhandschriften, wobei Inhalt und Charakter der in der Handschrift vereinten Texte oft Aufschluß darüber geben, wie der Auftraggeber die ›Melusine‹ verstanden hat.[10] Was die Drucke der ›Melusine‹ anbelangt, so sei auf die, den Zeitraum vom Erstdruck der ›Melusine‹ im Jahr 1474 bis zur Mitte des 16. Jahrhunderts umfassende Untersuchung von Ursula Rautenberg[11] verwiesen, wo detaillierte Recherchen zur Drucküberlieferung sowie zur Beziehung der einzelnen Drucke untereinander präsentiert werden. Als Inhaber der Frühdrucke erscheinen neben Vertretern des Stadtbürgertums und des Adels auch Klöster.[12] Die ausgehend von der Lokalisierung der jeweiligen Besitzer erschlossene weite geographische Verbreitung der Melusine-Inkunabel kann möglicherweise auf die Rolle der Illustrationen zurückgeführt werden:

> Interessant ist aber, daß Richels alemannische ›Melusine‹ trotz ihres konservativen Sprachstandes weit über die Dialektgrenzen hinaus verbreitet war: in Schwaben, Bayern und Franken und nach Osten bis Böhmen (Iglau) und Graz, im Norden bis Braunschweig. Es steht zu vermuten, daß die Illustrationen einen nicht geringen Anteil an dieser überregionalen Verbreitung hatten.[13]

Mit der Rolle der Illustrationen ist im Zeichen der Intermedialität das dritte wichtige Stichwort für die Erarbeitung der Kulturtopographie des deutschsprachigen Südwestens gefallen. Zwei der überlieferten Handschriften sind durchgehend mit kolorierten Illustrationen versehen; bei fünf weiteren Textzeugen ist lediglich Platz für Bildschmuck ausgespart worden.[14] Welchen Einfluß der Typus der illustrierten Handschrift auch auf jene Überlieferungszeugen ausübte, die keinen Raum für Bilder vorsehen, wird an den dort gleichwohl auftretenden Zwischentexten, die an Bildbeschreibungen erinnern, deutlich:

---

[7] Während die Handschriften alle dem oberdeutschen Raum zuzuordnen sind, findet sich unter den Inkunabeln eine niederdeutsche Version. Als Verlagsorte sind zu verzeichnen: Basel, Augsburg (3x), Straßburg (4x), Heidelberg, Lübeck. Vgl. Schnyder [Anm. 1], Bd. 2, S. 116, Fn. 18.

[8] André Schnyder, Literarische Aspekte des Werkes, in: Schnyder [Anm. 1], Bd. 2, S. 116.

[9] Ursula Rautenberg, Die ›Melusine‹ des Thüring von Ringoltingen und der Basler Erstdruck des Bernhard Richel, in: Schnyder [Anm. 1], Bd. 2, S. 61.

[10] Vgl. Backes [Anm. 5], S. 155–164.

[11] Rautenberg [Anm. 8], S. 61–99.

[12] Ebd., S. 69.

[13] Ebd.

[14] Schnyder [Anm. 1], Bd. 2, S. 116.

Insofern einige Handschriften, in denen Illustrationen weder auftreten noch vorgesehen waren Zwischentexte, die als ursprüngliche Bildbeischriften zu deuten sind, enthalten, dürfte der Typus der illustrierten Handschrift hier eine größere Rolle gespielt haben, als das der jetzige Befund noch vermuten läßt.[15]

In Bernhard Richels Werkstatt findet nicht nur die Druckpremiere der ›Melusine‹ statt, sondern der Roman wird dort ebenfalls erstmals mit 67 Holzschnitten geschmückt.[16] Die unmittelbare Wirkung dieser Illustrationen kann am starken Imitationseffekt abgelesen werden, den sie verbreiteten. Nachdrucke und Nachschnitte entstehen nicht nur im süddeutschen Raum, sondern auch der in Genf tätige Drucker Adam Steinschaber schmückt die Erstausgabe der ›Histoire de la belle Mélusine‹ (1478) mit 63 Illustrationen nach Richels Modell.[17] Forschungsmäßig bleibt im Bereich neuerer kunsthistorischer Untersuchungen zur bebilderten Basler Handschrift sowie zu den Illustrationszyklen der Inkunabel- und Frühdruckzeit noch beinahe alles zu tun.[18]

Der vorliegende Beitrag greift mit der Quellenszene[19] eine einzelne, jedoch für die Handlung zentrale Textstelle des Melusineromans auf. Im Rahmen eines ›close reading‹ dieser Passage soll die Ambivalenz des Dialogs zwischen Reymond und Melusine zum Zeitpunkt ihrer ersten Begegnung herausgearbeitet werden. Die so gewonnenen Einsichten beleuchten Aspekte der erzähltechnischen Funktionsweise des Romans und liefern Vorschläge zur Textinterpretation. Geht man von der These aus, daß die grundsätzliche Ambivalenz der Titelheldin maßgeblich zur Faszination beiträgt, die der Roman auf sein Publikum ausübte, und die sich in der regen, über das 15. und 16. Jahrhundert hinausgehenden Überlieferungsgeschichte und Rezeption des Stoffes ablesen läßt, so mag die Erkenntnis, daß in der ›Melusine‹ die Zeichen dieser Ambivalenz nicht auf die Doppelgestalt der Protagonistin beschränkt sind, sondern sich ebenfalls auf der sprachlichen Ebene des Dialogs niederschlagen, ein Argument für diese Annahme liefern.

In Anlehnung an die komplexe analytische Erzählstruktur der französischen Vorlage ordnet Thüring von Ringoltingen als Autor dem Erzähler seines

---

[15] Ebd.
[16] RAUTENBERG [Anm. 8], S. 62.
[17] Ebd., S. 69.
[18] Ebd., S. 80; ebenso BACKES [Anm. 5], S. 139.
[19] Die Darstellungsweise der Szene mit den Mitteln des Buches im Druck des Bernhard Richel von 1473/74 zeigt deutlich, daß die Passage als eine geschlossene Sinneinheit verstanden wurde. Die Quellenszene wird von zwei gegensätzlichen Holzschnitten eingerahmt. Auf 7^v sieht man Reymond mit erhobenen Händen – Geste seiner Verzweiflung einerseits und ostentatives Loslassen der Zügel als Zeichen seiner Irrfahrt anderseits – auf die drei Damen an der Quelle zureiten. Auf 10^r dagegen sprengt Reymond zielbewußt in Richtung Poitiers davon, die eine Hand im Abschiedsgruß gegen Melusine erhoben, während er mit der anderen die Zügel gefaßt hält. Eine Seiteninitiale markiert den Beginn der Quellenszene auf 8^r; die nächstfolgende Initiale auf 10^v kennzeichnet den Beginn der neuen Szene am Grafenhof in Poitiers.

Romans eine äußerst prominente Rolle zu. Durch häufige Kommentare, Vor- und Rückblenden, gewinnt der thüringsche Erzähler als stoff- und handlungsgliedernde Instanz große Sichtbarkeit im Text. Dort allerdings, wo er in den Hintergrund tritt und den Protagonisten das Wort überläßt, handelt es sich stets um besonders markierte und zentrale Textstellen.[20] Die Quellenszene zu Beginn der Geschichte, wo sich Reymonds und Melusines Wege zum ersten Mal kreuzen und an deren Ende Reymond gegenüber der Fee einen Treueschwur ablegt, gehört zu jenen Passagen, die einen langen und komplexen Dialog zwischen den Protagonisten aufweisen. Inwiefern die Schlüsselfunktion der Szene nicht nur in der Begegnung an sich, sondern gerade auch in Struktur, Ablauf und Inhalt des Dialogs angelegt ist, soll im folgenden dargelegt werden, denn dieser erste Dialog zwischen Melusine und Reymond weist zahlreiche Elemente auf, die den Redeaustausch gleichermaßen zu einem Zeichen dessen machen, was der Roman im Großen beinhaltet. So wird beispielsweise das Kräfteverhältnis zwischen dem Protagonistenpaar bereits in diesem Dialog sichtbar und durch ihn determiniert. Des Weiteren manifestiert sich die Ambivalenz von Melusines Natur in und durch die sprachliche Interaktion mit ihrem zukünftigen Ehemann und schließlich erscheint der Dialog als verbaler Bestandteil der Verführungstaktik der Fee. Um die Spannweite der in diesem ersten Dialog angelegten Implikationen zu beleuchten, wird auch ein Blick auf weitere, mit dem Tabubruch im Zenit des Romans unmittelbar in Verbindung stehende Textstellen geworfen.

Zur Beschreibung der Funktionsweise des Quellenszene-Dialogs werden unter anderem linguistische Ansätze aus dem Feld der Dialoganalyse herangezogen, wobei der Tatsache Rechnung getragen wird, daß der literarische Dialog im Unterschied zum spontanen Dialog – dem Gegenstand der linguistischen Theorien – stets ein Artefakt darstellt. Eine zentrale Verschiedenheit besteht darin, daß literarische Dialoge auf einen einzigen ›Sprecher‹ bzw. auf eine arrangierende Instanz zurückgehen – den Autor des Textes, bzw., innerhalb des Romans, den Erzähler –, während natürliche Dialoge das Ergebnis einer sich gegenseitig unterstützenden Konstruktion verschiedener Sprecher sind. Zudem sind Romandialoge innerhalb der doppelten Logik von Konversation einerseits und Narration andererseits zu sehen, denn die Romanfiguren sprechen sowohl untereinander wie auch zum Leser/Publikum. Damit ist die Instanz des Adressaten (mindestens) doppelt besetzt.[21] Was die im Dialog auftretende direkte

---

[20] Abgesehen von der Quellenszene weisen folgende Textstellen wichtige Passagen in direkter Rede auf: die langen Anweisungen Melusines in direkter Rede, wie sich Reymond bei seiner Rückkehr in Poitiers zu verhalten habe (Z. 316–346); Rückkehr an die Quelle (Z. 448–483); Hochzeitsnacht – wobei allerdings nur Melusine in direkter Rede spricht – (Z. 610–631); ein Redewechsel unmittelbar nach der Hochzeit (Z. 659–662); am Sonntagmorgen nach dem Bruch des Sehtabus (Z. 1706–1719); Ermahnungen Melusines unmittelbar vor dem öffentlichen Tabubruch (Z. 2007–2021), Klage und Abschied Melusines (Z. 2063–2148; 2168–2294); Abschiedsrede Reymonds (Z. 2223–2233).
[21] Vgl. Sylvie Durrer, Le dialogue dans le roman, Paris 1999, S. 7.

Rede anbelangt, so gibt diese, linguistisch gesehen, nicht nur eine Aussage wieder, sondern einen Aussageakt. Im Unterschied zur indirekten Rede, die immer eine Paraphrase, respektive eine Übersetzung des Aussageaktes darstellt, suggeriert die Verwendung von direkter Rede die Authentizität der wiedergegebenen Worte.[22] Daß der Erzähler des Melusineromans anläßlich der Begegnung zwischen der Fee und Reymond an der Quelle erstmals im Roman während einer längeren Passage in den Hintergrund rückt, um den Protagonisten Raum für einen Dialog in direkter Rede zu geben, mag zum Ziel haben, beim Publikum an dieser zentralen Stelle einen Effekt von Unmittelbarkeit zu erzielen.[23]

Nachdem Reymond seinen Onkel Emerich bei einem Jagdunfall unabsichtlich getötet hat, lassen ihn Schock und Schmerz über sein Verbrechen in eine Art Trance verfallen. Klagend und händeringend setzt er sich auf sein Pferd, ohne jedoch die Zügel in die Hand zu nehmen. Ziellos läßt er sich von der Unglücksstelle wegführen, um schließlich zu einer Quelle – im Text *turstbrůne* genannt – zu gelangen, wo er auf *dry gar schöne iungfrouwen hoch erborn vn̄ adelich gestalt* (Z. 221f.) trifft,[24] die er aber in seiner Trauer gar nicht wahrnimmt.

Der Zustand seiner Verzweiflung schottet Reymond ganz und gar von der Außenwelt ab. Eine solch autozentrierte und nach innen gerichtete Perspektive schließt einen Dialog, der Zuwendung zur Außenwelt und Interaktion mit dieser bedingt, von vorne herein aus.[25] Melusine eröffnet nun den verbalen Dialog

---

[22] »[Dans le roman] le discours direct [...] demeure un discours rapporté et ne saurait constituer du discours au sens strict: la plupart du temps les propos cités ne sont pas assumés par leur énonciateur effectif, et même s'il s'agit du même énonciateur la situation d'énonciation est distincte.« DOMINIQUE MAINGUENEAU, L'énonciation en linguistique française, Paris 1994, S. 124.

[23] In der Volkserzählung sind folgende Elemente bezüglich der Verwendung von Dialogen in direkter Rede ausschlaggebend: »Die Bevorzugung des Dialogs in direkter Rede hat ihre Gründe [...] in dem Anschein größerer Unmittelbarkeit, Lebendigkeit und Dramatik, in dem Vergnügen, das die Abwechslung zwischen der Erzählung und den Reden der Erzählfiguren bereitet [...], und in der der fiktionalen Erzählung eigenen Freude an der Verselbständigung der Figuren.« MAX LÜTHI, Dialog, EM, Bd. 3, 1999, Sp. 597.

[24] Das Motiv der Quelle, an der Reymond auf drei wunderschöne Damen trifft, hat für mittelalterliches Publikum Signalwirkung, und es dürfte sofort klar gewesen sein, daß es sich bei den Frauen um anderweltliche Gestalten, bzw. um Feen handelt. Vgl. CLAUDE LECOUTEUX, La structure des légendes mélusiniennes, Annales E.S.C. 33 (1978), S. 294–306, hier S. 295.

[25] Reymond ist grundsätzlich für eine soziale Begegnung nicht empfänglich: »Zu den Charakteristika des sozialen Kontakts gehört die Orientierung von Angesicht zu Angesicht [face to face], ferner der Umstand, daß der Kontakt Bestandteil von etwas Komplexerem, nämlich einer sozialen Begegnung, ist, die einen Austausch von Wörtern oder anderen Erkennungsritualen und die Bestätigung wechselseitiger Partizipation an einer offenen Gesprächssituation impliziert.« ERVING GOFFMAN, Der bestätigende Austausch, in: Kommunikation, Interaktion, Identität, hg. von MANFRED AUWÄRTER [u. a.], Frankfurt a. M. 1976, S. 35–72, hier S. 42.

mit Reymond, indem sie ihm genau seine nicht vorhandene Disposition zum Austausch vorwirft: *ich hab nie kein edelman so vnzüchtig gesehē dz er also für frouwē hin ritte oder giēg vnd nŭtzit mit ynnen rette noch ynnē kein er erbütte* (Z. 225–227). Indem Reymond ganz mit sich selbst beschäftigt ist und die drei Damen ignoriert, Gruß und Ehrerbietung unterläßt, verstößt er gegen eine der elementarsten Regeln der höfischen Kultur, denn das Unterlassen des Grüßens kann nicht nur als Respektlosigkeit, sondern auch als Feindschaftsbezeugung[26] aufgefaßt werden, wie dies etwa zu Beginn des ›Erec‹[27] in Kombination mit dem Geißelschlag des Zwergs der Fall ist. Die Interaktion zwischen Melusine und Reymond beginnt also mit einem wortlosen Fauxpas auf Seiten Reymonds und einem verbalisierten Vorwurf auf Seiten Melusines: eine denkbar ungünstige Konstellation zur Eröffnung eines galanten Dialogs. Reymonds Schweigen auf Melusines Vorwurf (Z. 227) spitzt die Lage zu und zeigt, wie abgestumpft die Sinne des jungen Ritters durch die Trauer sind. Nicht nur nimmt er die im Text zweimal betonte Schönheit Melusines (Z. 221/224) mit seinen Augen nicht wahr, sondern er ist auch für ihre Rede taub. Melusine hingegen sieht an der Ausrüstung Reymonds sehr wohl, mit wem sie es – ständisch gesehen – zu tun hat: *sicherlich du bewisest nit dz du vō adel od' vō erē geborn sigest* (Z. 228f.), wobei dieser zweite Vorwurf die Diskrepanz zwischen dem gegebenen Sozialstatus und dem Fehlen eines entsprechenden Verhaltens markiert. Es mag hier die vormoderne Unterscheidung von Geburts- und Tugendadel anklingen. Erst als Melusine Reymonds Pferd bei den Zügeln ergreift und seiner Irrfahrt ein Ende setzt, bemerkt Reymond die Gegenwart der schönen Dame. Er erschrickt und weiß nicht, ob er tot oder lebendig ist und ob es sich bei Melusines Erscheinung um ein Phantom oder eine menschliche Frau handelt. Die Grenzsituation, in der sich Reymond befindet, wird in dieser Szene auf verschiedenen Ebenen faßbar. Zügelgriff und Unklarheit des Helden über den eigenen Zustand wie den der Dame markieren vor dem Hintergrund des Erzählmusters ›Mahrtenehe‹ seinen Übertritt in die Anderwelt. Auf der Ebene des sprachlichen Austausches zwischen den Protagonisten siedelt sich der Auftakt des Dialogs ebenfalls auf einer Grenze an, nämlich jener von non-verbaler und verbaler Kommunikation.

---

[26] Vgl. HORST FUHRMANN, ›Willkommen und Abschied‹. Über Begrüßungs- und Abschiedsrituale im Mittelalter, in: Mittelalter. Annäherungen an eine fremde Zeit, hg. von WILFRIED HARTMANN, Regensburg 1993, S. 111–139, hier S. 120f.; zur Grußvermeidung als negatives Ritual vgl. auch: BURKHARDT KRAUSE, Zur Problematik sprachlichen Handelns: der *gruoz* als Handlungselement, in: Stauferzeit, hg. von RÜDIGER KROHN [u. a.], Stuttgart 1978, S. 394–406, hier bes. S. 402–406.

[27] ›Erec‹ V. 28–62: Der Zwerg erwidert den Gruß des Edelfräuleins nicht und erteilt ihr keinerlei Auskunft über die Identität des Ritters und des Mädchens. Als non-verbale Reaktion versetzt er dem Fräulein Geißelschläge, wobei die so hervorgerufenen Striemen auf dem Körper des Hoffräuleins der Königin als Antwort (V. 59) dienen müssen. Hartmann von Aue, Erec. Mittelhochdeutscher Text und Übertragung von THOMAS CRAMER, Frankfurt a. M. 1972.

Während Reymonds Körper die Symptome seiner psychischen Grenzsituation in einer leichenblassen Gesichtsfarbe[28] (Z. 233) nach außen projiziert, bleibt Melusine unerbittlich und klagt ihn mit Blick auf sein kontinuierliches Schweigen ein drittes Mal für das Fehlen höfischen Anstands an. Erst jetzt kommt Leben in Reymond, denn er nimmt die *vnseglich schönheit* von Melusines Gestalt wahr, worauf er vom Pferd springt, seine Sprache wieder findet[29] und sich in einer langen Rede ausführlich für sein ungalantes Verhalten entschuldigt, nicht ohne die Extremsituation, in der er sich befand, anzudeuten:

aller schöneste iūgfrouwe ich beger mit flyß an ūwer adelichē tugēt dz ir mir mī grosse vnzucht verzihen wellēt den ich in sōlichem leide vnd iomer gewesē bin vō eins grossen iemerliche vngeuelles wegē So mir gar kūrczlich wider farē ist dz ich nit kunde wissen ob ich dott oder lebēdig wz den ich was so gar vō mir selbes kūme dz ich nit wuste wz ich dett oder wo ich wz vnd ich ūwer noch niemās achtete doch so bit ich ūwer genode demūtlichē das ir mir es verzyhent ich will ich ouch gern darumb zū būß stō.
(Z. 237–245)

Dialog, läßt sich bis anhin festhalten, hat in dieser Szene nicht nur etwas mit Sprechen zu tun, sondern ist auch direkt ans Sehen gekoppelt: Wer sieht, kann auch sprechen und wer sprechen kann, ist in der Lage, eine starke Position einzunehmen. Das verbale Kräfteverhältnis zwischen Melusine und Reymond etabliert sich somit schon beim ersten Augenblick ihres Aufeinandertreffens. Reymond, blind und taub für seine Umwelt, ist für Melusine sehr wohl sicht- und somit ansprechbar. Auch unterstreicht der Text, daß Melusine Reymonds tödliches Erblassen präzise wahrnimmt,[30] was sie jedoch nicht davon abhält, ihn durch die formulierten Vorwürfe verbal weiter an den Rand zu drängen. Reymond hingegen erwacht erst aus seiner Starre durch das Eindringen von Melu-

---

[28] BRUNO QUAST interpretiert den Zustand Reymonds an der Schwelle von Leben und Tod als eine Angleichung an die anderweltliche Melusine, die per Definition eine Untote sei. Dabei bleibe allerdings zu beachten, daß Reymonds Zwischenzustand durch seine momentane psychische Verfassung determiniert sei, was eine grundsätzliche Differenz in bezug auf Melusines zwischenweltliche Natur bedeute. Die zweite und eigentliche Angleichungsbewegung sieht QUAST in der christlichen Zeichnung der ursprünglich dämonischen Melusinefigur, wobei erst diese Christianisierung es Reymond erlaube, sich mit der Fee einzulassen, vgl. BRUNO QUAST, *Diß kommt von gelückes zuoualle. Entzauberung und Remythisierung in der ›Melusine‹ des Thüring von Ringoltingen*, in: Präsenz des Mythos. Konfigurationen einer Denkform in Mittelalter und Früher Neuzeit, hg. von UDO FRIEDRICH/BRUNO QUAST, Berlin/New York 2004, S. 83–96, hier S. 87f. Im Rahmen des Quellenszenendialogs zwischen Reymond und Melusine scheint die Fee Reymonds Schwächezustand gezielt für ihre Zwecke zu nutzen und die christlichen Elemente ebenso berechnend zur Beruhigung – und Ablenkung – Reymonds einzusetzen.

[29] Vor dem Hintergrund des zeitgenössischen Liebesdiskurses ist dies paradox, denn die Schönheit der Dame läßt üblicherweise den Mann verstummen oder sogar seine Sinne schwinden.

[30] Im Unterschied zu Thüring erscheint im französischen Versroman Coudrettes das Erblassen Reymonds als Erzähleraussage, nicht als Wahrnehmung Mélusines: *Il a la couleur d'omme mort* (V. 520). Zitiert nach ROACH [Anm. 2].

sines Schönheit in seinen Geist. Erweckt – aber auch geblendet durch ihre Schönheit – findet er seine Sprache wieder, kann sich jedoch nicht profilieren, sondern muß sich zuerst bei der Dame entschuldigen, womit seine Position als schwächerer Gesprächspartner weiter gefestigt wird. Durch das Unterlassen der Rede steht also Reymond von Anfang an in der Schuld Melusines; in der Szene des endgültigen Tabubruchs wird es dann – in genauer Umkehrung – das Zuviel an Rede sein, wodurch sich Reymond an Melusine vergeht. Als weitere Analogie läßt sich festhalten, daß das sprachliche Zuviel innerhalb des Tabubruchs ebenfalls das vorhergehende, in diesem Fall verbotene,[31] Sehen zur Voraussetzung hat: Erst nachdem Reymond Melusine in ihrer Doppelnatur im Bad erspäht hat, wird der sprachliche Tabubruch möglich. Vor dem Hintergrund des Zusammenhangs von Sehen und Dominieren bekommt Reymond im Tabubruch in gewissem Maße die Oberhand über die Fee.

Betrachten wir die Reaktion Melusines auf Reymonds Entschuldigung, so unterstreicht die Ansprache *lieber fründ* (Z. 246) verbunden mit der erstmaligen Nennung von Reymonds Vornamen den versöhnlichen Charakter ihrer Antwort.[32] Reymonds Reaktion macht jedoch deutlich, wie ambivalent die Nennung des Namens wirkt. Wird einerseits vertraute Nähe gestiftet, so verursacht die Namensnennung anderseits nur weitere Verwirrung, kann sich doch Reymond nicht erinnern, die Dame je getroffen zu haben: *ach edele vn̄ schöne iūgfrouwe mich kā nicht verwūdern dz ir mīne name wissēt dē mich bedunckeṫ nit dz ich vch ye bekāt habe wol* (Z. 248–250). Somit streicht Melusine ihren Wissensvorsprung, der ebenfalls ein ›Machtvorsprung‹ ist, markant heraus. Wo in Reymonds Erinnerung eine Lücke auftaucht, kommt jedoch zum zweiten Mal der Sehsinn zum Zug, indem der Held seine durch die Schönheit Melusines ausgelöste Bezauberung verbalisiert: *So sihe ich ein vnseglich schöne āgesicht võ lib vn̄ gestalt* (Z. 250f.). Dabei faßt Reymond den von der Dame ausgehenden Glanz als Hoffnungszeichen auf und verspricht sich davon instinktiv Erleichterung in seiner auswegslosen Situation: *vnd seit mir mī hercz vn̄ müt ich sol ī min nē grosser kümer vn̄ herczleit noch etewz trostes ēphohē do durch min*

---

[31] Das Reymond von Melusine auferlegte Samstagsverbot macht deutlich, daß dem schwächeren Partner das freie Sehen nicht immer gestattet ist.
[32] Kann bei Thüring die Anrede mit dem Vornamen als versöhnliches Zeichen seitens der Fee gedeutet werden, so akzentuiert sie bei Coudrette die gesteigerte Vehemenz des zweiten Vorwurfs an den stummen Reymond. Während Mélusine Reymond zu Beginn mit *vassaulx* (V. 511) anspricht, greift sie bei der zweiten Anrede zum Vornamen: »*Et comment? Raymon, ce dist elle. / Qui vous a aprins qu'a pucelle / Ou a dame, quant la veez, / Vostre parolle vous veez? / Ce vous vient de grant villennie. / En vous doulceur et courtoysie / Deüst manoir et toute honneur. / Ce vous est tres grant deshonneur, / Qui estes de noble nature, / Que vostre cuer se desnature.*« (V. 525–534). Im Unterschied zum deutschen Text nimmt Reymond bei Coudrette zudem nicht auf Anhieb wahr, daß er beim Vornamen angesprochen wurde. Erst in der nächstfolgenden Anrede Mélusines (»*Raimon, je suy Moult dolente de vostre ennuy.*« V. 561f.) wird er sich dessen bewußt werden und sich darüber wundern.

grosser kummer ettwas gemindert vnd gelichtert werde (Z. 251–253).[33] So wie Melusine Reymond durch ihre Schönheit wieder unter die Lebendigen und Sprechenden gebracht hat, so tröstet sie ihn nun mit derselben.

Ein weiteres, auf der Textebene faßbares Element, das die Machtposition Melusines gegenüber Reymond anzeigt, bleibt hier anzumerken. Bei jeder ihrer Anreden verwendet die Fee die Du-Form, die einerseits Nähe, vor dem Hintergrund sozialer Hierarchie jedoch auch Untergebenheit der angesprochenen Person impliziert.[34] Reymond dagegen wird die Fee stets in der Höflichkeitsform (*ir, euw*) ansprechen,[35] womit sich während der ganzen Quellenszene eine hierarchische Abstufung zwischen den beiden Gesprächspartnern etabliert, bei der Melusine die dominante Position einnimmt.

In der Fortsetzung des Dialogs baut Melusine ihre Vormachtstellung radikal aus. So knüpft sie nicht etwa an Reymonds Verwunderung und Verwirrung darüber an, daß sie seinen Namen kennt, sondern eröffnet ein weiteres Spektrum ihres Wissens, indem sie Reymond ihre detaillierte Kenntnis des Unglücks und dessen Hergang offenbart:

> *reymont ich weiß din not vnd clage gancz vnd gar vnd ouch din vngeuelle so dir / an diser stund an dinem hertzen lit vñ dir wider farē ist an dinem herren vnd vettern sunder mit dē swin vnd das du in vnd das swin beyde herdôttet hast doch wider allen dinen gedanck sunder von vngeuelle.* (Z. 254–258)

Dies ist ein für Reymond äußerst kompromittierendes Wissen. Melusine spricht dazu Reymond wiederum mit seinem Namen an, eine Eigenheit, die sich in jeder weiteren Anrede geradezu provokant wiederholen wird. Das verbale Verhalten der Fee ist charakterisiert durch ein totales Ignorieren der Verwirrung des Gesprächspartners und eine Verweigerung jeglicher erhellenden Information. Mit anderen Worten zeigt sie sich verbal wenig kooperativ. Auf dem Feld der linguistischen Pragmatik hat sich vor allem PAUL GRICE in den 70er Jahren mit

---

[33] Bei Coudrette wird die aus dämonologischer Sicht unter den gegebenen Umständen äußerst bedenkliche Schönheit Mélusines besonders hervorgehoben, indem Reymond ohne Reflexion eine Analogie zwischen der körperlichen Schönheit und der positiven Natur Mélusines herstellt: *Car de si belle creature / Ne puet fors que bonne aventure / Venir, eür et trestouz biens.* (V. 575–577).

[34] Nach EHRISMANN wird die Du-Form unter Verwandten, Freunden und Ehegatten, und gegenüber sozial Niedrigeren verwendet. Eine Änderung der Anredeform wird meist durch einen »Wechsel des gegenseitigen Verhältnisses« (S. 128) bewirkt. Im ›Graf Rudolf‹ beispielsweise wechselt die Prinzessin von der Höflichkeitsform zum Du, sobald sie Rudolf ihre Liebe gesteht, vgl. GUSTAV EHRISMANN, Duzen und Ihrzen im Mittelalter, Zeitschrift für deutsche Wortforschung, 5 (1903/04), S. 127–220.

[35] Melusines Appellative an Reymond treten im Text sehr häufig auf, wogegen nur wenige Namensanreden von Seiten Reymonds zu verzeichnen sind. Die erste Anrede mit Namen und Du-Form von Reymonds Seite findet sich erst in der Reueszene, nachdem er Melusine verbotenerweise im Bad erspäht hat und nun die Konsequenzen seines Handelns fürchtet: *vor leyde vñ iomer zoch er sich vß vñ leyt sich an ein bett vñ weinete bitterlichen vnd sprach ach melußine sol ich dich verlieren So will ich doch durch die wůste faren* [...] (Z. 1693–1695).

den Grundbedingungen der verbalen Kommunikation befaßt. GRICE geht davon aus, daß die Gesprächspartner einem übergeordneten Prinzip der Kooperation folgen,[36] welches ein gemeinsames Ziel innerhalb der Kommunikation garantiert. Um sich in diesem Sinn verbal kooperativ zu verhalten, müssen nach GRICE gewisse Regeln befolgt werden, die er in den vier sogenannten Konversationsmaximen der Quantität, der Qualität, der Relation und der Modalität festhält.[37] Vor dem Hintergrund der von GRICE formulierten Regeln stellt man bei Melusine einen Verstoß gegen die Maxime der Relation fest. Diese Maxime postuliert, daß ein Gesprächsbeitrag innerhalb eines Austausches möglichst relevant sein soll. Aus Reymonds Perspektive trägt Melusines Antwort nichts zur Klärung seiner geäußerten Verwunderung und Verwirrung bei. Somit ist Melusines Gesprächsbeitrag für ihn nicht unmittelbar relevant.[38] Indem die Fee ihren Wissensvorsprung hervorstreicht und keine Anstalten macht, Hintergrund und Herkunft ihres Wissens für den Gesprächspartner zu klären, verhält sie sich im Sinne GRICES unkooperativ.[39] Reymond muß dies so hinnehmen, denn das Wissen der Fee um den unabsichtlich verschuldeten Tod am Onkel gibt ihr totale Macht über das Leben des Ritters (vgl. Z. 277f.).

Nimmt man den Gedanken des Sehens und Wissens wieder auf, stellt man fest, daß Melusine in dieser Szene auch im übertragenen Sinn mehr sieht als Reymond, weiß sie doch um Dinge, die ihr eigentlich unbekannt sein müßten.

---

[36] GRICES Prinzip der Kooperation lautet folgendermaßen: »Make your conversational contribution such as is required, at the stage at which it occurs, by the accepted purpose or direction of the talk exchange in which you are engaged.« PAUL GRICE, Logic and Conversation, in: Speech acts, hg. von PETER COLE/JERRY L. MORGAN, New York [usw.] 1975 (Syntax and Semantics Bd. 3), S. 41–58, hier S. 45.

[37] Die Maxime der ›Quantität‹ betrifft den Umfang der gelieferten Information: Diese soll nicht zu knapp, aber auch nicht zu ausführlich (redundant) bemessen sein. Die Maxime der ›Qualität‹ bezieht sich auf den Wahrheitsgehalt der Äußerung: Ein Gesprächsbeitrag soll wahr und richtig sein. Die Maxime der ›Relation‹ postuliert, daß ein Redebeitrag relevant sein soll. Die Maxime der ›Art und Weise‹ schließlich betrifft Aspekte der Klarheit des Ausdrucks und der geschickten Anordnung von Gedanken und Argumenten. Vgl. GRICE [Anm. 35], S. 45f. Die Konversationsmaximen dienen GRICE als Basis für seine Theorie der konversationellen Implikatur, die bis heute grundsätzliche Zustimmung findet.

[38] Zum Begriff der Relevanz vgl. LAURI CARLSON, Dialogue games. An approach to discourse analysis, Dordrecht 1983, S. 45f. Eine Äußerung ist dann für einen Gesprächsteilnehmer relevant, wenn sie dazu dient, ein kommunikatives Ziel zu erreichen. Aus der Sicht Reymonds trägt Melusines verbales Verhalten nichts zur Klärung seiner geäußerten Verwunderung bei. Für Melusine hingegen – wie auch für das Publikum – ist das Verhalten relevant, da es zum Ziel hat, die Überlegenheit der Fee und die Verführung Reymonds voranzutreiben. Zu Kritik und Weiterentwicklung des Relevanzbegriffs nach GRICE vgl. auch DAN SPERBER/WILSON DEIRDRE, Relevance. Communication and Cognition, Cambridge, Mass. 1986, S. 381.

[39] Zum Zusammenhang von Kooperation und Höflichkeit vgl. CLAUS ERHARDT, Beziehungsgestaltung und Rationalität. Eine linguistische Theorie der Höflichkeit, Triest 2002, bes. S. 77–114.

Wie schon zu Beginn des Dialogs ermöglicht ihr dieses Mehr an Sehen, Reymond wie eine Marionette an den Fäden zu halten. Aus dieser unerreichbar starken Position heraus unterbreitet sie ihm unmittelbar ein erstes Hilfeangebot, das zur Bedingung hat, daß Reymond ihrer *lere* (Z. 258f.) folgen soll, wobei der Inhalt derselben noch unausgesprochen bleibt. Damit aber nicht genug, denn Melusines Angebot geht über ein bloßes Vertuschen von Reymonds Verbrechen weit hinaus. So fügt die Fee eine Vorhersage über den zukünftigen sozialen Aufstieg des Helden zu unbeschreiblichem Ansehen und größter Macht an: *so sol vnd muß dir gütes vñ erren glückes vnd selden niemer gebresten sunder soltu glückhaftiger vnd mechtiger vnd richer werden den keiner diner fründe oder forderen ye wurdēt* (Z. 259–262). Dies ist eine Zukunftsdarstellung, die in Verbindung mit dem unbegrenzten Wissen und der verführerischen Schönheit der Dame jeden Dämonologen in höchste Alarmbereitschaft versetzen würde.[40]

In der Folge stellt man auf der Dialogebene eine erneute Asymmetrie zwischen den beiden Gesprächspartnern fest, läßt doch Melusine Reymond auf diese atemberaubenden Offenbarungen hin überhaupt nicht zu Wort kommen, sondern spricht gleich selber weiter: *die iungfrouwe hůb wider an vnd sprach* (Z. 263f.). Bevor also Reymond Zeit hatte, aus seinem Staunen und der Freude über die wohlwollenden Worte der Dame herauszukommen, hat Melusine das Wort schon wieder ergriffen, womit in der für einen Dialog konstitutiven Hin- und Her-Struktur ein Element ausfällt. Die Fee kann sich also auch beim sogenannten turn-taking,[41] dem Redewechsel, effizienter durchsetzten. Damit schlägt sich ihre Vormachtstellung auch auf der Strukturebene des Dialogs nieder. Die direkte Rede Melusines wiederholt nun das unglaubliche Versprechen, nimmt aber zusätzlich Bezug auf Emerichs Sterndeutung, womit eine erste Verbindung zwischen der außergewöhnlichen Sternenbotschaft und der ebenso ungewöhnlichen Begegnung am Turstbrunnen aufleuchtet: Aus Melusines Mund vernimmt Reymond, daß die Sterndeutung des Onkels sein eigenes Schicksal beinhaltet: *lieber reymund was din herre vnd vetter dir gewissaget hat das muß an dir beschehen vnd volbrocht werden mit hilff vnd willen gocz der alle ding vermag* (Z. 264–266). So wie der Onkel Reymond die Bedeutung der Sternkonstellation offenbarte, so öffnet Melusine in einem weiteren Schritt Reymond die Augen für die konkrete Bedeutung der Prophezeiung. Damit tritt Reymond

---

[40] Die in der weiteren Rede Melusines inhaltlich und zum Teil formal wörtlichen Verweise auf die Sterndeutung des Onkels lassen ihr Hilfeleistungsangebot auch innerhalb des Textes als eher bedenklich erscheinen: Graf Emerich äußert Erstaunen über die *frömde ouētūre*, die ihm die Sterne offenbaren, und verhehlt seine Zweifel an der moralischen Integrität des Sachverhalts nicht: *Wann es doch vnzimlich ist das von vbel tůn yemant solte vff komen gelopt oder geeret werden* (Z. 158f.).

[41] Das Aushandeln der Rollen beim turn-taking läßt Rückschlüsse auf die Art des Dialogs sowie auf die Beziehungsgestaltung zwischen den Gesprächspartnern zu. Vgl. KIRSTEN ADAMZIK, Beziehungsgestaltung in Dialogen, in: Handbuch der Dialoganalyse, hg. von GERD FRITZ/FRANZ HUNDSNURSCHER, Tübingen 1994, S. 357–374, hier S. 371f.

in beiden Fällen in der Rolle der nicht-sehenden und nicht-erkennenden Hauptfigur auf.

Drei Dinge bleiben an dieser Stelle anzumerken. Erstens scheint Melusines Wissen unbegrenzt, kennt sie doch zusätzlich zur Sterndeutung des Onkels auch deren konkreten Bezug auf Reymond Leben. Zweitens erwähnt Melusine hier Gott ein erstes Mal. Dies ist von nicht zu unterschätzender Bedeutung, steht doch Melusine in ihrer Interaktion mit Reymond unter dem Druck, ihr übermenschliches Wissen zu legitimieren, bzw. es unter Berufung auf Gott in einen christlich vertretbaren Kontext zu stellen.[42] Der Verweis auf Gott muß Reymond hier als indirekte Reaktion und Antwort auf seine Verwunderung über Melusines Wissen dienen. Drittens sind die verheißungsvollen Vorausdeutungen Melusines innerhalb der Überzeugungsrhetorik der Fee zu sehen, denn die von ihrer Mutter verfluchte Melusine kann nur durch einen Menschenmann erlöst werden.[43] Um dem sich in einer ausweglosen Situation befindlichen Reymond ihr Angebot besonders attraktiv darzustellen, mobilisiert Melusine alle Mittel der Persuasion, wobei die stetige Repetition des verlockenden, unerhörten Aufstiegs durchaus als Taktik der Verführung gewertet werden kann. Dabei läßt sich eine Steigerung bzw. eine auf Zusammenhänge angelegte Anordnung der Vorausdeutungen ausmachen. Wie wir gesehen haben, offenbart Melusine in einem ersten Schritt ihr übernatürliches Wissen (sie nennt Reymond beim Namen und rekapituliert den Jagdunfall und Tod des Grafen); zudem läßt sie dieses Wissen mit einer Lösung kontrastieren, die zwar an noch unklare Bedingungen gebunden ist, jedoch inhaltlich mit Aufstieg und Erfolg genau das Gegenteil der für den Verwandtenmord anstehenden Strafe anbietet.[44] Bei diesem ersten

---

[42] Zur (theologisch bedingten) Abmilderung, bzw. Höfisierung der Fee in der mittelalterlichen Literatur vgl. die Überlegungen bei ARMIN SCHULZ, Spaltungsphantasmen. Erzählen von der ›gestörten Mahrtenehe‹, in: Erzähltechnik und Erzählstrategien in der deutschen Literatur des Mittelalters. Saarbrücker Kolloquium 2002, hg. von WOLFGANG HAUBRICHS [u. a.], Berlin 2004 (Wolfram Studien XVIII), S. 233–262, hier 234f. Eine weitere Entschärfung des Dämonenverdachts mag dadurch zustande kommen, daß die Doppelgestalt Melusines nicht ihrem ursprünglichen Wesen eigen ist, sondern sich aufgrund des Strafzaubers der Mutter ergibt. (ebd. S. 258).

[43] Zum Zusammenhang von der in ein christliches Weltbild eingebundenen Erlösungsbedürftigkeit der Fee und ihrem übermäßigen Lohn-Angebot an den menschlichen Erlöser vgl. VOLKER MERTENS, Melusinen, Undinen. Variationen des Mythos vom 12. bis zum 20. Jahrhundert, in: Festschrift für Walter Haug und Burghart Wachinger, Tübingen 1992, Bd. 1, S. 201–231, hier S. 210.

[44] Im Erzähltypus von der gestörten Mahrtenehe wird oft ein weltlicher Mangel, der dem Menschenmann anhaftet, durch den anderweltlichen Überschuß der Fee kompensiert (Vgl. z. B. SCHULZ [Anm. 41], S. 234). Im Fall der Melusineerzählung tritt dieser Mangel für Reymond einerseits in der durch seine Geburt (Armut des Vaters, späte Stellung in der Reihe der Söhne) bedingten schlechte soziale Stellung auf. Anderseits fehlt es Reymond an einem unanfechtbaren Alibi, das ihn vor der den Totschlag am Grafen ahndenden Strafe schützen würde. Daß Melusine ihm über das Alibi hinausgehend unerhörten weltlichen Erfolg und Wohlergehen verspricht, zeugt von der Unbegrenztheit ihrer Gaben und verweist auf eine Welt, deren Dimensionen nichts gemein mit jener der Menschen haben. Vgl. auch MERTENS [Anm. 42], S. 202.

Hilfeangebot kann es für Reymond und das Publikum nahe liegen, in der Erscheinung Melusines eine teuflische Verführerin zu sehen,[45] die das Unglück Reymonds ausnützt, um ihn durch Vorgaukelung unermeßlichen weltlichen Erfolges ins ewige Unheil zu stürzen.[46] Allerdings wird die Ungeheuerlichkeit dieser ersten Rede im zweiten Hilfeleistungsangebot insofern entschärft, als Gott und seine Allmacht ins Spiel gebracht werden.[47] Entsprechend ist Reymonds Reaktion auf Melusines Rede durch die Erleichterung gekennzeichnet, daß die Dame *kein gespenste noch keins vngloubens sūder vō cristem blūt* (Z. 269f.) stamme. Da für Gott nichts unmöglich ist, kann es also durchaus sein, daß ein (anscheinendes?) Unrecht mit Lohn vergolten wird. Zudem nimmt Melusine Bezug auf die Prophezeiung Emerichs, der durch seine Sterndeutung im ›Buch der Natur‹ die aus menschlich-moralischer Perspektive zwar unfaßbaren aber zuverläßigen Zeichen von Gottes Wirken las. Die nächste von Melusine gesetzte Vorausdeutung steigert die vorhergehende insofern, als jetzt sogar von einem die Sterndeutung noch übertreffenden Ausmaß des Aufstiegs die Rede ist (*vil mer selden vnd erē den dir din herre vnd vetter versaget habe* Z. 281f.). Dabei positioniert sich Melusine im Bezug auf Gottes Allmacht (*vnd noch got so bin ich die durch die du das alles erholen magest* Z. 282f.). Mit den rezitierten Glaubensartikeln (Z. 286f.) wird dann der Verdacht eines Teufelsbündnisses noch drastischer abgemildert, und Melusine kann die Ankündigung und tröstende Verlockung der glücklichen Zukunft ein viertes und letztes Mal

---

[45] In zwei seiner ›Tischreden‹ bezeichnet Luther Melusine explizit als diabolische Succuba (WA, Tischreden, Bd. 3 Nr. 3676, S. 517; Bd. 5 Nr. 5207, S. 9). Auch Fischart ordnet in den 80-er Jahren des 16. Jahrhunderts Melusine im Vorwort zu seiner Neugestaltung des Stoffes ›Peter von Staufenberg‹ der teuflischen Seite zu: *Aber was suchen wir lang diese Lucifers larffen allein vnter den Heyden / als ob solche nicht auch vnter den auff Christi Namen getaufften weren zu finden / bey denen doch durch das Gnadenliecht Gottesworts / die werck der Finsternuß solten vertrieben sein vnd keinen platz finden. Noch gleichwol / als man bey auffgestecktem hellscheinenden liecht der Warheit die Finsternuß mehr geliebt dann das Liecht / ist da durch den finstern Geistern thür und thor zu allerley versuchung auffgespert worden. Dann wem ist vnbekant die Geschicht mit der Mörfäh Melusina [...].* Zitiert nach dem Vorwort in der undatierten Magdeburger Ausgabe [S. 28f.] (Exemplar der BSB, München). Freundlicher Hinweis von André Schnyder.

[46] Der Vergleich mit der französischen Vorlage zeigt, daß dort der Verweis auf Gott bereits während des ersten Hilfeangebots erfolgt und die Unsicherheit bezüglich der Zugehörigkeit der Fee schneller gelöst wird: »*Raymondin, entent, mon beau fieulx. / Tout, tant que tes sires te dist, / Sera acompli par mon dit, / Maiz que tu vueillez ainsi faire / Comme tu le m'orras retraire / au bon plaisir de Dieu le Pere / Et de sa glorieuse mere.*« (V. 590–596).

[47] Allerdings gibt sich der böse Geist zur Tarnung gerne den Anschein von Rechtgläubigkeit, womit für Reymond immer noch höchste Vorsicht geboten wäre. Vgl. 2. Kor., 11,13f.: »Denn diese Leute sind Lügenapostel, unehrliche Arbeiter; sie tarnen sich freilich als Apostel Christi. Kein Wunder, denn auch der Satan tarnt sich als Engel des Lichts.« (Zitiert nach: Die Bibel. Altes und neues Testament. Einheitsübersetzung, Stuttgart 1980).

wiederholen, wobei sie Reymonds Zukunft nochmals als einen, seinen Stand und sein ganzes Geschlecht überragenden Aufstieg darstellt: *reymōd du wŭrst gar wise vnd zů sŏlichen grossen eren kommen das keiner dines glichē noch dines geslechtes nie so hoch kam* (Z. 289–291). Durch die Koppelung der Vorausdeutungen mit den Legitimationsbemühungen Melusines erscheinen die Zukunftsperspektiven Reymonds in einem Licht göttlicher Verheißung. Daß ihre Strategie von zur Schau getragener Schönheit und unerhörten, jedoch im Zusammenhang mit Gott geäußerten Zukunftsversprechen Früchte trägt, läßt sich auf der Textebene insbesondere daran erkennen, daß Reymond – hier in direkter Rede – nun sofort bedingungslos bereit ist, sich in den Dienst der Fee zu stellen: *Jch bin bereit alls das ir mir rattend zů thůnde vnd zů erfüllen noch gantzem lib vnd gůcz vermŏgen* (Z. 293–295). Diese klare verbale Einwilligung geht einher mit dem Wiedergewinn einer gesunden Gesichtsfarbe (Z. 292). Unter Melusines Einfluß macht Reymond einen Prozeß durch, der ihn vom Stadium des leichenblassen und der Sprache nicht mehr mächtigen Halbtoten zum wieder im Leben stehenden und sprechenden jungen Ritter führt. Mit Reymonds mündlicher Einwilligung ist schließlich der Weg zum rechtsgültigen Eid, verbunden mit der Verbalisierung der Eidbedingungen, geebnet.

Bis jetzt standen vor allem Melusines verbale Äußerungen im Zentrum. Wenden wir uns nun kurz Reymonds Dialogpartien zu. Beim Blick auf die Häufung und den Umfang der Redeanteile wird sofort klar, daß Melusine auch quantitativ die wortführende Instanz in diesem Austausch ist und Reymond nur sporadisch zu Wort kommt bzw. dort, wo er ausführlicher spricht, sich entschuldigt (Z. 237–245) oder Zweifel ausdrückt (Z. 248f.). Betrachten wir die brisante Passage, wo Reymond die einzige, aber äußerst zentrale Frage dieses Dialogs stellt, so verdeutlicht die Tatsache, daß Reymonds Frage nicht beantwortet wird, abermals drastisch, daß Melusine die Fäden des Dialogs in den Händen hält und die Position des übermächtigen und zugleich verführenden Gesprächspartners einnimmt. Nachdem Reymond Melusine von Gott sprechen hört, stellt sich bei ihm Erleichterung ein (Z. 266–270), worauf er ihr auf dieser Basis in seiner Antwort eine partielle Zusage macht, sich ihrem Willen unterzuordnen: *schöne adeliche iungfrouwe ich wil min hercz / vnd gemüte richten vch zů hŏren vnd ŭweren ganczen willen zů volbringē* (Z. 270–272). Ganz im Sinne eines Vorbehalts richtet er jedoch im gleichen Atemzug die mittlerweile brennende Frage an Melusine, wie ihr sein Name bekannt sei, und wie es komme, daß ihr auch der unfreiwillig verschuldete Tod des Grafen nicht verborgen geblieben sei:

aber ich enmag noch enkan mir selbes nit geziehen ich muß mit vrlop ŭwer genoden frogen wie das kompt / das ir minen namen wissen mögent vnd ouch wie vch für kommen möge sin oder kunt gethon / Das grosse leit vnd vngeuelle so mir zů handen gangen vnd wider faren ist. (Z. 272–279)

Aus linguistisch-pragmatischer Sicht begibt sich Reymond mit seiner Frage aufs Glatteis, denn der Akt des Fragestellens an sich ist eine heikle und ambivalente

Angelegenheit. Einerseits stehen die Fragen in der Reihe der direktiven – also der auffordernden – Sprechakte,[48] d. h., daß der Frageakt den Gesprächspartner unter den unmittelbaren Druck setzt, auf die Frage zu antworten.[49] Indem also Reymond Melusine die Frage nach ihrem Wissen stellt, fordert er sie heraus, ihm eine Antwort auf einem Gebiet zu geben, das sie bis anhin im Dialog sorgfältigst ausgeklammert hat. Andererseits kommt Fragenstellen im Fall Reymonds auch dem Eingeständnis gleich, daß es ihm grundsätzlich an Information mangelt, die seine Gesprächspartnerin besitzt und hütet. Damit rückt er sich wiederum in die schwächere Position.[50] Die Reaktion Melusines macht sehr deutlich, daß der Frageakt Reymonds für sie nicht die geringste Bedrohung darstellt, denn sie läßt die Frage völlig ins Leere laufen, indem sie sie schlichtweg ignoriert. Stattdessen wiederholt die Fee die schon vorher gemachte Prophezeiung des unbeschreiblichen Aufstiegs (Z. 280–283), zu dem sie ihm als Gottes Werkzeug verhelfen könne und versucht – mit Erfolg – Reymond durch die Darstellung einer glücksverheißenden Zukunft von seiner Frage abzulenken. An dieser Stelle kann man einen erneuten Verstoß gegen die von GRICE formulierte Konversationsmaxime der Relation feststellen, denn als Antwort auf Reymonds Frage ist Melusines Gesprächsbeitrag überhaupt nicht relevant. Zudem zeigt die Tatsache, daß Reymond Melusine schlußendlich mit einer direkten Frage nach ihrem Wissen konfrontiert,[51] daß die verbale Taktik der Fee insgesamt gegen die Konversationsmaxime der Quantität verstößt: Melusine liefert Reymond bei weitem kein genügendes Maß an Hintergrundinformation, damit der Ritter die Geschehnisse verstandesmäßig fassen könnte. Der Umstand, daß sich Melusine an dieser Stelle innerhalb des Gesprächs abermals unkooperativ zeigt und auf Reymonds Frage gar nicht eingeht, ist charakteristisch für das Kräfteverhältnis zwischen der Fee und dem Sterblichen. Melusines mächtigere Position erlaubt es ihr, Reymonds Frage sozusagen zu überhören, was als die abgemilderte Form der Machtausübung mittels Frageverbot (z. B. bei Lohengrin) angesehen werden kann. Somit steuert Melusine als starke Ge-

---

[48] »Les questions sont une sous-catégorie de directifs, puisqu'elles sont des tentatives de la part de L de faire répondre A, c'est-à-dire de lui faire accomplir un acte de langage.« JOHN SEARLE, Sens et expression. Études de théorie des actes de langage, trad. et préf. par JOËLLE PROUST, Paris 1982, S. 53.

[49] »The most general thing we can say about a question is that it compels, requires, may even command, a response.« ESTHER GOODY, Questions and Politeness, Cambridge 1978, S. 23; »Toute question est donc un appel à l'autre, convié à compléter sur-le-champ le vide que comporte l'énoncé qui lui est soumis.« CATHERINE KERBRAT-ORECCHIONI, La Question, Lyon 1991, S. 10.

[50] »[...] une question est généralement l'aveu d'un manque, et la manifestation d'une infériorité de savoir de L1 par rapport à L2, devant lequel L1 s'efface en se plaçant en position de ›demandeur‹, et à qui il permet par sa question d'occuper le terrain [...].« KERBRAT-ORECCHIONI [Anm. 48], S. 29.

[51] Bei Z. 248f. handelt es sich um keine direkte Frage, sondern um laut geäußerte Verwunderung, die jedoch einen kommunikativ kooperativen Gesprächspartner dazu veranlassen könnte, klärend einzugreifen.

sprächspartnerin einerseits die Themenwahl innerhalb des Austausches und führt andererseits ihre Taktik des Aussparens zentraler Information fort.[52] Der Menschenmann besitzt also nur soviel Wissen über die Fee, wie diese ihm zugesteht. Während Melusine alles über Reymond weiß, ist diesem nicht einmal ihr Name bekannt, und so spricht er sie aufgrund dessen, was er sieht, mit *schône adeliche iungfrouwe* an. Die Frage nach dem Wissen Melusines sowie nach ihrer Identität bleibt hier für Reymond ein Rätsel, zu dessen Lösung ihm der Schlüssel versagt wird. Durch Melusines Schönheit geblendet und durch ihre Rhetorik verführt, wird die verweigerte Antwort für Reymond jedoch nicht zum unmittelbaren Problem. Obwohl er so gut wie nichts über seine schöne Gesprächspartnerin weiß, ist er schließlich leicht bereit, sich in ihren Dienst zu stellen und ihren Willen zu erfüllen. Inwiefern sich Reymond hier allzu leicht über die Problematik seines Unwissens hinwegtäuscht,[53] wird später erläutert.

Wenden wir uns nun dem eigentlichen Treueschwur zu, den Reymond am Ende der Quellenszene doppelt leistet und den er in der Hochzeitsnacht ein drittes und letztes Mal wiederholen muß. Prämisse des Schwurs ist, daß er im Namen Gottes und der Eucharistie geschieht (Z. 296). Dies kann nochmals den Verdacht beseitigen, daß es sich bei Melusine – gerade wegen der bestehenden Leerstellen – um ein zwielichtiges oder gar teuflisches Wesen handeln könnte. An die leicht auszuführende, knappe Forderung, daß Reymond Melusine zu seiner Ehefrau machen soll, ist das ausführlich beschriebene Tabu geknüpft, daß

---

[52] Zum Zusammenhang von Themenwahl/Themensteuerung und der sich im Dialog formierenden Beziehungsstruktur schreibt ADAMZIK: »Was die Themenwahl und Themensteuerung betrifft, so sind sie deswegen unmittelbar relevant, weil die Interaktanten in Bezug auf bestimmte Themen unterschiedlich kompetent und interessiert sein können und überdies bestimmte Themen für einen der Interaktanten heikel und unangenehm sein können. Wiederum gibt die Frage, wer das Recht hat, die Themen zu bestimmen, die Behandlung eines Themas zu verweigern usw., unmittelbaren Aufschluß über die Beziehungsstruktur und sind die Formen der Themensteuerung direkt relevant für die Ausgestaltung der Beziehung.« ADAMZIK [Anm. 40], S. 372.

[53] Vor dem Hintergrund der zeitgenössischen Ehelehren erscheint das Verhältnis zwischen Reymond und Melusine äußerst sittenwidrig, etwa was die Rede der Frau gegenüber dem Mann angeht oder dem damit verbundenen Gehorsam, den die Frau dem Ehemann schuldet. Diese Aspekte finden sich in der Quellenszene gerade ins Gegenteil verkehrt. Auch in der dritten Schwurszene während der Hochzeitsnacht bleibt der Gehorsam Melusines gegenüber Reymond explizit vom Einhalten des Tabus durch den Mann abhängig: *ich ston in dinem willen vñ gebot doch also dz du mir haltest dz du mir gelopt vnd geswornn hast* (Z. 613f.). In diesem Sinn ist die in der Forschung häufig betonte, und mit Blick auf zentrale Elemente richtige Auffassung der Mustergültigkeit von Melusine als Ehefrau doch zu relativieren. Zur Forschung vgl. z. B. INGRID BENNEWITZ, Komplizinnen und Opfer der Macht. Die Rollen der Töchter im Roman der frühen Neuzeit (mit besonderer Berücksichtigung der ›Melusine‹ des Thüring von Ringoltingen), in: The graph of sex and the German text: Gendered culture in early modern Germany 1500–1700, hg. von LYNNE TATLOCK, Amsterdam/Atlanta 1994, S. 225–245, hier S. 231.

Reymond Melusine samstags unbehelligt lassen muß (Z. 297–301). Dabei werden sorgfältig alle möglichen Arten des Nachforschens und Ausspionierens aufgezählt, so daß Melusines Bedingung unmißverständlich klar wird. Melusine verlangt diesen Schwur von Reymond allerdings nicht, ohne selber in diesem Kontext einen Gegenschwur anzubieten, verspricht sie ihm doch, an jenen Samstagen nichts zu unternehmen, daß Reymond in irgendeiner Weise schädlich sei: *so will ich dir hin wider sweren dz ich den selbē tag vñ alle mine zyt besūd' vff den tag an kein ende kommen wil / das dir schantlich schedlich oder vnerlich sige* (Z. 301–304). Interessanterweise ist danach von Melusines Gegenschwur keine Rede mehr, was als weiteres Indiz für Reymonds Schwäche gewertet werden kann: Er versäumt es, an dieser Stelle den Gegenschwur von der Fee zu fordern. Ganz anders geht Melusine mit der Schwursituation um, muß sich doch Reymond bei ihr insgesamt dreimal eidlich verpflichten, womit sich auch in diesem Punkt erneut ein Ungleichgewicht zwischen den Protagonisten abzeichnet. Der erste Schwur Reymonds folgt lückenlos auf Melusines Forderungen und Bedingungen (Z. 304), wobei der Erzähler Reymonds Worte wiedergibt. Auch gegenüber dem Erzähler befindet sich also Reymond in der schwachen Position. Darauf spricht der Erzähler sein Publikum direkt an – es kommt hier zu einem Dialog auf der Ebene zwischen Erzähler und Publikum –, um auf den späteren Eidbruch Reymonds und das unglückliche Ende der Geschichte hinzuweisen: *Dis alles gelopt vnd swur ir Reymond aber ob er es hielt oder nit werdent ir hie noch mols hŏren den er sin eyde vnd trüwe brach dar vmb yme groß iomer leit vnd kummer zů hāden gieng* (Z. 304–307).[54] Indem der Erzähler im gleichen Atemzug Reymonds Schwur wie den zukünftigen Schwurbruch nennt, wird Reymonds Versprechen vom ersten Moment an sozusagen wieder aufgehoben. Zudem erweckt die Vorwegnahme des Schwurbruchs an genau dieser Stelle beim Publikum den Eindruck, daß Reymond mit seinem Schwur gleichzeitig auch sein Unglück besiegelt. Darüber hinaus erzeugt der Kontrast zwischen den düsteren Ankündigungen des Erzählers und Melusines glücksversprechenden Zukunftsdarstellungen eine emotionale Spannung, die wiederum die Ambivalenz der ganzen Szene unterstreichen mag.

Beinhaltete der erste Schwur die wichtigen Punkte des ›Vertrags‹, so hat der zweite die negativen Folgen im Falle eines Schwurbruches zum Thema. Genannt werden der Verlust Melusines und das Unglück, das Reymond, seine Kinder und späteren Erben in Form des Niedergangs von Herrschaft, Ehre und Gut treffen wird (Z. 307–311). Der Erzähler übernimmt auch hier den verbalen Part von Reymonds Einverständnis, wobei er aber zusätzlich – in Steigerung gegenüber der ersten Passage – die innere Verfassung und die guten Absichten des Protagonisten freilegt: *Reymond swur ir aber czů dem andern mole vnd wolt sich selbes dor ynne niemer übersehen, sunder sin gelübde vnd trüw an ir*

---

[54] Diese Eigenart des Erzählers, das böse Ende immer wieder anzukünden, läßt sich die ganze Geschichte hindurch beobachten.

trüwelich halten (Z. 311–313). Chiastisch zum ersten Schwur kündet der Erzähler an dieser Stelle zuerst Reymonds Treuebruch an und setzt die Appell-Formel an sein Publikum ans Ende der Intervention. Eine Steigerung der Erzählintensität gegenüber dem ersten Schwur bewirkt der Erzähler nicht nur durch den Blick auf Reymonds innere Verfassung, sondern auch dadurch, daß er neben dem Treuebruch auch auf dessen Folgen hinweist (Z. 314f.).[55] Überläßt der Erzähler Melusine und Reymond zu Beginn ihrer Begegnung sich selbst, so schaltet er sich unübersehbar im entscheidenden Moment des Schwurs wieder ein, womit Reymond als autonom sprechender Protagonist in den Hintergrund gedrängt wird und stattdessen der üble Ausgang der Geschichte an Gewicht gewinnt. Im Sinn von GENETTEs Definition des ›récit non-focalisé‹[56] steuert der Erzähler als die Handlung gesamthaft überblickende Instanz die Rezeption der ganzen Szene markant, kann sich doch das Publikum in der Folge nur noch bedingt auf die Glücksversprechungen Melusines und Reymonds williges Einverständnis einlassen.

Melusine scheint mit dem Doppelschwur ihres zukünftigen Ehemannes zufrieden und hält ihr Versprechen, Reymond aus seiner mißlichen Lage zu befreien. So folgen in direkter Rede eine große Anzahl von Anweisungen, wie Reymond sich bei seiner Rückkehr in Poitiers zu verhalten habe, um jeglichen Verdacht des Mordes an seinem Onkel von sich abzuwenden (Z. 317–346). Damit endet der erste Dialog zwischen Melusine und Reymond.

Das ambivalente Licht einerseits, in welchem Melusine aufgrund ihrer Verführungsstrategien erscheint, und die tiefere Erkenntnisunfähigkeit Reymonds andererseits, finden im dritten Schwur während der Hochzeitsnacht Fortsetzung und Höhepunkt. Bevor die Ehe vollzogen wird, steht eine Art Zäsur, in der Melusine rhetorisch geschickt die wichtigsten Etappen von der ersten Begegnung bis zur Ehe rekapituliert. Dabei führt sie Reymond nochmals die beiden Szenarien von einerseits höchstem Aufstieg und Wohlergehen für den Fall, daß er den Eid hält, und andererseits von totalem persönlichen Niedergang, Ende des Geschlechts sowie Melusines unvermeidbaren Abschied im Falle eines Eidbruchs vor Augen:

dē ob du mir haltest des dz du mir gelopt vnd gesworn vnd versprochē hast dz den dir glückes gūtes selden noch eren nimer gebrist dē dz du als ein glückselig man werdē solt

---

[55] Ebenso personalisiert der Erzähler seinen Kommentar: der Einschub von *leider* (Z. 314) drückt ein persönliches Bedauern über den zukünftigen Gang der Geschichte aus.

[56] GÉRARD GENETTE, Figures III, Paris 1972, S. 206f., unterscheidet mit Blick auf das Paradigma Erzähler – Protagonist drei Arten der Fokalisation, die einer Erzählung zu Grunde liegen können. ›Récit non-focalisé‹ (auch ›focalisation zéro‹) bedeutet, daß der Erzähler mehr weiß und mehr sagt, als der Protagonist; dies ist der häufigste – der ›klassische‹ – Fall. ›Focalisation interne‹ meint, daß der Erzähler nur das sagt, was die Figur auch weiß. ›Focalisation externe‹ schließlich bezeichnet eine Erzählform, in der der Erzähler weniger sagt, als der Protagonist weiß.

vnd me den keiner in dinē geschlechte vnd aller diner vorderē keiner ye wurde / vbersehest aber din glübde eyd ere so würdestu groß not vnd arbeit lidē vn̄ kūmer gewinnē vnd vmb din lŭt vnd lāt kōmen vnd mich dor zŭ verlieren vnd nit mehr finden noch myn bekōmē. (Z. 620–627)

Dieses unvereinbare Entweder-Oder der von Melusine dargestellten Optionen kann über den Eid hinausgehend als Spiegel ihres grundsätzlich ambivalenten Wesens betrachtet werden. Zudem fällt auf, daß die Eidbedingungen in diesem dritten Schwur gar nicht mehr genannt sind (*des dz du mir gelopt vnd gesworn*, Z. 621). Dies kann zu einer Minimierung des eigentlichen Gewichts dieser Bedingungen beitragen. Bedeutungsvoll ist, daß die Eidbedingungen an sich – so klar und eindeutig sie in der Quellenszene formuliert sein mögen – mit einer inhärenten Ambivalenz versehen sind. Denn die Forderungen an Reymond (Heirat mit der wunderschönen Melusine und die Bedingung, sie am Samstag jeweils unbehelligt zu lassen) scheinen außerordentlich leicht wiegend im Vergleich zu dem dafür versprochenen Gewinn von unermeßlichem Aufstieg, Ruhm, Ehre und Wohlergehen. In diesem Zusammenhang ist ein kurzer Blick auf Thürings literarische Vorlage, den Versroman Coudrettes, von Interesse. Bei Coudrette erwähnt Mélusine nämlich – wenn auch nur sehr elliptisch – daß die Bedingung des Samstagstabus bei der Umwelt auf Widerstand stoßen könnte: *Que me prendrez en marïage / Et que jamais jour de vo vie, / Pour parole que nul vous dye, / Le samedi vous n'enquerrez* (V. 652–655). Bei Thüring dagegen klammert Melusine den zu erwartenden Widerspruch der Außenwelt völlig aus, wodurch die Eidbedingungen an Gewicht verlieren. Gerade aber in dieser scheinbaren Leichtigkeit,[57] mit der die Bedingungen vorgeblicherweise erfüllt werden können, liegt die Ambivalenz und gleichzeitig der Höhepunkt von Melusines Verführungsstrategie, denn Reymond scheitert daran, daß das Tabu in den Augen seiner Umwelt schwer wiegt und Anlaß zu üblen Verdächtigungen gibt.[58] In diesem Sinn wird die Leerstelle, die im Anfangsdialog durch die unbeantwortete Frage nach Melusines Identität und ihrem Wissen entstand, später für Reymond zum Problem. Zwar gelingt es ihm während langer Zeit, über die Wissenslücke bezüglich der wahren Identität Melusines und ihres Geheimnisses hinwegzusehen, bzw. sich hinwegtäuschen zu lassen und sie als Teil seines Übereinkommens mit der Dame zu akzeptieren. Die Umwelt Reymonds hin-

---

[57] In der Geschichte des ›Raymond de Château-Rousset‹, einer älteren Version des Melusinemythos, die Gervasius von Tilbury in der ›Otia imperialia‹ erzählt, läßt sich der Protagonist durch die eigenen sinnlichen Begierden blenden und schätzt die Eidbedingung – in diesem Fall darf der Ritter die Dame nicht nackt sehen – als leicht erfüllbar ein: *Inflammatus et estuans omnem conditionem facilem arbitratur qua cupitum thorum possit obtinere.* Gervase of Tilbury, Otia Imperialia, Recreation for an Emperor, edited and translated by S. E. BANKS/J. W. BINNS 2002, S. 88–90 (1,15 Raymond de Château-Rousset).
[58] Bezeichnend ist, daß die Fee nur durch den von ihr erwählten menschlichen Partner erlöst werden kann, dem sie Bedingungen auferlegt, die sie selber nicht zu verantworten hat, vgl. SCHULZ [Anm. 41], S. 256.

gegen betrachtet diese ungeklärte Situation mit größtem Mißtrauen und Unverständnis. So kann sich beispielsweise bereits vor der Hochzeit Reymonds Lehnsherr, Graf Bertram, nicht genug darüber wundern, daß Reymond weder Namen, Herkunft noch Geschlecht seiner zukünftigen Frau kennt: *Der groffe antwurt vnd sprach / mich verwundert nicht enklein lieber ōhin das du ein wip nimest vnd nit wissē macht wer sy ist noch ir fründe keinen kuntschafft hast* (Z. 502–504). Reymond, dem das Wesen Melusines verborgen bleibt, stützt sich in seiner Rechtfertigungsantwort ganz auf das, was er sieht, und stellt die im höfischen Roman und dem Minnesang gängige, jedoch vor dem Hintergrund diabolischer Verführungskünste äußerst gefährliche Analogie zwischen Melusines Schönheit bzw. Verhalten und ihrer Abstammung her:[59]

> *herre in der worheit sye ist also wol gestalt vñ noch pris mit schōne vñ mit lōbellichem siten geziert als ob sy eins kūniges tochter were vñ schōner wip wart kume mit ougē gesehen ich habe ouch nit vast gefroget ob sy eins hertzogen oder margroffen tochter sy vñ sy ist gantz noch minem geuallen gestalt vnd ich will sy haben.* (Z. 504–509)

Die Attraktivität Melusines beruht also auf ihrer Schönheit. Betört durch diesen Glanz wird für Reymond die Heirat mit ihr zu einem Akt willkürlicher Entscheidung. Die fehlende Information, auf die Reymonds Lehnsherr aufmerksam macht, füllt Reymond mit der für ihn sichtbaren Schönheit Melusines. Während Graf Bertram dies so auf sich beruhen läßt und sich diskret aus dem Gespräch zurückzieht, wird Reymonds Bruder, der Graf vom Forst, offenere Worte benutzen, um Reymond auf seine Verblendung und ›Verzauberung‹ (Z. 1608) hinzuweisen. Die üblen Verleumdungen Melusines, die der Bruder Reymond hinterbringt, lösen in diesem heftigen Zorn, Verbitterung und Eifersucht aus, die ihn dazu antreiben, Melusines samstäglicher Abwesenheit auf den Grund zu gehen. Reymond ist also auch an dieser Stelle derjenige, der zu wenig weiß und zu wenig sieht. Während er jedoch in der Quellenszene problemlos Melusines Schönheit bzw. die Schönheit ihrer Worte an die Stelle der verweigerten Information setzen kann, wird ihm dies nun aufgrund der vorgetragenen Darstellung der vermuteten moralischen Häßlichkeit Melusines verunmöglicht: *etliche meinent sy tribe bůbery vnd habe ander lütte lieber den ůch Ettliche sprechent es sy ein gespenste vnd ein vngehüre wesen vmb sye* (Z. 1613–1615). Die Leerstelle manifestiert sich schlagartig in ihrer ganzen Gefährlichkeit, denn durch das vermeintlich ehebrecherische Verhalten oder das (diabolische) Feenwesen seiner Frau wird auch Reymonds männliche Ehre und sein Ansehen als christlicher Fürst beschmutzt. Wo also das Nicht-Wissen für Reymond zur Bedrohung wird, bleibt ihm nichts anderes mehr übrig, als hinter die schützende Fassade von Melusines Schönheit zu blicken, um das Geheimnis ihrer samstäglichen Abwesenheit zu erkennen.

---

[59] Die beiden hermeneutischen Konzepte von ›laikalem Weltoptimismus‹ (Schönheit kann mit einer positiven Natur gleichgesetzt werden) und ›klerikalem Weltpessimismus‹ (Schönheit als Maskerade, um das darunter liegende negative Wesen zu kaschieren) geraten an dieser Stelle in Reibung.

Reymond, so läßt sich abschließend festhalten, unterschätzt die Auswirkungen der sich aus der unbeantworteten Frage ergebenden Leerstelle, die sich in der Ehe in die samstägliche Abwesenheit verwandelt. In diesem Sinn ist der von Melusine im Schwur geforderte Preis nur scheinbar leicht einzulösen. In Tat und Wahrheit birgt er für ein Herrscherpaar gesellschaftlichen Sprengstoff, mit dem sich nur schwer umgehen läßt; Reymond fällt schließlich genau dem Druck einer Öffentlichkeit zum Opfer,[60] die sich nicht durch Melusines Schönheit oder ihre Reden betören läßt, sondern die in der durch die körperliche Abwesenheit der Frau hervorgerufenen samstäglichen Leere eine Einfallstelle des moralisch Verwerflichen bzw. des Diabolischen vermutet.

Wie also Reymond das eigentliche Wesen Melusines und die Umstände ihres uneingeschränkten Wissens nicht zu erkennen vermag, so sind ihm auch die vollen Implikationen des von Melusine geforderten Tabus nicht klar. Dies kann deutlich auf Melusines ambivalente Anfangsstrategie zurückgeführt werden, neben ihrer *vnseglich schönheit irs lips* Reymond auch durch die Schönheit ihrer Rhetorik bzw. der in den Vorausdeutungen stetig repetierten Zukunftsverheißungen vom tatsächlichen Gewicht der gestellten Forderung abzulenken. In diesem Sinn läßt sich in der Dialogführung der Quellenszene des spätmittelalterlichen Melusineromans in schöner Anschaulichkeit das Prinzip erkennen, das CHRISTIAN PLANTIN in seiner Abhandlung zur rhetorischen Argumentation folgendermaßen beschrieben hat: »Tout énoncé vise à agir sur son destinataire, sur autrui, et à transformer son système de pensée. Tout énoncé oblige ou incite autrui à croire, à voir, à faire, autrement«.[61] Die beiden für den Roman zentralen Themen der ambivalenten Natur Melusines und der Beziehung zwischen der Fee und dem Sterblichen zeichnen sich also bereits in Struktur, Inhalt und Ablauf des Quellenszenedialogs ab. Damit widerspiegelt der sich während der ersten Begegnung der Protagonisten entfaltende Dialog nicht nur das Aufeinandertreffen zweier grundsätzlich verschiedenen Welten,[62] sondern er nimmt Zeichenfunktion für den ganzen Roman an.

---

[60] Zwar bleibt die Verletzung des Sehtabus vorerst ohne Folgen. Es bildet jedoch die unmittelbare Voraussetzung für die zornige Beschimpfung Melusines, durch die Reymond das Schweigetabu bricht und so den unwiderruflichen Abschied der Fee auslösen wird.

[61] CHRISTIAN PLANTIN, L'argumentation, Paris 1996, S. 18.

[62] Die zentrale Bedeutung des Dialoges beim Kontakt zwischen Sterblichen und Jenseitigen läßt sich auch in Zaubermärchen und Sagen nachweisen: »Der Dialog ist qualitativ und quantitativ ein wichtiges Element der Volkserzählung. Im Zaubermärchen und in der numinosen Sage ist der Dialog zwischen Menschen und jenseitigen Wesen von besonderer Bedeutung, da die Begegnung der zwei Welten beide Gattungen in hohem Grad prägt.« LÜTHI [Anm. 22], Sp. 597.

Gregor Wünsche (Albert-Ludwigs-Universität Freiburg i. Br.)

Hadewijch am Oberrhein

Niederländische Mystik in den Händen der sogenannten ›Gottesfreunde‹

Man mag angesichts des Titels ein wenig verwundert sein, ist doch das Werk der Hadewijch, einer der bedeutendsten niederländischen Mystikerinnen, im deutschsprachigen Südwesten so marginal überliefert, daß man es fast ignorieren könnte. Tatsächlich ist man über dieses Faktum ein wenig erstaunt, vor allem, wenn man bedenkt, wie viel wir mittlerweile über den regen Literaturaustausch von den *oberlanden* in die *niderlande* erfahren haben: Ein Literaturaustausch, der, wie wir inzwischen wissen, keineswegs nur eine Einbahnstraße war, sondern hervorragend in beide Richtungen funktionierte.[1] Dennoch sei hier gleich vorweggenommen, daß diese Arbeit es sich nicht zur Aufgabe machen will, Gründe für dieses Ausbleiben einer breiteren Hadewijch-Rezeption im oberdeutschen Sprachraum zu suchen. Mehr als Spekulationen würde man hier nicht zutage fördern, und selbst diese würden keine besonders spannenden Perspektiven auf das literarische Leben in den oberrheinischen Metropolen um die Wende vom 14. zum 15. Jahrhundert anbieten.[2] Vielmehr soll hier der

---

[1] Vgl. THOM MERTENS, Ruusbroec onder de Godsvrienden, in: Die spätmittelalterliche Rezeption niederländischer Literatur im deutschen Sprachgebiet, hg. von RITA SCHLUSEMANN/PAUL WACKERS, Amsterdam 1997 (ABÄG 47 [1997]), S. 109–130; THOM MERTENS/WYBREN SCHEEPSMA, Deutsche Predigtsammlungen im Mittelniederländischen, in: Schnittpunkte. Deutsch-Niederländische Literaturbeziehungen im späten Mittelalter, hg. von ANGELIKA LEHMANN-BENZ [u. a.], Münster [usw.] 2003 (Studien zur Geschichte und Kultur Nordwesteuropas 5), S. 67–81, hier S. 67; GEERT WARNAR, Tauler in Groenendal. Mystik und Gelehrtheit in der niederländischen Literatur des 14. Jahrhunderts, in: Schnittpunkte [s. o], S. 55–66; KURT RUH, Geschichte der abendländischen Mystik. Bd. 4: Die niederländische Mystik des 14. bis 16. Jahrhunderts, München 1999, S. 19–23; DERS., Altniederländische Mystik in deutschsprachiger Überlieferung, in: Dr. L. Reypens-Album, hg. von ALBERT AMPE, Antwerpen 1964, S. 357–382 [wieder in: K. R., Kleine Schriften, Bd. 2, hg. von VOLKER MERTENS, Berlin 1984, S. 94–117]. Am pointiertesten zuletzt WYBREN SCHEEPSMA, Überregionale Beziehungen zwischen dem Rheinland und Brabant in der mystischen Literatur des 14. Jahrhunderts, in: University, Council, City. Intellectual Culture on the Rhine, ed. by LAURENT CESALLI, NADJA GERMANN and MAARTEN J. F. M. HOENEN, Turnhout 2007 (Rencontres de Philosophie Médiévale 13), S. 247–275.

[2] Vgl. WERNER WILLIAMS-KRAPP, *Ein puch verschriben ze deutsch in brabantzer zunge*. Zur Rezeption von mystischem Schrifttum aus dem *niderlant* im *oberlant*, in: Schnittpunkte [Anm. 1], S. 41–53, hier S. 45f.: WILLIAMS-KRAPP macht ein generelles Desinteresse an frauenmystischen Schriften vor allem im 15. Jahrhundert verantwortlich für dieses Defizit.

Versuch unternommen werden, dem Wenigen, was wir an Spuren besitzen, nachzuforschen, um so etwas Licht ins Dunkel der rätselhaften Hadewijch-Adelwip-Überlieferung im oberdeutschen Raum zu bringen. Diese beschränkt sich lediglich auf gerade einmal drei Handschriften, die zudem auch nur winzige Splitter des Hadewijchschen Werkes überliefern. Dennoch hat diese Überlieferung für einige Irritation gesorgt, weshalb sie hier ein wenig ausführlicher vorgestellt werden soll.

Die Handschriften

Die Überlieferung des oberdeutschen Hadewijch-Materials konzentriert sich ausschließlich auf den Raum Straßburg bzw. Basel. Die beiden Straßburger Exemplare, die Handschriften Mgo 12 (B1) und Mgq 149 (B2)[3] der Berliner Staatsbibliothek, entstammen beide dem Besitz des frühneuzeitlichen Handschriftensammlers Daniel Sudermann und dürften entstehungsgeschichtlich sehr eng zusammengehören. Mgo 12 besteht aus vier unterschiedlichen Faszikeln, die paläographisch ins späte 14. Jahrhundert gehören, und von denen der letzte einen Besitzeintrag enthält, der die Handschrift in der Katharinenklause bzw. dem späteren Reuerinnenkloster St. Katharina in Hagenau verortet:[4]

> *Es ist zů wiszende daz dis bůch der frǒwen zů sancte Katterinen der Johanserin zů hagenůwe ist noch clawses dode in dem rinthoue der do ist lon here der stette zů hagen[ŏwe] anno domini M° cccc° xij°.* (120^(vb))

Die Handschrift ist vor allem wegen ihrer frühen Eckhart-Überlieferung durch die Hände bedeutender Wissenschaftler gegangen, denn neben der Hadewijch-

---

[3] Handschriften-Siglen nach der maßgeblichen Edition: JAN VAN MIERLO, Hadewijch. Brieven. Bd. I: Text en Commentar, Antwerpen [usw.] 1947, [De Adelwip-bloemlezing: S. 265–276].

[4] Handschriftenbeschreibungen finden sich bei HANS HORNUNG, Daniel Sudermann als Handschriftensammler. Ein Beitrag zur Straßburger Bibliotheksgeschichte, Tübingen [Diss. masch.] 1957, S.196–199 (Mgo 12) und 217–220 (Mgq 149) und bei EUGEN HILLENBRAND, Nikolaus von Straßburg. Religiöse Bewegung und dominikanische Theologie im 14. Jahrhundert, Freiburg 1968, S. 19f. (nur Mgo 12); ferner bei HERMANN DEGERING, Kurzes Verzeichnis der germanischen Handschriften der Preussischen Staatsbibliothek. Bd. 3: Die Handschriften im Oktavformat, Leipzig 1932, S. 5f. (Mgo 12) und in Band 2: Die Handschriften in Quartformat, S. 4–6. Alle Beschreiber datieren die gesamte Handschrift Mgo 12 ins 14. Jahrhundert. Die wohl genausten und ausführlichsten Beschreibungen finden sich im leider noch immer nicht zugänglichen Repertorium der ungedruckten deutschsprachigen Predigten des Mittelalters. Der Berliner Bestand. Bd. 1: Die Handschriften aus dem Straßburger Dominikanerinnenkloster St. Nikolaus in undis und benachbarte Provenienzen, Teil 1 u. 2, hg. von HANS-JOCHEN SCHIEWER/VOLKER MERTENS, Berlin [im Druck]. Die Handschriften tragen hier die Siglen B XXXIII (Mgo 12) und B XII (Mgq 149). Mir stand dankenswerter Weise ein Vorabdruck des Repertoriums zur Verfügung.

Kompilation treten hier 13 Predigten des Meisters bzw. aus dessen Umfeld in exzerpierter Form auf.

Der uns interessierende Teil, der Faszikel 38ʳ–43ᵛ, der nur die Hadewijch-Kompilation und zwei kleine Bibelzitate (Mt 3,13–17 u. Io 1,1–14) enthält, bildet eine eigene Einheit, die nicht zwingend in Hagenau gewesen bzw. entstanden sein muß. Wahrscheinlich ist es aber dennoch, daß sich diese Handschrift und damit auch das Hadewijch-Material dort befunden haben dürfte, womit wir die einzige Handschrift vor uns hätten, die sich überhaupt mit einer gewissen Sicherheit diesem Kloster zuordnen ließe.[5]

Ihre Schwesterhandschrift B2 gehört entstehungsgeschichtlich ins 2. Viertel des 15. Jahrhunderts und überliefert ziemlich genau das gleiche Hadewijch-Material wie B1: Eine vollständige mhd. Übertragung des 10. Briefes und einige, teilweise nur wenige Zeilen umfassenden Exzerpte aus den Briefen 2, 5, 6, 13, 15, 22 und 29.[6] Die Handschriften unterscheiden sich, was das Textmaterial angeht, nur so marginal, daß der Eindruck entsteht, es hier mit Vorlage (B1) und Abschrift (B2) zu tun zu haben. Lediglich die etwas ungewöhnliche Autorinnenzuweisung am Anfang des Textes in B1 wurde in B2 deutlich verkürzt wiedergegeben:

> *Dis ist gar ein nvtze lere die sante adelwip lerte die do ist ein grosze heilige in dem ewigen lebende von der lere svnderlich alle gottes frvnde in brabant von hvndert iaren zuo dem aller vollekomenesten lebende komen sint vnde von der gnaden gottes durch sv erlühtet.* (Berlin, SBBPK, Mgo 12, fol. 38r)[7]

In B2 findet sicher der Verweis auf die Gottesfreunde nicht. Hier ist es nun weniger die unkorrekte Namensgebung – Adelwip statt Hadewijch[8] – die unser Interesse verdient, sondern der Hinweis auf ein offensichtlich ›gottesfreundliches‹ Milieu in Brabant, denn vor allem Geert Warnar hat diese Stelle begeistert in diese Richtung interpretiert:

> Die Existenz einer den deutschen Gottesfreunden ähnlichen Gruppe mystisch Interessierter scheint jedoch gesichert durch ein Vorwort zu hochdeutschen Exzerpten aus dem Werk Hadewijchs [...].[9]

---

[5] Vgl. Sigrid Krämer, Handschriftenerbe des deutschen Mittelalters, Bd. 1, München 1989 (Mittelalterliche Bibliothekskataloge Deutschlands und der Schweiz. Ergänzungsband 1), S. 309 und Bd. 2, S. 747. Krämer weist die Handschrift zwei Provenienzen zu: St. Katharina in Hagenau und St. Nikolaus in undis in Straßburg. Wieso sie sich für St. Nikolaus ausspricht wird hingegen nicht wirklich ersichtlich. Hornung [Anm. 4] jedenfalls sieht keine Verbindung zu St. Nikolaus (S. 196–199).

[6] Diese Identifikationen stammen von Van Mierlo [Anm. 3], S. 273.

[7] Zit. n. Van Mierlo [Anm. 3], S. 266.

[8] Über die Zusammenhänge dieser offensichtlichen Verwechslung s. Williams-Krapp [Anm.2], S. 45.

[9] Vgl. Geert Warnar, Mystik in der Stadt. Jan van Ruusbroec (1293–1381) und die niederländische Literatur des 14. Jahrhunderts, in: Deutsche Mystik im abendländischen Zusammenhang. Neu erschlossene Texte, neue methodische Ansätze, neue theoretische Konzepte, hg. von Walter Haug und Wolfram Schneider-Lastin, Tübingen 2000, S. 683–702, hier S. 693.

Gemeint ist die etwas weiter oben zitierte Stelle. Unter diesen brabantischen ›Gottesfreunden‹ versteht WARNAR die Gruppe um Jan van Ruusbroec – dem ›Entdecker‹ Hadewijchs.[10] Damit aber betreten wir einen ausgesprochen interessanten Bereich, denn Ruusbroec dürfte nicht nur einer der wichtigsten Kenner der Hadewijch-Schriften, sondern eben auch in der Lage gewesen sein, ihr Werk annähernd vollständig zusammenzutragen.[11] Von ihm wissen wir zusätzlich, daß er Kontakte in den oberdeutschen Raum hatte, die gerade auch für den Austausch geistlicher Literatur intensiv genutzt wurden.[12] Könnte Ruusbroec also als Vermittler einer größeren Hadewijch-Ausgabe in den oberdeutschen Raum in Frage kommen?

Zumindest die Frage nach der Existenz einer oberdeutschen Hadewijch-Ausgabe ist von der Forschung immer wieder positiv beantwortet worden. Sowohl SCHEEPSMA als auch WILLIAMS-KRAPP gehen davon aus, daß es eine umfangreiche Redaktion des Briefwerks der Hadewijch in oberdeutscher Übersetzung gegeben haben muß.[13] Handschrift B1 trägt nämlich einen Vermerk Daniel Sudermanns, der auf den ersten Blick tatsächlich eine solche größere Sammlung von Hadewijch-Briefen in dessen Beständen vermuten läßt. Direkt am Anfang der Kompilation stehen folgende Zeilen:

Disz hab ich gantz; vnd vil lenger im bůch da die Sendbrieff an Junckf[rawen] stond. (Berlin, SBBPK, Mgo 12, fol. 38ʳ)

Es läßt sich aber recht deutlich nachweisen, daß es sich bei diesem Vermerk nicht um einen Hinweis auf eine verschollene Hadewijch-Handschrift handelt, sondern Sudermann ganz einfach den Codex bezeichnete, den die Forschung bereits kennt: die ebenfalls in seinem Besitz befindliche Schwesterhandschrift B2. Hier ist, wie bereits erwähnt, ebenfalls das gesamte Hadewijch-Material versammelt wie in B1, doch klingt die Kompilation in diesem Fall nicht in zwei Bibelzitaten aus, sondern versammelt noch einiges zur Belehrung über den rechten Gehorsam und verschiedene Tugenden, so daß der Eindruck entsteht, die textliche Einheit – der Sendbrief – sei um ein gutes Drittel länger als in B1. Zudem enthält B2 ausschließlich Sendbriefe und ist, wie so viele Handschriften aus dem Bestand Sudermanns, mit einer Art Titelblatt versehen:

Nota. Etliche schone sendbrieffe von einem Geistlichen Vatter an Closter oder geistlich Jůngfrawen. (Berlin, SBBPK, Mgq 149, fol. Iᵛ)

---

[10] RUH, Geschichte 4 [Anm. 1], S. 40 und WYBREN SCHEEPSMA, Hadewijch und die ›Limburgse Sermoenen‹. Überlegung zu Datierung, Identität und Authentizität, in: Deutsche Mystik im abendländischen Zusammenhang [Anm. 9], S. 653–682, hier S. 669.
[11] Vgl. RUH, Geschichte 4 [Anm. 1], S. 21 und SCHEEPSMA [Anm. 10], S. 669.
[12] WOLFGANG EICHLER, Jan van Ruusbroecs ›Brulocht‹ in oberdeutscher Überlieferung. Untersuchung und kritische Textausgabe, München 1969 (MTU 22), S. 30–40; RUH, Geschichte 4 [Anm. 1], S. 21.
[13] WILLIAMS-KRAPP [Anm. 2], S. 46; SCHEEPSMA [Anm. 10], S. 664, Anm. 43.

Es ist kaum zu übersehen, daß Sudermann wohl eher diese Handschrift gemeint hat, von der wir leider nicht wissen woher sie stammt.[14] Dieses Indiz mag zwar enttäuschen, doch wäre allein eine Sudermann-Marginalie ja auch ein eher spärlicher Beweis für eine größere, oberdeutsche Redaktion der Hadewijch-Briefe gewesen. Zu unspezifisch ist die Formulierung (*Disz hab ich gantz; vnd vil lenger*), die der Handschriftensammler hier gewählt hat.

Auch die dritte hier zur Betrachtung stehende Handschrift trägt keine solchen Hinweise auf den Entstehungszusammenhang der Hadwijch-Kompilation. Es handelt sich dabei um einen berühmten Codex, die in Basel geschriebene Mechthild-Handschrift Cod. 277 aus der Stiftsbibliothek in Einsiedeln (Sigle E), in der es FRANCES GOODAY im Jahre 1972 gelang, drei Kolumnen (220^{rb-vb}) zu identifizieren, die ausschließlich oberdeutsches Hadewijch-Material überliefern.[15] Wie B1 gehört auch diese Handschrift dem späten 14. Jahrhundert an,[16] doch interessanterweise ergeben sich überhaupt keine textlichen Überschneidungen zu der Kompilation in den Handschriften B1 und B2: Die in E verwendeten Textstücke stammen aus den Briefen 5 und 6 und den Mengeldichten 5 und 6, wobei das aus den beiden Briefen exzerpierte Material andere Stellen betrifft, als die in B1 bzw. B2. Prinzipiell könnte man dieses Faktum also als einen Hinweis interpretieren, es doch mit einer größeren Hadewijch-Übersetzung im oberdeutschen Raum zu tun zu haben, von der wir zwar nur winzige Splitter überliefert hätten, die aber immerhin in ihrer ursprünglichen Form mehr als nur die mhd. Redaktion des 10. Briefes umfaßt hätte. Würde man etwa z. B. die Einsiedler Mechthild-Handschrift nicht kennen, die ja als einzige den vollständigen oberdeutschen Text enthält, dann ergäbe sich für die Überlieferung des ›Fließenden Lichts‹ ein ganz ähnliches Bild wie für die des Hadewijchschen Oeuvres: Wir würden teilweise nur kleine und kleinste Bruchstücke vor uns liegen haben, die kaum Rückschlüsse über die Gestalt des Gesamtwerkes zuließen.[17] Doch muß in diesem Zusammenhang erst einmal geklärt, ob man

---

[14] Allein die Tatsache, daß Sudermann diese Handschrift besessen hat, sollte nicht zu dem Schluß verführen, sie St. Nikolaus in undis zuzuschreiben, auch wenn dies vielleicht nahe liegen würde. Die Provenienz muß letztlich offen bleiben. Zur Übersicht über die Bestände des Klosters siehe ANDREAS RÜTHER / HANS-JOCHEN SCHIEWER, Die Predigthandschriften des Dominikanerinnenklosters St. Nikolaus in undis. Historischer Bestand, Geschichte, Vergleich, in: Die deutsche Predigt im Mittelalter, hg. von VOLKER MERTENS / H.-J. S., Tübingen 1992, S. 169–193.

[15] S. FRANCES GOODAY, Eine bisher unbekannte Hadewijch-Übersetzung, ZfdA 102 (1973), S. 236–238.

[16] Die Hadewijch-Kompilation befindet sich im zweiten Teil der Handschrift (fol. 169–221), also nicht in dem Teil, der den Mechthild-Text enthält. Schon HANS NEUMANN ging aber davon aus, daß beide Teile der Handschrift entstehungsgeschichtlich eng zusammenhängen. Vgl. Mechthild von Magdeburg, Das fließende Licht der Gottheit, Bd. 2: Untersuchungen, hg. von HANS NEUMANN, ergänzt [...] von GISELA VOLLMANN-PROFE, München 1993 (MTU 101), S. 176. Diese Annahme wird durch die bald erscheinende Dissertation von HELEN WEBSTER wohl bestätigt werden.

[17] Vgl. Mechthild von Magdeburg, Das fließende Licht der Gottheit, hg. von GISELA

hier überhaupt von ein und derselben Übersetzung sprechen kann, oder ob nicht doch vollkommen anders gelagerte Entstehungsvoraussetzungen anzunehmen sind.

Die Übersetzung

Grundsätzlich ist es schwierig, Kriterienbündel zu entwickeln, die mit einer gewissen Sicherheit Aussagen über die Zusammengehörigkeit der beiden Kompilationen zulassen. Im Falle der Baseler bzw. Einsiedler Handschrift haben wir nur sehr wenig Material zu Verfügung, das zudem keinerlei inhaltliche Überschneidung zu den Straßburger Handschriften aufweist. Inwieweit die Kompilationen also aus derselben Übersetzung schöpfen, ist nur anhand weniger Indizien zu eruieren, die zudem nicht unbedingt eine solche gemeinsame Quelle vermuten lassen. Es sind vor allem zwei Begriffe, die eine gewisse Übersetzungstendenz erkennen lassen: die oberdeutsche Übersetzung für die niederländischen Worte *volmaect/volmaectheit* und *ziele*. Ersteres bedeutet nämlich ›vollkommen‹ bzw. ›Vollkommenheit‹ und wird in der Handschrift E falsch übersetzt. Offensichtlich ist der Übersetzer einem sog. ›false friend‹ – einem Wort, das er zu verstehen glaubt und eben deswegen mißversteht – aufgesessen und hat die Ähnlichkeit des niederländischen Wortes mit dem oberdeutschen *vollemahtikeit* nicht weiter in Frage gestellt:

> *Es ist groz vollemahtikeit allú ding vertragen von allen lúten. Mer weis got es ist die aller meist vollemachtikeit ze vertragen von den valschen brůdern die da schinent husgenossen des christan gelǒben*[18]

> *Grote volmaectheit eest alle dinc te verdraghene van allen lidene. Mer, wet god, alremeeste volmaectheit eest te verdraghene Vanden valschen broederen die schinen huus ghenoten des gheloefs.*[19]

Bezeichnenderweise aber übersetzten B1 und B2 dieses Wort konsequent richtig. Eine Stelle wie *Dus ghedaenre suetheit gheuoelt Alse wel de onuolmaecte alse de volmaecte* (Brief X, Z. 19f) wird korrekt wiedergegeben: *Suzgetane sueszekeit bevindet also wol der vnvollekomene alse der vollekomene.*[20]

VOLLMANN-PROFE, Frankfurt a. M. 2003 (Bibliothek des Mittelalters 19), S. 673: »Eine heute in Colmar aufbewahrte Handschrift aus der ersten Hälfte des 15. Jahrhunderts [...] enthält ein Drittel des fließenden Lichts; eine zweite Handschrift, vom Ende des 14. Jahrhunderts, heute in Würzburg [....], bietet ein knappes Fünftel, die erst 1965 entdeckte Budapester Handschrift von 1416 [...] ein gutes Zehntel.« Und dies sind nur die Handschriften, die noch relativ große Teile des Werks überliefern. In der Ausgabe NEUMANNS werden noch 11 weitere Handschriften erwähnt, die kleinste Bruchstücke innerhalb größerer Zusammenhänge enthalten. Vgl. Mechthild von Magdeburg, [Anm. 16] Bd. 1, S. XIV-XIX.

[18] GOODAY [Anm. 15], S. 237, Z. 8–14.
[19] VAN MIERLO [Anm.3], S. 43f. (Brief 5, Z. 13–16).
[20] Ebd., S. 266, Z.24f.

Das Gleiche läßt sich im Prinzip auch an der Übersetzung des mndl. Wortes für ›Seele‹ *Ziele* beobachten. In E wird dieses Wort sehr unspezifisch übersetzt. Aus *Ay, lieue kint, sincke met al dijnre zielen in hem gheheel* [21] wird *[E]ya liebes kint sinke mit allen dinen sachen in dinen geminten got.*[22] Es ist nicht wirklich einzusehen, wieso hier nicht das übersetzt wird, was gemeint war, eben mit der ganzen Seele in ›Ihm‹ vollständig (*gheheel*) zu versinken. Hätte der Übersetzer *Ziele* verstanden, so hätte er mit Sicherheit ›Seele‹ geschrieben. Der Text in B1 und B2 dagegen übersetzt wiederum konsequent auch dieses Wort richtig mit *sele*, lediglich ein einziges Mal mit *Menschen*. Doch sollte hier nicht der Eindruck entstehen, es mit einer gelungenen, unproblematischen Übersetzung zu tun zu haben. Vergleicht man etwa die mhd. Redaktion des 10. Briefes in B1 und B2 mit der bei VAN MIERLO abgedruckten Version, so hat man des öfteren den Eindruck, daß der Übersetzer doch mit erheblichen Schwierigkeiten zu kämpfen hatte. Schwer verständliche, syntaktisch kaum zu durchschauende Stellen wie die folgende, lassen sich jedenfalls nicht durch den mittelniederländischen Text erklären:

Doch geschiht es dicke daz der do ‚minre' minnet dicke me suszekeit bevindet, vnd dar vmbe das nach deme daz ein iekeliches bevindet vil sueszekeit, dar vmbe en ist nvt deste me minne in ime mere nach dem das der mensche me gefundert vnd gewurzelt ist in tugende vnd in minnen, dar nach het er aller meist goetlicher minne.[23]

Want het ghesciet selke wile dattie minsche die min mint, meer sueticheiden gheuoelt. Na dat elc gheuoelt, daer na en es Minne in hem niet; Mer na dien dat hi ghefundeert es in doechden Ende ghewortelt in caritaten.[24]

Insgesamt 32 solcher Stellen, die deutlich von der edierten Vorlage abweichen, führt VAN MIERLO in seiner Edition auf, so daß am Ende der Eindruck entsteht, es hier mit der Übertragung einer unbekannten Redaktion des 10. Briefes zu tun zu haben. Tatsächlich geht VAN MIERLO auch davon aus, daß es schon in der mittelniederländischen Vorlage zu den Verderbnissen gekommen sein könnte. Der 10. Brief ist häufig abgeschrieben worden und dürfte mithin den am weitesten verbreiteten Brief der Hadewijch überhaupt darstellen, dessen Textgeschichte bis heute zudem nach wie vor ein Forschungsproblem darstellt.[25] Interessanterweise ist dieser berühmte 10. Brief aber auch in einer mndl. Handschrift enthalten, für die SCHEEPSMA plausibel darlegen konnte, daß sie sich eine gewisse Zeit im oberdeutschen Raum befand: die Handschrift Paris, Bibliotheque Mazarine 920. Diese Handschrift trägt mhd. Interlinearglossen und ist daher nachweislich für

---

[21] Ebd., S. 43 (Brief 5, Z. 8f.)
[22] GOODAY [Anm. 15], S. 237, Z. 1f.
[23] VAN MIERLO [Anm. 3], S. 266, Z. 10–15. VAN MIERLO liest *geschikt* statt wie in der Handschrift *geschiht*.
[24] Ebd. S. 85f., Z. 5–10.
[25] Vgl. VAN MIERLO [Anm.3], S. 276. Zu den Forschungspositionen den 10. Brief betreffend siehe vor allem SCHEEPSMA [Anm. 10], S. 656–665.

die Übersetzung mndl. Textmaterials benutzt worden.[26] Ohne eine Kenntnis der genauen Vorlage aber lassen sich keine wirklich evidenten Aussagen zum Status der Übersetzung des 10. Briefes in den Straßburger Handschriften machen.

Oberflächlich betrachtet mag dies für die Kompilation in E, die VAN MIERLO übrigens unbekannt blieb, nicht gelten, wirkt dieser Text doch im allgemeinen etwas geschmeidiger, genauer übertragen, was die syntaktische Struktur angeht. Doch hat man es hier auch nur mit einem vergleichsweise winzigen Textstück zu tun, das gerade einmal sieben verschiedene Bruchstücke von nur wenigen Zeilen Umfang versammelt. Man fragt sich mit Recht, inwieweit diese Splitter überhaupt irgendetwas über ihre Quelle verraten sollen. Zumal man es, wie EICHLER es für die ›Brulocht‹ vermutet, bei der Übertragung größerer Texte aus dem Mittelniederländischen ohnehin mit mehreren Übersetzern zu tun gehabt haben könnte, deren jeweilige Leistung sich qualitativ erheblich unterschied.[27] Mit anderen Worten, selbst wenn es eine größere Hadwijch-Übersetzung im oberdeutschen Raum gegeben haben sollte, das überlieferte Material läßt keine sicheren Schlüsse zu, daß beide Kompilationen aus dieser geschöpft hätten. Das wenige, das sich über diesen Zusammenhang sagen läßt, weist jedenfalls eher in eine andere Richtung. Dennoch muß man sich fragen, ob sich nicht doch begründete Hypothesen für entstehungsgeschichtliche Zusammenhänge der beiden unterschiedlichen Kompilationen entwerfen lassen. Es wird sich zeigen, daß die Kontextualisierung der beiden Handschriften des 14. Jahrhunderts (B1 und E) in dieser Hinsicht interessante Erkenntnisse zutage fördern wird.

Mögliche Netzwerke

Es ist sicherlich kein Zufall, daß wir es bei einem Textzeugen der Hadewijch-Überlieferung ausgerechnet mit der Mechthild-Handschrift E, dem einzigen vollständigen Textzeugen des ›Fließenden Lichts‹, zu tun haben. Die oberdeutsche Übersetzung des vermutlich mittelniederdeutschen Originals verdanken wir nämlich einem bedeutenden Mann: dem Weltpriester Heinrich von Nördlingen.[28] Von diesem Mann wird immer wieder berichtet, er habe den Kreis der sog. ›Basler Gottesfreunde‹ gegründet, also eine Gruppe ›frommer Laien‹ um

---

[26] Vgl. SCHEEPSMA, Die Beziehungen zwischen dem Rheinland und Brabant [Anm. 1], S. 258–260 und DERS., [Anm. 10], S. 663. Die Handschrift wird beschrieben bei WILLEM DE VREESE, De handschriften van Jan van Ruusbroec's werken, Bd. 1, Gent 1900, S. 413–429. SCHEEPSMAS gerade erschienene Arbeit The Limburg Sermons. Preaching in the Medieval Low Countries at the Turn of the Fourteenth Century, Leiden 2008 (Brill's Series in Church History 34), konnte ich nicht mehr in diesen Beitrag einarbeiten.

[27] EICHLER [Anm.12], S. 34.

[28] Vgl. Mechthild von Magdeburg [Anm. 16], Bd. 2, S. 184–186.

sich geschart.[29] Es kann an dieser Stelle nicht der Ort sein, das intrikate Problem lösen zu wollen, wer diese Gottesfreunde nun gewesen seien und wie wir uns ihre ›Bewegung‹ vorzustellen hätten. Als ›Bewegung‹ nämlich ist diese Gruppe von offensichtlich geistlich-literarisch Interessierten immer wieder bezeichnet worden, ohne daß dabei genauer auf ›Mitglieder‹ und ›Programm‹ eingegangen worden wäre.[30] Alles, was unter diesem Begriff immer wieder subsumiert worden ist, schien sich um einige gut bekannte Persönlichkeiten zu organisieren, allen voran Johannes Tauler, Rulman Merswin und Heinrich von Nördlingen. Deren Leben und Wirken aber läßt sich in Beziehung setzen, so wie sich ihre Netzwerke, die es offensichtlich gegeben hat, anhand von Indizien rekonstruieren lassen, und diese Arbeit versteht sich dezidiert als ein Versuch einer solchen Rekonstruktion. Wer diese ›Gottesfreunde‹ waren, wird auch diese Arbeit nicht zu klären versuchen, wohl aber wer mit der Übersetzung und Verbreitung der Hadewijch-Exzerpte in Verbindung gebracht werden könnte.[31]

Was wir mit ziemlicher Sicherheit wissen, ist, daß Heinrich von Nördlingen mit Johannes Tauler und Rulman Merswin bekannt war, die ja ihrerseits immer wieder mit dem Begriff der Straßburger ›Gottesfreunde‹ in Zusammen-

---

[29] Vgl. vor allem RICHARD SCHULTZ, Heinrich von Nördlingen. Seine Zeit, sein Leben und seine Stellung innerhalb der deutschen Mystik, Jahrbuch des Vereins für Augsburger Bistumsgeschichte 10 (1976), S. 114–164, hier S. 142; MANFRED WEITLAUFF, Heinrich von Nördlingen, ²VL, Bd. 3, Sp. 845–852, hier Sp. 874; LOUISE GNÄDINGER, Johannes Tauler. Lebenswelt und mystische Lehre, München 1993, S. 39–43.

[30] Vgl. GNÄDINGER [Anm. 29], S. 39: »Verschiedene Fakten deuten darauf hin, daß Johannes Tauler die Jahre des Exils dazu nutzte, eine eventuell bereits in Straßburg begonnene Erneuerungsbewegung, die sogenannte Gottesfreundbewegung, zu intensivieren.« Noch GEORG STEER, Rulman Merswin, ²VL, Bd. 8, Sp. 420–442, hier Sp. 422, spricht deutlich von einer »rheinischen Gottesfreund-Bewegung«. FRANCIS RAPP, Die Gottesfreunde am Oberrhein, in: Das Elsaß und Tirol an der Wende vom Mittelalter zur Neuzeit. Sieben Vorträge, hg. von EUGEN THURNHER, Innsbruck 1994 (Schlern-Schriften 295), S. 55–62, geht dagegen mit diesen Zuschreibungen eher vorsichtig um und stellt dezidiert die straffe Organisation einer solchen Bewegung in Frage. Tatsächlich belegen vor allem begriffsgeschichtlich orientierte Arbeiten, daß die Vorstellung von der ›Gottesfreundschaft‹ auf eine lange theologische Tradition zurückblicken kann, hiermit also eher ein Frömmigkeitsideal, als eine soziale Bewegung gemeint ist. Vgl. RICHARD EGENTER, Die Idee der Gottesfreundschaft im vierzehnten Jahrhundert, in: Aus der Geisteswelt des Mittelalters, 2. Halbband, hg. von ALBERT LANG [u.a.], Münster 1935 (Beiträge zur Geschichte der Theologie und Philosophie des Mittelalters. Supplementband III), S. 1021–1036, hier S. 1021; ERIK PETERSON, Der Gottesfreund. Beiträge zur Geschichte eines religiösen Terminus, Zeitschrift für Kirchengeschichte 42 (1923) N. F. 5, S. 160–202, vor allem 160f.

[31] Der aktuelle Beitrag von REGINA D. SCHIEWER (›Vos amici dei estis.‹ Die ›Gottesfreunde‹ des 14. Jahrhunderts bei Seuse, Tauler und in den Engelberger Predigten. Religiöse Elite, Verein oder Literaturzirkel?, OGS 36 [2007], S. 227–246) arbeitet recht überzeugend heraus, wie wichtig es ist bei der Verwendung des Begriffs ›Gottesfreund‹ auf den jeweiligen Kontext zu achten: Im mystischen Diskurs steht dieser Begriff vor allem für ein ganz bestimmtes Frömmigkeitsideal, nicht für eine wie auch immer geartete Gruppe von Menschen.

hang gebracht werden.[32] Interessant ist diese Bezeichnung in unserem Zusammenhang vor allem deshalb, weil sich hier offensichtlich doch eine Art Programm erkennen läßt: ›Gottesfreund‹ zu sein, so bekommt man Falle von Tauler, Merswin und Heinrich den Eindruck, bedeutete offenbar, sich mit dem Produzieren und Verteilen von geistlicher Literatur zu beschäftigen. Dies nämlich läßt sich vor allem für Merswin und Heinrich von Nördlingen gut nachweisen, und es ist sicherlich kein Zufall, in Tauler denjenigen erkennen zu wollen, der für die Vorlage der oberdeutschen Ruusbroec-Übersetzung gesorgt haben könnte. Ob Tauler wirklich in Groenendal war und Ruusbroec persönlich gegenüber trat, soll hier nicht weiter problematisiert werden. Es wird sich ebenso wenig beweisen lassen wie es abwegig wäre, dieser Vermutung jegliche Wahrscheinlichkeit abzusprechen.[33] Mit gewissem Recht aber ist davon auszugehen, daß wir es bei der oberdeutschen Ruusbroec-Übersetzung mit einer Arbeit zu tun zu haben, für die vor allem Rulman Merswin verantwortlich war, eine wie auch immer geartete Vorlage also den Weg nach Straßburg gefunden haben muß. EICHLER gelingt es in seiner Arbeit recht überzeugend, die Entstehung der Übersetzung der ›Brulocht‹ in Straßburg zu verorten und Merswin als Hauptverantwortlichen zu benennen. Inwieweit er selber dazu im Stande war, aus dem Mittelniederländischen zu übersetzen, ist dabei die weniger interessante Frage. Es dürften im Falle der ›geistlichen Hochzeit‹ sowieso verschiedene Übersetzer gewesen sein, was sich vor allem daraus ableiten läßt, daß die Qualität der Übertragungen sehr unterschiedlich zu bewerten ist.[34] Entscheidend aber ist, daß wir mit Rulman Merswin einen literarisch interessierten und wohlhabenden Laien vor uns haben, der nicht nur in der Lage war, sich die entsprechenden Vorlagen aus dem brabantischen Raum zu besorgen, sondern gleichzeitig auch deren Übersetzung zu organisieren.

Wie auch immer der Kontakt zu Ruusbroec ausgesehen haben mag, er könnte auch für die Beschaffung des Hadewijch-Materials die entsprechende Infrastruktur abgegeben haben. Merswins Kontakte zu Heinrich von Nördlingen dürften dann auch eine Erklärung dafür abgeben, wie die Hadewijch-Exzerpte in die Basler Mechthild-Handschrift gerieten, gehörte doch die Baseler Kaufmannstochter Margareta zum goldenen Ring, die ursprüngliche Besitzerin dieses Codex, zu

---

[32] Vgl. KARL RIEDER, Der Gottesfreund vom Oberland. Eine Erfindung des Strassburger Johanniterbruders Nikolaus von Löwen, Innsbruck 1905, S. 3–14; STEER, [Anm. 30] Sp. 420f.; GNÄDINGER [Anm. 29], S. 96–103.
[33] WARNAR [Anm. 1], S. 60 spricht sich vehement dafür aus, daß Tauler tatsächlich dort war. RUH drückt sich freilich etwas vorsichtiger aus, ohne diesen Besuch prinzipiell in Zweifel zu ziehen. Vgl. KURT RUH, Geschichte der abendländischen Mystik. Bd. 3: Die Mystik des deutschen Predigerordens und ihre Grundlegung durch die Hochscholastik, München 1996, S. 481; DERS. Altniederländische Mystik [Anm. 1], S. 368.
[34] EICHLER [Anm. 12], S. 34. RUH indes scheint in diesem Punkt nicht folgen zu folgen. Noch in seiner Mystikgeschichte zieht er als mögliche Übersetzungsorte sowohl Straßburg als auch Basel in Erwägung, ohne auf EICHLERS Überlegungen einzugehen. Vgl. RUH, Geschichte 3 [Anm. 33], S. 481.

dem Kreis seiner engsten Vertrauten, ebenso wie Heinrich von Rumersheim, dem die Vermittlung der Handschrift an die Waldschwestern zu verdanken ist.[35] Diese Verbindungen aber klären noch lange nicht, wie die Hadewijch-Exzerpte in die Hände der Hagenauer Katharinenschwestern gelangten, die ja ihrerseits nicht zu diesem Kreis zu gehören schienen und zudem als Rezipientinnen mystischer Literatur bisher nicht hervorgetreten sind. Womit wir wieder ein Indiz vor uns hätten, das gegen eine gemeinsame Quelle der beiden unterschiedlichen Kompilationen spräche: Die Überlieferungskontexte sind ganz offensichtlich nicht zusammen zu bringen. Wir wissen fast nichts von den Einwohnerinnen der Hagenauer Katharinenklause,[36] geschweige denn von irgendwelchen Kontakten zu Merswin, Tauler oder Heinrich von Nördlingen. Für die Vermittlung dieser Literatur an die Katharinenschwestern müssen diese aber ohnehin nicht in Betracht gezogen werden. Viel eher dürfte vor allem die Einrichtung eines Johanniterhauses durch Merswin Voraussetzungen geschaffen haben, die es ermöglichten, auch die Katharinenschwestern an diesem Literaturaustausch teilhaben zu lassen.

Später, nachdem die Schwestern die Klause aufgegeben hatten, wurde die Liegenschaft schließlich für Einrichtung des Reuerinnenklosters verwendet. Es dürfte sich kaum um einen Zufall handeln, daß es ausgerechnet die Johanniter in Dorlisheim waren, die ab 1473 für die seelsorgliche Betreuung der Reuerinnen in Hagenau zuständig waren,[37] just der Orden, dem Rulman Merswin in Straßburg den Grünenwörth zur Verfügung gestellt und der sich ja auch schon vorher um die Katharinenschwestern gekümmert hatte.[38] Dorlisheim aber war schon lange vor der Gründung des Grünenwörths eine bedeutende Johanniter-Kommende gewesen, die maßgeblich an der Etablierung ihres Ordens durch die Merswinsche Stiftung in Straßburg beteiligt waren. Nicht nur Personal sandten sie lange Zeit in die neue Kommende, sondern ihre Siegel hingen auch an der Gründungsurkunde des Grünenwörths.[39] Dennoch hat man sie in die Literaturgeschichte der Region kaum einbezogen.

---

[35] Mechthild von Magdeburg [Anm. 16], Bd. 2, S. 185; SCHULTZ [Anm. 29], S. 142.

[36] Das Wenige, was bekannt ist, findet sich bei WALTER GUNZERT, Das Hagenauer Kirchenleben im ausgehenden Mittelalter, Frankfurt a. M. 1936 (Schriften des wissenschaftlichen Instituts der Elsaß-Lothringer im Reich an der Universität Frankfurt N. F. 16), S. 49–52. Unter anderem erfahren wir, daß die Katharinenklause ab 1371 von vier Schwestern bewohnt wurde, die ihre ursprüngliche Zelle in Eschbach verlassen hatten. Die Seelsorge dieser Schwestern aber übernahm schon sechs Jahre später der in Hagenau ansässige Johanniterkonvent.

[37] MÉDARD BARTH, Handbuch der elsässischen Kirchen im Mittelalter, Bd. 1, Straßburg 1960 (Archives de l'eglise d'Alsace 27, N. F. 10), Sp. 509.

[38] Vgl. GUNZERT [Anm. 36], S. 50.

[39] Vgl. RIEDER [Anm. 32], S. 5 und S. 175*. Zur Geschichte der Johanniter im Elsaß siehe vor allem PETER CONRADIN VON PLANTA, Adel, Deutscher Orden und Königtum im Elsaß des 13. Jahrhunderts. Unter Berücksichtigung der Johanniter, Frankfurt a. M. 1997 (Freiburger Beiträge zur mittelalterlichen Geschichte 8), S. 220–274; ferner WALTER GERD RÖDEL, Das Großpriorat Deutschland des Johanniter-Ordens im Übergang vom Mittelalter zur Reformation anhand der Generalvisitationsberichte von 1494/95 und 1540/41, Köln ²1972, S. 181–223. VON PLANTA stellt heraus, daß die Johanniter in

Für Hagenau läßt sich nachweisen, daß die Johanniter das Besetzungsrecht für den dortigen Katharinenaltar besaßen. Zwar kann man das nur für das 15. Jahrhundert sicher feststellen, doch dürften die Johanniter vor allem im 14. Jahrhundert die treibende Kraft für die Gestaltung des geistlichen Lebens in Hagenau gewesen sein.[40] Freilich hatte dies auch dezidiert wirtschaftliche Gründe, die den Johannitern auch immer wieder zum Vorwurf gemacht wurden, in dem Sinne, daß die Wirtschaftlichkeit den Brüdern weit mehr am Herzen gelegen hätte als die Seelsorge, doch lassen sich Hinweise darauf finden, die dieses Bild ein wenig revidieren könnten. Wir haben keine eindeutigen Belege für die literarischen Interessen der Dorlisheimer Johanniter-Kommende, geschweige denn, daß wir ihre Bibliothek kennen würden. Wir sind daher auf Indizien angewiesen, die den Verdacht erhärten könnten, die Johanniter seien deutlich stärker in die Literaturtransferprozesse des deutschen Südwestens verwickelt gewesen, als bisher angenommen.

Neben der Hagenauer Hadewijch-Handschrift, die nur über Indizienketten mit den Dorlisheimer Johannitern in Verbindung zu bringen ist, gibt es einen zweiten Textzeugen, der diesen Konvent als möglichen Verteiler frauenmystischer Literatur des 14. Jahrhunderts charakterisieren könnte: Es ist die Handschrift W des ›Fließenden Lichts der Gottheit‹, die aus dem dem Würzburger Franziskanerkloster (Hs. I 110) stammt und ebenfalls noch dem 14. Jahrhundert angehört.[41] In dieser Handschrift, die ein knappes Fünftel des Mechthild-Textes überliefert, findet sich inmitten des Textes zwischen den Kapiteln 2 und 3 (fol. 56ra) des dritten Buches plötzlich ein Eintrag, der deutlich auf Dorlisheim verweist:

Anno domini M CCC° LXV feria III^a post concepcionem Marie virginis audivi in Dorlozheim tonitrua mangna cum hominum pestilencia et ecorum.[42]

Nun gelingt es HANS NEUMANN anhand einer komplizierten Sprachanalyse, Dorlisheim bzw. das Elsaß als Produktionsort der Vorlage auszuschließen und möchte dessen Nennung eher dem Zufall zuschreiben. Sie geht davon aus, daß »[e]in wandernder Franziskaner dort 1365 die Schrecken eines großen Unwetters und das Massensterben von Menschen und Pferden erlebt« habe.[43] Warum diese Zeilen mitten im Text auftauchen, ist damit aber noch lange nicht geklärt.

Dorlisheim schon im 13. Jahrhundert über verwandtschaftliche Bindungen mit dem Straßburger Patriziat verbunden waren. (S. 261, Anm. 1371). RÖDEL wiederum kann nachweisen, wie weit sich der Einzugsbereich des Dorlisheimer Konvents erstreckte: Eben auch nach Hagenau (S. 213–218).

[40] BARTH [Anm. 37], Sp. 509; GUNZERT [Anm. 36], S. 6–9.
[41] Mechthild von Magdeburg [Anm. 16], S. 241f.
[42] Ebd., S. 244. Die Streuüberlieferung des ›Fließenden Lichts‹ ist in der (bisher noch unveröffentlichten) Dissertation von BALÁZS J. NEMES, *Eya herre got, wer hat dis buoch gemachet? Textstatus und Autorschaft des ›Fließenden Lichts der Gottheit‹* Mechthilds von Magdeburg, Diss. Freiburg 2009, aufgearbeitet.
[43] Ebd., S. 260.

Wenn man nun von der Hypothese ausgeht, daß die Johanniter in Dorlisheim an den Literaturtransferprozessen zwischen Merswin, Heinrich von Nördlingen, befreundeten Klosterfrauen und Laien beteiligt waren, dann kann man zumindest in Erwägung ziehen, in Dorlisheim immerhin den Aufbewahrungsort einer alemannischen Vorlage für die Exzerpte in W zu vermuten. Die dort ansässigen Brüder müssen diese Vorlage ja nicht erstellt haben, ebenso wenig wie sie als hauptverantwortliche Übersetzer der Hadewijch-Briefe in Frage kommen müssen. Doch daß sie dafür gesorgt haben, die Katharinenschwestern mit Hadewijch und die Würzburger Franziskaner mit Mechthild-Texten in Verbindung zu bringen, das ist nun mindestens sehr wahrscheinlich.

Bisher sind die Ritterorden so gut wie gar nicht im Zusammenhang mit der Literaturversorgung der südwestdeutschen Frauenklöster in Verbindung gebracht worden. Lediglich KARL BERTAU gelang dies für den Deutschen Orden im 13. Jahrhundert, indem er diverse Varianzen in der Überlieferung der ›Goldenen Schmiede‹ Konrads von Würzburg mit einer ganz bestimmten seelsorgerischen Aufgabe der Deutschherren erklärte. Bezeichnenderweise ist dies die Versorgung der Reuerinnenkonvente mit geistlicher Literatur. BERTAU weist nach, daß die Deutschherren nicht nur über weit gespannte Kommunikationsnetze innerhalb der mitteleuropäischen Balleien verfügten, sondern auch dazu in der Lage waren, diese für die Verteilung von Literatur zu nutzen. In seiner Arbeit kommt dem Deutschen Orden die Rolle eines »finanziell potente[n] Literatur-Mäzen[s]« zu, dessen Niederlassungen sich auffällig oft in der Nähe von Reuerinnenklöstern befanden.[44]

Interessanterweise gibt es einen Straßburger Textzeugen mit früher Eckhart-Überlieferung, der die Vermutung über das Mäzenatentum der Deutschherren zu stützen vermag. Ein Faszikel der Handschrift Mgq 191 (132ʳ–202ᵛ) der Berliner Staatsbibliothek, der ursprünglich wohl einmal eigenständig gewesen sein dürfte, überliefert neben mehreren Predigten Meister Eckharts auch eine mystische Predigt Nikolaus' von Löwen und anonyme mystische Texte. Dieser Faszikel, der uns diese Texte in der Gestalt des späten 14. Jahrhunderts präsentiert, trägt einen deutlichen Hinweis darauf, daß diese Handschrift über die Vermittlung der Deutschherren in das Dominikanerinnenkloster St. Nikolaus in undis kam: *Dicz bůch ist brůder Nicolaus […] zenmeister teusches ordens.* (220ᵛ). Zwar haben wir im Fall von St. Nikolaus ein – observantes – Dominikanerinnenkloster in Straßburg vor uns und keinen Reuerinnenkonvent oder gar eine Katharinenklause, doch ist der Hinweis auf diesen Literaturaustausch zwischen Deutschordenskommende und Frauenkloster in unserem Zusammenhang von größtem Interesse.

---

[44] Vgl. KARL BERTAU, Die ›Goldene Schmiede‹ zwischen Rittern und Reuerinnen, in: Mittelalterliche Literatur und Kunst im Spannungsfeld zwischen von Hof und Kloster, hg. von NIGEL F. PALMER/HANS-JOCHEN SCHIEWER, Tübingen 1999, S. 113–140, hier S. 118 u. S. 128.

Die Frage, die sich nun freilich anschließt, ist, inwieweit man solche Aktivitäten auch für die Johanniter in Erwägung ziehen kann. Tatsächlich erweckt es den Anschein, daß die Rolle, welche die Johanniter in der Frauenseelsorge des 14. und 15. Jahrhundert spielten, bedeutender gewesen sein muß, als bisher angenommen. So können wir nicht nur eine der ältesten Seuse-Handschriften des sog. ›Exemplars‹, einer Schrift die sich hervorragend für die Frauenseelsorge eignete, in der Straßburger Johanniter-Kommende verorten, sondern auch mehrere ›Brulocht‹-Handschriften, die eindeutig dem 14. Jahrhundert zuzurechnen sind.[45] Eine der ältesten und vollständigsten oberdeutschen Handschriften dieses Textes, der Codex A VIII 58 der UB Basel, befand sich aller Wahrscheinlichkeit nach in dem Basler Kloster St. Maria Magdalena an den Steinen, ein Reuerinnenkonvent, der freilich im Jahre 1304 dem Dominikanerinnenorden inkorporiert worden war.[46] EICHLER läßt in seiner Arbeit keinen Zweifel darüber aufkommen, daß dieser Codex nur eine Abschrift einer nach Straßburg verweisenden Vorlage sein kann, womit zwar kein sicherer Beweis, aber doch immerhin ein vielversprechendes Indiz für das literarische Mäzenatentum der Johanniter erbracht wäre.[47] Daß auch an die Johanniter von Seiten der inklausurierten Nonnen immer wieder Verschriftlichungswünsche herangetragen wurden, beweist ein Diktum aus einer Predigt Erhards von Dürningen, seines Zeichens Priester der Johanniterkommende in Straßburg, der des öfteren in St. Nikolaus in undis als Gastredner auftrat:

Jo so sprechent sv: ›Schrip mir daz gebet an vnd die bredie!‹ Vnd gont alles mit den vszwendigen dingen vnd bůchern vmb es kvmmet weder jn die vernvnft noch jn daz hertze nvt. (Berlin, SBB-PK, Mgq 206, f. 103ʳ)[48]

Grundsätzlich überrascht die Erkenntnis, daß die Johanniter sich solcher Aufgaben annahmen, auch nicht wirklich, haben wir es bei ihnen ebenso wie bei den Deutschherren mit einem europaweit hervorragend organisierten Orden zu tun, der nachweislich Kontakte auch vom oberländischen in den niederländischen Raum pflegte. Als die Johanniter im Juni des Jahres 1363 ihr Generalkapitel in Heimbach (Diözese Speyer) abhielten, um ihre Provinzialstatuten gemeinsam festzulegen, befanden sich unter den Anwesenden wohl auch Mitbrüder aus den Niederlanden unter Ihnen:

---

[45] Vgl. Heinrich Seuse, Deutsche Schriften, hg. von KARL BIHLMEYER, Stuttgart 1907, S. 4*; RIEDER [Anm. 32], S. 115f.; außerdem EICHLER [Anm. 12], S. 31.

[46] Vgl. EMIL ERDIN, Das Kloster der Reuerinnen Sancta Maria Magdalena an den Steinen zu Basel. Von den Anfängen bis zur Reformation (ca. 1230–1529), Freiburg i. Ue. 1956, S. 7.

[47] EICHLER, [Anm. 12], S. 30.

[48] Vgl. HANS-JOCHEN SCHIEWER, Uslesen. Das Weiterwirken mystischen Gedankenguts im Kontext dominikanischer Frauengemeinschaften, in: Deutsche Mystik im abendländischen Zusammenhang [Anm. 9], S. 581–601, hier S. 583; vgl. auch VOLKER MERTENS/HANS-JOCHEN SCHIEWER, Erschließung einer Gattung. Edition, Katalogisierung und Abbildung der deutschsprachigen Predigt des Mittelalters, editio 4 (1990), S. 93–111, hier S. 110. Dies läßt sich im Falle von Erhard aber erst für das 15. Jahrhundert nachweisen.

> *Wir [...] tůin kunt gemeinlich allen brůderen únsers ordens [...], daz wir in dem jare únsers herren 1363 jar uf den vij tag brachmanotz, do hielten wir ein general capittel ze Heynbach mit allen phlegern gemeinlich von Oberlant und Niderlant [...].*[49]

Damit aber wäre nun nicht der Beweis erbracht, daß es im 14. Jahrhundert eine größere oberdeutsche Übersetzung der Hadewijch-Briefe gegeben hätte, wohl aber, daß die beiden unterschiedlichen Kompilationen in B1 bzw. B2 und in E entstehungsgeschichtlich durchaus zusammenhängen könnten. Am Beispiel dieser drei Handschriften lassen sich nämlich deutliche Überreste von Infrastrukturen rekonstruieren, die für die Beschaffung, Übersetzung und Verteilung von Hadewijch-Material und anderen Texten aus dem niederländischen Raum vorzügliche Voraussetzungen abgegeben hätten. Diese Infrastrukturen müssen es auch gewesen sein, die für das gesorgt haben, was die Forschung lange Zeit als ›gottesfreundliches Milieu‹ bezeichnete: ein Netzwerk von literarisch Interessierten, eine ›Reading Community‹, die in der Lage war, ihren Aktionsradius weit über die Grenzen des oberdeutschen Sprachraums hinaus auszudehnen. Die Frage, in welchem Umfang das Werk der Hadewijch an diesen Austauschprozessen beteiligt war, bleibt zwar weiter interessant, doch letztlich ohne Kenntnis der entsprechenden Textzeugen nicht sicher beantwortbar. Daß aber die Möglichkeiten zu einem solchen Austausch mehr als günstig gewesen waren, darüber dürfte in unseren Zusammenhang kein Zweifel mehr bestehen.

---

[49] RIEDER [Anm. 32], S. 237*.

Peter Rückert (Hauptstaatsarchiv Stuttgart)

Legitimation – Tradition – Repräsentation

Pragmatische Schriftkultur bei den Zisterziensern im deutschsprachigen Südwesten

Einführung

Die Kulturtopographie des deutschsprachigen Südwestens soll im folgenden in Hinblick auf die pragmatische Schriftkultur bei den Zisterziensern untersucht werden. Dabei steht vor allem das 14. Jahrhundert im Mittelpunkt, eine aufregende und bislang wenig beleuchtete Phase der monastischen Schriftlichkeit, gerade in ihrem pragmatischen Bereich.[1] Profiliert man die zisterziensische Schriftkultur in ihrem monastischen Umfeld und zieht zum Vergleich zunächst die Überlieferung der benachbarten südwestdeutschen Benediktinerkonvente heran, so beeindruckt bereits die Fülle der erhaltenen Textdokumente. Fragt man dabei konkret nach dem Umgang der Mönche mit der schriftlichen Überlieferung und ihren literarischen Ambitionen, ist man bei den Benediktinern doch vor allem auf die Reformphase des 15. Jahrhunderts angewiesen, die ja von einer verstärkten Textproduktion begleitet wurde.[2] Bei den Zisterziensern sieht das anders aus: Vor allem das 13., aber auch das 14. Jahrhundert gelten hier bereits als Perioden einer hochkarätigen pragmatischen Schriftkultur und zwar in Hinblick auf Quantität und Diversität; natürlich entsprechend der erhaltenen Überlieferung je nach Konvent unterschiedlich intensiv und qualitätvoll.[3]

---

[1] Vgl. allg. dazu jetzt den Überblick bei NIGEL F. PALMER/HANS-JOCHEN SCHIEWER, Literarische Topographie des deutschsprachigen Südwestens im 14. Jahrhundert, in: ZfdPh 122 (2003), Sonderheft: Regionale Literaturgeschichtsschreibung. Aufgaben, Analysen und Perspektiven, hg. von HELMUT TERVOOREN/JENS HAUSTEIN, S. 178–202. Zur pragmatischen Schriftlichkeit und ihrer Definition sind grundlegend die Beiträge in: Pragmatische Schriftlichkeit im Mittelalter. Erscheinungsformen und Entwicklungsstufen, hg. von HAGEN KELLER, München 1992 (Münstersche Mittelalter-Schriften 65), darin vor allem KLAUS SCHREINER, Verschriftlichung als Faktor monastischer Reform, S. 37–75. Daneben siehe auch FELIX HEINZER, »Exercitium scribendi«. Überlegungen zur Frage einer Korrelation zwischen geistlicher Reform und Schriftlichkeit im Mittelalter, in: Die Präsenz des Mittelalters in seinen Handschriften, hg. von HANS-JOCHEN SCHIEWER/KARL STACHMANN, Tübingen 2002, S. 107–127. Zur pragmatischen Schriftlichkeit bei den Zisterziensern vgl. zuletzt ELKE GOEZ, Pragmatische Schriftlichkeit und Archivpflege der Zisterzienser. Ordenszentralismus und regionale Vielfalt, namentlich in Franken und Altbayern (1098–1525), Münster [usw.] 2003 (Vita regularis 17), sowie demnächst PETER RÜCKERT, Das Bebenhäuser Urbar in der zeitgenössischen Überlieferung Südwestdeutschlands, in: Das Bebenhäuser Urbar von 1356, bearb. von WOLFGANG WILLE (im Druck).
[2] Vgl. WERNER WILLIAMS, Ordensreform und Literatur im 15. Jahrhundert, Jahrbuch der Oswald von Wolkenstein Gesellschaft 4 (1986/87), S. 41–51.
[3] Ausführlicher dazu GOEZ [Anm. 1].

Damit erklärt sich bereits auch, daß für meine weiteren Ausführungen die Zisterzienserinnen kaum eine Rolle spielen:[4] Die pragmatische Schriftkultur der Zisterzienser im deutschsprachigen Südwesten wird jedenfalls im 14. Jahrhundert deutlich von den Männerklöstern und ihren Skriptorien dominiert, wie wir im einzelnen noch sehen werden. Wichtig erscheint es vorauszuschicken, daß wir hier von einem eigenen ›zisterziensischen‹ Profil der Schriftlichkeit ausgehen können, das in seiner pragmatischen Ausrichtung zunächst im Kontext der klösterlichen Wirtschaftsverwaltung zu verstehen ist und gleichzeitig repräsentative, traditionsstiftende und legitimationsträchtige Funktionen erfüllte.[5] Damit rücken die entsprechenden Erzeugnisse der pragmatischen Schriftkultur ganz in die Nähe vergleichbarer literarischer und liturgischer Texte und legitimieren ihre Behandlung auch in einem ›literarischen‹ Kontext – ganz abgesehen von ihrer Herkunft aus denselben Skriptorien, also ihrer identischen Provenienz, die natürlich auch sozialgeschichtlich und prosopographisch relevant ist.

Konkreten Ansatz zur Profilierung der pragmatischen Schriftkultur bei den südwestdeutschen Zisterziensern bietet zunächst ein Urbar des Zisterzienserklosters Bebenhausen von 1356, dessen Edition gerade vorbereitet wird.[6] Dieses Urbar soll zunächst stellvertretend für das angesprochene besondere Überlieferungsprofil der Zisterzienser im 14. Jahrhundert vorgestellt werden; ein Profil, das sich besonders in einer Reihe repräsentativ gestalteter, mächtiger Codices greifen läßt, die damals von verschiedenen Zisterzen als umfassende Besitzverzeichnisse angelegt wurden. Der bereits von den Zeitgenossen kritisierte ›Besitzkult‹ der Zisterzienser bekommt darin eine konkrete Gestalt, die wir hier als Ausdruck einer gediegenen Schriftkultur begreifen und möglichst umfassend mit heranziehen wollen. Was steht als Motivation hinter dieser Schriftkultur, und wie war sie mit ihren Trägern, dem Orden, den Klöstern und den einzelnen beteiligten Personen verknüpft und in ihrer sozialen Umwelt vernetzt?[7]

---

[4] Siehe dazu die einschlägigen Beiträge von NIGEL F. PALMER, Daughters of Salem. The Literary and Visual Culture of Cistercian Nuns in South-West Germany, in: Frauen – Kloster – Kunst. Neue Forschungen zur Kulturgeschichte des Mittelalters, hg. VON JEFFREY F. HAMBURGER [u. a.], Turnhout 2007, S. 85–97; sowie DERS., Deutschsprachige Literatur im Zisterzienserorden. Versuch einer Darstellung am Beispiel der ostschwäbischen Zisterzienser- und Zisterzienserinnenliteratur im Umkreis von Kloster Kaisheim im 13. und 14. Jahrhundert, in: Zisterziensisches Schreiben im Mittelalter. Das Skriptorium der Reiner Mönche. Beiträge der Internationalen Tagung im Zisterzienserstift Rein, Mai 2003, hg. von ANTON SCHWAB/KARIN KRANICH-HOFBAUER, Bern [usw.] 2005 (Jahrbuch für Internationale Germanistik, Reihe A: Kongressberichte 71), S. 231–266.

[5] Vgl. in diesem Kontext die wichtigen Ausführungen von ROGER SABLONIER, Verschriftlichung und Herrschaftspraxis: Urbariales Schriftgut im spätmittelalterlichen Gebrauch, in: Pragmatische Dimensionen mittelalterlicher Schriftkultur, hg. von CHRISTEL MEIER [u. a.], München 2002, S. 91–120, mit weiterer Literatur. Zur funktionalen Verbindung mit der klösterlichen Historiographie vgl. unten S. 11f.

[6] Vgl. RÜCKERT, Bebenhäuser Urbar [Anm. 1].

[7] Diese Fragestellungen mit den anschließenden Ausführungen sind von den Vorträgen und Diskussionen angeregt, die während der Kolloquien zur »Literarischen Topo-

Pragmatische Schriftkultur in Bebenhausen

Werfen wir zunächst einen Blick in das Bebenhäuser Skriptorium des 14. Jahrhunderts: Viel wissen wir davon bislang nicht, wie überhaupt von der Bibliothek des Klosters nurmehr etwa 30 Handschriften und etliche Drucke bekannt sind, die heute weit verstreut aufbewahrt werden.[8] Immerhin läßt der Forschungsstand ein Skriptorium in Bebenhausen ab dem 13. Jahrhundert bis zur Aufhebung des Klosters 1534 ansatzweise greifen, und auch eine Buchbinderei ist vor Ort zumindest für das 15. Jahrhundert bekannt. Trotzdem gilt bislang die Wertung, daß Bebenhausen »ohne Zweifel keine geistesgeschichtlich wichtige Bibliothek besaß«.[9]

Bei der archivalischen Überlieferung stellt sich die Situation wesentlich anders dar: Über 2400 Pergamenturkunden werden noch im Bestand des ehemaligen Klosterarchivs aufbewahrt,[10] und eine stattliche Reihe von etwa 100 mittelalterlichen Amtsbüchern, also Urbaren, Kopiaren, Rechnungen usw., gibt einen Eindruck von der professionellen, schreibtüchtigen Klosterverwaltung.[11] Aus dem 14. Jahrhundert sind neben ungezählten Urkunden bereits auch etliche Urbare und Kopiare erhalten, die Masse folgt auch hier erst später. Verglichen mit den einzelnen literarischen und liturgischen Texten dieser Zeit – bekannt sind Klosterannalen und ein Gebetbuch aus dem 13. Jahrhundert,[12] Fragmente eines Anniversars[13] und vielleicht auch eines Sallust-Textes aus dem 14. Jahrhundert[14] und das sogenannte ›Bebenhäuser Legendar‹ von

---

graphie des deutschsprachigen Südwestens im 14. Jahrhundert« 2002/2003 in Oxford und 2005 in Genf stattgefunden haben.

[8] Zum bisherigen Forschungsstand vgl. URSULA SCHWITALLA, Zur Geschichte der Bibliothek des Klosters Bebenhausen, in: Die Zisterzienser in Bebenhausen, hg. von URSULA SCHWITALLA/WILFRIED SETZLER. Tübingen 1998, S. 85–104; SIGRID KRÄMER, Handschriften-Erbe des deutschen Mittelalters, 2 Bde., München 1989/90, hier: Bd. 1, S. 77, sowie JÜRGEN SYDOW, Die Zisterzienserabtei Bebenhausen. Berlin/New York 1984 (Germania Sacra NF 16, 2), S. 20f., 44–47. Ich danke Nigel F. Palmer für die Einsicht in seine Materialsammlung zu Bebenhausen, welche die bislang bekannten Titel deutlich erweitert.

[9] SYDOW [Anm. 8], S. 44.

[10] Landesarchiv Baden-Württemberg, Hauptstaatsarchiv Stuttgart (künftig: HStAS) Bestand A 474.

[11] Die Amtsbücher von Bebenhausen liegen im HStAS vor allem im Bestand H 102/8.

[12] Zu den Klosterannalen: SYDOW [Anm. 8], S. 2, 285; vgl. dazu auch ROBERT ZAGOLLA, Die »Bebenhäuser Annalen«. Textkritische Untersuchung und Neuedition, Leinfelden-Echterdingen 2002 (Tübinger Bausteine zur Landesgeschichte 2). Zum Gebetbuch (Württembergische LB Stuttgart HB I, 147) vgl. SCHWITALLA [Anm. 8], S. 96 und Abb. 10.

[13] UB Tübingen Mh 953; dazu SCHWITALLA [Anm. 8], S. 101, 104 und Abb. 12.

[14] Die Fragmente von Sallusts ›Bellum Jugurthinum‹ wurden offenbar aus einer Handschrift des Generallandesarchivs Karlsruhe abgelöst (jetzt Badische LB Karlsruhe K 1004) und befinden sich heute unter der Signatur K 1606 in der Badischen LB Karlsruhe. Als Provenienz wird ohne nähere Begründung Bebenhausen angegeben; vgl. die

1439[15] – bietet uns dieser Bereich der pragmatischen Schriftlichkeit jedenfalls eine willkommene Ergänzung zur Profilierung der Bebenhäuser Textproduktion.

Dazu kommen etliche, bislang nicht entsprechend gewürdigte Handschriftenfragmente, die als Einbandmakulatur archivalisch erhalten blieben: Als Rechnungseinbände der seit 1534 reformierten und dem Herzogtum Württemberg eingegliederten Klosterverwaltung dienten Mitte des 17. Jahrhunderts unter anderem ein Antiphonar aus dem 15. Jahrhundert,[16] sowie eine Handschrift der Weltchronik des Vinzenz von Beauvais aus dem 13. Jahrhundert.[17] Neben weiteren Fragmenten mit juristischen Texten und einem Glossarium aus dem 15./16. Jahrhundert,[18] die ebenfalls im 17. Jahrhundert als Rechnungseinbände Wiederverwendung fanden, ist ihre Herkunft aus der Bebenhäuser Bibliothek relativ sicher. Ein Inventar aus dem Jahr 1632 berichtet nämlich davon, daß man in der Bibliothek in einem Kasten *zimliche, doch lauter alte, papistische Bücher* gefunden habe, die man für gering achte und nicht inventarisieren wolle.[19] Genau diese Bücher wurden offensichtlich bald darauf makuliert und finden sich ab dem Folgejahr 1633 als Umschläge für die angesprochenen Rechnungsbände wiederverwendet.[20]

Aufsehenerregender und in unserem Zusammenhang wesentlich bedeutender ist der ursprüngliche Einband eines Urbars von 1354/55, das die Einkünfte der Bebenhäuser Pflege Tübingen beschreibt: Es handelt sich um ein Pergamentblatt mit der Darstellung des ›Lignum vitae‹, des Lebensbaums mit allegorischen Früchten und Blättern, welcher die Eigenschaften Christi in lateinischen Inschriften und teilweise auch mit deutschen Übersetzungen bietet.[21] Sie gehört zu einer Text- und Bildtradition, die auf das ›Lignum vitae‹ des Bonaventura zu-

---

Handschriften der Badischen Landesbibliothek Karlsruhe, VIII: Die Karlsruher Handschriften, Bd. 2, beschrieben von KARL PREISENDANZ. Neudruck Wiesbaden 1972, S. 33. Mein Dank gilt wiederum Nigel F. Palmer, der mich auf die Fragmente aufmerksam machte.

[15] München, BSB, Cgm 257; vgl. SCHWITALLA [Anm. 8], S. 95, 104 und Abb. 11.
[16] HStAS A 303 Bde. 1327, 1328; nicht korrekt angegeben bei SCHWITALLA [Anm. 8], S. 95.
[17] HStAS A 303 Bd. 1331. Vgl. darüber hinaus SYDOW [Anm. 8], S. 45 mit Verweis auf HStAS A 474 Bü 37.
[18] HStAS J 522 B IV Nr. 49, 65, 150; J 522 B II Nr. 174.
[19] SYDOW [Anm. 8], S. 45.
[20] Bemerkenswerterweise ist damals in Bebenhausen noch mit zahlreichen weiteren Büchern zu rechnen, die einige Mönche aus Salem mitgebracht hatten, als sie während der Restitution im 30jährigen Krieg das Kloster kurzfristig bezogen hatten; vgl. ebd. S. 45. Zur Beziehung und zum Bücheraustausch zwischen Bebenhausen und Salem nach der Reformation vgl. WILFRIED WERNER, Die nichtliturgischen Handschriften des Zisterzienserklosters Salem, Wiesbaden 2000 (Kataloge der Universitätsbibliothek Heidelberg 5), S. LVI.
[21] SYDOW [Anm. 8], S. 45. Mein Dank gilt hier Felix Heinzer für die anregenden weiterführenden Hinweise zu dieser Darstellung.

rückgeht. Die Darstellung des Lebensbaums dürfte in dem Fragment aus Bebenhausen mit ihrem unteren Teil zu etwa zwei Dritteln erhalten sein; sie wurde allerdings nur ansatzweise ausgeführt.[22] Der Überlieferungszusammenhang, der paläographische und sprachliche Befund datieren das Blatt vielleicht noch um 1300, spätestens jedoch ins frühe 14. Jahrhundert und machen ein südwestdeutsches Skriptorium zumindest wahrscheinlich – ein einzelner, aber doch beispielträchtiger Fund zum zeitgenössischen literarischen Milieu in Bebenhausen und der dortigen Rezeption mystischer Texte.[23] Bemerkenswerterweise ist daneben eine Abschrift des ›Lignum vitae‹ vom Jahr 1281 aus der Zisterze Kaisheim bekannt, welche dessen Texttradition im zisterziensischen Kontext des deutschsprachigen Südwestens unterstreicht.[24]

In Bebenhausen sind auch aus dem 15. Jahrhundert Fragmente mit theologischen Texten noch klosterzeitlich überliefert, darunter eine Aufstellung von verschiedenen lateinischen Übersetzungen der ›Theologia Mystica‹ des Dionysius Areopagita,[25] die wiederum auf den produktiven Umgang mit der theologischen Literatur vor Ort verweist.[26] Durch diese Einbandfragmente wissen wir also immerhin ansatzweise von der Textrezeption in Bebenhausen; die anhaltende Makulierung der theologischen und liturgischen Texte seit der Mitte des 14. Jahrhunderts läßt einen bemerkenswerten Bibliotheksbestand erwarten, der dann zum Teil bei der Textproduktion der klösterlichen Wirtschaftsverwaltung stoffliche Wiederverwendung fand. Wir fassen damit nicht nur die bekannte Sekundärfunktion der pragmatischen Schriftlichkeit als Überlieferungsträger literarischer und liturgischer Texte, sondern eine unmittelbare Bindung literarischer und pragmatischer Schriftkultur in Bebenhausen, die für eine entsprechend enge Beziehung zwischen Bibliothek/Skriptorium einerseits und Verwaltung/Archiv andererseits steht und auch räumlich wie personell nachvollziehbar ist.

Die Forschung geht davon aus, daß Bibliothek und Skriptorium in Bebenhausen während des Spätmittelalters gemeinsam mit dem Archiv im Obergeschoss am nördlichen Ende des Dormitoriums untergebracht waren, die Bibliothek sich ursprünglich aber im Erdgeschoß des Ostflügels zwischen Kirche und Kapitelsaal befand.[27] Mit ihrer Verlegung und der Neueinrichtung

---

[22] HStAS J 522 A 723; vgl. die Abb. auf S. 126 und den Beitrag von NIGEL F. PALMER/PETER RÜCKERT in diesem Band S. 121–125.

[23] Vgl. allgemeiner dazu sowie zu weiteren Baumallegorien im zisterziensischen Umfeld auch WALTHER CAHN, Bernard and Benedict. The Ladder Image in the Anchin Manuscript, in: Ratio fecit diversum. San Bernardo e le arti, Rom 1994 (Arte medievale VIII, 2), S. 33–43, wieder abgedruckt in: DERS., Studies in medieval art and interpretation, London 2000, S. 407–435, hier: S. 413.

[24] München, BSB, Clm 28180, fol. 172^r–180^v.

[25] HStAS J 522 A 264.

[26] Vgl. daneben auch HStAS A 474 Bü 1: Bebenhauser Collectaneen, dazu SYDOW [Anm. 8], S. 45.

[27] SYDOW [Anm. 8], S. 27; SCHWITALLA [Anm. 7)] S. 85. Vgl. dazu jetzt auch die ent-

von Skriptorium, Bibliothek und Archiv korrespondiert die rege Bautätigkeit in Bebenhausen unter Abt Konrad von Lustnau (1320–1353), der das Kloster um 1350 zu einer wirtschaftlichen Blüte führte. Vor allem das Sommerrefektorium und das Prachtfenster in der Ostwand des Presbyteriums der Klosterkirche mit seiner großartigen Verglasung zeugen heute noch von der künstlerischen Qualität der um 1335 datierbaren Arbeiten.[28] Wohl in denselben Werkstattzusammenhang gehört ein Tafelbild mit der Darstellung des thronenden Salomo, das sich heute in der Staatsgalerie in Stuttgart befindet.[29] Damals lebten in Bebenhausen etwa 50 Mönche und sicher auch eine stattliche Anzahl von Konversen, wenn deren Bedeutung im Lauf des 14. Jahrhunderts auch immer stärker zurückging.[30] Bebenhausen galt zu dieser Zeit im übrigen nach Salem als die reichste Zisterzienserabtei in Südwestdeutschland, weit vor allen Frauenzisterzen.[31]

Bald nach dem Tod Abt Konrads 1353 ging man in Bebenhausen daran, eine erste groß angelegte Bestandsaufnahme aller Besitzungen und Einkünfte zu fertigen, die 1356 abgeschlossen war. Als Vorlage für dieses Gesamturbar dienten die Besitzverzeichnisse, die in den einzelnen Klosterpflegen meist in Form von Rotuli angelegt und jeweils kurrent gehalten wurden. Diese ›Teilurbare‹ wurden nun aktualisiert, wie wir anhand des Urbars der Pflege Tübingen von 1354/1355 erfahren, dessen Text größtenteils wörtlich in das Gesamturbar einging.[32] Procurator (Pfleger) in Tübingen war damals *frater C. Linder*, geschrieben wurde das Urbar aber von Eberhard Besserer, Frühmessner im benachbarten Derendingen. Eingeschlagen wurde es anschließend in das vorgestellte Pergamentblatt mit dem ›Lignum vitae‹, dessen oberer Teil – so wird man vermuten dürfen – damals um ein weiteres ›Teilurbar‹ gelegt wurde, das nicht mehr erhalten ist. Denn auch in den anderen dreizehn Pflegen wurden, wie gesagt, solche Teilkonzepte erarbeitet, die dann im Kloster zusammenkamen und dort ins Ge-

---

sprechenden Ausführungen von EVA SCHLOTHEUBER/WOLFGANG BECKERMANN zu Bibliothek und Archiv des Benediktinerklosters St. Godehard in Hildesheim: Die Bibliothek des Godehardiklosters in Hildesheim, in: Wandmalerei in Niedersachsen, Bremen und im Groningerland: Fenster in die Vergangenheit, Aufsatzband, hg. von ROLF-JÜRGEN GROTHE/KEES VAN DER PLOEG, München 2001, S. 108–116, hier S. 108.

[28] Vgl. Marc Carel Schurr, Zur Baugeschichte des Klosters Bebenhausen und zur kunsthistorischen Bedeutung seiner Architektur, in: SCHWITALLA/SETZLER [Anm. 8], S. 65–84, hier: S. 71–73; RÜDIGER BECKSMANN, Die Heilsgeschichte in Maßwerk gesetzt. Zur Rekonstruktion des Ostfensters im Chor der Klosterkirche zu Bebenhausen, in: SCHWITALLA/SETZLER [Anm. 8], S. 105–126.

[29] Ebd., S. 117f.

[30] Vgl. zuletzt dazu: SÖNKE LORENZ, Bebenhausen – Ein Überblick über die Geschichte des Klosters, in: WILLE [Anm. 1] (im Druck).

[31] YU-KYONG KIM, Die Grundherrschaft des Klosters Günterstal bei Freiburg im Breisgau, Freiburg 2002 (Forschungen zur Oberrheinischen Landesgeschichte 45), hier: S. 79f.

[32] HStAS H 102/8 Bd. 2. Eine Edition des Urbars ist durch WOLFGANG WILLE in Vorbereitung.

samturbar übertragen wurden. Im Bebenhäuser Archiv wurden zudem wichtige Urkunden über einzelne Besitztitel herausgesucht und auszugsweise bei den Eintragungen der betreffenden Orte ergänzt (Abb. 1).[33]

Leider ist das Original dieses Gesamturbars von 1356 verloren, doch verfügen wir über eine wenig spätere, offenbar buchstabengetreue Abschrift, die zwischen 1380 und 1390 zu datieren ist. Sie nennt über 150 Orte, in denen das Kloster über Einkünfte und Besitz verfügte. Die Ortskapitel erscheinen allerdings nicht in alphabetischer Ordnung, sondern entsprechend der Vorlagen nach den einzelnen Klosterpflegen und Grangien. Auch ist hier keine Vorrede überliefert, die Informationen zur Anlage des Buches, Auftraggeber oder Schreiber vermitteln könnte.[34] Die Ausstattung der Abschrift ist allerdings noch aufwendig genug, um die repräsentative Funktion des Bandes und seiner Vorlage zu erkennen. Aktualisierung und Nachträge waren hier nicht vorgesehen; der Band diente dem Kloster als besitzgeschichtliches Monument.

Rekonstruieren wir kurz seine Entstehung: Die Pergamenthandschrift ist auf 243 Blättern von zwei Schreibern zweispaltig geschrieben worden. Das Blattformat von ca. 36 × 25 cm (Höhe × Breite) wurde durch aufwendige Linierungen sorgfältig aufgeteilt. Die Ortsnamen wurden jeweils rubriziert, ebenso vielfach auch die Abgabesummen und die Anfangsbuchstaben der Personennamen. Nur am Beginn des Textes tritt eine Schmuckinitiale auf (Abb. 2). Dem auf drei Bünden gehefteten Textblock wurde Pergamentmakulatur vorgeheftet, die mit rotem Schafleder überzogen wurde, was einen relativ flexiblen Einband schuf. Ein zweiter Umschlag aus ungefärbtem Schweinsleder wurde dann bald auf den Schafslederbezug aufgeklebt und mit Metallbuckeln und -schließen versehen.[35] Dieser Einband wurde offensichtlich um 1400 von der Buchbinderei in Bebenhausen angefertigt und gilt als das früheste bekannte Zeugnis dieser Werkstatt, die ansonsten erst ab dem späten 15. Jahrhundert nachweisbar ist.[36]

Gesamturbare der südwestdeutschen Zisterzienser

Wenn wir uns damit der zeitgenössischen Überlieferung Südwestdeutschlands näher zuwenden, um die Bedeutung des ›Bebenhäuser Urbars‹ von 1356 über den engeren Rahmen der klostereigenen Überlieferung hinaus zu profilieren, wollen wir vor allem den Vergleich mit den benachbarten Zisterzienserklöstern

---

[33] Vgl. zum folgenden: WILLE [Anm. 1] (im Druck).
[34] Entsprechende Einleitungen sind etwa in den zeitgenössischen Gesamturbaren von Tennenbach, Günterstal oder Ebrach enthalten.
[35] Vgl. GERD BRINKHUS, Zum ursprünglichen Einband des Bebenhäuser Urbars, in: WILLE [Anm. 1].
[36] Der Einband wurde 1981 abgelöst und restauriert und wird heute neben der Handschrift im HStAS verwahrt. Vgl. dazu SCHWITALLA [Anm. 8], Abb. 4, 6 und 7, S. 93–95.

anstreben.[37] Daß die vorbildliche Schriftkultur der Zisterzienser schon bald auch den Bereich der pragmatischen Schriftlichkeit in Verwaltung und Wirtschaftsführung einnahm, zeigt beispielhaft der bekannte ›Oculus memorie‹ des Klosters Eberbach im Rheingau, wo bereits 1211 dieses umfassende Güterverzeichnis als zweckmäßige Kombination von Urbar und Kopiar angelegt wurde.[38] Tendenziell aber fällt die erste Blütezeit urbariellen Schrifttums auch bei den südwestdeutschen Zisterziensern erst ins frühe 14. Jahrhundert.

Neben einigen kleineren Zinsrödeln, die jeweils für einen Teil der Grundherrschaft angelegt wurden – so in Bebenhausen,[39] Tennenbach,[40] Ebrach[41] oder auch im Zisterzienserinnenkloster Heiligkreuztal[42] – werden nun in etlichen Zisterzen ›Gesamturbare‹ zusammengestellt, als umfassend angelegte Verzeichnisse über den Klosterbesitz und die Einkünfte der klösterlichen Grundherrschaft, so in Tennenbach (1317–1341),[43] in Ebrach (1340),[44] in Kaisheim (1319–1352)[45] oder in den Nonnenklöstern Günterstal (1344–48)[46] und Rottenmünster

[37] Vgl. zum folgenden ausführlicher: RÜCKERT [Anm. 1].
[38] Der Oculus memorie, ein Güterverzeichnis von 1211 aus Kloster Eberbach im Rheingau, bearb. von HEINRICH MEYER ZU ERMGASSEN, Bde. 1–3, Wiesbaden 1981–1987 (Veröffentlichungen der Historischen Kommission für Nassau 31). Vgl. dazu mit weiteren etwa zeitgleichen Beispielen GOEZ [Anm. 1], S. 235f. Zur Anlage und Bedeutung der Handschrift vgl. NIGEL F. PALMER, Zisterzienser und ihre Bücher. Die mittelalterliche Bibliotheksgeschichte von Kloster Eberbach im Rheingau. Regensburg 1998, S. 26–28, 89–92 (mit zahlreichen Abbildungen).
[39] HStAS H 102/8 Bd. 1 von 1304.
[40] Vgl. ALFONS SCHÄFER, Die ältesten Zinsrödel im badischen Generallandesarchiv. Rödel als Vorläufer und Vorstufen der Urbare, ZGO 112 (1964), S. 297–372, hier: S. 317.
[41] Vgl. Fränkische Urbare. Verzeichnis der mittelalterlichen urbariellen Quellen im Bereich des Hochstifts Würzburg, bearb. von ENNO BÜNZ [u. a.], Neustadt a. d. Aisch 1998 (Veröffentlichungen der Gesellschaft für fränkische Geschichte X, 13), S. 86, sowie GOEZ [Anm. 1], S. 234f.
[42] Vgl. FRIEDRICH PIETSCH, Der Weg und der Stand der Urbareditionen in Baden-Württemberg, Zeitschrift für Württembergische Landesgeschichte 18 (1959), S. 317–354 hier: S. 348.
[43] Vgl. Das Tennenbacher Güterbuch (1317–1341), bearb. von MAX WEBER [u. a.], Stuttgart 1969 (Veröffentlichungen der Kommission für geschichtliche Landeskunde in Baden-Württemberg A 19).
[44] Vgl. Das Gesamturbar des Zisterzienserklosters Ebrach vom Jahre 1340, bearb. von Wolfgang Wiessner, Würzburg 1973 (Veröffentlichungen der Gesellschaft für fränkische Geschichte X, 8).
[45] Vgl. HERMANN HOFFMANN, Die ältesten Urbare des Reichsstiftes Kaisheim 1319–1352, Augsburg 1959 (Veröffentlichungen der Schwäbischen Forschungsgemeinschaft bei der Kommission für bayerische Landesgeschichte, Reihe 5a/1), dazu GOEZ [Anm. 1], S. 236–238, sowie BIRGITT MAIER, Kloster Kaisheim. Rechts-, Wirtschafts- und Sozialgeschichte der Zisterzienserabtei von der Gründung bis zur Mitte des 14. Jahrhunderts, Augsburg 1999 (Studien zur Geschichte des Bayerischen Schwaben 25), v. a. S. 13f.
[46] Vgl. KIM [Anm. 31]. In Günterstal war bereits zu Beginn des 14. Jahrhunderts ein Urbar erstellt worden, das damit renoviert wurde und mittlerweile verloren ist.

(1312–1327).⁴⁷ Diese ›Gesamturbare‹ sind zum Teil alphabetisch nach einzelnen Orten (wie in Tennenbach) oder topographisch (wie in Günterstal), zum Teil nach Wirtschaftseinheiten strukturiert, worin sich entsprechend die jeweilige Verwaltungsstruktur des Besitzes widerspiegelt (wie in Bebenhausen).⁴⁸

Vergleichbare systematisch angelegte Gesamtregister über die Besitzansprüche bzw. die Einkünfte weisen damals nur ganz wenige Grundherrschaften im deutschen Südwesten auf, wie etwa die Benediktinerklöster Weingarten,⁴⁹ Ellwangen⁵⁰ oder St. Blasien.⁵¹ Die angesprochenen Urbare der Zisterzienserklöster wurden durchweg als Kanzleiregister angelegt, also primär zur Sicherung der Informationen über die Besitzverhältnisse und Hinterlegung im Kloster selbst. Während zur Registrierung der Besitzungen und Einkünfte in den Klosterpflegen vor Ort auch hier meist noch immer Rotuli üblich waren, deren Eintragungen kurrent gehalten, d. h. überschrieben, korrigiert und nachgetragen wurden, fertigte man die Gesamturbare als mehr oder weniger repräsentative Codices an, die rubriziert und teilweise sogar mit aufwendigem Buchschmuck versehen wurden, wie besonders eindrucksvoll in Tennenbach⁵² (Abb. 3). Das ›Tennenbacher Güterbuch‹ und in seiner Abhängigkeit auch das ›Günterstaler Güterbuch‹ nehmen als ›Neuschöpfungen‹ ihrer Verfasser – namentlich des Abtes Johannes Zenlin von Tennenbach, der die Paternität über Günterstal ausübte, – dabei eine herausragende Sonderstellung ein.⁵³ Ihre Konzeption beruhte offensichtlich nicht primär auf Zinsrotuli als Vorlagen, deren Informationen umfassend zusammengestellt wurden, sondern ihre Texte wurden aus der Gesamtüberlieferung des Klosterarchivs und anderer Quellen, vor allem aber auch aus eigenen Befragungen sowie der Inaugenscheinnahme der Besitzungen vor Ort geschöpft.⁵⁴ An eine Aktualisierung durch Korrekturen und Nachträge war zunächst wohl kaum gedacht; hier sollte ein Iststand auch rechtsverbindlich dokumentiert werden, der bei entsprechender Gelegenheit eindrucksvoll präsentiert werden konnte. Es ging dabei offensichtlich, wie ROGER SABLONIER

---

⁴⁷ HStAS H 232 Bd. 140. Dazu MARGARETA REICHENMILLER, Das ehemalige Reichsstift und Zisterzienserinnenkloster Rottenmünster. Studien zu Grundherrschaft, Gerichts- und Landesherrschaft, Stuttgart 1964 (Veröffentlichungen der Kommission für geschichtliche Landeskunde in Baden-Württemberg B 28), S. 4.

⁴⁸ Vgl. ausführlicher dazu: MEINRAD SCHAAB, Die Grundherrschaft der südwestdeutschen Zisterzienserklöster nach der Krise der Eigenwirtschaft, in: Die Grundherrschaft im späten Mittelalter, hg. von Hans Patze, Sigmaringen 1983 (Vorträge und Forschungen 27), Bd. 2, S. 47–86, hier S. 78f.

⁴⁹ HStAS H 235 Nr. 22 von 1270–1311.

⁵⁰ HStAS H 222 Bd. 169 von 1337. Edition: HUBERT HÄFELE (Bearb.), Das älteste Urbar der Abtei des *gotzhuses* zu Ellwangen von 1337, Stuttgart 2008 (Veröffentlichungen der Kommission für geschichtliche Landeskunde in Baden-Württemberg A 52).

⁵¹ Vgl. SCHÄFER [Anm. 40], Urbar von 1350/59.

⁵² Vgl. vor allem die Eingangsseite im Tennenbacher Güterbuch [Anm. 43]. Dazu auch CAHN [Anm. 23], S. 416.

⁵³ Das Tennenbacher Güterbuch [Anm. 43], S. XVIII.

⁵⁴ KIM [Anm. 31], S. 70.

jüngst nachdrücklich betont hat, auch um Herrschaftslegitimation unter Betonung und Bildung von klostereigener Tradition.[55] Dem entspricht, daß – wie bereits beim ›Oculus memorie‹ in Eberbach – auch diese neueren zisterziensischen Gesamturbare im frühen 14. Jahrhundert zum Teil noch immer eine Verbindung zum Traditionsbuch bzw. Kopiar herstellen, so das ›Tennenbacher Güterbuch‹ und ansatzweise auch das Bebenhäuser Lagerbuch.[56] Johannes Zenlin streut in seinen Tennenbacher Text neben zahlreichen geschichtlichen und rechtlichen auch philosophische und theologische Notizen ein und schafft damit ein literarisches ›Gesamtkunstwerk‹, das in Hinblick auf das Skriptorium und die Bibliothek von Tennenbach eine Sonderstellung einnimmt – man spricht gar vom eigentlichen ›Hausbuch‹ des Klosters.[57]

Blicken wir kurz zurück zum ›Oculus Memorie‹ aus Eberbach, dessen Vorbildcharakter vielfältig deutlich wird. In der Blütezeit dieses Klosters im beginnenden 13. Jahrhundert wirkte hier neben weiteren Schriftstellern der Mönch Bernhelm, zunächst als Notar und dann als Grangiar des Klosters.[58] Er ist als Urkundenschreiber bekannt und wurde als Verfasser und Hauptschreiber des ›Oculus Memorie‹ von 1211 identifiziert. Dessen Anlage in 27 Kapiteln bietet nach Ausführungen zu den historischen und rechtlichen Grundlagen der Abtei die Besitzbeschreibung nach einzelnen Grangien und Wirtschaftshöfen. Damit wurde zunächst die Bedeutung der Filiation der Zisterzienser betont, die auch in unserem Zusammenhang wichtig ist, wurde Eberbach doch von Clairvaux besiedelt und gründete seinerseits bald darauf Schönau bei Heidelberg, das wiederum Ende des 12. Jahrhunderts den Gründungskonvent von Bebenhausen stellte (Abb. 4). Die zentrale Bedeutung Bernhelms, der teilweise auch für den Buchschmuck des Bandes sorgte, weist zudem bereits auf spätere Verfasser und Auftraggeber der zisterziensischen Prachturbare voraus.

Auch Abt Johannes Zenlin von Tennenbach begegnet zunächst als Großkeller seines Klosters, also als ein Mann aus der Wirtschaftsverwaltung, der während seiner Arbeit am Güterbuch den Abtsstuhl bestieg (1336–1353)[59] und für die schöpferische Gestaltung des Tennenbacher und des Günterstaler Güterbuchs verantwortlich war. Neben bzw. unter ihm ist Johannes Meiger auf der Titelminiatur der Handschrift dargestellt (Abb. 3). Dieser war nach Zenlin nicht nur als zweiter Schreiber am Buch beteiligt, sondern wohl auch Zenlins Nachfolger als Großkeller in Tennenbach.[60] Meiger ist ebenso als Schreiber von Ur-

---

[55] SABLONIER [Anm. 5].
[56] Vgl. dazu die einschlägigen Beiträge in dem Sammelband: Übertragungen. Formen und Konzepte von Reproduktion in Mittelalter und Früher Neuzeit, hg. von BRITTA BUSSMANN [u. a.], Berlin/New York 2005, darin vor allem: MARKUS SPÄTH, Kopieren und Erinnern. Zur Rezeption von Urkundenlayouts und Siegelbildern in klösterlichen Kopialbüchern des Hochmittelalters, S. 101–128.
[57] Das Tennenbacher Güterbuch [Anm. 43], S. XVIII.
[58] PALMER [Anm. 38], S. 89–92.
[59] Das Tennenbacher Güterbuch [Anm. 43], S. XXXVI.
[60] Ebd.

Legitimation – Tradition – Repräsentation

kunden und weiterer urbarieller Texte bekannt; welche literarische Produktivität sich mit seiner Schreibstube noch verband, wissen wir leider nicht.

Auffälligerweise trug die damalige Äbtissin von Günterstal denselben Namen: Anna Meigerin.[61] Auch ihre Schreibtätigkeit ist bislang nur für die pragmatische Schriftlichkeit ihres Klosters bekannt, weitere literarische Ambitionen werden nicht deutlich. Einen konkreten Hinweis auf den gesellschaftlichen Kontext der zeitgenössischen literarischen Produktion im örtlichen Umfeld bietet immerhin ein Brevier, das kurz vor 1300 wohl für Tennenbach gefertigt und in einer Freiburger Bilderwerkstatt illuminiert wurde.[62] Es verweist auf die benachbarten Familien von Falkenstein und Staufenberg als Stifter bzw. Auftraggeber und gleichzeitig auf die Zusammenarbeit von klösterlichem Skriptorium und städtischer Werkstatt, wie sie auch in Hinblick auf eine entsprechende Entstehung weiterer repräsentativ ausgestatteter Handschriften unseres Raumes erwogen wird.[63]

Das Bebenhäuser Lagerbuch von 1356 ist in den skizzierten überlieferungsgeschichtlichen Kontext einzuordnen: Auch hier wurde ein repräsentatives Kanzleiurbar auf der Grundlage verschiedener urbarieller Dokumente und einzelner Urkunden aus dem Klosterarchiv zusammengestellt, das die Grundherrschaft weitestgehend umfassen sollte und der zentralen Steuerung der Verwaltung und Wirtschaft dienen konnte, ganz abgesehen von seinem rechtserheblichen, herrschaftslegitimierenden und traditionsbildenden Charakter. Diese Bedeutung wird unterstrichen durch die einige Jahrzehnte später entstandene Abschrift des Urbars. Sie belegt zunächst das Interesse im Kloster für eine zusätzliche umfassende und repräsentative Dokumentation der Besitzansprüche,[64] ohne daß wir über ihre weitere Funktion zumal im Vergleich mit dem verlorenen Original genauer Bescheid wüßten. Da wir in der kopial überlieferten Form unseres Urbars auch keine Angaben zu einem Verfasser bzw. Auftraggeber des Textes finden, können wir Abt und Cellerar von Bebenhausen als ›Initiatoren‹ dafür nur in Analogie erschließen. Freilich standen hier die urbariellen Textvorlagen für die einzelnen Pflegen gegenüber der ergänzenden urkundlichen Überlieferung deutlich im Vordergrund. Als individuelle ›Neuschöpfung‹ wie das ›Tennenbacher Güterbuch‹ ist das Bebenhäuser Lagerbuch also kaum anzusprechen. Seine besondere Bedeutung liegt in dem systematisiert gebotenen Informationsreichtum und seiner Genauigkeit, die erst mit den Lagerbüchern des 16. Jahrhunderts wieder erreicht werden sollte.[65]

Werfen wir unseren Blick über die angesprochenen Konvente hinaus auf die anderen Zisterzienserklöster im deutschsprachigen Südwesten und ihre urbarielle Überlieferung des 14. Jahrhunderts, so werden wir enttäuscht: We-

---

[61] Kim [Anm. 31], S. 67f.
[62] Luzern, Zentralbibliothek, P 4.4°.
[63] Vgl. Palmer/Schiewer [Anm. 1], S. 201f.
[64] Vgl. Sablonier [Anm. 5], S. 113.
[65] Schaab [Anm. 48], S. 79.

der für Herrenalb,[66] noch für Maulbronn, Schönau,[67] Königsbronn, Schöntal, Bronnbach oder auch Salem liegen vergleichbar qualitätvolle zeitgenössische Gesamturbare vor, um zunächst die benachbarten Zisterzen anzusprechen (Abb. 4).[68] Aber auch die elsässischen Klöster Pairis, Baumgarten, Neuburg[69] und Lützel sowie Frienisberg, St. Urban, Kappel und Wettingen in der Schweiz[70] bieten hierzu kaum Ergänzungen.[71] Dieser bemerkenswert inhomogene Befund drängt die Frage nach dem Überlieferungszufall auf, zumal für solch bedeutende Klöster wie Salem und Maulbronn, oder auch Schönau und Herrenalb, wo die Überlieferung im 15. Jahrhundert nur sporadisch mit Erhebungen für einzelne Orte einsetzt,[72] ein Gesamturbar für die Klosterzeit überhaupt nicht vorliegt.[73] Die bemerkenswert geschlossene Salemer Überlieferung hätte wohl die Erhaltung eines solchen erwarten lassen können,[74] die vor allem im Zuge der Reformation stark gestörte Überlieferungsgeschichte von Maulbronn und Herrenalb hingegen ist von bedeutenden Verlusten gekennzeichnet.[75] Da hier ebenso wie bei den anderen südwestdeutschen Zi-

---

[66] Vgl. HStAS H 102/31. Die entsprechende Angabe bei GOEZ [Anm. 1] ist zu korrigieren; gemeint ist wohl Tennenbach!

[67] Vgl. MEINRAD SCHAAB, Die Zisterzienserabtei Schönau im Odenwald, Heidelberg 1963, S. 15–18.

[68] Ausführlicher dazu: RÜCKERT [Anm. 1].

[69] Vgl. die entsprechenden Nachweise bei KRÄMER [Anm. 8].

[70] Vgl. die entsprechenden Nachweise in: Die Zisterzienser und Zisterzienserinnen, die Reformierten Bernhardinerinnen, die Trappisten und Trappistinnen und die Wilhelmiten in der Schweiz, redigiert von CÉCILE SOMMER-RAMER/PATRICK BRAUN, Bd. 2, Bern 1982 (Helvetia Sacra III, 2).

[71] Hier erscheint nur der sogenannte ›Codex aureus‹ des Klosters Lützel von 1299 erwähnenswert, ein ›Censier‹ bzw. Urbar, das in den Archives départementales du Haut Rhin in Colmar unter der Signatur 7 J 19 aufbewahrt wird. Vgl. ebd., S. 293.

[72] Vgl. dazu das Vorwort im Findbuch zum Bestand HStAS H 102/31, bearbeitet von PETER RÜCKERT [u. a.], im Internet unter ‹http://www.landesarchiv-bw.de/hstas.htm› Siehe dazu auch die Ausführungen von SCHÄFER [Anm. 40], S. 320.

[73] Vgl. allg. dazu ARNOLD ESCH, Überlieferungs-Chance und Überlieferungs-Zufall als methodisches Problem des Historikers, HZ 240 (1985), S. 529–570. Konkret dazu auch SCHAAB [Anm. 46], S. 78, sowie zu Bronnbach, wo 1372 ein umfassendes Zinsbuch angelegt wurde, das nicht erhalten ist: LEONHARD SCHERG, Die Zisterzienserabtei Bronnbach im Mittelalter. Studien zur Geschichte der Abtei von der Gründung bis zur Mitte des 14. Jahrhunderts, Würzburg 1976 (Mainfränkische Studien 14), S. 11.

[74] Vgl. dazu die Beständeübersicht des Generallandesarchivs Karlsruhe: Die Bestände des Generallandesarchivs Karlsruhe, Teil 2: Urkundenbestände (1–45), bearb. von HANSMARTIN SCHWARZMAIER/GABRIELE WÜST, Stuttgart 1996 (Veröffentlichungen der Staatlichen Archivverwaltung Baden-Württemberg 39/2), S. 45–61, sowie WERNER RÖSENER, Reichsabtei Salem. Verfassungs- und Wirtschaftsgeschichte des Zisterzienserklosters von der Gründung bis zur Mitte des 14. Jahrhunderts, Sigmaringen 1974, S. 7, der allerdings die frühe urbarielle Überlieferung Salems übersieht.

[75] Zu Maulbronn vgl. zuletzt PETER RÜCKERT, Maulbronn, in: Württembergisches Klosterbuch. Klöster, Stifte und Ordensgemeinschaften von den Anfängen bis in die Gegenwart, hg. von WOLFGANG ZIMMERMANN/NICOLE PRIESCHING, Ostfildern 2003,

sterzen bislang keine konkreten Hinweise auf ehemals vorhandene Gesamturbare vorliegen, kann man deren Verlust zunächst nur vermuten. Oder begnügten sich so große Grundherrschaften wie Salem oder Maulbronn mit der dezentralen, von den Klosterämtern bzw. Pflegen aus organisierten Verwaltung ihres Besitzes und ihrer Einkünfte? In Anbetracht der Kenntnis um die zentral ausgerichtete Wirtschaftsverwaltung der Zisterzienser erscheint dies zumindest fragwürdig.[76]

Über die deskriptive Funktion für die klösterliche Wirtschaftsverwaltung hinaus würde man in diesen Gesamturbaren jedenfalls wiederum auch repräsentative Werke erwarten, die zur Traditionsbildung und Legitimation für ihre Klöster beitragen konnten. Dieser funktionale Kontext rückt die Prachturbare des 14. Jahrhunderts, wie angedeutet, bereits in die Nähe der Historiographie und läßt hier die chronikalische Überlieferung der Zisterzen argumentativ mit einbeziehen: In einigen Fällen – wie besonders deutlich in Tennenbach – werden in den Urbaren chronikalische Darstellungen ausgeführt, wie sie – etwa in Ebrach – daneben auch in zeitgenössischen Kopiaren erscheinen.[77] Den zeitgenössischen funktionalen Bedarf an klösterlicher Geschichtsschreibung vorausgesetzt, könnte man also jedenfalls dort, wo Gesamturbare mit entsprechenden Elementen fehlen, von einer parallel entwickelten Klosterchronistik ausgehen? Der Überlieferungsbefund bietet zu dieser Annahme leider wiederum nur sporadische Aussagen: Für Bebenhausen sind nur die spät überlieferten, dürftigen Klosterannalen für das 14. Jahrhundert anzuführen. Ein ›Traditionsbuch‹ folgt dann im späten 15. Jahrhundert.[78] Auch für Kaisheim ist entsprechend auf die sogenannten ›Annales Caesarienses‹ aus dem Ende des 13. Jahrhunderts zu verweisen, die bis 1322 fortgeführt wurden.[79] Für Herrenalb, Maulbronn, Schönau, Schöntal und Königsbronn spielt die zeitgenössische Historiographie keine bekannte Rolle. Für Bronnbach ist immerhin auf die sogenannte ›Relatio Dietheri‹ bzw. ›Historia primitiva‹ aus der Gründungszeit (um 1168) hinzuweisen sowie auf einen Zustandsbericht der Abtei für die Jahre 1338 bis 1380, das sogenannte

---

S. 340–343 (mit weiterer Literatur); zu Herrenalb vgl. ausführlicher HERMANN EHMER, Die Reformation in Herrenalb. Das Ende des Klosters und der Versuch eines Neubeginns, in: 900 Jahre Herrenalb. Auf Spurensuche nach den Zisterziensern, hg. von PETER RÜCKERT/HANSMARTIN SCHWARZMAIER, Ostfildern 2001 (Oberrheinische Studien 19), S. 139–166. Dem entspricht die Überlieferungssituation hinsichtlich der ehemaligen Klosterbibliotheken; vgl. dazu FELIX HEINZER, Herrenalb – Frauenalb – Lichtenthal. Spurensuche in einem bibliotheksgeschichtlichen Dreieck, ebd., S. 75–88.

[76] Vgl. dazu die grundlegenden Ausführungen von REINHARD SCHNEIDER, Vom Kloster- zum Stadt- und Staatshaushalt. Der zisterziensische Beitrag, Stuttgart 1994 (Monographien zur Geschichte des Mittelalters 38), sowie SCHAAB [Anm. 46], S. 80–82.

[77] Vgl. die oben zu den einzelnen Klöstern angegebene Literatur.

[78] HStAS J 1 Bd. 206. Dazu: Die Handschriften der Sammlung J 1 im Hauptstaatsarchiv Stuttgart, bearb. von MICHAEL KLEIN, Wiesbaden 1980, S. 236–239.

[79] MAIER [Anm. 45], S. 14f.

›Memoriale‹.[80] Bei der ›Relatio‹ handelt es sich allerdings um einen tendenziösen Gründungsbericht mit politischer Motivation, dem die spätere Klostertradition dann weitgehend gefolgt ist.[81]

Vor allem aber liegen für Salem eine ganze Reihe von historiographischen Texten vor, die man in funktionaler Parallelität zu den entsprechenden Ausführungen in den großen Güterbüchern verstehen kann.[82] Verwiesen sei hier nur auf den ›Codex Salemitanus‹, das vierbändige Chartular des Klosters, das bereits zu Beginn des 13. Jahrhunderts angelegt und bis zum Ende des 14. Jahrhunderts fortgeführt wurde.[83] Es enthält auch die Gründungsgeschichte und ein Traditionsverzeichnis.[84] Daneben ist noch besonders die sogenannte ›Chronik von Salmansweiler‹ (1191–1338) zu nennen.[85] Gerade also in Salem wird die auffällige ›Lücke‹ in der Urbarproduktion mit Ambitionen auf klostereigene Traditionsbildung und Legitimation durch eine zeitlich parallel entwickelte Klosterchronistik geschlossen – ein in Anbetracht der geschlossenen Salemer Überlieferung doch repräsentativer Beispielfall, der jedenfalls die funktionale Nähe von Klosterchronistik, kopialer und urbarieller Überlieferung im Rahmen der pragmatischen Schriftkultur der Zisterzienser im deutschsprachigen Südwesten im 13./14. Jahrhundert nochmals unterstreicht.

---

[80] Vgl. SCHERG [Anm. 73], S. 6f.
[81] Zuletzt dazu PETER RÜCKERT, Die Edelfreien von Lauda, Zimmern und Gamburg, in: Hochmittelalterliche Adelsfamilien in Altbayern, Franken und Schwaben, hg. von FERDINAND KRAMER/WILHELM STÖRMER, München 2005 (Studien zur bayerischen Verfassungs- und Sozialgeschichte 20), S. 591–642; hier: S. 625f. Ausführlicher: MARIA MAGDALENA RÜCKERT, Zum Rücktritt des ersten Bronnbacher Abtes im Kirchenstreit zwischen Kaiser Friedrich Barbarossa und Papst Alexander III., Wertheimer Jahrbuch 1996, S. 9–24.
[82] Vgl. RÖSENER [Anm. 74], S. 7–9; daneben WERNER [Anm. 20]. Vgl. dazu auch den Gründungsbericht der Frauenzisterze Baindt, eines Salemer Tochterklosters, aus dem 13. Jahrhundert bei OTTO BECK, Ein mittelalterlicher Gründungsbericht, in: Baindt – Hortus Floridus. Geschichte und Kunstwerke der früheren Zisterzienserinnen-Reichsabtei. Festschrift zur 750-Jahrfeier der Klostergründung 1240–1990, hg. von OTTO BECK, München/Zürich 1990, S. 17–23.
[83] Generallandesarchiv Karlsruhe (künftig: GLA) 66/1162–1165. Die beste Übersicht über die chronikalische Überlieferung aus Salem bietet immer noch PAUL ZINSMAIER, Die Geschichtsschreibung des Zisterzienserklosters Salem, FDA, N. F. 35 (1934), S. 1–22.
[84] Publiziert als ›Acta Salemitana‹ von F. L. BAUMANN, ZGO 31 (1879), S. 47–140.
[85] GLA 65/435. Überschrift in der Vorlage: *Tractatus super statu monasterii Salem*; publiziert von FREDEGAR MONE in: Quellensammlung der badischen Landesgeschichte, Bd. 3. Karlsruhe 1863, S. 18–41, 663–666. Vgl. dazu: Die Handschriften 65/1–1200 im Generallandesarchiv Karlsruhe, bearb. von MICHAEL KLEIN, Wiesbaden 1987, S. 169.

Normative Vorgaben der Zisterzienser zur pragmatischen Schriftlichkeit

Fragen wir nach den entsprechenden normativen Vorgaben des Zisterzienserordens: Die Beschlüsse des zisterziensischen Generalkapitels, also der jährlichen Äbtetagung in Cîteaux, und die Vorgaben der frühen zentralen Persönlichkeiten des Ordens vermitteln uns einen relativ konkreten Eindruck von der ›Unitas Ordinis‹, der Gleichförmigkeit, die das Ordensleben auch im Bereich der pragmatischen Schriftlichkeit prägen sollte.[86] Bereits seit dem frühen 13. Jahrhundert gab das Generalkapitel Anweisungen zum Umgang mit den Urkunden, zur Anbringung von Rückvermerken, ihrer Archivierung und ähnlichem.[87] 1282 ordnete ein Beschluß die Sammlung aller den Gesamtorden betreffenden Privilegien an, die in Cîteaux – jedenfalls als Abschriften – zentral archiviert werden sollten.

Hinsichtlich der damaligen ›Verwaltungsreform‹ der Zisterzienser, begleitet von der systematischen Intensivierung pragmatischer Schriftlichkeit, besitzt das Werk Stephan Lexingtons, ab 1243 Abt von Clairvaux, zentrale Bedeutung. Er legte ein *registrum*, ein Briefbuch, an, das gerade die Verschriftlichung in der Wirtschaftsverwaltung, die regelmäßige Besitzauflistung und Abrechnung einforderte. Der Gesamtbesitz eines Klosters, das er visitieren wollte, sollte auf einem Rotulus verzeichnet werden, verlangte er von dessen Abt, damit er über genügend Information verfüge. Auch die Grangien oder Pfleghöfe als Außenstellen der Zisterzen sollten selbständig schriftlich abrechnen. Die differenzierte Verschriftlichung der Besitzrechte in Form von Rotuli – wie wir sie im ausgehenden 12. Jahrhundert bereits in Eberbach[88] und ab dem späten 13. Jahrhundert auch im deutschsprachigen Südwesten ansatzweise greifen können – wird damit von Lexington jedenfalls bereits vorgegeben.[89] Genauso lag ihm die sorgsame Archivierung der Dokumente am Herzen. In seiner bekannten Wirtschaftsordnung für das Kloster Savigny in der Normandie von 1230,[90] forderte er eine jährlich aufzunehmende Gesamtbilanz unter Einbindung der Außenhöfe. Für Franken wurde bereits die konkrete Rezeption dieses ›Verwaltungsmodells‹ beispielhaft nachgewiesen; für den deutschsprachigen Südwesten scheint die Überlieferung entsprechende zeitnahe Ansätze immerhin sporadisch aufzuzeigen.[91]

Im Überblick bestätigt sich auch hier die Tendenz zur Regionalisierung der Verschriftlichungspraxis: Die vom Generalkapitel ausgehenden Vorgaben zur Administration und Schriftlichkeit waren im wirtschaftlichen Bereich nicht so

---

[86] Ausführlicher dazu Goez [Anm. 1], S. 109f.
[87] Ebd. S. 140.
[88] Palmer [Anm. 38], S. 90f. unter Verweis auf den sogenannten ›Binger Rotulus‹.
[89] Vgl. Schneider [Anm. 76], S. 127, und die Nachweise bei Schäfer [Anm. 40].
[90] Schneider [Anm. 76], S. 104 f.
[91] In diesem Zusammenhang ist wiederum auf die frühe Salemer Überlieferung zu verweisen. Vgl. Schäfer [Anm. 40], S. 319f., sowie Schaab [Anm. 48], S. 78f.

konkret, daß einheitliche Formen zur Abfassung von Güter- und Besitzverzeichnissen zu erwarten wären. Hier legt der engere Kontakt etwa über die Filiation – zumal in Anbetracht der gemeinsamen Visitationen[92] – oder die räumliche Nachbarschaft einen gegenseitigen Austausch nahe, der über die vergleichbare pragmatische Dokumentation der jeweiligen Wirtschaftspraxis hinaus auch zu Neuschöpfungen repräsentativer Texte führen konnte, wie bei Tennenbach oder Günterstal. Ein Gesamturbar wie das ›Bebenhäuser Urbar‹ entsprach also zunächst den zeittypischen Tendenzen vorbildlicher zisterziensischer Schriftlichkeit. Eine konkrete Vorgabe oder Anregung für seine Anlage – etwa vom Mutterkloster Schönau, oder den am nächsten gelegenen Zisterzen Maulbronn oder Herrenalb – ist hingegen nicht (mehr) nachvollziehbar. Das Bebenhäuser Lagerbuch steht heute neben den Urbaren von Tennenbach und Günterstal, Ebrach und Kaisheim als repräsentatives Zeugnis für den qualitativen Höhepunkt pragmatischer Schriftkultur der Zisterzienser um die Mitte des 14. Jahrhunderts. Da zudem aus der zeitgenössischen liturgischen und literarischen Textproduktion des Skriptoriums in Bebenhausen, wie gezeigt, kaum Handschriften überliefert sind, gilt das Urbar auch für das Kloster selbst als außergewöhnliches Dokument seiner Leistungsfähigkeit.[93]

Fazit

Kommen wir auf die eingangs gestellten Fragen zurück: Überlieferungssicherung, Traditionsbildung und Herrschaftslegitimation sind als Schlagworte für die Motivation, die hinter der Anlage der vorgestellten Gesamturbare stand, zu betonen. Repräsentationsbedürfnis und »Besitzkult«[94] der Zisterzienser haben sicher ebenfalls dazu beigetragen, daß die großen Zisterzienserurbare vorbildgebend auf die anderen Klöster und weiter auf die weltlichen Herrschaften auswirkten. Von der wirtschaftsgeschichtlichen Forschung wurde hervorgehoben, daß gerade diese Gesamturbare des 14. Jahrhunderts »etwas Einmaliges [waren], das keine Wiederholung fand«.[95] Sie sind zunächst im Kontext der zeitgenössischen pragmatischen Schriftlichkeit zu verstehen, die mit grundlegenden politischen und wirtschaftlichen Veränderungen einherging,[96] die aber auch eigene besitzrechtliche Ansprüche mit Ansprüchen an die klösterliche Schrift- und Buchkultur beeindruckend verband.

---

[92] Siehe etwa die bereits angeführten Beispiele Tennenbach/Günterstal oder auch Savigny (dazu SCHNEIDER [Anm. 76], S. 59–74).
[93] Vgl. SCHWITALLA [Anm. 8].
[94] SCHÄFER [Anm. 40], S. 306.
[95] Ebd.
[96] Grundlegend dazu: SCHAAB [Anm. 48], sowie DERS. [u. a.], Der Besitz der südwestdeutschen Zisterzienserabteien um 1340/50, in: Historischer Atlas von Baden-Württemberg. Beiwort zu Karte VIII, 4, Stuttgart 1975.

Daß die pragmatische Schriftkultur der Zisterzienser der literarischen Topographie im deutschsprachigen Südwesten des 14. Jahrhunderts ein besonderes Profil verlieh, das noch bis ins 15. Jahrhundert fortwirken sollte, zeigen dann auch einzelne Urbare der Frauenzisterzen, beispielhaft etwa für die Salemer Tochtergründung Gutenzell. Die Vorrede zu einem Urbar von 1449 bringt das Programm auf den Punkt:[97] Man soll die hier erfassten Güter *basz beschriben lassen uf ain pergamenin buch, und man sol disz buch dennocht ouch behalten in grossen eren. [...] Item und wir sullent ouch disz buch mit flisz vil und dick uberlesen [...] umbe das es nicht vergessen werde. So mügent ir rich und sälig werden an sele und an libe.* – Ein repräsentativer Pergamentcodex soll in Ehren gehalten und ständig gelesen werden, damit nichts vergessen werde und Leib und Seele gedeihen mögen – pragmatische Schriftkultur zur liturgischen Übung.[98]

---

[97] Urbar des Klosters Gutenzell im Kreisarchiv Biberach. Für die Vermittlung des Textes danke ich wiederum Nigel F. Palmer. Vgl. dazu jetzt auch: JANINE CHRISTINA MAEGRAITH, Das Zisterzienserinnenkloster Gutenzell. Vom Reichskloster zur geduldeten Frauengemeinschaft, Epfendorf 2006 (Oberschwaben – Geschichte und Kultur Bd. 15), hier: S. 50f.

[98] Vgl. dazu auch eine entsprechende Vorrede im Urbar des Dominikanerinnenklosters Engelthal von etwa 1310: JOHANNA THALI, Beten, Schreiben, Lesen: Literarisches Leben und Marienspiritualität im Kloster Engelthal, Tübingen/Basel 2003 (Bibliotheca Germanica 42).

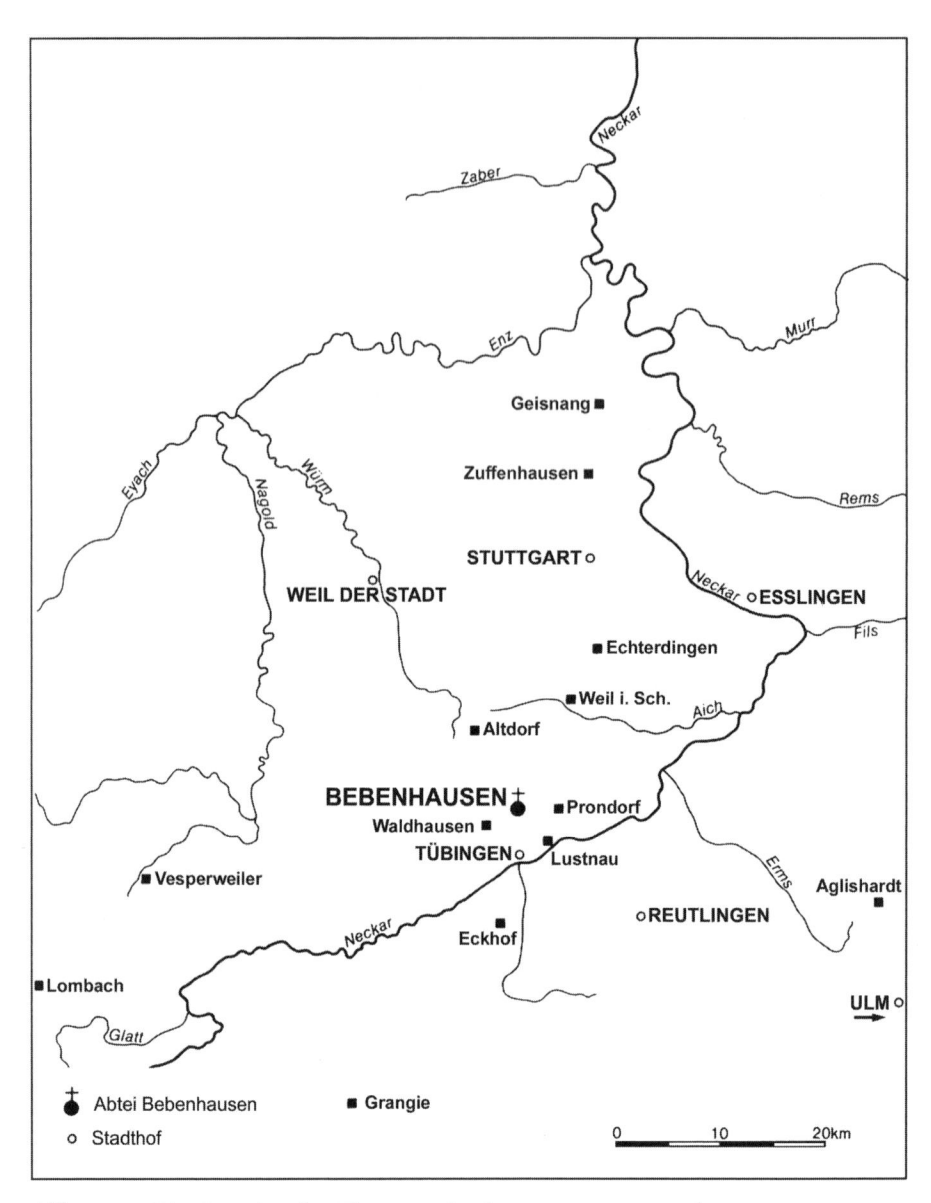

Abb. 1   Die Grangien des Klosters Bebenhausen um 1350 (nach Rösener).

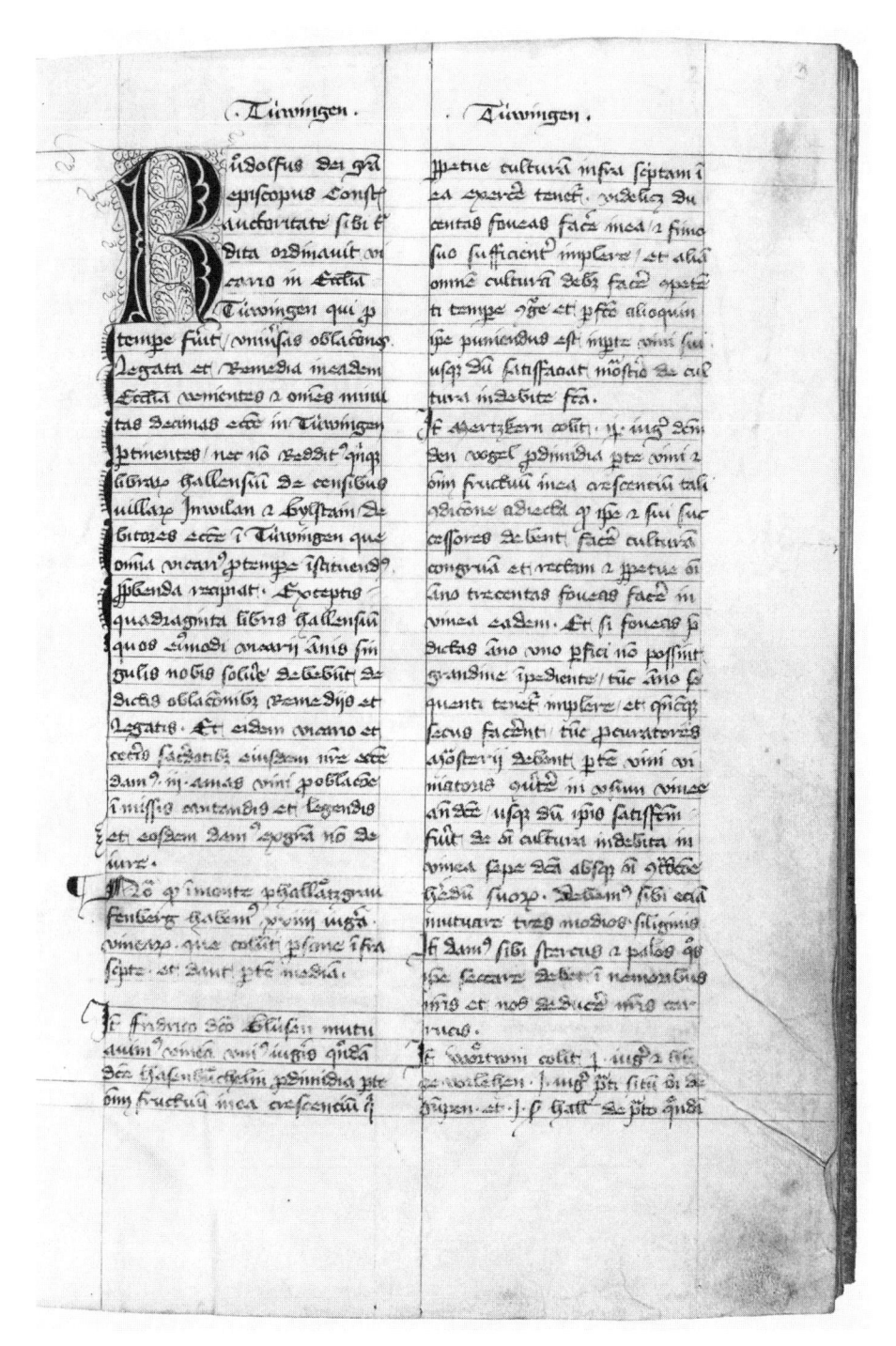

Abb. 2 Eingangsseite des ›Bebenhäuser Urbars‹ von 1356
(HStAS H 102/8 Bd. 3, fol. 3ʳ).

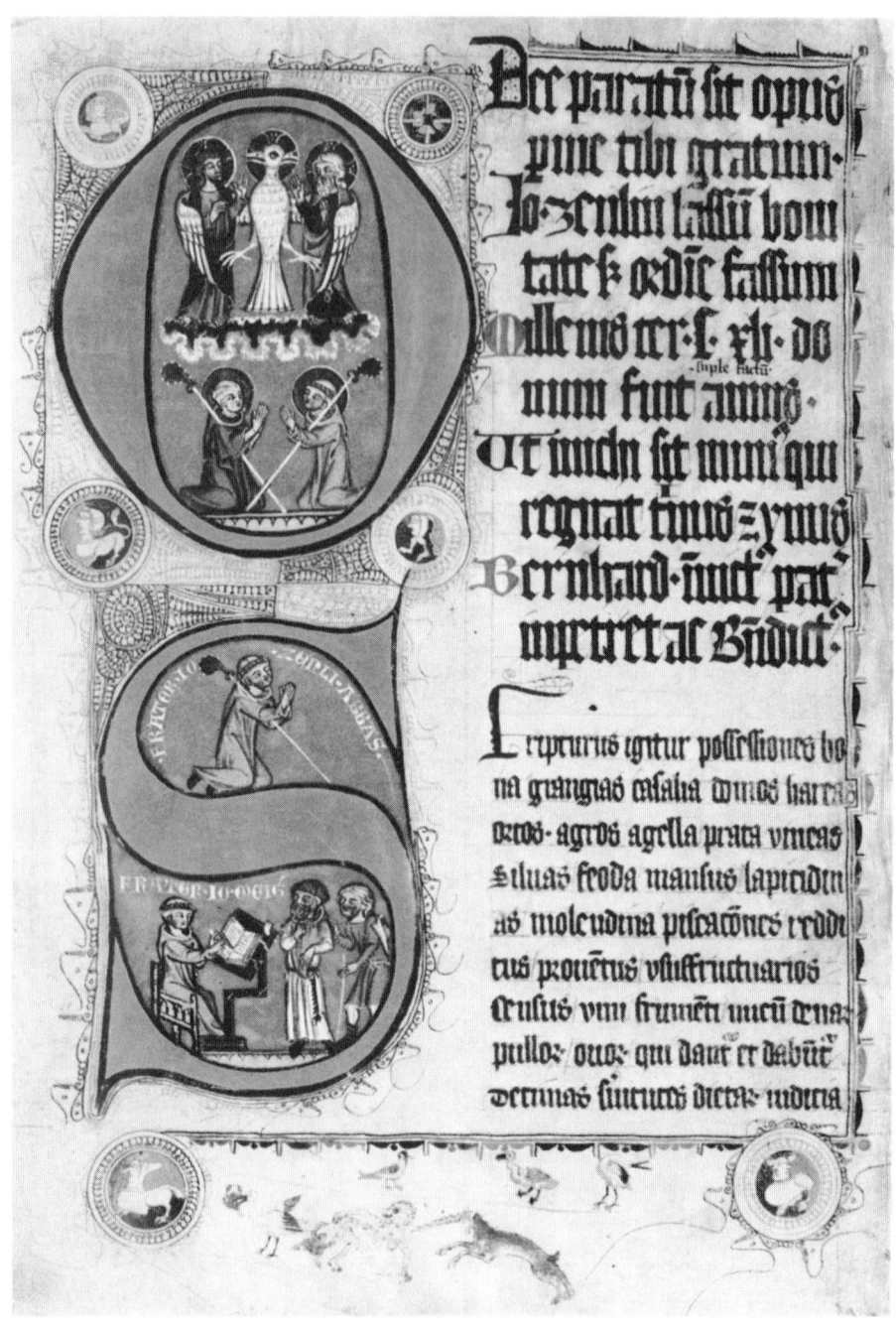

Abb. 3   Eingangsseite des ›Tennenbacher Güterbuchs‹ (1317–41).

Legitimation – Tradition – Repräsentation 119

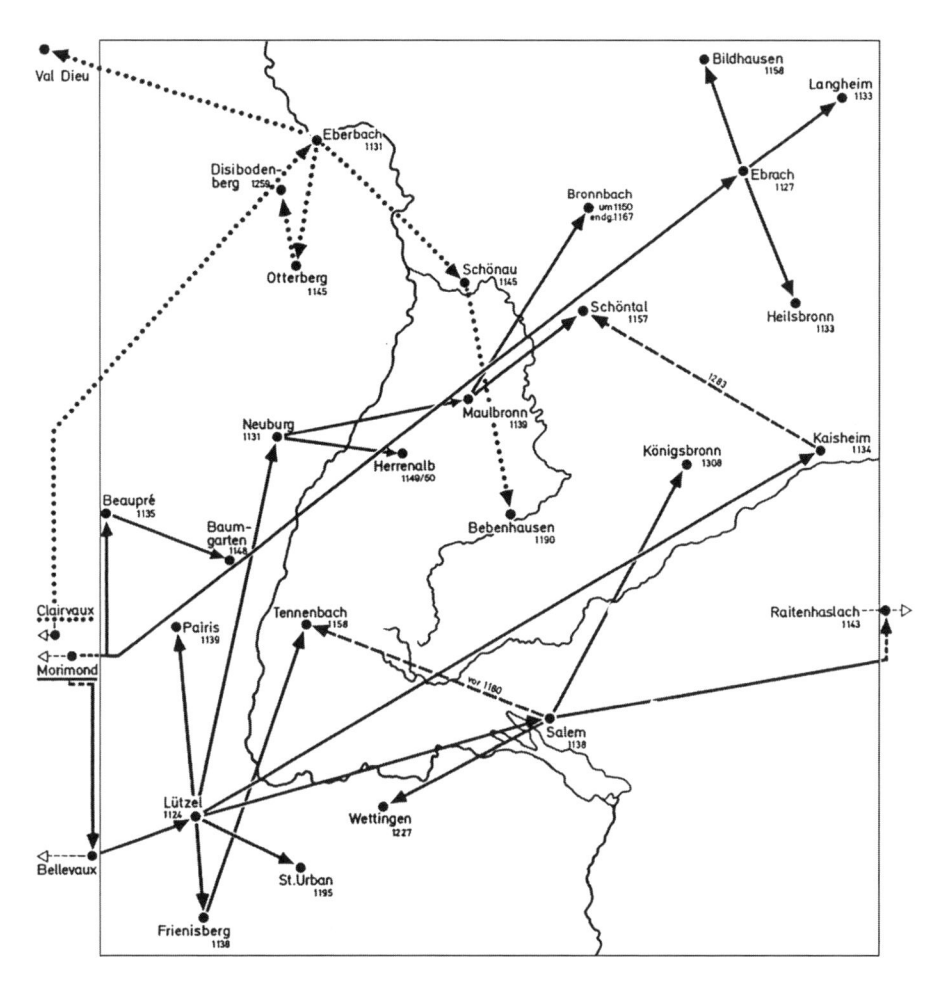

Abb. 4 Die Filiationen der Zisterzienser im deutschsprachigen Südwesten (nach SCHAAB).

*Nigel F. Palmer (St Edmund Hall, Oxford) /
Peter Rückert (Hauptstaatsarchiv Stuttgart)*

Das ›Lignum vitae‹ aus Bebenhausen

1. Zur Text- und Bildtradition des ›Lignum vitae‹

Die Darstellung des ›Lignum vitae‹ gehört zu einer verbreiteten Text- und Bildtradition, die auf den gleichnamigen Traktat Bonaventuras (um 1260) zurückgeht, der das irdische Leben, die Passion und die Herrlichkeit von Jesus in der Form einer Baumallegorie darstellt.[1] Der Baum hat bei Bonaventura zwölf Äste, die jeweils mit vier *versiculi* beschriftet sind, und jeder Ast trägt eine Frucht. Bei den sechs Früchten, die auf dem Bebenhäuser Bild durch Inschriften identifiziert sind, stimmen die Texte weitgehend mit Bonaventura überein (Abb. 1): *Preclaritas sanguinis* (bei Bonaventura *originis*), *Celsitudo virtutis*, *Plenitudo pietatis*, *Confidencia in periculis*, *Paciencia in iniuriis*, *Constantia in cruciatibus* (= Bonaventura Äste 1, 3–7). Die unregelmäßig rhythmisierten Reimzeilen, die mit *Jesus ex Deo genitus* anfangen (dem ersten Ast, links unten auf dem Bild, zugeordnet), stehen in vier Blöcken von jeweils vier *versiculi*, die als die Blätter des Baums zu deuten sind, und haben ihre Entsprechungen in den Überschriften der Kapitel 1–4 (Bonaventura Ast 1) sowie 9–20 (Bonaventura Äste 3–5) des Traktats.[2] Nur diese Texte und der unter dem Baumstamm angebrachte Satz, der die Bedeutung des *lignum vitae* erklärt, sind dem Traktat Bonaventuras entnommen.

Die bekanntesten Vertreter der Bildtradition sind das um 1305–1310 zu datierende Tafelgemälde von Pacino di Buonaguida aus dem Klarissenkonvent in Monticelli (Florenz), das sich heute in der Accademia delle Belle Arti (Nr. 8459)

---

[1] Bonaventura, Lignum vitae, in: S. Bonaventurae Opera omnia, hg. vom Collegium a S. Bonaventura, Bd. 8, Quaracchi 1898, S. 68–87; Bonaventura, Decem opuscula ad theologiam mysticam spectantiam, hg. vom Collegium S. Bonaventurae, Florenz 1965, S. 155–206. Vgl. TOBIAS KEMPER, Die Kreuzigung Christi. Motivgeschichtliche Studien zu lateinischen und deutschen Passionstraktaten des Spätmittelalters, Tübingen 2006 (MTU 131), S. 83–85. Zum Verwendungskontext s. MARY CARRUTHERS, Moving images in the mind's eye, in: The Mind's Eye. Art and Theological Argument in the Middle Ages, hg. von JEFFREY F. HAMBURGER/ANNE-MARIE BOUCHÉ, Princeton, N. J. 2006, S. 287–305, bes. S. 288f. und Anm. 7–9. Vgl. zum folgenden den Beitrag von PETER RÜCKERT in diesem Band.

[2] Die einzigen Abweichungen von Bonaventuras Text sind: *iesus noster temptatus* (Bonaventura: *Jesus hoste tentatus*) und *Jesus propheta cognitus* (Bonaventura: *Jesus rex orbis agnitus*). Bei einem Textblock (Blatt B 2) ist eine rhythmisierte deutsche Übersetzung angefügt.

in Florenz befindet,[3] und ein Fresko von Taddeo Gaddi im ehemaligen Refektorium von S. Croce in Florenz (um 1340).[4] Weitere Fresken sind in S. Maria Maggiore in Bergamo (vom Jahr 1347), im Kapitelsaal von S. Francesco in Pistoia (2. Hälfte 14. Jahrhundert), in Sesto al Réghena (Udine, spätes 14. Jahrhundert), in S. Giovenale in Orvieto (14. Jahrhundert), in S. Leo bei Bitonto (Bari, 1320–1330) und S. Maria del Casale bei Brindisi (2. Viertel 14. Jahrhundert) erhalten.[5] Neben der Verbreitung dieses ikonographischen Typus in der Monumentalmalerei gibt es seit dem späten 13. Jahrhundert Einzeldarstellungen in Handschriften, wie z. B. in einer Darmstädter Handschrift aus St. Jakob in Lüttich (Ende 13. Jahrhundert),[6] in der Handschrift Perugia, Biblioteca Comunale Augusta, MS E. 27 [Cod. 280], fol. 99[r] (mit Datierung auf den 21. April 1301),[7] in einer Pacino di Bonaguida zugeschriebenen Miniatur der ›Trivulzio-Bibel‹ in Mailand (1. Hälfte 14. Jahrhundert)[8] und am Anfang einer Abschrift des ›Lignum vitae‹-Traktats in Köln, Historisches Archiv, GB 4° 192, fol. II[v]. Auch aus der Zisterze Kaisheim ist eine Abschrift des ›Lignum vitae‹ vom Jahr 1281 bekannt (München, BSB, Clm 28180, fol. 172[r]–180[v]). Diese zeigt allerdings keine bildliche Darstellung, sondern erscheint hier als Textzeuge im süddeutschen Zisterziensermilieu gerade in Hinblick auf das Bild aus der Zisterze Bebenhausen erwähnenswert.

Von besonderer Bedeutung für die Handschriftenüberlieferung ist die Aufnahme des ›Lignum vitae‹ nach Bonaventura in das ›Speculum theologiae‹, eine seit dem späten 13. Jahrhundert bezeugte Tafelsammlung mit Diagrammen und beschrifteten allegorischen Bildern, die in einigen Handschriften dem Pariser Meister Johannes Metensis (aus Metz?) OFM (bezeugt 1273), in anderen aber

---

[3] Vgl. RICHARD OFFNER, A Critical and Historical Corpus of Florentine Painting, Section III, Volume II, Part I, Berlin 1930, Tafel II-II[14]; dazu den Kommentar von WALTER COHN, ebd., Section III, Volume VI, Glückstadt 1956, S. 122–135; FRANCESCO PETRANGELI PAPINI, S. Bonaventura 1274–1974. I: Il dottore serafico nelle raffigurazioni degli artisti, Assisi 1973, S. 34f. mit Tafel 2. Über Pacino di Buonaguida siehe CRISTINA DE BENEDICTIS, in: The Dictionary of Art, hg. von JANE TURNER, Bd. 23, London/New York 1996, S. 742–744.

[4] Vgl. ANDREW LADIS, Taddeo Gaddi. Critical Reappraisal and Catalogue raisonné, Columbia/London 1982, S. 171–173 und 176 (Abb. 23–6 und 23–7). Siehe auch PETRANGELI PAPINI [Anm. 3], S. 36f.

[5] COHN [Anm. 3], S. 132f.; PETRANGELI PAPINI [Anm. 3], S. 30–43 mit Tafel 1–9.

[6] Darmstadt, Hessische LB, Cod. 2777, fol. 43[r]; vgl. RAPHAEL LIGTENBERG, Het Lignum Vitae van den H. Bonaventura in de ikonografie der veertiende eeuw, Het Gildeboek 11 (1928), S. 15–40; FRIEDRICH GENNRICH, Die Laudes Sanctae Crucis der Hs Darmstadt Hessische Landesbibliothek 2777, in: Organicae voces. Festschrift Joseph Smits van Waesberghe angeboten anläßlich seines 60. Geburtstages, 18. April 1961, Einleitung von PIETER FISCHER. Amsterdam 1963, S. 45–58, Abb. der Handschrift S. 55; PETRANGELI PAPINI [Anm. 3], S. 40.

[7] PETRANGELI PAPINI [Anm. 3], S. 40f. mit Tafel 8.

[8] Mailand, Archivio Storico Civico e Biblioteca Trivulziana, Cod. 2139, fol. 435[r]; Abb. bei OFFNER [Anm. 3], Section III, Volume VI, Tafel LXII[b].

dem italienischen Dominikaner Bonacursus de Gloria, Erzbischof von Tyrus 1272–1291, zugeschrieben wird.[9] Das Bebenhäuser Fragment dürfte wegen der äußeren Form als Wandplakat im Überlieferungszusammenhang des ›Speculum theologiae‹ einzuordnen sein. Die meisten der hinzugefügten Inschriften, die bei Bonaventura keine Entsprechung haben und links und rechts an den Astenden und in den Medaillons auf beiden Seiten des Fundaments, aus dem der Stamm des Baums hervorragt, untergebracht sind, stimmen mit den Bibelzitaten überein, die in den Handschriften des ›Speculum theologiae‹ zwölf Propheten in die Hände gegeben sind.

2. Beschreibung und Edition des ›Lignum vitae‹ aus Bebenhausen

[1300 – 1350]

Pergamentfragment, 37,0–37,5 cm (Höhe) × 41,5–42,0 cm (Breite).

Am linken und am oberen Rand beschnittener Teil eines Pergamentblatts mit der Darstellung des ›Lignum vitae‹. Ursprüngliche Höhe der Darstellung: ca. 60 cm, ursprüngliche Breite: ca. 43,5 cm.

Stellenweise stark abgegriffen, vielfach eingerissen und durchlöchert; am linken und am oberen Rand mit aufgeklebten Pergamentstreifen restauriert.

Wiederverwendet als Einband für ein Urbar des Zisterzienserklosters Bebenhausen für die Klosterpflege Tübingen von 1354/55; jetzt abgelöst.

Rückvermerke:
   1) *Redditus et census vinearum agrorum de anno domini M CCC L et supra* (14./15. Jahrhundert);
   2) *Bebenhusen 1350* (15./16. Jahrhundert);
   3) *Reg*[ist]*r*[ata] (17./18. Jahrhundert).

Stuttgart, Hauptstaatsarchiv J 522 A 723.

Im folgenden werden die Texteile der Darstellung buchstabengetreu wiedergegeben (vgl. Abb. 1). Ergänzungen stehen in [ ]; ‹ › markieren die für den Rubrikator ausgelassenen Initialen. Die Leserichtung verläuft von unten nach oben.

---

[9] Lucy Freeman Sandler, The Psalter of Robert de Lisle in the British Library, Oxford 1983, Neudruck London 1999, S. 60 und Tafel 14 (London, British Library, Arundel MS. 83 II, fol. 125ʳ), S. 130 (Textabdruck), S. 134–139 (Handschriftenliste mit 17 Textzeugen des ›Lignum vitae‹); zu ergänzen: Karlsruhe, Badische LB, St. Peter perg. 82, fol. 86ʳ (1. Hälfte 14. Jahrhundert). Die bei Cohn [Anm. 3], S. 132, Anm. 32 genannten Handschriften sind ohne Ausnahme Textzeugen des ›Speculum theologiae‹. Zur Autorschaft vgl. Nigel F. Palmer, in: Alan Coates [u. a.], A Catalogue of Books Printed in the Fifteenth Century now in the Bodleian Library, Oxford 2005, Bd. 1, S. 42.

Ein Baumstamm wächst aus einem halbkreisförmigen Fundament, in dem geschrieben steht:
Lignum vite afferens fructus. duodecim per menses singulos et folia ligni ad medicinam gentium[10]

Vier Astpaare (A 1–2, B 1–2, C 1–2 und D 1–2) wachsen aus dem Hauptstamm, wovon der obere rechte Ast wegen des schlechten Erhaltungszustandes der Vorlage nicht mehr lesbar ist.

Auf jeder Seite des Baumfundaments finden sich drei Medaillons mit folgenden lateinischen Inschriften (von links nach rechts):

[...]e in medio[11]
Germina[uerunt] *[...]sa deserti [...]*[12]
Tuam ipsius animam pertransibit gladius [mortis][13]
Fructus eius in cibum et folia eius in medicinam.[14]
Spiritus oris nostri Christus dominus pro peccatis nostris traditus est[15]
Post septuaginta ebd[o]*mades* [!] *occidetur Christus*[16]

Unmittelbar über dem Baumfundament, am Ansatz zum untersten Astpaar, finden sich an beiden Seiten des Stammes zwei Medaillons mit den Texten:
Mulier amicta sole et luna sub pedibus eius et cetera.[17]
Quasi cedrus exaltata sum in libano et qu[asi] *ci*[pressus].[18]

Von jedem Ast hängen zwei Medaillons, wovon die eine Hälfte leer und die andere Hälfte mit den Namen der Früchte des Lebensbaums bezeichnet ist.

A 1	links: *Preclaritas sanguinis*	rechts leer
A 2	links leer	rechts leer
B 1	links: *Celsitudo virtutis*	rechts leer
B 2	links: *Vollekummenheit in der milti*	rechts: *Plenitudo pietatis*
C 1	links: *Confidencia in periculis*	rechts leer
C 2	links leer	rechts: *Paciencia in iniuriis*
D 1	links: *Constancia in crucia*[t]*i*[bus]	rechts leer
D 2	wegen der schlechten Erhaltung der Vorlage nicht lesbar	

---

[10] Apc. 22,2.
[11] Vgl. Gn 2,9 *lignum etiam vite in medio paradisi.*
[12] Vgl. Ioel 2,22.
[13] Vgl. Lc 2,35.
[14] Ez 47,12.
[15] Lam 4,20.
[16] Dn 9,26.
[17] Apc 12,1.
[18] Sir 24,17.

Die Eintragungen in B 2 lassen erwarten, daß in allen Fällen die dem Stamm nächstgelegenen Medaillons eine deutsche Übersetzung der lateinischen Texte in den äußeren Medaillons daneben erhalten sollten. Aus den nur teilweise ausgeführten Texten werden hier sechs Früchte erkennbar.

Auf jedem Ast befindet sich ein großes rechteckiges Schriftfeld. Diese Felder sollten offenbar eine Serie lateinischer Inschriften erhalten; hier wahrscheinlich angelegt als Versiculi eines Hymnus (›Jesus ex deo genitus, Jesus prefiguratus‹). In einem Fall (B 2) folgt auf den lateinischen Versiculus eine rhythmisierte und gereimte Übersetzung. Diese Texte sind als die ›Blätter‹ des Lebensbaumes zu betrachten.

A 1: ‹J›*esus ex deo genitus*   *Jesus prefiguratus.*
      ‹J›*esus emissus* [ce]*licus*   *iesus marie natus.*

A 2: leer

B 1: ‹J›*esus baptista celitus* [!]   *iesus noster temptatus.*
      ‹J›*esus signis mirificus*   *iesus transfiguratus.*

B 2: ‹J›*esus pastor sollicitus.*   *Jesus fletu rigatus.*
      ‹J›*esus propheta cognitus.*   *Jesus panis sacratus.*
      ‹J›*esus ein hirte sorgen vol mit weinen gar bigossen*
      Bikant ein warer wisage wol. Der vnser brot nu wesen sol in heilekeit bislossen.

C 1: ‹J›*esus dolo venundatus.*   *iesus erans prostratus*
      ‹J›*esus turba circumda*[tus.]   *iesus* [vin]*culis ligatus* (B)

Die drei unteren Astpaare erstrecken sich in äußere Ausläufer bzw. Verzweigungen, die wiederum – wie das Baumfundament – als oben geschlossene Halbkreise angelegt sind. Da der obere Teil des Blattes verloren ist, ist dies für die oberen Äste nicht zu verfolgen. Neben den drei unteren Astpaaren werden am linken Rand in den halbkreisförmigen Ausläufern Teile der Inschriften deutlich:

A 1 (Astende): [...] *et*
B 1 (Astende): [...] *abscis*[s]*us de monte sine* [...][19]
C 1 (Astende): [...]*unt mercedem meam* [...] *argenteis*[20]

Rechts vom Stamm besitzt nur das zweite Astende eine Inschrift:

B 2 (Astende): *Ex te exiet dux qui re*[get] *populum meum is*[r]*ahel* [...][21]

---

[19] Vgl. Dn 2,34.
[20] Vgl. Zach 11,10.
[21] Vgl. Mt 2,7.

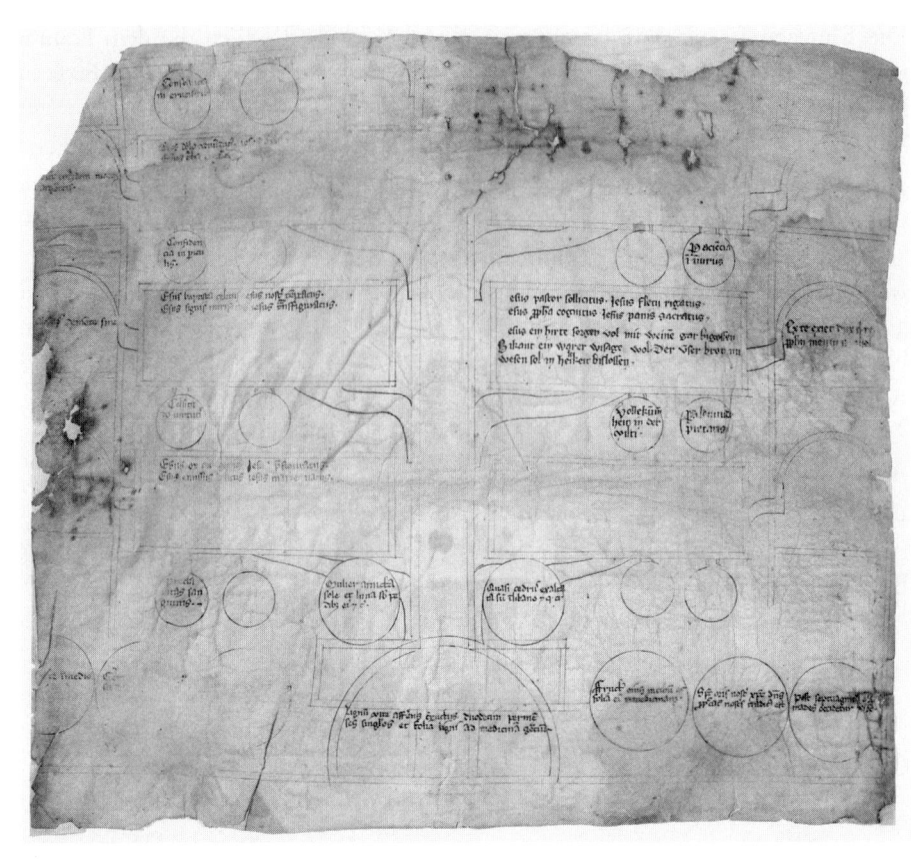

Abb. ›Lignum vitae‹. Pergamentfragment, frühes 14. Jahrhundert (HStAS J 522 A 723).

Felix Heinzer (Albert-Ludwigs-Universität Freiburg i. Br.)

Klösterliche Netzwerke und kulturelle Identität[*]

Die Hirsauer Reform des 11./12. Jahrhunderts als Vorläufer spätmittelalterlicher Ordensstrukturen

Monastische Erneuerungsbewegungen stiften Kommunikationsnetze von unterschiedlicher Dichte und Straffheit, aber immer von beachtlicher Tragfähigkeit und Dauer und oft von erstaunlich weit ausgreifender Dimension. Die primäre Funktion solcher Netzwerke ist die Vermittlung vorbildhafter Lebenspraxis im Sinne der *regularis vita*, das also, was seit dem hohen Mittelalter unter dem Begriff der ›consuetudo‹ subsumiert wird. Mit dieser normativen Funktion, die sich sowohl der Möglichkeiten der Schriftlichkeit (zur Hauptsache des Buchs) als auch der Wirkung exemplarischer Praxis (etwa durch das Entsenden von Gründungs- oder Reformpersonal) bedient, verbinden sich aber auch formale und ästhetische Wirkungen. Das heißt: Gruppen und Verbände, die sich solcher institutioneller Erneuerung verpflichtet wissen, wirken stets auch als Vektoren und Übermittlungsträger kultureller Impulse. Dieser These gelten die folgenden Überlegungen.

Ich konzentriere mich dabei im folgenden auf einen vergleichsweise engen Ausschnitt dieser breiten Thematik, und zwar – entsprechend der räumlichen Konzentration dieses Sammelbandes – auf ein Phänomen, das zumindest bezüglich seines Ausgangspunkts und seiner primären Wirkung im deutschen Südwesten zu lokalisieren ist, nämlich auf die Hirsauer Klosterreform des 11./12. Jahrhunderts. Dabei setze ich einen besonderen Akzent auf den Bereich der Liturgie,[1] der als zentrales Moment geistlicher Reformaktivität exemplarische Einsichten in Strategien von Kommunikation und Kodifizierung innerhalb von netzwerkartigen Strukturen wie Orden oder ordensähnlichen Zusammenschlüssen zu eröffnen verspricht. Die Kontextualisierung dieses Teilaspekts

---

[*] Der für den vorliegenden Band konzipierte Beitrag ist ebenfalls abgedruckt in: FELIX HEINZER, Klosterreform und mittelalterliche Buchkultur im deutschen Südwesten (Mittellateinische Studien und Texte 39), Leiden/Boston 2008, S. 168–184.
[1] Grundlage und Ausgangspunkt für die hier vorgelegten Überlegungen ist eine Folge aufeinander bezogener Arbeiten zur Hirsauer Liturgie: FELIX HEINZER, Der Hirsauer ›Liber ordinarius‹, Revue Bénédictine 102 (1992), S. 309–347; ANDREAS HAUG, Ein ›Hirsauer‹ Tropus, ebd. 104 (1994), S. 328–345; LORI KRUCKENBERG, Zur Rekonstruktion des Hirsauer Sequentiars, ebd. 109 (1999), S. 187–207; FELIX HEINZER, Liturgischer Hymnus und monastische Reform: zur Rekonstruktion des Hirsauer Hymnars, in: Der lateinische Hymnus im Mittelalter. Überlieferung, Ästhetik, Ausstrahlung, hg. von ANDREAS HAUG [u. a.], Kassel [usw.] 2004 (Monumenta monodica medii aevi, Subsidia 4), S. 23–52.

kann im Rahmen dieses Beitrags nur ansatzweise geleistet werden, wobei zumindest ein etwas genauerer Blick auf die Rolle des Buchs als Kodifizierungs- und Transportinstrument liturgischer Texte und Gesänge und damit auch auf Aspekte einer Hirsauer Buchkultur versucht werden soll.[2] Andere Gesichtspunkte wie etwa die diffizile Diskussion der so genannten ›Hirsauer Bauschule‹ oder auch eine Einzelfrage wie die der Beziehungen bauplastischer Elemente südwestdeutscher Klosterkirchen des Hirsauer Reformkreises zu Cluny und seinem burgundischen Einflußbereich können hingegen nur kurz gestreift werden, um wenigstens ansatzweise deutlich zu machen, daß mit den liturgisch-musikalischen Aspekten nur ein Teilbereich eines an sich erheblich reichhaltigeren und komplexeren Befundes angesprochen ist.

Im fünften Band seines ›Corpus Antiphonalium Officii‹ versucht der französische Liturgiewissenschaftler und Musikologe RENÉ-JEAN HESBERT eine Klassifizierung der handschriftlichen Quellen, die als Grundlage für die Erarbeitung seines monumentalen Werks gedient haben. Es handelt sich um nahezu 800 Handschriften des liturgischen Stundengebets (Antiphonare und Breviere), die HESBERT im Rahmen seiner Suche nach dem Archetyp des ›gregorianischen‹ Antiphonars zu einzelnen Überlieferungszweigen gruppieren wollte. Als inhaltliches Kriterium zog HESBERT die Reihen der für die Advents-Sonntage vorgesehenen Responsorien zu den Lesungen des Nachtoffiziums heran. Diese haben sich (wie bestimmte andere Folgen von Gesängen) in der mediävistischen Musik- und Liturgiewissenschaft als mögliches Kriterium für eine Herausarbeitung von Überlieferungsnestern herausgestellt, weil sie als Resultat eines je anderen Auswahlzugriffs auf das zur Verfügung stehende Material und damit als repräsentativ für eine bestimmte liturgische Tradition anzusehen sind. Hintergründe, Möglichkeiten und Grenzen dieses Ansatzes können in diesem Zusammenhang nicht weiter vertieft werden. Innerhalb der Handschriften, die der sogenannten monastischen Ordnung des Stundengebets entsprechen, läßt sich nun ein Komplex von Handschriften als eine Gruppe zusammenfassen, die HESBERT als »groupe monastique IV« bezeichnet hat. Deren hochmittelalterliche Zeugen stammen aus Klöstern, die HESBERT unter dem Dach einer Zugehörigkeit zur Diözese Konstanz zusammenfassen wollte, was ihn spätestens bei den Textzeugen aus Bayern und Österreich und endgültig bei einer aus Moggio, d. h. aus dem Patriarchat Aquileia stammenden Handschrift in erhebliche Argumentationsnöte bringen mußte (Moggio sei »une fondation de Saint-Gall« und daher »comme un autre Saint-Gall«, wodurch die geographische Distanz zur Diözese Konstanz quasi aufgehoben werde).[3] Diese Aporien lösen sich freilich,

---

[2] Erste Überlegungen dazu habe ich 1991 in der Hirsau-Festschrift vorgelegt: FELIX HEINZER, Buchkultur und Bibliotheksgeschichte Hirsaus, in: Hirsau St. Peter und Paul 1091–1991, Bd. 2, hg. von KLAUS SCHREINER, Stuttgart 1991 (Forschungen und Berichte der Archäologie des Mittelalters in Baden-Württemberg 10,2), S. 259–296.

[3] RENÉ-JEAN HESBERT, Corpus Antiphonalium Offici, t. 5: Fontes earumque prima ordinatio, Roma 1975, S. 412.

sobald man feststellt, daß der Zusammenhang der Orte, an denen diese Handschriften entstanden sind, nicht durch diözesane Bezüge, sondern durch die gemeinsame Zugehörigkeit zu einem bestimmten klösterlichen Reformkreis, in diesem Fall dem der Hirsauer, gestiftet wird.[4] Das Beispiel macht in pointierter Weise deutlich, daß für eine Annäherung an liturgische Handschriften reformgeschichtliche Perspektiven zu einem wichtigen Verständnisschlüssel werden können, weil sie in erheblichem Maße zu einer besseren Einordnung dieser Quellen und zu einer plausibleren Interpretation ihrer Zusammenhänge beitragen. Dieser Sachverhalt ließe sich auch an einer Beobachtung verdeutlichen, die ANDREAS HAUG 1994 gelang, als er eine in ihrer geographischen Streuung rätselhafte, ja geradezu irritierende Spätüberlieferung des alten Ostertropus *Postquam factus homo* ebenfalls als Folge der Hirsauer Reform zu interpretieren vermochte.[5]

Eine wichtige Voraussetzung für den Nachweis solcher Zusammenhänge ist der Rekurs auf den normativen Text zur Regelung des Repertoires der Hirsauer Liturgie. Dieser liturgische ›Metatext‹ ist, wie ich 1992 zeigen konnte, in dem seit längerem edierten ›Liber ordinarius‹ des seit Ende des 11. Jahrhunderts hirsauisch geprägten Klosters Rheinau greifbar: Wie sich im Vergleich mit parallelen Quellen aus weiteren Klöstern des Reformkreises erweist – nebst Rheinau betrifft dies Zwiefalten und Weingarten im schwäbischen Einflußbereich Hirsaus sowie die altehrwürdige Abtei Schuttern in der Ortenau und das bereits erwähnte friulanische Moggio[6] –, ist der als Rheinauer Normtext edierte Ordinarius in Wirklichkeit eine (geringfügig) lokal überfärbte Fassung der Hirsauer Kodifizierung. Daß dabei mit Moggio ein Kloster ins Blickfeld rückt, das einem ganz anderen geographischen und diözesanen Kontext angehört als Hirsau und sein unmittelbares südwestdeutsches Umfeld, gibt dieser Überlieferung ein besonderes Gewicht für die Beweisführung und ist zugleich ein eindrucksvoller Beleg für die Reichweite der Hirsauer Ausstrahlung.

Bietet der ›Liber ordinarius‹ also einen Schlüssel, um Befunde wie die angesprochene Übereinstimmung der adventlichen Responsorienfolge oder die von HAUG beobachteten ›Zweitkarriere‹ des Ostertropus zu deuten, so ist er doch sehr viel mehr als nur ein Auskunftsinstrument für die Rekonstruktion des liturgischen Repertoires und den Nachweis entsprechender Übereinstimmun-

---

[4] Vgl. dazu HEINZER, ›Liber Ordinarius‹ [Anm. 1], S. 309–347, bes. S. 318–334, und – unabhängig davon – DAVID HILEY, Western Plainchant. A Handbook, Oxford 1993, S. 578.

[5] HAUG [Anm. 1].

[6] Näheres zu den Textzeugen aus Rheinau, Weingarten, Moggio und Zwiefalten in HEINZER, ›Liber Ordinarius‹ [Anm. 1]. Die Überlieferung aus Schuttern (die eine bisher nicht belegte Verbindung der Ortenau-Abtei zu Hirsau anzudeuten scheint) war mir damals noch nicht bekannt; es handelt sich um die 1276 datierte Handschrift Colmar, Bibliothèque Municipale, Ms. 331 (vgl. Catalogue des manuscrits en écriture latine portant des indications de date ou de lieu de copiste, vol. 5, Paris 1965, Textband, S. 123, Tafelbd., Pl. XXVI).

gen innerhalb des Reformverbands. Als Ausdruck bewußter Normierung und Kodifizierung verweist er zugleich auf den tieferen Grund solcher Konkordanzen, der im Streben nach Gleichförmigkeit und Einheitlichkeit der Lebenspraxis zu suchen ist. Der nachdrückliche Hinweis auf dieses letztlich theologisch begründete Prinzip ist gerade im Hinblick auf unser Thema kein überflüssiger Exkurs, denn nur weil solche *uniformitas* den Status eines substantiellen, ja geradezu zentralen Ziels reformerischer Aktivität beansprucht, ist sie auch stark genug, um die Adressaten von Reform zum Verzicht auf Altes und Gewohntes zu bewegen und so die Voraussetzungen für den Transfer und die Rezeption von Neuem und Fremdem zu schaffen. Dies gilt in besonderem Maß für die Liturgie, die ihrem Wesen nach konservativ und beharrungswillig ist.[7]

In geradezu klassischer Form findet sich dieses Prinzip liturgischer Gleichförmigkeit bekanntlich in der sogenannten ›Charta Caritatis‹, der ersten ›Verfassungsurkunde‹ der Zisterzienser, formuliert, wobei die angeordnete Übereinstimmung der liturgischen Gebräuche und Gesänge und der liturgischen Bücher der Tochterklöster mit Cîteaux zunächst eher pragmatisch begründet wird – es soll einer möglichen Verwirrung und Unordnung aufgrund der personellen Fluktuation zwischen Cîteaux und den übrigen Klöstern entgegengewirkt werden –, dann aber durch den Rekurs auf das Ideal der *una caritas*, des Lebens »in der einen Liebe, nach der einen Regel und nach den gleichen Gebräuchen« auch eine theologische Vertiefung erfährt.[8]

Die erhaltenen liturgischen Bücher der Zisterzienser belegen, daß dank neuer, zentralistisch strukturierter Mechanismen der Kommunikation und Kontrolle eine erstaunliche Annäherung der Wirklichkeit an dieses Ideal erreicht werden konnte. Dieser Grad von Uniformität ist charakteristisch für jene Form von geistlicher Gemeinschaft, die wir als Orden bezeichnen können. Gegenüber den Möglichkeiten und Ansprüchen eines eher losen Kloster-Verbands, wie ihn Cluny und die von ihm beeinflußten Reformbewegungen, so auch Hirsau, repräsentieren, ist hier ein eigentlicher Qualitätssprung in der organisatorischen Stringenz zu konstatieren. Das heißt zugespitzt formuliert: Während die liturgischen Bräuche und Bücher eines spanischen, eines englischen und

---

[7] Für grundsätzliche Überlegungen zu diesem Thema vgl. FELIX HEINZER, Kodifizierung und Vereinheitlichung liturgischer Traditionen. Historisches Phänomen und Interpretationsschlüssel handschriftlicher Überlieferung, in: Musik in Mecklenburg. Beiträge eines Kolloquiums zur mecklenburgischen Musikgeschichte (Rostock 24.–27. Sept. 1997), hg. von KARL HELLER [u. a.], Hildesheim 2000 (Studien und Materialien zur Musikwissenschaft 21), S. 85–106.

[8] *Et quia omnes monachos ipsorum ad nos venientes in claustro nostro recipimus, et ipsi similiter nostros in claustris suis, ideo opportunum nobis videtur et hoc etiam volumus, ut mores et cantum et omnes libros ad horas diurnas et nocturnas et ad missas necessarios secundum formam morum et librorum novi monasterii* [i. e. Cîteaux] *possideant, quatinus in actibus nostris nulla sit discordia, sed una caritate una regula similibusque vivamus moribus.* JEAN DE LA CROIX BOUTON/JEAN-BAPTISTE VAN DAMME, Les plus anciens textes de Cîteaux, Achel 1974 (Cîteaux. Studia et Documenta 2), S. 92.

eines thüringischen oder böhmischen Zisterzienserklosters im 12. und 13. Jahrhundert trotz großer Distanz vom französischen Zentrum in sehr weitgehendem Maße übereinstimmen, so ergibt sich im Einflußbereich eines offenen Gefüges, wie es der Hirsauer Kreis darstellt, ein deutlich differenzierteres Bild. Die Annahme, an der Peripherie dieses Kreises sei eine genaue Replik der Liturgie Hirsaus oder gar Clunys zu greifen, unterschätzt die Brechungen, denen der historische Transferprozess mehrfach unterworfen war.

Es geht dabei um mindestens zwei Phasen der Übermittlung und damit auch der Überformung. Der erste Schritt betrifft das Eintreten Hirsaus in die Einflußsphäre Clunys um etwa 1080 – ein Vorgang, der, wie die schlagwortartige Bezeichnung Hirsaus als ›deutsches Cluny‹ deutlich macht, auch eine Überschreitung kultureller Grenzen (Frankreich/Deutschland – ›Romania‹/›Germania‹) zu implizieren scheint. Aus diesem Vorgang des Empfangens, in der Hirsau als Teil der Peripherie Clunys zu sehen ist, erwächst eine zweite Phase, in der Hirsau seinerseits den Part des Gebens übernimmt und selbst zum Zentrum eines eigenen Reformkreises wird, wobei diese zweite Phase weiter zu differenzieren ist: Klöster wie St. Georgen im südlichen Schwarzwald oder auch die österreichischen Abteien Admont und Göttweig (die Beispiele wären noch vermehrbar) werden ihrerseits zu Subzentren, um die sich kleinere Reformkreise formieren, denen durchaus eine gewisse Sonderprägung eignen kann.

Bereits für die erste Transferstufe, also von Cluny nach Hirsau, spielen Aspekte der Transformation eine wichtige Rolle. So hat die Fuldaer Benediktinerin CANDIDA ELVERT in einer Untersuchung über den Entstehungsprozeß der Hirsauer ›Constitutiones‹ zu Recht betont, für Wilhelm von Hirsau habe bei seiner Orientierung am burgundischen Vorbild nicht die ungebrochene »Konformität der künftigen Hirsauer Bräuche mit denjenigen Clunys« im Vordergrund gestanden, sondern die Bemühung um einen überarbeiteten, »für die Lebensumstände seiner Abtei geeigneten Text«.[9] Allerdings wäre dabei zu betonen, daß die Ausrichtung nach einem Vorbild und das Bemühen um Adaption nicht als Gegensatz oder gar Widerspruch, sondern vielmehr als komplexes und dialektisches Wechselspiel zu sehen wären: im Sinne einer rekontextualisierenden und daher stets auch in gewissem Ausmaß transformierenden Rezeption.

Ein Blick auf die Texte selbst, die die Kontakte zwischen Hirsau und Cluny und das Ergebnis dieses Transferprozesses dokumentieren,[10] zeigt dies in ver-

---

[9] CANDIDA ELVERT, Eine bisher unerkannte Vorstufe zu den ›Constitutiones Hirsaugienses‹, Revue Bénédictine 104 (1994), S. 379–418, hier S. 383.

[10] Vgl. dazu MONIQUE GARAND, Les plus anciens témoins conservés des Consuetudines Cluniacenses d'Ulrich de Ratisbonne, in: Scire litteras. Forschungen zum mittelalterlichen Geistesleben [Bernhard Bischoff zum 80. Geburtstag gewidmet], hg. von SIGRID KRÄMER/MICHAEL BERNHARD, München 1988, S. 171–182, und v. a. ELVERT [Anm. 9], S. 381f.; neuerdings auch PIUS ENGELBERT, Wilhelm von Hirsau und Gregor VII., Römische Quartalschrift für christliche Altertumskunde und Kirchengeschichte 100 (2005), S. 145–180.

schiedener Hinsicht. Instruktiv ist insbesondere der Prolog von Wilhelms Hirsauer Brauchtext, wo er diesen als eine vom Großabt Hugo in Cluny autorisierte, in vernünftiger Weise an die kulturelle, geographische und klimatische Situation des Zielortes angepaßte Form der aus Cluny importierten *consuetudo* charakterisiert:

> *Accepimus [...] mandatum a Domino Hugone venerabili Cluniacensium abbate, ut sua freti auctoritate [...] prout ipsa declarat ratio, secundum morem patriae, loci situm et aeris temperiem de eisdem consuetudinibus si quid esset superfluum demeremus, si quid mutandum mutaremus, si quid addendum adderemus [...]*[11]

Diese bemerkenswerte Formulierung belegt, daß in der Tat beides intendiert ist: die bewußt gesuchte Vergewisserung und Beglaubigung des Rückbezugs auf den Ausgangspunkt des Transfers, aber auch der Wille zur verändernden Adaption im Hinblick auf die Zielsituation, den *mos patriae*, wie Wilhelm prägnant formuliert. Zugleich zeigt dieser Text, daß dieser Vorgang der Transformation von der empfangenden Seite, hier also von Wilhelm, durchaus wahrgenommen wurde, offenbar aber als Ausdruck bewußter und reflektierter (*prout ipsa declarat ratio*) situationsorientierter Flexibilität zu verstehen ist.[12]

Daß die Rezeption cluniazensischer Liturgie in Hirsau tatsächlich in starkem Maße einer Brechung unterworfen war, zeigt eine genaue Analyse des aus dem ›Liber ordinarius‹ rekonstruierbaren Repertoires. Ich brauche nur an HESBERTS eingangs erwähnte Aufstellung zu den Adventsresponsorien zu erinnern, mit ihrer klaren Scheidung zwischen »groupe clunisien« einerseits und »groupe germanique« mit den Hirsauer Zeugen als Untergruppe andererseits. Analoges gilt für andere traditionsspezifische Repertoire-Elemente.[13] Ganz anders der Befund bezüglich der Rubriken des ›Liber ordinarius‹ oder auch der in Wilhelms ›Constitutiones‹ eingestreuten Hinweise zum liturgischen Zeremoniell: Hier sind nicht selten wörtliche Übereinstimmungen mit Ulrich, d. h. mit Cluny, festzustellen. Das heißt: Bezüglich des Repertoires der Texte und Gesänge bleibt Hirsau zwar seiner geographischen Situation verhaftet,[14] für die ›Choreogra-

---

[11] PL 150, 929 CD.

[12] Für Einzelheiten verweise ich auf meinen Beitrag, Musik und Liturgie zwischen Reform und Repräsentation. Ein Graduale-Sequentiar des frühen 13. Jahrhunderts aus der schwäbischen Abtei Weingarten (Wien, Kunsthistorisches Museum, Hs. 4981), in: Wiener Quellen der Älteren Musikgeschichte zum Sprechen gebracht, hg. von BIRGIT LODES, Tutzing 2007 (Wiener Forum für ältere Musikgeschichte 1), S. 117f.

[13] Auch hier verweise ich auf den Anm. 12 genannten Beitrag (dort S. 121 mit Anm. 27–31)

[14] Vgl. beispielsweise KRUCKENBERG [Anm. 1] zum Sequentiar, das im wesentlichen Notkers ›Liber hymnorum‹ in der seit dem zehnten Jahrhundert im deutschsprachigen Raum weitgehend etablierten Gestalt rezipiert und diesen Grundbestand lediglich an einigen Stellen reorganisiert und verändert. In einigen Fällen dürfte auch ganz unmittelbar der Einfluß der vorhirsauischen Tradition von Wilhelms Herkunftskloster St. Emmeram in Regensburg greifbar werden, etwa im Falle des Tropus *Postquam factus* oder auch bei einigen Besonderheiten des Sequenzenrepertoires. Vgl. dazu erneut HEINZER, Musik und Liturgie [Anm. 12], S. 119f. und 125.

phie‹ des Gottesdienstes – insbesondere im Hinblick auf das Prinzip der ›Steigerung‹ (um eine nachgerade klassische Formulierung von KASSIUS HALLINGER aufzunehmen) – folgt Wilhelm hingegen ganz eng dem burgundischen Vorbild.[15]

Einen bemerkenswerten Reflex dieser ›Misch-Konstellation‹ bietet auch der bereits erwähnte ›Hirsauer‹ Oster-Tropus *Postquam factus*: Da Cluny der Tropenpraxis offensichtlich ablehnend gegenüberstand,[16] muß Wilhelm, wie ANDREAS HAUG betont hat, den Anstoß, dieses Erweiterungselement als verbindlichen Bestandteil in seine Reformliturgie aufzunehmen, aus einer anderen Richtung erhalten haben, vermutlich aus seinem Herkunftskloster St. Emmeram in Regensburg, wo *Postquam factus* seit dem 10. Jahrhundert bekannt war.[17] Auf der anderen Seite zeigt sich, daß in Cluny der Beginn der Ostermesse ebenfalls in besonderer Weise ausgezeichnet wurde, indem der Eingangsgesang der Messe bei dieser Gelegenheit einen zusätzlichen zweiten Vers (*versus ad repetendum*) erhielt, so daß der antiphonale Teil entsprechend dreimal wiederholt wird, wie Ulrich besonders hervorhebt (*Introitus ter recantatur quia duos versus habet*).[18] Es gibt also zwischen Hirsau und seinem französischen Vorbild eine Entsprechung in der grundsätzlichen Zielsetzung, eben einer Steigerung der Emphase dieses herausragenden liturgischen Moments durch eine Amplifizierung des Introitus. Für die inhaltliche Umsetzung dieser Strategie rekurriert man aber in Hirsau auf ›einheimisches‹ Material und verläßt dabei textlich im Gegensatz zu Cluny, das mit einem zusätzlichen Psalmvers operiert, den Bereich des sanktionierten biblischen Textes zugunsten einer freien, dichterischen Gestaltung des Erweiterungselementes.[19]

So bestätigt sich hier im Detail, was wir für das Ganze der Hirsauer Liturgie feststellen konnten: Die Rezeption des transferierten Impulses erfolgt nicht in Form einer kompletten Übernahme des Vorbilds, die eine radikale Verdrängung der angestammten Tradition bedingen würde, sondern führt zu einer Verbindung des Neuen, von außerhalb Empfangenen mit dem Eigenen.

Einen ganz ähnlichen Befund hat ANNELIESE SEELIGER-ZEISS im Bereich der Bauplastik von Kirchenportalen, speziell der Tympanongestaltung, für das Verhältnis zwischen cluniazensischen Denkmälern in Burgund und der Rezeption solcher Modelle im Falle hirsauisch geprägter Klöster in Südwestdeutschland beobachten können. Einer verblüffend engen Anlehnung an Cluny im Bereich

---

[15] Vgl. KASSIUS HALLINGER, Überlieferung und Steigerung im Mönchtum des 8. bis 12. Jahrhunderts, in: Eulogia. Miscellanea liturgica in onore di Burkhard Neunheuser, Rom 1979 (Studia Anselmiana 68), S. 125–187.
[16] Dazu DAVID HILEY, Cluny, Sequences and Tropes, in: La tradizione dei tropi liturgici, hg. von CLAUDIO LEONARDI/ENRICO MENESTÒ, Spoleto 1990, S. 125–138.
[17] Ich führe hier Beobachtungen und Überlegungen von ANDREAS HAUG [Anm. 1], S. 340f., weiter.
[18] PL 149, 665A.
[19] Näheres dazu in meinem in Anm. 12 genannten Beitrag, bes. S. 118–120.

der Bildprogramme steht hier eine absolute Eigenständigkeit hinsichtlich der reichhaltigen und sprachlich anspruchsvollen Inschriften gegenüber, die in der Regel die Bilddarstellungen in den südwestdeutschen Tympana begleiten und erschließen, während solche Texte im Umfeld von Cluny meist gänzlich fehlen. Ein Paradebeispiel dafür bietet das vor den Toren der Bischofsstadt Konstanz gelegene Petershausen, das gegen Ende des 11. Jahrhunderts vom Konstanzer Bischof Gebhard III., einem früheren Hirsauer Mönch, der Reform zugeführt wurde. Das fragmentarisch erhaltene Portal zeigt im Ikonographischen eine geradezu schlagende Affinität zu burgundischen Vorbildern wie den cluniazensischen Prioratskirchen in Montceaux-l'Eglise oder Anzy-le-Duc, die aber mit einer völligen Eigenständigkeit hinsichtlich des epigraphischen Aspekts kontrastiert.[20]

Kommen wir noch einmal zurück zum Bereich der Liturgie und fragen hier nach dem Verhältnis Hirsaus als gebende Institution im Verhältnis zu den Klöstern, die von seinem Einfluß im südwestdeutschen Umfeld, aber auch im mittelrheinischen Raum, in Niedersachsen, Thüringen, Bayern, Österreich und sogar in Friaul erfaßt werden, so ist eine weitere Brechung unübersehbar. Was sich in Hirsau herausgebildet hat, wird zwar gezielt an die neu zu gründenden oder zu reformierenden Häuser weitergegeben – wir wissen von entsprechenden Exporten liturgischer Handschriften,[21] und wir kennen immerhin ein halbes Dutzend Exemplare des Hirsauer Ordinarius aus empfangenden Klöstern –, doch führen Untersuchungen immer wieder zu dem Ergebnis, daß das textliche und musikalische Repertoire liturgischer Handschriften aus Hirsauer Klöstern zwar in substantieller Weise übereinstimmt, gleichzeitig aber auch die Präsenz von Elementen lokaler und regionaler Sondertraditionen wahrnehmbar wird – im Bodenseeraum etwa betrifft dies insbesondere Spuren der Reichenauer Tradition.[22]

Dieser inhaltliche Befund wiederholt sich in analoger Weise im Zusammenhang mit formalen Aspekten des Buchs. Dessen mediale Rolle als Vermittler ästhetischer Impulse hat gerade im Bereich der Liturgie als einem von kirchlichen Reformen normativ in besonderer Weise aufgeladenen Bereich erhebliche Bedeutung, da Bücher als privilegierte Vermittler reformerischer Programmatik mit ihren Inhalten zugleich auch ästhetische Vorbildhaftigkeit bezüglich Schrift, Layout oder buchmalerischer Ausstattung transportieren: Komponenten, die in

---

[20] ANNELIESE SEELIGER-ZEISS, Epigraphie et iconographie des portes romanes en Bade-Wurtemberg, in: Epigraphie et iconographie. Actes du colloques tenu à Poitiers les 5–8 octobre 1995, sous la dir. de ROBERT FAVREAU, Poitiers 1996, S. 211–225. Für Petershausen ebd., S. 223: »Pour l'iconographie il existe une parenté étonnante entre la majesté [...] et celles de certaines façades françaises [...] Les observations du point de vue épigraphique, au contraire, montrent bien que le tympan de Petershausen est une oeuvre singulière en raison de la richesse des inscriptions«.
[21] Vgl. dazu HEINZER [Anm. 2], S. 263.
[22] Ausführlicher dazu HEINZER, Musik und Liturgie [Anm. 12].

gewisser Weise an der Autorität und dem normativen Charakter des Inhaltlichen partizipieren. Das eindrucksvollste Beispiel solcher Vorbildwirkung ist sicherlich die erfolgreiche Karriere der sogenannten karolingischen Minuskel im Zuge der Verbreitung des Reformprogramms Karls des Großen und seiner Nachfolger, das sich in ausgeprägter Weise des Buchs als Medium bedient.

Läßt sich Ähnliches auch für Hirsau nachweisen? Hatte seine Buchkultur ebenfalls vorbildhafte oder gar stilbildende Funktion, zumindest innerhalb seines Reformkreises? Diese Frage ist kaum befriedigend zu beantworten, und zwar einfach deshalb nicht, weil das erhaltene Material – v. a. aus Hirsau selbst – sehr spärlich ist. Die teilweise besser erhaltenen Handschriftenbestände von Tochterklöstern lassen allenfalls den vorsichtigen Schluß zu, daß eine gewisse Sparsamkeit und Zurückhaltung der materiellen und formalen Mittel, insbesondere die klare Bevorzugung der Federzeichnung, als Merkmal eines Hirsauer Stils gelten können. Damit ist insofern nichts Wesentliches gewonnen, als eine derartige Tendenz im Kontext hochmittelalterlicher Klosterreform wohl weder überraschend noch ungewöhnlich ist. Immerhin läßt sich aber im Vergleich mit der romanischen Buchproduktion in Klöstern wie Schaffhausen (Allerheiligen), Zwiefalten, Prüfening oder St. Peter in Erfurt bei aller unübersehbaren Differenz auch so viel Gemeinsames erkennen, daß man wohl auch hier eine Dialektik von einheitlicher Grundausrichtung und Offenheit gegenüber regional oder gar lokal bedingten Einflüssen und Traditionen voraussetzen darf. Allerdings bleibt da im einzelnen noch vieles zu klären.[23]

In noch stärkerem Maß dürfte dies für einen anderen Bereich ästhetischer Wirkung der Reform gelten: die schwierige Frage einer Hirsauer ›Bauschule‹. ROLF BERGER hat auf der einen Seite Züge einer spezifischen »Hirsauer Baupropaganda« festgestellt und den Versuch unternommen, »Hirsauer Identitäts-›Zeichen‹«, etwa Arkadenrahmungen, Schachbrettfriese, Sockelumlaufportale, Kapitellnasen und Ecksporenbildungen an den attischen Säulenbasen zu benennen,[24] kommt aber in der Synthese seiner umfangreichen Einzeluntersuchungen zum Schluß, daß Wilhelm beim Neubau von St. Peter und Paul in Hirsau zwar Grundanregungen aus Cluny übernommen, diese aber unter Rückgriff auf das ihm vertraute architektonische Formenarsenal und die technischen Gestaltungsmöglichkeiten seiner Zeit umgesetzt habe. Bei den zahlreichen Neubauten im

---

[23] Vgl. HEINZER, Buchkultur [Anm. 2]. An seither erschienenen kunsthistorisch orientierte Arbeiten sind u. a. zu nennen: Katalog der illuminierten Handschriften des 12. Jahrhunderts aus dem Benediktinerkloster Allerheiligen, bearb. von ANNEGRET BUTZ, hg. von WOLFGANG AUGUSTYN, Stuttgart 1994; SIGRID VON BORRIES-SCHULTEN, Trier oder Hirsau. Ein kaum bekanntes spätottonisches Festlektionar in London, Münchner Jahrbuch der bildenden Kunst, Dritte Folge, 54 (2003), S. 45–75; CHRISTINE SZKIET, Reichenauer Codices in Schaffhausen. Die frühen Handschriften des Schaffhauser Allerheiligenklosters und ihre Stellung in der südwestdeutschen Buchmalerei des 11. Jahrhunderts, Kiel 2005.

[24] ROLF BERGER, Hirsauer Baukunst – ihre Grundlagen, Geschichte und Bedeutung, Bd. 1, Witterschlick/Bonn 1995 (Beiträge zur Kunstgeschichte 12), S. 172–174.

Zuge der Verbreitung der Hirsauer Reform seien lediglich Zitate im Sinne einer »Wiedererkennungssymbolik« verwendet worden, bei denen es fraglich sei, ob von einer eigentlichen Bauschule zu sprechen sei. Dennoch sei der Grundgedanke einer Zusammengehörigkeit der reformerischen Bauten richtig, die bei aller Berücksichtigung der Relevanz lokaler Traditionen eben doch eine überregionale Wirkung und Bedeutung der Hirsauer Baukunst begründe.[25]

Was läßt sich schließlich für die Frage nach möglichen Merkmalen eines spezifischen literarischen Profils der Hirsauer sagen? Gibt es hier Ansätze, die sich in irgendeiner Form mit dem im Bereich des Liturgischen nachgewiesenen Verschriftlichungsschub vergleichen ließen?

Der erhaltene Buchbestand in Hirsau selbst ist, wie schon erwähnt, so gering, daß die (tastende!) Suche nach Antworten auf diese Fragen erneut wie schon bei den liturgischen Büchern auf die Überlieferung aus dem gesamten Netzwerk der Reform angewiesen ist. Erste Diskussionsanstöße könnten hier von der Dissertation von Camilla Badstübner-Kizik über die ›Vita Paulinae‹, einer um 1150 zu datierenden Biographie der Gründerin des thüringischen Klosters Paulinzella aus der Feder des wohl aus Hirsau stammenden Mönchs Sigeboto, ausgehen, die als »Denkmal hirsauischer Reformliteratur des 12. Jahrhunderts« (so der Untertitel der Arbeit) vorgestellt und gedeutet wird.[26] Außerdem hat jüngst Henrike Lähnemann Überlegungen vorgelegt, die ebenfalls die literarische Gattung der Lebensbeschreibung thematisieren: Ausgehend von Willirams ›Expositio in Cantica Canticorum‹ wird hier auch seine ›Aurelius-Vita‹, also die Lebensbeschreibung des alten Hirsauer Klosterpatrons, in den Blick genommen und dabei die These zur Debatte gestellt, daß im Horizont eines Personendreiecks zwischen Otloh von St. Emmeram, Williram von Ebersberg und Wilhelm von Hirsau ein sehr bemerkenswertes Ineinander von geistlichem Reforminteresse und anspruchsvoller Textproduktion erkennbar wird.[27] Auch die vom Hirsauer Mönch Heimo (Haimo) verfaßte Vita Abt Wilhelms selbst wäre in diese Diskussion einzubeziehen und möglicherweise gilt dies ebenso für das berühmte ›Zwiefaltener Passionale‹ (WLB Stuttgart, Cod. bibl. 2° 56–58) aus der Zeit um 1120–1135, das in bezug auf seine Einzeltexte zwar nicht un-

---

[25] Berger, Baukunst [Anm. 24], Bd. 3, 1997, S. 957–962.
[26] Camilla Badstübner-Kizik, Die Gründungs- und Frühgeschichte des Klosters Paulinzella und die Lebensbeschreibung der Stifterin Paulina, Münster/Hamburg 1993. Vgl. auch Franz J. Worstbrock, Sigeboto von Paulinzella OSB, ²VL, Bd. 8, 1992, Sp. 1231f.
[27] Henrike Lähnemann, Concordia persanctae dilectionis. Freundschaft als literarisches Modell in der Aurelius-Vita Willirams von Ebersberg, OGS 36 (2007) (= Amicitia: Friendship in Medieval Culture. Papers in Honour of Nigel F. Palmer, ed. by Almut Suerbaum and Annette Volfing), S. 184–194. – Zur ›Aurelius-Vita‹ Willirams und den damit verbundenen programmatischen Aspekten vgl. auch schon Theodor Klüppel, Der heilige Aurelius in Hirsau. Ein Beitrag zur Verehrungsgeschichte des Hirsauer Klosterpatrons, in: Hirsau St. Peter und Paul Bd. 2 [Anm. 2], S. 221–258. bes. S. 247f.

bedingt als kreative literarische Leistung gelten kann, in seiner Gesamtkonzeption jedoch als monumentales Denkmal ausgeprägter hagiographischer Interessen des Hirsauer Kontexts zu sehen ist.[28] Jedenfalls könnte ein spezifischer Beitrag der Hirsauer Bewegung zur literarischen Topographie des deutschen Südwestens nach derzeitigen Eindrücken zu schließen am ehesten im Bereich des hagiographischen Schrifttums zu erwarten sein.

Fragt man nach einer stärkeren Profilierung dieses im klösterlichen Raum generell beliebten thematischen Schwerpunkts, könnte man – zumindest bei der ›Vita Paulinae‹ – ein hirsauisches Spezifikum vielleicht am ehesten in der Tendenz zu einer Vermittlung adliger mit klösterlichen Idealen sehen: »Die ritterliche Vergangenheit und die Tugenden von Vater, Sohn und ›Neffen‹ Paulinas werden in die Reform integriert.«[29] Das würde einem immer wieder hervorgehobenen Grundzug der Hirsauer Bewegung entsprechen, nämlich einer schon im Zentrum wie in den einzelnen Brennpunkten ihrer Peripherie im Kontext von Stiftung oder Erneuerung bestehender Klöster regelmäßig zu beobachtenden Verflechtung mit dem unmittelbaren herrschaftlich-adligen Umfeld, die sich im übrigen auch im Zusammenhang mit der eben erwähnten ›Aurelius-Vita‹ Willirams von Ebersberg beobachten läßt. Wie KARL SCHMID scharfsinnig gezeigt hat, war es wohl die gräfliche Gründerfamilie selbst, die wesentlich zur Renaissance der Aurelius-Verehrung beigetragen und auch die aufwendigen Recherchen nach den Überresten des alten Klosterpatrons angestoßen und finanziert hatte.[30] Klösterliches Leben in dem von Wilhelm und seiner Reform intendierten Sinne meinte – gerade auch im Zuge der Bemühungen um Königsunabhängigkeit im Horizont des Investiturstreits – »Mönchsein in der Adelsgesellschaft des Mittelalters«.[31] Von dieser eigentümlichen Allianz von Adel und Reformmönchtum an der Wende vom 11. zum 12. Jahrhundert, in der sich »mit den geistlichen Zielen [...] herrschaftliche Interessen [verbanden]«,[32] führt im übrigen dann auch ein einigermaßen direkter Weg zu jener Interferenz monastischer und höfischer Kultur, die im Zusammenspiel des thüringischen Landgrafenhofs

---

[28] Zu Heimo vgl. WOLFGANG IRTENKAUF, Heimo von Hirsau, ²VL, Bd. 3, 1981, Sp. 651–653. Zum Passionale s. jetzt Das Zwiefaltener Passionale. Stuttgart, Württembergische Landesbibliothek, Cod. bibl. 2 56–58, Bd.2: Die Miniaturen, bearb. von HERRAD SPILLING, Bd. 3: Kommentar zu den Legenden, bearb. von MECHTHILD PÖRNBACHER, Lindenberg 2004.
[29] BADSTÜBNER-KIZIK [Anm. 26], S. 162.
[30] KARL SCHMID, Sankt Aurelius in Hirsau 830 (?) – 1048/75. Bemerkungen zur Traditionskritik und zur Gründerproblematik, in: Hirsau St. Peter und Paul, Bd. 2 [Anm. 2], S. 11–43, hier S. 34f.
[31] KLAUS SCHREINER, Hirsau und die Hirsauer Reform. Spiritualität, Lebensform und Sozialprofil einer benediktinischen Erneuerungsbewegung im 11. und 12. Jahrhundert, in: Hirsau St. Peter und Paul, Bd. 2 [Anm. 2], S. 59–84, hier S. 70. Vergleichbar auch schon KARL SCHMID, Adel und Reform in Schwaben, in: Investiturstreit und Reichsverfassung, hg. von JOSEF FLECKENSTEIN, Sigmaringen 1973 (Vorträge und Forschungen 17), S. 295–319.
[32] Ebd., S. 62.

und des hirsauisch geprägten Klosters Reinhardsbrunn so bedeutende buchkünstlerische Produkte wie den ›Landgrafenpsalter‹ (heute WLB Stuttgart, HB II 24) und den ›Elisabethpsalter‹ (Cividale, Museo Archeologico Nazionale, Ms. CXXXVII) hervorbringen sollte.[33]

Einen Sonderfall, der abschließend kurz anzusprechen ist, stellt in diesem Rahmen das ›Speculum Virginum‹ dar,[34] das thematisch ebenfalls in den Zusammenhang eines im Dienste der Bereitstellung asketischer Modelle stehenden literarischen Engagements gerückt werden darf. Die Hirsauer Verbindungen dieses im 12. Jahrhundert (und in einem zweiten Rezeptionsschub erneut im 15. Jahrhundert) so wirkmächtigen Werkes werden jedoch kontrovers diskutiert. Um 1500 war das Werk in Hirsau, wie beispielsweise Zitate daraus in Inschriften im neuen Dormitorium des Klosters zeigen, durchaus präsent, und Johannes Trithemius schreibt es einem Hirsauer Mönch Peregrinus alias Konrad zu. Der genaue Zusammenhang mit den im Hirsauer Bibliothekskatalog des 12. Jahrhunderts verzeichneten Büchern eines Hirsauer Mönchs namens Peregrinus (*cuiusdam monachi Hirsaugiensis cognomento Peregrini*) bleibt allerdings strittig. Ich selbst hatte 1991 noch die Möglichkeit eines Hirsauer Ursprungs der von ELEANOR S. GREENHILL als Autograph taxierten Londoner Handschrift (BL, Ms. Arundel 44) in Betracht gezogen,[35] was ich allerdings nach zwischenzeitlicher Autopsie der Handschrift so nicht mehr vertreten kann. Während CONSTANT J. MEWS dieser Hirsauer Lokalisierung gefolgt ist, hat JUTTA SEYFARTH eine Reihe von Argumenten vorgebracht, die eher für das Milieu der Augustiner Reformkanoniker und -kanonissen der Springiersbacher Richtung sprechen, was NIGEL F. PALMER aufgenommen und zugleich in einen Zusammenhang mit der um 1200 einsetzenden Rezeption in Klöstern des Zisterzienserordens gebracht hat.[36] Ganz unabhängig von der Frage der Entstehung des ›Speculum‹ scheint mir freilich für eine Diskussion literarischer Traditionszusammenhänge auch der Rezeptionsaspekt von erheblicher Bedeutung zu sein. Ikonographische Zusammenhänge deuten darauf hin, daß eine Handschrift des Werks offenbar auch in

---

[33] Vgl. HARALD WOLTER-VON DEM KNESEBECK, Der Elisabethpsalter in Cividale del Friuli. Buchmalerei für den Thüringer Landgrafenhof zu Beginn des 13. Jahrhunderts, Berlin 2001; DERS., Der Einband des Elisabethpsalters in Cividale del Friuli. Rheinische ›Kleinkunst‹ am Hofe der Ludowinger, Zeitschrift des Deutschen Vereins für Kunstwissenschaft 54/55 (2000/01), S. 63–103.

[34] Speculum virginum, hg. von JUTTA SEYFARTH, Turnhout 1990 (CCCM 5); Speculum Virginum – Jungfrauen Spiegel, hg. von JUTTA SEYFARTH, lat.-dt., Bd. 1–3, Freiburg [usw.] 2001 (Fontes christiani 30). Vgl. auch ROBERT BULTOT, Konrad von Hirsau, ²VL, Bd. 5, 1985, Sp. 204–208, bes. S. 205.

[35] HEINZER [wie Anm. 2], S. 270f.

[36] CONSTANT J. MEWS, Hildegard of Bingen, The Speculum Virginum and Religious Reform, in: Hildegard von Bingen in ihrem historischen Umfeld, hg. von ALFRED HAVERKAMP, Mainz 2000, S. 237–267, hier S. 244–249; SEYFARTH [Anm. 34], S. 37*–39*, lat.-dt. Ausgabe [Anm. 34], S. 13–25 (mit Hinweisen auf Verbindungen zum Regularkanoniker Hugo de Folieto und seinem Traktat ›De claustro animae‹; NIGEL F. PALMER, Zisterzienser und ihre Bücher, Regensburg 1998, S. 76–80.

der Hirsauer Tochtergründung Zwiefalten im 12. Jahrhundert präsent war und dort eine durchaus inspirierende Wirkung ausübte; dieser Befund könnte als Indiz dafür gelten, daß ein Text wie dieser, auch wenn er nicht in Hirsau selbst entstanden sein sollte, eben doch sehr paßgenau in das Programm der Reform und damit auch in das Profil ihrer literarischen Interessen und Schwerpunkte zu integrieren war.[37]

Zusammenfassend ist festzuhalten, daß das Gefüge der Hirsauer Reformbewegung des 11. und 12. Jahrhunderts ein beträchtliches Potential an Kommunikations- und Transferleistungen entwickelte, das sowohl durch den Ursprungsrekurs auf Cluny als auch aufgrund seiner weit ausgreifenden Ausstrahlung für eine Diskussion internationaler Dimensionen mittelalterlicher Kultur und ihrer Kommunikationsmechanismen von beachtlichem Interesse ist. Bezeichnend erscheint dabei die in sämtlichen untersuchten Feldern beobachtete Offenheit und Integrationsfähigkeit gegenüber lokalen und regionalen Traditionen – ein situationsbezogener Pragmatismus, der im Hinblick auf die organisatorischen Strukturen des Reformverbands wie auf das entsprechende Zusammengehörigkeits- und Identitätsbewußtsein ein vergleichsweise flexibles Konzept repräsentiert. Diese offene Situation steht in dezidiertem Gegensatz zur erheblich stringenteren, zentralistisch und uniformistisch ausgerichteten Organisationsstruktur der fast zeitgenössisch auftretenden Zisterzienser und der Bettelorden des 13. Jahrhunderts. Damit dürfte auch einer der Gründe benannt sein, weshalb die Hirsauer schon bald unter massiven Konkurrenzdruck gerieten. Für das unmittelbare Umfeld des Reformzentrums belegt dies der in diesem Zusammenhang immer wieder zitierte Brief von Papst Innozenz II. an die Zisterzienseräbte der Umgebung, die offenbar *fugitivi,* also Überläufer aus Hirsau, bei sich aufnahmen.[38] Der Brief des Papstes und die Klage des Hirsauer Abts Volmar, auf die er reagiert, erscheinen somit als Indiz für die sich verändernde Situation der klösterlichen Landschaft dieses Raums gegen die Mitte des 12. Jahrhunderts. Die geschmeidige, anpassungsfähige Haltung der Hirsauer und ihres lockeren Klosterverbandes drohte offenbar gegenüber der zentralistisch zugespitzten Schlagkraft der Zisterzienser, dem ersten Orden im modernen Sinn, an Attraktivität zu verlieren, zumal das, was KLAUS SCHREINER die »charismatische Epoche« Hirsaus genannt hat, offenbar um 1150 unwiderruflich vorbei war: »Die geistig unruhigen Köpfe der Zeit, die sich nach ursprünglichem und unverbrauchtem Leben sehnten, suchten und fanden in neuen Orden ihre geistige Heimat […], nicht in Hirsau oder bei

---

[37] Vgl. dazu FELIX HEINZER, ›Scalam ad celos‹ – Poésie liturgique et image programmatique. Lire une miniature du livre du chapitre de l'abbaye de Zwiefalten, Cahiers de Civilisation Médiévale 44 (2001), S. 329–348, hier S. 339f.

[38] Näheres (auch zur Überlieferung des Briefes) bei FELIX HEINZER, Maulbronn und die Buchkultur Südwestdeutschlands im 12. und 13. Jahrhundert, in: Maulbronn 1147–1997 und die Anfänge der Zisterzienser in Südwestdeutschland, hg. von PETER RÜKKERT, Stuttgart 1999 (Oberrheinische Studien 16), S. 147–166, bes. S. 147f.

den Hirsauern.«[39] Im übrigen weist ja auch die eben angesprochene Frage der Zuweisung des ›Speculum Virginum‹ auf dieses Spannungsfeld unterschiedlicher Formationen und Schichten klösterlicher Reform des Hochmittelalters.

Umso beeindruckender ist die in so kurzer Zeit entfaltete Reichweite dieser Reform und ihrer kulturellen Impulse. Vor allem aber bleibt festzuhalten, daß hier bei aller Vorläufigkeit zum ersten Mal im Raum des deutschsprachigen Südwesten (und weit darüber hinaus) ein Ansatz zum Aufbau eines klösterlichen Netzwerks faßbar wird, dessen kulturelle Dynamik auch im Bereich der Schriftlichkeit Gemeinsamkeiten entwickelt, die über mehr oder weniger zufällige Übereinstimmungen hinausgingen, weil sie Ausdruck bewußten Strebens nach Zusammengehörigkeit waren. Zwar erscheinen die Mechanismen und Instrumente solcher identitätsstiftender Verbindungspflege noch relativ offen und ›unfest‹, und die Selbstvergewisserung des gesamten Reformverbandes hat – übrigens auch schon im Vergleich zu Cluny – vergleichsweise eher prekären Charakter.[40] Dennoch läßt sich die Hirsauer Erneuerungsbewegung durchaus als Vorläufer und mit allen Einschränkungen eben doch als eine Art modellhafte (allerdings noch fast ausschließlich lateinische) Folie jener literarischen Zusammenhänge und ›Lesegemeinschaften‹ sehen, zu deren bevorzugten Trägern im 13. und 14. Jahrhundert im südwestdeutschen Raum für die lateinische wie für die volkssprachliche Schriftlichkeit die Orden der Zisterzienser und der Mendikanten, insbesondere die Dominikaner, werden sollten.

---

[39] SCHREINER [Anm. 31], hier S. 84. – Vgl. auch LIEVEN VAN ACKER/HERMANN J. PRETSCH, Der Briefwechsel des Benediktinerklosters St. Peter und Paul in Hirsau mit Hildegard von Bingen. Ein Interpretationsversuch zu seiner kritischen Edition, ebd. S. 157–172, bes. S. 159f.

[40] Vgl. dazu auch die Beobachtungen von JOACHIM WOLLASCH, Spuren Hirsauer Verbrüderungen, in: Hirsau St. Peter und Paul, Bd. 2 [Anm. 2], S. 173–193, bes. S. 192f.

Anne Winston-Allen (Southern Illinois University, Carbondale)

›Nonnenmalerei‹: Iconography in Convent Women's Art of the Upper Rhine Region

Archivists and art historians have long referred to a distinctive style of manuscript illumination attributable to women's cloisters of the upper-Rhine region in the late Middle Ages. While most critics have described this style as »primitive«, »naïve«, or »superficial«, others have compared its simplicity and beatific images to the work of the ›Paradiesgärtlein‹ Master.[1] Yet none has remarked on what viewers today would consider the most striking aspect of these women's works, namely their depictions of Christ interacting with figures representing the reader or worshiper. Unlike earlier works by women artists of the thirteenth century, such as those studied by CHRISTA BERTELSMEIER-KIERST, in which illustrators portray themselves standing or kneeling at the edge of the scene as adoring eyewitnesses to Christ's acts of redemption, these fifteenth-century convent artists place figures representing the reader or worshiper in the center of the scene and sometimes in the role of a participant in the action.[2]

An instructive series of images with all of these features can be found in an anonymous late fifteenth-century German text called ›Der ewig Vrsprung‹ (»The Eternal Source«). A meditational and prayer exercise in three parts, this anonymous work survives in two copies, one now in Karlsruhe and the other

---

[1] KONRAD ESCHER, Die Miniaturen in den Baseler Bibliotheken, Museen und Archiven, Basel 1917, p. 198; HANS WEGENER, Beschreibendes Verzeichnis der Miniaturen-Handschriften der Preußischen Staatsbibliothek zu Berlin, vol. 5: Die deutschen Bilderhandschriften, Leipzig, 1928, pp. 118–120; WERNER COHN, Untersuchungen zur Geschichte des deutschen Einblattholzschnittes im 1. Drittel des 15. Jahrhunderts, Strasbourg 1934, p. 18; ERICH STEINGRÄBER, Neun Miniaturen aus einer Franziskus-Vita, ZSAKG 13 (1952), pp. 237–241, here pp. 239–41; CHRISTIAN VON HEUSINGER, Spätmittelalterliche Buchmalerei in oberrheinischen Frauenklöstern, ZGO 107 (1959), pp. 136–160, here pp. 136–137, 160; Bonaventuras Legenda Sancti Francisci in der Übersetzung der Sibilla von Bondorf, edited by DAVID BRETT-EVANS, Berlin 1960 (TspMA 12), p. 29; JEFFREY HAMBURGER, Nuns as Artists: The Visual Culture of a Medieval Convent, Berkeley 1997 (California Studies in the History of Art 37), p. 18.

[2] CHRISTA BERTELSMEIER-KIERST, Beten und Betrachten – Schreiben und Malen: Zisterzienserinnen und ihr Beitrag zum Buch im 13. Jahrhundert, in: Zisterziensisches Schreiben im Mittelalter – Das Skriptorium der Reiner Mönche. Beiträge der Internationalen Tagung im Zisterzienserstift Rein, Mai 2003, edited by ANTON SCHWOB/KARIN KRANICH-HOFBAUER, JbiG, Reihe A: Kongressberichte 71 (2005), pp. 163–177, here p. 173.

at St. Paul im Lavanttal, Austria, but both probably produced in Freiburg.³ The Karlsruhe copy, MS Donaueschingen 437 of the Badische Landesbibliothek, dates from the late fifteenth century and contains forty-four full-page illustrations. Because Saints Francis and Clare are the only ones mentioned in the text, it is thought to have been illuminated by someone associated with the house of the Poor Clares. And, in fact, another prayer-book illustrated by the same artist, but comprising a different text, can be found at the Freiburg Augustiner Museum (MS Inv. Nr. 11739). This book contains pasted into it (fol. 3ᵛ) a miniature by well-known fifteenth-century Freiburg artist Sibilla von Bondorf (c. 1450–1524). A Clarissan nun who painted over 170 miniatures, Sibilla must have entered the Freiburg convent of the Poor Clares sometime around 1465 and later transferred to St. Klara auf dem Wörd in Strasbourg where she can be traced in convent records from 1485 until 1524, the year that her cloister was disbanded after Strasbourg joined the Protestant reform.⁴ If Sibilla then returned to Freiburg, she would have been at least 74 years old. Searching for the identity of the illustrator of ›Der ewig Vrsprung‹, art historian, CHRISTIAN VON HEUSINGER, speculated that the anonymous artist was probably trained in the same Freiburg workshop as Sibilla von Bondorf and might, thus, have been her colleague or pupil.⁵

---

³ Karlsruhe, Badische LB, MS Donaueschingen 437 (›Gebet- und Andachtsbuch‹), and St. Paul im Lavanttal, Archiv der Benediktinerabtei, MS 2/2 (formerly MS 25/1,16) (›Deutsches Gebetbuch‹); see Bewahrtes Kulturerbe – ›Unberechenbare Zinsen‹, Katalog zur Ausstellung der vom Land Baden-Württemberg erworbenen Handschriften der Fürstlich Fürstenbergischen Hofbibliothek, exhibition catalogue, Stuttgart, Württembergische LB, and Karlsruhe, Badische LB, edited by FELIX HEINZER, Stuttgart 1993, pp. 118–119; ROBERT EISLER, Die illuminierten Handschriften in Kärnten, Leipzig 1905 (Beschreibendes Verzeichnis der illuminierten Handschriften in Österreich 3), pp. 70–71; VON HEUSINGER [note 1], p. 158.
⁴ ULRIKE BODEMANN-KORNHAAS, Von Schwestern für Schwestern: Illustrierte Handschriften aus dem Umkreis der Freiburger Klarissin Sibilla von Bondorf, in: Frauen – Kloster – Kunst: Neue Forschungen zur Kulturgeschichte des Mittelalters. Beiträge zum Internationalen Kolloquium vom 13.–16. Mai 2005 anläßlich der Ausstellung ›Krone und Schleier‹, edited by JEFFREY F. HAMBURGER [et al.] in Kooperation mit dem Ruhrlandmuseum Essen, Turnhout, pp. 197–209; ANNE WINSTON-ALLEN, ›Es [ist] nit wol zu gelobind, daz ain frowen bild so wol kan arbaiten‹: Artistic Production and Exchange in Women's Convents of the Observant Reform, in: ibid., pp. 187–195; ULRIKE BODEMANN-KORNHAAS, Heiligenleben, in: Katalog der deutschsprachigen illustrierten Handschriften des Mittelalters, edited by HELLA FRÜHMORGEN-VOSS [et al.], vol. 6, Munich 2005, fasc. 3/4: 51, S. fig. 51.23, 51.26, 51.27, 51.31, 51.59, 51.60; Krone und Schleier: Kunst aus mittelalterlichen Frauenklöstern. Ruhrlandmuseum: die frühen Klöster und Stifte 500–1200; Kunst- und Ausstellungshalle der Bundesrepublik Deutschland: die Zeit der Orden 1200–1500; eine Ausstellung der Kunst- und Ausstellungshalle der Bundesrepublik Deutschland, Bonn, in Kooperation mit dem Ruhrlandmuseum Essen, edited by JUTTA FRINGS/JAN GERCHOW, pp. 144, 520, plates 2, 467a-i; DAVID BRETT-EVANS, Sibilla von Bondorf – Ein Nachtrag, ZfdPh 86 (1967), pp. 91–98, here p. 94.
⁵ VON HEUSINGER [note 1], p. 158.

The other copy of ›Der ewig Vrsprung‹ now held by the Stiftsbibliothek, St. Paul im Lavanttal, Austria, (MS 2/2) contains seventeen illuminations by a different hand, but one that can also be linked to Freiburg, since the book was owned in the seventeenth century by a Sister Apollonia Cabelisin at the Freiburg cloister of St. Agnes. Moreover, its binding is marked with initials like those found stamped on a manuscript belonging to a third Freiburg cloister, that of St. Katharina.[6]

These two Freiburg manuscripts and another signed by Sibilla von Bondorf, all contain very similar images of Christ as the Good Shepherd in which Jesus holds a lamb on his shoulder and a soul in his arms, a reference to the parable of the lost sheep in Luke 15.6.[7] The soul is portrayed as a female figure as in most medieval illuminations, since the German word ›Seele‹ and the Latin term ›anima‹ are both feminine nouns.[8] But here there is, in addition to the female soul in Christ's arms, a woman shown kneeling at Christ's feet. Similar figures appear often in Sibilla von Bondorf's works, sometimes wearing a nun's habit and sometimes a flowered dress.[9] In the Good Shepherd image by Sibilla von Bondorf, the figure wears a Clarissan habit, but in the two manuscripts of ›Der ewig Vrsprung‹ she is dressed in secular clothing. In one of the manuscripts (St. Paul im Lavanttal) this blonde in secular clothing speaks, addressing Christ with the

---

[6] Ibid., p. 141; EISLER [note 3], p. 70; ULRIKE DENNE, Die Frauenklöster im spätmittelalterlichen Freiburg im Breisgau. Ihre Einbindung in den Orden und die städtische Kommunität, Freiburg i. Br./Munich (Forschungen zur Oberrheinischen Landesgeschichte 39), p. 32f., n. 62.

[7] London, British Library, Add. MS 15686, ›Rule of the Minorite Order of Sisters of St Clare‹, illuminated by Sibilla von Bondorf, c. 1480, fol. 30^v; Karlsruhe, Badische LB, MS Donaueschingen 437, (›Der ewig Vrsprung‹) Anonymous, fol. 142^r; St. Paul im Lavanttal, Archiv der Benediktinerabtei, MS 2/2, ›Deutsches Gebetbuch‹ (›Der ewig Vrsprung‹), Anonymous, fol. 45^v.

[8] See, for example, Sélestat, Bibliothèque Humaniste, MS 69, reproduced in GÉRARD CAMES, Dix siècles d'enluminure en Alsace, Strasbourg 1989, p. 143, fig. 240; Munich, BSB, Einblatt III, 52f (›Christus und die minnende Seele‹), reproduced in HAMBURGER [note 1], p. 167, fig. 96. For discussion of this tradition in manuscript illumination, with some further relevant examples, see Frank O. Büttner, Imitatio pietatis. Motive der christlichen Ikonographie als Modelle zur Verähnlichung, Berlin 1983, Index (under ›anima‹); Werner Williams-Krapp, Bilderbogen-Mystik. Zu ›Christus und die minnende Seele‹. Mit Edition der Mainzer Überlieferung, in: Überlieferungsgeschichtliche Editionen und Studien zur deutschen Literatur des Mittelalters. Kurt Ruh zum 75. Geburtstag, Tübingen 1989 (TTG 31), pp. 350–364.

[9] See, for example, Leipzig, Deutsches Buch- und Schriftmuseum, Deutsche Bücherei, MS Klemm Collection I, 104 (›Leben und die Legend der seligen Sanct Elysabethen‹), fol. 13^r–13^v, reproduced in: Leben und Legende der heiligen Elisabeth nach Dietrich von Apolda, transl. and introd. RAINER KÖSSLING, Stuttgart 1997, frontispiece and p. 57; Karlsruhe, Badische LB, MS Thennenbach 4 (›Klarenbuch‹), fol. 5^v, 141^v, 143^v, 150^v, 157^r, reproduced in CLARA BRUINS, Chiara d'Assisi comme ›altera Maria‹: Le miniature della vita di Santa Chiara nel manoscritto Thennenbach–4 di Karlsruhe, Rome 1999 (Iconographia Franciscana 12), plates 2, 28, 30, 32, 34.

words *ich begehr ewiklich bi Dir zebelibe[n]* (»I want to stay with you always«, fol. 45ᵛ), while in the other two versions of the image the woman is silent. Although in the latter she looks intently out at the reader.

Pondering the identity of this figure and similar ones appearing in Sibilla's works, art historian, CHRISTIAN VON HEUSINGER, suggested that it could be the illustrator herself, a secular artist.[10] Yet we know from a manuscript discovered after VON HEUSINGER completed his work that Sibilla von Bondorf was already a nun when the first of the secular women appeared in her work. In fact, the blonde in the flowered dress is present at least eight times in her illustrated ›Leben vnsers aller seligsten vatter Sanctus Franciscus‹, completed in 1478. The prologue to this work identifies Sibilla as a nun of the Poor Clares.[11]

An alternative explanation might be that the small figure represents the reader. This seems plausible, since she first appears in the work painted into the text just beneath the words *vnsers aller* (»of all of us«).[12] One might say that in this work Sibilla literally draws the reader into the text. For, by giving an overt emphasis to the relationship of reader and text, she makes the text interactive and encourages the user to see it as a work made for her.

In the Karlsruhe copy of ›Der ewig Vrsprung‹ a small blond figure in secular dress can be found in at least a quarter of the forty-four illustrations. She is first present in the scenes of the Passion where she not only observes but actually participates in the action. In the scene in the Garden of Gethsemane she crouches open-eyed in the center of the picture under Christ's arm while he prays (fol. 74ʳ).[13] Then in the illustration of the flagellation the figure grasps Christ's foot (98ʳ), looking anxious and more affected by his suffering than the Savior himself (Fig. 1). In another scene she holds the other foot as she witnesses the coronation with thorns (101r). A devotional picture, inserted into the series (a typical feature of women's pictorial narratives), shows her catching blood from Christ's side wound in a chalice (110ʳ). Taking up the passion narrative again, the illustrator portrays the diminutive female figure assisting Jesus in carrying the cross and later supporting him as he is lowered down from the cross (figs. 114ᵛ and 121ᵛ). In another aside, we see her kneeling at the Good Shepherd's feet (142ʳ). Later the Risen Christ is shown embracing the *anima* (148ᵛ). Then she appears with him surrounded by his iconographical symbols (157ʳ). And, finally, Christ holds her on his lap while she examines the wound in his side (162ʳ) (See Fig. 2). The last image – illustrating a meditation on angels – shows the soul, or reader, kneeling before the Archangel Michael (233ʳ).

---

[10] VON HEUSINGER [note. 1], p. 158.
[11] London, British Library, Add. MS 15710, fol. 10ᵛ, 44ᵛ, 65ᵛ, 111ʳ, 116ʳ, 173ʳ, 193ʳ, 247ʳ; BRETT-EVANS [note 1], p. 37.
[12] London, British Library, Add. MS 15710, fol. 10ᵛ.
[13] Reproduced in Hamburger [note 1], p. 93, fig. 64, with discussion, identifying the female figure as 'anima', on p. 92.

The written text that these images accompany is organized according to the weeks of the church calendar. In each meditation the narrator recalls an event from Christ's life and then draws from it a lesson or makes a personal request, addressing Christ directly. In the episode of Jesus carrying the cross, for instance, the narrator says:

Ich m[ane] d[ich] herr der ellenden fůstaffen so du willeklich giengt an die statt dins todes mit so grosser bitterkeit herzen vnd libs dz du zů einem ieglichen fůsz trit in dz ertrich möchtest sin getretten vnd b[itte] d[ich] min herr dz du min leitter syest die ellenden unerkanten weg die ich sol gon noch disem ellenden leben. (St. Paul im Lavanttal, Stiftsbibl., fol. 116ʳ–117ʳ)

(»I recall to you, Lord, the footsteps that you [in your misery] willingly took toward the place of your death, suffering so bitterly in heart and body, that you wished with every step to be trodden into the earth. And [I] entreat you, my Lord, to accompany me along the unfamiliar paths of suffering which I shall traverse after the miseries of this life.«)

The unusual images of the soul embracing the risen Christ and reposing in his lap resemble the sort of spiritual intimacy depicted in an illustration by Sibilla von Bondorf in her *vita* of St Elisabeth. Here St Elisabeth, reclining in the lap of her friend Isenhart, relates a vision she has just had in which Christ said lovingly to her, »If you will be mine, I will be yours« (fol. 109ᵛ). A variation with a similar banderole is found in Sibilla's image of Elisabeth holding a crucifix with the smiling Jesus. In this version of a ›Gnadenstuhl‹ icon, a figure in a Clarissan habit seeks St Elisabeth's intercession. Elisabeth responds, »I am my beloved's and he is mine,« as the Christ affectionately cradles his face against her hand (fol. 13ᵛ). (See fig. 3)

As with other illustrations by women convent artists, the iconography tends to be idiosyncratic, compared to what was being produced in mainstream workshops of the time. JEFFREY HAMBURGER has commented that in medieval manuscripts depictions of spiritual intimacy are extremely rare and found primarily in works made by and for women.[14] His seminal study of ›Nuns as Artists‹ (1997), includes several from the convent of St. Walburga (Eichstätt), among them an image of the marriage of the soul to the Christ child, depicted within a large heart that is superimposed upon the crucified Christ who smiles down approvingly from the cross.[15]

Many other examples of an interactive spiritual relationship of the soul with Christ can be found in prayer-books made at reformed Dominican convents in Alsace. A devotional picture pasted into a manuscript from the convent of St. Margaret and St. Agnes in Strasbourg shows Jesus smiling at a nun who reaches up to embrace him. Speaking to the nun, Christ says:

---

[14] HAMBURGER [note 1], p. 139.
[15] Ibid, p. 105, fig. 67, plate 10.

O myn kint gib mir din hertz / so wurt gemiltert myn grosser smertz / entpfo mich jn din arm / dz ich mich dyn ewigklich erbarm.

(»O my child, give me your heart, thus will my great pain be assuaged. Receive me into your arms, that I may show forth my mercy to you always.«)[16]

Other images, such as an illustration by Sister Elisabeth Bissner of a worshiper being washed by Christ's blood or of the soul showered with Christ's tears in the Garden of Gethsemane depict the Savior in intimate connection with the worshiper and, if not smiling, then, at least, expressing an emotion other than the detached suffering usually seen in crucifixion images.[17] In Sibilla von Bondorf's own illustrated ›Life of St Clare‹, Christ is repeatedly depicted, often in the background, as a smiling observer.[18] (See Fig. 4.) Here and in similar devotional works from women's cloisters the crucified or risen Christ, rather than being inaccessible in his pain, responds empathetically to the figure representing the worshiper. The written devotional exercises that accompany these illustrations usually address Jesus directly with entreaties for help in the cultivation of virtues and for guidance along the path to Christ-likeness.

Perhaps it is no coincidence that most of the images of this genre stem from convents reformed by the Observance movement. Recognizing the need for appropriate reading matter in the newly reformed houses, superiors in the Observance authorized women to copy and illustrate texts in order to supply much-needed devotional reading matter in the vernacular. Accordingly, the large volume of works turned out by women's scriptoria suddenly made available to nuns a quantity of books in their own language. typical of the texts translated into German and newly circulated was Michael de Massa's (d. 1337) ›Vita Christi‹, a work which took over elements from the ›Meditationes Vitae Christi‹, attributed to Bonaventura, and which later was in turn to serve as a source for the ›Vita Christi‹ of Ludolf von Sachsen. This anonymous German translation, ›Das Leben Jesu‹, survives in nine copies, each illuminated with approximately forty images.[19] At the cloister of Lichtenthal in Baden-Baden,

---

[16] Strasbourg, Grand Séminaire, MS 755, fol. 1ʳ; FRANCIS RAPP, La prière dans les monastères de dominicaines observantes à Colmar et à Strasbourg au XVᵉ siècle, in: Les dominicaines d'Unterlinden, vol. 1, edited by MADELEINE BLONDEL [et al.], Paris 2000, pp. 171–180, here pp. 174–176, fig. 3.

[17] Karlsruhe, Badische LB, St. Peter pap. 4, (›Gebetbuch‹, early sixteenth century, cloister of St. Katharina, Strasbourg), fol. 30ᵛ; HAMBURGER [note 1], p. 18, fig. 8; Berlin, SBB-PK, Ms. germ. oct. 53, (›Gebetbuch‹ c. 1450, cloister of St. Nicolaus in undis, Strasbourg) fol. 2ᵛ; HAMBURGER [note 1], p. 92, fig. 65; RAPP [note 16], p. 149, fig. 4.

[18] See, for example, Karlsruhe, Badische LB, MS Thennenbach 4 (›Klarenbuch‹), fol. 15ʳ, 16ᵛ, 143ᵛ; BRUINS [note 9], plates 4, 6, 30.

[19] KARL-ERNST GEITH, Die Leben-Jesu-Übersetzung der Schwester Regula aus Lichtenthal, ZfdA 119 (1990), pp. 22–37, here pp. 23–29. For the ›Vita Christi‹ of Michael de Massa and its vernacular translations see Tobias A. Kemper, Die Kreuzigung Christi. Motivgeschichtliche Studien zu lateinischen und deutschen Passionstraktaten des Spätmittelalters, Tübingen 2006 (MTU 131), pp. 116–133.

Sister Regula (d. 1478), the convent's librarian, copied and edited the text, stating that the translator rendered the work from Latin into German for sisters who knew little Latin and were frustrated when they had much to read. The colophon explains:

> *den ist in disem buoch ein forme [gegeben] wie sie sollent sich selbs von inwendig erwecken in einer mitlidlicher betrachtunge.*
>
> (»for them this book is fashioned so that they themselves will inwardly awaken in sympathetic contemplation.«)[20]

What the translator meant by sympathetic contemplation becomes clear when one compares Regula's German text with the related passages in Michael de Massa's Latin ›Vita Christi‹ and a Netherlandish version, ›Tleven ons heren Ihesu Cristi‹. The German text is much more affective and detailed in its verbal depictions than the others, encouraging the reader vividly to imagine herself taking part in the action. The description of Christ's nativity thus urges the reader:

> *hie falle uff din knye lasz dich düncken du sehest vnsern herren Ihesum christum jeczunt allererst geborn in der kripfen ligen uff dem heüwe vnd das liebe muterlin by der kripfen [...] kriech dan vürbaz forchtsamklich an die kripffe. Küsse die klein kleine füszelin des kindes Jhesu vnd bitte ersamklich die werde müter daz sie dir reiche da daz vil liebe kint uff dinen arm vnd nym in zu dir in din arme nit on heisse trehen von freude gegossen. Sich in an merke sin angesiecht. Küsse sin hendelin schaw wie kleine sie sint vnd sine füszelin vberal kleine. Erfrewe dich. hebe daz kint uff in dinen armen in den hymel [...]* (fol. 21ʳ).[21]
>
> (»[F]all on your knees at his place. Imagine that you see our Lord Jesus Christ new born in the manger lying on the hay and the dear young mother by the crib [...]. Creep cautiously forward toward the crib, kiss the tiny, tiny feet of the Jesus child and reverently entreat the worthy mother to place the dear child in your arms. Take the child up with tears of joy. Look on him, gaze upon his face. Kiss his little hands. See how small they are [...] [H]old the child up toward heaven in your arms, [...].«)

Paired with the translator's invitation to actively imagine oneself participating in the scene described, the shift of linguistic codes from Latin to the native tongue created a more immediate relationship between reader and text. For those struggling with Latin, removing this layer of linguistic mediation could – as Sister Regula realized – aid ›sympathetic contemplation‹. In addition to imagining themselves taking part in the action, scribes drew and painted themselves into their texts along with the spiritual spouse that they imagined. These images, differing iconographically from those of mainstream professional workshops, have often been deemed »naïve« and the images »child-like«. The term ›Nonnenmalerei‹ has been employed to mean a »kindlich-naive, fast eindimensionale Bildwelt« and the works occasionally dismissed as »Nonnenarbeit ohne beson-

---

[20] Karlsruhe, Badische LB, Lichtenthal 70, fol. 187ʳ; GEITH [note 19], p. 33.
[21] GEITH [note 19], pp. 31–32.

dere Bedeutung«.[22] Yet examined in a larger context, these images, while iconographically different, are not unrelated to older stylistic traditions in which juvenile figures were used to represent innocence and purity. Looking at paintings by Stephan Lochner (c. 1410–1451) and by the anonymous (Upper Rhine) Master of the Frankfurt ›Paradiesgärtlein‹ (c. 1420), for example, one finds similar child-like faces in images of Mary or of saints, angels and young women.[23] Likewise, cycles of illustrations of the life of St Francis, such as those studied by Jürgen Einhorn, depict with juvenile faces and bodies the child-like simplicity and innocence of St Francis and his brothers.[24] After Sister Regula made her German copy of the ›Leben Jesu‹, her manuscript was sent out to a professional painters' atelier near Strasbourg to be illustrated. The illustrations produced in this secular workshop resemble the child-like figures, associated with convent art, but they lack the images of the anima or reader-figure so often seen in women's works (fig. 5).[25]

Clearly, the style of drawing, in which Sibilla von Bondorf's and the other convent artists' illustrations participate is not exclusive to ›Nonnenmalerei‹. Rather, what particularly distinguishes convent art are the scenes of interactive spiritual intimacy: the smiling Jesus, the placement of the soul or reader in the center of the scene interacting with Christ as spiritual spouse, the soul embraced by him, washed by his blood, bathed with his tears or held on his lap. Perhaps this is evidence that in women's cloisters of the fifteenth century a new, more immediate relationship in the reading of devotional texts developed, one which grew out of the greater availability of these works in the vernacular. Perhaps it would not be going too far to suggest that the large-scale copying of manuscripts in Observant houses produced in convent scribes a more self-conscious and engaged view of themselves as readers and users of texts. And it may be that, having copied a manuscript herself, a scribe felt empowered to decorate it in a personal way.

In addition to the images of the worshiper or reader – prominently placed and, in some cases, almost as large as the principal figures – women's manuscripts also include more portraits of scribes, women such as Agnes von Mülheim (d. 1521), prioress of St. Margaret's and St. Agnes (Strasbourg), and Sister

---

[22] Brett-Evans [note 1], p. 29; Wegener [note 1], p. 119.
[23] Rainer Budde, Köln und seine Maler 1300–1500, Köln 1986, pp. 82–87, plates 10, 12–15; Ewald Vetter, Das Frankfurter Paradiesgärtlein, Heidelberger Jahrbücher 9 (1965), pp. 102–46.
[24] See, for example, Rome, Museo Francescano, MS Inv. Nr. 1266, anonymous, illuminated in Umbria c. 1457; Jürgen Werinhard Einhorn, Das große Franziskusleben des Hl. Bonaventura in zwei illuminierten Handschriften in Rom und Madrid, Coll Fr 62 (1992), pp. 5–61.
[25] Karlsruhe, Badische LB, MS Lichtenthal 70, fol. 150^v; reproduced in: Spätmittelalter am Oberrhein, 2 vols. I. Maler und Werkstätten 1450–1525, II. Alltag, Handwerk, Handel 1350–1525, Ausstellung 29. September 2001–2003. Februar 2002, Staatliche Kunsthalle Karlsruhe, Stuttgart 2001, fig. 204.

Katharina Ingolt (d. 1508) of the Magdalen house (Strasbourg). Katharina is identified, for example, by the initials *K.I.* beneath a portrait of her in a traditional pose as scribe and Prioress Agnes is depicted with a banderole stating her wish to be remembered in prayer by the reader.[26] In illustrations of the Clarissan Rule, given to the sisters of the Bickencloister (Villingen) in 1480, Sibilla von Bondorf signed her name and also solicited the sisters' prayers.[27] Group self-portraits by convent women appear in copies of Johannes Meyer's ›Ämterbuch‹ (»book of offices«), in saints' legends, such as Sibilla von Bondorf's ›Klarenbuch‹ (»Book of St Clare«) and in devotional pictures such as those reproduced by Jeffrey Hamburger from works at St. Walburga (Eichstätt).[28]

The encouragement of women in the Observance to take up book copying and painting on a large scale may also account for the numerous small hand-painted devotional images which nuns made and exchanged as gifts among themselves or presented to friends of their cloister. Studying the gift ledger of the Dominican convent of St. Nicolaus in undis (Strasbourg) for the years 1576–1592, Thomas Lentes has shown that convents, like other institutions and individuals in the Middle Ages, were heavily engaged in gift-giving as an important part of virtually every social transaction. The St. Nicolaus ledger itemizes more that 6,000 gifts presented by the cloister to individuals and organizations. Of the gifts listed, by far the most numerous are religious pictures – more than 1,000 of them. These devotional images were sent out to other cloisters and to lay friends of the house in shipments of as many as fifty. Although some of the images were purchased woodcuts, there were throughout the period covered by the ledger nearly always at least two sisters mentioned who were occupied with painting small pictures and wooden crosses. A few of their works have survived pasted into manuscripts as decorations.[29]

Examining inscriptions on the reverse sides of devotional images affixed to manuscripts, Peter Schmidt has identified the recipients of some painted works by fifteenth-century nuns, including an image of St Agnes and an An-

---

[26] Berlin, SBB-PK, Ms. germ. quart. 1187, fol. 2ᵛ; Bodemann, Heiligenleben [note 4], p. 180, fig. 51.8; Bamberg, StB, MS Lit. 110, fol. 45ʳ.

[27] *Hec pictura est a sorore Sibilla de bondorff orate deum pro ea*, London, British Library, Add. MS 15686 (›Rule of the Minorite Order of Sisters of St Clare‹), fol. 1ʳ; reproduced in Hamburger [note 4], p. 144, plate 2; see also David Brett-Evans, ›Diu regel der Sanct Clara swestern orden‹: Ein deutsches Prosadenkmal aus dem 13. Jahrhundert, Euph 54 (1960), pp. 135–67, here p. 139.

[28] Bloomington, Lilly Library, University of Indiana, MS Ricketts 198 (Johannes Meyer, ›Ämterbuch‹), fol. 134ᵛ; reproduced in Jeffrey Hamburger, The Visual and the Visionary. Art and Female Spirituality in Late Medieval Germany, New York 1998, color plate I; Karlsruhe, Badische LB, MS Thennenbach 4 (›Klarenbuch‹, c. 1490), fol. 77ʳ; reproduced in Bruins [note 9], plate 20; Hamburger [note 1], plates 5, 7.

[29] Thomas Lentes, Mit Bildgeschenken gegen die Reformation. Das ›Geschenkbuch‹ der Dominikanerinnen von St. Nikolaus in undis aus Straßburg (1576–1592). Ein Editionsbericht, in: Femmes, art et religion au Moyen Âge, edited by Jean-Claude Schmitt, Strasbourg 2004, pp. 19–33.

nunciation picture both inscribed with a dedication to Dominican Subprior Conrad Förster at the men's house in Nuremberg.[30] Such hand-painted greeting cards were also presented to lay persons, as, for example, one found pasted into a notebook and prayer-book kept by Nuremberg Physician, Hartmann Schedel. The card, attached to a page of Schedel's personal notebook for the years 1463 and 1467, contains on the back in three colors of ink and written in an elegant hand, prayers with information on indulgences and the inscription *Orate pro me S. Kunegund. H.* (»Pray for me, Sister Kunigunda H.«).[31]

The giving of such hand-painted and printed cards with prayers written on the backs served an essential social and political function for convent women of the reform who had renounced private wealth in favor of the common life. For it enabled them to exercise patronage by giving gifts of spiritual rather than monetary value and to dispense their not inconsiderable spiritual wealth. The addition of a prayer or news of an indulgence to the back of a card added value that made it a religious item worth keeping.

As a genre of art, hand painted devotional gift cards reflect particular iconographic preferences in women's houses. Many of these devotional cult images found their way into cycles of manuscript illuminations, such as the images appearing in the Passion narrative of ›Der ewig Vrsprung‹ (fol. 110^r, 142^r, 157^r) or images inserted into Sibilla's cycle of illuminations for the *vita* of St Francis (fol. 184^r). As ULRIKE BODEMANN has pointed out, this interspersing of cult images within narrative texts seems to be a distinguishing feature of reformed convent women's art.[32] While it may be that convent women had always painted devotional cards, few survive from before the fifteenth century when large numbers of such cards appear that were pasted into manuscripts as illuminations. While some are images and historiated initials recycled from older manuscripts when these were cut up and replaced by new liturgical books as mandated by the reforms, most are clearly works by fifteenth-century artists that conform to the particular iconographic preferences of observant cloister artists.

---

[30] PETER SCHMIDT, Gedruckte Bilder in handgeschriebenen Büchern. Zum Gebrauch von Druckgraphik in süddeutschen Handschriften des 15. Jahrhunderts, Cologne 2003, pp. 42–43, fig. 16, 17.

[31] Munich, BSB, Clm 692, (›Gebetbüchlein‹) fol. 102^a; ADOLF SPAMER, Das kleine Andachtsbild vom XIV. bis zum XX. Jahrhundert, Munich 1930, pp. 37–38; reproduced in BÉATRICE HERNAD, Die Graphiksammlung des Humanisten Hartmann Schedel, Munich 1909, p. 166, fig. 8. Since the Prioress at St. Katharina in Nuremberg (1468–97) was Kunigunda Haller, I would suggest that Hartmann – whose second wife was named Magdalena Haller – may have been a relative. For more on Kunigunda Haller see also ANNE WINSTON-ALLEN, Convent Chronicles: Women Writing about Women and Reform in the late Middle Ages, University Park 2004, pp. 47, 50, 103, 118–20, 159.

[32] BODEMANN [note 4], p. 166.

In November of 1576 the sisters at St. Nicolaus in undis (Strasbourg) sent out a shipment of forty-eight gift cards to cloister Lichtenthal in Baden-Baden, the house at which Sister Regula had formerly been cloister librarian. Although these cards from the sixteenth century themselves have not survived, the Strasbourg gift ledger records what the shipment contained: twenty-two images of Christ bearing the cross, twenty-one Good Shepherd pictures, and five depictions of the Christ Child.[33] Thus, it seems that the Good Shepherd images that one finds inserted into the passion narrative of ›Der ewig Vrsprung‹ constituted a popular theme for devotional cards circulating among reformed houses.

Lichtenthal was a Cistercian convent, but it was also a reformed cloister and, despite belonging to different orders, the two houses were joined as prayer partners. Lichtenthal was, thus, likely part of the network of observant houses actively exchanging manuscripts for copying.[34] Armed with new texts in the vernacular and a mandate to copy and paint, observant women in the fifteenth century began to create and exchange new images different from those produced in professional ateliers. As more of these book paintings and devotional pictures come to light, it is becoming clearer that convent women were participating in a lively alternative artistic conversation, observing conventions and developing an iconography of their own.

---

[33] LENTES [note 29], p. 30.

[34] Among observant houses there were a surprising number of cross-order collaborations. Besides painting an illustrated Clarissan rule for the Bicken Cloister of Poor Clares, Sibilla worked together with artists and scribes at the Freiburg house of Penitents. Together the women copied and illuminated two large choral manuscripts for the Magdalen cloister as well as one for the Clarissan house. These three volumes contain fifty-six minatures by at least three artists and include nineteen by Sibilla. In Strasbourg we again find her illuminations in a manuscript compiled by Agnes von Mülheim Prioress of the Dominican house of St. Margaret and St. Agnes (Bamberg, StB, MS Lit. 110, fol. 28^r, 45^r, 60^v). Examples of her works can be found pasted into manuscripts by other artists (Freiburg, Augustiner Museum, Inv. Nr. 11739, fol. 3^v) or copied by other artists such as the anonymous illuminator of Basel, UB, A VI 38 (›Legende Johannis des Evangelisten‹); see JEFFREY HAMBURGER, St John the Divine: The Deified Evangelist in Medieval Art and Theology, Berkeley 2002, pp. 76–77.

Fig. 1 ›Der ewig Vrsprung‹, Upper Rhine, Freiburg ?, 15th c., Karlsruhe, Badische LB, MS Donaueschingen 437, fol. 98r: Anonymous, the Flagellation, miniature on parchment (photo: Badische LB Karlsruhe).

›Nonnenmalerei‹ 153

Fig. 2 ›Der ewig Vrsprung‹, Upper Rhine, Freiburg ?, 15th c., Karlsruhe, Badische LB, MS Donaueschingen 437, fol. 162r: Anonymous, Christ and the anima, miniature on parchment (photo: Badische LB Karlsruhe).

Fig. 3 ›Leben und Legend der seligen Sanct Elysabethen‹, manuscript copied by Elisabeth Vogt and illuminated by Sibilla von Bondorf, 1481, Leipzig, Deutsches Buch- und Schriftmuseum, Deutsche Bücherei, MS Klemm Collection I, 104, fol. 13v: St Elisabeth: variation on ›Gnadenstuhl‹ iconography, miniature on parchment (photo: Deutsches Buch- und Schriftmuseum).

›Nonnenmalerei‹ 155

Fig. 4 ›Klarenbuch‹, manuscript copied by Magdalena Steimer and illuminated by Sibilla von Bondorf, c. 1489/90, Karlsruhe, Badische LB, MS Thennenbach 4, fol. 15r: Ortolana prays before a crucifix, miniature on parchment (photo: Badische LB Karlsruhe).

Fig. 5 ›Leben Jesu‹, manuscript copied by Sister Regula, Lichtenthal (Baden-Baden) and illuminated by a Strasbourg area workshop, c. 1450–52, Karlsruhe, Badische LB, MS Lichtenthal L 70, fol. 150v: anonymous, The Crucifixion, miniature on paper (photo: Badische LB Karlsruhe).

Balázs J. Nemes (Albert-Ludwigs-Universität Freiburg i. Br.)

Dis buch ist iohannes schedelin

Die Handschriften eines Colmarer Bürgers aus der Mitte des 15. Jahrhunderts und ihre Verflechtungen mit dem Literaturangebot der Dominikanerobservanz

Aus literarhistorischer Sicht gilt das 15. Jahrhundert als die Zeit der explosionsartig einsetzenden Überlieferung religiösen Schrifttums in deutscher Sprache.[1] Eine plausible Erklärung für dieses Phänomen hat WERNER WILLIAMS-KRAPP in einem Aufsatz mit thesenhaftem Charakter geliefert. In diesem Beitrag aus dem Jahre 1986 weist er zum einen auf das Ergebnis überlieferungsgeschichtlicher Studien hin, die gezeigt haben, daß zwischen der Wiederbelebung volkssprachlicher Literaturproduktion im 15. Jahrhundert und den gleichzeitigen monastischen Reformbewegungen ein Zusammenhang besteht. Zum anderen stellt WILLIAMS-KRAPP fest, daß die Observanz nicht allein bei der Produktion, sondern auch bei der Distribution deutschsprachiger Erbauungsliteratur eine Schlüsselrolle gespielt hat, war doch »[d]ie große Verbreitung geistlicher Literatur im 15. Jahrhundert [...] ein letztlich so gut wie ausschließlich auf die Reformbewegung zurückgehendes Phänomen.«[2] Weniger die von WILLIAMS-KRAPP gelieferte Erklärung des literargeschichtlichen Phänomens ›Überlieferungsexplosion‹ als ihre Begrenzung auf die Klöster der Observanz wird in den letzten Jahren zunehmend kontrovers diskutiert. So warnt JOHANNA THALI vor dem Kurzschluß, aus der Einsicht in die Bedeutung der Observanzbewegung bei der Verbreitung und Rezeption religiöser Literatur im 15. Jahrhundert ein gänzliches Desinteresse an geistlicher Literatur in Gemeinschaften abzuleiten, die sich der Observanz nicht angeschlossen haben.[3] Darüber hinaus relativiert sie – an die Vorarbeiten von KARIN SCHNEIDER

---

[1] Von einer »Literatur-Explosion« spricht HUGO KUHN, Versuch über das 15. Jahrhundert in der deutschen Literatur, in: DERS., Entwürfe zu einer Literatursystematik des Spätmittelalters, Tübingen 1980, S. 77–101, hier S. 78.

[2] WERNER WILLIAMS-KRAPP, Ordensreform und Literatur im 15. Jahrhundert, JOWG 4 (1986/1987), S. 41–51, hier S. 51, ähnlich WERNER WILLIAMS-KRAPP, Frauenmystik und Ordensreform im 15. Jahrhundert, in: Literarische Interessenbildung im Mittelalter, hg. von JOACHIM HEINZLE, Stuttgart [usw.] 1993, S. 301–313, hier S. 301.

[3] JOHANNA THALI, Beten – Schreiben – Lesen. Literarisches Leben und Marienspiritualität im Kloster Engelthal, Tübingen [usw.] 2003 (Bibliotheca Germanica 42), S. 284, ähnlich CHRISTOPH FASBENDER, Die deutsche Philologie und das Erbe der Kartäuser, in: Das Erbe der Kartäuser. Internationaler Kongress für Kartäuserforschung 1.–5. Dezember 1999 Kartause Ittingen, hg. von JÜRG GANZ/MARGRIT FRÜH, Salzburg 2000 (Analecta Cartusiana 160), S. 134–146, hier S. 140.

anknüpfend[4] – die These vom strengen Nacheinander der Rezeption religiöser Literatur im Kloster und in Laienkreisen.[5] THALI weist auf ein »flächendeckendes Interesse« (S. 284) an religiösem Schrifttum in und um Nürnberg hin, das außer in Klöstern – seien sie der Observanz zugehörig (wie das Katharinenkloster) oder nicht (wie etwa Engelthal) – auch bei Laien nachgewiesen werden kann.[6] Aus der frühen Präsenz geistlicher Literatur in Nürnberger Laienkreisen folgert THALI, daß dem überregionalen Literaturtransfer – der unbestritten über die von der Observanz geschaffenen Netzwerke verlief – ein solcher auf lokaler Ebene vorausgegangen sein muß (S. 285). In diese Richtung weisen auch die gegen WILLIAMS-KRAPP gerichteten Einwände des Historikers KLAUS GRAF, der daran erinnert, daß die Bibliotheken der bis jetzt erschlossenen observanten Frauenklöster, allen voran die des Nürnberger Katharinenklosters, in einem nicht geringen Maße »als Summe der Sammlungen der einzelnen Nonnen, die Handschriften geschenkt bekamen oder in das Kloster mitbrachten, und der Buchgeschenke von Laien« anzusehen sind.[7] Die Entstehung solcher Privatsammlungen führt er auf einen gut bestückten Handschriften- und Buchmarkt zurück, dem beim lokalen Literaturaustausch, d. h. bei der Versorgung städtischer Laien mit Erbauungsliteratur, eine viel bedeutendere Rolle zuzuschreiben wäre als der Observanz selbst.[8] Um die

---

[4] KARIN SCHNEIDER, Die Bibliothek des Katharinenklosters in Nürnberg und die städtische Gesellschaft, in: Studien zum städtischen Bildungswesen des späten Mittelalters und der Frühen Neuzeit, hg. von BERND MOELLER [u. a.], Göttingen 1983 (Abhandlungen der Akademie der Wissenschaften in Göttingen. Phil.-hist. Klasse, III. Folge, Nr. 137), S. 70–82.

[5] Es handelt sich dabei um eine Ansicht, die sich aus der von WILLIAMS-KRAPP vertretenen These ergab, observante (Frauen)Klöster hätten eine Vorreiterrolle bei der Distribution von Texten gehabt, Laien dagegen seien nur »Nutznießer« des von den Reformbewegungen geschaffenen Verbreitungsnetzes gewesen, vgl. WERNER WILLIAMS-KRAPP, Observanzbewegungen, monastische Spiritualität und geistliche Literatur im 15. Jahrhundert, IASL 20 (1995), S. 1–15, hier S. 6, und WILLIAMS-KRAPP 1986/1987 [Anm. 2], S. 42.

[6] Was die Bibliothek von Engelthal betrifft, muß allerdings festgestellt werden, daß ihr gerade jene Texte fehlen, die für observante Gemeinschaften als typisch anzusehen sind. Das sind nicht nur Ordensregeln, Konstitutionen und Werke von Ordensreformatoren, sondern auch Predigten, siehe dazu die Rezension von REGINA D. SCHIEWER, ZfdA 135 (2006), S. 121–127, hier S. 125f.

[7] KLAUS GRAF, Ordensreform und Literatur in Augsburg während des 15. Jahrhunderts, in: Literarisches Leben in Augsburg während des 15. Jahrhunderts, hg. von JOHANNES JANOTA/WERNER WILLIAMS-KRAPP, Tübingen 1995 (Studia Augustana 7), S. 100–159, hier S. 131, ähnlich BURKHARD HASEBRINK, Tischlesung und Bildungskultur im Nürnberger Katharinenkloster. Ein Beitrag zu ihrer Rekonstruktion, in: Schule und Schüler im Mittelalter. Beiträge zur europäischen Bildungsgeschichte des 9. bis 15. Jahrhunderts, hg. von MARTIN KITZINGER [u. a.], Köln [usw.] 1996 (Beihefte zum Archiv für Kulturgeschichte 42), S. 187–216, hier S. 197 und S. 215.

[8] GRAF [Anm. 7], S. 156, bringt Beispiele aus Augsburg. Indizien für einen in Nürnberg vorhandenen Buchmarkt hat VOLKER HONEMANN, Laien als Literaturförderer im 15. und frühen 16. Jahrhundert, in: Laienlektüre und Buchmarkt im späten Mittelalter, hg.

von WILLIAMS-KRAPP behauptete exklusive Stellung der Observanzbewegung bei der Distribution geistlicher Literatur zu relativieren, verweist GRAF darauf, daß die Überlieferungsverluste gerade im Bereich der Laienhandschriften eine schlüssige Beweisführung zugunsten einer allein im observanten Kontext verlaufenden Literaturdistribution kaum zulassen. Mit seinem Hinweis auf Privatbibliotheken und einen von Laien getragenen lokalen Literaturtransfer hat GRAF die Achillesferse der WILLIAMS-KRAPPschen Argumentation getroffen. Dies zeigt sich an dem vorerst letzten Beitrag zu dieser Diskussion aus der Feder von WILLIAMS-KRAPP selbst.[9] WILLIAMS-KRAPP geht in diesem Aufsatz von 2004 auf die gegen seine These gerichteten Einwände ein und versucht sie zu entkräften, indem er auch den von ihm bislang eher vernachlässigten Bereich der Handschriften im Privatbesitz in seine Überlegungen mit einbezieht. Am Beispiel von Nürnberg arbeitet WILLIAMS-KRAPP die (literarischen) Beziehungen heraus, die das Dominikanerkloster außer zu den lokalen Frauenkonventen (nicht nur des eigenen Ordens) zur städtischen Laienwelt pflegte. Sein Fazit lautet: »Die Nürnberger Dominikaner verfaßten Werke selbst, schafften Werke herbei (z. B. auch aus den Niederlanden) oder ließen sie herbeischaffen und reichten sogar durch eigene Abschriften Literatur an Laien und Religiosen weiter, und zwar nicht nur in Nürnberg. Sobald diese Texte über die beiden dominikanischen Klöster an die Laien gelangten, stand ein Heer von Berufs- und Gelegenheitsschreibern bereit, diese zu kopieren und mithin dem sich stetig erweiternden Literaturkreislauf Nürnbergs zur Verfügung zu stellen.« (S. 323)

Privatbibliotheken der städtischen Oberschicht scheinen das Potenzial zu haben, das bis jetzt gezeichnete Tableau von der Dynamik der spätmittelalterlichen Literaturherstellung und -verbreitung mit neuen Aspekten zu bereichern bzw. gegebenenfalls zu korrigieren. Mir kommt es im vorliegenden Aufsatz auf beides an. Ich konzentriere mich auf eine bislang weitgehend unbekannt gebliebene Handschriftensammlung aus dem Besitz eines Colmarer Bürgers des 15. Jahrhunderts. Dabei soll nicht nur der genaue Umfang dieser Privatbibliothek und ihre thematische Ausrichtung bestimmt werden: Auch und vor allem geht es um die Provenienz der hier zusammengetragenen Texte, um die Frage also, ob Verbindungen zur dominikanischen Observanz von der Textauswahl her festgestellt werden können. Diese Frage ergibt sich fast zwangsläufig, wenn man bedenkt, daß Colmar Mitte des 15. Jahrhunderts außer einem Dominika-

---

von THOMAS KOCK/RITA SCHLUSEMANN, Frankfurt a. M. 1997 (Gesellschaft, Kultur und Schrift. Mediävistische Beiträge 5), S. 147–160, bes. S. 157f., gesammelt.
[9] WERNER WILLIAMS-KRAPP, Die Bedeutung der reformierten Klöster des Predigerordens für das literarische Leben in Nürnberg im 15. Jahrhundert, in: Studien und Texte zur literarischen und materiellen Kultur der Frauenklöster im späten Mittelalter. Ergebnisse eines Arbeitsgesprächs in der Herzog August Bibliothek Wolfenbüttel, 24.–26. Febr. 1999, hg. von FALK EISERMANN [u. a.], Leiden [usw.] 2004 (Studies in Medieval and Reformation Thought), S. 311–329.

nerkonvent, der die Keimzelle der seit 1389 in der Ordensprovinz Teutonia sich verbreitenden Observanzbewegung war, zwei reformierte Frauenklöster aufwies, von denen das eine, Unterlinden, seit der Einführung der Reform im Jahre 1419 eine der wichtigsten Bibliotheken im Netzwerk der oberdeutschen observanten Dominikanerinnenkonvente aufbaute.[10]

Der vorliegende Aufsatz knüpft jedoch nicht allein an die Diskussion um den Stellenwert von Privatbibliotheken bei der Rezeption und Distribution deutschsprachiger geistlicher Literatur an, sondern liefert anhand einer bislang unbekannten Predigtsammlung ein weiteres Beispiel für die Tatsache, daß die Observanz nicht nur bei der Produktion neuer, im Dienst der Reform stehender Literatur eine Rolle gespielt, sondern auch zur Wiederbelebung und Verbreitung von geistlichem Schrifttum dominikanischer Provenienz des 14. Jahrhunderts beigetragen hat. Diese Erkenntnis ist sicherlich nicht neu, man verdankt sie allerdings autorisierten Texten, bei denen es sich einfach gestaltet, sie dem 14. Jahrhundert zuzuordnen, liefern doch die Biographie der Autoren und eine noch im 14. Jahrhundert einsetzende Überlieferung die entsprechenden Indizien. Anders sieht es aus, wenn man es mit nicht autorisierten bzw. anonym überlieferten Texten zu tun hat. Den einzigen Weg, dieser Literatur dominikanischer Provenienz des 14. Jahrhunderts auf die Spur zu kommen, sieht HANS-JOCHEN SCHIEWER in der Rekonstruktion virtueller Klosterbibliotheken, die »aus dem Überlieferungsbefund des 15. Jahrhunderts und einer minutiösen Sammlung aller deutschsprachigen Fragmente und Rezeptionsspuren des 14. Jahrhunderts gewonnen werden müssen«, eine Grundlagenforschung, die erst noch zu leisten ist.[11] Da es im folgenden auch darum gehen soll, einige der Texte – soweit es der Überlieferungsbefund erlaubt – entstehungsgeschichtlich zu lokalisieren und einer konkreten Klosterbibliothek des

---

[10] Bei meinen Überlegungen zum Verhältnis der Schedelin-Sammlung zu dem in den Klöstern der Stadt vorhandenen Literaturangebot werde ich mich mit einigen Hinweisen begnügen müssen, stellt doch die vollständige Erschließung und systematische Untersuchung der Handschriftenbestände des Unterlindenklosters, der aus germanistischer Sicht sicherlich wichtigsten Bibliothek der Stadt, trotz Vorarbeiten von KARL-ERNST GEITH nach wie vor ein dringendes Desiderat dar, s. JEFFREY F. HAMBURGER, La bibliothèque d'Unterlinden et l'art de la formation spirituelle, in: Les dominicaines d'Unterlinden, Bd. 1, Paris 2000, S. 110–159, S. 111.
[11] HANS-JOCHEN SCHIEWER, Literarisches Leben in dominikanischen Frauenklöstern des 14. Jahrhunderts. Das Modell St. Katharinental bei Dießenhofen, in: Studien und Texte zur literarischen und materiellen Kultur der Frauenklöster im späten Mittelalter. Ergebnisse eines Arbeitsgesprächs in der Herzog August Bibliothek Wolfenbüttel, 24.–26. Febr. 1999, hg. von FALK EISERMANN [u. a.], Leiden [usw.] 2004 (Studies in Medieval and Reformation Thought), S. 285–309, S. 304. Eine regional auf den alemannischen Raum begrenzte Erschließung von Zeugnissen literarischen Lebens des 14. Jahrhunderts nimmt das von NIGEL F. PALMER und HANS JOCHEN SCHIEWER ins Leben gerufene Projekt ›Literarische Topographie des deutschsprachigen Südwestens im 14. Jahrhundert‹ in Angriff, s. ZfdPh 122 (2003), Sonderheft, S. 178–202.

14. Jahrhunderts zuzuordnen, ist der vorliegende Aufsatz auch als ein Beitrag zu der von SCHIEWER geforderten Spurensicherung zu verstehen.

Im Jahre 1967 hat PAUL-GERHARD VÖLKER die Mechthild-Forschung auf eine umfangreiche Teilüberlieferung des ›Fließenden Lichts der Gottheit‹ in der Handschrift 2137 der Protestantischen Konsistorialbibliothek zu Colmar aufmerksam gemacht.[12] Obwohl die meisten mittelalterlichen Handschriften der Konsistorialbibliothek franziskanischer Provenienz sind,[13] hält VÖLKER die Entstehung der Handschrift Bibliothèque Consistoriale Protestante de Colmar (= CPC) 2137 in Franziskanerkreisen für unwahrscheinlich, manifestiert sich doch in dem Auszug aus dem ›Fließenden Licht‹ weit eher dominikanisches als franziskanisches Interesse.[14] Ms. CPC 2137 ist allerdings nicht die einzige Handschrift der Konsistorialbibliothek, die durch ihren Inhalt auf Entstehung im dominikanischen Milieu schließen läßt. VÖLKER weist auf drei weitere Handschriften mit dominikanischem Textgut hin: Ms. CPC 280 überliefert die deutsche Übertragung der Vinzenz-Ferrer-Vita des Petrus Ransanus; Ms. CPC 1947 stellt ein Laienbrevier dar, welches auch über Antiphone *von sant peter brediger irden* (Petrus Martyr) und *von sant dominico* (fol. 106ᵛ) verfügt; Ms. CPC 279 ist eine geistliche Sammelhandschrift, die außer einem stark verstümmelten Zitat aus Eckharts Traktat ›Von Abegescheidenheit‹ Texte eines Schülers von Dietrich von Freiberg im Rahmen einer deutschen

---

[12] PAUL-GERHARD VÖLKER, Neues zur Überlieferung des ›Fließenden Lichts der Gottheit‹, ZfdA 96 (1967), S. 28–69. In der Zwischenzeit ist der Bestand der Konsistorialbibliothek der Colmarer Stadtbibliothek zur Aufbewahrung übergeben worden, vgl. FRANCIS GUETH/LOUIS DEMÉZIÈRES, La Bibliothèque Consistoriale Protestante de Colmar, in: Trésors des bibliothèques de Colmar et de Sélestat. Exposition. Église des Dominicains de Colmar 2 juillet – 30 août 1998, Colmar 1998, S. 23–25.

[13] Der Bibliothek der Colmarer Minoriten dürften aus Gründen wie Inhalt, Vorbesitzer oder Schreiberhände außer den siebzehn bei FLORENZ LANDMANN (Die spätmittelalterliche Predigt der Franziskaner-Konventualen nach den Handschriften der Konsistorialbibliothek zu Colmar, Archiv für elsässische Kirchengeschichte 5 (1930), S. 19–88, hier S. 31–71) ausführlich beschriebenen lateinischen Predigtbänden folgende fünf (ebenso lateinische) Codices zugehört haben: Ms. CPC 282, 1935, 1941/43, 1949 und 1951. Dazu kommen Ms. CPC 1937, 1938 und 1939 mit Schulliteratur. Zu den Handschriften s. PAUL BOLCHERT, Catalogue de la Bibliothèque du Consistoire de l'Église de la Confession d'Augsbourg à Colmar. Première partie: Les Manuscrits, Annuaire de la Société Historique et Littéraire de Colmar 5 (1955), S. 14–37, und CHARLES SAMARAN/ROBERT MARICHAL, Catalogue des manuscrits en écriture latine portant des indications de date, de lieu ou de copiste, Bd. 5, Paris 1965, S. 137–151.

[14] VÖLKER [Anm. 12], S. 32, spricht von »pro-domo-Überlieferung eines Dominikanerklosters«, ähnlich HANS NEUMANN, Mechthild von Magdeburg, ›Das fließende Licht der Gottheit‹. Nach der Einsiedler Handschrift in kritischem Vergleich mit der gesamten Überlieferung, hg. von H.N., Bd. 2: Untersuchungen, ergänzt und zum Druck eingerichtet von GISELA VOLLMANN-PROFE, München 1993 (MTU 101), S. 235, und SARA S. POOR, Mechthild of Magdeburg and her Book. Gender and the Making of Textual Authority, Philadelphia 2004 (The Middle Ages Series), S. 130.

Predigtsammlung enthalten soll.[15] Was die Mechthild-Handschrift VÖLKER verwehrt hatte, ließ sich bei den anderen feststellen: Der Besitzervermerk *Dis buch ist iohannes schedelin* auf dem Hinterdeckel von Ms. CPC 1947 und der gleichartige rote Ledereinband aller drei Codices lenkte den Blick auf eine Handschriftensammlung, als deren Besitzer ein gewisser Johannes Schedelin gelten kann.[16]

Seit BOLCHERT werden Hans Schedelin außer den drei deutschsprachigen Handschriften 18 weitere Stücke – ausnahmslos lateinische Codices und Inkunabeln theologischen Inhalts – zugeschrieben.[17] Diese hohe Stückzahl beruht allerdings auf einem sehr unsicheren Fundament. Um Schedelin als Besitzer eines Bandes zu erweisen, reichte für BOLCHERT das Vorhandensein des glatten roten Lederüberzugs. Wohl ist der rote Einband ein erstes Indiz, aber keineswegs ein absolutes, läßt sich diese Art von Einband außer bei den Franziskanern (vgl. etwa Ms. CPC 1950 und 1952) auch bei den Dominikanerinnen von Unterlinden nachweisen (vgl. etwa die Handschriften 261 und 271 der Colmarer Stadtbibliothek BVC [= Bibliothèque de la Ville de Colmar]). Weitere Indizien müssen dazu kommen, um Schedelin als Besitzer ernsthaft in Erwägung ziehen zu können. VÖLKER hat auf den dominikanischen Charakter der bis jetzt bekannt gewordenen Schedelin-Handschriften hingewiesen. Wenn es zutrifft, daß die Kombination ›dominikanisches Textgut‹ / ›Holzdeckel mit glattem rotem Lederüberzug‹ für Handschriften der Schedelin-Bibliothek charakteristisch ist, so wäre eine entsprechende Provenienz auch für Ms. CPC 321 zu erwägen. Diese Handschrift hat nicht nur den wohl vertrauten roten Ledereinband, sondern auch Dominikanisches zu bieten, und zwar Seuses ›Büchlein der ewigen Weisheit‹ mit den ›Hundert Betrachtungen‹.[18] Ein weiteres gewichtiges Argument für die Herkunft dieser Handschrift aus der Bibliothek Schedelins ist die von BOLCHERT gleichsam nebenbei gemachte Beobachtung, daß die Handschrift von derselben Hand stammt, die auch Teile der Schedelin-Handschrift Ms. CPC 279 geschrieben hat.[19] Diese Beobach-

---

[15] Vgl. fol. 187ʳ: [...] *vnd seit mir es meister dietrich der vnser wirdiger prouincial was der laß es selb mit sinem munde* (zur Identität des genannten *meister dietrich* und zur Predigtsammlung selbst s. weiter unten). Das von VÖLKER [Anm. 12], S. 233, Anm. 1, identifizierte Zitat aus dem Traktat ›Von Abegescheidenheit‹ bildet den Anfang eines Mosaiks vom Leiden (fol. 108ᵛ–109ᵛ), siehe dazu Anhang.

[16] VÖLKER [Anm. 12], S. 33, ähnlich BOLCHERT [Anm. 13], S. 29 und S. 31.

[17] PAUL BOLCHERT, Catalogue de la Bibliothèque du Consistoire de l'Église de la Confession d'Augsbourg à Colmar. Deuxième partie: Les incunables, Annuaire de la Société Historique et Littéraire de Colmar 4 (1954), S. 77–95, S. 78, ähnlich PIERRE SCHMITT, Catalogue général des manuscrits des bibliothèques publiques de France, Bd. 56, Paris 1969, S. XXXII.

[18] Die Handschrift war KARL BIHLMEYER (Heinrich Seuse, Deutsche Schriften, Stuttgart 1907, S. 14*) durch den Hinweis von TH[EODOR] VULPINUS (Eine zweite Colmarer Suso-Handschrift, Jahrbuch für Geschichte, Sprache und Literatur Elsaß-Lothringens 19 [1903], S. 20–22) bekannt. Der von VULPINUS S. 21 zitierte Vermerk C[...] *elltez zu Thüringheim* findet sich nicht in der Handschrift.

[19] BOLCHERT [Anm. 13], S. 31, Nr. 37.

tung und die Tatsache, daß die Hälfte der im Bestand des Konsistoriums ohnehin nicht allzu zahlreich vertretenen deutschen Codices Schedelin als Besitzer gehabt haben kann, versprach weitere Funde unter den Handschriften der Konsistorialbibliothek.

Die Autopsie aller 39 CPC-Handschriften hat gezeigt, daß man – wenn auch nicht in dem von BOLCHERT vermuteten Umfang – sehr wohl mit weiteren Bänden aus Schedelins Besitz rechnen darf.[20] Die Hand, die etwa die Hälfte der geistlichen Sammelhandschrift Ms. CPC 279 und das gesamte Ms. CPC 321 geschrieben hat, ließ sich in weiteren Handschriften ermitteln. So hat diese Hand eine Art *accessus* zu dem nachweislich in Schedelins Eigentum befindlichen deutschen Psalter Ms. CPC 1947 geschrieben und ein Register erstellt. Außerdem hat sie eine Sammlung von Antiphonen angehängt und den Psalter mit einem umfangreichen Glossenwerk versehen, das nicht nur die zum jeweiligen Psalm gehörende Antiphon in deutscher Übersetzung sondern auch Gebetsanweisungen enthält.[21] Auch die acht so genannten ›Bernhardschen Psalmverse‹ auf dem Innenspiegel des vorderen Deckels stammen von derselben Hand. Diese hat ihre Spuren auch in Ms. CPC 1945 hinterlassen: Das Register zum ›Audi-filia-Dialog‹ des Meisters des Lehrgesprächs (Johannes Hiltalingen OESA?) – der Text ist allein hier vollständig überliefert (s. Anhang) – geht auf sie zurück. Dieser Schreiber hat jedoch nicht nur verschiedentlich nachgetragen und ergänzt, sondern auch selbst umfangreiche Textkorpora aufs Papier gebracht. Es gibt außer dem oben genannten Ms. CPC 321 eine weitere Handschrift, die gänzlich von ihm geschrieben wurde, und zwar Ms. CPC 2137, bestehend unter anderem aus Mechthilds ›Fließendem Licht‹.

Der Nachweis einer und derselben Hand in Handschriften, deren Herkunft aus der Sammlung Schedelin aus anderen Gründen schon zuvor als wahrscheinlich galt, bekräftigt die Provenienzbestimmung. Es ließen sich sogar zwei weitere Bände Schedelin zusprechen. Allerdings weisen sie die Merkmale, die bislang als Kriterium einer solchen Zuordnung galten, nicht bzw. nur zum Teil auf: Ms. CPC 1945 enthält nichts Dominikanisches, sondern das Werk eines Augustiner-Theologen. Auch trägt es keinen roten, sondern einen braunen Lederüberzug. Der dominikanische Bezug ist in Ms. CPC 2137 durch die Exzerpte aus dem ›Fließenden Licht‹ zwar gegeben, der Einband ist aber auch in diesem Fall nicht rot, sondern gelb. Nichtsdestoweniger ist die Identität der Schreiberhand ein gewichtiges Argument für Schedelin als Vorbesitzer beider Handschriften. Bedenkt man, daß jeder der genannten Bände ein Register auf-

---

[20] Hier möchte ich Herrn Francis Gueth, Leiter der Colmarer Stadtbibliothek danken, daß er mir uneingeschränkten Zugang zu den Handschriften ermöglicht und bei Fragen zur Verfügung gestanden hat.

[21] Zu diesem Psaltertyp und zu dessen Überlieferung s. ERNST HELLGARDT, Deutsche Gebetsanweisungen zum Psalter in lateinischen und deutschen Handschriften des 12.–16. Jahrhunderts. Bemerkungen zur Tradition, Überlieferung, Funktion und Text, Vestigia Bibliae 9/10 (1991), S. 400–413 (ohne Ms. CPC 1947).

weist,[22] das von einer und derselben Hand offenbar für den persönlichen Gebrauch angelegt wurde, so ließe sich sogar auf eine Identität von Schreiber und Besitzers schließen. Daß dies tatsächlich der Fall ist, ist Ms. CPC 280 zu entnehmen. Der Band enthält außer der ›Vita des Vinzenz Ferrer‹ Schedelins eigenhändige Urkundenabschriften.[23] Sie erlauben es, ihn nicht nur als Besitzer sondern auch als Schreiber der oben genannten Handschriften zu identifizieren.

Die sechs, gänzlich oder teilweise von Schedelin selbst geschriebenen und für den Eigengebrauch bestimmten Handschriften lassen darauf schließen, daß er offenbar über die Muße verfügte, eine so umfangreiche Textsammlung durch eigene Schreibarbeit zustandezubringen. Angesichts des dominikanischen Charakters der Sammlung würde man denken, er sei ein Ordensmann gewesen, doch sprechen die Eintragungen in Ms. CPC 280 – sie sind rein wirtschaftlicher Natur[24] – eher für einen Vertreter der wohlhabenden städtischen Bürgerschicht. In der Tat bezeichnet Schedelin sich selbst an einer Stelle von Ms. CPC 280 als *bvrger zů Colmar* (fol. 187ᵛ, Abb. 1).[25] Nach dem Ausweis seiner eigenhändigen Urkundenabschriften dürfte er ein hohes Alter erreicht haben, denn der letzte datierte Eintrag bezieht sich auf das Jahr 1457 (fol. 7ʳ), der früheste bereits auf das Jahr 1418 (fol. 3ʳ).[26]

Die Entstehungszeit der von Schedelin geschriebenen bzw. erworbenen Bände läßt sich nicht immer feststellen. Die letzte von ihm erworbene (oder geschriebene?)[27] Handschrift stellt mit einiger Sicherheit Ms. CPC 280 dar. Sie

---

[22] Außer Ms. CPC 1945 und 1947 trifft dies auf die Handschriften Ms. CPC 279, 321 und 2137 zu; eine Ausnahme ist Ms. CPC 280.

[23] Vgl. fol. 1ʳ–11ʳ, 162ᵛ, 163ʳ, 175ʳ/ᵛ, 187ᵛ und fol. 188ʳ. Der Haupttext (die Ferrer-Vita) scheint indes nicht von Schedelin geschrieben worden zu sein, s. CHRISTIAN HECK, Saint Vincent Ferrier dans les miniatures et un manuscrit inédits du XVᵉ siècle, Société d'Histoire et d'Archéologie de Colmar 27 (1978), S. 63–68, hier S. 67, anders SAMARAN/MARICHAL [Anm. 13], S. 139 (Abbildungsnachweise im Anhang).

[24] Man findet in diesen Urkundenabschriften beispielsweise Angaben über die Gewinne, die Schedelins Liegenschaften und Immobilienbesitze in Ruffach, Gueberschwihr bzw. in und um Colmar jährlich abgeworfen haben. Es handelt sich bei diesen Aufzeichnungen also nicht um eine elsässische Chronik, wie es bei WERNER WILLIAMS-KRAPP zu lesen ist, s. Kultpflege und literarische Überlieferung. Zur deutschen Hagiographie der Dominikaner im 14. und 15. Jahrhundert, in: *Ist mir getrŏmet mîn leben? Vom Träumen und vom Anderssein*. FS für Karl-Ernst Geith zum 65. Geburtstag, hg. von ANDRÉ SCHNYDER [u. a.], Göppingen 1998 (GAG 632), S. 147–173, S. 158.

[25] Die Schedelins sind eine alteingesessene Colmarer Bürgerfamilie, s. LUCIEN SITTLER, Les listes d'admission à la bourgeoisie de Colmar 1361–1494, Colmar 1958 (Publications des Archives de la Ville de Colmar, Bd. 1), S. 273, zu Hans Schedelin insbesondere S. 180, Nr. 2530 (Eintrag aus dem Jahre 1442).

[26] Man findet diese Einträge auf der Rectoseite eines jeweils neuen Blattes der ersten Quartlage. Es handelt sich dabei um Abschriften früherer Aufzeichnungen. Die in Ms. CPC 280 verstreuten zahlreichen späteren Ergänzungen und Korrekturen (zu den Seitenangaben s. Anm. 23) sind nicht datiert.

[27] Vgl. Anm. 23.

enthält die erst nach der Kanonisation (1455) entstandene deutsche Übersetzung der von Petrus Ranzanus verfaßten Vinzenz-Ferrer-Vita samt Bericht über die Erhebung der Gebeine 1456 in Vannes (fol. 13ʳ–136ʳ).[28] In welchem Jahr der Text geschrieben wurde, kann zwar nicht festgestellt werden, die ›Vita‹ dürfte jedoch den für Schedelin-Handschriften typischen Einband erst nach 1457 erhalten haben.[29] Einen terminus ante quem für die Entstehung bzw. Erwerbung des Textes durch Schedelin liefert das Todesjahr seines Sohnes Heinrich (1462), der die Bibliothek des Vaters geerbt zu haben scheint (dazu weiter unten).

Wesentlich einfacher zu datieren ist die Handschrift Ms. CPC 1945. Der allein hier vollständig überlieferte ›Audi-filia-Dialog‹ des sogenannten Meisters des Lehrgesprächs (Johannes Hiltalingen OESA?) trägt einen Schreiberkolophon, der besagt: *Anno domini M° cccc xlij° feria sexta post Udalrici episcopi* (6. Juli) *finitus est liber iste per manus Pijtrij dicti Hjsijncliiijw* (fol. 129ᵛᵇ, Abb. 2). SAMARAN/MARICHAL lesen Petrus Hasenclow.[30] Es handelt sich um einen weiteren Colmarer Bürger, der dem Schreiben allerdings nicht aus Passion, sondern als Beruf nachging.[31] Seine Hand läßt sich in einer anderen Schedelin-

---

[28] Vom Bericht in Ms. CPC 280 haben HECK [Anm. 23], S. 67, und WILLIAMS-KRAPP [Anm. 24], S. 158, keine Notiz genommen. Als separater Text erscheint er in Md 456 der Tübinger Universitätsbibliothek, s. VOLKER HONEMANN, Ferrer, Vinzenz, ²VL, Bd. 2, 1980, Sp. 726–727. Der Bericht über die *elevatio* des Heiligen Vinzenz wird hier im Anschluß an Johannes Meyers ›Chronik der Generalmeister Predigerordens‹ überliefert. Diese Handschrift aus der zweiten Hälfte des 15. Jahrhunderts enthält u. a. Predigten (von Johannes Scherl?) und stellt ein Geschenk des 1482 reformierten Katharinenklosters in St. Gallen an das Augustinerchorfrauenstift Inzigkofen dar, geschrieben von Elisabeth Muntprat (freundliche Mitteilung von Simone Mengis, Basel) aus St. Gallen; zu der Handschrift s. WERNER FECHTER, Deutsche Handschriften des 15. und 16. Jahrhunderts aus der Bibliothek des ehemaligen Augustinerchorfrauenstiftes Inzigkofen, Sigmaringen 1997 (Arbeiten zur Landeskunde Hohenzollerns 15), S. 118–120, und ANDREAS RÜTHER/HANS-JOCHEN SCHIEWER, Die Predigthandschriften des Straßburger Dominikanerinnenklosters St. Nikolaus in undis. Historischer Bestand, Geschichte, Vergleich, in: Die deutsche Predigt im Mittelalter. Internationales Symposium am Fachbereich Germanistik der Freien Universität vom 3.–6. Oktober 1989, hg. von VOLKER MERTENS/HANS JOCHEN SCHIEWER, Tübingen 1992, S. 169–193, S. 187, Anm. 78.

[29] Die dem Vitenteil vorgebundene erste Lage kann nicht früher als 1457 entstanden sein, s. Anm. 26 mit Text.

[30] SAMARAN/MARICHAL [Anm. 13], S. 147, ähnlich Colophons de manuscrits occidenteaux des origines au XVIᵉ siècle, Bd. 5, Fribourg 1979 (Spicilegii Friburgensis Subsidia Bd. 6), S. 95, Nr. 15601.

[31] Für das Jahr 1435 ist *Peter hasenclouwe* als *kathedralis* in den Colmarer Bürgerrollen bezeugt, s. SITTLER [Anm. 25], S. 167, Nr. 2341. Weitere archivarische Belege zu seiner Person findet man bei KARL HEINZ WITTE, Der Meister des Lehrgesprächs und sein ›In-principio-Dialog‹. Ein deutschsprachiger Theologe der Augustinerschule des 14. Jahrhunderts aus dem Kreise deutscher Mystik und Scholastik. Untersuchung und Edition, München 1989 (MTU 95), S. 148. WITTE ebd. meint, *kathedralis* sei mit Stuhlmacher zu übersetzen. Doch trifft das nicht zu. *Kathedrales* stellten hauptberuflich und gewerbsmäßig vor allem Briefe und geschäftliche Schriftstücke her, auf direkte Bestel-

Handschrift nachweisen, und zwar im Predigtteil des Bandes Ms. CPC 279. Interessanterweise entstand das etwa die Hälfte von Ms. CPC 279 ausmachende Predigtcorpus in enger Zusammenarbeit mit dem Auftraggeber Schedelin, wie an dem häufigen Wechsel der Schreiberhände erkennbar ist (Abb. 3). Peter Hasenclow übernahm dabei den deutlich größeren Part.[32] Ob auch diese Handschrift auf die vierziger Jahre zu datieren ist wie das nachweislich 1442 geschriebene Ms. CPC 1945, kann nicht ermittelt werden. Noch unsicherer ist die Datierung der beiden verbleibenden Schedelin-Handschriften: Ms. CPC 2137, die Trägerhandschrift des ›Fließenden Lichts‹, könnte – nach dem Ausweis der Wasserzeichen – im zweiten Viertel, spätestens Mitte des 15. Jahrhunderts entstanden sein;[33] das Laienbrevier Ms. CPC 1947 bietet zwar keine Anhaltspunkte für eine Datierung, es muß aber längere Zeit im Besitz von Schedelin gewesen sein, denn der intensive Gebrauch der Handschrift führte dazu, daß der alte rote Lederüberzug mit einem neuen gelben Einband – er trägt das Wappen Schedelins – ersetzt werden mußte.

Demnach scheinen die mit einiger Sicherheit datierbaren Handschriften dafür zu sprechen, daß sich Schedelin seit dem zweiten Viertel des 15. Jahrhunderts (seit den vierziger Jahren?) verstärkt für geistliche Literatur interessierte. Den Lektürestoff hat er sich durch die Beschäftigung eines Berufsschreibers, eigene Schreibarbeit und vielleicht durch Ankauf besorgt. Bevor ich auf inhaltliche Aspekte eingehe und die hier enthaltenen Texte vorstelle, möchte ich das weitere Schicksal der Sammlung kurz skizzieren, um einige, in der Forschungsliteratur stets weiter tradierte Fehler, zu korrigieren.

Ein späterer Nachkomme des Johannes Schedelin, Felix Schedelin, hat Bolchert auf ein von ihm entdecktes Testament aufmerksam gemacht, dem zu entnehmen sei, daß »Heinrich Schedelin, fils de Hans, en 1462 légua entre autres sa bibliothèque (*«my libery»*) aux Franciscains.«[34] Williams-Krapp zufolge soll

---

lung konnten sie jedoch auch zum Schreiben umfangreicherer Texte gewonnen werden. Für Beispiele aus Augsburg s. Karin Schneider, Berufs- und Amateurschreiber. Zum Laien-Schreibbetrieb im spätmittelalterlichen Augsburg, in: Literarisches Leben in Augsburg während des 15. Jahrhunderts, hg. von Johannes Janota/Werner Williams-Krapp, Tübingen 1995 (Studia Augustana 7), S. 8–26, bes. S. 11.

[32] Seine Hand läßt sich auf fol. 145^v–147^r, 148^v–166^r, 166^v–240^v, 241^r–242^v, 243^v–246^r und fol. 247^v–293^v nachweisen.

[33] Während vom Ochsenkopf nur die einander zugewandten Hornspitzen und die einkonturige Stange mit Blume erkennbar sind lassen sich die beiden anderen Wasserzeichen besser bestimmen: Hand, ähnlich Gerhard Piccard, Wasserzeichen. Hand und Handschuh, Stuttgart 1997 (Veröffentlichungen der Staatlichen Archivverwaltung Baden-Württemberg. Sonderreihe. Findbuch 17), Nr. 45/96, 63/64, 73/74, 71/75 (belegt für 1425–1443) und einfache Krone mit Stirnreif und Lilienaufsatz, jedoch ohne Bügel und Beizeichen, ähnlich Gerhard Piccard, Die Kronen-Wasserzeichen, Stuttgart 1961 (Veröffentlichungen der Staatlichen Archivverwaltung Baden-Württemberg. Sonderreihe. Findbuch 1), Nr. 311–317 (belegt für 1437–1468). Völker [Anm. 12], S. 29, und Neumann [Anm. 14], S. 234, datieren die Handschrift auf die erste Hälfte, Bolchert [Anm. 13], S. 25, auf die Mitte des 15. Jahrhunderts.

[34] Bolchert [Anm. 17], S. 78, ähnlich Völker [Anm. 12], S. 33, Schmitt [Anm. 17], S. XXXII, und Witte [Anm. 31], S. 148, Anm. 2.

Heinrich die Bibliothek des Vaters gar mit ins Colmarer Minoritenkloster genommen haben.[35] Doch ist im Testament von einem Vermächtnis an die Franziskaner nirgendwo die Rede. Die Passage, die Aufschluß über das weitere Schicksal der Sammlung erlaubt, lautet:

> *So orden vnd verschaffe Jch mynen hoff husere vnd gesesse Hinder vnd vor mit allem Buwe begryffe vnd rechten Do jch nůntzemol jnneseßhafft bin Dem man spricht zům loche mit Sampt Einer lyberye Jch dann dar Jnne vermeine zeordenen vnd zemachen gelegen zů Colmar Jnn der Statt vff dem kilchhoffe nohe by Sant Martins munster einsite nebent einem appt von munster vnd andersite nebent herre Hannseman Grossen Hufelin Jst lidigk Eygen an vnd zů einer Ellenden herbergen die man ǒch vff stvnt noch nymer zů dheinen andern gescheffeden nit bruchen noch schaffen oder gestatten gebruchet werden sol dheinswegs* […].[36]

Hennyn (= Heinrich) Schedelin verfügt hier, daß sein Haus, genannt *zům loche*,[37] in eine *Ellenden herbergen*, d. h. in ein Spital zur Beherbergung und Pflege durchreisender Fremder und Pilger, umgewandelt werden soll.[38] Des Weiteren vermacht Schedelin diesem Haus eine *liberye*. Weil Heinrich Schedelin als Handschriftenbesitzer nicht bekannt ist, wird in der Forschung, wohl zurecht, davon ausgegangen, daß er die Bibliothek seines offenbar in der Zwischenzeit verstorbenen Vaters geerbt hatte.[39] Was das weitere Schicksal der Sammlung betrifft, so wurde sie im Jahre 1543 in das zwischenzeitlich völlig entvölkerte Franziskanerkloster, das von der Stadtverwaltung zur Aufnahme aller karitativen Einrichtungen der Stadt vorgesehen war,[40] zur Aufbewahrung verbracht und mit dem dort verbliebenen Rest an bibliothekarischem Material vereinigt.[41]

---

[35] WILLIAMS-KRAPP [Anm. 24], S. 158.
[36] Archives Municipales Colmar, Fonds de l'Hôpital Civil B 1 (datiert auf Samstag vor Bartholomäustag 1462).
[37] Die Schedelins wohnten seit 1439 *im gesselin zem loche*, s. AUG[UST] SCHERLEN, Topographie von Alt-Colmar, Colmar 1922, S. 264, bzw. DERS., Topographie du vieux Colmar, Colmar 1996, S. 280.
[38] Einrichtungen mit ähnlicher Funktion, Elendenherbergen genannt, findet man auch in anderen Städten wie z. B. in Bern oder in Konstanz, s. PAUL HOFER, Die Kunstdenkmäler der Stadt Bern, Bd. 1, Basel 1952, S. 349f., und HERMANN STRAUSS, Alt-Kreuzlingen, Kreuzlingen 1962, S. 44f.
[39] Im Anniversarium des Colmarer Dominikanerklosters wird *hans schedelin der alt* am 5. Mai aufgeführt. Das Anniversarbuch datiert auf das Jahr 1467, s. CHARLES WITTMER, L'obituaire des dominicains de Colmar. Etude critique du manuscrit précédé d'une notice sur le Couvent de Colmar, Bd. 2, Strasbourg 1935 (Publications de la Société Savante d'Alsace et de Lorraine 4), S. 155.
[40] MICHEL ROGEZ, Petite histoire en images de l'Hôpital Civil de Colmar depuis 1255 jusqu'en 2005, Colmar 2005 (Mémoire Hospitalière 6), S. 14, s. auch SCHERLEN 1922 [Anm. 37], S. 264 und 1996 [ebd.], S. 280.
[41] Die Colmarer Franziskaner scheinen den Großteil ihrer Bibliothek, vor allem die wertvollsten Handschriften, noch vor der Auflösung ihres Klosters im Jahre 1542 in andere Ordenshäuser transferiert zu haben. Damit wird die Tatsache erklärt, 'daß kaum eine unter den erhaltenen Handschriften zu finden ist, die über das 15. Jahrhundert hinausreicht und anderes als theologische Traktate oder Predigten überliefert, s. LANDMANN

Dieser Bestand wurde zum Grundstock der 1575 gegründeten Protestantischen Konsistorialbibliothek. Demnach besteht kein Anlaß für die Annahme, daß die Colmarer Franziskaner Schedelins Handschriften je in ihrem Besitz gehabt und die hier enthaltenen Texte gelesen haben.[42]

Privatsammlungen wie die von Hans Schedelin haben im 15. Jahrhundert keinen Seltenheitswert mehr.[43] Auch der Typ des Laiensammlers und -lesers, der zum Aufbau eines eigenen Bücherbesitzes entweder selbst zur Feder greift oder Texte auf Bestellung herstellen läßt, ist bekannt.[44] Schedelins Sammlung fügt sich auch aus inhaltlicher Sicht in das geläufige Bild von Bibliotheken aus dem Besitz wohlhabender städtischer Laien. Für die thematische Ausrichtung der Sammlung haben folgende, dem Eröffnungsstück von Ms. CPC 279 entnommene Passagen geradezu programmatischen Charakter. Um den *stricken des bösen geistes* zu entfliehen, wird dem Leser empfohlen, sich zu üben

in den heiligen glöben denne in den zehen gebotten vnd die sehs werck der erbarmeherczikeit denne die siben heilikeit vnd des glichen Vnd besvnder dz wirdige leben cristi zů den siben ziten mit mitte liden vnd dangberkeit [...] (fol. 14[r]).

Weiterhin wird angemahnt, nicht träge zu sein

zů gůten gedencken gůten begirden willen wercken jn gebette jn betrahtvnge [...] jn dem heiligen ambaht vnd bredige gůte lere zů lesen oder hören [...] in dem heiligen glöben jn den zehen gebotten jn den wercken der erbarmeherczikeit jn den siben heilikeiten jn den aht selikeiten jn den siben zitten [...] (fol. 16[v]).

[Anm. 13], S. 28 u. S. 73f. In der Tat liest man in der Aufhebungsurkunde folgende, an die Stadtverwaltung adressierte Mitteilung *dass wir gut fug, recht und gerechtigkeit haben zuvorderst die liberarien [...] davon zu nehmen und an andere wesentliche Clöster unseres ordens zu transferiren [...]«*, s. I[SIDORE] BEUCHOT, Die ehemalige Franziskaner-, jetzige Spitalkirche zu Colmar, Colmar 1916, S. 30.

[42] SIGRID KRÄMER, Handschriftenerbe des deutschen Mittelalters, T. 1, München 1989 (MBK, Erg.-Bd. 1), S. 153, und T. 3 (MBK, Erg.-Bd. 1, München 1990), S. 128, verzeichnet drei der Schedelin-Handschriften (Ms. CPC 279, 280 und 2137) als Besitz der Franziskaner. Dies ist zu korrigieren und KRÄMERS Liste mit den unter Anm. 13 genannten Handschriften zu ergänzen.

[43] Vgl. SCHNEIDER [Anm. 4], und HONEMANN [Anm. 8]. Ergänzend dazu sei auf die Bibliothek des Pressburger (heute: Bratislava) Stadtschreibers Liebhardus Eghenvelder (1387–1457) hingewiesen. Dem 1455/1457 abgefassten Testament zufolge umfasste seine Sammlung 53 lateinische und deutsche Bücher (letztere größtenteils von ihm selbst geschrieben) und enthielt u. a. das ›Schachzabelbuch‹ des Konrad von Ammenhausen und den ›Wigalois‹ des Wirnt von Grafenberg, vgl. BÉLA VON PUKANSZKY, Geschichte des deutschen Schrifttums in Ungarn, Bd. 1, Münster 1931, S. 73–76, ergänzend dazu GERHARD EIS/P. RAINER RUDOLF, Altdeutsches Schrifttum im Nordkarpatenraum, München 1960, S. 14, 16f., 35f. u. ö.

[44] Vgl. SCHNEIDER [Anm. 31], S. 13–14, und VOLKER HONEMANN, Der Laie als Leser, in: Laienfrömmigkeit im späten Mittelalter. Formen, Funktionen, politisch-soziale Zusammenhänge, hg. von KLAUS SCHREINER unter Mitarbeit von ELISABETH MÜLLER-LUCKNER, München 1992 (Schriften des Historischen Kollegs, Kolloquien 20), S. 241–251.

Vor *svnder vber natvrliche enphindvnge trost vnd erschinvnge oder offenbarvnge* sollte man sich dagegen in acht nehmen, um sich der Täuschung des bösen Geistes, der sich mitunter in einen *engel des liehtes* verwandelt, nicht zu erliegen (fol. 14ʳ).

Daß die hier formulierten (Literatur)Empfehlungen Schedelins Sammlungs- und Leseinteressen unmittelbar bestimmt hätten, ist zwar wenig wahrscheinlich, eine inhaltliche Korrespondenz läßt sich trotzdem feststellen. Zu den von Schedelin bevorzugten Themen und Texttypen gehören Auslegungen des Vaterunsers und des Glaubensbekenntnisses, Passionsbetrachtungen (auch zu den sieben Tagzeiten), Predigten sowie Traktate zu katechetischen Inhalten wie die acht Seligkeiten, Barmherzigkeit und Güte Gottes, gottgefälliger Lebenswandel, Nutzen des Leidens. Außerdem sind Legenden und Ars moriendi in der Sammlung vertreten. Überraschenderweise findet man – trotz der oben ausgesprochenen und als zeittypisch geltenden Warnung vor *erschinvnge*[45] – auch Offenbarungstexte: Sie bezeugen nicht etwa ein Interesse an mystischen Themen; eher geht es um Fragen wie etwa das Schicksal der Seele nach dem Tod oder das Jüngste Gericht. Im Unterschied zum Vorhandensein von Visionsliteratur überrascht dagegen dasjenige des Psalters weniger. Abgesehen von dem ›Audi-filia-Dialog‹, einer theologisch anspruchsvollen Schöpfungs- und Erlösungslehre, unterscheiden sich die von Schedelin zusammengetragenen Texte thematisch in keiner Weise von der Literatur, die in Klosterbibliotheken des 15. Jahrhunderts immer wieder anzutreffen ist, und die sich in observanten Kreisen, allen voran in Frauenkonventen, großer Beliebtheit erfreute, ja von den geistlichen Führern der Reformbewegung selbst zur Lektüre empfohlen wurde.[46] Dies lenkt die Aufmerksamkeit auf die Vermittlungswege, die es Schedelin ermöglicht haben, eine solch umfangreiche Sammlung von geistlichen Texten zusammenzutragen. Besonders aufschlußreich ist dabei der Blick auf die Parallelüberlieferung der einzelnen Texte.

---

[45] Vgl. dazu Berndt Hamm, Die »nahe Gnade« – innovative Züge der spätmittelalterlichen Theologie und Frömmigkeit, in: »Herbst des Mittelalters«? Fragen zur Bewertung des 14. und 15. Jahrhunderts, hg. von Jan A. Aertsen/Martin Pickavé, Berlin/New York 2004 (Miscellanea Mediaevalia 31), S. 541–557, hier S. 547–551, und Werner Williams-Krapp, Wir lesent daz vil in sölichen sachen swerlich betrogen werdent. Zur monastischen Rezeption von mystischer Literatur im 14. und 15. Jahrhundert, in: Nonnen, Kanonissen und Mystikerinnen. Religiöse Frauengemeinschaften in Süddeutschland. Beiträge zur interdisziplinären Tagung vom 21. bis 23. September 2005 in Frauenchiemsee, hg. von Eva Schlotheuber [u. a.], Göttingen 2008 (Veröffentlichungen des Max-Planck-Instituts für Geschichte 235; Studien zur Germania Sacra 31), S. 263–278.

[46] Vgl. Williams-Krapp [Anm. 5], S. 10 und Ders., ›Praxis pietatis‹: Heilsverkündigung und Frömmigkeit der ›illiterati‹ im 15. Jahrhundert, in: Die Literatur im Übergang vom Mittelalter zur Neuzeit, hg. von Werner Röcke und Marina Münkler, München/Wien 2004 (Hansers Sozialgeschichte der deutschen Literatur vom 16. Jahrhundert bis zur Gegenwart 1), S. 139–165.

Bei seinen Überlegungen bezüglich der Provenienz der Colmarer Mechthild-Handschrift hat VÖLKER auf den Nürnberger Codex Cent. VII.35 aus dem dortigen Katharinenkloster aufmerksam gemacht.[47] Diese Handschrift enthält nicht nur den auch in Ms. CPC 2137 aufgenommenen Traktat ›Von göttlicher Güte‹, sondern – und das ist VÖLKER entgangen – auch den katechetischen Text ›Von den Geboten des Neuen Testamentes‹.[48] Interessanterweise gehören die beiden Traktate in Cent VII.35 zu einem ursprünglich selbständigen, von einer einzigen Hand in nürnbergischem Dialekt geschriebenen Faszikel. Dieser aus Sexternionen bestehende Handschriftenteil enthält außerdem den von FRANZ PFEIFFER Meister Eckhart, von der Überlieferung jedoch vor allem Johannes Tauler zugeschriebenen Traktat ›Von den zwölf nutzen unsers herren lîchames‹.[49] Dieser Text ist in der Colmarer Handschrift zwar nicht enthalten, doch bietet das zwischen den beiden Traktaten eingeschobene Kompilationswerk des Mönchs von Heilbronn über die sechs Namen der Eucharistie ein der Nürnberger Mitüberlieferung thematisch verwandtes Textstück (s. Anhang).

Auf Parallelüberlieferung zu den von Schedelin zusammengetragenen Texten stoßen wir in weiteren Handschriften aus der Bibliothek der Nürnberger Dominikanerinnen. Cent VI.59 überliefert zwei Auslegungstexte, die auch in Ms. CPC 279 enthalten sind: einen zum Vaterunser[50] und einen zum Apostolischen Glaubensbekenntnis.[51] Zum wiederholten Male haben wir es mit einem ursprünglich selbständigen Faszikel zu tun, geschrieben von einer einzigen Hand in nürnbergischer Schreibsprache. Bemerkenswert ist zudem, daß jener Teil der Handschrift, zu welchem der genannte Faszikel gehört, auch die in Ms. CPC 2137 eingegangene, in den Corpushandschriften des ›Großen Tauler‹ Tauler zugeschriebene Predigt ›Von dreierlei Abenden‹ enthält, allerdings in einer von Ms. CPC 2137 abweichenden Fassung.[52]

Daß bestimmte Texte als Überlieferungseinheit tradiert wurden, ist auch an Cent. VII.88 abzulesen: Die Handschrift überliefert jenen Ars-Moriendi-Komplex, der in Ms. CPC 321 den Auftakt zu Seuses ›Büchlein‹ bildet.[53] Zwar sind die

---

[47] VÖLKER [Anm. 12], S. 30.
[48] Ms. CPC 2137, 7ʳ–13ᵛ = Nürnberg, StB, Cent. VII.35, fol. 10ʳ–24ᵛ (›Von den Geboten‹); Ms. CPC 2137, fol. 68ᵛ–83ᵛ = Nürnberg, StB, Cent. VII.35, fol. 24ᵛ–71ᵛ (›Von göttlicher Güte‹), s. auch Anhang.
[49] Vgl. PETER SCHMITT, ›Von den zwölf nutzen unsers herren lîchames‹, ²VL, Bd. 10, 1999, Sp. 1638–1640. KARIN SCHNEIDER, Die deutschen mittelalterlichen Handschriften, Wiesbaden 1965 (Die Handschriften der Stadtbibliothek Nürnberg 1), S. 326, hat den Text nicht identifiziert.
[50] Ms. CPC 279, fol. 19ʳ–31ʳ = Nürnberg, StB, Cent. VI.59, fol. 97ʳ–105ᵛ, s. auch Anhang.
[51] Ms. CPC 279, fol. 36ʳ–41ʳ = Nürnberg, StB, Cent. VI.59, fol. 105ᵛ–109ᵛ, s. auch Anhang.
[52] Ms. CPC 2137, fol. 166ʳ–170ʳ = Nürnberg, StB, Cent. VI.59, fol. 72ʳ–79ᵛ, s. auch Anhang.
[53] Ms. CPC 321, fol. 1ʳ–3ᵛ = Nürnberg, StB, Cent VII.88, fol. 17ᵛ–19ᵛ (Ps.-Anselm von Canterbury, ›Admonitio moriendi‹, dt.); Ms. CPC 321, fol. 3ᵛ–8ᵛ und 10ʳ–11ʳ = Cent VII.88, fol. 20ʳ–25ᵛ (Gebete für einen Sterbenden und das Predigtmärlein vom Papst und Kaplan); Ms. CPC 321, fol. 8ᵛ–10ʳ = Cent VII.88, fol. 30ᵛ–31ᵛ (Adventspredigt eines Predigers namens von Nagolten vom Sterben).

einzelnen Bestandteile dieses Sterbelehre-Komplexes in unterschiedlicher Kombination auch sonst bezeugt,[54] Cent VII.88 ist jedoch die einzige mir bekannte Handschrift, die auch die Adventspredigt des Predigers von Nagolten enthält.

Doch nicht nur aus der Bibliothek der Nürnberger Dominikanerinnen sind Parallelen zu der einen oder anderen Textgruppe aus Schedelins Sammlung festzustellen, auch aus dem Colmarer Unterlindenkloster sind ähnliche Fundberichte zu melden. Eine umfangreiche Allegorie, die Bestandteile des Herzklosters mit Garten- und Baumallegorien verbindet, war bis jetzt aus zwei Handschriften bekannt: Die eine kommt aus Unterlinden, davor gehörte sie zu Schönensteinbach (Ms. BVC 263),[55] die andere war im Besitz eines Straßburger Dominikanerinnenkonvents (Berlin, SBB-PK, Ms. germ. quart 192). Obwohl es sich anscheinend um ein typisches Beispiel für Nonnenlektüre handelt, findet sich die Klosterallegorie auch im Laienbesitz, und zwar in einer der Schedelin-Handschriften.[56] Diese Handschrift enthält außerdem die der ›Dekalogerklärung‹ Marquards von Lindau (Fassung C) entnommenen Exzerpte über das heilsame Sterben und die Seelen im Fegefeuer, die hier durch *gůte gebete vor dem tode* miteinander verbunden sind. Zwar sind diese Auszüge in separater Überlieferung in einer Reihe von Handschriften bezeugt,[57] doch ist es wiederum eine Handschrift aus Unterlinden (Ms. BVC 269), die außer den beiden Exzerpten auch den in Ms. CPC 279 interpolierten Gebetsteil enthält.[58]

---

[54] Die Kombination Pseudo-Anselmischer Fragenkatalog/Predigtmärlein enthalten u. a.: Karlsruhe, Bad. LB, L 140, fol. 8ʳff. und fol. 15ʳ–17ʳ bzw. Freiburg, UB, Cod. 79, fol. 46ʳ–66ᵛ. Die Fragen an und die Gebete für einen Sterbenden findet man als Überlieferungseinheit z. B. in: Augsburg, UB, Cod. III.1 4° 8, fol. 333ʳ–352ᵛ; Augsburg, StB, Cod. 231 2°, fol. 61ᵛ–70ʳ; Heidelberg, UB, Cpg 537, fol. 170ʳᵃ–180ʳᵇ, sowie Cpg 69, fol. 128ʳ–139ᵛ (freundliche Mitteilung von Karin Zimmermann, Heidelberg). Alle drei Textstücke fanden Eingang in das ›Speculum artis bene moriendi‹, dessen deutsche Überlieferung Mitte des 15. Jahrhunderts einsetzt; zu den Literaturangaben s. Anhang.

[55] Vgl. KRÄMER [Anm. 42], Teil 2, S. 716.

[56] Ms. CPC 279, fol. 71ʳ–86ᵛ = Ms. BVC 263, fol. 1ʳ–12ʳ und Berlin, SBB-PK, Ms. germ. quart 192, fol. 223ᵛ–235ᵛ. Bedenkt man, welch enge Beziehungen zwischen Unterlinden und den Straßburger Dominikanerinnenklöstern, allen voran St. Nikolaus und St. Agnes, bestanden, wird man die Entstehung dieser Herzklosterallegorie in Colmar in Erwägung ziehen müssen, zumal ein weiterer Traktat vom geistlichen Kloster bekannt ist, der höchstwahrscheinlich in Unterlinden selbst entstanden ist; s. KARL RIEDER, Mystischer Traktat aus dem Kloster Unterlinden zu Colmar im Elsaß, Zeitschrift für hochdeutsche Mundarten 1 (1900), S. 80–90 (abgedruckt nach dem einzig bekannten Überlieferungsträger Basel, UB, Cod. E III 13); siehe dazu DIETRICH SCHMIDTKE, ›Tochter Sion-Traktat‹, ²VL, Bd. 9, 1995, Sp. 950–960, hier Sp. 957f.

[57] Zur Parallelüberlieferung s. Anhang.

[58] Ms. CPC 279, fol. 59ʳ–62ʳ = Ms. BVC 269, fol. 41ᵛ–46ʳ (›Ars moriendi‹); Ms. CPC 279, fol. 62ʳ–63ʳ = Ms. BVC 269, fol. 46ʳ–47ᵛ (Gebete), Ms. CPC 279, fol. 63ʳ–67ʳ = Ms. BVC 269, fol. 37ʳ–41ᵛ (›Von den Seelen im Fegefeuer‹). Zu diesen Texten aus der Colmarer Handschrift s. THOMAS LENTES, ›Tauler im Fegefeuer‹ oder der Mystiker als Exempel. Modelle der Mystik-Rezeption im 15. Jahrhundert. Mit einem Anhang zum Sterbeort Taulers und Textabdruck, in: Contemplata aliis tradere. Studien zum Verhältnis von

Diese Beispiele lassen darauf schließen, daß Schedelin eine große Zahl von Vorlagen gehabt haben muß, aus welchen er Texte gezielt exzerpieren konnte. Anders ist wohl nicht zu erklären, daß man immer wieder Textgruppen in den von ihm zusammengestellten Handschriften findet, die in ähnlicher Aufstellung auch anderswo überliefert sind. Dieses Exzerpierverfahren läßt sich am besten am Predigtcorpus der Handschrift Ms. CPC 279 beobachten.[59]

Die bis jetzt weitgehend unbekannt gebliebene geistliche Sammelhandschrift Ms. CPC 279 besteht zur Hälfte aus einer Sammlung von 17 Predigten, die – bis auf die letzten Texte (s. Anhang) – sich nach dem Lauf des Kirchenjahres ordnen. Folgende Feste sind vertreten:[60] 2. Adventssonntag (T2), Weihnachtsabend (keine Predigt, sondern geistliche Kurztexte!), Weihnachten (T6, zwei Predigten), Neujahr (T8), Epiphanias (T10), 1. Sonntag nach Epiphanias (T11), Mariä Lichtmess (S21), Ostervigil (T27), Ostersonntag (T28), Mariä Geburt (S65, zwei Predigten), Zwölfboten (C2), Jahrzeitpredigt[61] und Allerseelen (S80). Aus den Predigtanlässen läßt sich zunächst kein Rückschluß auf die Provenienz des Corpus ziehen. Wieder einmal ist es die Parallelüberlieferung, die weiterhilft.

Einen ersten Hinweis auf die Herkunft der Sammlung liefern die beiden eng zusammengehörenden Predigten auf Weihnachten. Wiederholt wird eine *liebe tohter* angesprochen und aufgefordert, mit dem Jesuskind geistlich zu spielen, wobei der anonyme Prediger als Gegenentwurf zum weltlichen Spielen ein geistliches Würfelspiel anregt.[62] Inhalt und Publikumsanrede lassen darauf schließen, daß die Primärrezipientinnen im monastischen Raum zu suchen sind. Daß es sich hierbei um Dominikanerinnen handelt, ergibt sich aus der Parallelüberlieferung in Handschriften aus Schönensteinbach und St. Nikolaus in Straßburg.[63]

Literatur und Spiritualität. FS für Alois M. Haas, hg. von Claudia Brinker [u. a.], Bern [usw.] 1995, S. 111–155, hier S. 127–128.

[59] Zwar wurden die meisten der hier versammelten Predigten vom Stuhlschreiber Peter Hasenclow niedergeschrieben (s. Anm. 32 oben), die Auswahl geht jedoch mit Sicherheit auf Schedelin zurück, wie es an den von Schedelin geschriebenen und höchstwahrscheinlich auch von ihm selbst verfaßten Predigtüberschriften abzulesen ist.

[60] In Klammern stehen die von Johannes Baptist Schneyer eingeführten Siglen zur Bestimmung der Sonn-, Fest- und Ferialtage, s. Repertorium der lateinischen Sermones des Mittelalters für die Zeit von 1150–1350, Münster 1969 (Beiträge zur Geschichte der Philosophie und Theologie des Mittelalters 43/2), S. 17–21.

[61] Ohne Sigle bei Schneyer [Anm. 60].

[62] Man kennt den Text auch als Sendbrief, überliefert in der Heidelberger Handschrift Cod. Sal. VIII 77. Primär ist allerdings die Predigtform, betont Christine Stöllinger-Löser, ›Geistliches Würfelspiel‹, ²VL, Bd. 11, 2004, Sp. 510–511, ohne selber Handschriften nennen zu können, die den Predigttext überliefern (zu den Handschriften s. nächste Fußnote).

[63] Berlin, SBB-PK, Ms. germ. oct. 501, fol. 54ᵛ–70ᵛ (Schönensteinbach) und Ms. germ. quart 149, fol. 36ᵛ–49ᵛ (Straßburg, St. Nikolaus in undis), siehe dazu Hans Hornung, Daniel Sudermann als Handschriftensammler. Ein Beitrag zur Straßburger Bibliotheksgeschichte, Diss. Tübingen 1956, S. 220. Die Schönensteinbacher Handschrift

Ins Dominikanische verweist auch der mit *bredige an dem winnaht obent* überschriebene Abschnitt. Obwohl die Überschrift eine Predigt verspricht, haben wir es eigentlich mit einem Ensemble von drei geistlichen Prosatexten zu tun. Der erste berichtet von zwölf guten Menschen, denen Christus in Gestalt eines schönen Jünglings erscheint. Man kennt den Text – er zeigt Beziehungen zum Frage-Antwort-Dialog ›Meister Eckhart und der nackte Knabe‹[64] – aus drei Handschriften: Zwei von ihnen kommen mit Sicherheit aus Dominikanerinnenklöstern (Berlin, SBB-PK, Ms. germ. oct. 65 aus dem Straßburger St. Nikolauskloster und Karlsruhe, Badische LB, Cod. Donaueschingen 115 aus Dießenhofen bei Schaffhausen), eine ähnliche Provenienz wird auch bei der dritten zu vermuten sein (St. Gallen, Stiftsbibl., Cod. 966).[65] Die beiden anderen Prosastücke handeln von den fünfzehn Zeichen der Geburtsnacht Christi und den Wundern der Heiligen drei Könige. Sie werden in einer Reihe von Handschriften überliefert und dürften das Grundgerüst für die Weihnachtspredigt der ›Engelberger Predigten‹ gestellt haben.[66] Als Überlieferungseinheit tauchen a l l e d r e i Texte außer in Ms. CPC 279 nur noch in zwei weiteren Handschriften auf, im Karlsruher Cod. Donaueschingen 115, fol. 97^r–101^r und im St. Galler Cod. 966, p. 105–109. Zusammen mit der Berliner Handschrift Ms. germ. oct. 65 – sie ist frühestens Mitte des 14. Jahrhunderts entstanden[67] – läßt die Überlieferung darauf schließen, daß die geistlichen Kurztexte Ende des 13. oder Anfang des 14. Jahrhunderts entstanden sein könnten.[68] Schreibsprache (hochalemannisch)

---

kam nach 1428 ins Nürnberger Katharinenkloster (alte Signatur N VI, s. MBK III/1, S. 629), wo sie bei der Tischlesung Verwendung fand. Dazu ist es allerdings erst zwischen 1455 und 1457 gekommen, als der Lektiokatalog erneut und zum letzten Mal aktualisiert wurde, s. ANTJE WILLING, Literatur und Ordensreform im 15. Jahrhundert. Deutsche Abendmahlsschriften im Nürnberger Katharinenkloster, München [usw.] 2004 (Studien und Texte zum Mittelalter und zur frühen Neuzeit 4), S. 62.

[64] KURT RUH, ›Eckhart-Legenden‹, ²VL, Bd. 2, 1980, Sp. 350–353, hier Sp. 352.

[65] Seitenangaben und Literatur zu den einzelnen Handschriften sind im Anhang zu finden.

[66] MATHIAS STAUFFACHER, Untersuchungen zur handschriftlichen Überlieferung des ›Engelberger Predigers‹, Diss. Basel 1982, S. 11/10–12, zu den Handschriften S. 11A/10f. (ohne Ms. CPC 279). Ergänzende Angaben und Literatur findet man im Anhang. Die Edition der ›Engelberger Predigten‹ wird von RENÉ WETZEL (Genf) vorbereitet, s. http://www.muebisch.ch/ep00.htm. Es sei hier noch darauf hingewiesen, daß Ms. CPC 279 die Zeichen und die Dreikönigslegende ein zweites Mal überliefert, nachgetragen von einer späteren Hand (fol. 67^v–69^v), siehe dazu Anhang.

[67] Ms. germ. oct. 65 enthält auf fol. 110^{v}f. den Spruch des Dominikanerlesemeisters Nikolaus von Sachs, der für die Zeit von 1343 bis 1346 in Basel bezeugt ist, s. KURT RUH, Der von Sachs, ²VL, Bd. 8, 1992, Sp. 461–462.

[68] Cod. Donaueschingen 115 stammt aus dem ersten Drittel des 14. Jahrhunderts, s. HANS-JOCHEN SCHIEWER, *Uslesen*. Das Weiterwirken mystischen Gedankenguts im Kontext dominikanischer Frauengemeinschaften, in: Deutsche Mystik im abendländischen Zusammenhang. Neu erschlossene Texte, neue methodische Ansätze, neue theoretische Konzepte. Kolloquium Kloster Fischingen 1998, hg. von WALTER HAUG/WOLFRAM SCHNEIDER-LASTIN, Tübingen 2000, S. 581–603, S. 531. BERND ADAM, Katechetische Vaterunserauslegungen. Texte und Untersuchungen zu deutschsprachigen Auslegungen

und Provenienz der einst Donaueschinger Handschrift aus dem Dominikanerinnenkloster Dießenhofen bei Schaffhausen lenken die Aufmerksamkeit auf das Bodenseegebiet als möglichen Herkunftsort. Nun hat sich der Bodenseeraum infolge wichtiger Funde der letzten Jahre zu einem zentralen Untersuchungsgegenstand für das Verständnis des dominikanischen Literaturbetriebs im Rahmen der *cura monialium* in der ersten Hälfte des 14. Jahrhunderts entwickelt.[69] Die in den Handschriften Cod. 120 der Gräflich-Schönbornschen Bibliothek Pommersfelden und Cgm 531 der Bayerischen Staatsbibliothek enthaltenen Predigten – unter anderem auch die sogenannten ›Hochalemannischen Predigten‹, von denen noch die Rede sein wird – haben die Aufmerksamkeit auf eine Gruppe dominikanischer Autoren gerichtet, die die Predigten in einem Dominikanerinnenkloster im Konstanzer oder Züricher Terminierbezirk im Rahmen der *cura* im ersten Viertel des 14. Jahrhunderts gehalten haben könnten.[70] Eine Reihe von Indizien spricht dabei für die Dominikanerinnen von Dießenhofen nicht nur als Adressatinnen: Ihr Kloster könnte auch der Ort der ersten Niederschrift der Predigten gewesen sein.[71] Dießenhofen bzw. das Dominikanerkloster Konstanz wären als Entstehungsort auch für mindestens zwei der oben genannten geistlichen Prosatexte zu erwägen. Dazu folgende Hinweise:

JOCHEN CONZELMANN hat darauf aufmerksam gemacht, daß das Textcorpus des ›Pommersfeldener Johannes-Libellus‹ sammlungsinterne Parallelstellen aufweist. Sie betreffen zum einen Autoritätenzitate, zum anderen Legenden. Insgesamt finden sich solche Parallelen gehäuft in denjenigen Texten, die sicher oder vermutlich Übersetzungen darstellen. Offenbar muß es, so CONZELMANN, einen Fundus von Textbausteinen gegeben haben, der den verschiedenen Autoren und Übersetzern des ›Johannes-Libellus‹ als ›Text-Pool‹ zur Verfügung stand.[72] Nun stellen auch die 15-Zeichen-Reihe und der Wunderbericht über die

---

des 14. und 15. Jahrhunderts, München 1976 (MTU 55), S. 34, datiert Cod. Sang. 966 auf das 15., CHRISTOPH GERHARDT und NIGEL F. PALMER dagegen auf Ende des 14. Jahrhunderts, s. Das Münchener Gedicht von den fünfzehn Zeichen vor dem Jüngsten Gericht. Nach der Handschrift der Bayerischen Staatsbibliothek Cgm 717. Edition und Kommentar, Berlin 2002 (Texte des späten Mittelalters und der frühen Neuzeit 41), S. 163.

[69] Die Erschließung des dominikanischen Text- und Literaturbetriebs stellt einen, wenn auch nicht unbedeutenden Teil in dem von PALMER/SCHIEWER [Anm. 11] ausgearbeiteten Konzept zur Beschreibung des literarischen Profils der alemannischen Sprachlandschaft dar.

[70] HANS-JOCHEN SCHIEWER, Die beiden Sankt Johannsen, ein dominikanischer Johannes-Libellus und das literarische Leben im Bodenseeraum um 1300, OGS 22 (1993), S. 21–54, und REGINA D. SCHIEWER, Sermons for nuns of the dominican Observance movement, in: Medieval Monastic Preaching, hg. von CAROLYN MUESSIG, Leiden [usw.] 1998 (Brill's Studies in Intellectual History 90), S. 75–92.

[71] SCHIEWER [Anm. 68], S. 588.

[72] JOCHEN CONZELMANN, Die Johannsen-Devotion im Dominikanerinnenkonvent St. Katharinental bei Dießenhofen. Ein Modellfall für Literaturrezeption und -produktion in oberrheinischen Frauenklöstern zu Beginn des 14. Jahrhunderts? in: Predigt im

drei Könige Texte legendarischen Charakters dar, und zwar Übersetzungen aus der ›Legenda aurea‹.[73] Daß sie in Dießenhofen verfügbar waren, kann außer Cod. Donaueschingen 115 der bereits genannten Münchener Handschrift Cgm 531 entnommen werden.[74] Ob die beiden legendarischen Texte in den Predigten des Johannes-Libellus oder der Hochalemannischen Sammlung verwertet wurden, vermag ich nicht zu sagen. Auf jeden Fall haben sie einer Predigt als Grundlage gedient, die in die außerhalb von Engelberg überlieferte Sammlung der ›Engelberger Predigten‹ eingegangen ist.[75] Enthalten ist diese Predigt in Handschriften, die nach STAUFFACHERS Untersuchungen dem Überlieferungszweig *Y angehören. Zur Lokalisierung der Handschrift *Y vermerkt STAUFFACHER: »die Wahrscheinlichkeit, daß der Ausgangspunkt der *Y-Überlieferung Konstanz selber war, ist zweifellos nicht klein.«[76] Ein weiteres gewichtiges Indiz für Konstanz ist der St. Galler Cod. 1878. Diese Handschrift der *Y-Gruppe bietet das umfangreichste Corpus der ›Engelberger Predigten‹ außerhalb von Engelberg. Sie ist um 1400 entstanden und war im Besitz der Dießenhofener Bibliothek.[77] Dies legt den Gedanken nahe, daß wenn auch nicht das gesamte

---

Kontext. Internationales Symposium am Fachbereich Germanistik der Freien Universität Berlin vom 5.–8. Dezember 1996, hg. von VOLKER MERTENS [u. a.], Tübingen (in Vorbereitung). Das Typoskript dieses Beitrags hat mir Jochen Conzelmann freundlicherweise zur Verfügung gestellt.

[73] Vgl. STAUFFACHER [Anm. 66], S. 11/11f. mit Anmerkungen. Die Dießenhofener Handschrift Cod. Donaueschingen 115 enthält zudem die ›Sprüche der zwölf Anachoreten‹ (fol. 101^r–105^v), eine bislang unbekannte Separatüberlieferung eines Exempels aus dem ›Verba seniorum‹-Teil der ›Alemannischen Vitaspatrum‹, s. ULLA WILLIAMS, Die ›Alemannischen Vitaspatrum‹. Untersuchung und Edition, Tübingen 1996 (TTG 45), S. 264–266. Der Vergleich mit den von WILLIAMS zur Textkonstitution herangezogenen Handschriften deutet darauf hin, daß unsere Handschrift womöglich eine ältere Textstufe konserviert als die sonst bekannten Textzeugen. Ihr genauer Platz in der Textgeschichte ließe sich allerdings nur feststellen, wenn man die Individualvarianten von Cod. Donaueschingen 115 mit denen von anderen Handschriften, die nach den von WILLIAMS befolgten Regeln der Apparatgestaltung nicht unbedingt verzeichnet worden sind, in Beziehung setzen würde. Diese Beobachtungen wurden mir auf eine briefliche Anfrage hin von Frau Ulla Williams (Augsburg) bestätigt.

[74] Zwar tauchen die beiden geistlichen Kurzerzählungen außerhalb des von ANTON LINSENMAYER (Beiträge zur Geschichte der Predigt in Deutschland am Ausgang des Mittelalters, Passau 1889, S. 64–77) bestimmten Corpus der ›Hochalemannischen Predigten‹ auf (fol. 135va–136ra), sie bilden jedoch zusammen mit ihm eine Überlieferungseinheit (siehe dazu unten). Cgm 531 ist beschrieben bei KARIN SCHNEIDER, Die deutschen Handschriften der Bayerischen Staatsbibliothek München, Wiesbaden 1978 (Catalogus codicum manu scriptorum Bibliothecae Monacensis V/4), S. 77–89.

[75] Vgl. Anm. 66 mit Text.

[76] STAUFFACHER [Anm. 66], S. 8/23.

[77] Zur Bibliothek von Katharinental s. SCHIEWER [Anm. 11], S. 292f. Es gab sogar eine weitere Handschrift in Dießenhofen, die neben Schweizer und St. Georgener Predigten Texte mystischen Inhalts enthielt: Cod. Sang. 1033 (Anfang 15. Jh.). Wie STAUFFACHER [Anm. 66], S. 7/8 und 7A/5 Anm. 52, nachweisen konnte, befand sie sich Ende des 16. Jahrhunderts mit Sicherheit im Kloster St. Katharinental und zuvor zusammen

Erweiterungsgut zu den ›Engelberger Predigten‹, so doch zumindest die Weihnachtspredigt in Konstanz oder Dießenhofen entstanden sein könnte. Als Primärrezipientinnen kämen mit einiger Wahrscheinlichkeit die Dominikanerinnen in St. Katharinental in Frage.[78]

Der dominikanische Charakter der von Schedelin zusammengestellten Sammlung dürfte aus den bisherigen Ausführungen mehr als deutlich geworden sein. Immer wieder zeigte sich, daß die von Schedelin aus – offenbar nicht wenigen – handschriftlichen Vorlagen herausgezogenen Texte der dominikanischen *cura monialium* entstammen. Von daher wundert es wenig, auch in den verbliebenen elf kirchenjahrbezogenen Predigten der Handschrift Ms. CPC 279, um die es im folgenden gehen soll, immer wieder auf die Apostrophe *tohter* oder *swester* zu stoßen, die zudem oft mit dem Appell verbunden ist, *den* bzw. *unsern orden* zu halten. Daß wir uns auch hier wieder im dominikanischen Milieu befinden, zeigt auch die Verwendung des Exemplums von Wirnt von Grafenberg und Frau Welt in einer dieser Predigten (fol. 180ᵛ–181ʳ).[79] Wie Schiewer überzeugend herausgearbeitet hat, dürfte die Metamorphose des historischen Autors Wirnt von Grafenberg, Verfasser des erfolgreichen Artusromans ›Wigalois‹, zur Figur eines volkssprachlichen Predigtexemplums über die Vermittlung von Konrads von Würzburg ›Der Welt Lohn‹ erfolgt sein, und zwar in südwestdeutschen Dominikanerkreisen um 1300.[80] Daß die Predigt von Ms. CPC 279, in welcher dieses Exemplum auftaucht, dominikanischer Herkunft ist, ist auch wegen der Berufung des Predigers auf *meister dietrich* (fol. 187ʳ)

---

mit Cod. Sang. 1876, 1911 und 1921 im Privatbesitz. Die von Schiewer [Anm. 11], S. 308f., zusammengestellte Liste Dießenhofener Handschriften aus der Zeit nach 1400 ist mit den genannten Stücken zu ergänzen.

[78] Von diesen Überlegungen aus wäre man sogar geneigt, das bis jetzt fehlende Bindeglied *C zu der St. Galler Überlieferung (vertreten durch Cod. Sang. 1004 und 1919 bzw. Wil, Klosterarchiv St. Katharina, M. 42 und 47), das Stauffacher [Anm. 66], S. 8/22, im Bodenseegebiet lokalisierte, in Dießenhofen selbst zu suchen. Bei der Vermittlung (und Entstehung?) der Vorlage wäre die Rolle des Weltpriesters Bartholomäus Fridauer genauer zu untersuchen, der die in Cod. Sang. 1878 enthaltenen Predigten *gelert* haben soll und außerdem aus St. Gallen stammen dürfte; zu Fridauer s. Stauffacher, Kapitel 4.

[79] Von seinem Umfang her entspricht der Text dem von Wilhelm Wackernagel nach der Handschrift Zürich, ZB, Cod. A 131 abgedruckten Exemplum, s. Altdeutsches Lesebuch, Basel ⁵1873, Sp. 1307–1309, Z. 8, siehe dazu Christine Stöllinger-Löser, ›Von der welt valscheit‹, ²VL, Bd. 10, 1999, Sp. 832–833.

[80] Palmer/Schiewer [Anm. 11], S. 184–191. Es sei hier darauf hingewiesen, daß Frau Welt als Protagonistin eines Exemplums in Ms. CPC 279 ein zweites Mal auftaucht. Auf fol. 285ᵛ–286ʳ wird die Vision eines *heiligen* geschildert. Auf einem Berg sieht er eine reich geschmückte und gekrönte Frau sitzend auf einem goldenen Thron. Vor ihr fließt ein Wasser *als der Rin*. Die Frau hält ein Gefäß in ihren Händen, aus dem sie den Menschen ausschenkt, die davon *verirret* werden. Die einzelnen Bildelemente der Vision werden wie folgt ausgelegt: Die reich verzierte und gekrönte Frau ist Frau Welt, der Berg ist die Erde, das Wasser, das mit dem dahinfließenden Rhein verglichen wurde, bedeutet Unbeständigkeit.

mehr als wahrscheinlich.[81] Der Prediger nennt ihn (ebd.) *vnser wirdiger prouincial*. An der Spitze der deutschen Ordensprovinzen Teutonia und Saxonia sind bis Mitte des 15. Jahrhunderts zwei Provinziale namens Dietrich nachzuweisen: Dietrich von Freiberg (1293–1296, Teutonia) und Dietrich von Kolle (1394–1398, Saxonia).[82] VÖLKER wollte den hier genannten Meister mit Dietrich von Freiberg identifizieren.[83] Die Frage nach der Identität des *meister dietrich der vnser wirdiger prouincial was* will ich zunächst zurückstellen und stattdessen einem Hinweis von ANDREAS RÜTHER und HANS JOCHEN SCHIEWER nachgehen, wonach Ms. CPC 279 Parallelüberlieferung zu den sog. ›Basler Reformpredigten‹ bietet.[84]

Die ›Basler Reformpredigten‹ stellen Ansprachen dar, die von einigen Konzilsteilnehmern 1434 im Dominikanerinnenkloster Sancta Maria Magdalena ad Lapides zu Basel gehalten, anschließend verschriftlicht bzw. redigiert und ins Netzwerk der oberdeutschen Dominikanerobservanz eingespeist wurden. Auf diesem Weg dürften sie etwa nach Straßburg gelangt sein, wurde doch die Reformierung des dortigen Nikolausklosters von Schwestern aus Colmar und Basel durchgeführt.[85] Die ›Reformpredigten‹ findet man in den Handschriften Berlin, SBB-PK, Ms. germ. quart 166 und 206 versammelt.[86] Manche von ihnen

---

[81] Meister Dietrich fungiert hier als Gewährsmann für einen exempelartigen Bericht, den er *in dem hofe ze Rome an eins Cardinals bůche* [...] *mit sinem munde* gelesen und dem Prediger mitgeteilt haben soll. Das insgesamt fünf Handschriftenseiten umfassende Exempel handelt davon, *wie cristvs erwelet wart zů eime ewarten* (Randglosse von der Hand Schedelins auf fol. 187ʳ). In einem vertraulichen Gespräch berichtet ein Jude einem Christen von einem Buch, in dem die Namen der *ewarten* der Juden, unter anderem auch der von Jesus, verzeichnet sind. Der Jude gibt seinem Gesprächspartner preis, daß das Buch einen Eintrag enthält, der die göttliche Abstammung Jesu beweist. Damit wird dieses Buch zu einer theologisch hoch brisanten Angelegenheit, wird doch die gottmenschliche Natur Christi von den *vienden* der Christen selbst *bewert* (fol. 187ʳ). Davon in Kenntnis gesetzt gibt der Christ die Nachricht an seine Gemeinde bzw. an Kaiser Theodosius weiter. Die Juden verbrennen daraufhin das Buch. Kaiser Theodosius läßt diese Begebenheit aufzeichnen.
[82] Vgl. PAULUS VON LOË, Statistisches über die Ordensprovinz Teutonia, Leipzig 1907 (Quellen und Forschungen zur Geschichte des Dominikanerordens in Deutschland 1), S. 14, 24 u. 27, und DERS., Statistisches über die Ordensprovinz Saxonia, Leipzig 1910 (Quellen und Forschungen zur Geschichte des Dominikanerordens in Deutschland 4), S. 19, Nr. 14.
[83] VÖLKER [Anm. 12], S. 233, Anm. 1.
[84] RÜTHER/SCHIEWER [Anm. 28], S. 184, Anm. 68, verdanken den Hinweis auf Ms. CPC 279 JOHN MARGETS.
[85] HANS-JOCHEN SCHIEWER, Spuren von Mündlichkeit in der mittelalterlichen Predigtüberlieferung. Ein Plädoyer für exemplarisches und beschreibend-interpretierendes Edieren, editio 6 (1992), S. 64–79, hier S. 66f.
[86] Die Predigten sind zum Teil autorisiert überliefert. Folgende Namen werden genannt: Nikolaus Jauer, Johannes Himmel von Weits, Thomas von Wien, Johannes von Brandenturn, Erhard Hel und Heinrich Kalteisen. Diese Autoren findet man im ›Verfasserlexikon‹ verzeichnet. Einen Artikel zu den ›Basler Reformpredigten‹ sucht man dagegen vergebens. Untersuchung und Edition dieses wichtigen Predigtcorpus der

sind auch in Berlin, SBB-PK, Ms. germ. fol. 741 überliefert.[87] Diese Handschrift wurde von Schwester Felicitas Lieberin von Ulm im Jahre 1496 geschrieben und stammt aus dem Dominikanerinnenkloster Medlingen bei Lauingen (heute Obermedlingen), gehörte später allerdings dem Katharinenkloster der Dominikanerinnen in Augsburg.[88] Ms. germ. fol. 741 ist aus unserer Sicht besonders

---

Dominikanerobservanz steht aus. Besser bestellt ist es um die Predigten Heinrich Kalteisens, die in der von BERNHARD D. HAAGE begonnenen und von HELGA HAAGE-NABER weitergeführten Reihe ›Die deutschen Predigten Heinrich Kalteisens OP‹ (GAG 373, 677 und 718) ediert werden. Hier muß gleich darauf hingewiesen werden – und dessen waren sich die Herausgeber der Predigten Kalteisens durchaus bewußt –, daß die Zahl der Kalteisen-Predigten weitaus größer sein kann, als bis jetzt bekannt geworden. Daß dies tatsächlich der Fall ist, ist dem von VOLKER MERTENS und HANS-JOCHEN SCHIEWER in Angriff genommenen ›Repertorium der ungedruckten deutschsprachigen Predigten des Mittelalters‹ (Der Berliner Bestand, Bd. 1: Die Handschriften aus dem Straßburger Dominikanerinnenkloster St. Nikolaus in undis und benachbarte Provenienzen T. 1–2) zu entnehmen: Hier wird eine bislang unbekannte Handschrift mit insgesamt neun Kalteisen-Predigten verzeichnet (Berlin, SBB-PK, Ms. germ. quart 90, fol. 293^r–374^r). Mindestens drei von ihnen sind auch in Ms. germ. fol. 741, der Leithandschrift der Edition von HAAGE/HAAGE-NABER, enthalten, führen hier allerdings keinen Autornamen, so daß sie bis jetzt nicht identifiziert und ediert werden konnten: Ms. germ. fol. 741, fol. 55vb–62va = Ms. germ. quart 90, fol. 293^r–304^r; Ms. germ. fol. 741, fol. 71ra–77vb = Ms. germ. quart 90, fol. 352^v–362^v, und Ms. germ. fol. 741, fol. 150va–156vb = Ms. germ. quart 90, fol. 304^v–313^r. Die Verfasserschaft von Kalteisen steht außerdem für Ms. germ. fol. 741, fol. 207vb–216va = Ms. germ. quart 189, fol. 351^r–363^v fest und wird bei Ms. germ. quart 171, fol. 191^r–198^r erwogen (alle Angaben nach dem ›Repertorium‹).

[87] Zu der Handschrift s. HELGA HAAGE-NABER, Drei Basler Predigten Heinrich Kalteisens OP (= Die deutschen Predigten Heinrich Kalteisens OP, II). Edition und Untersuchung, Göppingen 2000 (GAG 677), S. 22–46.

[88] KLAUS GRAF hat in einem Internet-Beitrag darauf hingewiesen, Germanisten würden dazu neigen, die benachbarten Dominikanerinnenklöster Medlingen (heute Obermedlingen) und Maria Medingen (Gemeinde Mödingen) durcheinander zu werfen, s. http://archiv.twoday.net/stories/4230116/. Datum des letzten Zugriffs: 23.09.2007 (hier werden weitere von Felicitas Lieberin geschriebene Handschriften genannt). Was Ms. germ. fol. 741 betrifft, ließe sich GRAFS Corrigenda-Liste wie folgt ergänzen: SCHIEWER [Anm. 85], S. 67 (»vermutlich« aus Medingen), RÜTHER/SCHIEWER [Anm. 28], S. 184, Anm. 68 (Maria-Medingen), MONIKA COSTARD, Ulrich vom Grünenwörth, ²VL, Bd. 9, 1995, Sp. 1265–1266, Sp. 1265 (Medingen bei Dillingen), dagegen HANS-JOCHEN SCHIEWER, Thomas von Wien, ²VL, Bd. 9, 1995, Sp. 893–896, Sp. 894 (Medlingen). HAAGE-NABER [Anm. 87], S. 24f. registriert die in der Forschung kursierenden unterschiedlichen Angaben zur Herkunft der Handschrift, meint allerdings, daß die Provenienz »in keiner Weise geklärt« sei. In diesem Zusammenhang wäre noch auf KURT HANNEMANN, Felix Fabri, ²VL, Bd. 2, 1980, Sp. 682–689, Sp. 684 hinzuweisen: Ms. germ quart 1588, eine Handschrift, die von Einband und Inhalt her Ms. germ. fol. 741 ähnlich ist, wird trotz eindeutiger handschriftlicher Zuweisung (*zu nutz den andehtigen schwestern zu Medlingen*, fol. 217^v) mit Medingen in Verbindung gebracht. S. dagegen JACOB KLINGNER, *Just say happily: 'Felix said so', and you'll be in the clear*: Felix Fabri OP (1440–1502) Preaching Monastic Reform to Nuns, Medieval Sermon Studies 46 (2002), S. 42–56, hier S. 45, Anm. 17.

interessant, weil man hier Parallelüberlieferung zu den verbliebenen elf kirchenjahrbezogenen Predigten aus Ms. CPC 279 findet. Die folgende Tabelle verdeutlicht die Überlieferungs- und Abhängigkeitsverhältnisse:

PA	Co	Be	Mü	Ka	Ha
–	*148^v–150^v		135va–136ra		88^r–90^r
T8	170^r–179^r	18vb–22va	31rb–33rb	153^v–161^r	
T10	179^r–190^r	24rb–28vb			
T11	190^r–204^v	28vb–34va			
S21	204^v–217^r	43ra–48va	71rb–72rb		
T27	217^r–227^r	135rb–139va	45va–47va		78^r–85^v
T28	227^r–240^v	139va–145rb			
S65	241^r–253^r	278ra–285ra			
S65	253^r–266^v	229rb–237ra			
C2	267^r–277^v	272va–278ra		108^r–117^r	
–	277^v–283^v	v^a–260rb			
S80	283^v–293^v	260rb–265rb	89rb–92rb und 124rb–127ra		

PA = Predigtanlass nach SCHNEYER [Anm. 60]; Co = Colmar, Bibl. de la Ville, Ms. CPC 279; Be = Berlin, SBB-PK, Ms. germ. fol. 741; Mü = München, BSB, Cgm 531; Ka = Karlsruhe, Bad. LB, Cod. St. Blasien 76; Ha = Hamburg, SUB, Cod. theol. 2009c

Die Tabelle zeigt auffälige Übereinstimmungen zwischen Ms. CPC 279 und Ms. germ. fol. 741 in der Anordnung der Predigten. Es scheint, als hätte Schedelin bei der Auswahl seiner Texte eine Ms. germ. fol. 741 besonders nahe stehende Vorlage benutzt. Er bewegt sich zunächst linear, entlang der von dieser Vorlage vorgegebenen Textfolge, greift dann aber auf frühere Predigten zurück, die dem schon bestehenden Corpus nachgereiht werden.[89] Die vorgegebene Reihenfolge wird bei der Predigt über Mariens Geburt verlassen.[90] Schedelin ent-

---

[89] Ein ähnliches Exzerpierverfahren kann auch bei der Auswahl aus Mechthilds ›Fließendem Licht‹ beobachtet werden, vgl. das Kapitelverzeichnis bei NEUMANN [Anm. 14], S. 309.
[90] In Ms. germ. fol. 741 trägt diese Predigt die Überschrift: ›Von der enpffengnusz unser lieben fröwen der himelschen küngin Det maister Hansz Himel prior zů Branttenturn‹ (fol. 278ra). Die Schreiberin Felicitas zieht hier den Namen zweier Autoren, die sie auch sonst immer wieder verwechselt, zusammen, s. FRANZ JOSEF WORSTBROCK/DAGMAR LADISCH-GRUBE, Himmel (Hymel), Johannes, von Weits (Johannes Coeli), ²VL, Bd. 4, 1983, Sp. 26–27, und DAGMAR LADISCH-GRUBE, Johannes von Brandenturn, ²VL, Bd. 4, 1983, Sp. 546–547. Die Frage, wer als Verfasser der Predigt gelten darf, kann nicht entschieden werden, weil die beiden anderen Handschriften (Ms. germ. quart 166 und 206), die sonst zu allen Predigten von Johannes Himmel und Johannes von Brandenturn Paralleltexte bieten, ausgerechnet diese Predigt nicht enthalten. Die neu entdeckte Colmarer Handschrift hilft in dieser Frage auch nicht weiter, weil die Predigt hier nicht autorisiert wird. Es sei hier noch darauf hingewiesen, daß die einzig bekannte deutschsprachige Predigt des Johannes von Brandenturn (über die Hl. Agnes) fragmentarisch auch in Nürnberg, GNM, Hs. 16567, fol. 153^r–161^r überliefert ist (Angabe nach dem ›Repertorium‹, s. Anm. 86 oben).

scheidet sich hier für eine weitere Predigt über Mariae Nativitas. Daran schließt er eine *bredige von eime iegelichen botten* (C2) an, gefolgt von zwei Stücken *zů den vier jorgeczíten von den selen*[91] und *von allen glőibigen selen* (S80). Die beiden letzten Predigten von Ms. CPC 279 sind nicht mehr kirchenjahrbezogen und auch nicht in Ms. germ. fol. 741 enthalten.

Bietet Ms. CPC 279 tatsächlich Parallelüberlieferung zu den ›Basler Reformpredigten‹, wie von RÜTHER/SCHIEWER angenommen wird? Zunächst muß klar gestellt werden, daß es sich im Falle von Ms. germ. fol. 741 nicht um eine Sammlung von ›Basler Reformpredigten‹ handelt.[92] Wohl ist eine Reihe von Parallelen zu den in Ms. germ. quart 166 und 206 enthaltenen Texten zu verzeichnen,[93] doch haben wir es eigentlich mit einer groß angelegten Kompilation von 61 Predigten diverser Provenienz zu tun.[94] Dafür sprechen nicht nur die ins Corpus von Ms. germ. fol. 741 eingegangenen fünf ›Hochalemannischen Predigten‹,[95] sondern auch weitere Stücke fremder Herkunft: zwei Predigten des Nikolaus von Straßburg,[96] eine von Ulrich vom Grünenwörth[97] und eine weitere aus der St. Georgener Sammlung.[98] Dazu kommen vielleicht auch die Texte, die Ms. germ. fol. 741 zusammen mit Ms. CPC 279 überliefert. Es fällt nämlich auf, daß keine dieser immerhin elf Predigten umfassenden Sammlungen Parallelen zu den Handschriften Ms. germ. quart 166 und 206 aufweist. Auch der in

---

[91] Im dominikanischen Kalender sind vier Jahrzeiten für das Totengedenken vorgesehen: die Jahrzeit für Vater und Mutter am 4. Februar, das *Anniversarium sepultorum in cimiteriis nostris* am 12. (7.) Juli, das *Anniversarium familiarium et benefactorum ordinis* am 5. September und das *Anniversarium omnium fratrum et sororum ordinis* am 10. Oktober. Ms. CPC 279 stellt eher die Jahrzeit auf die Eltern heraus, Ms. germ. quart 741 fokussiert dagegen auf die Jahrzeit der Schwestern und Brüder. Ich danke Regina D. Schiewer für die Bestimmung des Predigtanlasses und die beratenden Gespräche.

[92] Gegen HAAGE-NABER [Anm. 87], S. 25.

[93] Angaben zu den Paralleltexten findet man im ›Verfasserlexikon‹ nur bei den autorisiert überlieferten Predigten. Einige ergänzende Hinweise: Die beiden aus Ms. germ. quart 166 und 206 bekannten Predigten des Nikolaus von Jauer (s. JAROSLAV KADLEC, Nikolaus von Jauer, ²VL, Bd. 6, 1987, Sp. 1078–1080) sind auch in Ms. germ. fol. 741 auf fol. 147va–150va und 156vb–160rb überliefert. Ms. germ. fol. 741, fol. 97va–101va ist identisch mit Ms. germ. oct. 30, fol. 252r–263v. Außerdem findet man in Ms. germ. fol. 741 weitere, bislang nicht identifizierte Kalteisen-Predigten, s. Anm. 86 oben.

[94] Vgl. den Hinweis bei SCHIEWER [Anm. 88], Sp. 894.

[95] Außer den vier Predigten, die in der Tabelle verzeichnet sind, handelt es sich um Ms. germ. fol. 741, fol. 48va–51rb = Cgm 531, fol. 72vb–73rb (Blasius), enthalten auch in Karlsruhe, Bad. LB, Cod. St. Blasien 76, fol. 122r–126v.

[96] Ms. germ. fol. 741, fol. 80va–84va (= Berlin, SBB-PK, Ms. germ. oct. 12, fol. 50v–60v) und fol. 109rb–110vb (= Berlin, SBB-PK, Ms. germ. oct. 12, fol. 76r–81r). Angaben nach dem ›Repertorium‹ (s. Anm. 86 oben).

[97] COSTARD [Anm. 88], Sp. 1265–1266.

[98] Ms. germ. fol. 741, fol. 265rb–267ra (Predigt RIEDER Nr. 36). Die Handschrift fehlt bei KURT OTTO SEIDEL, ›Die St. Georgener Predigten‹. Untersuchung zur Überlieferungs- und Textgeschichte, Tübingen 2003 (MTU 121).

der Tabelle genannte Karlsruher Codex St. Blasien 76 enthält nur Predigten, die in Ms. germ. fol. 741 (bzw. Ms. CPC 279), nicht jedoch in Ms. germ. quart 166 und 206 überliefert sind.[99]

Es ist demnach davon auszugehen, daß die den Handschriften Ms. germ. fol. 741, Ms. CPC 279 und St. Blasien 76 gemeinsamen Predigten eine separate Überlieferungseinheit bilden, deren Ursprung im Elsässischen, vielleicht in Schönensteinbach, zu suchen wäre. Dazu folgende Hinweise: Ms. germ. fol. 741 kommt aus dem Dominikanerinnenkloster Medlingen (heute Obermedlingen), das 1468 von Schönensteinbach aus reformiert wurde.[100] Die Predigten von Nikolaus von Straßburg und Ulrich von Grünenwörth verdanken ihre Aufnahme in Ms. germ. fol. 741 sicherlich dieser Verbindung mit dem Elsaß.[101] Die Karlsruher Handschrift datiert auf 1471–1475 und stammt aus dem Dominikanerinnenkloster Pforzheim, das 1442 durch Nürnberger Schwestern der Observanz überführt wurde.[102] Die hier versammelten Texte gehen erwartungsgemäß auf bairische Vorlagen zurück, doch finden sich auch alemannische Sprachspuren.[103] Ein weiteres Indiz dafür, daß die Überlieferung der von Ms. CPC 279, Ms. germ. fol. 741 und St. Blasien 76 in unterschiedlicher Vollständigkeit vertretenen Predigtsammlung in Schönensteinbach ihren Ausgangspunkt hatte, liefern die in dieses Corpus eingegangenen fünf ›Hochalemannischen Predigten‹. Sie dürften – wie schon erwähnt – in Dießenhofen entstanden oder zumindest für dieses Dominikanerinnenkloster bestimmt gewesen sein. Bei ihrer Verbreitung bis in den bairischen Raum hinein werden die Verbindungen zu Schönensteinbach eine wichtige Rolle gespielt haben, wurde doch dieses erste Reformkloster der Dominikanerinnen in der Teutonia u. a. von Schwestern aus Dießenhofen neu besiedelt.[104]

---

[99] Außer den in der Tabelle verzeichneten Predigten geht es um folgende Texte: Cod. St. Blasien 76, fol. 122^r–126^v = Ms. germ. fol. 741, fol. 48va–51rb (= Cgm 531, fol. 72vb–73rb, s. Anm. 95 oben), und Cod. St. Blasien 76, fol. 117^v–122^r = Ms. germ. fol. 741, fol. 292va–296ra (enthalten auch in Berlin, SBB-PK, Ms. germ. quart 1133 und 1929). Zu der Karlsruher Handschrift s. Peter Höhler/Gerhard Stamm, Die Handschriften von St. Blasien, Wiesbaden 1991 (Die Handschriften der Badischen Landesbibliothek in Karlsruhe 12), S. 50–55, ergänzend dazu Paul-Gerhardt Völker, Die deutschen Schriften des Franziskaners Konrad Bömlin, T. 1, München 1964 (MTU 8), S. 92–97.

[100] Eugen Hillenbrand, Die Observanzbewegung in der deutschen Ordensprovinz der Dominikaner, in: Reformbemühungen und Observanzbestrebungen im spätmittelalterlichen Ordenswesen, hg. von Kaspar Elm, Berlin 1989 (Berliner Historische Studien 14. Ordensstudien VI), S. 219–271, hier S. 255 und S. 271.

[101] Die Überlieferung der Predigt des Ulrich von Grünenwörth konzentriert sich auf das Elsässische: Zwei Handschriften stammen aus St. Nikolaus in undis, eine dritte aus dem Nürnberger Katharinenkloster, wobei diese Predigt Ulrichs einem Faszikel zugehört, das vielleicht aus Schönensteinbach kommt, s. Costard [Anm. 88], Sp. 1265.

[102] Hillenbrand [Anm. 100], S. 255.

[103] Vgl. Höhler/Stamm [Anm. 99], S. 50. Völker [Anm. 99], S. 92, bestimmt die Mundart als durchweg alemannisch.

[104] R. D. Schiewer [Anm. 70], S. 91. Daß Schönensteinbach die ›Hochalemannischen

Die hier untersuchten elf kirchenjahrbezogenen Predigten von Ms. CPC 279 gehören demnach höchstwahrscheinlich nicht zu den Ansprachen, die die Konzilsteilnehmer 1434 im Basler Steinenkloster gehalten haben. Was ergibt sich daraus für die oben zurückgestellte Frage nach der Identität des *meister dietrich der vnser wirdiger prouincial was*? Würde der Hinweis in einer der ›Hochalemannischen Predigten‹ stehen, so wäre mit Sicherheit davon auszugehen, daß einzig und allein Dietrich von Freiberg gemeint sein kann. Doch wie der Predigtkonkordanz zu entnehmen ist, ist das nicht der Fall, so daß die Identität von Meister Dietrich offen bleiben muß. Die Tatsache, daß es eine Reihe von Texten in Ms. CPC 279 gibt, die ins 14. Jahrhundert weisen (s. Anhang), wäre allerdings ein Argument für die Identität des Meister Dietrich mit Dietrich von Freiberg.

Interessanter als die Frage, wer von den beiden Provinzialen namens Dietrich gemeint sein könnte, ist eine Beobachtung, die anhand der obigen Tabelle gemacht werden kann. Die Predigtkonkordanz liefert ein weiteres Indiz dafür, daß die geistlichen Prosatexte von den 15 Zeichen der Geburtsnacht Christi und den Wundern der Heiligen drei Könige, von denen bereits die Rede war, tatsächlich für die Dominikanerinnen von Dießenhofen bestimmt gewesen sein könnten. Die Parallelüberlieferung in drei Handschriften mit ›Hochalemannischen Predigten‹, von denen eine sogar in die Mitte des 14. Jahrhunderts zurückführt (Hamburg, SUB, Cod. theol. 2009c), erweist die Zugehörigkeit der beiden geistlichen Erzählungen zum Corpus der ›Hochalemannischen Predigten‹ und macht zugleich deutlich, daß die von LINSENMAYER festgelegten Corpusgrenzen nicht haltbar sind.[105]

Wegen des dominikanischen Interesses, das sich im Auszug aus dem ›Fließenden Licht‹ Mechthilds von Magdeburg dokumentiert, glaubte VÖLKER, Ms. CPC 2137 als »pro-domo-Überlieferung eines Dominikanerklosters« (s. Anm. 14) bezeichnen zu können. POOR war gar der Meinung, »we have here a vernacular codex aimed at an audience of friars who need help less with their

---

Predigten‹ nicht nur in den bairischen sondern auch in den elsässischen Raum vermittelt hat, läßt der Berliner Codex Ms. germ. quart 199 vermuten. Er kommt aus dem Straßburger Nikolauskloster und bietet Streuüberlieferung zu drei dieser Predigten: Ms. germ. quart 199, fol. 175^r–178^v, 201^r–210^v und 249^v–262^r = Cgm 531, fol. 30ra–31rb, 47va–49ra und 93rb–97vb. Zur Handschrift s. SEIDEL [Anm. 98], S. 18–34, zur weiteren Streuüberlieferung s. KARIN MORVAY/DAGMAR GRUBE, Bibliographie der deutschen Predigt des Mittelalters. Veröffentlichte Predigten, München 1974 (MTU 47), S. 55, SCHIEWER [Anm. 68], S. 587f., und SCHIEWER [Anm. 11], S. 302, Anm. 53. Die von MORVAY/GRUBE noch für verschollen gehaltene Handschrift der Langerschen Bibliothek ist die in der Tabelle von oben verzeichnete Handschrift Hamburg, SUB, Cod. theol. 2009c, siehe dazu NILÜFER KRÜGER, Die theologischen Handschriften der Staats- und Universitätsbibliothek Hamburg, Bd. 3, Stuttgart 1993, S. 112–114. Die bei MORVAY/GRUBE und KRÜGER genannte Signatur 559 ist in 459 zu berichten, s. Handschriftencensus ⟨http://www.mr1314.de/2025⟩ (KLAUS KLEIN, November 2006), Datum des letzten Zugriffes: 09.06.2009

[105] LINSENMAYER [Anm. 74], S. 64–77, siehe dazu SCHIEWER [Anm. 68], S. 586–589.

sermons than with their inner lives in the face of their conversations in the world (with beguines and the laity).«[106] Eine solche Schlußfolgerung liegt – das zeigen die bisherigen Ausführungen zur Parallelüberlieferung – durchaus nahe, und doch haben wir es eigentlich mit einer Handschrift aus dem Besitz eines Colmarer Bürgers zu tun. Damit bleibt das dominikanische Gepräge der Sammlung nach wie vor erklärungsbedürftig.

Die Präsenz von Texten in der Bibliothek von Schedelin, die auch im Rahmen der Dominikanerobservanz rezipiert und tradiert wurden, ruft die anfangs skizzierte Debatte um die Provenienz religiöser Literatur im Laienbesitz in Erinnerung. Bedenkt man, daß die Schedelin-Sammlung etwa in den Jahren zwischen 1440 und 1460 entstanden ist, in einer Zeit also, als alle drei Konvente des Dominikanerordens in Colmar – die beiden Frauenklöster und der Männerkonvent – bereits reformiert waren, so wird man die Rolle der dominikanischen Observanz beim Zustandekommen der Schedelin-Sammlung nicht gering schätzen dürfen. Denn wie anders als mit der Vermittlung der Dominikaner wollte man erklären, daß Schedelin in den Besitz der Vita des Vinzenz Ferrer gelangen konnte, eines Textes wohlgemerkt, der schon bald nach der 1455 erfolgten Kanonisation in Kreisen der deutschen Dominikanerobservanz übersetzt und innerhalb des Ordens verbreitet wurde.[107] Offenbar liegt uns in Ms. CPC 280 einer der aktuellsten Texte vor, die die Observanzliteratur zu bieten hatte. Von daher wird man die Dominikaner aus Colmar als Zusteller von Vorlagen in Erwägung ziehen müssen, zumal nicht nur Hans Schedelin, sondern die Schedelins überhaupt enge Beziehungen zum städtischen Dominikanerkloster pflegten.[108] Allerdings treten die Colmarer Dominikaner – so das Zeugnis der überlieferten Handschriften[109] – nicht als Rezipienten volkssprachlicher Literatur auf. Wohl wird erwogen, daß Texte wie etwa Ottos von Passau ›Vierundzwanzig Alten‹ (Ms. BVC 261) oder die ›Elsässische Legenda aurea‹ (Ms. BVC 343) in ihren Kreisen nach lateinischen Quellen überprüft und ergänzt worden

---

[106] POOR [Anm. 14], S. 130, siehe dazu BALÁZS J. NEMES, Neues zu den Fragen der Autorschaft und Kanonizität des ›Fließenden Lichts der Gottheit‹ Mechthilds von Magdeburg, ‹http:www.meister-eckart-gesellschaft.de/Publikationen/MEG_Poor_050406.pdf›, Datum des letztes Zugriffes: 19. Sept. 2008. Die in dieser Rezension unter Anm. 19 gemachten Angaben sind mit dem vorliegenden Aufsatz als überholt anzusehen.
[107] WILLIAMS-KRAPP [Anm. 24], S. 157f.
[108] Auf die von *hans schedelin der alt* gestiftete Jahrzeit bei den Colmarer Dominikanern wurde bereits hingewiesen, s. o. Anm. 39. Unter den Einträgen des Anniversarbuches taucht der Name eines anderen Schedelin auf: *cůntzman schedelin de quo conventus habet II amas vini in hadstat* [Hattstatt], s. WITTMER [Anm. 39], S. 52 u. S. 157. Im Testament des Hennyn Schedelin (s. o. Anm. 36 mit Text) sind es wiederum die *Bredigern zů Colmar*, die – als einzige geistliche Institution der Stadt – testamentarisch bedacht werden.
[109] Zu den Handschriften s. JEAN-LUC EICHENLAUB, Note sur les livres manuscrits des établissements dominicains de Colmar et Guebwiller, in: Dominicains et dominicaines en Alsace XIIIe-XXe S. Actes du colloque de Guebwiller 8.–9. avril 1994, hg. von J.-L. E., Colmar 1996, S. 31–36, S. 32, und SCHMITT [Anm. 17].

sind,[110] doch dokumentieren sie keineswegs ein (Sammel)Interesse an religiöser Literatur in der Volkssprache. Nichtsdestoweniger wird man damit rechnen müssen, daß die Brüder an der Beschaffung von geeigneter religiöser Erbauungsliteratur beteiligt waren, oblag ihnen doch außer der *cura* der beiden städtischen Frauenkonvente (Unterlinden und St. Katharina) die seelsorgerische Betreuung von Laien wie etwa Hans Schedelin.[111]

Was bedeutet das in Hinblick auf die These von WILLIAMS-KRAPP, Laien wären lediglich Nutznießer des von der Observanz generierten Literaturangebots, sie hätten eine nur nachgeordnete Funktion bei der Verbreitung von geistlicher Literatur gespielt? Bedenkt man, daß Schedelins Ferrer-Vita dem Übersetzungsoriginal unter den überlieferten Handschriften zeitlich am nächsten steht und zudem die einzige ist, die nicht aus der Bibliothek eines reformierten Dominikanerinnenklosters kommt,[112] so wird das von WILLIAMS-KRAPP postulierte, durch seinen letzten Aufsatz aus dem Jahre 2004 allerdings weitgehend zurückgenommene strenge Nacheinander eher als ein Nebeneinander der Rezeption in Kloster und Laienkreisen aufzufassen sein.[113] Diese Feststellung gilt nicht nur für die Ferrer-Vita. Die Schedelin-Sammlung als Ganzes dokumentiert für Colmar ein ähnliches, Kloster- und Laienwelt gleichermaßen erfassendes Interesse an geistlicher Literatur, wie es für Nürnberg schon öfter diagnostiziert wurde. Daß die Entstehung dieser Sammlung Mitte des 15. Jahrhunderts ohne das von der Dominikanerobservanz generierte Literaturangebot wohl nicht denkbar ist, wird man indes nicht leugnen können. Damit ist allerdings nicht gesagt, daß dies unbedingt die Regel sein muß. Die gemessen am 15. Jahrhundert wesentlich schmalere Überlieferung des 14. Jahrhunderts zeigt in einigen Fällen, daß ein Teil jener älteren Literatur, die durch die dominika-

---

[110] WILLIAMS-KRAPP 1986/1987 [Anm. 2], S. 50.

[111] Die (literarischen) Verflechtungen eines städtischen Dominikanerkonvents mit der Laienwelt und den lokalen Frauenklöstern (nicht nur des eigenen Ordens) hat zuletzt WILLIAMS-KRAPP [Anm. 9] am Beispiel von Nürnberg überzeugend dargestellt.

[112] Zu der Überlieferung, die sich auf den schwäbisch-bairisch-fränkischen Raum konzentriert, s. WILLIAMS-KRAPP [Anm. 24], S. 157f., ergänzend dazu Scheyern, Bibliothek des Benediktinerstiftes, Ms. 48, 144ra–186vb, s. THOMAS BRAKMANN, ›Ein Geistlicher Rosengarten‹ – eine Vita zwischen Ordensreform und Laienfrömmigkeit im 15. Jahrhundert: Studien zur Überlieferung und Edition der volkssprachigen Vita der Katharina von Siena, ungedr. Diss., Münster 2005, S. 88.

[113] Weitere Beispiele, die die frühe Präsenz typisch observanter Literatur im Laienbesitz belegen, findet man bei SCHNEIDER [Anm. 4], S. 77, und THALI [Anm. 3], S. 279–282. Auch die in Ms. CPC 279 und Ms. BVC 263 enthaltene Klosterallegorie, deren Entstehung in Colmar erwogen werden muß (s. Anm. 56 oben), zeigt die synchrone Rezeption dieses Textes unter Laien (Schedelin) und im Kloster (Unterlinden). Die Kollation von mehr als der Hälfte des Textes hat gemeinsame Korruptelen und einige wenige Varianten zu Tage gefördert (A = Ms. CPC 279, B = Ms. BVC 263): *betvtent* (A72^r): *betvtet* (B1^v); *gelicheit* (A74^r): *gelichet* (B3^r); *stot* (A74^r): *stont* (B3^r); *do* (A75^v): *vnd do* (B4^r); *vnd also vil* (A76^r): *vnd sprach ŏch also vil* (B4^r); *vnzergenglich* (A81^r): *vnzvǫgenklich* (B8^r).

nische Reform wieder belebt wurde, bereits im 14. Jahrhundert in Laienbesitz übergangen ist,[114] so daß die Möglichkeit der Verbreitung dieser Texte auch auf der laikalen Schiene gegeben war.[115]

Anhang

Die nachfolgenden Handschriftenbeschreibungen geben zum ersten Mal einen detaillierten Überblick über die Handschriften von Hans Schedelin, die als Depositum der Bibliothèque Consistoriale Protestante in der Colmarer Stadtbibliothek aufbewahrt werden (s. Abb. 4). Um sie vom Eigenbestand der Stadtbibliothek Colmar (BVC = Bibliothèque de la Ville de Colmar) zu unterscheiden, wird die Abkürzung CPC (= Consistoriale Protestante de Colmar) eingeführt.

Die Beschreibungen haben provisorischen Charakter, denn sie waren ursprünglich als Materialsammlung zum eigenen Gebrauch konzipiert. Damit läßt sich erklären, daß eine Tiefenbeschreibung, die auch den Initialschmuck hätte stärker beachten müssen, nicht angestrebt wurde (für einzelne Hinweise und Korrekturen danke ich Klaus Klein, Marburg).

Es folgt zunächst ein Verzeichnis der in den Beschreibungen abgekürzt zitierten Literatur.

---

[114] Ich denke hier an solch bekannte Beispiele wie den Straßburger Bankier Rulman Merswin, dessen Tätigkeit als Redaktor/Kompilator geistlicher Texte bestens belegt ist (s. GEORG STEER, Merswin, Rulman, ²VL, Bd. 6, 1987, Sp. 420–442 und demnächst RICHARD F. FASCHING, Büchererwerb und -produktion im Grünen Wörth. Ein Beitrag zur Bibliotheksgeschichte der Straßburger Johanniterkommende, in: The Gottesfreunde and the Textual Culture of Vernacular Mysticism in the Rhineland and the Low Countries, hg. von WYBREN SCHEEPSMA, HANS-JOCHEN SCHIEWER und GEERT WARNAR, Leiden: Brill, voraussichtlich 2010) oder die Basler Begine Margareta zum Goldenen Ring, deren Handschriften (Einsiedeln, Stiftsbibl., Cod. 277 und 278) einen Querschnitt dominikanischer Literatur des 14. Jahrhunderts darstellen, siehe dazu HELEN WEBSTER, German Mysticism in Fourteenth-Century Basel: Gender and Genre in Einsiedeln Stiftsbibliothek MS 277, Diss. Oxford 2005 und demnächst BALÁZS J. NEMES, Mechthild bei den ›Gottesfreunden‹ – Die Gottesfreunde bei Mechthild. Oder: Wie gottesfreundlich ist das ›Fließende Licht der Gottheit‹ Mechthilds von Magdeburg? in: The Gottesfreunde and the Textual Culture of Vernacular Mysticism in the Rhineland and the Low Countries (s. o.).
[115] Zur stärkeren Profilierung von Laien als Schreiber, Leser und Auftragsgeber sollte man die in den Reihen MTU und TTG erschienenen Untersuchungsbände systematisch auswerten. WILLIAMS-KRAPP selbst hat darauf aufmerksam gemacht, daß diese Arbeiten die häufig anzutreffende Behauptung, die große Zahl von Handschriften monastischer Provenienz verfälschten das tatsächliche Bild des mittelalterlichen Literaturbetriebs im Blick auf laikale Partizipation, »zweifellos« relativieren können, s. Die überlieferungsgeschichtliche Methode. Rückblick und Ausblick, IASL 25 (2000), H. 2, S. 1–21, hier S. 10.

Verzeichnis der in den Beschreibungen abgekürzt zitierten Literatur

AUSSTELLUNGSKAT.	Église des Franciscains 1292 – Église Protestante Saint Matthieu. 700 ans de vie spirituelle d'art et d'histoire. La Bibliothèque du Consistoire Protestant de Colmar, Colmar 1992 [Ausstellungskatalog].
BIHLMEYER	Heinrich Seuse, Deutsche Schriften, hg. von KARL BIHLMEYER, Stuttgart 1907.
BOLCHERT	PAUL BOLCHERT, Catalogue de la Bibliothèque du Consistoire de l'Église de la Confession d'Augsbourg à Colmar. Première partie: Les Manuscrits, Annuaire de la Société Historique et Littéraire de Colmar 5 (1955), S. 14–37.
HSC	Handschriftencensus. Eine Bestandsaufnahme der handschriftlichen Überlieferung deutschsprachiger Texte des Mittelalters. ‹www.handschriftencensus.de›.
KLAPPER	›Das St. Galler Spiel von der Kindheit Jesu‹, hg. von JOSEPH KLAPPER, Breslau 1904 (Germanistische Abhandlungen 21).
LINSENMAYER	ANTON LINSENMAYER, Beiträge zur Geschichte der Predigt in Deutschland am Ausgang des Mittelalters, Passau 1889.
MAREN	Marquard von Lindau, O.F.M., ›Das Buch der zehn Gebote‹ (Venedig 1483). Textausgabe und Glossar, hg. von JACOBUS WILLEM VAN MAREN, Amsterdam 1984 (Quellen und Forschungen zur Erbauungsliteratur des späten Mittelalters und der frühen Neuzeit 7).
NEUMANN	Mechthild von Magdeburg, ›Das fließende Licht der Gottheit‹. Nach der Einsiedler Handschrift in kritischem Vergleich mit der gesamten Überlieferung hg. von HANS NEUMANN, Bd. 2: Untersuchungen, ergänzt und zum Druck eingerichtet von GISELA VOLLMANN-PROFE, München 1993 (MTU 101).
PALMER	NIGEL F. PALMER, Marquard von Lindau OFM, ²VL, Bd. 6, 1987, Sp. 81–126.
PFEIFFER	FRANZ PFEIFFER, Deutsche Mystiker des 14. Jahrhunderts, Bd. 1 und 2/1, Leipzig 1845/1857.
POOR	SARA S. POOR, Mechthild of Magdeburg and Her Book. Gender and the Making of Textual Authority, Philadelphia 2004 (The Middle Ages Series).
RUBERG	UWE RUBERG, Beredtes Schweigen in lehrhafter und erzählender deutscher Literatur des Mittelalters. Mit kommentierender Erstedition spätmittelalterlicher Lehrtexte über das Schweigen, München 1978 (Münstersche Mittelalter-Schriften 32).
SAMARAN/MARICHAL	CHARLES SAMARAN/ROBERT MARICHAL, Catalogue des manuscrits en écriture latine portant des indications de date, de lieu ou de copiste, Bd. 5 (Texte und Tafeln), Paris 1965.

SCHNEIDER	Pseudo-Engelhart von Ebrach, ›Das Buch der Vollkommenheit‹, hg. von KARIN SCHNEIDER, Berlin 2006 (DTM 86).
SCHOUWINK	WILFRIED SCHOUWINK, Strip Dice Medieval Style: Christ's Clothes and Other Garments in a Mystic Sermon of the Fifteenth Century, Fifteenth Century Studies 20 (1993), S. 291–307.
SPAMER	ADOLF SPAMER, Texte aus der deutschen Mystik des 14. und 15. Jahrhunderts, Jena 1912.
STAUFFACHER	MATHIAS STAUFFACHER, Untersuchungen zur handschriftlichen Überlieferung des ›Engelberger Predigers‹, Diss., Basel 1982.
STEER	GEORG STEER, Anselm von Canterbury, ²VL, Bd. 1, 1978, Sp. 375–381.
STÖLLINGER-LÖSER	CHRISTINE STÖLLINGER-LÖSER, ›Geistliches Würfelspiel‹ (Sendbrief), ²VL, Bd. 11 ,2004, Sp. 510–511.
VÖLKER	PAUL-GERHARD VÖLKER, Neues zur Überlieferung des ›Fließenden Lichts der Gottheit‹, ZfdA 96 (1967), S. 28–69.
WACKERNAGEL	WILHELM WACKERNAGEL, Altdeutsche Predigten und Gebete aus Handschriften, Basel 1876.
WILLIAMS-KRAPP	WERNER WILLIAMS-KRAPP, Die deutschen und niederländischen Legendare des Mittelalters. Studien zu ihrer Überlieferungs-, Text- und Wirkungsgeschichte, Tübingen 1986 (TTG 20).

Colmar, StB, Ms. CPC 279

Geistliche Sammelhandschrift

Pap. • 20,5 × 14 cm • 315 Bll. • elsäss. • 2. V./Mitte 15. Jh.

Hand 1: Hans Schedelin, fol. 1^r–3^v, 11^r–52^r, 59^r–67^r, 71^r–145^v, 147^r–148^r, 166$^{r/v}$, 240^v–241^r, 243^r, 246^v–247^r, 293^r–312^v sowie Überschriften im Predigtteil und Foliierung (mit römischen Zahlen); Hand 2: Petrus Hasenclow, fol. 145^v–147^r, 148^v–166^r, 166^v–240^v, 241^r–242^v, 243^v–246^r und 247^v–293^v; Hand 3 (Ende 15. Jh.): fol. 67^v–69^r. Moderne Foliierung bis Bl. 313: 310 zweimal vergeben, das letzte Bl. nicht mitgezählt. Einfacher roter Ledereinband. Rubriziert bis auf fol. 67^v–69^v. Mehrfarbige Lombarden (rot, grün, gelb) mit figürlichem Schmuck von bodenständigem Zuschnitt (vgl. Abb. 5): Bl. 11^r, 19^r, 36^r (nicht ausgemalt), 71^r, 87^r, 88^v, 241^r (nicht ausgemalt), 253^r, 267^r, 277^v, 283^v und fol. 293^v (nicht ausgemalt). Unbeschrieben: fol. 4^r–10^v, 53^r–58^v, 70$^{r/v}$, 313^r, und (fol. 314^v).

Lit.: BOLCHERT, S. 31, Nr. 38; HSC, ‹handschriftencensus.de/15873› (BALÁZS J. NEMES, Dez. 2008).

1^r–3^v	Register
11^r–19^r	›Lehre vom vollkommenen Leben‹
(11^r–14^v)	›Dis schribet jermias in dem bůche der clage‹ *Viae syon lvgent eo quod non sict* (!) *qui veniatt ad solempnitatem etc.* [Lam 1,4] *Dise wort schribet der*

(14ᵛ)	heilige prophete jeremias jn dem bůche der clage vnd sprechent also zů tůsche Die wege weinent vnd clagent dz nieman sige der do kome zů der hochgezit Also jeremias do claget die zerstǒrvnge der stat jervsalem die gevengnisse des volckes ... also sol ein yegelich geistlicher bekennen die worheit vnd clagen die zerstǒrvnge Cristenlicher ordenvnge ...
(14ᵛ)	›Von dem wege der worheit‹ Dz dv nv den rehten weg begriffest zů dem geworen ende vnd zile der selikeit So sprechent die heiligen lerer dz driie wege sint ...
(14ᵛ–15ʳ)	›Wie vnser herre ist ein weg der worheit‹ Nv also ein gůter gartener zů dem ersten vs růtende ist dz bǒse krůt vnd die wirczelen also můstv ǒch zů dem ersten ...
(15ʳ/ᵛ)	›Wie der mensche sich selber sol ervaren‹ Nv mercke dz in dirre kvnst got dz wircket vor dem schǒwen dv mǔst vor gelůtert werden von sůnden obe dv mǒgest die worheit bekennen ...
(15ᵛ–16ʳ)	›Von gerehtikeit vnd (!)‹ David sprichet zů vnserem herren Die gerehtikeit vnd alte lůttervnge dines stůles vnd dz gerihte sint ein besservnge dines stůles ...
(16ʳ/ᵛ)	›Wie dv dich selber stroffen solt‹ Dz dv nv gelůttert werdest So kere dich zů der stroffvnge diner Constiencien vnd reisse dich selber vnd stroffe dich selber ...
(16ᵛ–17ʳ)	›Hie solt dv dich demǔtigen‹ So dv sǒliche versvmnisse an dir vindest vnd bekennest So valle nider demǔti(17ʳ)klichen fůr die fůsse jhesus cristus (sic!) ...
(17ʳ/ᵛ)	›Hie stroffe dich selber‹ Dar noch stroffe dich selber von manigvaltiger bǒser begirde jn lůstlicheit vnd klůgheit vnd ůppikeit vnd sprich ...
(17ᵛ–18ʳ)	›Von demǔtiger erkantnisse‹ So dv nv bekennest dz dv verstricket bist vnd verwvndet mit den stricken der begirlicheit So valle aber mit demǔtikeit fůr die fůsse vnsers herren jhesu cristi vnd sprich ...
(18ʳ)	›Hie lere dich selber stroffen‹ Dar noch dz dv volkomenlicher gelůtert werdest So sol dich stroffen din eigin bosheit Vnd betrahte ...
(18ʳ–19ʳ)	›Wie dv gnode vindest‹ So dv dis alles wol erfarest jn dem grvnde dins hercczen Also ein gůter gartener der die bǒse wirczelen tief sůchet ...
19ʳ–31ʳ	Vaterunserauslegung

›Dis ist dz pater noster dz got selber getihtet hat vnd ist die glose dar ůber von den lererm (!) wie man es verston sol‹ Pater noster dz got mit sime gǒttelichen mvnde vnser herre ihesus cristvs getihtet vnd gemachet het dar vmb sine ivngeren in bottent Vnd sprochent herre Meister lere vns betten Vnser herre jhesvs cristvs bredigette einest sinen jvngeren von den aht selikeiten ... (19ᵛ) Dz pater noster dz wirt von driier leyge lůten jn driier leige wise gesprochen ...

Überl.: Nürnberg, StB, Cent VI.59, fol. 97ʳ–105ᵛ.

Anm.: BERND ADAM, Katechetische Vaterunserauslegungen. Texte und Untersuchungen zu deutschsprachigen Auslegungen des 14. und 15. Jahrhunderts, München 1976 (MTU 55), S. 227, zufolge soll dieser Text (ADAM kannte ihn aus der Nürnberger Handschrift) mit Bamberg, SB, Cod. Hist. 148a, fol. 129ʳ–141ᵛ und Berlin, SBB-PK, Ms. germ. quart 1589, fol. 131ᵛ–145ᵛ identisch sein. Ergänzend kommt dazu: Kassel, Murhardsche und LB, 4° Ms. Hass. 3, fol. 133ʳ–147ᵛ, s. MARTIN J. SCHUBERT/ANNEGRET HAASE, Johannes Rothes Elisabethleben. Aufgrund des Nachlasses von Helmut Lomnitzer, Berlin 2005 (DTM 85), S. XXIVf. An der Identität des Nürnberger und Colmarer Textes ist zwar nicht zu zweifeln, alle anderen weisen jedoch ein

anderes Initium auf.
Lit.: BERND ADAM, Vaterunserauslegungen in der Volkssprache (anonyme), ²VL, Bd. 10, 1999, Sp. 170–182 (ohne diese Handschrift).

31ʳ–36ʳ Vaterunserauslegung
›Dis ist aber von dem pater noster‹ Wir sprechent ŏch vatter vnser vnd nvt min wenne nieman eigenlichen mag gesprechen vatter min Svnder der eingeborne svn gottes ...

36ʳ–41ʳ ›12 Artikel des Apostolischen Glaubensbekenntnisses gegen die Anfechtung dreier Feinde‹
›Dis ist der glŏbe mit der glose den die zwelf botten hent gemaht vnd gelert‹ Wer mit gotte wil iemer leben der hŏre dise lere die von dem rehten glŏben ist Vnd von der driier vigende list die an vns vehtent tag vnd naht die über winden wir in jedes glŏben maht Dz ist der rehte glŏbe der cristenheit also in die zwelfbotten getihtet hant vnd vohet also an Driie vigende hant wir alle zit die wider vns strittent vnd vehtent ...
Überl.: Nürnberg, StB, Cent. VI.59, fol. 105ᵛ–109ᵛ.
Lit.: GEORG STEER, Glaubensbekenntnisse (Deutsche Übersetzungen und Auslegungen), ²VL, Bd. 11, 2004, Sp. 529–542, bes. Sp. 534f. (ohne Cent. VI.59 und Ms. CPC 279).

41ʳ/ᵛ ›Von der erbarmeherczikeit vnsers herren‹ Vnser herre sprach einest zů eime gůten menschen dv sol wissen dz mich barmeherczikeit gebvnden het mit fvnf banden ...

41ᵛ–42ʳ ›Sele tring vs dem (!)‹ Sele trinck vs dem kelche der marter vnsers herren jhesv cristi here gang in vnd sich dz offen ston die lŏcher ... (42ʳ) Sant jacob sprichet O dv tvre sele nvt erlŏset mit golde noch mit silber ...

42ʳ ›Fvr ewige schande‹ Das nvt schemelichen werde ston vor gotte vnd vor allen sinen heiligen so sol man miden offenbare stette ...

42ʳ/ᵛ ›Man sol gottes gůtin bekennen‹ Es ist clegelichen dz manig mensche me flis hat zů sinen schanden denne zů siner selikeit ...

42ᵛ–43ʳ ›Dis seit von dem grossen schaden der svnde‹ Mercke dem grossen schaden der svnden Sv vermosiget dz bilde der heiligen drivaltikeit in dime herczen ...

43ʳ–44ʳ ›Spruchsammlung vom Schweigen‹
›Wz grosses nvczes swigen bringet‹ Swigen ist ein tvgent aller tvgende Swigen ist ein samenvnge eins zerstrŏweten herczen ... Wer dvrch (43ᵛ) got ein vnnvcze wort verswiget ...
Anm.: fol. 43ʳ Z. 1 unten bis fol. 43ᵛ Z. 3 ähnlich wie ›Das Buch der Vollkommenheit‹ Nr. 2 (SCHNEIDER, S. 1); fol. 43ʳ Z. 1f. ähnlich wie ›Von sweygen chumt vil nutz‹, s. RUBERG, S. 246, Z. 9.

44ʳ/ᵛ ›Von Pfaffen, die spielen und trinken‹
›Wie vnreht es ist dz priester spilent vnd in die thavernen gent‹ Also stot geschriben in dem bewerten bůche dz do heisset Statvta provincyalya Ein priester oder ein mvnch oder ein Corherre der in die thabernen get ...

Überl.: München, BSB, Cgm 605, fol. 207vb–208rb; Cgm 784, fol. 268^v–269^r; Melk, Stiftsbibl., Cod. G 8, p. 389–392, und Graz, ZB der Wiener Franziskanerprovinz, A 67/24, fol. 172^r–173^v.

44^v–45^v ›Wz die siechen sõllent sprechen‹ (45^r) Also leret Sant avgvstinvs die siechen sprechen in irme siechetv̊m wenne sich die sele von in scheiden wil Min got min barmherczikeit min herre dp ich zv̊ flv̊he vnd des ich begere ...

45^v Johannes Tortsch, ›Bürde der Welt‹ (Auszüge aus Kap. IX und X)
›Dis ist die offenbarvnge der heiligen frõwen san brigiden‹ Dis ist geschriben in der offenbarvnge der heiligen frõwen Sant brigyden Es ist reht sprichet cristvs dz ich wirde gon mit miner plage v́ber die welt v́ber die heiden ...
Lit.: ULRICH MONTAG, Das Werk der heiligen Birgitta von Schweden in oberdeutscher Überlieferung. Texte und Untersuchungen, München 1968 (MTU 18), S. 21 (mit dieser Hs., Signatur falsch angegeben).
Anm.: Folgende Textstücke lassen sich in der von MONTAG besorgten Edition der ›Bürde der Welt‹ identifizieren (der Wortlaut unserer Hs. ist vom edierten Text stark abweichend): S. 279,19–23, S. 281,4–6 und 7f. sowie S. 283,4–6.

45^v–46^v ›Von Sündenvergebung‹, nach Nikolaus von Straßburg
›Wie der sv́nder sv́nde vnd bv̊sse vnd fegefv́r lidig wirt‹ (46^r) Ein lerer der heiligen geschrift zv̊ einer zit sprach jch wil den menschen leren dz jme sv́nde vnd bv̊sse vergeben wirt Wenne es ist iemer ein schande ...
Überl.: EUGEN HILLENBRAND/KURT RUH, Nikolaus von Straßburg OP, ^{2}VL, Bd. 6, 1987, Sp. 1153–1162, hier Sp. 1158; ergänzend dazu: Nürnberg, StB, Cent. VI.61, fol. 2^v–3^r und Cent. VI.100, fol. 217^r–219^v; München, BSB, Cgm 461, fol. 199^v–201^r und Cgm 468, fol. 25^r–26^v; Augsburg, UB, Cod. III.1 8° 37, fol. 90^r–93^v, und St. Gallen, Stiftsbibl., Cod. 1866, p. 225–228.
Anm.: Das Exempel vom goldenen Berg des Königs als Sinnbild für die unerschöpfliche Gnade Christi findet sich auch in der 7. Predigt (= IX. bei PFEIFFER) des Nikolaus von Straßburg, abgedruckt von PFEIFFER, Bd. 1, S. 287,40–289,5; zu der Predigt s. EUGEN HILLENBRAND, Nikolaus von Straßburg. Religiöse Bewegung und dominikanische Theologie im 14. Jahrhundert, Freiburg/Br. 1968 (Forschungen zur oberrheinischen Landesgeschichte 21), S. 39f.

47^r–49^r ›Von drei geistlichen Festen‹
(46^v) wer ein rehter (47^r) gv̊ter mensche welle werden der sol vnserem herren sines lebens in dem jore drv́ hochgezit machen vnd die begon mit siben tagen ›Von drin hochgeziten‹ Man liset in der alten E also der nvwen E jn einer bewisvnge dz vnser herre den jvden gebot dz sv́ alle jor drv́ hochgezit mit siben tagen solten begon ...
Überl.: München, BSB, Cgm 267, fol. 244^r–245^r und Cgm 354, fol. 94rb–95vb, sowie Coburg, Scheres-Zieritz-Bibliothek, Ms. 16, fol. 312va–313va.

49^r ›VI stv́cke sol der mensche (!)‹ Sehs ding sol der mensche an jme haben jn sinem gebette so erhõrt in got ...
Überl.: München, BSB, Cgm 5067, fol. 358$^{r/v}$, und Augsburg, UB, Cod. III.1 4° 9, fol. 45^v.

49^(r/v)	›Von zweiger hande kronen‹ Zweier hande kron ist vf geton jn der einen kronen do siczet die welt vnd der tŭfel ... (49^v) Wil dz ein mensche dz jme sin sŭnde nŭt noch volge fŭr gottes gerihte So sol er dise drŭ ding an jme han ...
49^v–51^r	›Wilt dv wissen wie got mit den sinen wirbet‹ Wiltv jnne werden wie got mit gŭten lŭten pfliget vmb zŭ gon dz mercke an sehs dingen ...
51^r–52^v	›Dis ist von nŭn stŭcken die gŭt sint‹ Dise nŭn stŭckelin sol dv mercken vnd in din hercze bilden vnd mit flisse din leben dar noch halten ... Dz erste stŭcke ist gib einen pfenning bi lebendem libe vmb gocz willen ... (52^r) Sant anshelm in dem lesten Cappittel sprichet ein wores zeichen eins rehten gŭten lebens ist dz der mensche also schiere enphindet des vngemaches der selen ...
59^r–62^r	›Ars moriendi‹. Aus: Marquard von Lindau, ›Erklärung der zehn Gebote‹, 4. Gebot (Fassung C)
	›Ein froge vmb ein sicher gŭt ende vnd von dem fegefŭr‹ Ich froge dich vnd begeren an diner minne sider dz dz fegefŭr so swer vnd so herte ist ...
	Überl.: PALMER, Sp. 87 (ohne diese Handschrift); ergänzend dazu: ²VL, Bd. 11, 2004, Sp. 978, Colmar, StB, Ms. BVC 269, fol. 41^v–46^r und St. Gallen, Stiftsbibl., Cod. 1866, p. 103–108.
	Ed.: MAREN, S. 48,16–50,29.
	Lit.: NIGEL F. PALMER, Ars moriendi und Totentanz: Zur Verbildlichung des Todes im Spätmittelalter. Mit einer Bibliographie zur ›Ars moriendi‹, in: Tod im Mittelalter, hg. von ARNO BORST [u. a.], Konstanz 1993 (Konstanzer Bibliothek 20), S. 313–334.
62^r–63^r	Bittgebete vor dem Tod
	›Ein verjehvnge menslicher krancheit vnd gŭte gebet vor dem tode‹ O lieber herre jhesv criste ich bekenne zwey ding in mir die natvre die dv mir gegeben hast vnd die sŭnde die ich geton habe ... (62^v) O lieber herre jhesu criste erlŭhte mir min ŏgen dz ich niemer entsloffe ... O adonay herre got ich enphilhe ... O Eloy ... O Emanvel ... (63^r) ›Verssickel‹ Criste wir bettent dich an vnd sprechent dir wol wenne ...›Oracio‹ Wir bittent dich herre jhesv criste ein svn des lebendigen gottes leg dinen tot ...
	Überl.: Colmar, StB, Ms. BVC 269, fol. 46^r–47^v.
63^r–67^r	›Von den Seelen‹. Aus: Marquard von Lindau, ›Erklärung der zehn Gebote‹, 4. Gebot (Fassung C)
	›Ich froge dich dz dv mir wellest reht sagen von den armen selen‹ Ich begere an dine minne in got dz dv mir etwz clerlichen sagest von den selen ie do verfaren sint von disem ellende ...
	Überl.: PALMER, Sp. 87 (ohne diese Handschrift); ergänzend dazu: ²VL, Bd. 11, 2004, Sp. 978 und Colmar, StB, Ms. BVC 269, fol. 37^r–41^v.
	Ed.: MAREN, S. 40,28–42,30 (= fol. 63^r–66^r), S. 38,34ff. (= fol. 66^r/v) und S. 47,27–48,15 (= fol. 66^v–67^r).
67^v–69^r	›Von den 22 Zeichen der Geburt Christi‹
	[D]iz sint die zeichin die do geschohen an der naht do got geboren wart zŭ der selben stvnde [D]z erste zichin wz dz die wingarten zŭ ierusalem ir frvht brohtent wie es doch winter wz ...

Anm.: Eine um sieben Zeichen erweiterte Fassung der ›15 Zeichen der Geburtsnacht Christi‹. Der Text ist weiter unten (fol. 148^v–149^v) ein zweites Mal überliefert.

69$^{r/v}$ ›Die Wunder der Hl. drei Könige‹ (nicht abgesetzt)

[D]z sint ŏch zů wissen die zeichen die den drin kůnigen geschohent vs den drin landen ŏch an der winnaht naht Der erste hies Caspar der wz von tarsis der hatte ein tohter die trůg einen svn ... [D]er ander hies baltvsor der wz von arrabia der hatte einen strvs ... (69^v) [D]er dritte kůnig hies melchüer der wz von saba der hette einen zedelbŏm ...

Anm.: Der Text ist weiter unten (fol. 149^v–150^v) ein zweites Mal überliefert. Hier fehlen allerdings die Namen der Könige. Der Wunderbericht mit den Königsnamen war bislang aus der Engelberger Weihnachtspredigt bekannt, s. STAUFFACHER, S. 11A/11, Anm. 86.

71^r–86^v ›Geistliches Kloster‹ (Baumfassung)

›Dis ist dz geistliche closter der selen‹ Es stŏnt eins moles ein also schŏner bŏm enmitten in einem garten vnd wz der stamme in zwen este gewahsen dz der bŏm ein crvcze obenant wz ...

Überl.: DIETRICH SCHMIDTKE, Studien zur dingallegorischen Erbauungsliteratur des Spätmittelalters. Am Beispiel der Gartenallegorie, Tübingen 1982 (Hermaea 43), S. 391f., Anm. 92 (ohne diese Handschrift).

Anm.: Der Text zeigt Anklänge an den Wortlaut der Version, wie ihn die Handschriften St. Gallen, Stiftsbibl., Cod. 966, p. 103, und insbesondere Freiburg, UB, Cod. 464, fol. 208$^{rb/va}$ überliefern, s. GERHARD BAUER, Herzklosterallegorien, ²VL, Bd. 3, 1981, Sp. 1153–1167, hier Sp. 1165 und Sp. 1160.

Lit.: WOLFGANG STAMMLER, Geist und Form im Spätmittelalter, ZfdPh 85 (1965), S. 482–490, hier S. 488 (Inhaltsparaphrase, ohne Angaben zur Überlieferung).

87^r–91^r ›Zehn Gebote und Ägyptische Plagen‹

›Von den zehen gebotten vnd die zehen ploge‹ Maister quod est mandatvm in lege ait illi dominvs diliges dominum deum tuum ex toto corde tuo extoto anima tua [Mc 12,30; Lc 10,27; Mt 22,37] Do vnser herre zů einem ziten vf dem ertrich wz vnd er bredigete do sossent aller leyge lůte vor ime ...

Lit.: VOLKER HONEMANN, ›Zehn Gebote und Ägyptische Plagen‹, ²VL, Bd. 10, 1999, Sp. 1503–1510 (ohne diese Handschrift); ergänzend dazu: Königsberg, SUB, Hs. 2914 [verschollen] (früher z. T. Hs. 2697 und Hs. 3050.6 und Hs. 3050.10), fol. 80^r–82^v, und Thorn/Torun, UB, Rps 7/II [z. Zt. verschollen] (früher Königsberg, SUB, Hs. 905], fol. 42^v–47^r.

91^r–99^r Betrachtung der Passion nach den sieben Tagzeiten

›Dis sint die siben zit von vnsers herren liden‹ (91^v) Zů mettin zit ist die naht mit ein ander So sint siben vnd zwenczig stvcke zů betrahten ...

Überl.: Augsburg, UB, Cod. III.1 8° 29, fol. 39^r–53^r, und München, BSB, Cgm 354, fol. 227$^{r/v}$.

Anm.: Stark erweiternde Bearbeitung der von ROLF KLEMMT, Mitteilungen zu einer »Anaphorischen Betrachtung« der Spätgotik, in: Fachliteratur des Mittelalters. FS für Gerhard Eis, hg. von GUNDOLF KEIL [u. a.], Stuttgart 1968, S. 93–100, abgedruckten Passionsbetrachtung ›Alle herschaft dienet‹.

99ʳ–100ʳ	Betrachtung der Passion nach den sieben Tagzeiten (hier nur die Komplet)
	›Ein gůte betrahtvnge‹ *Hie ist ein minnenriches betrahten von dem minnenklichen liden vnsers herren jhesv cristi geordent vf die siben zit an dem aller vnser trost lit ...*
	Überl.: Augsburg, UB, Cod. III.1 8° 29, fol. 53ᵛ–55ʳ (auch hier nur Komplet).
100ʳ/ᵛ	›Dis ist dz benedicte in tůsch der tisch segen‹ *Segnend dz essen der herre gesegenes versůchent vnd sehent wie gesmag vnd wie sůsse ist der herre Selig ist der man der do hoffet in in Lob vnd ere si dem vatter vnd dem svn ...*
101ʳ/ᵛ	›Zů obent essen‹ (101ᵛ) *Segenent dz essen der herre gesegenes versůchent vnd sehent wie gesmag vnd wie sůsse ist der herre Selig ist der man der do hoffet in in Ellend die armen vnd werdent er gesattet ...*
101ᵛ–102ᵛ	›Dz benedicte der tisch segen‹ (102ʳ) *Segenend dz essen der herre gesegnes versůchent vnd sehent wie gesmag vnd wie sůsse ist der herre Selig ist der man der do hoffet in in Lob vnd ere si dem vatter vnd dem svn ...*
102ᵛ	›Der tisch segen‹ *Himelscher vatter sende vns din gnode dz wir also trincken vnd essen dz wir dines lobes niemer vergessen in vnserem herczen ...*
102ᵛ–104ᵛ	›Von vier Lichtern‹
	›Von vierer leige lichter‹ (103ʳ) *Dionisius sprichet von den stvcken der liehter vnd sprichet dz vierer leige liehter sigen die einen iegelichen menschen nvtze sigent zů wissende der sich zů gotte keren wil ...*
	Überl.: Augsburg, UB, Cod. III.1 8° 23, fol. 42ʳ–44ʳ, und Heidelberg, UB, Heid. Handschrift 64, fol. 163ᵛ–166ᵛ (olim: Handschrift 359, Kat.-Nr. 432).
	Anm.: Es handelt sich um eine um das *tvffeliches lieht* erweiterte Fassung des Ps.-Dionysius-Traktats ›Von drei Lichtern‹, abgedruckt in: Meister Eckhart und seine Jünger. Ungedruckte Texte zur Geschichte der deutschen Mystik, hg. von FRANZ JOSTES. Mit einem Wörterverzeichnis von PETER SCHMITT und einem Nachwort von KURT RUH, Freiburg/Schweiz 1895, ND 1972, S. 67–69 (Nr. 69ᴵ).
104ᵛ–108ᵛ	›Acht Seligkeiten‹
	›Von den aht selikeiten mathevs ewangelio‹ *Es stot geschriben in der wisheit bůch Salomones selig ist der man der do wonende wirt ona flecken ... dar vber sprichet vnser herre in dem ewangelio dvrch mathevs wz glosvnge oder wider geltes mag der mensche geben ...*
108ᵛ–109ᵛ	Mosaiktraktat vom Leiden
	›Dis seit von liden vnd wie nvcze es ist‹ *Ein meister sprichet dz schnellest tier dz vch treit zů got dz ist gewilliges getvltiges liden wand es wart nie kein creatvr vnserem herren glich an bitterem liden dz er leit ...*
	Anm.: Bis fol. 108ᵛ Z. 7 unten identisch mit DW, Bd. 5, S. 433,1–4 (›Von Abegescheidenheit‹). Nach einem nicht identifizierten Zwischenstück (*Es mag der mensche etwenne so getvltiklich liden ein klein liden dvrch got vnd*

solte der selbe mensche hvnder jor jme fegefvr brennen vmb sin svnde vnser herre vergit es jme als genczlich also obe es nie geschehen were vnd do von solten wir gerne vnd gewilliklich liden) folgt fol. 108ᵛ, Z. 1, unten die auch in anderen Zusammenhängen (z. B. in dem ›Buch der Vollkommenheit‹, s. SCHNEIDER, S. 18f., Nr. 34) überlieferte Spruchsammlung ›Liden vertilget vil sunden‹, siehe dazu BETTY C. BUSHEY, ›Sprüche der fünf Lesemeister‹ I und II und verwandte Texte, ²VL, Bd. 9, 1995, Sp. 192–194 (ohne diese Handschrift). Von ihrem Umfang her entspricht die Spruchsammlung ziemlich genau dem von SPAMER, S. 111, Z. 25-S. 112, Z. 17, nach Berlin, SBB-PK, Ms. germ. quart 1131, fol. 56ʳ–57ᵛ abgedruckten Text. Einzelne Sätze dieses Mosaiks findet man außerdem im XIII. Kapitel des ›Büchlein der ewigen Weisheit‹ Heinrich Seuses. Es handelt sich um folgende Stellen: fol. 109ʳ, Z. 16f. (identisch mit SPAMER, S. 109, Z. 10) und fol. 109ʳ, Z. 7 unten und folgende Zeilen (identisch mit SPAMER, S. 109, Z. 28-S. 110, Z. 1).

109ᵛ–130ʳ	Auslegung des Apostolischen Glaubensbekenntnisses mit einer Einleitung zum Thema Glauben

›*Dis ist der cristenliche glȯbe den die heilgen zwelf botten hant gemaht vnd die glose dar vber vnd wz maht vnd kraft er hat*‹ *Ivstvs de fide vivit ad romanos primo* [Ro 1,17] *also sprichet der heilige santvs pavlvs der gerehte der lebet vs dem glȯben Sit nv der mensche nvt ist von jme selber* ...

130ʳ–132ʳ	Passionsbetrachtung

›*Der an vnsers herren martter gedencket dem wirt die welt vnmere*‹ *Der an vnsers herren marter gedencket dem wirt die welt* bitt *vnmere dz hercze erweichet zv rvwen der wirt getvltig in vngemache* ...

Überl.: Stuttgart, Württemb. LB, Cod. brev. 88, fol. 78ʳ–79ʳ; Augsburg, UB, Cod. III.1 4° 9, fol. 28ᵛ–30ʳ, und Broumov/Braunau, Privatbibliothek Eduard Langer, Cod. 458, fol. 4ʳ [verschollen; früher Privatbesitz Karl Bartsch, Heidelberg 3].

Anm.: fol. 130ʳ Z. 1 bis fol. 130ᵛ Z. 2 unten ähnlich wie KARL BARTSCH, Sprüche und Verse deutscher Mystiker, Germania 18 (1873), S. 195–200, hier S. 198,26–30 (Verbleib der Handschrift nach wie vor unbekannt, s. KLAUS KLEIN, ›Vom Nutzen des Schweigens‹, ²VL, Bd. 11, 2004, Sp. 1060).

132ʳ/ᵛ	Worte Meister Eckharts

›*Meister echart seit von drin dingen*‹ *Meister Ekhart sprichet der mensche der niemer von gotte gevallen mag den sol man mercken an drin dingen Das erste dz alle sine wort lutent als nein vnd jo* ...

Anm.: Einen Text von 5 Dingen, die den Menschen daran hindern, von Gott abzufallen, findet man bei PFEIFFER, Bd. 2/1, S. 603, Nr. 22, und in dem sog. ›Spamerschen Mosaiktraktat‹ Karlsruhe, Badische LB, Cod. St. Peter 85, fol. 57ᵛᵇ–58ʳᵃ, siehe dazu ADOLF SPAMER, Über die Zersetzung und Vererbung in den deutschen Mystikertexten, Diss. Gießen 1910, S. 67, Nr. LXVIII. Den Hinweis verdanke ich Regina D. Schiewer.

132ᵛ–148ʳ	Predigt. Dominica 2. adv. (T2)

›*Dise bredige liset man in der anderen wůchen des adventes*‹ *Quecvmque scripta svnt* ... [Ro 15,4] *Dise wort schribet sant pavlvs in sinem epistel vnd sprichet alles dz ie geschriben wart dz ist vns geschriben zv einer lere dz wir mit getvltikeit vnd mit dem troste der geschrift zv versiht haben zv got vnd* zů dem ewigen leben Nv sónt ir wissen dz bůcher dar vmb fvnden sint vnd geschriben sint wand des menschen sin also snöde also kurcz vnd also vergessenlich ist ...

148ʳ–150ᵛ   Geistliche Kurztexte
›Dis ist die bredige an dem winnaht obent von den fůnfzehen zeichen die geschohent‹

(148ʳ/ᵛ)   ›Die zwölf guten Menschen und der Jüngling‹
Es koment zwelf gůte mensche zů semen vnd bottent vnseren herren dz er sv̊ troste vnd do sv̊ ir gebet gesprochent do sohent sv̊ einen schönen jungeling zů in gon vnd eins vnder jn froget in wer er were ...
Überl.: Berlin, SBB-PK, Ms. germ. oct. 65, fol. 32ᵛ; Karlsruhe, Bad. LB, Cod. Donaueschingen 115, fol. 97ʳ/ᵛ, und St. Gallen, Stiftsbibl., Cod. 966, p. 108–109.
Ed.: SPAMER, S. 145, und KLAPPER, S. 126.
Lit.: KURT RUH, ›Die zwölf guten Menschen und der Jüngling‹, ²VL, Bd. 10, 1999, Sp. 1634–1635; ergänzend dazu: ²VL, Bd. 11, 2004, Sp. 1713 (ohne diese Handschrift).

(148ᵛ–149ᵛ)   ›Fünfzehn Zeichen der Geburtsnacht Christi‹ (nicht abgesetzt)
Dise XV zeichen beschöhent in der naht do vnser lieber herre jhesus geborn wart Das erste was die wingarten zů iherusalem ...
Überl.: STAUFFACHER, S. 11A/10f. (ohne diese Handschrift); ergänzend dazu: Hamburg, SUB, Cod. theol. 2009c, fol. 88ʳ–89ᵛ (olim: Broumov/Braunau, Privatbibliothek Eduard Langer, Cod. 459 [nicht 559!]), und München, BSB, Cgm 5140, fol. 338ᵛ–339ʳ.
Ed.: KLAPPER, S. 124f., und WACKERNAGEL, S. 282f.

(149ᵛ–150ᵛ)   ›Die Wunder der Hl. drei Könige‹ (nicht abgesetzt)
Man liset auch von den drien kůngen der eine hät einen struß ... Der ander kůng hät einen zederböm ... (150ʳ) Der dritte kůng des frouwe gebar ein kindelin ...
Überl.: STAUFFACHER, S. 11A/10f. (ohne diese Handschrift); ergänzend dazu: Hamburg, SUB, Cod. theol. 2009c, fol. 89ᵛ–90ʳ (olim: Broumov/Braunau, Privatbibliothek Eduard Langer, Cod. 459 [nicht 559!]).
Ed.: KLAPPER, S. 125f., WACKERNAGEL, S. 283, und WOLFGANG STAMMLER, Prosa der deutschen Gotik, Berlin 1933, S. 100f.

151ʳ–160ʳ   Predigt. *In nativitate Domini* (T6)
›Dise bredige liset man vf den winnaht tag‹ Cvram illivs habe ... [Lc 10,35] Disů wort stand geschriben in dem ewangelio sancti luce an dem zehenden capitel vnd hellent in tůtsche also habe sorge zů disem vnd alles das dv darüber ußgist das wil ich dir widergeben vnd sprach sú der samaritanvs zů dem stalknehte dem er beualch den verwundeten mönschen den er von den schächner gefůrt hatte als der textus des vorgenanten capitels seit ...
Überl.: Berlin, SBB-PK, Ms. germ. quart 149, fol. 36ᵛ–42ᵛ, und Ms. germ. oct. 501, fol. 54ᵛ–62ʳ.
Lit.: STÖLLINGER-LÖSER und SCHOUWINK.

160ʳ–170ʳ Predigt. *In nativitate Domini* (T6)
›Dis ist dz ander teil der bredige an dem winnaht tage war vmb mit dem kinde gůt spilen ist‹ *Cvram illivs habe* ... [Lc 10,35] *In der vorderen bredigen hast du wol gemerket zů dem ersten warumb gůt mit dem kindelin jhesu spilen ist durch daz du billich getzogen solt werden zů jm Zů dem andern* ... *Nu wil ich dir min liebe tohter in christo sagen zů dem dritten von denen die* (160ᵛ) *reht und redelich mit dem kindelin spilen* ...
Überl.: Berlin, SBB-PK, Ms. germ. quart 149, fol. 42ᵛ–49ᵛ, und Ms. germ. oct. 501, fol. 62ʳ–70ᵛ.
Lit.: STÖLLINGER-LÖSER und SCHOUWINK.

170ʳ–179ʳ (›Hochalemannische Predigten‹:) *In circumcisione Christi* (T8)
›Dis ist die bredige vf dz ingonde ior von der beschnidvnge vnd wie ime der nam ihesvs gegeben wart von der kvndvnge des engels‹ *Vocatum est nomen eius ihesus* [Lc 2,21] *Der ewig und der almähtige gott von dem alles gůt und alle gnäde flússet der gebe úch und auch mir ein gutes und ein seliges jär Der hohe ewangelist der usgenomen schriber und der edel lerer der gůt sanctus lucas der schribet vns hút in dem ewangelio zwey ding von dem kindelin das uns geborn wart es sint hút aht tage* ...
Überl.: Berlin, SBB-PK, Ms. germ. fol. 741, fol. 18ᵛᵇ–22ᵛᵃ; München, BSB, Cgm 531, fol. 31ʳᵇ–33ʳᵇ, und Karlsruhe, Bad. LB, St. Blasien 76, fol. 153ᵛ–161ʳ.
Anm.: Der Anfang der Predigt findet man auch auf fol. 150ᵛ (ohne Überschrift, durchgestrichen).
Ed.: LINSENMAYER, S. 69 (Auszüge in Übersetzung).

179ʳ–190ʳ Predigt. *In epiphanie Domini* (T10)
›Dise bredige liset man vf den zwelften tag vnd seit von vier wercken die vnser herre wircket vnd wie er erwelet wart zů eime ewarten‹ *Hic est filius meus dilectus* [Mt 3,17] *Wir haben dis hochgetzyt gesungen und gelesen von vier werken die unser herre gewirket het mit dirre zyt Das erste wúrkte er an dem tage do er geborn wart und macht einen nuwen sternen domit zöigt er sin gottheit Darnäch über drissig jår* ...
Überl.: Berlin, SBB-PK, Ms. germ. fol. 741, fol. 24ʳᵇ–28ᵛᵇ.

190ʳ–204ᵛ Predigt. *Dominica 1. post epiphanie Domini* (T11)
›Dis ist die bredige als vnser herre bi dem brvnloft zů gallea wasser zů wine mahte‹ *Implete ydrias aqua* [Io 2,7] *Dis wort sprach vnser lieber herre jhesus cristus in der hochgetzyt zü den dieneren fúllent die eymer mit wasser Dis evangelium schribet der grosse herre sant Johannes evangelista und sprichet Jn der zyt do vnser lieber herre jhesus cristus uff ertrich gieng do geschach ein hochgetzyt in dem lande galylea* ...
Überl.: Berlin, SBB-PK, Ms. germ. fol. 741, fol. 28ᵛᵇ–34ᵛᵃ.

204ᵛ–217ʳ (›Hochalemannische Predigten‹:) *In purificatione Beatae Mariae Virginis* (S21)
›Dise bredige liset man vf vnser fröwen tag der liehtmesse wie sú ir kint opfert in den tempel mit zwein tvrteltvben‹ *Postquam completi sunt dies purgationis* ... [Lc. 2,22] *Man begät hút ein groß hochgetzyt in aller der cristenheit vnd dis hochgetzyt hett drie namen Zů dem ersten måle heisset sú ein reynunge unser fröwen Zů dem andern måle ein opfer Zů dem dritten*

male heisset sú die liehtmesse ...
Überl.: Berlin, SBB-PK, Ms. germ. fol. 741, fol. 43ra–48va, und München, BSB, Cgm 531, fol. 71rb–72rb.

217r–227r (›Hochalemannische Predigten‹:) *In vigilia paschatis* (T27)
›*Dise bredige liset man an dem oster obent vnd stet dar jnne vnser lieben frŏwen clage als es die lerer beschribent*‹ *Cor mevm contvrbatvm est etc.* [Ps. 37,11; 54,5; 108,22; 142,4] *Es ist ietz ein zyt der klage und der trurigkeit Wann des ewigen gottes des obersten kúnges sun der ein erb ist dis* lan(217v)*des und aller lande* ...
Überl.: Berlin, SBB-PK, Ms. germ. fol. 741, fol. 135rb–139va; München, BSB, Cgm 531, fol. 45va–47va, und Hamburg, SUB, Cod. theol. 2009c, fol. 78r–85v (olim: Broumov/Braunau, Privatbibliothek Eduard Langer, Cod. 459 [nicht 559!]); St. Gallen, Stiftsbibl., Cod. 963, pag. 410–435.
Ed.: LINSENMAYER, S. 74f. (Auszüge in Übersetzung).

227r–240v Predigt. *Dominica resurrectionis Domini* (T28)
›*Dise bredige liset man an dem oster tage von der vrstende vnsers herren vnd wie wir erston sŏllent mit cristo*‹ *Stetit ihesvs in medio discipulorum* ... [Lc 24,36] *Die gnäde vnsers lieben herren jhesu cristi und siner vil zarten müter hilffe sie mit vns allzyt* (227v) *Amen herr moyses schribet* ...
Überl.: Berlin, SBB-PK, Ms. germ. fol. 741, fol. 139va–145rb.

241r–253r Predigt. *In nativitate Beatae Mariae Virginis* (S65)
›*Dise bredige von vnser frŏwen gebúrt*‹ *Orietvr stella ex jacob* [Num 24,18] *Dise wort stont geschribe jn her moyses bůch und sprach sú der wissage baalam mit disen worten wil vns dirre wissage fúr kúnden und* ~~sagen~~ *zeigen den lŏbelichen vnd wunderlichen vf gang der heiligen wirdigen geburt der kúnigin von himelrich* ...
Überl.: Berlin, SBB-PK, Ms. germ. fol. 741, fol. 278ra–285ra.
Anm.: Das unmarkierte Autoritätenzitat *Die meister die von den sternen schribent die sprechent dz der minste sterne der an dem himel ist grösser sie dann alles ertrich* (249v) wird in einer anderen Predigt dieser Sammlung wiederholt verwendet: *Die himel die sint groß wann der minste sterne der an dem himel ist der ist grösser dann alles ertrich* (267v).

253r–266v Predigt. *In nativitate Beatae Mariae Virginis* (S65)
›*Dise bredige ist ŏch von vnser lieben frŏwen sancte marien gebúrt und húbesche merackel*‹ *Adeamvs cum fiducia* ... [Hbr 4,16] *Dise wort schribet der grosse herre sanctus paulus in siner Epistel und git uns damit ein lere was wir tůn sont wellent wir erbermde und gnade vinden by gotte* ...
Überl.: Berlin, SBB-PK, Ms. germ. fol. 741, fol. 229rb–237ra.

267r–277v Predigt. *De s. apostolis* (C2)
›*Dise bredige liset man von eime iegelichen botten*‹ *Celi enarrant gloriam dei etc.* [Ps 18,2] *Die himel bredigent die ere des herren Dis wort het ein usser betútunge und ein jnner meynunge Die himel die sint groß wann der minste sterne der an dem himel ist der ist grösser dann alles ertrich* ...
Überl.: Berlin, SBB-PK, Ms. germ. fol. 741, fol. 272va–278ra, und Karlsruhe, Bad. LB, Cod. St. Blasien 76, fol. 108r–117r.

277^v–283^v Jahrzeitpredigt

›*Dise bredige mag man lesen zů den vier jorgeziten von den selen vnd wo mitte man jn gehelfen mag*‹ *Vir fortissimus Judas* [Iud 11,1] *Es ist besser das man gange do man weinet dann da man lachet Es ist besser das man gange da man sihet sterben dann dz man gange da man lebet mit fröide* ...

Überl.: Berlin, SBB-PK, Ms. germ. fol. 741, fol. 257va–260rb.

283^v–293^v (›Hochalemannische Predigten‹:)
In commemoratione omnium fidelium defunctorum (S80)

›*Dis ist ein bredige von allen glöibigen selen vff iren tag vnd ŏch wo mitte man jn gehelfen mag vnd welen man nvt gehelfen mag*‹ *Venit hora et nunc est* ... [Jo 4,23; 5.25] *Es ist ietz ein gehúgde der toten Dauon so wil ich úch etwz sagen von den toten Es ist zweyerhande toten Der ein ist ein geistlich tod* ...

Überl.: Berlin, SBB-PK, Ms. germ. fol. 741, fol. 260rb–265rb, und München, BSB, Cgm 531, fol. 89rb–92rb bzw. fol. 124rb–127ra.

293^v–300^r Predigt über das Leiden
(nicht kirchenjahrsbezogen)

›*Dis seit von liden*‹ *Sant Gregorivs sprichet vber dz wort dz in jobes bůche stot geschriben job wz ein einveltig vnd ein gereht man sprichet also der ist reht den widerwertige ding nvt brechent* ...

300^r–301^v ›*Dis ist von dem ivngesten tage vnd von den aht selikeiten*‹ *Vnser herre cristvs kvnt an dem jvngesten tage vnd erschinet mit sinen frvnden mit grosser mogenkraft jn dem tal josephat Iohel sprichet* ...

302^r–312^v Heinrich Seuse ›Lectulus noster floridus‹
(nicht kirchenjahrsbezogen)

›*Dis ist ein gůte trŏstliche bredige bredigete ein begnodeter erlŏhter lerer von sant dominicvs orden hies der svse allen rvwern vnd krancken hŏibetern vnd verirreten Constiencien zů helfe vs der minnenden sele bůch alsvs anevohende*‹ *Lectvs noster floridvs Dise wortelin stont geschriben an der minne bůch vnd sint gesprochen zů lobe* ...

Ed.: B*IHLMEYER*, S. 495–508.

Colmar, StB, Ms. CPC 280

Urkundenschriften von Johannes Schedelin und Petrus Ransanus,
›Vita des Vinzenz von Ferrer‹

Pap. • 21 × 14,2 cm • 187 Bll. • elsäss. • zw. 1456–1462

Hand 1: fol. 13^r–136^r; Hand 2: Hans Schedelin, fol. 1^r, 2^r, 3^r, 4^r, 5$^{r/v}$, 6$^{r/v}$, 7^r–11^r, 162^v, 163^r, 175$^{r/v}$, 187^v und fol. 188^r. Dreifache mittelalterliche Foliierung (einmal rücklaufend). Schedelins Foliierung erstreckt sich nur auf das Corpus der Vita. Lagenformel: (IV+3)[11], anschließend sich regelmäßig wechselnde Quinternionen und Septernionen. Einfacher roter Ledereinband. Unbeschrieben: 1ᵛ, 2ᵛ, 3ᵛ, 4ᵛ, 11ᵛ, 12ʳ, 136ᵛ–162ʳ, 163ᵛ–174ᵛ, 176ʳ–187ʳ.

Lit.: BOLCHERT, S. 29, Nr. 32, SAMARAN/MARICHAL, S. 139, CHRISTIAN HECK, Saint Vincent Ferrier dans les miniatures et un manuscrit inédits du XVᵉ siècle, Société d'Histoire et d'Archéologie de Colmar 27 (1978), S. 63–68, S. 67, und AUSSTELLUNGSKAT., S. 64; HSC, ‹www.handschriftencensus.de/15881› (BALÁZS J. NEMES, März 2009).

Abb.: Histoire de la commune et de la Paroisse de Gueberschwihr, hg. von LAURENT ZIND, Colmar 1989, S. 37 (Abb. von fol. 6ʳ), und SAMARAN/MARICHAL, Tafel CXXII (Abb. von fol. 13ʳ).

13ʳ–136ʳ   Petrus Ransanus, ›Legende des Vinzenz von Ferrer‹
            (anschließend Bericht über die Erhebung der Gebeine i. J. 1456)

            (12ᵛ) ›*Dis ist die leigende sant vincencivs brediger ordens*‹ (13ʳ) *Der selige sant vincencivs ist von gŏtlicher virordenuge* (!) *also genant vincencivs von dem wort vincendo ...*

            Überl.: VOLKER HONEMANN, Ferrer, Vinzenz, ²VL, Bd. 2, 1980, Sp. 726–727 (ohne diese Handschrift), und WERNER WILLIAMS-KRAPP, Kultpflege und literarische Überlieferung. Zur deutschen Hagiographie der Dominikaner im 14. und 15. Jahrhundert, in: *Ist mir getrŏmet mîn leben? Vom Träumen und vom Anderssein. FS für Karl-Ernst Geith zum 65. Geburtstag*, hg. von ANDRÉ SCHNYDER [u. a.], Göppingen 1998 (GAG 632), S. 147–173, S. 157f.; ergänzend kommt hinzu: Scheyern, Bibliothek des Benediktinerstiftes, Ms. 48, fol. 144ʳᵃ–186ᵛᵇ, s. THOMAS BRAKMANN, ›Ein Geistlicher Rosengarten‹ – eine Vita zwischen Ordensreform und Laienfrömmigkeit im 15. Jahrhundert: Studien zur Überlieferung und Edition der volkssprachigen Vita der Katharina von Siena, ungedr. Diss., Münster 2005, S. 88.

Colmar, StB, Ms. CPC 321

›Ars moriendi‹, Heinrich Seuse, ›Buch der ewigen Weisheit‹ mit den ›Hundert Betrachtungen‹

Papier • 20 × 14,2 cm • 144 Bll. • elsäss. • 2. V./Mitte 15. Jh.

Von Hans Schedelin geschrieben und foliiert (nur der Seuse-Text). Moderne Zählung bis 140, die leeren Schlußblätter *Cxxiiij-Cxxxij* wurden nicht mitgezählt. Zwischen *Cxxiiij* und *Cxxviiij* vier Blätter herausgerissen (kein Textverlust). Unausgeführte figurale Initiale auf fol. 13ʳ (vgl. Abb. 6). Einst roter, heute braun gefärbter Ledereinband. Unbeschrieben: 12ᵛ, 135ᵛ und *Cxxiiij-Cxxxij*.

Lit.: TH[EODOR] VULPINUS, Eine zweite Colmarer Suso-Handschrift, Jahrbuch für Geschichte, Sprache und Literatur Elsass-Lothringens 19 (1903), S. 20–22, BOLCHERT, S. 31, Nr. 37, und BIHLMEYER, S. 14*; HSC, ‹www.handschriftencensus.de/15882› (BALÁZS J. NEMES, August 2007).

1ʳ–3ᵛ   Ps.-Anselm von Canterbury, ›Exhortatio ad fratrem moriturum‹ (›Admonitio moriendi‹), dt.

            ›*In dem namen des vatters vnd des sones vnd des heiligen geistes amen*‹ *Dise*

noch geschribene frogen sol man tůn dem sterbenden menschen als Sant avgvstinvs (!) *schribet vnd die sol man mit flisse tůn die wile der mensche gůte vernvnft hat vnd verstantnisse vnd reden mag vnd antwirte geben mag ...*
Überl.: STEER, Sp. 378, und ergänzend dazu: Hohenfurt/Vyssi Brod (Böhmen), Stiftsbibl., Cod. 1 VB LXII, fol. 46vb–47rb; Innsbruck, UB, Cod. 712, fol. 167^v–168^r; Nürnberg, StB, Cent VII.88, fol. 17^v–19^v; Karlsruhe, Bad. LB, L 140, fol. 15^r–17^r; Heidelberg, UB, Cpg 69, fol. 128^{r}ff.; Augsburg, UB, Cod. III.1 4° 8, fol. 333^r–352^v, und Augsburg, StB, 2° Cod. 231, fol. 61^v–70^v; s. außerdem RÜDIGER BLUMRICH, Marquard von Lindau: Deutsche Predigten. Untersuchung und Edition, Tübingen 1994 (TTG 34), S. 14*–26*.
Ed.: Die in den Corpushandschriften der Predigten Marquards von Lindau eingegangene Fassung hat NIGEL F. PALMER, ZfdA 125 (1996), S. 124, abgedruckt.

3^v–8^v ›Gebete für einen Sterbenden‹
›Nv wil ich sagen‹ Nv wil jch sagen wie sich der sterbende mensche halten sol oder wz er sprechen oder betten sol Nv zů dem ersten mol wenne sant avgvstinvs vnd ǒch sant Gregorivs sprechent ...
Überl.: STEER, Sp. 378; ergänzend dazu: Nürnberg, StB, Cent VII.88, fol. 20^r–23^v; Heidelberg, UB, Cpg 69, fol. 128^r–139^v; Augsburg, UB, Cod. III.1 4° 8, fol. 333^r–352^v, und Augsburg, StB, 2° Cod. 231, fol. 61^v–70^v.

8^v–10^r Aus der ›Adventspredigt‹ eines Predigers von Nagolten (Nagold?) vom Sterben
›Von eime bredigen‹ Ein brediger ~~hei~~ hies der von negolten vnd sprach an einer bredige von der jvngesten zůkvnft vnsers herren also man es beget in dem heiligen adevente wie vnser herre zů des menschen ~~zůk~~ ende kvmet vnd lerte wie der mensche sterben solte allen gebresten ...
Überl.: Nürnberg, StB, Cent VII.88, fol. 30^v–31^v.

10^r–11^r Predigtmärlein vom ›Papst und Kaplan‹
›Von eime bobest‹ Ein bobest lag an sime bette vnd do er sterben solte do bat er sinen Cappelon Wenne er sehe dz er solte sterben dz er jme drů pater noster vnd so vil ave maria spreche ...
Überl.: STEER, Sp. 378; ergänzend dazu: Nürnberg, StB, Cent VII.88, fol. 23^v–25^v; Karlsruhe, Bad. LB, L 140, fol. 8^r–13^v; Nürnberg, StB, Cod. Cent. VII.40, fol. 237^v, und Basel, UB, B IX 15, fol. 266va–267ra.
Anm.: Das Predigtmärlein fand außerdem Aufnahme u. a. in Werken wie Heinrichs von Langenstein ›Commendatio animae‹ (ELVIRA LANGEN, Eine neue Quelle für die Kenntnis des mystischen Lebens im Kloster Pillenreuth. Untersuchungen und Texte, Diss. Heidelberg 1960, S. 117), in das ›Speculum artis bene moriendi‹ (KARIN SCHNEIDER, ›Speculum artis bene moriendi‹, ²VL, Bd. 9, 1995, Sp. 40–49, und RAINER RUDOLF, Ars moriendi. Von der Kunst des heilsamen Lebens und Sterbens, Graz 1957 [Forschungen zur Volkskunde 39], S. 76, S. 80 Anm. 21 u. ö.), sowie ins ›Hortulus animae‹ (s. PETER OCHSENBEIN, ›Hortulus animae‹, ²VL, Bd. 4, 1983, Sp. 147–154, und ›Papst und Kaplan‹, ²VL, Bd. 11, 2004, Sp. 1161).

11^r–12^r Register zu Seuses ›Buch der ewigen Weisheit‹

13^r–135^r Heinrich Seuse, ›Buch der ewigen Weisheit‹ mit den ›Hundert Betrachtungen‹
Ed.: BIHLMEYER, S. 196–324.

Colmar, StB, Ms. CPC 1945

Meister des Lehrgesprächs (Johannes Hiltalingen OESA?),
›Audi-filia-Dialog‹ (›Des menschen adel, val vnd erlösunge‹)

Pap. • 29 × 21 cm • 131 Bll. • elsäss. • 1442
Hand 1: Petrus Hasenclow, fol. 1^{r}b–129vb, Schreiberkolophon: *Anno domini M° cccc xlij° feria sexta post Udalrici episcopi* [6. Juli] *finitus est liber iste per manus Pijtriij dicti Hjsijncliiijw* (fol. 129vb); Hand 2: Hans Schedelin, auf Vorderspiegel und fol. 130^r/v. Zweispaltig. Mehrzeilige dekorative Initialen in Rubrum, Buchstabenkörper mit Blattwerk in grauer Farbe belegt (vgl. Abb. 7): fol. 1^r, 4^v, 12^r, 23^r, 32^r, 41^v, 51^v, 59^v, 69^v, 72^r, 74^v, 80^v, 86^v, 100^r, 104^v, 107^v, 111^r, 113^r, 116^v und fol. 119^r. Brauner Ledereinband.
Lit.: BOLCHERT, S. 30, Nr. 36, SAMARAN/MARICHAL, S. 147, KARL HEINZ WITTE, Der Meister des Lehrgesprächs und sein ›In-principio-Dialog‹. Ein deutschsprachiger Theologe der Augustinerschule des 14. Jahrhunderts aus dem Kreise deutscher Mystik und Scholastik. Untersuchung und Edition, München 1989 (MTU 95), S. 148–161; AUSSTELLUNGSKAT., S. 66; HSC, ‹handschriftencensus.de/15883› (BALÁZS J. NEMES, Nov. 2008).
Abb.: SAMARAN/MARICHAL, Tafel C (Abb. von fol. 110).

1rb–129vb Meister des Lehrgesprächs, ›Audi-filia-Dialog‹
›*AVdi filia et vide et inclina aurem ...*‹ [Ps 44,11] *Der gottes heilige geist der rüffet siner gemynten tohter durch des propheten mund vnd sprichet Höre min tohter und vernim neige din ore ... Sich an disen worten daz einem flyssigen Menschen drier dinge nöt ist des geist mit dem liehte der worheit sol erlühtet werden ...*
Überl.: Einen Auszug aus dem ersten Teil des Traktats findet man im sog. ›Lehrsystem der deutschen Mystik‹, abgedruckt nach der Züricher Handschrift bei ROSEMARY CADIGAN, The Compilatio Mystica (Greith's Traktat) in the Original. An Edition of Ms. C 108b Zürich with Reference to Four Other Parallel Manuscripts, Diss., Chapel Hill 1973, fol. 1^r–19^r, Z. 1 (freundlicher Hinweis von Karl Heinz Witte). Demnach ist die Überlegung von VOLKER HONEMANN, ›Lehrsystem der deutschen Mystik‹, ^{2}VL, Bd. 5, 1985, Sp. 676–678, hier Sp. 678, der Text auf fol. 1^r–19^r könnte vom Kompilator selbst verfaßt sein, zu berichten.
Lit.: WITTE, s. o., S. 148–161, DERS., Meister des Lehrgesprächs, ^{2}VL, Bd. 6, 1987, Sp. 331–340, und DERS., Der ›Traktat von der Minne‹, der Meister des Lehrgesprächs und Johannes Hiltalingen von Basel. Ein Beitrag zur Geschichte der Meister-Eckhart-Rezeption in der Augustinerschule des 14. Jahrhunderts, ZfdA 131 (2002), S. 454–487.

Colmar, StB, Ms. CPC 1947

Deutscher Psalter

Pap. • 29 × 21 cm • I + 106 Bll. • elsäss. • 2. V./Mitte 15. Jh.

Hand 1: fol. 12ʳ–95ᵛ; Hand 2: Hans Schedelin, Vorderspiegel, fol. 1ʳᵃ/ᵛᵇ, 2ʳᵃ–6ʳᵇ, 12ʳ–95ᵛ (Glossen), 96ʳᵃ–104ʳᵃ und fol. 105ᵛ–106ᵛ. Z. T. zweispaltig. Ursprünglich roter Einband; heute mit gelbem Leder überzogen. Auf dem hinteren Deckel Besitzereintrag und Wappen des Hans Schedelin: *dis bvch ist iohannes schedelin*. Der Psaltertext ist mit mehrfarbigen (rot, blau, braun, grün), stellenweise figuralen Fleuronnée-Lombarden versehen (vgl. Abb. 8): fol. 2ʳ, 12ʳ, 28ᵛ usw. Eingeklebtes Blatt auf dem hinteren Spiegel mit kolorierter Federzeichnung: Franziskus und Dominikus. Unbeschrieben: fol. 7ᵛ–11ᵛ und fol. 105ʳ.

Lit.: BOLCHERT, S. 29, Nr. 33, und AUSSTELLUNGSKAT., S. 65f.; HSC, ‹handschriftencensus.de/15884› (BALÁZS J. NEMES, Dez. 2006).

Abb.: BOLCHERT, S. 16, und FRANCIS GUETH/LOUIS DEMÉZIÈRES, La Bibliothèque Consistoriale Protestante de Colmar, in: Trésors des bibliothèques de Colmar et de Sélestat. Exposition. Église des Dominicains de Colmar 2 juillet – 30 août 1998, Colmar 1998, S. 23 (Abb. der Federzeichnung von Franziskus und Dominikus auf dem hinteren Innenspiegel).

Spiegel:	›Die sogenannten acht Bernhardschen Psalmverse‹ (ohne die dazugehörigen Kollekten) *Die aht vsgenomenen vers die sant bernhart vant in dem salter die man alle tage sprechen sol den lot got nvt in sinen svnden sterben vnd die zeigete der tvfel sant bernhart ...* Überl.: GUSTAV MEYER/MAX BURCKHARDT, Die mittelalterlichen Handschriften der Universitätsbibliothek Basel. Abt. B: Theologische Pergamenthandschriften, Bd. 2, Basel 1966, S. 1091 (ohne diese Handschrift); ergänzend dazu: Augsburg, UB, Cod. I.3.8° 10, fol. 91ʳ–92ʳ, und St. Gallen, Stiftsbibl., Cod. 1004, p. 319.
1ʳᵃ/ᵛᵇ	Register zum Psalter
2ʳᵃ–6ʳᵇ	Einleitung zum Psalter *Sit wol dz offenbar sy dz alle propheten habent geredet von des heilgen geistes erlvhtvnge so hat doch david der fromste vnder allen profeten mit ettewie wirdiger vnd über swenckiger wisen denne die anderen also mit des heilgen geistes bvsvnen sin profecige gewissaget ...*
12ʳ–95ᵛ	Deutscher Psalter (mit Gebetsanweisungen) Überl.: ERNST HELLGARDT, Deutsche Gebetsanweisungen zum Psalter in lateinischen und deutschen Handschriften des 12.–16. Jahrhunderts. Bemerkungen zur Tradition, Überlieferung, Funktion und Text, Vestigia Bibliae 9/10 (1991), S. 400–413 (ohne diese Handschrift).
96ʳᵃ–104ʳᵃ	Antiphonen zum Psalter *Allez das hie noch geschriben stet das hört zwischent die salmen als es gezeichent ist mit der zallen*
105ᵛ–106ᵛ	Antiphonen *de sanctis* und *de communi sanctorum et de occasionibus*

Colmar, StB, Ms. CPC 2137

Mönch von Heilsbronn, Mechthild von Magdeburg, Ps.-Tauler-Predigt ›Von dreierlei Abenden‹, Legenden

Pap. • 21,5 × 14,4 cm • 192 Bll. • elsäss. • 2. V./Mitte 15. Jh.

Von Hans Schedelin geschrieben und durchfoliiert (mit römischen Zahlen). Stark abgegriffener, vergilbter Schweinslederüberzug auf Holzdeckel ohne Verzierung. Unbeschrieben: fol. 4ʳ–7ᵛ, 147ᵛ, 165ᵛ, 170ᵛ, 178ʳ/ᵛ und fol. 185ᵛ–187ᵛ.

Lit.: BOLCHERT, S. 25, Nr. 35, VÖLKER, S. 29–34, NEUMANN, S. 233–238, und POOR, S. 122–130 und S. 212f.; HSC, ‹handschriftencensus.de/4650› (BALÁZS J. NEMES, Januar 2009).

Abb.: NEUMANN, Frontispiz, Abb. 1 (fol. 140ʳ) und Abb. 9.

1ʳ–3ᵛ	Register
7ʳ–13ᵛ	›Von den Geboten des Neuen Testamentes‹

›Dis sint die gebot der nvwen E‹ *Dis sint die gebot der nvwen E die an dem ewangelivm geschriben volkomener vnd swerer zů behaltenne denne die gebot der alten E ...*

Überl.: Nürnberg, StB, Cent. VII.35, fol. 10ʳ–24ᵛ.

13ᵛ–68ᵛ	Der Mönch von Heilsbronn, ›Von den sechs Namen der Eucharistie‹

›Dis ist von den sehs namen des heiligen sacramente jhesv cristi‹ *Wir lesen in dem bůchen dz der fronlichame gottes den er vns zů einer spise hat gemachet sinen kinden sehs namen hat ...*

Überl.: KURT ILLING, Alberts des Großen »Super Missam«-Traktat in mittelhochdeutschen Übertragungen. Untersuchungen und Texte, München 1975 (MTU 53), S. 44f., Anm. 20 (mit dieser Handschrift, Signatur ist zu berichtigen).

Ed.: Der Mönch von Heilsbronn, hg. von JOHANN F. L. TH. MERZDORF, Berlin 1870, S. 5,30–63,28, und 63,29–66,19.

68ᵛ–83ᵛ	›Von göttlicher Güte‹

Pavlvs filioli omnia per scripta non diliatis verbo nec lingwa sed opere et veritate [1 Io 3,18] (69ʳ) *Dise matterie leret* ›gottes gůtin vnd (!)‹ *bekennent gőtteliche gůtin vnd mensche arge also sant avgvstinvs bat also bitte jch dich heiliger got ...*

Überl.: Nürnberg, StB, Cent. VII.35, fol. 24ᵛ–71ᵛ.

Anm.: VÖLKER, S. 30, macht in Anlehnung an KARIN SCHNEIDER, Die deutschen mittelalterlichen Handschriften, Wiesbaden 1965 (Die Handschriften der Stadtbibliothek Nürnberg 1), S. 326, zwei Texte aus diesem Traktat, ähnlich POOR, S. 123 und 212.

83ᵛ–147ʳ	Mechthild von Magdeburg, ›Das fließende Licht der Gottheit‹ (Auszüge)

›Mit aht tvgenden solt dv gon zů gottes tische mit dem lősepfant loste ein mensche sibenzig tvsent selen von dem grvwelichen vegefvr dz manig valtig ist‹ (84ʳ) ›alle dise noch geschribenen kapitel sint geschriben vs den vij bůche-

ren sant mehthilden vnd heisset dz vs lv́htende lieht der gotheit‹ Die vil torehten beginen wie sint ir also frefel ...

Ed.: Teilabdrucke bei Völker, S. 62–69. Der vollständige Abdruck des Textes erfolgt im Rahmen meiner Freiburger Dissertation.

Lit.: Außer der oben genannten Literatur s. Hans Neumann, Texte und Handschriften zur älteren deutschen Frauenmystik, Forschungen und Fortschritte 41 (1967), S. 44–48, hier S. 45, Werner Williams-Krapp, Literary genre and degrees of saintliness. The perception of holiness in writings by and about female mystics, in: The Invention of Saintliness, hg. von Anneke B. Mulder-Bakker, London [u. a.] 2002 (Routledge Studies in Medieval Religion and Culture), S. 206–218, hier S. 209f., Mark Emanuel Amtstätter, Die Partitur der weiblichen Sprache. Sprachästhetik aus der Differenz der Kulturen bei Mechthild von Magdeburg, Berlin 2003 (ZeitStimmen 3), S. 55, Erik Ernst Venhorst, Von alten Büchern und neuen Bildern. Die Hl. Mechthild von Magdeburg in Handschriften und Kunst, in: Minne, Mut, Mystik. 800 Jahre Mechthild von Magdeburg. Eine Ausstellung des Kulturhistorischen Museums Magdeburg und des Bistums Magdeburg zum Mechthild-Jahr 2007/2008, Magdeburg 2008, S. 8–9, hier S. 8, und Balázs J. Nemes, Ein wieder aufgefundenes Exzerpt aus Mechthilds von Magdeburg 'Lux divinitatis', ZfdA 137 (2008), S. 354–369, hier S. 361 u. ö.

148^r–165^r ›Vom Nutzen des Leidens‹

›Wie alle creatvren fride sv́chent vnd lident dar wz sv́ geliden mögent vnd wie nv́cze vns liden ist‹ Die Creatvren sv́chent fride vnd lident dar vmb wz sv́ geliden mögent dz sv́ dz nattv́rliche leben behabent vnd sv́chent zitlichen gemach ...

166^r–170^r (Ps.-Tauler:) ›Von dreierlei Abenden‹

›Ein bredige wie jhesvs erschein sinen jvngeren vnd sprach fride si mit v́ch‹ Es wz obent vnd die tv́re wz beslossen vnd die jvngeren worent gesament do kam jhesvs vnd sprach fride sy mit v́ch ...

Überl.: Johannes G. Mayer, Die ›Vulgata‹-Fassung der Predigten Johannes Tauler. Von der handschriftlichen Überlieferung des 14. Jahrhunderts bis zu den ersten Drucken, Würzburg 1999 (Texte und Wissen 1), S. 38 und S. 287; ergänzend dazu: Nürnberg, StB, Cent. VI.59, fol. 72^r–79^v (andere Fassung), und Heidelberg, UB, Cpg 537, fol. 99^v–108^v. Die Edition der Predigt wird von mir vorbereitet.

171^r–177^v Christophorus-Legende

Criststoffelvs (!) der ge heilige wz bv́rtig von cananea dem lande gar gros an dem libe grv́sellich vnder den ögen Eins moles also er stv̊nt vor eime kv́nige zů cananea do gedohte er in sime sinne er solte sich fv̊gen ...

Anm.: Der Text ist mit der Christophorus-Legende des sog. ›Solothurner‹ oder ›Marquard Biberli Legendars‹ (Solothurn, ZB, Cod. S. 451, fol. 210^v–216^v) nicht identisch. Beide Texte könnten aber auf die ›Legenda aurea‹ oder eine ihrer Vorlagen zurückgehen.

Lit.: Handschrift genannt bei Williams-Krapp, S. 401 (Signatur und Seitenangaben fehlerhaft).

177^v *›Ein gebet von sant cristoffelvs‹* (ohne Text)

179ʳ–185ʳ Alexius-Legende

›*Sant alexvs leigende ein Rŏmer*‹ *Es wz ein edel fvrste ein Rŏmer Evsemivs genant edel in allen tvgenden besser in allen wercken cristenlicher selikeit der hette in sime hofe wol drv̈ tvsent jv́ngelinge vnd jvncfrŏwen alle schŏne* ...

Lit.: Handschrift genannt bei WILLIAMS-KRAPP, S. 401 (Signatur und Seitenangaben fehlerhaft). Im Überlieferungsverbund mit der Christophorus-Legende taucht die Alexius-Legende auch noch in Annaberg (Erzgebirge), Kirchenbibliothek, Cod. 329 (früher D 187), fol. 159ᵛ–163ʳ (›Christophorus‹, Verslegende C) und fol. 163ᵛ–166ᵛ (›Alexius B‹, A) bzw. Prag, Nationalbibliothek, Cod. XVI.G.19, fol. 140ʳ–172ᵛ (›Alexius A‹, P) und fol. 176ʳ–234ᵛ (›Christophorus‹, Verslegende C) auf, zur Handschrift von Annaberg s. FRANZJOSEF PENSEL, Reimfassung einer Predigt Bertholds von Regensburg über die Messe, ZfdA 117 (1995), S. 65–91, hier S. 66–68.

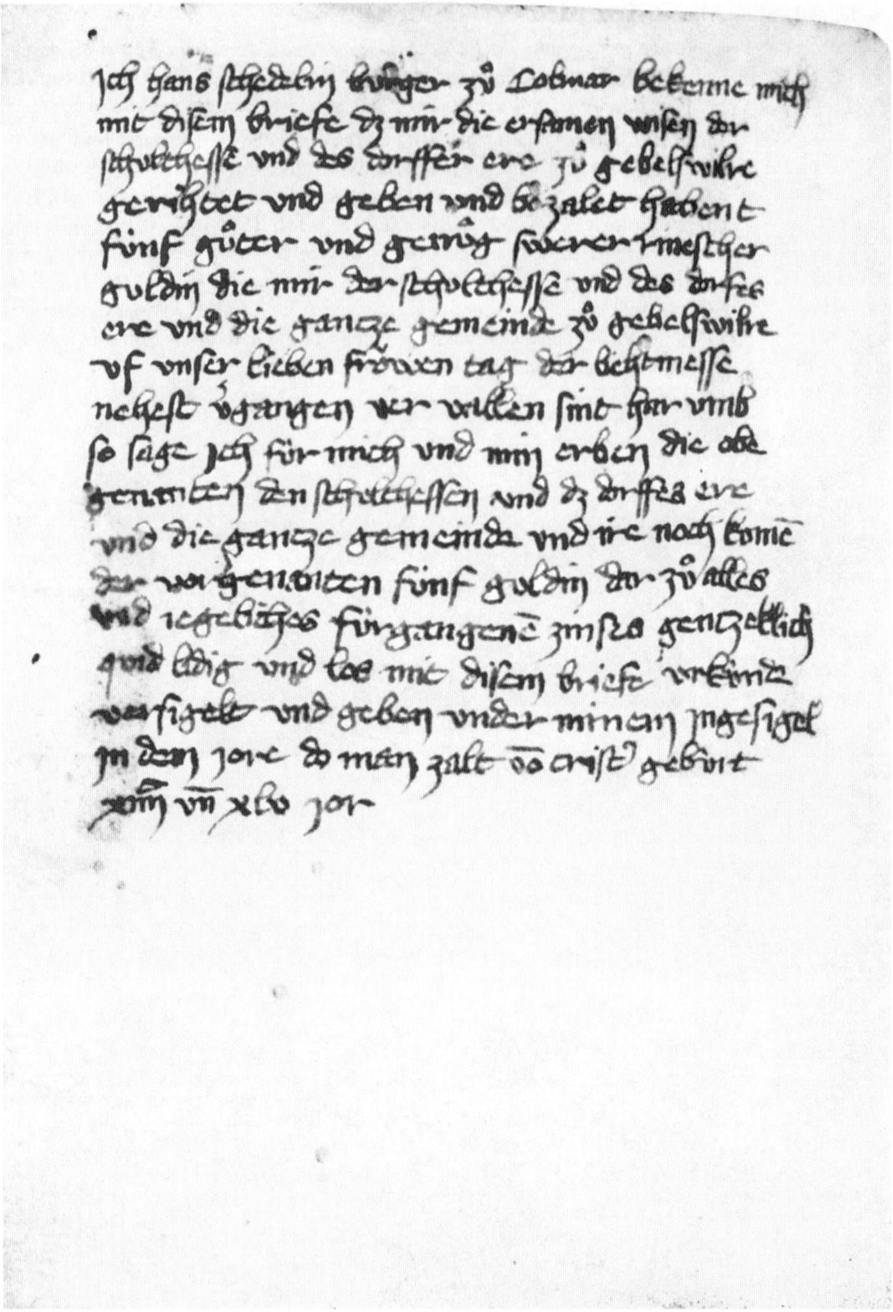

Abb. 1 Abschrift einer Urkunde durch Johannes Schedelin, Colmar, Bibliothèque de la ville, Ms. CPC 280, fol. 187ᵛ.

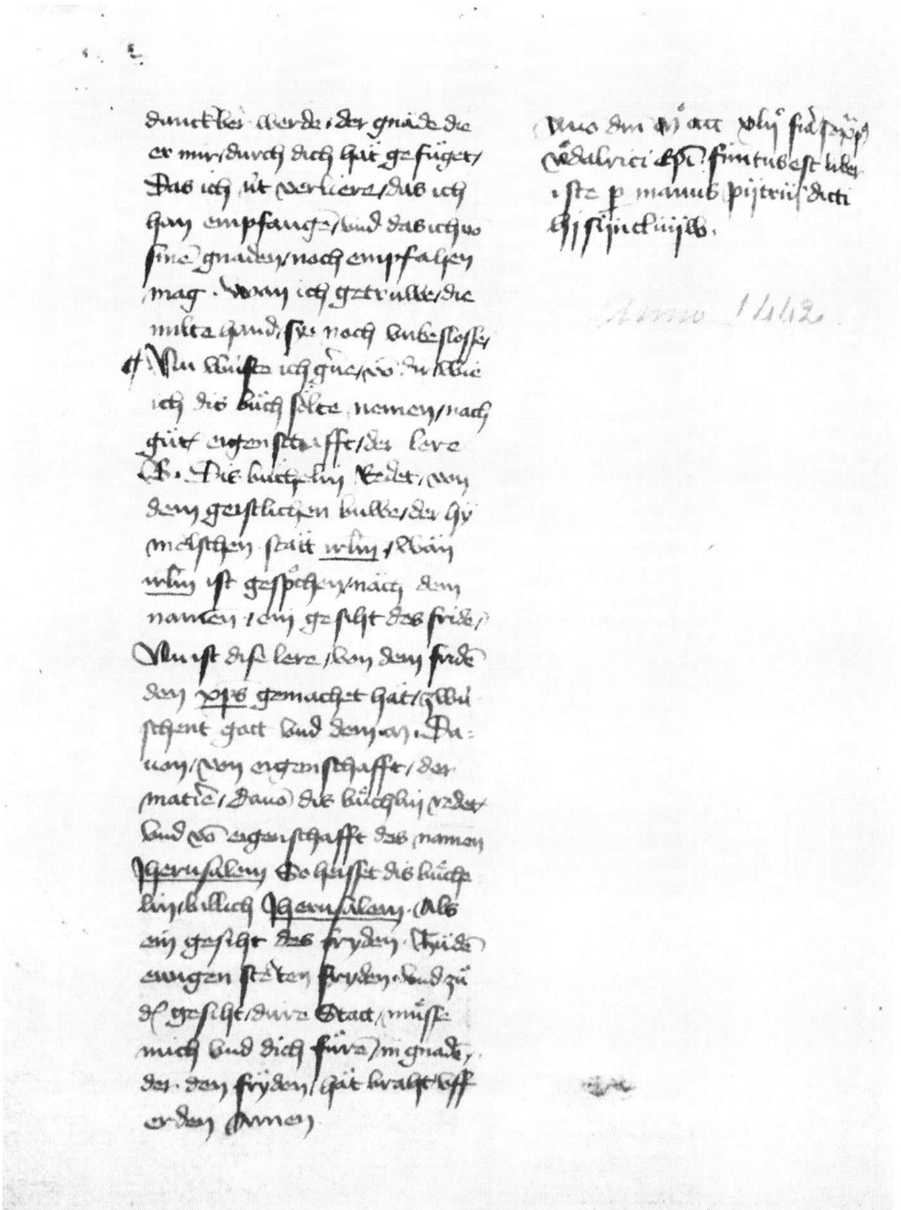

Dis buch ist iohannes schedelin

Abb. 2   Schreiberkolophon: Petrus Hasenclow Colmar, Bibliothèque de la ville, Ms. CPC 1945, fol. 128^(vb).

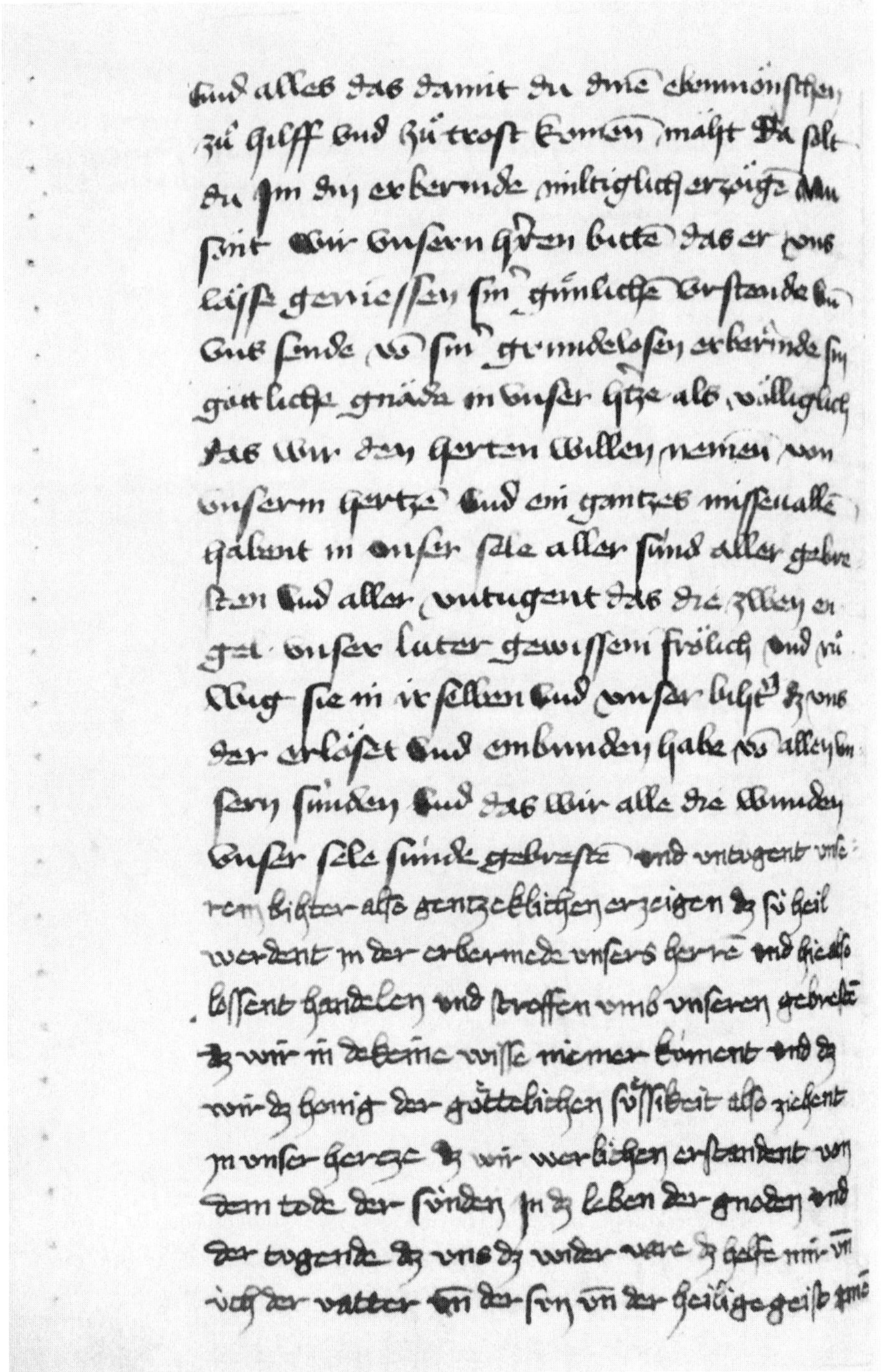

Abb. 3   Handwechsel: Petrus Hasenclow, anschließend Johannes Schedelin Colmar, Bibliothèque de la ville, Ms. CPC 279, fol. 240ʳ.

Abb. 4   Die Handschriften des Johannes Schedelin Colmar, Bibliothèque de la ville, Ms. CPC 279, 280, 321, 1945, 1947 und 2137.

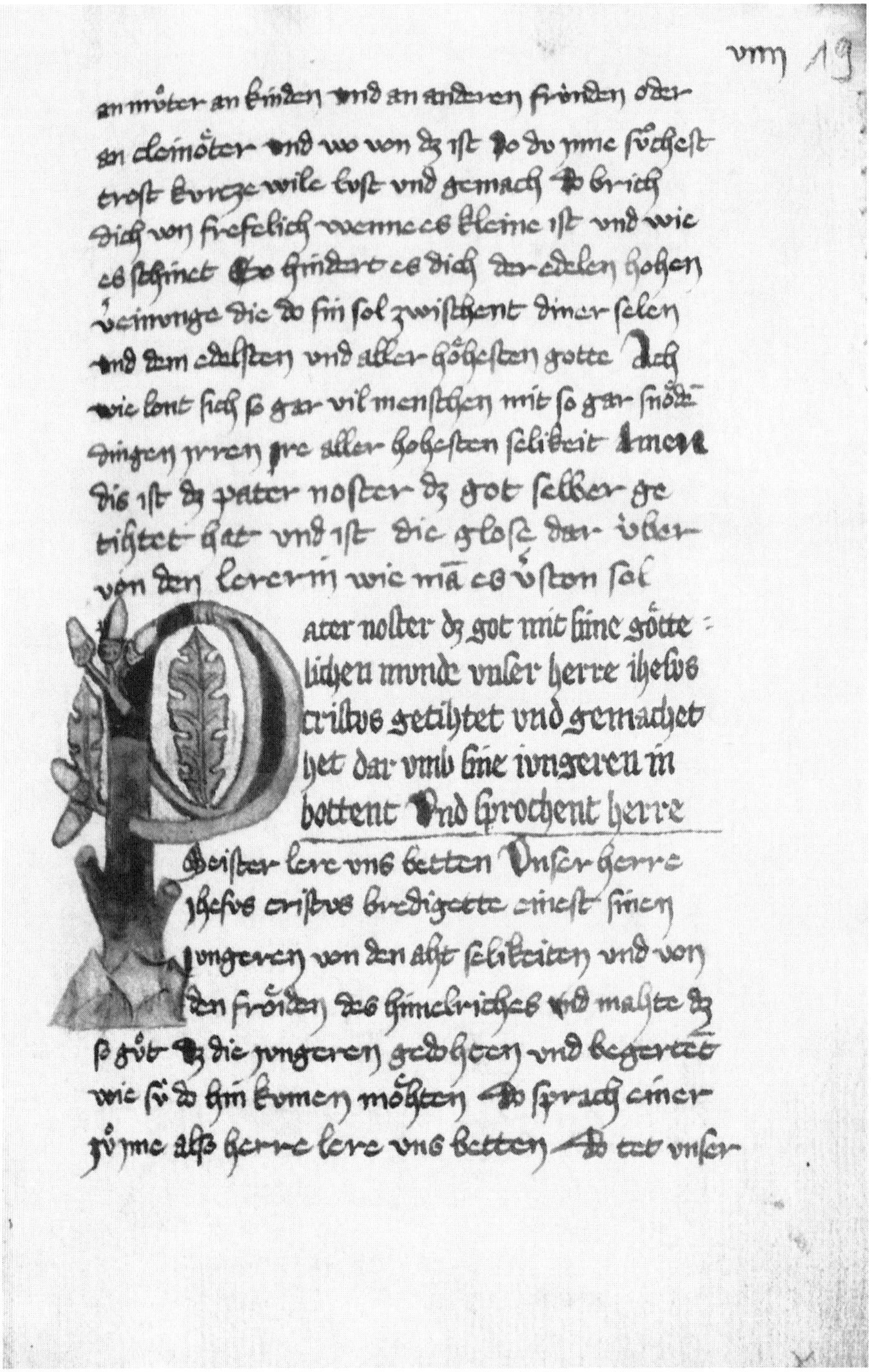

an müter an kinden vnd an anderen fründen oder
an cleinöter vnd wo von dz ist so du ynne sůchest
trost kurtze wile lust vnd gemach so brich
dich von frefelich wenne es kleine ist vnd wie
es schinet so hindert es dich der edelen hohen
veinunge die do frii sol zwischent diner selen
vnd dem edelsten vnd aller höhesten gotte Ach
wie kont sich so gar vil menschen mit so gar snöd
dingen yrren ire aller höhesten selikeit Amen
dis ist dz pater noster dz got selber getihtet hat vnd ist die glose dar vber
von den lerern wie man es v̈ston sol

P ater noster dz got mit sine gotte-
lichen munde vnser herre ihesus
cristus getihtet vnd gemachet
het dar vmb sine iungeren in
bottent Vnd sprochent herre
meister lere vns betten Vnser herre
ihesus cristus bredigette einest sinen
iungeren von den aht selikeiten vnd von
den fröiden des himelriches vnd malste dz
so gůt dz die iungeren gedohten vnd begerto
wie sü do hin komen möhten Do sprach einer
fü ime also herre lere vns betten Do tet vnser

Abb. 5   Initialschmuck Colmar, Bibliothèque de la ville, Ms. CPC 279, fol. 19ʳ.

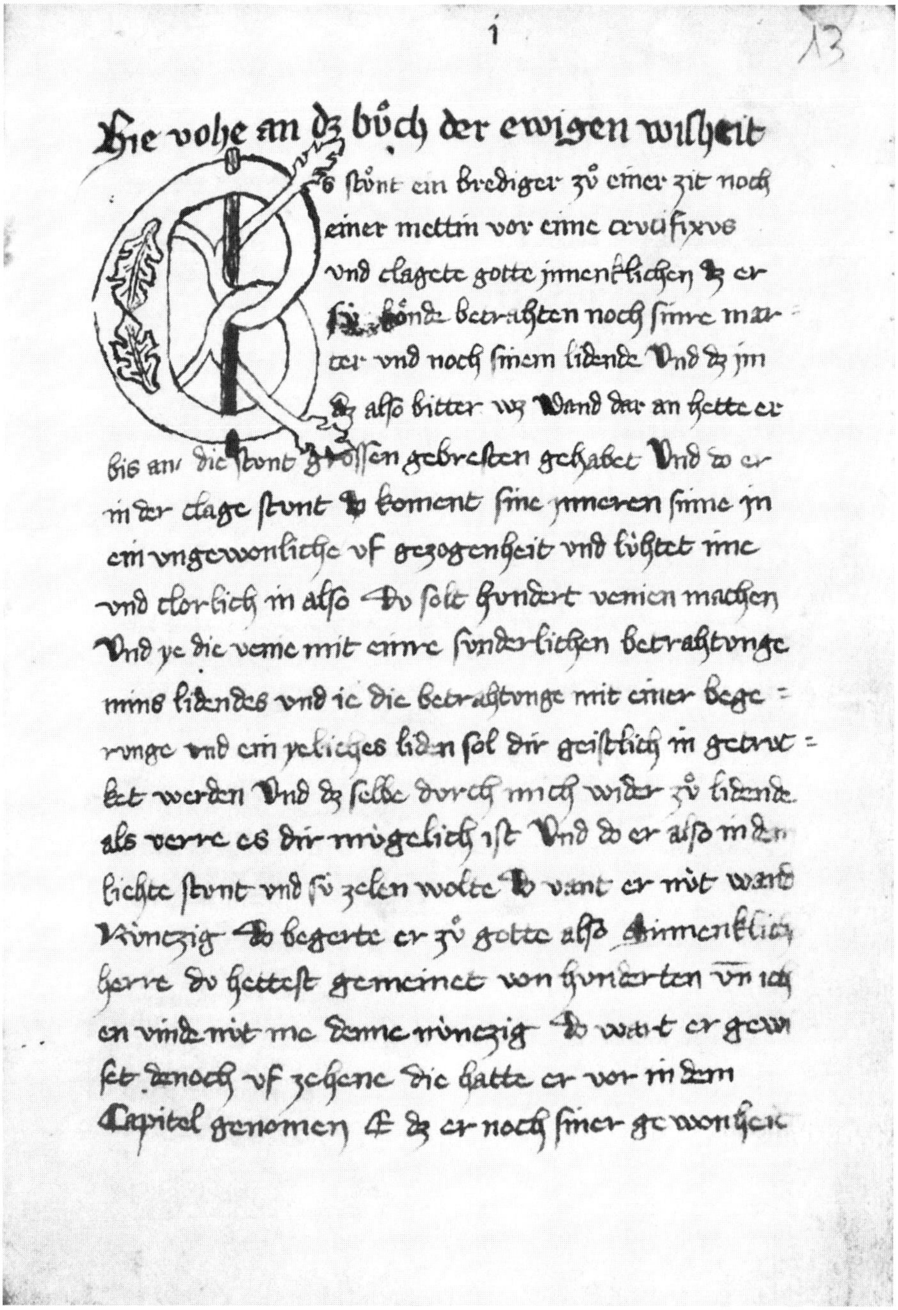

Hie vohe an dz buch der ewigen wisheit

Es stunt ein brediger zů einer zit noch einer mettin vor eime crucifixus vnd clagete gotte jnnenklichen dz er sú könde betrahten noch sinre marter vnd noch sinem lidende Vnd dz jm dz also bitter was Wand der an hette er bis an die stunt grossen gebresten gehabet Vnd do er in der clage stunt do koment sine jnneren sinne in ein vngewonliche vf gezogenheit vnd lůhtet ime vnd torlich in also Du solt hundert venien machen Vnd ye die venie mit einre sunderlichen betrahtunge mines lidendes vnd ic die betrahtunge mit einer begerunge vnd ein yeliches liden sol dir geistlich in getrucket werden Vnd dz selbe durch mich wider zů lidende als verre es dir mügelich ist Vnd do er also in der lichte stunt vnd sú zelen wolte do vant er mit ward vünczig Do begerte er zů gotte also jnnenklich herre du hettest gemeinet von hunderten vnd ich en vinde nút me denne vüntzig Do wart er gewiset dannoch vf zehene die hatte er vor in dem Capitel genomen Et dz er noch siner gewonheit

Abb. 6   Initialschmuck Colmar, Bibliothèque de la ville, Ms. CPC 321, fol. 13ʳ.

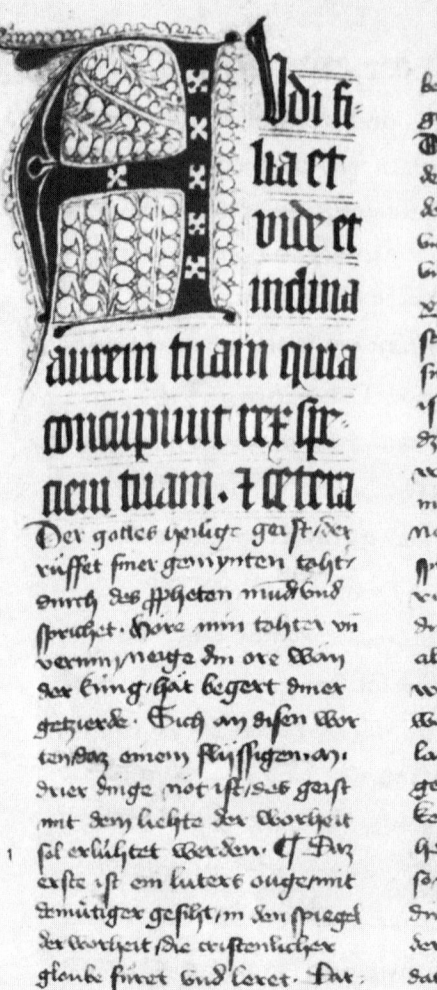

Abb. 7 Initialschmuck Colmar, Bibliothèque de la ville, Ms. CPC 1945, fol. 1ʳ.

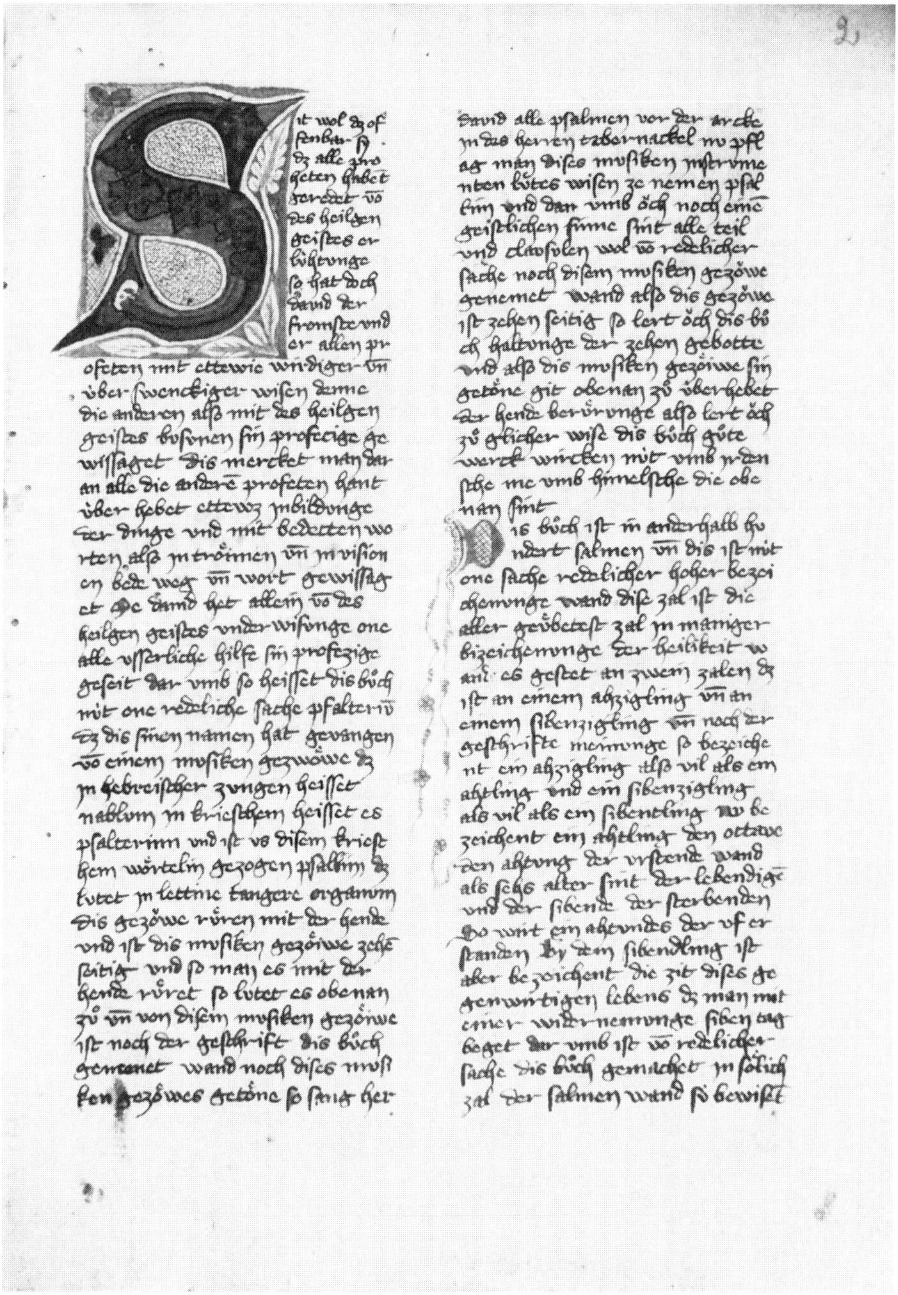

Abb. 8   Initialschmuck Colmar, Bibliothèque de la ville, Ms. CPC 1947, fol. 2ʳ.

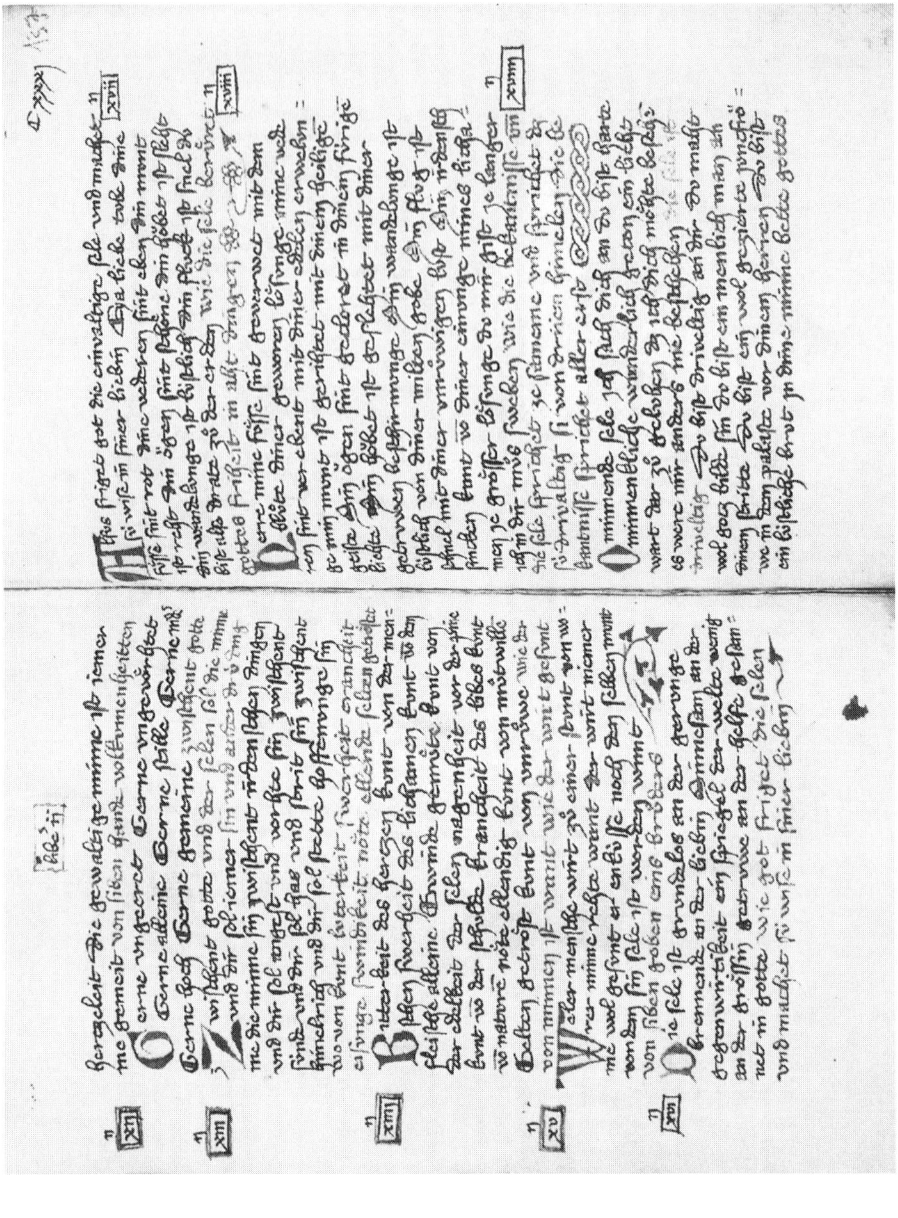

Abb. 9   Mechthild von Magdeburg, ›Das fließende Licht der Gottheit‹ Buch 2,

Andreas Bihrer (Albert-Ludwigs-Universität Freiburg i. Br.)

Repräsentationen adelig-höfischen Wissens – ein Tummelplatz für Aufsteiger, Außenseiter und Verlierer

Bemerkungen zum geringen gesellschaftlichen Stellenwert höfischer Literatur im späten Mittelalter

Das in den 1970er und 1980er Jahren intensiv diskutierte Problem der sozialen Einbettung literarischer Texte des Mittelalters tritt bei den aktuellen literaturwissenschaftlichen Fragestellungen nach Aufführung, Theatralität und Inszenierung, nach Gedächtnis und Aktualisierung, nach Emotion und Verhalten, nach schriftlicher, mündlicher, visueller und symbolischer Kommunikation wieder stärker in den Vordergrund. Dabei gehen die meisten Forschungen weiterhin von einem hohen gesellschaftlichen Stellenwert literarischer Texte aus. Diese besonders auf die hoch- und späthöfische Literatur bezogene Vorannahme soll aus der Perspektive des Historikers einer Überprüfung unterworfen werden. Das hier präsentierte Gesprächsangebot will die seit längerem festgefahrenen Diskussionen neu anstoßen, indem es vor vorschnellen Zuschreibungen und Verallgemeinerungen warnt sowie am Beispiel des Konstanzer Bischofshofs des 14. Jahrhunderts aufzeigt, wie eine präzisere soziale Einordnung von Auftraggebern und Verfassern höfischer Repräsentationen möglich ist. Abschließend werden einige Konsequenzen diskutiert, die sich aus den Ergebnissen des Konstanzer Fallbeispiels für eine Gesamtbewertung der sozialen Funktion höfischer Literatur im Spätmittelalter ergeben könnten.

Die jüngere fachwissenschaftliche Beschäftigung mit der Literaturproduktion am Konstanzer Bischofshof wurde nachhaltig von HERTA-ELISABETH RENKS Theorie eines Manesse-Kreises geprägt. RENK hatte die Existenz eines ›Musenhofs‹ in Konstanz und Zürich postuliert, an dem Bischof Heinrich von Klingenberg ab dem späten 13. Jahrhundert eine bedeutende Rolle gespielt habe.[1] JOACHIM BUMKE wollte in dem Klingenberger »den gesellschaftlichen Mittelpunkt und die dominierende Gestalt«[2] dieses Kreises sehen. Zuletzt ließen die Forschungen MAX SCHIENDORFERS[3] von den Thesen RENKS kaum mehr etwas

---

[1] HERTA-ELISABETH RENK, Der Manessekreis, seine Dichter und die Manessische Handschrift, Stuttgart [usw.] 1974 (Studien zur Poetik und Geschichte der Literatur 33).
[2] JOACHIM BUMKE, Mäzene im Mittelalter. Die Gönner und Auftraggeber der höfischen Literatur in Deutschland 1150–1300, München 1979, S. 261. Noch weiter zugespitzt bei HELMUT WEIDHASE, Heinrich II. von Klingenberg. Kanzler im Reich, Herrscher im Bistum, Mäzen der Kunst, in: Die Bischöfe von Konstanz, Bd. 2: Kultur, hg. von ELMAR L. KUHN [u. a.], Friedrichshafen 1988, S. 214–229.
[3] MAX SCHIENDORFER, Ein regionalpolitisches Zeugnis bei Johannes Hadlaub (SMS 2). Überlegungen zur historischen Realität des sogenannten ›Manessekreises‹, ZfdPh 112 (1993), S. 37–65, und DERS., Politik mit anderen Mitteln. Zu den historischen Ent-

übrig, insbesondere was die vermuteten Verbindungen nach Konstanz anbetrifft. Man kann heute festhalten: Heinrich von Klingenberg war kein Förderer des habsburgischen Geschichtsdichters Hirzelin, der Zürcher Dichter Johann Hadlaub und Johann von Konstanz sowie der Kompilatoren der in Zürich entstandenen ›Manessischen Liederhandschrift‹.[4] Auch die Identifizierung Albrecht Blarers, eines Bischofs des frühen 15. Jahrhunderts, als »führende Gestalt« in einem Kreis, der durch eine gemeinsame »adlig-städtische Kultur« verbunden gewesen und in dem Heinrich Wittenwilers ›Ring‹ entstanden sei, so ECKART CONRAD LUTZ, fand nur wenig Zustimmung in der germanistischen Forschung.[5] Desgleichen spricht aus historischer Sicht wenig für diese, so bereits ein früherer Rezensent des Buchs von LUTZ, »suggestive Mischung von Hypothesen«.[6] Diese Konstanzer Beispiele unterstreichen zugleich eine allgemeine Tendenz der Mäzenatenforschung, denn trotz der Widerlegung der Thesen von RENK, BUMKE und LUTZ waren Mediävisten immer wieder versucht, vor allem in den Fürsten die Förderer höfischer Literatur zu vermuten oder sie als Zentren gesellschaftlicher Kreise literarischer Interessenbildung zu verstehen, wie jüngst die Literaturgeschichte JOHANNES JANOTAS zeigt, der die literarischen Netzwerke am Hof und in der Residenzstadt Wien allein von den Herzögen her entwickelte.[7]

---

stehungsbedingungen der Manessischen Liederhandschrift, Zürcher Taschenbuch N. F. 114 (1994), S. 1–28.

[4] ANDREAS BIHRER, Der Konstanzer Bischofshof im 14. Jahrhundert. Herrschaftliche, soziale und kommunikative Aspekte, Ostfildern 2005 (Residenzenforschung 18), S. 449.

[5] ECKART CONRAD LUTZ, ›Spiritualis fornicatio‹. Heinrich Wittenwiler, seine Welt und sein ›Ring‹, Sigmaringen 1990 (Konstanzer Geschichts- und Rechtsquellen 32), S. 162. Vgl. dazu zum Beispiel VOLKER HONEMANN, Rezension von: LUTZ [Anm. 5], Göttingische Gelehrte Anzeigen 247 (1995), S. 247–270, welcher der Ansicht von LUTZ entgegentrat, den ›Ring‹ als Antwort auf gesellschaftlich-politische Bedrohungen verstehen zu wollen; HONEMANN klassifizierte alle Identifikationen historischer Personen durch LUTZ als lediglich eine von mehreren Möglichkeiten, auch das Interesse Blarers für Dichtung beruhe größtenteils auf Spekulationen. MICHAEL BÄRMANN plädierte für eine Datierung des Werks in die Zeit des Nachfolgers Blarers auf dem Bischofsstuhl, da er eine Bezugnahme auf die Haustradition und die geistige Welt Ottos von Hachberg zu erkennen glaubte, vgl. MICHAEL BÄRMANN, Helden unter Bauern: Versuch zu Heinrich Wittenwilers ‚Ring', Schriften des Vereins für Geschichte des Bodensees und seiner Umgebung 119 (2001), S. 59–105, hier S. 66–67, 74–76, 80–81.

[6] KLAUS GRAF, Rezension von: LUTZ [Anm. 5], Zeitschrift für Hohenzollerische Geschichte 116 (1993), S. 208–210, hier S. 209. Zu Albrecht Blarer, dessen Hof und Politik vgl. jetzt ANDREAS BIHRER, Konstanz und die Appenzellerkriege. Zu Gestaltungszielen, Konfliktaustragung und Konsensfindung von Stadt und Bischof, in: Die Appenzellerkriege – eine Krisenzeit am Bodensee?, hg. von PETER NIEDERHÄUSER/ALOIS NIEDERSTÄTTER, Konstanz 2006 (Forschungen zur Geschichte Vorarlbergs 7), S. 81–115.

[7] JOHANNES JANOTA, Geschichte der deutschen Literatur von den Anfängen bis zum Beginn der Neuzeit, Bd. 3: Vom späten Mittelalter zum Beginn der Neuzeit, Teil 1: Orientierung durch volkssprachige Schriftlichkeit, Tübingen 2004, S. 32–58. Seine

Die Konstanzer Bischöfe des späten Mittelalters traten nicht als Mäzene für weltliche Kunst, höfische Literatur, Chronistik oder Wissenschaft auf.[8] Demgegenüber läßt sich nachweisen, daß in diesem Zeitraum ausschließlich die Angehörigen des Hofs solche Repräsentationen höfischen Wissens in Auftrag gaben. »Die Medien höfischer Selbstdarstellung waren weniger Ausdruck bischöflicher Repräsentation, sondern fungierten als Bezugsrahmen, Deutungssystem und Interaktionsraum für die Selbstinszenierung der Höflinge; sie waren eine soziale Praktik zur Selbstorganisation einer sich immer mehr verfestigenden Gruppe neben dem Herrscher«, so die Schlußfolgerungen in meiner Dissertation.[9] Ich versuche im folgenden, meine damalige Fehleinschätzung zu korrigieren und vielmehr nachzuweisen, daß beinahe alle Träger höfischer Wissensordnungen Aufsteiger, Außenseiter und Verlierer waren – die Randgruppen der höfischen Gesellschaft gaben weltliche Wandmalereien, Kunstgegenstände und Wappensammlungen in Auftrag oder verfaßten gelehrte, chronikalische und literarische Werke.

Die theoretischen Vorannahmen, die hinter den eingangs referierten Thesen zur Literaturförderung am Konstanzer Bischofshof in späten Mittelalter standen, basierten auf germanistischen Forschungen der 1970er Jahre: In diesem Jahrzehnt wurde die zuvor oftmals von lokalpatriotischer Begeisterung geleitete Zuweisung von literarischen Werken an Personen oder Orte gleichsam professionalisiert. Bei dieser ›Sozialgeschichte der Literatur‹[10] stand jedoch weiterhin die Identifizierung möglichst hochrangiger Mäzene oder einflußreicher Kreise von Literaturliebhabern im Mittelpunkt,[11] literarisches Mäzenatentum wurde meist an Fürstenhöfen lokalisiert und als »Ausdruck eines neuen Repräsentations- und Herrschaftsstils«[12] im Rahmen der Territorialisierung des 12. und

---

Übersicht folge, so JANOTA, »weitgehend dem Wirken der österreichischen Herzöge«, ebd., S. 33.
[8] BIHRER [Anm. 4], S. 460f.
[9] Ebd., S. 550f.
[10] Der folgende kurze Abriß ist nicht als umfassender Forschungsbericht zu verstehen, sondern will lediglich eine zentrale Diskussionslinie nachvollziehen. Ein differenzierter Rückblick auf diese ›Sozialgeschichte der Literatur‹ bei JOACHIM HEINZLE, Literarische Interessenbildung im Mittelalter. Kleiner Kommentar zu einer Forschungsperspektive, in: Mittelalterliche Literatur im Lebenszusammenhang. Ergebnisse des Troisième Cycle Romand 1994, hg. von ECKART CONRAD LUTZ, Freiburg (Schweiz) 1997 (Scrinium Friburgense 8), S. 79–93, und JOACHIM HEINZLE, Literatur und historische Wirklichkeit. Zur fachgeschichtlichen Situierung sozialhistorischer Forschungsprogramme in der Altgermanistik, in: Das Mittelalter und die Germanisten. Zur neueren Methodengeschichte der Germanischen Philologie. Freiburger Colloquium 1997, hg. von ECKART CONRAD LUTZ, Freiburg (Schweiz) 1998 (Scrinium Friburgense 11), S. 93–114.
[11] BUMKE [Anm. 2], JOACHIM BUMKE, Einleitung, in: Literarisches Mäzenatentum. Ausgewählte Forschungen zur Rolle des Gönners und Auftraggebers in der mittelalterlichen Literatur, hg. von DEMS., Darmstadt 1982.
[12] BUMKE, Einleitung [Anm. 11], S. 15.

13. Jahrhunderts verstanden. In den 1980er Jahren richtete sich der Blick auf das Spätmittelalter sowie stärker auf Institutionen und soziale Gruppen als auf einzelne Personen; insbesondere KLAUS GRUBMÜLLER, JAN-DIRK MÜLLER und URSULA PETERS wiesen auf die »enge Verflechtung von Stadt und Hof«[13] hin. So gelang die Ablösung der älteren Fixierung auf Mäzene; nun wurden größere, gleichwohl aber auch unschärfere Gruppen analysiert. Im vorigen Jahrzehnt wollte JOACHIM HEINZLE mit seinem Konzept der literarischen Interessensbildung in Erfahrung bringen, wie Menschen dazu kommen, »Texte hervorzubringen und zu rezipieren, zu fördern und zu tradieren«, um auf diese Weise »außerliterarische wie innerliterarische Bedingungsmomente des Literarischen«[14] untersuchen zu können. Bei HEINZLE und ähnlichen Ansätzen wurde somit der bisherige Schwerpunkt einer Zuweisung an Personen, Gruppen oder Institutionen stärker auf die Funktion von Literatur hin verschoben.

Zwei aktuelle Forschungsrichtungen gehen die Fragestellung von unterschiedlichen Richtungen an: Das Programm von ECKART CONRAD LUTZ, anhand der »Erarbeitung der verschiedenen historischen Voraussetzungen« Literatur in ihrem Lebenszusammenhang zu verstehen, um so die »Lebenswelt der Texte, ihrer Autoren und ihrer Rezipienten«[15] zu erschließen, war anfangs als sehr offenes und bewußt unscharfes Konzept angelegt. Zuletzt forderte LUTZ, die Literatur von der Konzentration auf den Mäzen zu lösen und den Blick vielmehr »in einem weitläufigen Kommunikationsgefüge, im intercurialen Gespräch von Führungsgruppen«[16] aufgehen zu lassen. Für die wissenschaftliche Beschäftigung mit höfischer Literatur bedeutete dies die gedankliche Lösung von der Institution Hof, vielmehr sollten die Untersuchungen »von der Ebene der sozialen Beziehungen, von den Gruppen, ihren Strukturen, Interessen und Ausdrucksformen«[17] ausgehen, von den Personen.[18] NIGEL F. PALMER und

---

[13] JAN-DIRK MÜLLER, Gedechtnus. Literatur und Hofgesellschaft um Maximilian I., München 1982 (Forschungen zur Geschichte der älteren deutschen Literatur 2), S. 25. Vgl. auch KLAUS GRUBMÜLLER, Der Hof als städtisches Literaturzentrum. Hinweise zur Rolle des Bürgertums am Beispiel der Literaturgesellschaft Münchens im 15. Jahrhundert, in: Befund und Deutung. Zum Verhältnis von Empirie und Interpretation in Sprach- und Literaturwissenschaft. Festschrift für Hans Fromm, hg. von DEMS. [u. a.], Tübingen 1979, S. 405–427, und URSULA PETERS, Literatur in der Stadt. Studien zu den sozialen Voraussetzungen und kulturellen Organisationsformen städtischer Literatur im 13. und 14. Jahrhundert, Tübingen 1983 (Studien und Texte zur Sozialgeschichte der Literatur 7).
[14] HEINZLE, Interessenbildung [Anm. 10], S. 80. Dabei kommt nach HEINZLE der Geschichtswissenschaft eine wichtige Rolle zu, vgl. ebd., S. 86.
[15] ECKART CONRAD LUTZ, Einleitung, in: Mittelalterliche Literatur im Lebenszusammenhang. Ergebnisse des Troisième Cycle Romand 1994, hg. von DEMS., Freiburg (Schweiz) 1997 (Scrinium Friburgense 8), S. 7–13, hier S. 7.
[16] ECKART CONRAD LUTZ, Literatur der Höfe – Literatur der Führungsgruppen. Zu einer anderen Akzentuierung, in: Mittelalterliche Literatur und Kunst im Spannungsfeld von Hof und Kloster. Ergebnisse der Berliner Tagung, 9.–11. Oktober 1997, hg. von NIGEL F. PALMER/HANS-JOCHEN SCHIEWER, Tübingen 1999, S. 29–51, hier S. 42.
[17] Ebd., S. 32.
[18] Ebd., S. 49.

HANS-JOCHEN SCHIEWER hingegen wählten bei ihrem Konzept einer literarischen Topographie ihren Ausgangspunkt bei der Überlieferung:[19] »Wir ergänzen die erprobte und bewährte überlieferungsgeschichtliche Methode dabei um die Aspekte Rezeptionsgeschichte und Intermedialität.«[20] Als »Träger der Textproduktion und -rezeption« konzentrierten sie sich auf soziale Formationen,[21] unter denen sie einzelne Familien, Höfe, Orden oder ad hoc entstandene Gruppen verstanden.[22]

In der folgenden Falluntersuchung soll versucht werden, die Auftraggeber und Verfasser höfischer Wissensbestände am Konstanzer Bischofshof zwischen 1290 und 1360 möglichst exakt in den Diskurs des Hofs einzuordnen und dabei den gesellschaftlichen Status von Höflingen innerhalb der Ranghierarchie am Hof genau zu fixieren. Soweit dies möglich ist, wird das Werk zudem präzise der jeweiligen Lebensphase der Mäzene und Literaten zugeordnet. Bei den Zuschreibungen soll mit größter Vorsicht vorgegangen werden, somit kommen einige Werke nicht zur Sprache, die von der älteren Forschung mit dem Konstanzer Bischofshof in Verbindung gebracht wurden: die ›Weingartner Liederhandschrift‹, der ›Wasserburger Codex‹, die ›Zürcher Wappenrolle‹, die ›Konstanzer Liebesbriefe‹, die ›Konstanzer Weltchronik‹ oder die Lieddichtung des Haspel.[23] Die Zahl der hier vorgeschlagenen neuen Zuschreibungen ist gering: Ich sehe in dem Kleriker Walter von Neunkirch den Auftraggeber der Parzival- und Weberfresken im Haus ›Zur Kunkel‹ und in dem Domherrn Hermann von Stockach den Urheber des Wappenfrieses im ›Lindenhof‹, außerdem kann der Dichter Johannes Mütinger nun enger mit dem Auftraggeber der ›Liederhandschrift X‹, Heinrich Offenbach, in Verbindung gebracht werden.[24]

Für die Einordnung der Personen am Konstanzer Hof wurden ausschließlich die sozialen Daten wie Heiratsverbindungen, Besitzverhältnisse, Pfründerwerb oder testamentarische Vermächtnisse ausgewertet, nicht jedoch die kulturellen Betätigungen, um so in einem ersten Schritt methodisch sauber zwischen sozialem und kulturellem ›Kapital‹ unterscheiden zu können. Erst in einem zweiten Schritt ist es möglich zu fragen, ob, in welcher Form und mit welchem Erfolg kulturelles in soziales ›Kapital‹ umgewandelt werden konnte. Anhand

---

[19] NIGEL F. PALMER/HANS-JOCHEN SCHIEWER, Literarische Topographie des deutschsprachigen Südwestens im 14. Jahrhundert, ZfdPh 122 (2003) (Sonderheft: Regionale Literaturgeschichtsschreibung. Aufgaben, Analysen und Perspektiven, hg. von HELMUT TERVOOREN/JENS HAUSTEIN), S. 178–202, hier S. 181–183.
[20] Ebd., S. 181.
[21] Ebd.
[22] Ebd., S. 181f.
[23] BIHRER [Anm. 4], S. 499–514.
[24] Ebd., S. 478f. und 176; vgl. dazu ANDREAS BIHRER, Adelig-höfisches Bewußtsein am Stift St. Johann in Konstanz. Die Wandmalereien im Haus ›Zur Kunkel‹ und ihr Auftraggeber, in: Funktion und Form. Die mittelalterliche Stiftskirche im Spannungsfeld von Kunstgeschichte, Landeskunde und Archäologie, hg. von SÖNKE LORENZ [u. a.], Ostfildern 2007 (Schriften zur südwestdeutschen Landeskunde 59), S. 197–220.

der sozialen Daten konnte für den Konstanzer Bischofshof mit Hilfe einer Netzwerkanalyse die Existenz von zwei Parteien nachgewiesen werden, die sich in der zweiten Hälfte des 13. Jahrhunderts gebildet hatten.[25] Es gelang zumindest in einigen Fällen, auch die Rollen Einzelner innerhalb dieser Parteien klarer zu konturieren. Außerhalb der beiden Blöcke standen nur wenige Parteilose, die im folgenden als ›Außenseiter‹ bezeichnet werden; der Begriff bezeichnet somit die Personen, die nicht mit einer der beiden Hofparteien verbunden waren. Die beiden Gruppen wurden in der ersten Hälfte des 14. Jahrhunderts von universitär oder rechtspraktisch ausgebildeten Aufsteigern herausgefordert, die durch ihr Fachwissen und mit Hilfe des päpstlichen Provisionswesens nach und nach die traditionellen Eliten verdrängten, so daß sich nach der Mitte des 14. Jahrhunderts die beiden Hofparteien auflösten. Die im folgenden verwendete Kategorie ›Aufsteiger‹ meint also Angehörige aus diesem Personenkreis. Unter ›Verlierern‹ sollen schließlich diejenigen Hofangehörigen verstanden werden, denen es nicht gelang, ihren bisherigen Status am Hof zu erhalten, folglich soziale Absteiger waren. ›Hof‹ wird in der hier gewählten sozialgeschichtlichen Perspektive als ein personales Netzwerk verstanden, das Mitglieder der bischöflichen Verwaltung, des Domkapitels und der städtischen Oberschicht, zudem den Stiftsklerus in der Stadt und des näheren Umlands sowie einige Adelige des Bodenseeraums einschließt, sofern sich Verflechtungen erkennen lassen.[26] Die Methodik der Netzwerkanalyse erlaubt es also, nicht nur Gruppenbildungen am Hof herauszuarbeiten, sondern auch die Positionen einzelner Personen innerhalb der Beziehungsnetze klarer zu fixieren, wodurch ältere sozialgeschichtliche Kategorienbildungen überwunden werden können.[27]

HANS-JOCHEN SCHIEWER wies für das letzte Viertel des 13. Jahrhunderts familiäre und literarische Beziehungen zwischen Adeligen und Patriziern in

---

[25] Vgl. auch zum folgenden BIHRER [Anm. 4], S. 275–426.
[26] Ebd., S. 16–22. Zu Gruppenbildungen innerhalb der Stadt Konstanz im 14. Jahrhundert vgl. ANDREAS BIHRER, Der erste Bürgerkampf. Zur Verfassungs- und Sozialgeschichte der Stadt Konstanz in der Mitte des 14. Jahrhunderts, ZGO 153 (2005), S. 181–220.
[27] Untersuchungen zu Hofparteien stehen noch am Anfang, die Forschung hat sich bislang vor allem mit den leichter faßbaren Biographien der Favoriten beschäftigt, vgl. The World of the Favourite, hg. von LAURENCE W. B. BROCKLISS/JOHN HUXTABLE ELLIOTT, New Haven/London 1999; Hofgesellschaft und Höflinge an europäischen Fürstenhöfen in der Frühen Neuzeit (15.–18. Jh.), hg. von KLAUS MALETTKE/CHANTAL GRELL, Münster 2001 (Forschungen zur Geschichte der Neuzeit, Marburger Beiträge 1); A l'ombre du pouvoir. Les entourages princiers au Moyen Âge, hg. von ALAIN MARCHANDISSE, Genf 2003; Der zweite Mann im Staat. Oberste Amtsträger und Favoriten im Umkreis der Reichsfürsten in der Frühen Neuzeit, hg. von MICHAEL KAISER/ANDREAS PEČAR, Berlin 2003 (Zeitschrift für historische Forschung, Beiheft 32; Der Fall des Günstlings. Hofparteien in Europa vom 13. bis zum 17. Jahrhundert. 8. Symposium der Residenzen-Kommission der Akademie der Wissenschaften zu Göttingen, Neuburg an der Donau, 21.–24. September 2002, hg. von JAN HIRSCHBIEGEL/WERNER PARAVICINI, Stuttgart 2004 (Residenzenforschung 17).

Konstanz und Zürich mit Mitgliedern aus den dortigen Dominikanerkonventen nach.[28] Aufgrund der schlechten Überlieferungslage können zu Verbindungen des Konstanzer Bischofshofs mit den Franziskaner- und Dominikanerklöstern der Stadt für das 14. Jahrhundert keine Aussagen gemacht werden. Erhalten geblieben sind lediglich die gegenseitigen polemischen Angriffe, mit denen zum Beispiel der Domherr Heinrich von Dießenhofen die untereinander zerstrittenen Dominikaner verächtlich machte oder mit denen Heinrich Seuse gegen den Sohn eines anderen Domherrn hetzte.[29]

Am Beginn der Untersuchung soll die höfische Literatur stehen:[30] Die heute verlorene ›Liederhandschrift X‹, deren Inhalt aus einer Passage in der ›Zimmerischen Chronik‹ erschlossen werden kann, versammelte hochhöfische und vor allem zeitgenössische Dichtungen.[31] Ihre Kompilation wurde von Heinrich Offenbach in den 1340er Jahren in Auftrag gegeben. Offenbach war ein typischer Aufsteiger, der aus dem oberschwäbischen Isny stammte, durch sein Fachwissen als erster seiner Familie an den Konstanzer Hof kam und bis zum Pronotar aufstieg. In dieser Handschrift waren Lieder Johannes Mütingers aufgenommen worden, der aus einer am Hof und im Rat der Stadt bislang nicht präsenten Konstanzer Familie stammte. Ihm, der in Latein und Volkssprache gedichtet haben soll,[32] gelang es wie Offenbach, auch dank seiner rechtspraktischen Ausbildung, das Spitzenamt in der Konstanzer Kanzlei zu erwerben. Berthold von Tuttlingen, der eine fiktive lateinische Korrespondenz zwischen Kaiser und Papst erdacht hatte,[33] ist der gleichen sozialen Kategorie wie Offenbach und Mütinger zuzuordnen, sein Karriereweg reichte in Konstanz aber nur

---

[28] HANS-JOCHEN SCHIEWER, Die beiden Sankt Johannsen, ein dominikanischer Johannes-Libellus und das literarische Leben im Bodenseeraum um 1300, OGS 22 (1993), S. 21–54.

[29] Heinricus Dapifer de Diessenhofen, Chronik, in: Fontes Rerum Germanicarum. Geschichtsquellen Deutschlands, hg. von JOHANN FRIEDRICH BÖHMER, Bd. 4: Heinricus de Diessenhofen und andere Geschichtsquellen Deutschlands im späteren Mittelalter, hg. von ALFONS HUBER, Stuttgart 1868, S. 16–126, hier S. 49f.; Heinrich Seuses Horologium Sapientiae. Erste kritische Ausgabe, unter Benützung der Vorarbeiten von DOMINIKUS PLANZER hg. von PIUS KÜNZLE, Freiburg (Schweiz) 1977 (Spicilegium Friburgense 23), S. 146–148. Somit können zum Beispiel die Werke Heinrich Seuses oder Marquards von Lindau nicht in diese Untersuchung eingeschlossen werden.

[30] Im folgenden werden lediglich die Editionen nachgewiesen, zur Forschungsliteratur vgl. BIHRER [Anm. 4], S. 499–514.

[31] Zimmerische Chronik urkundlich berichtet von Graf Froben Christof von Zimmern † 1567 und seinem Schreiber Johannes Müller † 1600. Nach der von KARL BARACK besorgten zweiten Ausgabe neu hg. von PAUL HERRMANN, Bd. 2, Meersburg/Leipzig 1932, S. 193f.

[32] Das alte Konstanz in Schrift und Stift. Die Chroniken der Stadt Konstanz, hg. von PHILIPP RUPPERT, Konstanz 1891, S. 92.

[33] Bertholds Briefe über den Streit zwischen Kaiser und Papst, in: WILHELM ERBEN, Berthold von Tuttlingen. Registrator und Notar in der Kanzlei Kaiser Ludwigs des Baiern, Wien/Leipzig 1923 (Denkschriften der Akademie der Wissenschaften in Wien. Philosophisch-historische Klasse 66/2), S. 161–175.

bis zum Notar. Der Dichter Heinzelin, der wohl aus einfachen Konstanzer Verhältnissen stammte, verfertigte zwei volkssprachliche Streitgedichte.[34] Der Mäzen des als Küchenmeister bezeichneten Heinzelin war Albrecht von Hohenberg. Der Graf, dessen Familie bislang keine Rolle am Hof gespielt hatte, etablierte sich als Domherr anfangs erfolgreich im neuen Konstanzer Umfeld und wurde Kopf einer der beiden Hofparteien. Sein Mäzenatentum ist allerdings in eine Zeit zu datieren, in der er viele Niederlagen erlitten hatte, so war er bei drei Bischofswahlen als Kandidat durchgefallen, eine Zahl an Niederlagen, die in der Geschichte des Konstanzer Bistums nie übertroffen wurde, so daß er ohne Frage als Verlierer klassifiziert werden darf. Albrecht orientierte sich schließlich anderweitig, er wurde Bischof von Freising und Würzburg und hielt sich wohl nur noch selten in Konstanz auf, denn es ist überliefert, daß seine Domherrenkurie zur Ruine verfiel. Die Datierung und Überlieferung der beiden Streitgedichte könnte darauf hinweisen, daß diese vielleicht eher in den Würzburger Kontext gehören.[35] Neben sozialen Aufsteigern und Verlierern sei noch ein klassischer Außenseiter genannt, Rudolf von Liebegg, der Verfasser der Lehrdichtung ›Pastorale novellum‹, einer Pastoraltheologie in Hexametern.[36] In der Jugendzeit begann seine Karriere eindrucksvoll, und seine habsburgisch gesinnten Unterstützer brachten ihn in eine komfortable Lage in Konstanz. Rudolf entschied sich dann indessen für ein Leben als Intellektueller, er integrierte sich nicht in die Parteiungen am Hof, besaß keine Ambitionen auf eine Karriere und dürfte sich meist seinen theologischen und pädagogischen Interessen gewidmet haben.

Zwischen 1290 und 1360 sind nur zwei solcher Außenseiter am Konstanzer Hof auszumachen, der andere war Heinrich von Dießenhofen, der eine Chronik verfaßte, theologische Studien trieb und seine beachtliche Handschriftensammlung der Dombibliothek vermachte; zahlreiche Glossen belegen sein intensives Schriftstudium.[37] Ihn unterschied von Liebegg, daß er durchaus Ambitionen besaß, das Bischofsamt oder die Dompropstei zu erwerben; da er sich aber keine Hausmacht geschaffen und sich keiner Hofpartei angeschlossen hatte, blieb Heinrich bei seinen Versuchen erfolglos, so daß auch er als Verlierer gesehen werden muß. In das Profil der theologisch und kirchenrechtlich interessierten intellektuellen Außenseiter gehören auch die Konstanzer Stiftsherren Heinrich von Mehlishofen und Werner von Wollishofen, beide besaßen be-

---

[34] Die kleineren Liederdichter des 14. und 15. Jahrhunderts, Bd. 1: Adam von Fulda – Heinzelin von Konstanz, hg. von THOMAS CRAMER, München 1977, S. 375–403.

[35] Zwei der drei um 1350 zu datierenden Handschriften mit Heinzelins Dichtungen, das ›Hausbuch‹ und das ›Manuale‹ Michaels de Leone, sind in Würzburg entstanden, ein zeitgleicher dritter Codex gehört wahrscheinlich in einen Straßburger und Basler Kontext.

[36] Rudolfi de Liebegg Pastorale Novellum, hg. von ARPÁD P. ORBÁN, Turnhout 1982 (CCCM 55).

[37] Heinricus Dapifer de Diessenhofen [Anm. 29].

trächtliche Bibliotheken.[38] Interesse an rechtspraktischen Texten ist in erster Linie bei bürgerlichen Aufsteigern nachweisbar.[39] Dieser letzten Gruppe ist außerdem Johann von Ravensburg zuzurechnen, der eine Vita Bischof Nikolaus' von Frauenfeld verfaßte, in der sich der Aufsteiger auf beinahe penetrante Weise in den Mittelpunkt stellte.[40]

Zu der Gruppierung der juristisch versierten bürgerlichen Aufsteiger gehörte weiterhin Hermann von Stockach, der eine Wappenreihe hochadeliger Familien des gesamten Reichs und niederadeliger Geschlechter des Bodenseeraums in seiner Kurie anbringen ließ.[41] Im Gegensatz zu den bisher erwähnten Bürgerlichen erreichte Hermann seine Aufnahme ins Domkapitel, wo er jedoch keine auffällige Rolle spielte. Ein weiterer Aufsteiger, nun sogar aus einer gehobenen Bauernfamilie bei Schaffhausen, war Walter von Neunkirch, in dem man wohl den Auftraggeber der Parzival- und Weberfresken im Konstanzer Stiftsherrenhof ›Zur Kunkel‹ sehen darf.[42] Walter wurde Kanoniker des Stadtstifts St. Johann, bekleidete dort als Kustos eine führende Position und war auch in der bischöflichen Verwaltung tätig. Ein dritter Aufsteiger war Otto von Rheinegg, der in seiner Kurie eine Minneburgdarstellung sowie Monatsbilder verbunden mit Wappenzeichnungen anbringen ließ.[43] Obwohl Otto ein Angehöriger einer bislang nicht am Hof präsenten Familie war, stieg er vom Helfer des Kustos bis zum Offizial und Generalvikar auf. Schließlich sei noch auf das Raubritterkästchen verwiesen,[44] das Mitglieder der Konstanzer Familie Curia in Auftrag gaben. Die Curia hatten kurz vor der Fertigung des Minnekästchens das Amt des Unterkämmerers erworben und waren so an den Konstanzer Hof gekommen.

Höfische Dichtungen und deren visuelle Umsetzungen, Wappenreihen, Chronistik und wissenschaftlich-didaktische Literatur, so ein erstes Fazit, wurden von Aufsteigern, Außenseitern und Verlierern produziert oder in Auftrag gegeben. Aber welches Ergebnis liefert die ›Gegenprobe‹, der Blick auf die einflußreichen Höflinge, auf die Führungsschicht am Konstanzer Hof? Hierbei fällt auf, daß diese soziale Gruppe sich weitgehend auf ihre Stiftungen konzentrierte, neben Jahrzeiten waren dies vor allem Altäre: Von drei Altarstiftungen abgesehen, die bürgerliche Aufsteiger finanzierten, kamen alle Auftraggeber aus der Führungsgruppe am Hof.[45] Nachgewiesen sind zudem noch zwei liturgische Handschriften für den Chorgebrauch, welche einflußreiche Persönlichkeiten

---

[38] Mittelalterliche Bibliothekskataloge Deutschlands und der Schweiz, Bd. 1: Die Bistümer Konstanz und Chur, bearb. von PAUL LEHMANN, München 1918, S. 2–5 und 467f.
[39] Die Belege und deren Auswertung bei BIHRER [Anm. 4], S. 230–232.
[40] Johann von Ravensburg, Vita Bischof Nikolaus', in: Das alte Konstanz [Anm. 32], S. 42–48.
[41] Rosgarten-Museum Konstanz, Ritter – Heilige – Fabelwesen. Wandmalereien in Konstanz von der Gotik bis zur Renaissance, Konstanz 1988, Abb. 7.
[42] Ebd., Abb. 12, 14 und 19.
[43] Ebd., Abb. 15 und 21.
[44] HEINRICH KOHLHAUSSEN, Minnekästchen im Mittelalter, Berlin 1928, Nr. 27.
[45] Die Belege und deren Auswertung bei BIHRER [Anm. 4], S. 540–543.

wie Albrecht (I.) von Kastell und Ulrich Richental stifteten.[46] Ulrich, ebenso wie Konrad von Klingenberg, Albrecht (II.) von Kastell und Diethelm von Steinegg, erweiterte seine Domherrenkurie. Eine solche Bautätigkeit ist jedoch auch für den Außenseiter Heinrich von Dießenhofen und den Aufsteiger Otto von Rheinegg belegt.[47] An Visualisierungen adelig-höfischer Kultur können lediglich das an seiner Kurie angebrachte Einzelwappen Heinrichs von Hewen[48] und das ebenfalls mit dem Familienwappen verzierte Silbergeschirr Konrads von Klingenberg[49] angeführt werden. Auffällig ist im Kontrast zu den bereits erwähnten Wappendarstellungen Stockachs und Rheineggs, daß hier nur das eigene Wappen gezeigt wird und nicht eine Wappenreihe, in die sich der in einem Fall bürgerliche Auftraggeber wohl gerne symbolisch eingliedern wollte. Eine Ausnahme bei diesen eindeutigen Zuordnungen stellt allerdings das Klingenbergfenster dar, das sich ursprünglich in der Mauritiusrotunde des Konstanzer Münsters befand.[50] Es wurde gestiftet von Ulrich von Klingenberg, einem zur Führungsgruppe gehörigen Domherrn, und von dem bürgerlichen Aufsteiger Konrad Habernaß, dem Kantor des Stifts St. Johann. Was die beiden verband, muß offen bleiben.

Eine solche geistliche Stiftungstätigkeit der Führungsgruppe darf als selbstverständlich gelten, auffällig ist hingegen das völlige Fehlen von Mäzenatentum im Bereich der adelig-höfischen Literatur und Kunst. Es kann kein Zweifel bestehen, daß diese einflußreichen Höflinge alle einen adelig-höfischen Habitus besaßen, jedoch gewiß nicht an Theologie wie einige der Intellektuellen und gewiß meist nur wenig am Kirchenrecht wie die bürgerlichen Aufsteiger interessiert waren. Ihre weltliche Gesinnung zeigte die Führungsgruppe zum Beispiel, als sie zu Beginn des 14. Jahrhunderts ihre Exkommunikation der Visitation durch den Erzbischof vorzog, ja ihm bei dessen Konstanzaufenthalt die Türen verschlossen.[51] In der Mitte des Jahrhunderts widersetzte sich diese Gruppierung der Reform durch ihren eigenen Bischof, der die Tonsur und das geistliche Gewand für Kleriker einführen wollte; der Reformbischof wurde

---

[46] Mittelalterliche Bibliothekskataloge [Anm. 38], S. 199f.
[47] Die Belege und deren Auswertung bei BIHRER [Anm. 4], S. 472–476.
[48] KONRAD BEYERLE/ANTON MAURER, Konstanzer Häuserbuch, Bd. 2: Geschichtliche Ortsbeschreibung, Heidelberg 1908, S. 432.
[49] Inventar Konrads von Klingenberg, in: HANS DORMANN, Die Stellung des Bistums Freising im Kampfe zwischen Ludwig dem Bayern und der römischen Curie, Wiesbaden 1907, S. XII-XIV.
[50] RÜDIGER BECKSMANN, Die mittelalterlichen Glasmalereien in Baden und der Pfalz ohne Freiburg i. Br., Berlin 1979 (Corpus Vitrearum Medii Aevi Deutschland 2,1), S. 97f.
[51] Regesten der Erzbischöfe von Mainz von 1289–1396, hg. von GOSWIN FREIHERR VON DER ROPP, 1. Abt.: 1289–1353, Bd. 1: 1289–1328, bearb. von ERNST VOGT, Leipzig 1913, Nr. 1264–1267. Vgl. dazu ANDREAS BIHRER, Der fremde Bischof – der Bischof in der Fremde. Der Konstanzer Bischof Gerhard von Bevar (1307–1318) und sein Hof, in: Exil, Fremdheit und Ausgrenzung in Mittelalter und früher Neuzeit, hg. von DEMS. [u. a.], Würzburg 2000 (Identitäten und Alteritäten 4), S. 137–150.

kurz darauf unter ungeklärten Umständen ermordet.[52] Und einige Zeit später klagte Kaiser Karl IV.:

> Die Prälaten der Konstanzer Diözese lassen sich aus den Einkünften der Kirchen und Pfründen besolden und verwenden diese zu Lanzenstechen und Turnieren, tragen mit Gold- und Silberborden besetzte Ritterkleider und Ritterstiefel, pflegen sorgfältig Haupthaar und Bart, lassen an sich nichts sehen, was ihren geistlichen Stand verraten könnte, mischen sich in alle kriegerischen und weltlichen Händel ein und verbreiten durch ihre Lebensweise und ihre Vernachlässigung der kirchlichen Pflichten allgemeines Ärgernis.[53]

Die Führungsgruppe distanzierte sich also nicht von der höfischen Kultur, einem adeligen Lebensstil, aber wenn man vom Tafelgeschirr und dem Einzelwappen absieht, dann stifteten einflußreiche Höflinge vor allem Jahrzeiten, Altäre und geistliche Handschriften oder bauten ihre Domherrenkurien aus. Weil diese Stiftungen zum einen kostspieliger und damit repräsentativer, zum anderen dauerhafter waren als die Förderung von Literatur, Kunst, Chronistik und Wissenschaft? Entscheidend ist die Feststellung, daß den Führungsgruppen in Konstanz kaum ein aktives Engagement im Produktionsprozeß höfischer Repräsentationen nachgewiesen werden kann, auch wenn sie diese rezipiert haben könnten.

Repräsentationen höfischen Wissens lassen sich fast ausschließlich mit Aufsteigern, Außenseitern und Verlierern am Konstanzer Bischofshof des 14. Jahrhunderts in Verbindung bringen, nicht mit dem Zentrum des Hofs, dem Bischof, wie noch die ältere Forschung glaubte, aber auch nicht mit den führenden Kreisen am Hof. Weltlich-höfische Wissensbestände können vor diesem Befund nicht der Selbstvergewisserung der gesamten höfischen Gemeinschaft, nicht der Identitätsstiftung und der Aushandlung von kollektiven Deutungsmustern und Werten gedient haben, denn sie waren lediglich Ausdruck der Selbstinszenierung randständiger Personen am Hof.

Welche Reichweite kann diesen Ergebnissen zugesprochen werden, welche verallgemeinernden Folgerungen sind vom Konstanzer Beispiel aus möglich, das ja nur die Jahrzehnte zwischen 1290 und 1360 in den Blick nehmen konnte? Zuallererst ist einschränkend zu bedenken, daß einige der literarischen, künstlerischen oder wissenschaftlichen Werke nicht oder nicht sicher einem Verfasser oder Auftraggeber zugeordnet werden konnten. Jedoch weisen die Ergebnisse bei fast allen identifizierbaren Artefakten in die gleiche Richtung. Weiterhin könnte man einwenden, daß der Konstanzer Hof einen Sonderfall darstelle, daß geistliche Höfe und das 14. Jahrhundert Sonderfälle seien, die nicht verallge-

---

[52] Heinricus Dapifer de Diessenhofen [Anm. 29], S. 102. Vgl. dazu ANDREAS BIHRER, Die Ermordung des Konstanzer Bischofs Johann Windlock (1351–1356) in der Wahrnehmung der Zeitgenossen und der Nachwelt, in: Bischofsmord im Mittelalter. Murder of bishops, hg. von NATALIE M. FRYDE/DIRK REITZ, Göttingen 2003 (Veröffentlichungen des Max-Planck-Instituts für Geschichte 191), S. 335–392.
[53] Heinricus Dapifer de Diessenhofen [Anm. 29], S. 114–116.

meinert werden dürften. Solange keine weiteren historischen Untersuchungen zu Gruppen und der Rolle von Einzelpersonen am Hof existieren, kann dieser Einschätzung nicht endgültig widersprochen werden. Es sei allerdings zu bedenken gegeben, daß die ältere Forschung für den Konstanzer Hof und im besonderen für den Konstanzer Bischof ja gerade zu gegenteiligen Ergebnissen gekommen war. Zuschreibungen sind daher kritisch zu prüfen; insbesondere Selbstaussagen, Widmungen und Erwähnungen hochgestellter Persönlichkeiten in literarischen Werken sollte nicht vorschnell Glauben geschenkt oder allzu große Bedeutung beigemessen werden. Selbstverständlich muß bei einem zukünftigen größeren Corpus an Texten und Artefakten eine stärkere Binnendifferenzierung vorgenommen werden: So wäre dann zum Beispiel zu trennen zwischen adelig-höfischen Dichtern einerseits und juristisch-theologischen Gelehrten andererseits, möglicherweise käme man auf diesem Weg zu noch präziseren sozial- und lebensgeschichtlichen Einordnungen.

Bestätigt sich der Konstanzer Befund andernorts, könnte man daraus unterschiedliche Schlußfolgerungen zum gesellschaftlichen Stellenwert höfischer Literatur ziehen. Es soll also abschließend problematisiert werden, ob und inwieweit höfische Wissensbestände direkte Rückschlüsse auf die Diskurse des ganzen Hofs beziehungsweise der herrschaftlich dominierenden Gruppen am mittelalterlichen Hof zulassen. Eine erste Interpretation könnte sein: Die Aufsteiger, Außenseiter und Verlierer orientierten sich mit ihren Werken an den Interessen und dem Geschmack der höherrangigeren Personen, sie waren Nachahmer, um zu Ansehen und damit Anerkennung zu kommen, um auf diesem Weg ihre Zugehörigkeit zur höfischen Gruppe zu erlangen oder wiederzuerlangen. Zieht man diesen Schluß, dann hat das Konstanzer Ergebnis kaum Auswirkungen auf die bisherige Sicht der Forschung, nach der die höfische Literatur eine zentrale Rolle bei der Gruppen- und Identitätsbildung am Hof spielte. Allein das hier in den Blick genommene 14. Jahrhundert bekäme einen noch oder wieder stärkeren Charakter als epigonale Epoche auch innerhalb der volkssprachlichen Literaturgeschichte.

Zu einem diametral entgegengesetzten Ergebnis kommt man, wenn man die Produktion und Rezeption höfischer Literatur und Kunst durch Aufsteiger, Außenseiter und Verlierer als Randgruppenphänomen wertet, als die Beschäftigung eines unbedeutenden Kreises am Hof, dessen Handeln keinen Einfluß auf das Selbstverständnis des gesamten Hofs besaß, d. h. nicht Ausdruck des Repräsentations- und Herrschaftsstils der mittelalterlichen Führungsgruppen war. Den damit geringen Stellenwert höfischer Literatur könnte man nur insoweit retten, wenn man von einer oder einigen Teilgruppen zum Beispiel der literarisch oder wissenschaftlich Interessierten an Höfen ausginge, von gelehrten Zirkeln neben den sich auf die Herrschaftsausübung konzentrierenden Führungsgruppen.

Man wird jedoch wohl zu einem differenzierten Urteil kommen müssen, die Bedeutung von höfischen Repräsentationen dürfte von Hof zu Hof, von

Epoche zu Epoche unterschiedlich zu bestimmen sein. Das Beispiel Konstanz belegt unter dieser differenzierten Sichtweise, daß höfisches Wissen nicht allein der Wertevergewisserung und Wertevermittlung einer homogen gedachten adeligen Elite diente, sondern wohl in erster Linie der Positionierung von Randgruppen und Außenseitern in der innerhöfischen Auseinandersetzung um Ansehen und gesellschaftlichen Status, sei es gegenüber höherrangigeren Höflingen oder dominierenden Hofparteien, sei es innerhalb der eigenen Gruppe. Literarisches und künstlerisches Mäzenatentum, historiographische und wissenschaftliche Betätigung bildeten dann jeweils eigene Strategien innerhalb dieser Konkurrenzsituation, mit denen gezielt individuelle, aber zugleich herrschaftlich und sozial begrenzte Ziele am Hof verfolgt werden konnten. Ob und wie diese Selbstdarstellungen in diesem Prestigestreit Wirkungen zeitigten, müßte dann noch näher untersucht werden. Bei dieser differenzierten Sicht wären die einzelnen literarischen Werke und künstlerischen Artefakte in ein Kontinuum zwischen zwei Polen einzuordnen: Der eine Pol ist bestimmt durch die Absicht der Nachahmung, der möglichst ähnlichen Reproduktion. Nach Wegmarken wie Aneignung, Umgestaltung, Variation oder Selektion steht am anderen Ende des Kontinuums der durch Konkurrenz, Distinktion und Widerstand definierte zweite Pol. Dabei ist außerdem zu berücksichtigen, daß sich die Einordnung des Texts oder Artefakts je nach seiner momentanen Position im Produktions- und Rezeptionsprozeß verschieben kann.

Diese Schlußfolgerungen mögen voreilig sein, solange höfische Gruppierungen und deren Entwicklungen von historischer Seite nicht stärker erforscht werden, ein Anfang wurde für Domkapitel, Klöster oder Städte, also für klarer abgeschlossene soziale Formationen ja bereits seit längerem gemacht. Entscheidend dabei sollte sein, nicht nur Personen zu identifizieren und einer sozialen Formation zuzuordnen, sondern über die Erarbeitung von Netzwerken und Gruppenbildungen die Position, die Rolle der einzelnen Personen zu beschreiben und dabei gegebenenfalls auch Veränderungen bei den jeweiligen Lebenswegen zu bedenken, nur dann sind Stellenwert und Funktion von höfischen Repräsentationen und damit von höfischer Literatur präziser bestimmbar. Ich schlage mit diesem Vorgehen, mit dieser sozial- und lebensgeschichtlichen Einordnung der Texte, folglich eine Ergänzung und Verbindung des an Personen orientierten Lebenszusammenhang-Konzepts von LUTZ mit dem an den Überlieferungsträgern einerseits und den sozialen Formationen andererseits orientierten Topographie-Konzepts von PALMER/SCHIEWER vor. Nicht mehr in den Kompetenzbereich des Historikers gehört es, anhand von textphilologischen und textarchäologischen Beobachtungen zu zeigen, wie diese Aufsteiger, Außenseiter und Verlierer sich selbst inszenierten, und welche Strategien sie dabei verfolgten; dies sei allein der literaturgeschichtlichen Forschung vorbehalten.

Johanna Thali (Universität Freiburg/Schweiz)

Regionalität als Paradigma literarhistorischer Forschung zur Vormoderne

Das Beispiel des Benediktinerinnenklosters St. Andreas in Engelberg

Regionalität bietet eine geeignete Beschreibungskategorie für vormoderne Literatur, da sie entscheidende Gesichtspunkte von deren Historizität und Alterität ins Zentrum der Aufmerksamkeit rückt. Die Produktion, die Distribution und die Rezeption von ›Literatur‹ (im weiteren Sinn) sind im Mittelalter, aber auch noch in der frühen Neuzeit, im Vergleich zu den späteren Jahrhunderten ungleich stärker an den räumlichen (d. h. regionalen wie überregionalen) Aktionsradius und an die personalen Netzwerke von Institutionen, Interessengruppen oder bisweilen gar von Einzelpersonen gebunden.

Zum aktuellen Forschungsinteresse

Regionale Literaturforschung gehört zu den Forschungsparadigmen, die seit einigen Jahren verstärkt diskutiert werden. Das Interesse gilt sowohl der theoretischen Reflexion des Ansatzes wie auch seiner Erprobung in der Praxis. So setzt sich der 2003 als Sonderheft der Zeitschrift für deutsche Philologie erschienene Band ›Regionale Literaturgeschichtsschreibung. Aufgaben, Analysen und Perspektiven‹ unter theoretischem Vorzeichen mit den Bedingungen regional orientierter literarhistorischer Forschung auseinander und zeigt anhand von Skizzen und Fallstudien Möglichkeiten und Perspektiven entsprechender Zugangsweisen zu mittelalterlicher Literatur auf.[1] HORST BRUNNER regt hier ein »Lexikon der regionalen Literaturgeschichte des deutschen Mittelalters« an, das in Sachartikeln die Grundinformationen für die regional orientierte Literaturforschung bereitstellen sollte – die vorgeschlagenen Kategorien umfassen auf der einen Seite Orte und »literarhistorisch relevante(n) ›Organisationen‹« wie weltliche und geistliche Höfe, Klöster, Städte, Schulen, Universitäten, Bibliotheken, auf der anderen Seite Personen wie Autoren, Auftraggeber, Gönner, Schreiber und Handschriftenproduzenten, Sammler und Drucker.[2] Eine »derart systematische Aufarbeitung des ›Gebrauchs‹ von Literatur«, so BRUNNER,

---

[1] Regionale Literaturgeschichtsschreibung. Aufgaben, Analysen und Perspektiven, hg. von HELMUT TERVOOREN/JENS HAUSTEIN, Berlin 2003 (ZfdPh 122. Sonderheft).
[2] HORST BRUNNER, Vorschlag eines Lexikons der regionalen Literaturgeschichte des deutschen Mittelalters, in: TERVOOREN/HAUSTEIN [Anm. 1], S. 308–312, hier S. 311f.

könnte der Frage nach dem Lebenszusammenhang näher kommen als dies etwa aus einer autororientierten Perspektive möglich ist.[3]

Verschiedene Publikationen der letzten Jahre und laufende Forschungsprojekte setzen sich die Untersuchung des literarischen Profils bestimmter Literatur- bzw. Kulturlandschaften zum Ziel, oder sie erforschen mehr oder weniger geschlossen überlieferte Bücherbestände historischer Bibliotheken in ihrem regionalen Kontext. Nur einige wenige Beispiele sollen genannt werden. So erfaßt das von JENS HAUSTEIN geleitete Jenaer Projekt die handschriftliche Überlieferung deutscher Literatur des Mittelalters aus dem Thüringer Raum als Grundlage für eine regionale Literaturgeschichte.[4] Das von NIGEL F. PALMER und HANS-JOCHEN SCHIEWER ins Leben gerufene Forschungsprojekt ›Literarische Topographie des südwestdeutschen Raums im 14. Jahrhundert‹, deren Initiative sich das Arbeitsgespräch in Genf und der vorliegende Band verdanken, strebt langfristig eine Literaturgeschichte des deutschsprachigen Südwestens in Einzelbeiträgen an. Die überlieferungsgeschichtliche Konzeption des Projekts geht von den sozialen Formationen aus, die Literatur produzieren, kopieren und rezipieren.[5] Den vorläufigen Schwerpunkt der Forschungsarbeit bildet die handschriftliche Überlieferung des Zisterzienser- und des Dominikanerordens, insbesondere ihrer weiblichen Ordenshäuser.[6] FRITZ PETER KNAPP stellte sich der Herausforderung, eine umfassende Literaturgeschichte zu einem relativ großen Raum und zur ganzen Zeitspanne vom Früh- bis ins Spätmittelalter zu verfassen, die neben der volkssprachigen auch die lateinische Literatur miteinschließt. Zwischen 1994 und 2004 legte er eine Literaturgeschichte Österreichs in mehreren Bänden vor, die er in verschiedenen Aufsätzen auch theoretisch und methodisch begründete.[7] MAX SILLER befaßte sich im ersten Teil seiner

---

[3] Ebd., S. 312.
[4] JENS HAUSTEIN, Literaturgeschichte der Region. Das Beispiel Thüringen, Jahrbuch für Internationale Germanistik 34/2 (2002), S. 167–180, hier S. 177, Anm. 35. Vgl. die Internetversion des aus dem DFG-Projekt (2000–2004) hervorgegangenen ›Repertoriums zur Überlieferung deutscher Literatur aus dem Thüringer Raum‹ unter: ‹http://www2.uni-jena.de/philosophie/germlit/mediaev/Repertorium/Startseite.htm›.
[5] NIGEL F. PALMER/HANS-JOCHEN SCHIEWER, Literarische Topographie des deutschsprachigen Südwestens im 14. Jahrhundert, in: TERVOOREN/HAUSTEIN [Anm. 1], S. 178–202. Vgl. auch NIGEL F. PALMER, Zisterzienser und ihre Bücher. Die mittelalterliche Bibliotheksgeschichte von Kloster Eberbach im Rheingau unter besonderer Berücksichtigung der in Oxford und London aufbewahrten Handschriften, Regensburg 1998; DERS., Deutschsprachige Literatur im Zisterzienserorden. Versuch einer Darstellung am Beispiel der ostschwäbischen Zisterzienser- und Zisterzienserinnenliteratur im Umkreis von Kloster Kaisheim im 13. und 14. Jahrhundert, in: Zisterziensisches Schreiben im Mittelalter – Das Skriptorium der Reiner Mönche. Beiträge der Internationalen Tagung im Zisterzienserstift Rein, Mai 2003, hg. von ANTON SCHWOB/KARIN KRANICH-HOFBAUER, Bern [usw.] 2005 (Jahrbuch für Internationale Germanistik Reihe A 71), S. 231–266.
[6] PALMER/SCHIEWER [Anm. 5], S. 183f.
[7] FRITZ PETER KNAPP, Die Literatur des Früh- und Hochmittelalters in den Bistümern

Innsbrucker Habilitationsschrift mit der methodischen Grundlegung einer regionalen Literaturgeschichtsschreibung.⁸ Der erste programmatische Vorstoß nach dem Krieg, die regionale Literaturgeschichtsschreibung nach ihrer Vereinnahmung durch den Nationalsozialismus theoretisch neu zu begründen, hat VOLKER SCHUPP in den 1970er Jahren mit dem Plädoyer für eine ›Literaturgeschichtliche Landeskunde‹ unternommen.⁹ Der Vorstoß fand seine Fortsetzung in der von ECKART CONRAD LUTZ initiierten Reihe ›Literatur und Geschichte am Oberrhein‹ mit Fallstudien zum Minnesang und zum spätmittelalterlichen Liebeslied.¹⁰

Passau, Salzburg, Brixen und Trient von den Anfängen bis zum Jahre 1273, Graz 1994 (Geschichte der Literatur in Österreich von den Anfängen bis zur Gegenwart 1); DERS., Die Literatur des Spätmittelalters in den Ländern Österreich, Steiermark, Kärnten, Salzburg und Tirol von 1273 bis 1439, Graz 1999/2004 (Geschichte der Literatur in Österreich von den Anfängen bis zur Gegenwart 2). Zur Konzeption s. DERS., Gibt es eine österreichische Literatur des Mittelalters?, in: Die österreichische Literatur. Ihr Profil von den Anfängen im Mittelalter bis ins 18. Jahrhundert (1050–1750), hg. von HERBERT ZEMAN, Graz 1986 (Jahrbuch für Österreichische Kulturgeschichte 14/15 [1985/86]), S. 9–85; und zuletzt DERS., Paradigmenwechsel oder Provinzposse? Der praktische Versuch einer regionalen Literaturgeschichte im Spiegel der Kritik, in: TERVOOREN/HAUSTEIN [Anm. 1], S. 294–307 (weitere theoretische Beiträge des Autors verzeichnet Anm. 2, S. 294).

⁸ MAX SILLER, Literatur – Sprache – Territorium. Methoden, Aufgaben und Möglichkeiten einer regionalen Literaturgeschichtsschreibung des Mittelalters, Bd. 1–3, Habilitationsschrift Universität Innsbruck, Geisteswissenschaftliche Fakultät 1991. Der hier interessierende erste Teil ist publiziert unter: MAX SILLER, Territorium und Literatur. Methoden und Aufgaben einer regionalen Literaturgeschichtsschreibung des Mittelalters und der Frühneuzeit, Geschichte und Region/Storia e regione Jg. 1/Heft 2 (1992), S. 39–84.

⁹ VOLKER SCHUPP, Literaturgeschichtliche Landeskunde?, in: Alemannica. Landeskundliche Beiträge. Festschrift für Bruno Boesch zum 65. Geburtstag, Bühl/Baden 1976 (Alemannisches Jahrbuch 1973/75), S. 272–298. Versuche regionaler Literaturgeschichtsschreibung gibt es seit dem 19. Jahrhundert; SCHUPP bietet einen fundierten historischen Rückblick auf die Geschichte regionalgeschichtlicher Literaturforschung seit dem späten 19. Jahrhundert (S. 274–277), um sein Konzept einer ›literaturgeschichtlichen Landeskunde‹ bzw. ›landeskundlichen Literaturwissenschaft‹ zu begründen und von älteren Ansätzen abzugrenzen. Vgl. auch SILLER, Territorium und Literatur [Anm. 8], S. 44–46 (S. 45f. zu JOSEF NADLER und seiner problematischen Haltung zum Nationalsozialismus); zur Kulturraumforschung im Rahmen der Geschichtlichen Landeskunde und der Dialektgeographie ebd., S. 46–48.

¹⁰ MICHAEL BÄRMANN/ECKART CONRAD LUTZ, Ritter Johannes Brunwart von Auggen – ein Minnesänger und seine Welt, Freiburg i. Br. 1987 (Literatur und Geschichte am Oberrhein 1), zur theoretischen Grundlegung des Ansatzes einer »regionalen Sozialgeschichte der Literatur« s. die Einleitung von ECKART CONRAD LUTZ, Begegnung mit dem Mittelalter – Landschaft, Gesellschaft, Literatur, S. 9–36, bes. S. 10–19, hier S. 8. ECKART CONRAD LUTZ, Das Dießenhofener Liederblatt. Ein Zeugnis späthöfischer Kultur, mit einem Beitrag zur Musik von RENÉ PFAMMATTER (Literatur und Geschichte am Oberrhein 3), Freiburg i. Br. 1994.

Unter dem Etikett ›Regionale Literaturgeschichte‹ oder ›Regionale Literaturforschung‹ versammelt sich inzwischen ein breites Spektrum von Forschungsansätzen. Grundsätzlich lassen sich zwei Stoßrichtungen mit unterschiedlichen Erkenntnisinteressen unterscheiden. Die einen Forschungen zielen auf die ›flächendeckende‹ Beschreibung einer Region, indem sie versuchen, deren gesamte Literatur in einem bestimmten Zeitraum quer durch alle Gattungen zu erfassen. Dabei können sie sich auf die literarische Neuproduktion konzentrieren, wie etwa die Literaturgeschichte Österreichs von FRITZ PETER KNAPP, oder aber überlieferungsgeschichtlich ausgerichtet sein, so daß mit dem Nebeneinander von Neuschöpfungen und Rezeption älterer Werke der gesamte Literaturbetrieb in den Blick kommt.[11]

Andere Studien setzen kleinräumiger an. Sie beschreiben einen Ausschnitt des literarischen Lebens einer Region, indem sie eine literarisch bedeutsame Institution (einen Hof, ein Kloster) als Ausgangspunkt wählen. Dieser Ansatz weist eine gewisse Nähe zum Konzept der literarischen Interessenbildung auf, wie es JOACHIM HEINZLE 1993 mit dem DFG-Band vertreten und in seiner Literaturgeschichte umgesetzt hat, gelangen doch dort mit der Trägerschaft von Literatur und deren Wirkungskreis stets auch regionale Aspekte in den Blick. Im Unterschied dazu aber erleichtert es der regionale Zugriff, auch Texte einzubeziehen und historisch zu verorten, die sich nicht »konkreten, aufgrund historischer Quellen einwandfrei fixierbaren Situationen literarischer Interessenbildung« zuordnen lassen.[12] Die (fast ausnahmslos überlieferungsgeschichtlich orientierten) kleinräumigen Untersuchungen haben in den meisten Fällen nicht den Anspruch, das literarische Leben einer Region ›flächendeckend‹ zu erfassen; allenfalls kann dies als Fernziel im Fluchtpunkt von Einzelstudien stehen.[13]

Bei flächendeckendem Interesse an einer Literaturlandschaft stellt sich primär das Problem der Definition des Raumes. Entsprechend viel Gewicht

---

[11] Die fehlende Einbeziehung der Überlieferung wurde in Rezensionen gelegentlich als Kritikpunkt an der Konzeption von KNAPPS Literaturgeschichte [Anm. 7] angemerkt, vgl. HANS-JOCHEN SCHIEWER, Mlat. Jb. 34 (1999), S. 148–152, bes. S. 150, 152; ELISABETH LIENERT, ZfdA 131 (2002), S. 395–398, hier S. 395, 398. So wünschenswert dies grundsätzlich wäre, so wenig ist dies bei einem derart ausgedehnten Untersuchungsraum beim derzeitigen Forschungsstand von einer Einzelperson zu leisten.

[12] Literarische Interessenbildung im Mittelalter. DFG-Symposium 1991, hg. von JOACHIM HEINZLE, Stuttgart/Weimar 1993 (Germanistische Symposien. Berichtsbände 14); Geschichte der deutschen Literatur von den Anfängen bis zum Beginn der Neuzeit, Bd. 1–3, hg. von JOACHIM HEINZLE, Königstein/Ts. [usw.] 1984ff. (bisher erschienen sind Bd. 1–3.1, 1984–2004), das Zitat hier Bd. 2.2 (1984), S. 10 (Vorwort des Herausgebers).

[13] So etwa setzt das Projekt von PALMER/SCHIEWER [s. oben, bei Anm. 5] vorerst bei den religiösen Orden als den Trägern und Vermittlern geistlicher Literatur an, im Fluchtpunkt der Einzelstudien steht jedoch die gesamte weltliche wie geistliche Literaturproduktion und -rezeption der Region im 14. Jahrhundert mit ihren fließenden Grenzen zwischen weltlicher und geistlicher Trägerschaft.

kommt denn auch der Wahl und Eingrenzung des Untersuchungsraums und seiner Legitimität in den Forschungen zu, die sich die gesamte Literatur einer Region vornehmen.[14] Unter synchroner Perspektive stellt sich hier die Frage nach den Kriterien für eine geeignete Eingrenzung des Untersuchungsraumes. Nicht immer nämlich konvergieren politische bzw. territoriale Einheiten mit sprachgeographischen Einheiten oder Kulturräumen. Bei diachroner Betrachtung kommt das Problem dazu, daß sich die Grenzen von Herrschaftsräumen bzw. Territorien oder Verkehrswege im Laufe der Jahrhunderte verschieben oder daß sich die räumlichen Konturen von Sprach- und Kulturlandschaften verändern. FRITZ PETER KNAPP trägt dem Problem des historischen Wandels politischer Grenzen mit einer offenen und pragmatischen Eingrenzung der Region geschickt Rechnung. In seiner Literaturgeschichte, die – durch die Gesamtkonzeption der ›Geschichte der Literatur in Österreich‹ bedingt – die Literatur in den Grenzen eines modernen Nationalstaates zur Grundlage seiner Darstellung macht, dessen heutige Ausdehnung nicht mit den historischen politischen und kulturellen Einheiten identisch ist, bezieht er etwa auch Südtirol mit ein, das seit dem Ende des ersten Weltkriegs zu Italien gehört.

Bei den Studien dagegen, die bei einzelnen Institutionen wie Höfen, Klöstern oder Universitäten oder bei einzelnen Städten ansetzen, bereitet die Definition des Raumes bzw. der Region kaum Schwierigkeiten: Bilden Orte oder Institutionen mit Zentrumsfunktion und entsprechender Ausstrahlungskraft für das kulturelle Leben der Region den Ausgangspunkt literarhistorischer Forschung, so ergibt sich der Raum sozusagen von selbst durch die Reichweite der jeweiligen literarischen Beziehungen. Die offene, pragmatische Umschreibung der Ausdehnung des Untersuchungsraums erlaubt hier, auch überregionale Beziehungen ins Zentrum der Aufmerksamkeit zu rücken. Regionalität als Untersuchungsparameter schließt grundsätzlich die Interregionalität mit ein.[15] Die Höfe des europäischen Hochadels etwa sind durch politische Beziehungen, aber auch durch verwandtschaftliche Bindungen miteinander vernetzt; sie werden diese Kontakte auch für den Austausch von Literatur genutzt haben, wie das Beispiel des ›Rolandsliedes‹ deutlich macht.[16] Bildungseliten und Ordensver-

---

[14] Bereits VOLKER SCHUPP [Anm. 9], S. 293–295, hat dem Problem breite Aufmerksamkeit gewidmet, und besonders intensiv setzt sich MAX SILLER mit der Frage einer sinnvollen Definition des Untersuchungsraums auseinander, um für das Spätmittelalter und die Frühe Neuzeit das ›Territorium‹ des Landes Tirol als sinnvolle geographische Einheit für die regionale Literaturgeschichtsforschung vorzuschlagen, s. SILLER, Territorium und Literatur [Anm. 8], bes. S. 48–71. Vgl. auch HAUSTEIN [Anm. 4], S. 170–174; HAUSTEIN/TERVOOREN [Anm. 1], S. 3f.; KNAPP, Paradigmenwechel [Anm. 7], S. 298f., 302–304.

[15] FREIMUT LÖSER, Geistliche Literatur des Mittelalters unter regionalen Aspekten. Die Beispiele Würzburg und Melk, in: HAUSTEIN/TERVOOREN [Anm. 1], S. 246–265, hier S. 260–262. Vgl. PALMER/SCHIEWER [Anm. 5], S. 180.

[16] Siehe auch die Beispiele, die SCHIEWER [Anm. 11], S. 150f., für die Mobilität der beiden Personenverbände Adel und Klerus nennt, die die Träger der volkssprachigen Literatur

bände sind überregional organisierte Institutionen, ihre Mitglieder (zumindest die männlichen Zweige) sind oft mobil und verfügen mit dem Latein über eine gemeinsame Kommunikations- und Literatursprache. Selbst ein Weltpriester wie Heinrich von Nördlingen, um ein konkretes Beispiel aus dem Bereich der spätmittelalterlichen geistlichen Literatur anzuführen, verfügt über ein weit verzweigtes Beziehungsnetz, das es ihm ermöglicht, sich das ›Fließende Licht der Gottheit‹ Mechthilds von Magdeburg vermutlich in der ursprünglichen niederdeutschen oder allenfalls in einer mitteldeutsch eingefärbten Fassung zu beschaffen (*wan es ward uns gar in fremdem tützsch gelichen*), welches er dann, nach der Übertragung in die regionale, also oberdeutsche Schreibsprache (*das wir wol zwai jar flisz und arbeit hetint, ee wirs ain wenig in unser tützsch brachtint*), in seinem regionalen Tätigkeitsfeld verbreitet, d. h. zum Vorlesen und Abschreiben ausleiht. Der Radius der literarischen Beziehungen Heinrichs erstreckt sich von seinem unmittelbaren Umfeld in Basel (die erhaltene Einsiedler Handschrift stammt aus dem Besitz der Basler Bürgerin Margaretha zum Goldenen Ring, die es der Frauengemeinschaft in der Vorderen Au bei Einsiedeln vermachte) bis zu Klöstern verschiedener Orden in Bayern und Franken. Wie aus einem Brief an Margarethe Ebner von 1345 hervorgeht, lieh er den Dominikanerinnen in Maria Medingen ein Exemplar, um es anschließend den Schwestern des gleichen Ordens in Engelthal bei Nürnberg zukommen zu lassen: *Ich send euch ain buch das haisst Das liecht der gothait. [...] ich wolt es auch gen Engeltal lichen.*[17] Aus der Rückforderung des Buchs im folgenden Jahr ist zu schließen, daß er Mechthilds Offenbarungen zuvor den Zisterziensern in Kaisheim überlassen hatte: *send mir auch Lucem divinitatis das buch, sei es euch worden von Keiszheim und habent irs genugt.*[18]

Auch wenn die beiden skizzierten Forschungsrichtungen in ihrem Interesse an der Region konvergieren, sind doch bei genauerem Hinsehen die Erkennt-

---

waren. Grundsätzlich zu interkulturellen Beziehungen zwischen dem deutschen und dem französischen Sprachraum s. MARTINA BACKES, Fremde Historien. Untersuchungen zur Überlieferungs- und Rezeptionsgeschichte französischer Erzählstoffe im deutschen Spätmittelalter, Tübingen 2004 (Hermaea N. F. 103), S. 17–94.

[17] Margaretha Ebner und Heinrich von Nördlingen. Ein Beitrag zur Geschichte der deutschen Mystik, hg. von PHILIPP STRAUCH, Freiburg i. Br./Tübingen 1882 (Nachdruck Amsterdam 1966), die Zitate aus dem Brief Nr. 43, S. 246f., Z. 117f., 136–138, 140f. Zur Einsiedler Handschrift s. Mechthild von Magdeburg, ›Das fließende Licht der Gottheit‹, nach der Einsiedler Handschrift in kritischem Vergleich mit der gesamten Überlieferung hg. von HANS NEUMANN, Bd. 2: Untersuchungen, ergänzt und zum Druck eingerichtet von GISELA VOLLMANN-PROFE, München 1993 (MTU 101), S. 176, 184–186.

[18] STRAUCH [Anm. 17], Brief Nr. 44, S. 248f., Z. 52–54 mit Anm. S. 377. Daß die Schrift tatsächlich nach Engelthal gelangte, belegen die Erwähnungen in den Offenbarungen Christine Ebners (zu 1346 und 1348), s. die Belege ebd., S. 375f. Im Bücherverzeichnis des Klosters von 1447 fehlt allerdings die Erwähnung des Werks, vgl. JOHANNA THALI, Beten – Schreiben – Lesen. Literarisches Leben und Marienspiritualität im Kloster Engelthal, Tübingen/Basel 2003 (Bibliotheca Germanica 42), S. 270.

nisziele deutlich unterschiedlich akzentuiert. Flächendeckende Untersuchungen verbinden die Erforschung einer Literaturlandschaft oft mit der Vorstellung der spezifischen Eigenart des untersuchten Kulturraums. So begründet HORST BRUNNER seinen oben erwähnten ›Vorschlag eines Lexikons der regionalen Literaturgeschichte des deutschen Mittelalters‹ mit Argumenten, die das Spezifische einzelner Literaturlandschaften oder Institutionen betonen: Zahlreiche literarische Zentren hätten vielfach »keinerlei Austausch untereinander gehabt; viele, auch erfolgreiche Texte hätten »damals ausschließlich regional« gewirkt; der gleiche Stoff sei in den verschiedenen Regionen in unterschiedlichen Texten verbreitet.[19] Bei den kleinräumig ansetzenden Studien dagegen steht weniger das Besondere einer Literaturlandschaft im Zentrum des Interesses als vielmehr das Exemplarische. Am Ausschnitt lassen sich exemplarisch Einsichten in die Funktionsweisen des vormodernen Literaturbetriebs und seine Alterität gewinnen, die über den jeweiligen Einzelfall hinausweisen.

Regionalität als Paradigma für literarhistorische Forschungen zu wählen, hat zweifelsohne Vorzüge. Angesichts der Vielfalt und der zunehmenden Differenzierung der aktuellen Theorien und Methoden erwächst die Notwendigkeit der Beschränkung des Untersuchungsmaterials, um den theoretischen Postulaten und den daraus resultierenden Ansprüchen an die literarhistorische Forschung gerecht zu werden. Will man zum Beispiel die spezifische Varianz mittelalterlicher Texte bei der Interpretation berücksichtigen und die Besonderheiten einzelner Textfassungen wo möglich in ihrem historischen Interessenzusammenhang erklären, so läßt sich die damit verbundene Komplexität beim derzeitigen Forschungsstand nur bewältigen, wenn man das zugrunde gelegte Material eingrenzt.[20] Die Fokussierung auf eine Region oder Institution ist dabei, wie mir scheint, eine besonders sinnvolle Möglichkeit, einen überschaubaren Untersuchungsrahmen abzustecken, weil sich hier verschiedene theoretische Aspekte vernetzen lassen. Gerade im überschaubaren Ausschnitt, wie ihn die Region darstellt, läßt sich Literaturgeschichte als Überlieferungsgeschichte schreiben, so daß die gesamte Literatur einer Epoche in den Blick kommt, die ›Neuerscheinungen‹ genauso wie die sich gleichzeitig vollziehende (oft produktive) Rezeption älterer Werke, die natürlich auch in anderen Regionen entstanden sein können.[21] Wie FREIMUT LÖSER mit

---

[19] BRUNNER [Anm. 2], S. 309.
[20] Vgl. HAUSTEIN [Anm. 4], S. 167–169: Mit dem Hinweis auf die Komplexität der Aufgabe der Literaturgeschichtsschreibung angesichts der Anforderungen, die sich nach den Diskussionen um das Konzept der literarischen Interessenbildung, die Literaturästhetik und nach den jüngeren Theoriedebatten stellen, plädiert HAUSTEIN dafür, »das einer Literaturgeschichte zugrunde gelegte Material zunächst radikal« zu begrenzen: »Von daher möchte ich für eine – erneute – Hinwendung der Literaturgeschichtsschreibung zur Region plädieren. Nur so, auf begrenztem Terrain und an einem überschaubaren Material, lassen sich Interpretation und Überlieferung sachgerecht aufeinander beziehen, und nur so wird es möglich, einer ›neuen‹ überregionalen Literaturgeschichtsschreibung vorzuarbeiten« (S. 169).
[21] HAUSTEIN [Anm. 4], S. 177: »Ein ganz anderes Aussehen erhielte eine thüringische

Recht betont, bietet sich ein regionaler Zugang gerade für die nur schwer zu überblickende geistliche Literatur des Spätmittelalters an.[22] Der im Kontext der New Philology verstärkt diskutierte Autor- und Werkbegriff sowie die für die vormoderne Textualität spezifischen Phänomene der Varianz, Mouvance und der Performativität haben hier genauso ihren angemessenen Platz wie die Kontextualisierung der Literatur in außerliterarischen Interessenzusammenhängen. Im regionalen Ausschnitt können (und müssen) die Grenzen zwischen den Disziplinen überwunden werden, um den Forschungsgegenstand ›Literatur‹ in einer seiner Historizität angemessenen Form zu beschreiben. Auch Fragestellungen, wie sie die neueren medienhistorischen und kulturwissenschaftlichen Forschungsansätze entwickelt haben, fügen sich hier gut ein. Aspekte der Materialität und Medialität der mittelalterlichen literarischen Kommunikation und ihres historischen Wandels können bei überschaubarem Gegenstandsbereich stärker gewichtet und mit Fragen nach den konkreten Gebrauchszusammenhängen verbunden werden. Im Gegensatz zur bisweilen beobachtbaren Beliebigkeit im Zugriff auf die Gegenstände im Kontext der aktuellen Theoriedebatten und der daraus resultierenden Unverbindlichkeit mancher Diskussionsergebnisse sind bei der Beschränkung des Blicks auf die Region mehr aussagekräftige Ergebnisse zu erwarten. Die räumliche Begrenzung des Blicks auf das Untersuchungsfeld schafft Tiefenschärfe.

Die Handschriftensammlung des ehemaligen Benediktinerinnenklosters St. Andreas in Engelberg

Im folgenden sollen Fragen und Perspektiven regionaler Literaturforschung am Beispiel des mittelalterlichen und frühneuzeitlichen Buchbestands aus dem ehemaligen Benediktinerinnenkloster St. Andreas in Engelberg (heute Sarnen) skizziert werden. Diese Handschriftensammlung und die Inkunabeln sind

---

Literaturgeschichte dann, wenn sie auch die in diesem Raum produzierten Handschriften mit Texten einbezöge, die nicht in Thüringen entstanden sind. Erst dann gewänne der Begriff der Literaturlandschaft wirklich historische Konturen, ging doch die zeitgenössische Wahrnehmung von Literatur – auch mit ihren produktiven Implikationen der Wirkung und Rezeption – von der Präsenz eines Textes in seiner Handschrift und nicht der Frage aus, von wo der Verfasser stammt.«

[22] »Regionalismus tut not. Anders ist die immer häufiger erhobene Forderung, Literaturgeschichte als Überlieferungsgeschichte zu schreiben, nicht zu bewältigen, schon gar nicht im kaum zu überschauenden Bereich der geistlichen Literatur des Spätmittelalters.« LÖSER [Anm. 15], S. 246, vgl. auch S. 265. Das gleiche gilt auch für andere Bereiche des Literatursystems. JENS HAUSTEIN betont, daß das Textkorpus der meist anonym überlieferten Kleinepik oder dasjenige der aventiurehaften Dietrichepik, die sich beide einem autororientierten Zugang entziehen, sich für einen zugleich regionalen und überlieferungshistorischen Zugriff in besonderer Weise anbieten. HAUSTEIN [Anm. 4], S. 178–180.

Gegenstand eines vom Schweizerischen Nationalfonds geförderten Forschungsprojekts, das damit vorgestellt wird.[23]

Die Stiftsbibliothek Engelberg (Kanton Obwalden/Schweiz) beherbergt eine geschlossene Sammlung mittelalterlicher und frühneuzeitlicher Handschriften und Inkunabeln aus dem Besitz des Benediktinerinnenklosters St. Andreas in Sarnen. Im Mittelalter befand sich dieser Frauenkonvent in Engelberg. Die 1120 gegründete Benediktinerabtei war bis in die Frühe Neuzeit ein Doppelkloster. Erst 1615 wurde die Frauengemeinschaft nach Sarnen verlegt, als nach dem Konzil von Trient und den mit ihm verbundenen Reformen im Ordenswesen die Institution eines Doppelklosters aus kirchlicher Sicht nicht mehr vorstellbar war.[24]

> Engelberg war im Mittelalter – trotz seiner weltabgeschiedenen Lage in einem Innerschweizer Bergtal in rund 1'000 Metern Höhe – mit seinen hohen Mitgliederzahlen ein bedeutendes Kloster. Eine Bittschrift an den Papst aus dem beginnenden 13. Jahrhundert spricht von vierzig Mönchen und achtzig Nonnen. Im 14. Jahrhundert ver-

---

[23] ›Literatur und Region. Buchkultur und literarische Beziehungen des Benediktinerinnenklosters St. Andreas Engelberg‹ (SNF-Projekt an der Universität Freiburg / Schweiz, Laufzeit 2006 bis 2009).

[24] Zur Geschichte des Klosters Engelberg s. GALL HEER, Aus der Vergangenheit von Kloster und Tal Engelberg 1120–1970, Engelberg 1975; Die Orden mit der Benediktinerregel. Bd. 1: Frühe Klöster, die Benediktiner und Benediktinerinnen in der Schweiz, red. von ELSANNE GILOMEN-SCHENKEL, Teil 1–3, Bern 1986 (Helvetia Sacra Abt. III), zu Engelberg (Männerkloster) s. Bd. III.1.1, S. 595–657 (HELENE BÜCHLER-MATTMANN/GALL HEER), zu Engelberg-Sarnen (Frauenkloster) s. Bd. III.1.3, S. 1733–1759 (GALL HEER); ELSANNE GILOMEN-SCHENKEL, Das Doppelkloster – eine verschwiegene Institution. Engelberg und andere Beispiele aus dem Umkreis der Helvetia Sacra, Stud.Mitt.OSB 101 (1990), S. 197–211; mit leicht anderer Akzentuierung DIES., Engelberg, Interlaken und andere autonome Doppelklöster im Südwesten des Reiches (11.–13. Jahrhundert). Zur Quellenproblematik und zur historiographischen Tradition, in: Doppelklöster und andere Formen der Symbiose männlicher und weiblicher Religiosen im Mittelalter, hg. von KASPAR ELM/MICHEL PARISSE, Berlin 1992 (Berliner Historische Studien 18. Ordensstudien 8), S. 115–133; ROLF DE KEGEL, Am Anfang war das Doppelkloster – der Frauenkonvent St. Andreas in Engelberg 1120 (?) bis 1615, in: Bewegung in der Beständigkeit. Zu Geschichte und Wirken der Benediktinerinnen von St. Andreas/Sarnen Obwalden, hg. von ROLF DE KEGEL, Alpnach 2000, S. 9–29; DERS., *Monsterium, quod duplices [...] habet conventus*. Einblicke in das Doppelkloster Engelberg 1120–1650, in: Nonnen, Kanonissen und Mystikerinnen. Religiöse Frauengemeinschaften in Süddeutschland. Beiträge zur interdisziplinären Tagung vom 21. bis 23. September 2005 in Frauenchiemsee, hg. von EVA SCHLOTHEUBER, HELMUT FLACHENDECKER und INGRID GARDILL (Veröffentlichungen des Max-Planck-Instituts für Geschichte 235. Studien zur Germania Sacra 31), Göttingen 2008, S. 181–201. Zur Zeit erarbeitet CARL PFAFF (Freiburg/Schweiz und Muntelier) im Anschluß an das SNF-Projekt ›Studien zur mittelalterlichen Frauenmystik‹ (1998–2001) eine umfassende prosopographisch orientierte Darstellung der Geschichte des Benediktinerinnenklosters Engelberg (Herkunft von Konventualinnen und Gönnerkreis), die den Zeitraum bis 1420 umfaßt. Ihm sei an dieser Stelle für ausführliche Gespräche und für großzügig gewährte Auskünfte herzlich gedankt.

schieben sich die Zahlenverhältnisse noch mehr zugunsten des Frauenkonvents. Während für die Männergemeinschaft in den Jahren 1330/31 nur achtzehn Mönche und zwei Novizen belegt sind, dürfte der Nonnenkonvent in dieser Zeit mindestens zehn mal soviel Mitglieder gezählt haben: Nach den in den Quellen genannten Zahlen muß das sog. *claustrum inferius* im zweiten Viertel des 14. Jahrhunderts weit über zweihundert Nonnen gehabt haben. 1325 sollen anläßlich der Weihe der (nach einem Brand neu erbauten) Klosterkirche des Männerklosters durch den Konstanzer Weihbischof 139 Schwestern eingekleidet worden sein. Anwesend war die aus dem Hause Habsburg stammende Agnes von Ungarn (1280–1364), die zu den bedeutendsten Wohltäterinnen des Frauenklosters in Engelberg zählte; nach dem Bericht in den Annalen trug sie alle Kosten für die Feierlichkeiten.[25] Zwanzig Jahre später erhielten weitere neunzig Frauen die Weihe. Im Jahre 1353 mußte die Höchstzahl der Nonnen auf hundert festgesetzt werden, dies trotz hoher Verluste durch die Pest: Allein 1349 waren binnen vier Monaten 116 Nonnen der Epidemie zum Opfer gefallen. 1364 wurden dreißig, 1366 fünf, 1390 nochmals 24 Frauen ins Kloster aufgenommen. Der Numerus clausus von hundert Nonnen dürfte erst im Laufe des 15. Jahrhunderts erreicht worden sein. Nach der Reformation wurden wiederholt Engelberger Schwestern in aufgehobene Klöster entsandt, um diese neu zu besiedeln, so daß der Konvent bei seiner Verlegung nach Sarnen noch sieben Nonnen zählte.[26]

Die für das 14. Jahrhundert bezeugte Konventsstärke von über zweihundert Nonnen ist außergewöhnlich; kein anderes Frauenkloster des Benediktinerordens der Region erreicht so hohe Zahlen. Trotz der damit verbundenen andauernden wirtschaftlichen Schwierigkeiten kam in Engelberg im 14. und 15. Jahrhundert eine beachtliche Sammlung geistlicher Literatur zustande, die bis in die Frühe Neuzeit hinein erweitert wurde. Verschiedene Texte dürften in oder für Engelberg verfaßt, redigiert, übersetzt, kompiliert und illustriert worden sein. Anderes kam als Schenkung ins Kloster. Wie viele Bücher dabei dem verheerenden Brand von 1449 zum Opfer fielen, der das Frauenkloster fast vollständig zerstörte, ist nicht überliefert.

Zur mittelalterlichen und frühneuzeitlichen Bibliothek der Engelberger Benediktinerinnen werden heute elf Pergament- und sechzehn Papierhandschriften aus dem 13. bis 17. Jahrhundert sowie acht Inkunabeln gerechnet, die 1887 als Leihgabe der Sarner Schwestern in die Stiftsbibliothek Engelberg kamen und 1923 von dieser gekauft wurden, sowie fünf weitere Frühdrucke, die sich nach wie vor in Sarnen befinden.[27] Zu diesem Grundbestand kommen weitere Hand-

---

[25] DE KEGEL [Anm. 24], S. 18f.; HEER, Vergangenheit [Anm. 24], S. 38, 58, 75f., 87f., 94, 98f. Die engen Verbindungen der Abtei Engelberg zu den Habsburgern bestanden in dieser Zeit mindestens seit zwei Generationen. Bereits König Rudolf von Habsburg nahm 1274 das Kloster in seinen Schutz; vermutlich hatte er die Vogteirechte inne. Vgl. HEER ebd., S. 47f., 79, 87f.

[26] DE KEGEL [Anm. 24], S. 19, 23, 26f.; HEER, Vergangenheit [Anm. 24], S. 101f., 109f.

[27] Der Katalog der Engelberger Handschriften verzeichnet auch die Handschriften des Frauenklosters, allerdings ohne deren Sarner Provenienz auszuweisen: Catalogus codicum manu scriptorum qui asservantur in bibliotheca monasterii O.S.B. Engelbergensis in Helvetia, edidit P. BENEDICTUS GOTTWALD, Friburgi Brisgoviae 1891. Die Sammlung ist noch nicht systematisch erforscht. KURT RUH hat in zwei Aufsätzen die Sammlung kurz skizziert: Deutsche Literatur im Benediktinerinnenkloster St. Andreas in Engelberg, Titlisgrüße 67 (1981), S. 46–55; [Forts.:] Der Engelberger Prediger, ebd., S. 77–88 (mit Anmerkungen versehen wieder in: DERS., Kleine Schriften, Bd. 2: Scho-

schriften der Stiftsbibliothek Engelberg, vereinzelt auch auswärtiger Bibliotheken, die sich aufgrund von Besitzeinträgen, Widmungen oder Benutzungsspuren (etwa Nekrologeinträgen) etc. dem ehemaligen Frauenkloster in Engelberg zuordnen lassen. MATHIAS STAUFFACHER hat eine Reihe solcher Codices zusammengestellt.[28] Er vermutet, daß bereits im Spätmittelalter nicht mehr gebrauchte Handschriften der Frauengemeinschaft in der Bibliothek des Männerklosters archiviert wurden. Es ist also durchaus damit zu rechnen, daß weitere Handschriften der heutigen Stiftsbibliothek Engelberg einst dem Frauenkonvent gehörten oder zumindest zeitweise dort benutzt wurden, auch wenn Besitzeinträge oder andere konkrete Hinweise fehlen. Nicht allein bei volkssprachigen Handschriften liegt diese Vermutung nahe, sondern auch bei den zahlreichen lateinischen Codices, die deutsche Rubriken, Randglossen oder kleinere Texte wie Gebete oder Lieder aufweisen,[29] auch wenn natürlich ebenfalls im Männerkonvent grundsätzlich mit deutschen Texten zu rechnen ist, so wie umgekehrt auch Handschriften mit ausschließlich lateinischen Texten den Nonnen gehört haben können (und nachweislich gehörten[30]). Gelegentlich sprechen inhaltliche

---

lastik und Mystik im Spätmittelalter, hg. von VOLKER MERTENS, Berlin/New York 1984, S. 275–295 [zit.]); DERS., Der Handschriftenbestand des St. Andreas-Klosters in Engelberg. Ein Überblick, in: DE KEGEL [Anm. 24], S. 107–120. Ausgezeichnete Vorarbeiten zu einer Untersuchung der mittelalterlichen Bibliothek der Engelberger Frauengemeinschaft hat 1982 MATHIAS STAUFFACHER im Rahmen seiner Dissertation zu den ›Engelberger Predigten‹ geleistet: Untersuchungen zur handschriftlichen Überlieferung des »Engelberger Predigers«, Bd. 1–3, Diss. phil. Basel 1982 (online unter: ‹http://doc.rero.ch/record/9746›), zur Bibliothek des Frauenkonvents s. Bd. 1, Kap. 2.4, S. 18–30. STAUFFACHER bietet eine vollständige Übersicht über die Handschriften aus Sarnen (S. 19f.). Dazu gehören die Pergamenthandschriften Codd. 72, 85, 97, 114, 124, 125, 141, 152, 153, 155, 159 und die Papierhandschriften Codd. 239, 240, 241, 242, 243, 301, 302, 303, 334, 335, 336, 337, 338, 339, 341, 386. In der Bibliothek von St. Andreas in Sarnen befinden sich heute keine mittelalterlichen Handschriften mehr (ebd., Anm. S. 33). Die Arbeit von SUSAN MARTI zu fünf illustrierten Psalter-Handschriften aus der 1. Hälfte des 14. Jahrhunderts schließlich widmet sich auch weiteren Handschriften aus dem Frauenkloster: SUSAN MARTI, Malen, Schreiben, Beten. Die spätmittelalterliche Handschriftenproduktion im Doppelkloster Engelberg, Zürich 2002 (Zürcher Schriften zur Kunst-, Architektur- und Kulturgeschichte 3). Die Drucke mit Sarner Provenienz verzeichnet SIGISBERT BECK, Katalog der Inkunabeln in der Stiftsbibliothek Engelberg, St. Ottilien 1985 (Stud.Mitt.OSB 27. Erg.bd.), S. 255.

[28] STAUFFACHER [Anm. 27], Bd. 1, Kap. 2, S. 21–25; zu den im 14. Jahrhundert entstandenen Psalterhandschriften in auswärtigen Bibliotheken (London, BL, Ms. Add. 22279 und Ms. Add. 22280, Manchester, John Rylands University Library, Ms. lat. 95) s. MARTI [Anm. 27].

[29] Einige in lateinischen Codices zerstreute deutsche Texte hat KARL BARTSCH zusammengestellt: Alt- und Mittelhochdeutsches aus Engelberg, Germania 18 (1873), S. 45–68.

[30] So lassen sich die beiden lateinischen Gebetbücher Codex 159 (15. Jahrhundert) und Codex 413 (16. Jahrhundert) der Frauengemeinschaft zuordnen, ersteres aufgrund seiner Sarner Provenienz, letzteres aufgrund von zwei Einträgen, die das Buch als Besitz der Engelberger Nonne Walpurga Viol ausweisen. Der eine Eintrag sowie der signierte Nachtrag eines Engelberger Mönchs sind in das Jahr 1592 datiert (Cod. 413, fol. 1^v und 141^r).

Kriterien, z. B. die Apostrophe geistlicher Frauen, für die Bestimmung für den Frauenkonvent.[31] Angesichts der Größe der Frauengemeinschaft im 14. und frühen 15. Jahrhundert dürfte ja hier der Bedarf an liturgischen Büchern und an geistlicher Literatur für die Lesung bei Tisch und bei anderen Gelegenheiten sowie für die persönliche Lektüre sehr groß gewesen sein.

Klosterbibliotheken mit mehr oder weniger geschlossen erhaltenem historischem Bestand gelten als »Glücksfall für regional orientierte Forschungen«, läßt sich doch hier im überschaubaren Raum exemplarisch über die »Grenzen zwischen Früh-, Hoch-, Spätmittelalter«, aber auch über die »Grenzen zwischen Latein und Deutsch« hinweg arbeiten: »Man kann – vielleicht nirgendwo anders so gut wie hier – den ›Sitz im Leben‹ der Literatur erkennen,« wie FREIMUT LÖSER am Beispiel des Klosters Melk ausführt.[32] Die überlieferten Handschriften des ehemaligen Benediktinerinnenklosters in Engelberg werden im Rahmen des Projekts sowohl in ihrem lokalen als auch regionalen Kontext untersucht. Das Interesse gilt dem Literaturbetrieb im Frauenkloster und seinen Verflechtungen mit dem Männerkonvent: literarische Eigenproduktion und Übersetzungstätigkeit im oder für den Nonnenkonvent, Schreibbetrieb und Sammelinteressen. Zugleich soll der Handschriftenbestand im Kontext der geistlichen Literatur der Region ›verortet‹ werden: Gefragt wird nach der Herkunft von Bücherschenkungen sowie der Herkunft der Vorlagen für Abschriften, Kompilationen oder Übersetzungen, die in oder für Engelberg angefertigt wurden. Das spezifische Profil der Büchersammlung wird sich durch den Vergleich mit anderen Frauenklosterbibliotheken der Umgebung ergeben. Im Fokus der Untersuchung steht der regionale (und gegebenenfalls überregionale) Literaturtransfer und die daran beteiligten Personen und Institutionen. Die ›Region‹ konstituiert sich damit durch die literarischen Beziehungen des Frauenklosters in Engelberg. Den zeitlichen Rahmen der Untersuchung bildet einerseits das Auftauchen erster deutscher Texte in Engelberger Handschriften im 12./13. Jahrhundert, andererseits die Aufhebung der doppelklösterlichen Gemeinschaft mit der Verlegung des Frauenkonvents nach Sarnen im Jahre 1615.

Im Falle Engelbergs wird man sich nicht zum Ziel setzen können, eine abgegrenzte Bibliothek der Frauengemeinschaft zu rekonstruieren. Daß es nicht möglich ist, bei den Überlegungen zur Herstellung von Büchern, deren Aufbewahrungsort und deren Gebrauch zwischen dem Frauen- und Männerkon-

---

[31] Ein Beispiel nennt STAUFFACHER mit Codex 109, einer in der ersten Hälfte des 14. Jahrhunderts in Engelberg geschriebenen Brevierhandschrift, die sich – wie andere Handschriften der Zeit (s. u.) – stilistisch an die Bibelhandschrift Codex 6 anlehnt. Auf die Bestimmung für die Nonnen lassen Gebetsformulierungen wie die folgende schließen: *exaudi preces ancillarum tuarum.* MATHIAS STAUFFACHER, Johannes Friker in Luzern und Engelberg. Stadtschreiber, Laienpfründner des Klosters im Hof und geistlicher Förderer des Frauenklosters St. Andreas, Jb. der Historischen Gesellschaft Luzern 12 (1994), S. 13–43, hier S. 30f.
[32] LÖSER [Anm. 15], S. 262.

vent eine scharfe Trennlinie zu ziehen, hat MATHIAS STAUFFACHER überzeugend aufgezeigt.[33] Vielmehr soll die Untersuchung gerade die besonderen institutionellen Bedingungen eines Doppelklosters und seines engeren und weiteren Umfelds in den Blick nehmen. Bücher können zwischen den beiden Konventen hin und her wandern, ausgeliehen oder abgegeben werden. Geht es um den Bildungshorizont der Frauen sowie um die Einordnung ihrer Büchersammlung in die Literatur-Topographie der Region, so ist die Bibliothek des benachbarten Männerkonvents ohnehin von großem Interesse. Diese dürfte ja die Literatur für die Frauenseelsorge durch die Patres bereitgestellt haben. Möglicherweise finden sich hier auch lateinische Vorlagen für deutsche Texte, die von lateinkundigen Mönchen oder Nonnen für den Gebrauch in der Frauengemeinschaft in die Volkssprache übertragen wurden. Das Zusammenspiel von Männer- und Frauenkonvent läßt sich beispielsweise an den sog. ›Engelberger Predigten‹ (codd. 335–337) ablesen. Diese umfangreiche Sammlung deutscher Predigten, die bei den Nonnen für die Tischlesung herangezogen wurden, wie aufgrund entsprechender Einträge (s. u.) angenommen werden kann, dürfte von den Männern kopiert, möglicherweise auch kompiliert und redigiert worden sein: Unter den Schreiberhänden läßt sich (neben nicht identifizierbaren Schriften) diejenige des Engelberger Konventualen und späteren Priors Johannes von Bolsenheim nachweisen; identifiziert werden kann auch die Hand von Bartholomäus Fridower (der als Leutpriester, wie Bolsenheim vor seinem Klostereintritt, die dem Kloster unterstellte Pfarrei in Stans versorgte) sowie diejenige von Johannes Friker aus Luzern, von dem noch die Rede sein wird.[34]

---

[33] STAUFFACHER [Anm. 27], Bd. 1, Kap. 2, S. 28–30. Zur Unmöglichkeit der sicheren Zuweisung von Engelberger Handschriften ins Nonnenkloster kommen weitere Unsicherheiten. So wird sich bei einzelnen Codices nicht mehr feststellen lassen, wann sie nach Engelberg (oder nach Sarnen) kamen. Man darf den heute erhaltenen Buchbestand nicht unbesehen mit der mittelalterlichen Bibliothek des Frauenklosters gleichsetzen. In der Reformationszeit dürften nämlich viele geistliche Handschriften aus den zum neuen Glauben übergetretenen Herrschaften den Weg in eine neue, ›katholische‹ Bibliotheksheimat gefunden haben, wie sich dies am neu erschlossenen Bestand des Benediktinerinnenklosters Hermetschwil beobachten läßt. Dieser weist eine Reihe von Handschriften auf, die »bis zur Reformation in den Städten Zürich, Schaffhausen und Basel in dominikanischen, benediktinischen und franziskanischen Klöstern verwendet worden« waren. CHARLOTTE BRETSCHER-GISIGER/RUDOLF GAMPER, Katalog der mittelalterlichen Handschriften der Klöster Muri und Hermetschwil, Dietikon/Zürich 2005 (Monumenta monasterii Murensis 5), S. 48f., hier S. 48.
[34] STAUFFACHER [Anm. 27], Bd. 2, Kap. 6, S. 28–49, bes. S. 30–32 mit Abb. 2 u. 5f., S. 56f., 113; RUH, Deutsche Literatur [Anm. 27], S. 285f. Die ›Engelberger Predigten‹ werden im Rahmen des Genfer Teilprojekts ›Mündlichkeit – Bildlichkeit – Schriftlichkeit‹ des NFS ›Medienwandel – Medienwechsel – Medienwissen. Historische Perspektiven‹ unter der Leitung von RENÉ WETZEL durch eine Edition und Kommentar und durch die Untersuchung ihrer Entstehungs- und Wirkungsgeschichte erschlossen. Siehe dazu ‹http://www.muebisch.ch›.

Manuskriptkultur und Medienwandel

In der Zeitspanne vom 12. bis ins frühe 17. Jahrhundert vollziehen sich grundlegende Wandlungen im Kommunikationssystem und in den daran beteiligten Medien: Das Verhältnis von Mündlichkeit und Schriftlichkeit verschiebt sich ebenso wie dasjenige von Latein und Volkssprache. Mit dem bezeichnenden medialen Umbruch, der in der frühen Neuzeit durch das Aufkommen der Drucktechnik provoziert wird, ändern sich allmählich Formen und Funktionen der Schriftmedien und deren Distributionssysteme. Der mehrere Jahrhunderte umfassende Untersuchungszeitraum erlaubt es, die Auswirkungen des Medienwandels aus der Perspektive einer einzelnen Institution zu verfolgen. Am Einzelfall werden allgemeine Entwicklungen wie auch Diskontinuitäten und Brüche wahrnehmbar.

Wie andernorts wurden auch im Kloster Engelberg die Handschriften in den ersten Jahrhunderten vorwiegend in Eigenproduktion hergestellt. Unter dem aus dem Reformkloster St. Blasien im Schwarzwald kommenden Abt Frowin (1143–1178) entstand im Männerkloster ein professionelles Skriptorium, das über mehrere Generationen Handschriften herstellte.[35] Die Nonnen dürften vermutlich zuerst von den Mönchen mit den nötigen Handschriften versorgt worden sein. Spätestens zu Beginn des 14. Jahrhunderts beteiligte sich auch der Frauenkonvent an der Herstellung von illustrierten Handschriften. SUSAN MARTI kann plausibel machen, daß hier in der ersten Hälfte des 14. Jahrhunderts vier Psalter-Handschriften ganz oder teilweise gefertigt wurden.[36] Freilich läßt sich hier nicht mit Sicherheit zwischen möglichen Anteilen des Männer- und des Frauenklosters unterscheiden.[37] Nach der Pestepidemie 1348/1349 entstanden in Engelberg nur noch Gebrauchshandschriften. Wie in anderen Klöstern kamen in dieser Zeit viele Bücher durch Kauf oder Schenkung bzw. aus dem Besitz einzelner Mönche oder Nonnen ins Kloster.[38] Insbesondere illustrierte Handschriften gelangten von außen in die Sammlung, wie der Codex 239 mit den ›Vierundzwanzig Alten‹ Ottos von Passau, der um 1430 im Elsaß im Umfeld der Werkstatt von 1418 und derje-

---

[35] Zur frühen Handschriftenproduktion s. Die Bilderwelt des Klosters Engelberg. Das Skriptorium unter den Äbten Frowin (1143–1178), Berchtold (1178–1197), Heinrich (1197–1223), hg. von CHRISTOPH EGGENBERGER, Luzern 1999; A[LBERT] BRUCKNER, Scriptoria medii aevi helvetica. Denkmäler schweizerischer Schreibkunst des Mittelalters, Bd. 8: Schreibschulen der Diözese Konstanz. Stift Engelberg, Genf 1950; ROBERT DURRER, Die Maler- und Schreiberschule von Engelberg, Anzeiger für Schweizerische Altertumskunde N. F. 3 (1901), S. 42–55, 122–176.

[36] MARTI [Anm. 27], S. 249, 257. Zum Engelberger ›Skriptorium‹ im dritten Viertel des 14. Jahrhunderts s. Engelberg Stiftsbibliothek Codex 314, komm. u. im Faksimile hg. von WULF ARLT/MATHIAS STAUFFACHER, Winterthur 1986 (Schweizerische Musikdenkmäler 11), Einleitung S. 62–80.

[37] MARTI [Anm. 27], S. 249–251.

[38] STAUFFACHER [Anm. 27], Bd. 1, Kap. 2, S. 10.

nigen Diebold Laubers entstand.[39] Später kommen gedruckte Bücher dazu. Die acht Inkunabeln aus Sarnen, die heute in Engelberg aufbewahrt werden, bieten Werke, die zur Standardausstattung einer Klosterbibliothek gehören (Bibelübersetzung, Missale, Plenarien, Psalterien; die ›Vitaspatrum‹, deren Lektüre ja bereits in der Benediktinerregel empfohlen wird,[40] u. a. m.);[41] möglicherweise wurden sie angeschafft, um ältere Handschriften zu ersetzen.

Intermedialität

In einem solchermaßen überschaubaren Rahmen läßt sich also Mediengeschichte auf der Mikroebene beschreiben. Interessant sind die Studien von SUSAN MARTI, die zeigen kann, daß es sich bei den in Engelberg hergestellten Psalterien keineswegs um ›serielle‹ Produktion handelt. Vielmehr weisen die einzelnen Handschriften unterschiedliche Bildprogramme auf, die aufeinander abgestimmt zu sein scheinen. Einzelne Bildvorlagen stammen dabei aus Codices des Männerkonvents. Auch Handschriften, die von außen ins Kloster kamen, fanden als Vorlagen Verwendung, so die Bibelhandschrift Codex 6, von der noch die Rede sein wird. Insgesamt zeugen die Bildprogramme von dominikanischem Einfluß.[42]

Auf dieser mikrohistorischen Beschreibungsebene medialer Voraussetzungen und Praktiken im lokalen Kontext lassen sich auch Interferenzen zwischen Schrift- und Bildmedien beobachten. So bestehen ikonographische Bezüge zwischen den Psalterillustrationen und den Textilien des Frauenklosters.[43] Intermedialität aber ist nicht nur bei der Herstellung der Handschriften ein Stichwort, sondern auch bei ihrem Gebrauch. Eine der illustrierten Psalter-Handschriften wird in einem (ins 16. oder 17. Jahrhundert zu datierenden) Eintrag einem Marienbild zugeordnet, der darauf hindeutet, daß der Codex in dieser Zeit vor einem

---

[39] Beschreibung der Handschrift s. Katalog der deutschsprachigen illustrierten Handschriften des Mittelalters, begonnen von HELLA FRÜHMORGEN-VOSS †, fortgef. von NORBERT H. OTT zus. mit ULRIKE BODEMANN [u. a.], Bd. 1, München 1991 (Veröffentlichungen der Kommission für deutsche Literatur des Mittelalters der Bayerischen Akademie der Wissenschaften), S. 157f.; vgl. LIESELOTTE E. SAURMA-JELTSCH, Spätformen mittelalterlicher Buchherstellung. Bilderhandschriften aus der Werkstatt Diebold Laubers in Hagenau, Bd. 1–2, Wiesbaden 2001, Bd. 1, S. 56–59; Bd. 2, S. 169, Abb. 46.
[40] Vgl. CARL SELMER, Middle High German Translations of the Regula Sancti Benedicti. The Eight Oldest Versions, Cambrigde/Massachussetts 1933 (Old German Prose Documents 1), S. 112, Kap. 42.
[41] Vgl. die Liste der Drucke mit Sarner Provenienz bei BECK [Anm. 27], S. 255.
[42] MARTI [Anm. 27], S. 220–222.
[43] GUIDO MUFF/URSULA BENZ, »Lasst uns das Kindelein kleiden [...] lasst uns das Kindelein zieren«. Textiles Arbeiten im Kloster St. Andreas, in: DE KEGEL [Anm. 24], S. 141–156, hier S. 146f.; MARTI [Anm. 27], S. 184–186.

entsprechenden Bildnis aufgelegt worden ist.⁴⁴ Schrift- und Bildmedium und der Raum spielen im Gebrauch zusammen.

Die Materialität der Handschriften – Entstehungs- und Gebrauchszusammenhänge

An der Materialität der Handschriften lassen sich Hinweise auf konkrete Entstehungszusammenhänge sowie auf die intendierte oder die tatsächliche Verwendung ablesen. Konzentrieren sich die Forschungen auf einen historischen Buchbestand, so lassen sich solche Einzelbeobachtungen vernetzen und gegebenenfalls mit Informationen aus anderen Quellengattungen ergänzen (Annalen, Statuten, Visitationsprotokolle, Testamente und Legate usw., soweit entsprechende Quellen vorhanden sind).

Als Beispiel soll die älteste Handschrift herangezogen werden, die zur Ausstattung des Frauenklosters gehörte, der Codex 72 aus dem dritten Viertel des 13. Jahrhunderts. Er enthält die lateinische Benediktinerregel mit deutscher Übersetzung. Da letztere vom Sprachstand her bedeutend älter als die Handschrift sein muß, dürfte diese auf eine damals wohl schon längere Zeit vorhandene deutsche Fassung zurückgehen.⁴⁵ Entstehung und Bestimmung des Buchs werden in einer historisierten Initiale, die den lateinischen Prolog eröffnet, programmatisch ins Bild gesetzt. Im Buchstabenkörper der zehnzeiligen *A*-Initiale erscheint eine aufrecht stehende Figur, die durch Tonsur, Priestergewand und Stab als Abt des Doppelklosters ausgezeichnet ist – die Inschrift nennt ihn mit Namen *Waltherus abbas*.⁴⁶ In seiner rechten Hand hält er das Buch, das er einem Engel reicht (oder umgekehrt von diesem empfängt?), der oben links in einer

---

⁴⁴ *Diser psalter ist unser frouwen der ablösung und unser frouwen der wirttin* (?), s. MARTI [Anm. 27], S. 259, 273.
⁴⁵ Die deutsche Fassung des Cod. 72 ist ediert von JOHANN TROXLER, Die Regel des heiligen Benedict. Im deutschen Originaltexte einer Engelberger Handschrift des XIII. Jahrhunderts, Der Geschichtsfreund 39 (1884), S. 1–72, zur Sprache s. S. 4, sowie (mit Korrektur der Versehen der ersten Ausgabe) von SELMER [Anm. 40], die Edition der Engelberger Fassung S. 89–128, vgl. dazu die Einleitung S. 8.
⁴⁶ Cod. 72, fol. 1ᵛ. Die Miniatur ist abgebildet und beschrieben bei MARTI [Anm. 27], S. 133f., 169, S. 192, Abb. 59 (Schwarz-Weiß-Aufnahme der gesamten Seite, mit dem irrtümlichen Nachweis fol. 1ʳ). Vgl. auch DIES., Zweisprachige »Benediktregel« aus dem Doppelkloster Engelberg, in: Krone und Schleier. Kunst aus mittelalterlichen Frauenklöstern, hg. von der Kunst- und Ausstellungshalle der Bundesrepublik Deutschland, Bonn, und dem Ruhrlandmuseum Essen, München 2005, S. 327 (mit farbiger Abb. der Initiale, Ausschnitt). Beschreibung des Codex s. Katalog der datierten Handschriften in der Schweiz in lateinischer Schrift vom Anfang des Mittelalters bis 1550, begr. von ALBERT BRUCKNER, hg. von MAX BURCKHARDT [u. a.], Bd. 2: Die Handschriften der Bibliotheken Bern – Porrentruy, bearb. von BEAT MATTHIAS VON SCARPATETTI, Dietikon/Zürich 1983, hier Bd. 2.1, S. 92f.; Bd. 2.2, Abb. 98f.

Ranke erscheint. Zu beiden Seiten der *A*-Initiale sind zwei weitere Figuren zu sehen. Am linken Schaft des Buchstabens ist ein (mit *m[onachus] chŏno* beschrifteter) Mönch als Halbfigur in einer Ranke dargestellt, der seine beiden Hände in betender Geste emporhält. Am rechten Schaft steht eine Nonne, die inschriftlich als *Gŏta* bezeichnet wird. Man darf in ihr wohl die Meisterin des Frauenkonvents sehen.[47] Die Darstellung trägt der Amtshierarchie im Doppelkloster insofern Rechnung, als daß die (mutmaßliche) Vorsteherin des Nonnenkonvents deutlich kleiner dargestellt ist als der Abt, dem sie mit ihrem Konvent unterstellt ist.[48] In zwei inschriftlichen Einträgen, von denen der eine in zwei lateinischen Hexametern (fol. 1ʳ), der andere in deutschen Reimpaaren abgefaßt ist (fol. 72ʳ), wird Abt Walther als Urheber der Handschrift genannt (*Abbas Waltherus hoc fecit nempe volumen* […], fol. 1ʳ).[49] Zwei Äbte kommen aufgrund des Namens als Auftraggeber in Frage, Walther I. von Iberg (1250–1267) und Walther II. von Cham (1267–1276), wobei Indizien für den ersteren sprechen.[50] Die Darstellung visualisiert, so Susan Marti, das Zusammenwirken von Männer- und Frauenkonvent bei der Herstellung des Buchs in idealtypischer Weise, ohne daß sie Rückschlüsse auf die konkreten Anteile der dargestellten Personen erlauben würde (etwa der Abt als Auftraggeber, der Mönch als Schreiber, Guota als Empfängerin, vielleicht auch als Bestellerin des Werks?). Mit der Präsenz des Engels erhält nicht nur die Regel mit der volkssprachigen Übersetzung die himmlische Approbation. Die Eingangsinitiale mit Abt und Meisterin ist zugleich Ausweis des Selbstverständnisses Engelbergs, worauf Rolf De Kegel hingewiesen hat: Das Bild legitimiert die in dieser Zeit im Benediktinerorden keineswegs mehr selbstverständliche doppelklösterliche Gemeinschaft.[51]

Wie in diesem Fall sind Handschriften bis ins späte Mittelalter zumeist Einzelanfertigungen, die auf Wunsch eines Auftraggebers für einen bestimmten

---

[47] Das Nekrologium des Frauenklosters von 1345 (Cod. 26) führt zwei Meisterinnen namens Guota auf, s. Heer, Engelberg-Sarnen [Anm. 24], S. 1740.

[48] Vgl. Marti, »Benediktregel« [Anm. 46], S. 327.

[49] Abdruck der beiden Einträge bei von Scarpatetti [Anm. 46], S. 92. Daß der genannte Abt Walther der »Übersetzer« des Werks sei, wie Kurt Ruh aus der zitierten Formulierung folgert, scheint mir nicht zwingend zu sein, hat doch *fecit* ein zu weites Bedeutungsspektrum, als daß es auf »übersetzen« festgelegt werden könnte (Ruh, Deutsche Literatur [Anm. 27], S. 277). Der Sprachstand der Übersetzung (s. o.) schließt aus, daß die Übertragung auf einen der beiden fraglichen Äbte namens Walther zurückgehen könnte (vgl. Anm. 50).

[50] In der Amtszeit von Abt Walther von Iberg wird in einer Urkunde über einen Güterverkauf vom 14. Sept. 1256 in Luzern ein Chuono als Zeuge genannt, vgl. Marti [Anm. 27], S. 133, Anm. 434. Unter Walther von Iberg erfolgte 1254 die Weihe der Kirche des Frauenkonvents, die mit der Aufnahme von 42 Klosterfrauen verbunden war, s. Heer, Vergangenheit [Anm. 24], S. 57f. Er erscheint in einem weiteren (als Einzelblatt überlieferten) Donatorenbild mit der Inschrift *waltherus abbas de iberch* (Bibliothek des Germanischen Nationalmuseums in Nürnberg, Inv. Nr. Mn 28/Kaps. 1593), s. Marti ebd., S. 169, Abb. 60 S. 193.

[51] De Kegel [Anm. 24], S. 17f.

Adressatenkreis hergestellt wurden. Vor diesem Hintergrund erstaunt es, daß der deutsche Text seiner Bestimmung für die Nonnen nicht Rechnung trägt, sondern treu dem Text der für Mönchsgemeinschaften verfaßten lateinischen Regel folgt. Der Prologbteginn *Auscvlta o fili p̄cepta magistri* (fol. 1ᵛ) wird zwar geschickt mit einer geschlechtsneutralen Übersetzung wiedergegeben (*Liebs chint virnim dv̊ gebot dins Meistirz*),[52] hinterher aber folgen – von wenigen Ausnahmen abgesehen[53] – männliche Bezeichnungen für die Ordensangehörigen (*der brv̊dir, die brv̊dra,*[54] *dir/der mvnch, die mvncha*[55]) und für die Klosterämter (*der/dir abt, der chelnere, dir bropst*[56] usw.). Offenbar störte man sich nicht an Begriffen, die für ein Frauenkloster gänzlich unpassend waren, wie etwa an der folgenden Formulierung, die unter dem Titel *Von dem portnere dis chlostirs* erscheint: *Zi der porta dis chlostirs solm sezzin ein altin wisin man!*[57] Da der deutsche Text dem lateinischen getreu folgt, enthält die für die Nonnen bestimmte Handschrift auch Abschnitte, die für eine Frauengemeinschaft bedeutungslos sind, so den Abschnitt über die Priestermönche und Diakone.[58] Auch die Bestimmungen zur Klausur erfahren keine Eingriffe, obwohl diese für die Frauenkonvente des Ordens als unzureichend erachtet und in diesen in der Regel denn auch strenger gehandhabt wurden, wie zeitgenössische Quellen belegen.[59] Das bedeutet, daß die Autorität des Ordensgründers höher gewichtet wurde als die konkrete Bestimmung der Handschrift für weibliche Adressaten.[60] Es gibt offenbar Texte, die sich in der Tradierung gegenüber neuen Gebrauchszusammenhängen (über eine gewisse Zeit) als ›resistent‹ erweisen, wie das bei dieser frühen Verdeutschung der Benediktinerregel zu beobachten ist.

---

[52] SELMER [Anm. 40], S. 89 (Prolog), vgl. S. 90 (Prolog): *Lieben chint*.
[53] Vgl. ebd., S. 114, Kap. 45: *dheine*, von späterer Hand über der Zeile korrigiert in *deheiner*; vgl. ähnlich S. 112, Kap. 42: *inheine* mit Korrektur *r*; S. 108, Kap. 35: *incheine* (hier die weibliche Form ohne nachträgliche Korrektur).
[54] Ebd., S. 91 (Prolog); S. 95, Kap. 3; S. 98, Kap. 7; S. 105, Kap. 26; S. 106, Kap. 29 usw.
[55] Ebd., S. 116, Kap. 49; S. 118, Kap. 54 usw.
[56] Ebd., S. 94, Kap. 2; S. 107, Kap. 31; S. 125, Kap. 65 usw.
[57] Ebd., S. 126, Kap. 66.
[58] Ebd., S. 122f., Kap. 62.
[59] Vgl. BRETSCHER-GISIGER/GAMPER [Anm. 33], S. 12.
[60] Von den von SELMER edierten acht mittelhochdeutschen Benediktinerregeln ist die Übersetzung in Oxford, BL, Cod. Laud Misc. 237, aus dem frühen 14. Jahrhundert die einzige, die den Regeltext konsequent für weibliche Adressaten umsetzt (wohl nur versehentlich ist hier und dort eine männliche Form stehen geblieben). Neben der Verwendung weiblicher Formen gehört auch das Streichen von Kapiteln, die für eine weibliche Ordensgemeinschaft ohne Relevanz sind, zu den adressatenbezogenen Eingriffen dieser Fassung, vgl. SELMER [Anm. 40], S. 10. Die vermutlich aus Eberbach stammende Handschrift war wohl für ein von den Eberbacher Mönchen betreutes Zisterzienserinnenkloster bestimmt, möglicherweise für Aulhausen (später Marienhausen), vielleicht für Gottesthal oder Tiefenthal, s. PALMER, Eberbach [Anm. 5], S. 140, 290.

Benutzungsspuren in Codex 72 lassen auf einen langen Gebrauch der Handschrift schließen: Aus dem 15. Jahrhundert stammen die von einer späteren Hand punktuell eingetragenen sprachlichen Modernisierungen zu deutschen Begriffen, die offensichtlich im Laufe der Jahrhunderte unverständlich geworden waren.[61] Ebenfalls ins 15. Jahrhundert gehört eine jüngere Handschrift der Schwesternbibliothek (Cod. 301), die nun die deutsche Benediktinerregel ohne den lateinischen Text bietet. Zitiert aber werden jeweils die lateinischen Kapitelanfänge, die den deutschen Text in Abschnitte gliedern. Diese Incipits ermöglichen das Auffinden des entsprechenden Kapitels in der lateinischen Fassung, so daß die modernisierte Übersetzung zusammen mit der bereits vorhandenen lateinischen Fassung in Codex 72 gebraucht werden konnte. Die jüngere Regel geht auf die ältere klostereigene Übersetzung zurück. Die sprachlichen Modernisierungen im Codex 72 wurden in den meisten Fällen in die neue Fassung übernommen.[62] Die Neufassung der deutschen Regel trägt ihrer Bestimmung für weibliche Religiosen in der Anrede des Publikums und in den Amtsbezeichnungen genauso wenig Rechnung wie die ältere Verdeutschung, obwohl hier der Spielraum für entsprechende Anpassungen größer gewesen wäre als in Codex 72 mit der kapitelweisen Darbietung von lateinischem und deutschem Text.[63]

Latein und Deutsch

Eine Handschrift wie Codex 72, die in ihrem konkreten Entstehungs- und Gebrauchszusammenhang lokalisiert werden kann, wirft ein Streiflicht auf das für die mittelalterliche Schriftkultur konstitutive Neben- und Miteinander von Latein und Volkssprache. Die zweisprachige Anlage der Handschrift macht deutlich, daß im Nonnenkonvent ein Bedürfnis bestand, über die ›Regula Sancti Benedicti‹ auch in deutscher Sprache zu verfügen. Lateinischer Text und Übersetzung sind dabei funktional ausdifferenziert: Der deutsche Text weist gegenüber dem lateinischen Original, dem er Kapitel für Kapitel folgt, einige Auslassungen auf. So nennt er bei den Anweisungen für das liturgische Gebet meist nur die Überschriften; in der Übersetzung wird auf die Aufzählung der (dann ohnehin lateinischen) Incipits verzichtet.[64] Stattdessen wird vermerkt, daß der Konvent (*wir*) die von Benedikt getroffenen Anordnungen befolgt.[65] Der deut-

---

[61] Beispiele s. RUH, Handschriftenbestand [Anm. 27], S. 108. In der Ausgabe von SELMER [Anm. 40] sind diese Modernisierungen in den Lesarten verzeichnet.
[62] Bereits RUH, Handschriftenbestand [Anm. 27], S. 108, vermutete, daß die nachgetragenen sprachlichen Modernisierungen in Codex 72 im Hinblick auf die Neufassung gemacht wurden.
[63] Vgl. SELMER [Anm. 40], S. 8.
[64] Ebd., S. 102f., Kap. 8–18.
[65] Ebd., S. 103, Kap. 14: *vñ als ers het gesezit also bigangen ŏch wir ez*; ebd., Kap. 16: *vñ da von als ers het gordinot also impflegen ŏch wirs zetůnne*; usw.

sche Text bleibt also dem lateinischen Original unter- und nachgeordnet. Die höhere Wertigkeit des lateinischen Textes zeigt sich optisch im Layout der Handschrift. Die deutsche Übersetzung beansprucht weniger Raum, da sie mit feinerem Federstrich und in kleineren, etwas enger gesetzten Buchstaben im Anschluß an das jeweils vorausgehende lateinische Kapitel eingetragen wurde.

Die Verwendung von Latein und Deutsch in frauenklösterlichen Handschriften wird in der Forschung gerne für Aussagen über die Bildungsverhältnisse der Nonnen herangezogen – nicht zu Unrecht.[66] Man sollte allerdings aus dem Vorhandensein von deutschen Texten nicht voreilig auf mangelhafte oder gar fehlende Lateinkenntnisse der Schwestern schließen. Im vorliegenden Fall etwa ist ja die Regel zuerst auf Latein und Deutsch verfügbar. Es stellt sich also die Frage, in welcher Sprache dieser grundlegende Text vorgelesen wurde, der das klösterliche Gemeinschaftsleben für die Ordensangehörigen verbindlich regelte. Aus den Anweisungen Benedikts zum Vorlesen der Regel ergeben sich zwei deutlich geschiedene Funktionszusammenhänge. Nicht allein die Mönche nämlich sollten die Regel regelmäßig hören. Auch den Novizen sollte sie vor ihrer Aufnahme in die Mönchsgemeinschaft wiederholt vorgetragen werden, damit sie wußten, wozu sie sich beim Ordenseintritt mit dem Gelübde verpflichteten.[67] Den Engelberger Benediktinerinnen standen also für diese beiden verschiedenen Adressatengruppen, die sich im Bildungsniveau unterschieden haben werden (in den meisten Fällen erlernten die Frauen das Latein wohl erst im Kloster), wahlweise die lateinische Regel oder die deutsche Übersetzung zur Verfügung. Auf die Frage, welche der beiden Fassungen in welcher Situation vorgetragen wurde, gibt es wohl keine sichere Antwort. Allenfalls könnten Benutzungsspuren wie die Interpunktion zur Markierung von Sprechpausen auf die einstige mündliche Verwendung deuten.

Die gleiche Vorsicht bei Rückschlüssen auf die Bildungsverhältnisse gilt für volkssprachige Texte zur Liturgie, wie sie beispielsweise im Codex 241 (das sog. ›Karwochenbüchlein‹[68]) vorliegen. Die dreiteilige Schrift enthält Erläuterungen zu den liturgischen und paraliturgischen Handlungen der Karwoche, zu Ostern

---

[66] Zu Engelberg s. PETER OCHSENBEIN, Lateinische Liturgie im Spiegel deutscher Texte oder von der Schwierigkeit vieler St. Andreas-Frauen im Umgang mit der Kirchensprache im Mittelalter, in: DE KEGEL [Anm. 24], S. 121–130. Vgl. auch DERS., Latein und Deutsch im Alltag oberrheinischer Dominikanerinnenklöster des Spätmittelalters, in: Latein und Volkssprache im deutschen Mittelalter 1100–1500. Regensburger Colloquium 1988, hg. von NIKOLAUS HENKEL/NIGEL F. PALMER, Tübingen 1992, S. 42–51.

[67] Die entsprechenden Passagen in der deutschen Fassung des Codex 72 s. SELMER [Anm. 40], S. 119–121, Kap. 58, hier S. 120; S. 126, Kap. 66.

[68] Die Schrift wird seit der Edition des ersten Teils durch LEODEGAR HUNKELER als ›Karwochenbüchlein‹ bezeichnet: Ein Charwochenbüchlein aus dem Engelberger Frauenkloster, in: Angelomontana. Blätter aus der Geschichte von Engelberg. Jubiläumsausgabe für Abt Leodegar II. gewidmet von seinen Mönchen, Gossau/St. Gallen 1914, S. 177–200.

und zu Weihnachten mit Übertragungen von hier gebrauchten liturgischen Texten. Gewiß erschließen solche Texte den Nonnen die Bedeutung der lateinischen Liturgie, aber sie erschöpfen sich nicht in dieser Funktion. Was sich hier beobachten läßt, gehört in den Kontext der für die spätmittelalterliche Frömmigkeit typischen Subjektivierung des religiösen Lebens, die sich in der persönlich-subjektiven Aneignung der Liturgie äußert.[69] Das ›Karwochenbüchlein‹ bietet über die Erklärung der liturgischen Handlungen hinaus Meditationshilfen und Körperübungen für ein intensiviertes persönliches Miterleben der liturgischen Feier und durchbricht so deren repetitiven Charakter. Die deutschen Texte lassen das in der Liturgie gemeinschaftlich zelebrierte objektive Heilsgeschehen zum persönlichen religiösen Erfahrungsraum werden.[70]

Daß man kaum irgendwo so gut wie bei historischen Beständen von Klosterbibliotheken den ›Sitz im Leben‹ von (geistlicher) Literatur herausarbeiten kann,[71] gilt in besonderem Maße für einen Text wie das unikal überlieferte ›Karwochenbüchlein‹, der nach derzeitigem Forschungsstand um 1400 eigens für die Engelberger Nonnen verfaßt (oder redigiert) wurde – Angaben wie *únseren herren den apt; únsri meisterin* beziehen sich auf die Situation eines Doppelklosters.[72] Bei einem Werk, das so eng mit seinem Ort, den Räumlichkeiten und der hier gefeierten Liturgie in Verbindung steht, ist die Kenntnis dieses Lebenszusammenhangs Voraussetzung für ein adäquates Verständnis. Im lokalen Kontext lassen sich weitere liturgische, archivalische oder architektonische Quellen beiziehen, mit deren Hilfe sich ebenfalls die performative Dimension des Textes präzisieren läßt, seine Einbindung in liturgische, den Körper involvierende Zusammenhänge.

---

[69] Zum Phänomen der zunehmenden Subjektivierung der Liturgie im Spätmittelalter s. Thomas Lentes, Gebetbuch und Gebärde. Religiöses Ausdrucksverhalten in Gebetbüchern aus dem Dominikanerinnen-Kloster St. Nikolaus in undis zu Straßburg (1350–1550), Bd. 1–2, Diss. theol., Münster 1996, bes. S. 82–84.

[70] Vgl. ebd., S. 83. – Mutatis mutandis gilt Vergleichbares auch für Handschriften, die Gebete liturgischer Provenienz in deutscher Übersetzung bereitstellen, wie der Codex 338 (15. Jahrhundert) in seinem ersten Teil (der zweite Teil enthält dann Privatgebete). Durch die deutsche Sprache lösen sich diese Texte von der Liturgie und werden verfügbar für die Verwendung bei der persönlichen Andacht.

[71] Löser [Anm. 15], S. 262, s. o.

[72] Charwochenbüchlein [Anm. 68], S. 192. Sigisbert Beck, ›Karwochenbüchlein‹, ²VL, Bd. 4, 1983, Sp. 1046f.; Ruh, Handschriftenbestand [Anm. 27], S. 282; Stauffacher [Anm. 27], Bd. 1, Kap. 2, S. 20, dagegen läßt die Frage der möglichen Entstehung in Engelberg offen: »in der zweiten Hälfte des 14. Jahrhundert für einen Frauenkonvent geschrieben.« Aufgrund der zitierten Textstellen, die sich auf ein Doppelkloster beziehen müssen, ist jedoch die Lokalisierung nach Engelberg durchaus wahrscheinlich, vorausgesetzt, daß sie sich durch die sprachliche Untersuchung erhärten lassen wird.

Die Tischlesung als Ort der Performanz

Literarhistorische Forschung zu historischen Buchbeständen erlaubt weit stärker als bei anderen Zugangsweisen Einblicke in die Gebrauchszusammenhänge von Literatur. Bekannt ist das gut dokumentierte Beispiel des Nürnberger Dominikanerinnenklosters St. Katharina, dessen Bibliothek zu einem großen Teil in der Stadtbibliothek Nürnberg erhalten ist. In diesem Fall erlauben die beiden Tischlesungskataloge aus dem 15. Jahrhundert (1429–1431 und 1455–1457), von denen der jüngere den vorzulesenden Text in der Regel mit der Signatur des Bandes und der Blattzahl nennt, die weitgehende Rekonstruktion der Tischlesung im Laufe des Jahres, soweit sie durch die Anweisungen festgelegt ist.[73] Hier kann man sehen, welche Texte, welche Gattungen für den Vortrag bei Tisch Verwendung fanden und welche nicht. So dominieren Predigten und Legenden sowie das ›Rationale divinorum officiorum‹ des Guillelmus Durandus das Leseprogramm, während mystische Texte, von Predigten Meister Eckharts oder Johannes Taulers abgesehen, weitgehend ausgeschlossen bleiben.[74] Historische Buchbestände erlauben auch in Fällen, die keineswegs so gut dokumentiert sind, stets auch Einblicke in die konkreten Verwendungszusammenhänge.

Im Falle des Engelberger Frauenklosters weisen insbesondere Predigthandschriften Randeinträge auf, die auf die Verwendung für die – bereits in der Benediktinerregel vorgeschriebene[75] – Tischlesung verweisen, so der Codex 124

---

[73] BURKHARD HASEBRINK, Tischlesung und Bildungskultur im Nürnberger Katharinenkloster. Ein Beitrag zu ihrer Rekonstruktion, in: Schule und Schüler im Mittelalter. Beiträge zur europäischen Bildungsgeschichte des 9. bis 15. Jahrhunderts, hg. von MARTIN KINTZINGER [u. a.], Köln [usw.] 1996 (Beihefte zum Archiv für Kulturgeschichte 42), S. 187–216, hier S. 202f. Von den 53 im jüngeren Tischlesungskatalog genannten Handschriften sind allein in der Stadtbibliothek Nürnberg 22 Bände erhalten; dazu kommen die Handschriften in anderen Bibliotheken, ebd. S. 204f. Die verschiedenen Bücher- und Tischlesungskataloge aus St. Katharina/Nürnberg sind ediert in: Mittelalterliche Bibliothekskataloge Deutschlands und der Schweiz, hg. von der Bayerischen Akademie der Wissenschaften. Bd. III, 3, Bistum Bamberg, bearb. von PAUL RUF, Nachdruck München 1969, S. 570–670; die beiden Tischlesungskataloge hier S. 638–670. Vgl. auch MARIE-LUISE EHRENSCHWENDTNER, A Library Collected by and for the Use of Nuns: St Catherine's Convent, Nuremberg, in: Women and the Book: Assessing the Visual Evidence, ed. by LESLEY SMITH/JANE H. M. TAYLOR, London/Toronto 1996, S. 123–132; ANTJE WILLING, Literatur und Ordensreform im 15. Jahrhundert. Deutsche Abendmahlsschriften im Nürnberger Katharinenkloster, Münster/New York 2004 (Studien und Texte zum Mittelalter und zur frühen Neuzeit 4). Zur Bibliothek von St. Katharina im regionalen Kontext s. THALI [Anm. 18], S. 241–285.
[74] HASEBRINK [Anm. 73], S. 214; WILLING [Anm. 73], S. 11–67. Die Aussage WILLINGS, S. 259, Eckhart-Predigten seien nicht zur Tischlesung herangezogen worden, ist nicht korrekt; sie erscheinen im Tischlesungskatalog bloß ohne Autorzuschreibung, s. HASEBRINK, S. 210f., 213 mit Anm. 80.
[75] Der Abschnitt aus der deutschen Fassung der Regel aus Codex 72 bei SELMER [Anm. 40], S. 110, Kap. 38, vgl. auch S. 112, Kap. 42, zu den abendlichen Lesungen.

mit Taulers Predigten (z. B. *disi bredgi lis an der helgē drifalltikeit dag*),[76] die Codices 335–337 der ›Engelberger Predigten‹ oder das Predigtkonvolut Codex 302 aus dem 15. Jahrhundert (z. B. *an sanctus iohānes aben ze nacht lis dises*; *dise iiij blat lis am heilgē dag frů vnd zů nacht am kleinen bůchlÿ natus est nobis*; *s stefas dag vach hie an* und vier Blätter später dazu korrespondierend: *hŏr vff* usw.[77]). Andere Handschriften wurden mit Virgeln, Semikola und Punkten zum Vorlesen eingerichtet. Als Beispiel dafür sei der Codex 153 mit Seuses ›Büchlein der ewigen Weisheit‹ genannt, der einfache rote Virgeln vermutlich zur Markierung der Sprechpausen aufweist.[78] Dies ist deswegen nicht uninteressant, weil im Nürnberger Katharinenkloster mystische Texte nicht zum Vortrag bei Tisch vorgesehen waren, soweit sich dies aus den erhaltenen Anweisungen erschließen läßt, die ja kein vollständiges Leseprogramm festlegen: So figuriert das ›Büchlein der ewigen Weisheit‹ nicht in den beiden Tischlesungskatalogen, obwohl das Werk in der Bibliothek nach Ausweis der Überlieferung in mindestens vier mehr oder weniger vollständigen Exemplaren und fünfzehn Exzerpten vorhanden war.[79] Auch die Interpunktion im Engelberger Exemplar von Seuses Andachtsbüchlein deutet auf den experimentellen Charakter des Unternehmens: Die Virgeln brechen nach 20 Blättern ab – offensichtlich hat man das Vorlesen wieder aufgegeben, lange bevor das Ende des Textes erreicht war.

---

[76] Cod. 124, fol. 133ʳ. Der Codex 124 bietet die älteste Überlieferung der Predigten von Johannes Tauler; die 1359 vermutlich in Straßburg oder in Freiburg (Breisgau) geschriebene Handschrift ist noch zu Lebzeiten des Autors entstanden. RUH, Handschriftenbestand [Anm. 27], S. 113. Vgl. STAUFFACHER [Anm. 27], Bd. 2, Kap. 6, S. 43f. Daß sich die eine Korrekturhand auch in den Codices 335 und 336 (›Engelberger Predigten‹) nachweisen läßt, beweist, daß die Handschrift schon früh, wohl spätestens seit dem Ende des 14. Jahrhunderts, in Engelberg war (ebd.).
[77] Cod. 302, fol. 1ʳ, 13ᵛ, 14ʳ, 17ʳ, vgl. auch fol. 4ʳ, 10ʳ, 22ᵛ, 34ʳ, 38ᵛ, 45ʳ. Die beiden Hände, die in der vorliegenden Handschrift die Anweisungen für die Tischlesung eingetragen haben, lassen sich auch in den Codices 335–337 mit den ›Engelberger Predigten‹ nachweisen, s. STAUFFACHER [Anm. 27], Bd. 2, Kap. 6, S. 111f., vgl. S. 100, 102f. Der Verweis auf das *kleine(n) bůchlÿ* bezieht sich nach Stauffacher auf Cod. 303, der ebenfalls aus dem Frauenkloster stammt, ebd., Kap. 6, Anm. 695 S. 65.
[78] Zusammen mit Cod. 141 (s. u.) gehört Cod. 153 (Perg., 147 Bll.) zu den ältesten Überlieferungszeugen des ›Büchleins der ewigen Weisheit‹, die beide noch vor Seuses ›Exemplar‹ entstanden sein müssen, s. OCHSENBEIN, Lateinische Liturgie [Anm. 66], S. 124.
[79] WERNER WILLIAMS-KRAPP, Ordensreform und Literatur im 15. Jahrhundert, JOWG 4 (1986/87), S. 41–51, hier S. 47. Zur Überlieferung von Seuses ›Büchlein der ewigen Weisheit‹ s. GEORG HOFMANN, Seuses Werke in deutschsprachigen Handschriften des späten Mittelalters, Fuldaer Geschichtsblätter 45 (1969), S. 113–206, die Angaben zu den Handschriften aus St. Katharina S. 147f., 153f., 156f. Zu den von HOFMANN aufgeführten Textzeugen aus dem Katharinenkloster ist die Handschrift Berlin, SBB-PK, Ms. germ. qu. 866 mit einem Exzerpt aus den ›Hundert Betrachtungen‹ zu ergänzen, s. THALI [Anm. 18], S. 172, 279, 317.

Literaturförderer und -vermittler – Büchertransfer im regionalen Kontext

Zum spezifischen Profil des literarischen Lebens einer historischen Epoche gehört auch die Rezeption älterer Werke.[80] Das Nebeneinander von Altem und Neuem läßt sich besonders eindrücklich an einem historischen Buchbestand ablesen. Wie im Falle Engelbergs stehen hier in der Regel literarische ›Neuerscheinungen‹ (unter ihnen auch Eigenproduktionen) neben späten Abschriften oder Bearbeitungen von älteren Werken. Im Glücksfall kann man die Dauer des Gebrauchs eines Werks aufgrund von Benutzungsspuren abschätzen. Sind die Abschriften nachweislich für Engelberg bestimmt, läßt sich Überlieferungsvarianz (auch fehlende Varianz) im Rahmen konkreter Rezeptionsinteressen analysieren. Der regionale Zugriff erlaubt es, Wege der Verbreitung zu rekonstruieren und nach den dafür verantwortlichen Kreisen und ihren Interessen zu fragen.

Im 14. und 15. Jahrhundert zeichnet sich bei der Herkunft der Bücher des Frauenklosters nach Schreibersignaturen, Schenkungseinträgen oder sprachlichen Indizien – soweit bisher zu sehen ist – etwa der gleiche geographische Radius ab wie beim Kreis der Gönner und Stifter des Klosters, wie ihn CARL PFAFF – allerdings für die Zeit vor der Pest in der Mitte des 14. Jahrhunderts – nachweisen kann: Er reicht nach Luzern und Zürich sowie an den Oberrhein nach Freiburg i. Br. und Straßburg – im Vergleich zu anderen Frauenklöstern der Schweiz zeichnet sich Engelberg durch den enorm großen Radius des Gönnerkreises aus.[81] Eine wichtige Bedeutung für die Vermittlung geistlicher Literatur nach Engelberg kommt der Stadt Luzern bzw. hier ansässigen Personen zu, wie im folgenden anhand einiger ausgewählter Handschriften gezeigt werden soll. Diese werfen nicht nur ein bezeichnendes Licht auf den regionalen Bücheraustausch, sondern auch auf die sehr enge Zusammenarbeit von Laien, Weltklerus und Ordensleuten beim Herstellen von Handschriften und bei der Rezeption geistlicher Literatur. Dabei scheinen hier, im Unterschied zu den andernorts nachweisbaren Verhältnissen, die Handschriften von außen ins Kloster gekommen zu sein und nicht umgekehrt.

Eine prominente Rolle für die Vermittlung geistlicher Literatur nach Engelberg spielte Johannes Friker. Der aus Brugg stammende Notar übernahm 1360 in Luzern das Amt des Stadtschreibers. Er könnte dem niederen Klerus angehört haben, wie STAUFFACHER vermutet. 1378 gab er sein Amt auf und erscheint darauf als Inhaber einer Laienpfründe im Luzerner Benediktinerstift im Hof. Er starb hier vermutlich im Jahr 1388.[82]

---

[80] »Die Literaturlandschaft ist auch eine Rezeptionslandschaft«, formulierte VOLKER SCHUPP pointiert [Anm. 9], S. 296. Vgl. auch oben, Anm. 11, 21.

[81] Ich danke Herrn Pfaff herzlich für die Informationen (Gespräche vom 14. Febr. 2005 und 7. März 2006).

[82] Zu Johannes Friker s. STAUFFACHER [Anm. 31].

Regionalität als Paradigma literarhistorischer Forschung zur Vormoderne 253

Der Codex 125 der Stiftsbibliothek Engelberg überliefert eine Sammlung von rund 75 Einzeltexten für ein kontemplatives Leben, die in vier Bücher gegliedert sind. Friker dürfte diesen Traktat nach seinem Rücktritt als Stadtschreiber eigens für die Engelberger Nonnen kompiliert haben. Dies läßt u. a. die Gebetsempfehlung vermuten, auch wenn die Adressatinnen nicht genauer bezeichnet werden: *Gedenkent ouch ze Got Johanses Frikers des alten statschribers von Lucern / der úch dis bůch in sinem kosten durch gottes willen geben / vnd in úwerm namen mit sin selbs hant geschriben hat / als es usser der heiligen geschrift genomen vnd ze tútsch gemacht ist · Anno domini · 1380°.*[83]

Kompilationen gehören im 14. und 15. Jahrhundert zu den typischen Formen literarischer Produktivität im Bereich der geistlichen Literatur.[84] In der Forschung wurden Kompilationen noch wenig als Gegenstand eigenen Wertes wahrgenommen, obwohl sich vielleicht gerade hier Fragen nach dem Text-Begriff bzw. nach dem, was die Identität eines Textes ausmacht,[85] besonders gut diskutieren und sachgerecht mit Beobachtungen zur Materialität der Handschriften verbinden lassen: Entspricht das, was wir in der Regel aufgrund der Quellenanalyse als ›Text‹ definieren, dem, was mit Hilfe des Layouts in der Handschrift als textuelle Einheit dargeboten wird (etwa durch Rubrizierungen)? Das Kompilieren wird, so ist anzunehmen, von spezifischen Interessen geleitet, welche die Auswahl der Texte und ihre Verbindung zu einem anonymen Textkonglomerat bestimmen. In diesem Zusammenhang erstaunt es, daß trotz des freien Verfügens über die Quellentexte diese nicht immer an den neuen Gebrauchszusammenhang angepaßt wurden. So konnten die Engelberger Klosterfrauen im Codex 125 unter den Ermahnungen an einen *geistlichen menschen* neben Anweisungen für eine fromme Lebensführung und für das richtige Beten auch die Ermahnung lesen, die Frauen zu meiden (*frowen fliehen*, fol. 6ʳ). Wie bei der deutschen Fassung der Benediktinerregel in Codex 72 fehlt auch hier die zu erwartende Anpassung an das Zielpublikum. Mag aber dort der Grund für den Verzicht auf Eingriffe im Respekt vor dem Originaltext, der ›Regula Sancti Benedicti‹, zu sehen sein, wird man hier nach anderen Erklärungen suchen müssen.[86]

---

[83] Der Eintrag findet sich am Ende des dritten Buches, Cod. 125, fol. 36ᵛ, zitiert nach STAUFFACHER [Anm. 31], S. 21; vgl. ebd., S. 19f. Neben der Gebetsempfehlung sprechen auch die Provenienz aus Sarnen sowie die verwendete Buchschrift (dazu s. u.) dafür, daß die Textkompilation von Anfang an für Engelberg bestimmt war.

[84] Zur Kompilation als typischer Form literarischer Aktivität von Religiosen s. HANS-JOCHEN SCHIEWER, Möglichkeiten und Grenzen schreibender Ordensfrauen im Spätmittelalter, in: Bettelorden, Bruderschaften und Beginen in Zürich. Stadtkultur und Seelenheil im Mittelalter, hg. von MAGDALEN BLESS [u. a.], Zürich 2002, S. 178–187, bes. S. 182–187.

[85] Zur Forschungsdiskussion der vergangenen Jahre s. die Einleitung von ECKART CONRAD LUTZ, Text und ›Text‹ – Wortgewebe und Sinngefüge, in: Text und Text in lateinischer und volkssprachiger Überlieferung des Mittelalters, hg. von DEMS. [u.a.], Berlin 2006 (Wolfram-Studien 19), S. 9–31.

[86] Ein bemerkenswertes Beispiel für die Lizenzen im Umgang mit Texten bietet die in

Eine Textkompilation wie die des Codex 125 bietet sich in besonderer Weise an, exemplarisch den Austausch von Literatur in der Region herauszuarbeiten. Zu den (erst zum Teil identifizierten) Texten gehört etwa der – im 14. Jahrhundert im alemannischen Raum entstandene – mystische Traktat ›Von den drîn fragen‹, der in der Nachfolge Eckharts und Taulers die mystische *via triplex* zum Thema hat, und der die Vorlage für Rulman Merswins ›Buoch von den drien durchbrüchen‹ sowie für die Klausnerinnenpredigt im ›Meisterbuch‹ darstellt, welches Merswin dem Gottesfreund im Oberland zugeschrieben hat (den später Nikolaus von Löwen in Engelberg gesucht hat).[87]

Auf der Ebene der Materialität der Handschrift lassen sich weitere Bezüge zu Engelberg herstellen. Bemerkenswert ist nämlich, daß der Berufsschreiber Friker für die Kompilation eine gotische Buchschrift mit verzierten Initialen imitiert, wie sie im 14. Jahrhundert auch für andere Engelberger Handschriften verwendet wurde: Vorlage für die Schrift war wahrscheinlich der bereits erwähnte Engelberger Codex 6. Diese kalligraphisch sorgfältige, mit Fleuronné-Initialen ausgestattete Bibelhandschrift (um 1300), die von außen ins Kloster kam, wurde in Engelberg verschiedene Male als Muster für Initialen oder Buchschrift herangezogen, so in den oben genannten Psalterien und in anderen liturgischen Handschriften.[88] Zu fragen ist, ob diese – zweifellos bewußt geschaffene – Kontinuität im Erscheinungsbild der Handschriften einen bestimmten Zweck hat. Buchkultur ist offenbar Teil der klösterlichen Identität; die Schrift gehört zur ›corporate identity‹. Daß die Schriftkultur in Material (hier Pergament) und Layout der Handschriften Ausdruck des klösterlichen Selbstverständnisses sein kann, ist auch

---

Codex 340 erhaltene Redaktion des ›Büchleins der ewigen Weisheit‹ Heinrich Seuses. Am Schluß der ›Hundert Betrachtungen‹ verwehrt sich bekanntlich der Autor explizit gegen Eingriffe in seinen Text (s. Heinrich Seuse. Deutsche Schriften, hg. von KARL BIHLMEYER, Stuttgart 1907 [Nachdruck Frankfurt a. M. 1961], S. 325,18–28). Obwohl die Engelberger Handschrift die Androhung, daß die ewige Weisheit Eingriffe in den Text rächen würde, nicht nur kopiert, sondern ihr mit einem Schreiberzusatz mit den Worten *Amen. Das ist war* (letzteres in roter Tinte, fol. 210ʳ) zusätzlich Nachdruck verleiht, weist sie Eingriffe auf: So wird im 14. Kapitel bei den Ausführungen über den Nutzen der Betrachtung des Leidens Christi (ab S. 254,5) eine Passage zum vorbildlichen Mitleiden des Hl. Franziskus und der Hl. Klara ergänzt (fol. 99ʳ/ᵛ, nach S. 254,16), bevor von St. Bernhard die Rede ist (ebd., ab S. 254,17, vgl. Cod. 340, fol. 100ʳ). Ungeklärt ist bisher, wann dieser Codex, der die Abschrift einer wohl in franziskanischem Umfeld entstandenen Redaktion sein dürfte, nach Engelberg kam.

[87] K[URT] RUH, ›Von den drîn fragen‹, ²VL, Bd. 2, 1980, Sp. 234f.

[88] Beim Berufsschreiber Friker läßt sich der Gebrauch der Buchschrift nach dem Muster von Codex 6 zum ersten Mal im Codex 125 nachweisen. Die verzierten Initialen verwendete er später auch in einer Abschrift des ›Buochs der tugenden‹ (Cgm 5267), die nicht für Engelberg bestimmt war; s. STAUFFACHER [Anm. 31], S. 22f. (mit Abb.). Daß der Codex 6 schon früh in Engelberg war, belegen das Engelberger Talrecht, das bereits im 14. Jahrhundert auf den letzten Blättern der Handschrift eingetragen wurde, aber auch die zahlreichen Engelberger Handschriften, deren Initialenschmuck und Schrift dem Muster dieser Bibelhandschrift folgen; s. BRUCKNER [Anm. 35], S. 66–68; MARTI [Anm. 27], S. 171 (mit weiterer Lit.).

andernorts zu beobachten. An der Handschriftenproduktion des Zisterzienserinnenklosters Medingen läßt sich verfolgen, daß der Konvent nach der Reform (1479) nicht nur mit der Einführung der strengen Observanz bewußt an ältere Traditionen anknüpfte, sondern auch in der Gestaltung der Handschriften in Material (Pergament), Schrift und Ausstattung.[89]

Schriftvergleiche innerhalb des Buchbestandes eines Klosters oder einer Region, ermöglichen Aufschlüsse über Zusammengehörigkeit von Handschriften bzw. Handschriftengruppen hinsichtlich ihrer Entstehung oder – bei Nachträgen – ihrer Benutzung.[90] Im Falle Frikers führen Schriftvergleiche zu aufschlußreichen Beobachtungen, wie die Untersuchungen von MATHIAS STAUFFACHER zeigen. Einträge von der Hand Frikers finden sich in weiteren Engelberger Codices, so in einer Handschrift der ›Engelberger Predigten‹ (Cod. 336), in einem – vermutlich für die Frauen geschriebenen – Brevier (Cod. 109) und im Jahrzeitbuch des Nonnenklosters (Cod. 26); auch vier Urkunden (von 1365, 1370, 1377 und 1387) stammen von seiner Hand.[91] Diese Befunde zeigen, wie eng der ehemalige Luzerner Stadtschreiber mit dem Kloster Engelberg kooperierte.

Eine wichtige Rolle spielt Friker nicht nur als Kopist, sondern auch als Vermittler geistlicher Literatur an die Engelberger Benediktinerinnen. Von besonderem Interesse ist der Codex 141 mit einer frühen Abschrift von Seuses ›Büchlein der ewigen Weisheit‹, die noch vor dem ›Exemplar‹ entstanden ist: Die Einträge am Schluß der kleinformatigen Handschrift werfen ein Schlaglicht auf den regionalen Bücheraustausch und auf die daran beteiligten Personenkreise. Die Handschrift dürfte im Dominikanerinnenkloster Töss bei Winterthur entstanden sein, wie der Eintrag am Schluß mit der Bitte um Fürbitte für Elsbeth Stagel und ihre Familie sowie für den Dominikanerbruder Johannes von Ravensburg, der den größten Teil der Kosten zur Herstellung des Buches getragen habe, vermuten läßt: *Gedenkent dvr got · S · Elyzabeten Staglin ze Tŏz in dem kloster vnd ir vater Rŭdolfes, Margareten ir mŭter vnd drier ir brŭder · Fridrihes · Otten vnd Rŭdolfes · Gedenkent ŏch eines brŏdiers hies brŭder Iohans von Rauenspurg von dem man ŏch den mersten teil an dis bŭch gab.*[92] In einem

---

[89] Die Medinger Handschriften werden durch ein Projekt von HENRIKE LÄHNEMANN/New Castle University untersucht, vgl. vorläufig DIES., ›An dessen bom wil ik stighen.‹ Die Ikonographie des *Wichmannsburger Antependiums* im Kontext der Medinger Handschriften, Oxford German Studies 34 (2005), S. 19–46. Zum Projekt siehe ‹http://www.staff.ncl.ac.uk/henrike.laehnemann/medingen.htm›.
[90] Beispiele (Predigthandschriften) s. oben, Anm. 77f.
[91] STAUFFACHER [Anm 31], S. 25, 28–31. STAUFFACHER vermutete deswegen, daß sich Johannes Friker jeweils längere Zeit in Engelberg aufgehalten habe. Selbst ein beim Binden verwendeter Pergamentfalz weist auf Friker hin. In dem (von vier Engelberger Konventualen unter der Leitung von Walther Mirer geschriebenen) Codex 314 wurde eine von Friker geschriebene Luzerner Urkunde für einen Pergamentfalz verwendet, s. ARLT/STAUFFACHER [Anm. 36], S. 75.
[92] Cod. 141, fol. 113ᵛ, zitiert nach STAUFFACHER [Anm. 31], S. 27. Zum Codex 141 s. S. 27f. STAUFFACHER weist darauf hin, daß der Einband mit dem roten Leder in

weiteren Eintrag erscheint Frikers Name mit einer in das Jahr seines Rücktritts vom Stadtschreiberamt datierten Gebetsempfehlung: *Lieben geistlichen frowen / gedenkent ouch min Jo · Frikers / des alten schribers von Lucern / der v́ch da half singen / dur got / Datum circa Verene · Anno domini · Mccclxxviij°*.[93] Mit den angesprochenen *geistlichen frowen* dürften die Engelbergerinnen gemeint sein. Nur schwer zu deuten ist die bemerkenswerte wie merkwürdige Formulierung *der v́ch da half singen*: Ob Friker den Schwestern Texte (und Noten) für geistliche Lieder vermittelt hat?[94]

Friker hat nach seinem Rücktritt als Stadtschreiber nicht nur für die Ordensfrauen in Engelberg, sondern auch für städtische Laienkreise Bücher kopiert. Dies zeigen die beiden Handschriften des ›Bůchs der tugenden‹ von seiner Hand, der Codex 243 der Stiftsbibliothek Engelberg und die Münchener Schwesternhandschrift Cgm 5267 – es handelt sich um die beiden ältesten Textzeugen des Werks. Dieses populäre Rechtsbuch für Laien dürfte um 1300 im Umkreis des Straßburger Dominikanerklosters verfaßt worden sein. Wahrscheinlich ist es einmal mehr Frikers Initiative zu verdanken, daß das eine Exemplar, das er im Auftrag des Luzerner Bürgers Heinrich von Gerlingen kopiert hat, nach dessen Tod nach Engelberg gekommen ist: Die nachgetragene, auf 1383 datierte Schenkungsnotiz in Kanzleischrift jedenfalls stammt von seiner Hand.[95]

Auch der Nachfolger von Johannes Friker im Amt des Stadtschreibers, der aus Straßburg stammende Nikolaus Schulmeister, engagierte sich für die Versorgung der Engelberger Nonnen mit Literatur. Von ihm stammt ein umfangreicher deutscher Passionstraktat (Cod. 339, Autograph), eine freie Bearbeitung der ›Vita Christi‹ des (1377 oder 1378 in der Straßburger Kartause verstorbenen) Ludolf von Sachsen, an die ein Auszug aus dem Eucharistie-Traktat von Marquard von Lindau anschließt.[96] Schulmeister widmete die – 1396 geschriebene –

Färbung und Struktur mit demjenigen von Codex 243 übereinstimmt (s. u.). Vgl. auch RUH, Handschriftenbestand [Anm. 27], S. 116f. – Vgl. dazu auch den Beitrag von Richard F. Fasching im vorliegenden Band.

[93] Cod. 141, fol. 113^v, zitiert nach STAUFFACHER [Anm. 31], S. 27.

[94] STAUFFACHER [Anm. 31] zieht als weitere Möglichkeit in Betracht, daß Friker die Nonnen als Cantor zum Gesang angeleitet haben könnte (S. 28, 33).

[95] STAUFFACHER [Anm. 31], S. 23–25. Die Schenkungsnotiz lautet: *Dis bůch nemmet man dz Bůch der tugenden · vnd hat es Heinrice von Gerlingen · Heinrichs seligen sun von Gerlingen burger ze Lucern / den klosterfrowen von Engelberg / dur got geben . Bittent got fůr in · er starb an sant Bartholomeus abent · Anno domini · Mccclxxxiij° · Er het ouch den selben von Engelberg herren / vnd frowen ein erber almůsen geheißen geben* (ebd., S. 24). Zum ›Buch der Tugenden‹ s. KLAUS BERG, Der tugenden buoch. Untersuchungen zu mittelhochdeutschen Prosatexten nach Werken des Thomas von Aquin, München 1964 (MTU 7); ›Das bůch der tugenden‹. Ein Compendium des 14. Jahrhunderts über Moral und Recht nach der ›Summa theologiae‹ II-II des Thomas von Aquin und anderen Werken der Scholastik und Kanonistik, Bd. 1–2, hg. von KLAUS BERG/MONIKA KASPER, Tübingen 1984 (TTG 7/8).

[96] K[URT] RUH, Nikolaus Schulmeister, ²VL, Bd. 8, 1992, Sp. 872–874. Die Edition mit

Handschrift im Jahre 1403 einer Frau von Waltersberg in Engelberg mit der Auflage, den Codex nach ihrem Tode der Schwesterngemeinschaft zu vermachen.[97] Die Handschrift weist einen Zyklus von ursprünglich 25 Bildern zur Passion und einem Bild zur Messe auf, verbindet also die beiden Medien Text und Bild für die Passionsandacht. Die schmale Überlieferung von Schulmeisters Passionstraktat bleibt innerhalb des gleichen geographischen Raumes, der sich auch bei der Herkunft der Engelberger Literatur abzeichnet. Eine Abschrift von 1468 (hochalemannisch) wird heute in der Universitätsbibliothek Freiburg i. Br. aufbewahrt.[98] Aus dem Zürcher Dominikanerinnenkloster Ötenbach stammt die Bearbeitung von 1436 in Ms. C 10f der Zentralbibliothek Zürich.[99]

Auch noch im späten 15. Jahrhundert lassen sich Beziehungen zwischen Luzern und Engelberg nachweisen. Nach Luzern weist nämlich eine Predigt von 1483 von Konrad Menger, die in Engelberg mit anderen Predigten zu einen Konvolut gebunden wurde (Cod. 302). Menger kam 1460 vorerst als Schola-

---

Untersuchung des Passionstraktats Schulmeisters wird durch BÉATRICE GREMMINGER vorbereitet: Dissertation im Rahmen des Teilprojekts ›Texte und Bilder – Bildung und Gespräch. Mediale Bedingungen und funktionale Interferenzen‹ (Leitung: Eckart Conrad Lutz, Universität Freiburg/Schweiz) des NFS ›Medienwandel – Medienwechsel – Medienwissen. Historische Perspektiven‹. Zum Bilderzyklus s. bisher DIES., Lesen im Passionstraktat des Nikolaus Schulmeister. Text, Bilder und Einrichtung des Engelberger Autographs von 1396, in: Prozesse des Erkennens in mittelalterlichen Texten, Bildern und Handschriften. Freiburger Colloquium 2007, hg. von MARTINA BACKES, ECKART CONRAD LUTZ und STEFAN MATTER, Zürich 2009 (Medienwandel – Medienwechsel – Medienwissen, Bd. 11) [im Druck].

[97] Mit der tatkräftigen Unterstützung von CARL PFAFF hat BÉATRICE GREMMINGER die in der Widmung genannte Adressatin mit der Luzerner Patrizierin Margarete von Waltersberg, geb. von Moos, identifiziert, die sich nach dem Tode ihres Gatten vermutlich als Pfründnerin nach Engelberg zurückzog. Ich danke Béatrice Gremminger für die freundliche Auskunft.

[98] Freiburg i. Br., UB, Hs. 335, fol. 4^v–118^v, s. RUH [Anm. 96], Sp. 872.

[99] Vgl. WOLFRAM SCHNEIDER-LASTIN, Ötenbach. Literaturproduktion und Bibliothek, in: Die Dominikaner und Dominikanerinnen in der Schweiz, bearb. von URS AMACHER, red. von PETRA ZIMMER unter Mitarbeit von BRIGITTE DEGLER-SPENGLER, Basel 1999 (Helvetia Sacra, Abt. 4: Die Orden mit der Augustinerregel 5), S. 1029–1036, hier S. 1032. GUIDO HOPPELER, Ein Erbauungs- und Andachtsbuch aus dem Dominikanerinnenkloster Oetenbach in Zürich vom Jahre 1436, ZSchKG 18 (1924), S. 10–216. Der hier von HOPPELER (S. 211, Anm. 2) behauptete Zusammenhang einer Urkunde vom 29. Januar 1470 über die Beilegung eines Streits zwischen dem Zürcher Bürger Rudi Schmid und dem Kloster Ötenbach um ein Buch mit der Zürcher Handschrift Ms. C 10f ist unwahrscheinlich. Auch wenn die Beschreibung des Streitobjekts *ein bermentin bůch, dar inn die vier passion mit usslegung der heilgen geschrifft begriffen sind*, einigermaßen zum Inhalt passen würde, ist es kaum wahrscheinlich, daß man in dieser Zeit für ein Andachtsbuch mit einer Bearbeitung von Schulmeisters Passionstraktat Pergament verwendet hätte. Die in der Verzichtserklärung Schmids gemachte Aussage, daß sein verstorbener Vetter Hartman Schmid das Buch den Schwestern verkauft habe, ist also wohl nicht auf den Passionstraktat in der Papierhandschrift Ms. C 10f zu beziehen, die nach HOPPELERS Vermutung dann eine Abschrift des besagten Pergamentbandes sein müßte.

sticus an das Benediktinerstift St. Leodegar im Hof in Luzern, 1464 wurde er Chorherr.[100] Laut der lateinischen Widmung kompilierte er die Predigt eigens für die Engelberger Nonne Margaretha am Grund (fol. 22ʳ) und sandte den Text als Neujahrsgruß nach Engelberg (fol. 33ᵛ).

Beim Literaturtransfer zwischen Engelberg und Luzern kamen die Texte vorwiegend aus der Stadt ins Kloster, soweit er sich bisher belegen läßt. In einem Fall jedoch ist der Austausch auch in umgekehrter Richtung urkundlich bezeugt. Im Jahr 1436 ersuchte der Luzerner Rat die Engelberger Nonnen um eine Abschrift des ›Großen Gebets‹, einer umfangreichen Andacht mit Betrachtungspunkten zu den wichtigsten Ereignissen der Heilsgeschichte von der Schöpfung bis zum Jüngsten Gericht, bei der die Betrachtung der Passion Christi den Schwerpunkt bildet.[101]

Ob die skizzierten literarischen Beziehungen zwischen dem Kloster Engelberg und Luzern einen institutionellen Hintergrund haben, oder ob sie sich den persönlichen Beziehungen zwischen einzelnen Luzerner Bürgern zum Bergkloster verdanken, ist vorerst eine offene Frage. Unter den Mönchen und Nonnen gab es auch Angehörige von Luzerner Familien, zu denen ihre Herkunftsfamilien wohl den Kontakt bewahrten. Auch Schenkungen kamen aus Luzern; die Abtei hatte umfangreiche Besitzungen im Luzernbiet. In der Stadt besaß sie zwei Häuser, die sowohl von den Mönchen, als auch von den Nonnen als Stadtquartier benutzt wurden.[102] Institutioneller Austausch bestand mit dem Benediktinerstift St. Leodegar im Hof, später vermutlich auch mit den Stadtherren. Nach dem Rückzug der Habsburger aus der Region nach ihrer Niederlage bei der Schlacht von Sempach (1386) gehörte Luzern zusammen mit Schwyz, Ob- und Nidwalden und zeitweilig auch Uri zu den Schirmorten des Klosters.[103]

Literarische Traditionszusammenhänge und Regionalität

Bedeutend ist Engelberg für die frühe Überlieferung volkssprachiger Gebete. Bereits ein lateinisches Gebetbuch aus dem 12. Jahrhundert (Cod. 140) enthält

---

[100] MATHIAS STAUFFACHER, Konrad Menger, ²VL, Bd. 6, 1987, Sp. 387f.
[101] Bereits 1423 hatte die Luzerner Regierung die Verrichtung der Andacht zur Begehung des ersten Jahrestages der verlorenen Schlacht von Arbedo verordnet. Die Textüberlieferung zur in verschiedenen Fassungen tradierten Andacht setzt erst im frühen 16. Jahrhundert ein. PETER OCHSENBEIN, ›Das große Gebet der Eidgenossen‹, ²VL, Bd. 3, 1981, Sp. 282–284; DERS., Das große Gebet der Eidgenossen. Überlieferung – Text – Form und Gehalt, Bern 1989 (Bibliotheca Germanica 29), bes. S. 16f. Einzelne Betrachtungen weisen Ähnlichkeiten mit Gebeten auf, die bereits im ›Engelberger Gebetbuch‹ (Cod. 155) überliefert werden.
[102] DE KEGEL [Anm. 24], S. 15; BÜCHLER-MATTMANN/HEER, Engelberg [Anm. 24], S. 618, 620, 629.
[103] HEER, Vergangenheit [Anm. 24], S. 126.

zwei deutsche (alemannische) Gebete, von denen das eine, ein Mariengebet, mit Varianten auch in einer Handschrift aus dem ebenfalls benediktinischen Doppelkloster Muri überliefert wird.[104] Mit dem sog. ›Engelberger Gebetbuch‹ (Cod. 155) gehört eine der umfangreichsten und aufgrund ihres Alters bedeutendsten Sammlungen deutscher Privatgebete zur einstigen Schwesternbibliothek, die viele Gebetstexte in Erstüberlieferung bietet. Die kleinformatige Pergamenthandschrift besteht aus zwei ursprünglich selbständigen Konvoluten (um 1350 und 1380), die wohl spätestens zu Beginn des 15. Jahrhunderts in Engelberg waren und dann im 17. oder 18. Jahrhundert zu einem Band vereinigt wurden.[105]

Regionalität bietet sich als Forschungsparadigma für das Aufarbeiten der Traditionszusammenhänge bestimmter Gattungen an. So wissen wir dank der überlieferungsgeschichtlichen Untersuchungen von WERNER WILLIAMS-KRAPP, daß sich die Verbreitung der bedeutenden deutschen Prosalegendare im 14. und 15. Jahrhundert auf bestimmte geographische Räume verteilt.[106] Die ›Elsässische Legenda aurea‹ ist nahezu ausschließlich im (alemannischen) Südwesten bezeugt, die ›Südmittelniederländische Legenda aurea‹ dagegen im Norden und Nordwesten des deutschen Sprachraums.[107] Die Verbreitung der (vermutlich im

---

[104] ACHIM MASSER, ›Engelberger Gebete‹, ²VL, Bd. 2, 1980, Sp. 530.
[105] PETER OCHSENBEIN, ›Engelberger Gebetbuch‹, ²VL, Bd. 2, 1980, Sp. 529f.; DERS., Deutschsprachige Privatgebetbücher vor 1400, in: Deutsche Handschriften 1100–1400. Oxforder Kolloquium 1985, hg. von VOLKER HONEMANN/NIGEL F. PALMER, Tübingen 1988, S. 379–398; DERS., Privates Beten in mündlicher und schriftlicher Form. Notizen zur Geschichte der abendländischen Frömmigkeit, in: Vox viva et ratio scripta. Mündliche und schriftliche Kommunikationsformen im Mönchtum des Mittelalters, hg. von CLEMENS M. KASPER/KLAUS SCHREINER, Münster 1997 (Vita regularis 5), S. 135–155; DERS., Mystische Spuren im ›Engelberger Gebetbuch‹, in: Homo Medietas. Aufsätze zu Religiosität, Literatur und Denkformen des Menschen vom Mittelalter bis in die Neuzeit. Festschrift für Alois Maria Haas zum 65. Geburtstag, hg. von CLAUDIA BRINKER-VON DER HEYDE/NIKLAUS LARGIER, Bern [usw.] 1999, S. 275–283. – Die Hand von Johannes Ottenrüti aus dem 15. Jahrhundert (Cod. 155, fol. 158^v–159^v), die sich auch in Codex 243 und im 1345 angelegten Nekrologium des Frauenklosters (Cod. 26, fol. 44^v) findet, macht wahrscheinlich, daß mindestens der jüngere Teil der Handschrift bereits zu Beginn des 15. Jahrhunderts in Engelberg war. Die punktuelle Überschneidung im Textbestand (Text ›Von den zwölf Räten Jesu Christi‹, fol. 161^v–163^r) mit dem von Friker geschriebenen Münchener Exemplar des ›Bůchs der tugenden‹ (Cgm 5267, fol. 104vb) rückt diese Handschrift in die Nähe der in Luzern entstandenen, von Friker geschriebenen Codices, s. STAUFFACHER [Anm. 31], S. 22–24. Das ›Engelberger Gebetbuch‹ wird aufgrund der Vorarbeiten von Peter Ochsenbein im Rahmen des Projekts ediert.
[106] Zum Folgenden s. WERNER WILLIAMS-KRAPP, Die deutschen und niederländischen Legendare des Mittelalters. Studien zu ihrer Überlieferungs-, Text- und Wirkungsgeschichte, Tübingen 1986 (TTG 20), bes. S. 4f., 356–370, vgl. die Übersichtskarte zur Legendarüberlieferung S. 376.
[107] Vgl. Die ›Elsässische Legenda Aurea‹, hg. von ULLA WILLIAMS/WERNER WILLIAMS-KRAPP, Tübingen 1980–1990 (TTG 3, 10, 21), Bd. 1, Karte nach S. XXIV, Bd. 3, Karte S. 11.

Nürnberger Dominikanerkloster entstandenen) Sammlung ›Der Heiligen Leben‹ dagegen konzentrierte sich auf den (Süd-)Osten; sie war vorwiegend im Ostfränkischen, Bairischen und Schwäbischen zu Hause. Erst das neue Medium des Buchdrucks und die mit ihm einhergehenden Änderungen der Distributionsformen von Büchern ebnet die regional differierende Literaturtopographie ein. Der überregionale Erfolg der gedruckten Sammlung ›Der Heiligen Leben‹ verdrängte weitgehend die anderen Legendare.[108] Vergleichbares scheint nach den Beobachtungen von PETER OCHSENBEIN auch für die geographische Verbreitung von Gebetbüchern bzw. von Gebetbuchtypen zu gelten: Bis 1430 gehört nach Ausweis der Überlieferung der Typus des deutschen Privatgebetbuchs nichtliturgischer Provenienz in den oberdeutschen Raum, während das Stundenbuch hier nur selten in Erscheinung tritt.[109] So stehen die nicht selten aufwendig ausgestatteten und in Ateliers gefertigten Stundenbücher mit ihrem weitgehend einheitlichen Textbestand liturgischer Provenienz (Offizien) im Norden den Privatgebetbüchern im Süden gegenüber, bei denen es sich meist um schlichte, allerdings pergamentene Gebrauchshandschriften handelt.[110] Das mag nicht allein mit der unterschiedlichen Frömmigkeitskultur zu erklären sein,[111] sondern auch mit den verschiedenen medialen Voraussetzungen. Im Norden des deutschen Sprachraums werden Handschriften schon früh in professionellen Ateliers hergestellt. Im Süden dagegen entstehen Schreibwerkstätten erst im 15. Jahrhundert; das Anlegen eines Gebetbuchs bleibt hier länger die Sache des einzelnen Bestellers oder Schreibers. Dies zeigt sich in der Überlieferung durch die große Vielfalt der überlieferten Typen der Gebete und ihrer Inhalte.[112] Wie bei den Legendaren wird das Medium des Buchdrucks die re-

---

[108] BRUNNER [Anm. 2], S. 309, nennt mit der Troialiteratur des 15. Jahrhunderts ein weiteres einschlägiges Beispiel. Auch hier wird sich die Situation mit dem Aufkommen des Buchdrucks allmählich ändern.

[109] OCHSENBEIN, Privatgebetbücher [Anm. 105], S. 393f.; zu den Begriffen ›Deutsches Gebetbuch liturgischer Provenienz‹, zu dem der deutsche Psalter und das Stundenbuch zu rechnen sind, und ›Deutsches Privatgebetbuch‹ mit den auf ein persönliches Ich abgestimmten Gebeten nichtliturgischer Provenienz s. S. 379–381. Nach den Erhebungen OCHSENBEINS sind unter den in öffentlichen Bibliotheken der Schweiz aufbewahrten 120 vor 1530 geschriebenen Handschriften nur neun als Stundenbücher, mindestens 85 Handschriften dagegen als Privatgebetbücher einzustufen. Vgl. dazu LENTES [Anm. 69], Bd. 1, zur geographischen Verbreitung S. 77–81, zur Typologie von Gebetbüchern S. 139–220. Zu den illustrierten Gebetbüchern s. REGINA CERMANN, Gebetbücher, in: Katalog der deutschsprachigen illustrierten Handschriften des Mittelalters [Anm. 39], Bd. 5, Lieferung I/2, München 2002.

[110] OCHSENBEIN, Privatgebetbücher [Anm. 105], S. 393.

[111] So OCHSENBEIN, ebd., S. 393: »Die Präponderanz oberdeutscher Codices ist nicht Zufall der Überlieferungsgeschichte, sondern sie spiegelt einen Rezeptionsvorgang, der sich bis zur Reformationszeit statistisch klar nachweisen läßt und einen weiteren (von der Forschung bislang kaum beachteten) Gegensatz im religiös-kulturellen Leben zwischen Norden und Süden begründet.« Vgl. LENTES [Anm. 69], S. 79f.

[112] OCHSENBEIN, Privatgebetbücher [Anm. 105], S. 393f.

gionale Ausprägung der Gebetsbuchtypen einebnen, indem es dem Privatgebetbuch zu überregionaler Verbreitung verhilft, womit dieses freilich seine einstige individuelle Prägung einbüßt.[113]

Schluß

Die Untersuchung eines historischen Buchbestands mit dem Forschungsparadigma der Regionalität ermöglicht exemplarisch Einsichten in die spezifischen Funktionsweisen des mittelalterlichen Literaturbetriebs, seine medialen Voraussetzungen, seine Abhängigkeit von personalen und institutionellen Netzwerken und in die Dynamiken seiner regionalen (und gegebenenfalls überregionalen) Entfaltung. Mit Blick auf die Region rücken im hier skizzierten Fall der Sammlung von Handschriften und Inkunabeln des ehemaligen Benediktinerinnenklosters in Engelberg die sonst oft getrennt gesehenen Bereiche von Kloster und Stadt zusammen. Bezeichnend ist die sehr enge Kooperation von Ordensleuten und städtischen Kreisen bei der Produktion und Distribution religiöser Literatur. Im Spätmittelalter tritt offensichtlich die Bedeutung von ordensinternen Beziehungen für die Beschaffung geistlicher Literatur gegenüber ordensunabhängigen regionalen Netzwerken zurück. Wo sich die Vermittlungswege von Büchern nachvollziehen lassen, wie bei dem vom ehemaligen Luzerner Stadtschreiber Friker geschenkten Exemplar von Seuses ›Büchlein der ewigen Weisheit‹, verdankt sich der Austausch nicht direkten Beziehungen zwischen Frauenklöstern verschiedener Orden, sondern dem Engagement von Einzelpersonen.

Die Rezeption geistlicher Literatur überwindet die Grenzen zwischen den Orden genauso wie die zwischen Ordensleuten, Weltklerus und Laien. So ist das Profil der Bibliothek der Engelberger Benediktinerinnen kein ordensspezifisches. Vielmehr rezipieren sie die Andachts- und Erbauungsliteratur dominikanischer und franziskanischer Autoren: Heinrich Seuse, Johannes Tauler, Otto von Passau, Marquard von Lindau. Ob die Bibliothek mit der Einordnung »in die mystische Bewegung am Oberrhein« einen »Sonderfall« darstellt, wie KURT RUH festhält,[114] wäre durch den Vergleich mit den Bibliotheken anderer Frauenklöster der Region zu überprüfen. Mit den bisherigen Befunden zeichnet sich im Spätmittelalter eine weitgehend einheitliche Frömmigkeitskultur in der Volkssprache in der Region ab.

Damit entsteht hier im Südwesten des deutschen Sprachraums gegen Ende des 14. Jahrhunderts ein anderes Bild vom Literaturbetrieb und seiner Trägerschaft als etwa in Nürnberg an der Wende zum 15. Jahrhundert. Zwar läßt sich auch dort feststellen, daß Ordensfrauen sowohl reformierter wie auch nicht

---

[113] LENTES [Anm. 69], S. 78.
[114] Vgl. RUH, Deutsche Literatur [Anm. 27], S. 276.

reformierter Klöster und das wohlhabende städtische Patriziat weitgehend die gleiche religiöse Literatur rezipieren,[115] doch scheint sich die Bereitstellung der Texte doch stärker der Initiative reformierter Konvente zu verdanken.[116] Im Falle Engelbergs dagegen führt der Weg von der Stadt ins Kloster. Die von Friker verwendeten Vorlagen für seine umfangreiche Kompilation etwa müssen in Luzern greifbar gewesen sein oder sie ließen sich hier zumindest besorgen.[117] Freilich bleibt die Frage, woher die Vorlagen kamen. Die einstigen Bestände der lokalen Klosterbibliotheken weisen große Überlieferungslücken auf, so daß hier der Klärung der Herkunft von Vorlagen Grenzen gesetzt sind. Aber es scheint nicht unwahrscheinlich zu sein, daß selbst für den Literaturtransfer über größere Distanzen in der weiteren Region nicht allein die Klöster, sondern auch städtische Kreise oder Einzelpersonen mit ihren persönlichen Netzwerken verantwortlich zeichnen. So könnte Friker bei der Beschaffung von Texten aus dem Raum Elsaß von seinem aus Straßburg stammenden Amtsnachfolger Nikolaus Schulmeister unterstützt worden sein. Die Bedeutung von Weltklerikern und literaten Laien für den Literaturbetrieb der Zeit sollte nicht unterschätzt werden. Die Überlieferung verzerrt wohl in diesem Bereich die ursprünglichen Verhältnisse, da Handschriften in Laienbesitz durchweg schlechtere Überlieferungschancen haben als diejenigen in klösterlichem Besitz, wo es institutionelle Archivierungssysteme gibt.

Mit der ›Verortung‹ der Büchersammlung des Frauenklosters Engelberg im regionalen Kontext gewinnt die regionale Literaturlandschaft insgesamt an Konturen. So wird die Stadt Luzern im Laufe eingehender Untersuchungen ein differenzierteres literarisches Profil erhalten. Zur Chronistik, den Pilgerberichten und zur Tradition der weltlichen und geistlichen Spiele des 15. und 16. Jahrhunderts, die das bisherige Bild vom literarischen Leben der Stadt prägen, tritt die religiöse Literatur in deutscher Sprache als weiterer Bereich dazu. Regionale Literaturforschung verspricht, einigen der vielen ›weißen Flecken‹ auf der Karte der mittelalterlichen Literaturlandschaften ein durchaus farbiges Profil zu verleihen.

---

[115] THALI [Anm. 18], S. 379–385.
[116] Vgl. WERNER WILLIAMS-KRAPP, Die Bedeutung der reformierten Klöster des Predigerordens für das literarische Leben in Nürnberg im 15. Jahrhundert, in: Studien und Texte zur literarischen und materiellen Kultur der Frauenklöster im späten Mittelalter. Ergebnisse eines Arbeitsgesprächs in der Herzog August Bibliothek Wolfenbüttel, 24.–26. Febr. 1999, hg. von FALK EISERMANN [u. a.], Leiden/Boston 2004 (Studies in Medieval and Reformation Thought 99), S. 311–329.
[117] Vgl. BRUCKNER, Scriptoria [Anm. 35], Bd. 9: Schreibschulen der Diözese Konstanz. Stadt und Landschaft Luzern, Genf 1964. Die Bibliothek des Benediktinerstifts im Hof in Luzern, wo Friker die Laienpfründe innehatte, wurde beim Brand der Hofkirche 1633 weitgehend zerstört.

Nigel F. Palmer (St Edmund Hall, Oxford)

Die Münchner Perikopenhandschrift Cgm 157 und die Handschriftenproduktion des Straßburger Reuerinnenklosters im späten 15. Jahrhundert

Als Ausgangspunkt für diesen Versuch über die Buchkultur der Straßburger Reuerinnen im späten Mittelalter nehme ich ein umfangreiches Handschriftenfragment, das im Jahre 1833 von der Hofbibliothek in München (heute Bayerische Staatsbibliothek) auf einer Auktion erworben wurde. Die grundsätzlichen Informationen, die für eine topographische und gebrauchsfunktionale Einordnung erforderlich sind, wie Schriftheimat, mittelalterliche Bibliotheksheimat und Provenienz, waren bisher unbekannt und müssen durch eine Indizienbeweisführung rekonstruiert werden. Es handelt sich bei dem Cgm 157 um ein deutschsprachiges Bibellektionar und damit um einen Handschriftentyp, der im späten Mittelalter in den Bibliotheken geistlicher Institutionen, besonders in Frauenklöstern, aber auch in Laienbibliotheken ungemein häufig zu belegen ist.[1] Die Handschrift enthält eine Zusammenstellung der Epistel- und Evangelienlesungen der Messe für das gesamte Kirchenjahr und für die Heiligenfeste mit kommentierenden Glossen und einigen weiteren Zusätzen. Textgeschichtlich gehört diese Handschrift zu einer kleinen Gruppe von Textzeugen, die die ›Freiburger Perikopen‹ überliefern:[2]

- Freiburg i. Ue., Franziskanerkloster, Cod. 17; 2 + 415 Bll.; oberrheinisch/elsässisch, datiert 1462. Temporale: p. 1ᵃ–738ᵇ.
- München, BSB, Cgm 157; 55 Bll.; elsässisch, um 1480.
- ›Spiegel menschlicher behaltnis mit den episteln und evangelien‹, gedruckt bei Bernhard Richel in Basel am 31. August 1476. Kombination einer deutschsprachigen Prosaübersetzung des ›Speculum humanae salvationis‹

---

[1] HEIMO REINITZER/OLAF SCHWENCKE, Plenarien, ²VL, Bd. 7, 1989, Sp. 737–763; CARSTEN KOTTMANN, *Das buch der ewangelii und epistel*. Untersuchungen zu Überlieferung und Gebrauchsfunktion südwestdeutscher Perikopenhandschriften, Diss. Tübingen 2005 (ungedruckt).

[2] NIGEL F. PALMER, Bibelübersetzung und Heilsgeschichte. Studien zur Freiburger Perikopenhandschrift von 1462 und zu den deutschsprachigen Lektionaren des 15. Jahrhunderts, Berlin/New York 2007 (Wolfgang Stammler Gastprofessur 9); dort weitere Angaben und Bibliographie zu den Handschriften in Freiburg und Zürich sowie zum Basler Druck von 1476. Vgl. LUDOVICUS HAIN, Repertorium bibliographicum in quo libri omnes ab arte typographica inventa usque ad annum MD typis expressi [...] recensentur, 3 Bde., Stuttgart/Paris 1826–1838, Repr. Mailand 1948, Nr. *14936; ROMY GÜNTHART, Deutschsprachige Literatur im frühen Basler Buchdruck (ca. 1470–1510), Münster u. a. 2007 (Studien und Texte zum Mittelalter und zur frühen Neuzeit 11), S. 373–376.

mit einem vollständigen Temporale der Meßperikopen und Exzerpten aus dem Sanctorale und Commune sanctorum.

Hinzu kommt eine Handschrift mit Streuüberlieferung aus den ›Freiburger Perikopen‹:

- Zürich, Zentralbibliothek (= ZB), Cod. C 38, fol. 1ʳ–17ᵛ; hochalemannisch, datiert 1443.

Die hier gewählte Werkbezeichnung, die sich an den Versuch von JOCHEN SPLETT anlehnt, die deutschsprachigen Bibel- und Perikopenhandschriften des Mittelalters auf Grund der Lesung für Mt 13, 44–52 zu ordnen, bezieht sich auf das Lektionar für das Temporale mit den Lesungen für die beweglichen Feste des Kirchenjahrs.[3] Bei den in unterschiedlichem Maße vorhandenen Lesungen für das Sanctorale bzw. Commune sanctorum gehen die Handschriften weitgehend auseinander, so daß es schwierig ist, auf den Inhalt des für die ›ursprüngliche‹ Version der ›Freiburger Perikopen‹ anzunehmenden Sanctorale Rückschlüsse zu ziehen.[4]

Das Ziel des vorliegenden Aufsatzes soll nicht darin bestehen, auf die inhaltliche Zusammensetzung der Perikopensammlung oder die dort enthaltenen Bibelübersetzungen einzugehen. Die Analyse solcher Fragen hätte von dem vollständig erhaltenen Temporale in Freiburg i. Ue., Franziskanerkloster, Cod. 17 auszugehen. Hier geht es vielmehr um die Frage nach dem Gebrauchskontext der Münchner Handschrift im Straßburger Reuerinnenkloster, wo zur Zeit der Entstehung des Cgm 157 eine bisher nicht im Zusammenhang gesehene lebendige Buchkultur nachzuweisen ist. Besondes aktiv scheint die Nonne Katharina Ingolt gewesen zu sein, die als Schreiberin von sechs Codices nachzuweisen ist. Andere Personen, die in unterschiedlicher Weise am Literaturbetrieb des Klosters beteiligt waren, sind die Schreiberinnen Maria Bruckerin und Ursula Stingelerin, die als private Besitzerin eines Gebetbuchs bekannte Nonne Ursula Begerin, der Kartäuser und Buchmaler Erhart Knap, der Beichtvater Engelinus von Braunschweig, der seine Büchersammlung dem Kloster stiftete, Paulus Munthart, der zusammen mit Engelinus ein Rituale für das Reuerinnenkloster verfaßte, und der bekannte Straßburger Münsterprediger Johannes Geiler von Kaysersberg, der seit 1493 Predigten im Reuerinnenkloster hielt, die von den Nonnen aufgezeichnet wurden. Damit sind schon einige Zusammenhänge mit verschiedenen geistlichen Formationen der unmittelbaren Umgebung in Straß-

---

[3] JOCHEN SPLETT [u. a.], *das hymelreich ist gleich einem verporgen schatz in einem acker* […]. Die hochdeutschen Übersetzungen von Matthäus 13, 44–52 in mittelalterlichen Handschriften, Göppingen 1987 (Litterae 108), S. 40* (›Freiburger Perikopen‹). Die Handschriften Augsburg, Staats- und Stadtbibliothek, 2° Cod. 151 und Karlsruhe, Badische LB, Cod. Don. 206, die bei SPLETT zitiert werden, sind wie das Commune sanctorum und das Sanctorale von Freiburg Cod. 17 (765ᵃ–823ᵇ) Abschriften nach einer Inkunabelausgabe der Episteln und Evangelien mit der Glosse (Erstausgabe Augsburg: Günther Zainer, 3.III.1473) und haben mit den ›Freiburger Perikopen‹ im Sinne der hier verwendeten Definition nichts zu tun.

[4] Siehe unten S. 286–288; PALMER, [Anm. 2], S. 28f.

burg angedeutet. Zu den bisher bekannten Zentren einer literarischen Buchkultur in der Reichsstadt Straßburg am Ende des 15. Jahrhunderts gehören das Dominikanerinnenkloster St. Nikolaus in undis, der humanistisch interessierte Kreis um Brant und Wimpfeling sowie das Münster, desser hervorstechendster Vertreter in der Person von Geiler von Kayserberg zu sehen ist.[5] In diesem literaturgeschichtlichen Zusammenhang sind auch die Reuerinnen oder ›Magdalenen‹ (›Magdalenerinnen‹), wie sie verschiedentlich genannt wurden, zu situieren, wobei für ein Gesamtbild auch die Kartäuser, die Johanniter, die Wilhelmiten, die Franziskaner, die Klarissen und das Stadtpatriziat einzubeziehen wären.

Der methodologische Ansatz der literarischen Topographie verlangt, daß über die Beziehungen zu der unmittelbaren Umgebung der Stadt Straßburg hinaus nach dem Verhältnis zur Buchkultur der weiteren Region am Oberrhein und zu anderen Teilen des deutschen Sprachgebiets gefragt werden soll.[6] Für den vorliegenden Fall können wir die Frage folgendermaßen beantworten. Das Überlieferungsbild, das sich für die ›Freiburger Perikopen‹ abzeichnet, umfaßt einen weiteren Bereich am Oberrhein und im Norden der Schweiz: Straßburg (Münchner Handschrift aus dem Straßburger Reuerinnenkloster, um 1480; Freiburger Handschrift in elsässischer, wahrscheinlich Straßburger Schreibsprache, später im Franziskanerkloster in Freiburg i. Ue., 1461), Basel (Druckort des ›Spiegel‹, 1476), Johanniterkomturei Biberstein/Aargau (wahrscheinliche Provenienz der Zürcher Handschrift mit Streuüberlieferung v. J. 1443).[7] Zu den Vorlagen für die ›Freiburger Perikopen‹, die durch die Kompilation mehrerer Vorgängersammlungen zustandegekommen sind, gehören die ›Elsässische Legenda aurea‹ (Straßburg, erste Hälfte bzw. Mitte 14. Jahrhundert),[8] eine Perikopenhandschrift mit der Glosse des ›Heidelberger Typs‹ (Rheinfranken,

---

[5] Vgl. ANDREAS RÜTHER/HANS-JOCHEN SCHIEWER, Die Predigthandschriften des Straßburger Dominikanerinnenklosters St. Nikolaus in undis. Historischer Bestand, Geschichte, Vergleich, in: Die deutsche Predigt im Mittelalter, hg. von VOLKER MERTENS/HANS-JOCHEN SCHIEWER, Tübingen 1992, S. 169–193; THOMAS LENTES, Gebetbuch und Gebärde. Religiöses Ausdrucksverhalten in Gebetbüchern aus dem Dominikanerinnen-Kloster St. Nikolaus in undis zu Straßburg (1350–1550), Diss. theol., Münster 1996, S. 99–138; CHARLES SCHMIDT, Histoire littéraire de l'Alsace à la fin du XVe et au commencement du XVIe siècle, 2 Bde., Paris 1879, Repr. Nieuwkoop 1966; KLAUS MANGER, Literarisches Leben in Straßburg während der Prädikatur Johann Geilers von Kaysersberg (1478–1510), Heidelberg 1983; RITA VOLTMER, Wie der Wächter auf dem Turm. Ein Prediger und seine Stadt. Johannes Geiler von Kaysersberg (1445–1510) und Straßburg, Trier 2005 (Beiträge zur Landes- und Kulturgeschichte 4).
[6] NIGEL F. PALMER/HANS-JOCHEN SCHIEWER, Literarische Topographie des deutschsprachigen Südwestens im 14. Jahrhundert, ZfdPh 122 (2003) Sonderheft, S. 178–202.
[7] PALMER [Anm. 2], S. 23–28.
[8] Kartographische Übersicht über die Überlieferung in: Die ›Elsässische Legenda aurea‹. Bd. III: Die lexikalische Überlieferungsvarianz. Register. Indices, von ULLA WILLIAMS, Tübingen 1980–1990 (TTG 21), S. 11.

zweite Hälfte 14. Jahrhundert),⁹ und das in zwei Handschriften überlieferte ›Einsiedeln-Zürcher Lektionar‹ (Einsiedeln: westalemannisch, datiert 1471; Zürich: hochalemannisch, um 1470), das u. a. eine ältere, wahrscheinlich zisterziensische Übersetzung der Sonntagsevangelien (Bodenseeraum, um 1300) aufgenommen hat.¹⁰ Das Gesamtbild einer oberrheinischen Literaturlandschaft mit einer zentralen Schaltstelle in der Stadt Straßburg, das sich hier andeutet, berechtigt zu dem Versuch einer genaueren Verortung der ›Freiburger Perikopen‹, die im Schlußteil dieser Untersuchungen unternommen wird. Ohne daß es möglich wäre, in dieser Frage letzte Sicherheit zu erzielen, wird es darum gehen, zu fragen, ob das besondere Interesse an der Figur der Maria Magdalena, die für die drei Haupttextzeugen nachzuweisen ist, so zu erklären sein könnte, daß der Kompilator der in der Streuüberlieferung schon im Jahr 1443 bezeugten ›Freiburger Perikopen‹ sein Werk für die Schwestern des Straßburger Reuerinnenklosters St. Maria Magdalena zur Zeit der ersten Reformversuche um 1437 verfaßt hat.

Die Münchner Handschrift der ›Freiburger Perikopen‹, Cgm 157 der Bayerischen Staatsbibliothek, ist ein Bruchstück von 55 Blättern aus einem ursprünglich viel umfangreicheren Pergamentcodex mit Temporale und Sanctorale. Die Schrift ist eine sehr sorgfältige, aber schwer datierbare Textualis, die in der bisherigen Literatur – wenngleich zu Unrecht, wie unten zu zeigen sein wird – dem 14. Jahrhundert zugewiesen wurde.¹¹ Die Handschrift wurde sechsmal von

---

⁹ NIGEL F. PALMER, Deutsche Perikopenhandschriften mit der Glosse. Zu den Predigten der spätmittelalterlichen deutschen Plenarien und Evangelistare, in: Deutsche Bibelübersetzungen des Mittelalters. Beiträge eines Kolloquiums im Deutschen Bibel-Archiv, hg. von HEIMO REINITZER/NIKOLAUS HENKEL, Bern 1991 (Vestigia Bibliae 9/10 für 1987/88), S. 273–296, hier S. 281. Hinzu kommt Leipzig, UB, Ms. 688, fol. 1ʳ–141ʳ (rheinfränkisch, Wasserzeichendatierung um 1372–1377); zu Schreibsprache und Datierung s. PALMER [Anm. 2], S. 30 mit Anm. 35.

¹⁰ NIGEL F. PALMER, Das ›Einsiedeln-Zürcher Lektionar‹. Untersuchungen zur spätmittelalterlichen Bibelübersetzung im südwestdeutschen Raum, in: Metamorphosen der Bibel, hg. von RALF PLATE [u. a.], Bern [usw.] 2004 (Vestigia Bibliae 24/25 für 2002/2003), S. 123–154; DERS., ›Einsiedeln-Zürcher Lektionar‹, ²VL, Bd. 11, 2004, Sp. 397–399.

¹¹ Die Datierung ins 14. Jahrhundert wird vertreten von JOHANN ANDREAS SCHMELLER, Die deutschen Handschriften der k. Hof- und Staatsbibliothek zu München, München 1866 (Catalogus codicum manu scriptorum bibliothecae regiae Monacensis 5), S. 16; ERICH PETZET, Die deutschen Pergament-Handschriften Nr. 1–200, München 1920 (Catalogus codicum manu scriptorum bibliothecae Monacensis tom. V, pars 1, editio altera), S. 289f.; Verdeutschung der Paulinischen Briefe von den ersten Anfängen bis Luther, hg. von HANS VOLLMER [u. a.], Potsdam 1934 (BdK 4; Materialien zur Bibelgeschichte [= MzB] 8), S. 4; HANS ROST, Die Bibel im Mittelalter. Beiträge zur Geschichte und Bibliographie der Bibel, Augsburg 1939, S. 357, Nr. 14; Ein Reisebericht aus ostmärkischen und anderen Bibliotheken. [...], hg. von HANS VOLLMER [u. a.], Potsdam 1940 (BdK 10; MzB 14), S. 64* (Register); REINITZER/SCHWENCKE [Anm. 1], Sp. 743; WERNER FECHTER, Deutsche Handschriften des 15. und 16. Jahrhunderts aus der Bibliothek des ehemaligen Augustinerchorfrauenstifts Inzigkofen, Sigmaringen 1997 (Arbeiten zur Landeskunde Hohenzollerns 15), S. 76.

VOLLMER bei seinen synoptischen Abdrucken deutscher Bibeltexte herangezogen.[12] Während die dort mitgeteilten Perikopen aus dem Johannesevangelium und aus der Apokalypse keine Entsprechungen in anderen Handschriften aufweisen, zeigen die Abdrucke von I Cor 13,1–13, Is 60,1–6 und Ioel 2,12–19 eine so genaue Übereinstimmung mit den Übersetzungen in der Handschrift des Freiburger Franziskanerklosters, Cod. 17, daß schon aus diesen wenigen Belegen ein engerer textgeschichtlicher Zusammenhang zwischen diesen Handschriften hervorzugehen scheint. Der systematische Vergleich von Cgm 157 mit dem entsprechenden Teil des Freiburger Codex ergibt, daß die beiden Handschriften eine weitgehend identische Auswahl der Perikopen für das Temporale aufweisen, häufig in der gleichen Übersetzung, und daß die Münchner Handschrift – im Gegensatz zu der Angabe in der zweiten Auflage des Verfasserlexikons – alle Glossen, einschließlich der Exzerpte aus der ›Elsässischen Legenda aurea‹, enthält, die in dem entsprechenden Teil der Freiburger Handschrift enthalten sind. Besonders aufschlußreich ist das im Cgm 157 enthaltene Sanctorale, das in der Freiburger Handschrift zuerst gefehlt hat – oder verlorengegangen war – und nachträglich nach einer anderen Überlieferungstradition dort ergänzt wurde.[13] Das Münchner Sanctorale bietet in der Auswahl der Heiligen und in der noch zu erörternden besonderen Behandlung von Maria Magdalena und Augustinus wichtige Hinweise auf den Kontext seiner Entstehung. Damit läßt sich der ursprüngliche Verwendungszusammenhang des Lektionars viel präziser als bei der Freiburger Schwesterhandschrift erkennen, deren Schreibheimat nur allgemein als elsässisch (wahrscheinlich Straßburg) zu bestimmen ist und erst im Zeitraum 1480/1490 in das Franziskanerkloster in Freiburg i. Ue. gekommen sein dürfte.

Die erhaltenen 55 Blätter bilden den Rest einer umfangreichen, zweispaltigen Pergamenthandschrift mittleren Formats (27,6/27,9 × 19,8 cm, Schreibspiegel 19,2 × 13,3 cm), die ursprünglich mehr als 300 Blätter umfaßte und in ihrem Gesamtumfang mit der Freiburger Papierhandschrift durchaus vergleichbar gewesen sein dürfte. Das Fragment besteht aus sechs Lagen, die durch den Verlust einzelner Blätter und Doppelblätter beträchtliche Lücken

---

[12] VOLLMER, BdK 4 [Anm. 11], S. 54–102, Nr. 30 (I Cor 13,1–13); Verdeutschung der Evangelien und sonstiger Teile des Neuen Testaments von den ersten Anfängen bis Luther, hg. von HANS VOLLMER [u. a.], Potsdam 1935 (BdK 5; MzB 9), S. 170–206, Nr. 33 (Io 2,1–11); S. 207–225, Nr. 24 (Io 5,1–9a); S. 267–282, Nr. 10 (Apo 14,1–5); Alttestamentliche Texte zur Bibelverdeutschung des Mittelalters, hg. von HANS VOLLMER [u. a.], Potsdam 1937 (BdK 7; MzB 11), S. 125–140, Nr. 14 (Is 60,1–6); S. 141–147, Nr. 14 (Ioel 2,12–19).

[13] Siehe oben Anm. 3. Es handelt sich um eine Abschrift nach der Ausgabe Straßburg: Martin Schott, 1481/82. Vgl. PAUL PIETSCH, Ewangely und Epistel Teutsch. Die gedruckten hochdeutschen Perikopenbücher (Plenarien) 1473–1523. Ein Beitrag zur Kenntnis der Wiegendrucke, zur Geschichte des deutschen Schrifttums und der deutschen Sprache, insbesondere der Bibelverdeutschung und der Bibelsprache, Göttingen 1927, S. 19f.

aufweisen.[14] Aus der mit römischen Zahlen durchgeführten Originalfoliierung geht hervor, daß der Codex aus Sexternionen bestand. Am Anfang fehlen zwei Sexternionen und die drei äußeren Blätter der dritten Lage mit den Lesungen für Advent und die Weihnachtszeit. Die Lagen 3 bis 6 sind mit einigen Lücken erhalten (fol. 1ʳ–32ᵛ, alte Zählung xxviiiʳ-lxxiiᵛ) und enthalten die Lesungen und Glossen von der dritten Messe zu Weihnachten bis zum Quatember-Sonntag in der Fastenzeit. Danach fehlen die Lagen 7–22 (lxxiiiʳ-cclxivᵛ). Vom Schlußteil der Handschrift sind die Lagen 23–24 (fol. 33ʳ–55ᵛ, alte Zählung cclxvʳ-cclxxxviiᵛ) mit den letzten Seiten des Temporale (Kirchweih) und dem Sanctorale von Andreasabend (29. November) bis Augustinus (28. August) vorhanden. Ein interner Textverweis auf das Evangelium ›Loquente Iesu‹ *do hundenan am .CCC.xi. blat* (53ʳᵇ) beweist, daß die Handschrift mindestens zwei weitere Lagen verloren hat. Da die Lesungen des Sanctorale zum großen Teil nur durch ihre lateinischen Initien bezeichnet sind, muß angenommen werden, daß ursprünglich auch ein Commune sanctorum enthalten war, in dem der deutsche Text der an Heiligenfesten mehrfach verwendeten Bibellektionen gesucht werden konnte.

Der erhaltene Teil der Handschrift wurde von einer einzigen Hand geschrieben, die sich einer geübten und professionell wirkenden Textualis bediente, wie sie seit der Mitte des 14. Jahrhunderts für anspruchsvolle deutschsprachige Handschriften vielfach verwendet wurde. Der – wohl kostbare – Initialschmuck, der zur Hervorhebung besonders wichtiger Textabschnitte diente, ist bei der Verstümmelung der Handschrift herausgeschnitten worden. Die kleineren Initialen sind rot und blau, gelegentlich mit Aussparungen und mit zwei- oder dreifarbigem Fleuronnée verziert. In der obersten Zeile stehen auf fast jeder Seite Kadellen. Die Schreibsprache ist niederalemannisch und läßt auf das Elsaß, vielleicht auf Straßburg als Entstehungsort schließen.[15] Neben allgemein südwestdeutschen Eigenheiten ist besonders auf die regelmäßige Verdumpfung von *â* zu ‹o› (z. B. *worent, moles, ior*, vgl. HSS Karte 38), ‹öi› für *öu* in *getöiffet* und *gezöiget* (vgl. HSS Karte 81), ‹ú› für *ü* und *iu* (z. B. *wúrde, sú*, vgl. HSS Karte 67), ‹ö› für *e* in *mönsche* (neben *mensche*, vgl. HSS Karte 4), r-Metathese in Wörtern wie *dirtten* (neben *dritten*), *donrestag* und *verbúrnet* (vgl. HSS Karte 113), die fast ausnahmslos verwendeten *sm-*, *sn-* und *sw-*Graphien (z. B. *versmohen, snel, swert*, vgl. HSS Karte 177), anlautendes ‹d-› neben ‹t-› (z. B. *dag, tag*, vgl. HSS Karte 154), den Gleitlaut ‹g› in *frigen* und *schrigen* (vgl. HSS Karte 198) und die Formen *súben* und *kirchen* (vgl. HSS Karten 22 und 114) hinzuweisen.

---

[14] Kollation: (VI–8) + (VI–2) + VI + (VI–6) + (VI–1) + VI. Reklamanten stehen auf 14ᵛ (xlviiiᵛ), 26ᵛ (lxᵛ), 32ᵛ (lxxiiᵛ), 43ᵛ (cclxxvᵛ) und 55ᵛ (cclxxxviiᵛ). Von fol. 1, 4, 44–55 ist jeweils der ganze untere Rand abgeschnitten. Zierinitialen auf 37ᵛ (Anfang des Sanctorale), 51ᵛ (Maria Magdalena) und 53ᵛ (Augustinus) wurden herausgeschnitten. Rote Blattzählung vom Schreiber in römischen Zahlen. Pappband des 19. Jahrhunderts.

[15] Zum folgenden vgl. WOLFGANG KLEIBER [u. a.], Historischer Südwestdeutscher Sprachatlas. Aufgrund von Urbaren des 13. bis 15. Jahrhunderts. Bd. I: Text. Bd. II: Karten, Bern/München 1979 [zit. als HSS].

Die Disposition von Temporale und Sanctorale weist einige Unterschiede zur Freiburger Handschrift auf. Während diese die Lektionen für die Heiligenfeste vom 26.–28. Dezember im Temporale bringt, stehen Stephanus, Johannes Evangelista und Innocentes in Cgm 157 an der entsprechenden Stelle des Sanctorale, wie das im Gegensatz zum üblichen Säkulargebrauch namentlich bei den Zisterziensern und Dominikanern üblich war.[16] In beiden Handschriften werden die Evangelien für diese Feste von ihren Glossen begleitet.

Der Zyklus von Heiligenfesten, der dem Sanctorale des Cgm 157 zugrunde liegt,[17] entspricht dem Säkulargebrauch der Diözese Straßburg. Besonders aussagekräftig für diese Zuweisung sind die Heiligen Attala (3. Dezember) und Arbogast (21. Juli).[18] Die spezifisch dominikanischen und franziskanischen Feste Translatio S. Thomae (28. Januar) und Vincentius (5. April) bzw. Bonaventura (30. Juli) und Clara von Assisi (12. August) fehlen. Es ist daher unwahrscheinlich, daß das Lektionar für den Gebrauch bei Dominikanerinnen, Klarissen oder Franziskanertertiarinnen bestimmt war. Andererseits enthält die Handschrift Gebrauchsspuren – hinzugefügte Virgeln zur Markierung von syntaktischen Einschnitten und einmal einen Hinweis für die Vorleserin *dis lo ston* (bei der zweiten Evangelienglosse am 2. Sonntag nach Epiphanie, fol. 7ʳ) – die nur durch die Verwendung für Lesungen in einer geistlichen Gemeinschaft zu erklären sind.

Die Ordenszugehörigkeit dieser Gemeinschaft ist mit einiger Sicherheit zu erraten, – nicht auf Grund der Auswahl der Heiligen, sondern durch die Art, wie zwei bestimmte Heilige, Augustinus und Maria Magdalena, behandelt werden. Nur bei fünf von insgesamt 88 Festtagen bringt das Sanctorale Glossen nach dem Evangelium: Stephanus (26. Dezember), Johannes Evangelista (27. Dezember), Innocentes (28. Dezember), Maria Magdalena (22. Juli) und Augustinus (28. August). Bei den drei zuerst genannten ist diese besondere Hervorhebung durch ihre Stellung im Kirchenjahr zu erklären. Augustinus und Maria Magdalena waren zusätzlich durch Schmuckinitialen ausgezeichnet, die schon vor der Erwerbung der Handschrift durch die Münchner Bibliothek herausgeschnitten waren. Bei Augustinus wird in der Glosse von *vnsrem heiligen*

---

[16] ANDREW HUGHES, Medieval Manuscripts for Mass and Office. A Guide to their Organization and Terminology, Toronto 1982, S. 9 mit Anm. 8 (S. 356).

[17] Kalendarische Angaben sind im Sanctorale des Lektionars nicht erhalten. Die kalendarische Zuweisung der einzelnen Heiligenfeste ergibt sich jedoch zweifelsfrei aus ihrer Reihenfolge in der Handschrift, beginnend mit *S. Andras obent* am 29. November. Nur einmal begegnet ein Verstoß gegen die kalendarische Reihenfolge: Prisca (18. Januar) steht vor Antonius (17. Januar).

[18] Vgl. den Straßburger Kalender bei HERMANN GROTEFEND, Zeitrechnung des deutschen Mittelalters und der Neuzeit, Bd. 2/1, Hannover 1892, Repr. Aalen 1970, S. 176–180. Feste, die im Münchner Sanctorale berücksichtigt sind, aber in Grotefends Kalender für Straßburg fehlen, sind Lazarus (17. Dezember; s. u., Anm. 21), Translatio Mariae Magdalenae (10. März), Domini corona spinea (4. Mai), Margareta am 20. Juli (in der Diözese Straßburg am 15. Juli) und Domini transfiguratio (6. August).

vatter sanctus augustinus (Textanhang Nr. 3, Z. 6f.) gesprochen. Das läßt auf eine Ordensgemeinschaft schließen, die nach der Augustinusregel lebte. Ebenfalls ordensspezifisch ist die Hervorhebung von Maria Magdalena, die nicht nur durch das Fest an ihrem Todestag, das durch eine ungewöhnlich differenziert gestaltete Einleitung mit alternativen Lesungen[19] und durch die Glosse hervortritt, sondern außerdem durch ihre Translatio am 10. März besonders betont wird. Die bevorzugte Verehrung der Maria Magdalena in einer Gemeinschaft, die »unserem heiligen Vater Sanctus Augustinus« verpflichtet war, läßt nur auf einen Orden schließen, und zwar auf die *Sorores Penitentes b. Mariae Magdalenae ordinis S. Augustini* oder Reuerinnen.[20] Diese Zuweisung, die vorerst nur als eine zu überprüfende Hypothese zu betrachten ist, findet eine zusätzliche Bestätigung in der Aufnahme von Lesungen für Lazarus am 17. Dezember (fol. 38vb) und für Martha am 29. Juli (fol. 52va). Damit entspricht die Anordnung der Handschrift einem Beschluß des Generalkapitels der Reuerinnen vom 2. Mai 1344, »dass der Tag Sancti Lazari des Bischofs und Beichtigers mit 9 Lectiones, XV. Kalendas Januarii, und das Fest der hl. Jungfrau Martha zwischen der Octava Mariae Magdalenae [22. Juli] mit 9 Lectionen soll geehret werden«.[21]

Bei den Reuerinnen wird man den ›Sitz im Leben‹ des ganzen Lektionars zu suchen haben.[22] Am Anfang, als die ersten Klöster der ›Büßerinnen der hl.

---

[19] *An sancte Marie Magdalenen tag epistola* ›Mulierem‹ *oder die epistola* ›Fidelis sermo‹. *Suche an mittewoch noch dem .iii. sundage noch dem .xii. tage, stot am .xiiii. blat. Vnd wiltu, so mathu ouch dise nemen: epistola libri Sapiencie* ›In lectulo meo per noctes quesiui‹ *etc.* ›In mynem bettelin ich suchte [...]‹ (fol. 50vb).

[20] Der gleichen Argumente bedient sich ADOLAR ZUMKELLER bei der Bestimmung des Gebetbuchs einer Reuerin aus dem Erfurter Konvent: Vom geistlichen Leben im Erfurter Weißfrauenkloster am Vorabend der Reformation. Nach einer neu aufgefundenen Quelle, in: Reformatio Ecclesiae. Beiträge zu kirchlichen Reformbemühungen von der Alten Kirche bis zur Neuzeit. Festgabe für Erwin Iserloh, hg. von REMIGIUS BÄUMER, Paderborn [usw.] 1980, S. 231–258.

[21] ANDRÉ SIMON, L'Ordre des Pénitentes de Ste Marie-Madelaine en Allemagne au XIIIe siècle, Diss. Fribourg, Fribourg 1918, S. 177. Die Beschlüsse des Generalkapitels sind nur aus einer deutschen Übersetzung des 18. Jahrhunderts bekannt (Handschrift des Reuerinnenklosters Lauban/Lubań von 1738). Zum Festtag des Hl. Lazarus s. o., Anm. 18; LUCIEN PFLEGER, Geschichte des Reuerinnenklosters St. Magdalena in Strassburg, in: St. Magdalena in Strassburg. Geschichte des Klosters und der Pfarrei, hg. von EUGEN SPEICH, Straßburg 1937, S. 1–84, bes. S. 26 (Ablaßbulle von Papst Sixtus IV., 14. XI. 1484); auch in der Liturgie der Dominikaner fehlt dieses Fest.

[22] Die folgenden Angaben zu den Reuerinnen nach der grundlegenden Monographie von SIMON [Anm. 21], die in einem Anhang eine Edition der Institutiones und Constitutiones sowie ein Urkundenbuch für die ältere Geschichte des Ordens enthält. Vgl. FERNAND DISCRY, La règle des Pénitentes de Sainte Marie-Madeleine d'après le manuscrit de Saint-Quirin de Huy, Bulletin de la Commission Royale d'Histoire [de Belgique] 121 (1956), S. 85–145; KASPAR ELM, Magdalenerinnen, LexMA, Bd. 6, 1993, Sp. 71; GUIDO CARIBONI, Gregorio IX e la nascita delle «sorores penitentes» di santa Maria Maddalena «in Alemannia», Annali dell'Istituto storico italo-germanico in Trento 25 (1999), S. 11–44; DERS., Zur Datierung der Interpolationen in den *Institutiones Sancti Sixti de Urbe*. Die normative und institutionelle Entwicklung der *sorores*

Magdalena‹ unter Papst Gregor IX. (1227–1241) und Papst Innozenz IV. (1243–1254) gegründet wurden, sollten diese den Zweck haben, Frauen, die bisher als Prostituierte gelebt hatten, einen sittlichen und geistlichen Lebenswandel zu ermöglichen. Durch die Bulle *Religiosam vitam eligentibus* vom 10. Juni 1227 wurden die Nonnen des neuen Ordens, dessen Anfänge um 1225 anzusetzen sind, verpflichtet, nach der Benediktsregel und den Satzungen der Zisterzienser zu leben. Die Regelung dürfte sich als problematisch erwiesen haben, denn fünf Jahre später wurde sie durch die Bulle *Exurgentes de pulvere, filiae Sion* vom 23. Oktober 1232 außer Kraft gesetzt, durch welche die Reuerinnen der Regel des hl. Augustinus und den Institutiones der Dominikanerinnen von St. Sixtus in Rom unterstellt wurden. Seit dieser Zeit waren sie berechtigt, die Bezeichnung *ordinis S. Augustini* zu verwenden, und sie lebten nach den gleichen Satzungen wie die Dominikanerinnen, bis diese im Jahre 1259 ihre neue, durch Humbertus von Romans redigierte Fassung der Constitutiones übernahmen. Zu den frühesten Gründungen zählten die Konvente in Worms (1225/1230), Straßburg (angeblich schon 1225), Frankfurt a. M. (1228), Basel (1230), Speyer (1230), Köln (1230) und Regensburg (1233). Seit der Jahrhundertmitte scheint sich der Charakter des Ordens insofern verändert zu haben, als nicht mehr ehemalige Prostituierte, sondern eher Töchter aus dem gehobenen Bürgerstand in die inzwischen reich dotierten Klöster Aufnahme fanden.[23] Insgesamt erwies sich jedoch das spätere 13. Jahrhundert als eine Krisenzeit für den Orden, denn seine Geschichte ist von nun an wesentlich durch die zahlreichen Versuche der einzelnen Konvente, in andere Orden übernommen zu werden, geprägt. Reuerinnenklöster, denen es gelang, in den Dominikanerorden aufgenommen zu werden, waren Pforzheim (1287), Freiburg i. Br. (1289), Speyer (1303), Basel (1304), Neuenkirch im Kanton Luzern (1313) und Worms (Anfang 15. Jahrhundert).

---

penitentes der Heiligen Maria Magdalena *in Alemannia* im 13. Jahrhundert, in: Regula Sancti Augustini. Normative Grundlage differenter Verbände im Mittelalter, hg. von GERT MELVILLE/ANNE MÜLLER, Paring 2002 (Publikationen der Akademie der Augustiner-Chorherren von Windesheim, hg. von HELMUT GRÜNKE, Bd. 3), S. 389–418; CHRISTINE KLEINJUNG, Frauenklöster als Kommunikationszentren und soziale Räume. Das Beispiel Worms vom 13. bis zum Beginn des 15. Jahrhunderts, Korb 2008 (Studien und Texte zur Geistes- und Sozialgeschichte des Mittelalters 1), S. 119–157 u. 173–178. Für das Verhältnis zum Dominikanerorden s. SIMON TUGWELL, Were the Magdalen nuns really turned into Dominicans in 1287?, Archivum Fratrum Praedicatorum 76 (2006), S. 39–77.

[23] SIMON [Anm. 21], S. 54; PFLEGER [Anm. 21], S. 4–6, der die Vermögensverhältnisse und den sozialen Status der Straßburger Reuerinnen beschreibt. Nach PFLEGER war das Kloster seit dem 14. Jh. für »die Töchter der wohlhabenden Strassburger Patrizierfamilien reserviert« (S. 5). FRANCIS RAPP, Réformes et réformation à Strasbourg. Église et société dans le diocèse de Strasbourg (1450–1525), Paris 1974 (Collection de l'Institut des Hautes Études Alsaciennes 23), S. 286, bringt differenziertere Angaben: Von den 46 Familiennamen, die für die Schwestern bezeugt sind, können 14 Adel und Patriziat und 16 dem Bürgerstand zugewiesen werden. Demnach handelt es sich hier nicht um eines der zahlreichen Frauenklöster, die vom Adel dominiert wurden.

Der Regensburger Konvent war ab 1281 ein Klarissenkloster. Die einzigen Klöster von Bedeutung im Süden und Westen des deutschsprachigen Raumes, die im 14. Jahrhundert dem Orden der *Sorores Penitentes* noch angehörten, waren Köln, Mainz, Frankfurt a. M., Hagenau, Straßburg und Worms.

Die niederalemannische Schreibsprache zwingt zu der Annahme, daß die Münchner Handschrift für ein elsässisches Kloster geschrieben wurde. Das bedeutet in dieser Zeit entweder Straßburg oder Hagenau. Krontal im Niederelsaß und Weißenburg sind nur durch vereinzelte Zeugnisse des 13. Jahrhunderts bezeugt und kommen deswegen nicht in Frage.[24] Zwei weitere Konvente, die von der Sprache her nicht vollkommen auszuschließen wären, das Steinenkloster in Basel und St. Maria Magdalena in Freiburg i. Br., waren seit 1304 bzw. 1309 endgültig in den Dominikanerorden inkorporiert worden.[25] Aber auch Hagenau ist als Entstehungsort des Cgm 157 eher unwahrscheinlich. Das Hagenauer Reuerinnenkloster war eine Spätgründung aus der Zeit um 1300 und wird in einer frühen Urkunde als der *Conventus sororum Penitencium b. Magdalene et Otilie domus in Hagenowe* bezeichnet.[26] Die hl. Odilia, die in der Urkunde neben Maria Magdalena als Hagenauer Klosterpatronin bezeichnet wird, ist im Sanctorale des Münchner Lektionars nicht angeführt. Die erhaltenen Angaben über das Hagenauer Reuerinnenkloster sind spärlich (1312 Stiftung in der Kapelle, 1342 Beschwerden über Unregelmäßigkeiten und unsittliches Benehmen, 1360 Bau der Klosterkirche, 1461 Absetzung der Priorin und Einführung der strengen Klausur, 1468/69 weitere Bemühungen um eine Reform unter Beteiligung von Schwestern aus Straßburg, 1620 endgültige Auflösung). Handschriften aus der Bibliothek sind bislang nicht zum Vorschein gekommen.[27]

---

[24] SIMON [Anm. 21], S. 118 (Kronstadt 1246), S. 134 (Weißenburg um 1260). Vgl. MÉDARD BARTH, Handbuch der elsässischen Kirchen im Mittelalter, 4 Bde., Straßburg 1960–1964 (Archives de l'Église d'Alsace 11–14), Sp. 713f. und 1710.

[25] SIMON [Anm. 21], S. 106f., 114f.; EMIL A. ERDIN, Das Kloster der Reuerinnen Sancta Maria Magdalena an den Steinen zu Basel von den Anfängen bis zur Reformation (ca. 1230–1529), Freiburg (Schweiz) 1956, S. 6–8; ULRIKE DENNE, Die Frauenklöster im spätmittelalterlichen Freiburg im Breisgau. Ihre Einbindung in den Orden und in die städtische Kommunität, Freiburg i. Br./München 1997 (Forschungen zur oberrheinischen Landesgeschichte 39), S. 76–80.

[26] SIMON [Anm. 21], S. 116; BARTH [Anm. 24], Sp. 508–510, hier Sp. 508. Siehe auch GEORGES GROMER, Les béguinages à Hagenau d'après les notes inédites de M. Hanauer, Revue d'Alsace 60 (1909), S. 550–557; 61(1910), S. 10–25.

[27] Die bei SIGRID KRÄMER, Handschriftenerbe des deutschen Mittelalters, 3 Teile, München 1989–1990 (Mittelalterliche Bibliothekskataloge Deutschlands und der Schweiz, Ergänzungsband I,1–3), Teil 1, S. 309, genannte Eckhart-Handschrift in Berlin, SBB-PK, Ms. germ. 8° 12 (14. Jh.), ist eine Fehlzuweisung, denn der auf 1412 datierte Besitzvermerk mit Erwähnung *der frouwen zu sancte katterinen der Johanserin zu hagenuwe* bezieht sich nicht auf den Reuerinnenkonvent, sondern auf die St. Katharinenklause in der Hagenauer Innenstadt, die zur Johanniterkomtur von Dorlisheim Beziehungen hatte; erst später wurden die Reuerinnen vom Stadtrat in die seit 1450

Daß der Cgm 157 aus St. Magdalena in Straßburg, dem bedeutendsten der süddeutschen Reuerinnenklöster,[28] stammt, wie durch die bisher vorgelegte Indizienbeweisführung nahegelegt wurde, läßt sich durch den Schriftvergleich mit weiteren deutschsprachigen Handschriften aus diesem Kloster zur Sicherheit erheben. Diese Zuschreibung hat wichtige Konsequenzen für die Datierung der Handschrift. SIGRID KRÄMER nennt in ihrer Übersicht über die erhaltenen mittelalterlichen Handschriften aus dem Straßburger Reuerinnenkloster neun (davon eine zweibändige) deutschsprachige und sechs (davon zwei zweibändige) lateinische, meist liturgische Codices. Unter den deutschen Handschriften führt sie deren fünf mit Werken Geilers von Kaysersberg auf, die zwar ausdrücklich vom Autor an das Kloster St. Magdalena gerichtet, aber nicht nachweislich in den Originalhandschriften aus dem Besitz dieses Klosters erhalten sind. Diese Codices scheiden aus.[29] Zu ergänzen sind neben dem Cgm 157 sieben weitere mittelalterliche Handschriften aus der Bibliothek des Reuerinnenklosters, die bei KRÄMER nicht erwähnt werden, und zwei Codices aus dem 18. Jahrhundert. Beim gegenwärtigen Forschungsstand sind insgesamt neunzehn Handschriften aus dem Kloster St. Magdalena bekannt.

---

verlassene St. Katharinenklause umgesiedelt. Zitat nach HERMANN DEGERING, Germ. Hss., Repr. Graz 1970, Bd. 3, S. 5. Vgl. BARTH [Anm. 24], Sp. 509; HANS-JOCHEN SCHIEWER/VOLKER MERTENS, Repertorium der ungedruckten deutschsprachigen Predigten des Mittelalters: Der Berliner Bestand. Bd. I: Die Handschriften aus dem Straßburger Dominikanerinnenkloster St. Nikolaus in undis und benachbarte Provenienzen, Bd. I/2, Typoskript 1999, Hs. B XXXIV.

[28] Über das Straßburger Reuerinnenkloster s. SIMON [Anm. 21], S. 131–133; PFLEGER [Anm. 21]; BARTH [Anm. 24], Sp. 1375–1381; HEIKE A. BURMEISTER, Der ›Judenknabe‹. Studien und Texte zu einem mittelalterlichen Marienmirakel in deutscher Überlieferung, Göppingen 1998 (GAG 654), S. 137f.; SIGRID SCHMITT, Geistliche Frauen und städtische Welt. Kanonissen – Nonnen – Beginen und ihre Umwelt am Beispiel der Stadt Straßburg im Spätmittelalter (1250–1525), Habilitationsschrift Mainz 2007. Ich bin Frau Schmitt, Trier, für die Bereitwilligkeit, mit der sie mir ihre noch unveröffentlichen Materialen zur Verfügung gestellt hat, zu besonderem Dank verpflichtet.

[29] KRÄMER [Anm. 27], Bd. 2, S. 745f. Die Handschriften, die aus diesem Grunde ausscheiden, sind: Berlin, SBB-PK, Ms. germ. 4° 164; Ms. germ. 4° 197; Ms. germ. 4° 202; Karlsruhe, Badische LB, Cod. St. Peter pap. 46–47. Eine Handschrift mit der bei KRÄMER, S. 746, genannten Signatur Cod. St. Peter pap. 80 existiert nicht; das Diurnale St. Peter perg. 80, das möglicherweise gemeint ist, stammt aus St. Maria Magdalena in Freiburg i. Br. SCHIEWER/MERTENS [Anm. 27] weisen die Berliner Handschriften Ms. germ. 4° 164 (= B XV) und Ms. germ. 4° 202 (= B XXVIII) mit Vorbehalt dem Dominikanerinnenkloster St. Nikolaus in undis zu. HERBERT KRAUME, Die Gerson-Übersetzungen Geilers von Kaysersberg. Studien zur deutschsprachigen Gerson-Rezeption, München 1980 (MTU 71), S. 115, konnte die Hand, die Cod. St. Peter pap. 47 schrieb, unter den Archivalien des Klosters St. Maria Magdalena in Freiburg i. Br. identifizieren, weswegen auch diese Handschrift für Straßburg ausscheiden dürfte. LUZIAN PFLEGER, Geiler von Kaysersberg und das S. Magdalenenkloster in Strassburg, Straßburger Diözesanblatt 37 (1918), S. 24–31 und 56–63, hier S. 58, Anm. 4, hält die 1870 verbrannte Handschrift der Straßburger Stadtbibliothek, die Geilers ›Güldene Regel‹ enthielt, für das Exemplar des Straßburger Reuerinnenklosters.

Ich führe sie so weit wie möglich in chronologischer Anordnung auf:[30]

1. Berlin, SBB-PK, Ms. germ. 2° 863: ›Vitaspatrum‹, dt., zusammen mit einer umfangreichen Exempelsammlung. Wasserzeichendatierung um 1435–1440. Eine Hand. Besitzvermerk: *Dis bůch ist der Ruwerin sant marigen magdalenen zů stroßburg* (HSp).[31]

2. Parma, Biblioteca Palatina, Mss. Parm. 1254–1255: Missale der Diözese Straßburg, Gebrauch der Straßburger Reuerinnen, 2 Bde. (Winter- und Sommerteil). Beide mit Temporale und Sanctorale. Geschrieben von einer Schwester des Reuerinnenklosters und datiert auf den 7. November 1472 bzw. 8. September 1479. Illuminiert. Vor dem Kreuzigungsbild am Anfang von dem Canon der Messe in Cod. 1254 kniet eine männliche Stifterfigur mit Tonsur und Mönchsgewand am unteren Rand; die Buchstaben *f p k* zu seinen Füßen sind vermutlich als Initialen (z. B. ›Frater P. K.‹) zu lesen.[32]

3. Straßburg, BNU, Cod. 306 (lat. 254): Psalterium. Geschrieben von Schwester Maria Bruckerin (oder Bruekerin) im Straßburger Reuerinnenkloster, 29. März 1473.[33]

4. Bern, Burgerbibl., Cod. 801: ›Gebetbuch der Ursula Begerin‹, dt., mit umfangreichem Bilderzyklus.[34] Fol. 1ʳ–4ᵛ datiert 1494. Die Bildblätter wohl Ende 14. Jahrhun-

---

[30] Die Angaben zu Nr. 1, 2, 4, 6, 7, 8, 12, 13, 14, 17, 18, beruhen auf Autopsie, diejenigen zu den anderen Handschriften auf der angeführten Literatur. Hans-Jochen Schiewer, Freiburg i. Br., habe ich für den Hinweis auf Nr. 5 zu danken.

[31] Franz Pfeiffer, Predigtmärlein, Germania 3 (1858), S. 407–444, hier S. 408–411 (S. 409: »15. Jh.«); Franz Bär, Die Marienlegenden der Straßburger Handschrift Ms. Germ. 863 und ihr literarhistorischer Zusammenhang, Diss., Straßburg 1912, Straßburg 1913, S. 1–37 (»Mitte des 14. Jahrhunderts«, S. 6); Degering [Anm. 27], Bd. 1, 1925, S.120f. (»15. Jh.«); Hans-Jochen Schiewer, Sigelin, ²VL, Bd. 8, 1992, Sp. 1236 (»2. H. 15. Jh.«); Die ›Alemannischen Vitaspatrum‹. Untersuchungen und Edition, hg. von Ulla Williams, Tübingen 1996 (TTG 45), S. 25* (»2. Dr. 15. Jh.«); Burmeister [Anm. 28], S. 134–136. Ich richte mich für die Datierung nach dem Wasserzeichen (Waage): Gerhard Piccard, Wasserzeichen Waage, Stuttgart 1978 (Die Wasserzeichenkartei Piccard im Hauptstaatsarchiv Stuttgart, Findbuch V), IV 136 (Elsaß/Schwarzwald 1438); das Wasserzeichen gehört auf jeden Fall zum Typ Waage IV 120–186 und ähnelt den Nummern IV 123, 127–128, 130, 133, 135–136, 139, 141, 143, 148, 156, die alle nur im Zeitraum 1434–1442 belegt sind. Burmeister [Anm. 28], S. 136, kommt zu ähnlichen Ergebnissen und identifiziert das Wasserzeichen als Waage IV 121. Ich danke Anne-Beate Riecke, Berlin, für ihre fachkundige Auskunft.

[32] Alois Postina, Ein Straßburger Missale aus den Jahren 1472–1479, Römische Quartalschrift für christliche Alterthumskunde und für Kirchengeschichte 12 (1898), S. 453f.; Christian von Heusinger, Spätmittelalterliche Buchmalerei in oberrheinischen Frauenklöstern, Zeitschrift für die Geschichte des Oberrheins 107, N. F. 68 (1959), S. 136–160, hier S. 151. Louis Schaefli, Bischheim, der eine Edition des Seelbuchs (Nr. 17) vorbereitet, war so freundlich, mir mitzuteilen, daß das Seelbuch von 1518 keinen Namen enthält, der zu den Initialen passen würde.

[33] Ernest Wickersheimer, Catalogue général des manuscrits des bibliothèques publiques de France. Départements, tome 47: Strasbourg, Paris 1923, S. 133; Victor Leroquais, Les psautiers manuscrits latins des bibliothèques publiques de France, Bd. 2, Macon 1940/1941, S. 218f.; Charles Samaran/Robert Marichal, Catalogue des manuscrits en écriture latine portant des indications de date, de lieu ou de copiste [= CMD Frankreich], Bd. 5, Paris 1965, S. 417 und Taf. CLIX.

[34] Beat Matthias von Scarpatetti, Katalog der datierten Handschriften in der

dert/um 1400, die zahlreichen hinzugefügten Blätter mit dem Gebetszyklus wahrscheinlich um 1470 (Wasserzeichendatierung).[35] Die Herkunft aus dem Reuerinnenkloster wird durch den Besitzeintrag der Ursula Begerin (fol. 195^v) nahegelegt, deren Name im Seelbuch des Klosters (Nr. 17) am 31. August (Todesjahr 1531) angeführt wird.[36]

5. Moskau, Rossijskaja gosudarstvennaja biblioteka, Fond 68, Nr. 446 (In. 1310): Katharinenlegende, dt.; Barbaralegende, dt.; Johannes Kreutzer: ›Geistlicher Mai‹, ›Geistliche Ernte‹, ›Herbstjubel I–II‹. Der erste Teil der Handschrift von Schwester Katharina Ingolt (*Katerin Ingoltin*) im Straßburger Reuerinnenkloster geschrieben, 17. Oktober 1477.[37]

6. Berlin, SBB-PK, Ms. germ. 4° 1877: ›Vita S. Augustini‹ und Humbertus de Romanis, Erklärung der ›Regula S. Augustini‹, beide in dt. Übersetzung. Besitzvermerk des Reuerinnenklosters und Datierung auf 12. März 1480. Geschrieben von einer Hand, die durch den Schriftvergleich mit Schwester Katharina Ingolt zu identifizieren ist. Unter der Darstellung einer Nonne in der Bordüre von fol. 2^v stehen die Initialen der Schreiberin: *k. i.*[38] 1932 aus Berliner Privatbesitz erworben.

7. München, BSB, Cgm 157: Lektionar (›Freiburger Perikopen‹), dt. (Fragment). Um 1480. Geschrieben von einer Hand, die durch den Schriftvergleich als Schwester Katharina Ingolt zu identifizieren ist.[39]

Schweiz in lateinischer Schrift von Anfang des Mittelalters bis 1550. Bd. 2: Die Handschriften der Bibliotheken Bern bis Porrentruy, Dietikon-Zürich 1983, S. 28, Nr. 66 und Abb. 564; Peter Ochsenbein, ²VL, Bd. 2, 1986, Sp. 1120f.; Regina Cermann, in: Hella Frühmorgen-Voss† [u. a.], Katalog der deutschsprachigen illuminierten Handschriften des Mittelalters, Bd. 5, Lfg. 1/2, München 2002, S. 103–119 mit Abb. 52–57. Fehlt bei Krämer [Anm. 27]. Edition in Vorbereitung (Jeffrey F. Hamburger/Nigel F. Palmer).

[35] Gerhard Piccard, Wasserzeichen Buchstabe P, Stuttgart 1977 (Die Wasserzeichenkartei Piccard im Hauptstaatsarchiv Stuttgart, Findbuch IV/1–3), IX 195 (470–1472); fol. 179 und 183 eventuell XIII 385 (1470). Das Wasserzeichen auf den Bildblättern (fol. 9, 53, 73 und 170) konnte ich bislang nicht identifizieren. Ich danke der Berner Konservatorin Ulrike Bürger für ihre Hilfe bei der Beurteilung dieser Handschrift.

[36] *Gedenckent durch gottes willen swester vrsula begerin ein swester diß conuentes xv^c xxxj^o* (p. 81). Der Hinweis schon bei Ochsenbein [Anm. 34]. Ich danke Louis Schaefli für die Überprüfung dieser Angabe und eine Kopie der betreffenden Seite in der Handschrift.

[37] Zu den in dieser Handschrift enthaltenen Texten s. Werner Williams-Krapp, Die deutschen und niederländischen Legendare des Mittelalters. Studien zu ihrer Überlieferungs-, Text- und Wirkungsgeschichte, Tübingen 1986 (TTG 20), S. 426 (Katharinenlegende [12]); Volker Honemann, Johannes Kreutzer, ²VL, Bd. 5, 1985, Sp. 358–363 (mit Literatur); beide ohne Kenntnis dieser Handschrift. Fehlt bei Krämer [Anm. 27]. Regina D. Schiewer, Augsburg, habe ich für ausführliche Auskunft über die Handschrift zu danken.

[38] Williams-Krapp [Anm. 37], S. 394 (zur Augustinuslegende, Fassung (4)); Peter Jörg Becker/Tilo Brandis, Glanz alter Buchkunst. Mittelalterliche Handschriften der Staatsbibliothek Preußischer Kulturbesitz Berlin. Ausstellungskatalog, Wiesbaden 1988, S. 202f. (Nr. 95), mit Farbabb. Den Hinweis auf die Initialen am unteren Rande von fol. 2^v verdanke ich Anne Winston-Allen, Carbondale Illinois. S. u. zu Nr. 15. Anne-Beate Riecke habe ich für Auskunft über diese Handschrift zu danken.

[39] Fehlt bei Krämer [Anm. 27].

8. Parma, Biblioteca Palatina, Mss. Parm. 854–855: Breviarium der Diözese Straßburg, Gebrauch der Straßburger Reuerinnen, 2 Bde. (Winter- und Sommerteil). Geschrieben von einer Schwester des Reuerinnenklosters, 1484. Illuminiert.[40]

9. New York, Columbia University Library, X242.1.S: Thomas a Kempis, ›De imitatione‹, dt. Übersetzung von Johannes Zierer OP; Johannes Kreutzer OP, ›Geistliche Martinsnacht II und I‹ (in dieser Reihenfolge); Ps.-Bernhard, ›Formula honestae vitae‹/›Octo puncta perfectionis assequendae‹, dt.; ›Geistliche Schule darin man leret das abc‹. Geschrieben von Schwester Katharina Ingolt im Straßburger Reuerinnenkloster, 14. April 1485.[41]

10. Kassel, LB und Murhardsche Bibliothek der Stadt Kassel, 4° Ms. theol. 111: Johannes Nider, ›Die 24 goldenen Harfen‹, dt. (Hs. K); Passionsharmonie mit Glosse.[42] Erster Teil datiert 1485 (fol. 3^r); zweiter Teil datiert 4. Dezember 1486 (fol. 259^r); beide Teile im Reuerinnenkloster von derselben Hand geschrieben, die als Katharina Ingolt zu identifizieren ist (s. u. zum Schriftvergleich).

11. Straßburg, Bibliothèque des Musées de Strasbourg, LA.8-175: Agenda für den Umgang mit kranken und sterbenden Schwestern im Straßburger Reuerinnenkloster, verfaßt von Paulus Munthart und Engelinus von Braunschweig, lat. Fassung von 1480. Datiert 1490.[43]

12. Freiburg i. Br., UB, Hs. 1500, 14 (ehem. Berliner Privatbesitz, Sammlung Leuchte, Ms. XIV): Processionale des Straßburger Reuerinnenklosters (lat., einzelne Stellen dt.); als Anhang dazu eine Agenda für die Aufnahme von Novizinnen und Nonnen in den Reuerinnenorden (einzelne Stellen dt.); Agenda für den Umgang mit kranken und sterbenden Schwestern im Straßburger Reuerinnenkloster, verfaßt von Paulus Munthart und Engelinus von Braunschweig, lat.-dt. Bearbeitung. Geschrieben nach 1489 von einer Hand, die durch den Schriftgvergleich als Katharina Ingolt zu identifizieren ist.[44]

---

[40] HEUSINGER [Anm. 32], S. 151.
[41] SEYMOUR DE RICCI/WILLIAM J. WILSON, Census of Medieval and Renaissance Manuscripts in the United States and Canada, Bd. 2, New York 1937, S. 1259 (Nr. 6); KONRAD VON RABENAU, Einbandforschung 5 (Oktober 1999), S. 22 (zum Einband). Zu den Ps.-Bernhard-Texten vgl. PL, Bd. 184, Sp. 1167–1170, 1181–1186. – Abbildungen aus der Handschrift stehen im Internet auf der Webseite des Digital Scriptorium (‹http://www.scriptorium.columbia.edu› [15.6.2009]), wo sie unter der Signatur X242.1.S suchbar sind. Ich habe Consuelo Dutschke (New York) für Auskunft über die Handschrift zu danken.
[42] MARGIT BRAND, Studien zu Johannes Niders deutschen Schriften, Rom 1998 (Institutum historicum fratrum praedicatorum, Dissertationes historicae 23), S. 52f. Fehlt bei KRÄMER [Anm. 27]. Konrad Wiedemann, Kassel, verdanke ich die Einsicht in eine detaillierte Beschreibung der Handschrift, die in seinem zur Zeit noch in Vorbereitung befindlichen Handschriftenkatalog erscheinen wird.
[43] JOSEPH WALTER, Un manuscrit liturgique du couvent des Pénitentes de Sainte-Marie-Madeleine de Strasbourg de 1490 (Ritus administrandi infirmos et sepeliendi), Archives alsaciennes d'histoire de l'art 7 (1928), S. 57–61, mit Abb. auf S. 59. Fehlt bei KRÄMER [Anm. 27]. Ich habe Michèle Chirle, Straßburg, für Auskunft zu danken.
[44] Fehlt bei KRÄMER [Anm. 27]. CAROLA REDZICH [u. a.], Freiburger Büchergeschichten. Handschriften und Drucke aus den Beständen der Universitätsbibliothek und die neue Sammlung Leuchte. Ausstellungskatalog der Universitätsbibliothek der Albert-Lud-

13. Budapest, Országos Széchényi Könyvtár (Széchényi-Nationalbibl.), Cod. germ. 6: Processionale für ein elsässisches Reuerinnenkloster (lat., zahlreiche Stellen dt.); als Anhang dazu eine Agenda für die Aufnahme von Novizinnen und Nonnen in den Reuerinnenorden (dt., einzelne Texte lat.); Agenda für den Umgang mit kranken und sterbenden Schwestern (dt., einzelne Texte lat.; ohne Prolog und ohne die Zuschreibung an Paulus Munthart und Engelinus von Braunschweig, Schluß fehlt). Um 1490, wahrscheinlich von einer Nonne des Straßburger Reuerinnenkonvents geschrieben.[45]

14. Budapest, Eötvös Lóránd Tudományegyetem, Egyetemi Könyvtár (Univ.-Bibl.), Cod. lat. 33: Kapitelbuch des Straßburger Reuerinnenklosters (lat.) mit Kalendar, Martyrologium, einer Liste der Evangelienlesungen der Messe (Temporale und Sanctorale), Gründungsbulle von Papst Gregor IX., Augustinusregel und den Constitutiones des Reuerinnenordens. Besitzvermerk und Datierung *per quandam eiusdem conuentus sororem* auf 1495 (fol. 123[r]).[46]

15. Ehemals Straßburg, Bibliothèque du Grand Séminaire, Cod. 85: Augustinusregel, dt., und andere Texte. Abschrift von 1505. Die Handschrift wurde 1899 von Lucien Pfleger als Alumnus katalogisiert, war aber schon 1937 »spurlos verschwunden«. Die Entstehungszeit der Handschrift ist unbekannt.[47]

16. Straßburg, BNU, Cod. 3590: ›Regel des Ordens Marie Magdalene‹. Datiert Translatio S. Augustini (11. Oktober) 1506.[48]

17. Straßburg, Bibliothèque du Grand Séminaire, Cod. 35 (olim 179): Seelbuch des Straßburger Reuerinnenklosters. Angelegt von Schwester Ursula Stingelerin, 1518.[49]

---

wigs-Universität Freiburg, Freiburg i. Br. 2007, S. 34f., Nr. 15, mit zusätzlicher Farbabbildung S. 6. Volldigitalisat auf der Homepage der Universitätsbibliothek Freiburg i. Br. ⟨http://www3.ub.uni-freiburg.de/index.php?id=182⟩ (09.07. 2007).

[45] ANDRÁS VIZKELETY, Beschreibendes Verzeichnis der altdeutschen Handschriften in ungarischen Bibliotheken. Bd. 1. Széchényi-Nationalbibliothek, Wiesbaden 1969, S. 21f. (Datierung der Hs.: »14. Jh., Mitte«). Die Schreibsprache ist elsässisch. Fehlt bei KRÄMER [Anm. 27]. Daß die Hs. frühestens in den achtziger Jahren des 15. Jahrhunderts entstanden sein kann, ergibt sich aus der Zitierung einer Absolution *iuxta tenorem bulle domini sixti pape quarti* (Papst Sixtus IV. 1471–1484) auf fol. 110[v].

[46] LADISLAUS MEZEY, Codices latini medii aevi Bibliothecae Universitatis Budapestinensis, Budapest 1961, S. 48f. Vgl. KRÄMER [Anm. 27], die die falsche Bibliothek angibt. Die Hs. enthält auf fol. 10[r] eine illuminierte Initiale mit einer Darstellung der Beschneidung des Herrn.

[47] PFLEGER [Anm. 21], S. 41 mit Anm. 38. Fehlt bei KRÄMER [Anm. 27]. Wenn PFLEGERS Angaben, daß die Abschrift auf 1505 datiert sei und die Augustinusregel auf fol. 24[v]–66[r] gestanden habe, zuverlässig sind, schließen sie die Identität mit Nr. 6 aus.

[48] WICKERSHEIMER [Anm. 33], S. 628f.; CMD Frankreich 5, 1965, S. 441 und Taf. CLXXVIII. Fehlt bei KRÄMER [Anm. 27]. Daß das Fest der Translatio S. Augustini im Straßburger Reuerinnenkloster am 11. Oktober zelebriert wurde, geht aus Kalendarien hervor: Nr. 2, 3 (vgl. LEROQUAIS [Anm. 33], Bd. 2, S. 218), 8, 14.

[49] LOUIS SCHAEFLI, Le couvent des Pénitentes de Sainte-Madelaine à Strasbourg. Notes historiques et artistiques. Leçons d'un obituaire, Annuaire de la Société des Amis du Vieux-Strasbourg (1998/99), S. 57–68, hier S. 68, Anm. 1. Herrn Schaefli habe ich für ergänzende Auskunft zu danken. Das Eintragen von Namen in das *selenbůch* des Klosters wird in der um 1490 geschriebenen deutschen Fassung des ›Ritus administrandi infirmos et sepeliendi‹ ausdrücklich erwähnt (Freiburg i. Br., UB, Hs. 1500, 14, fol. 72rb); das hier gemeinte, ältere Seelbuch des Reuerinnenklosters ist verloren.

18. Straßburg, BNU, Cod. 3591. ›Ordo recipiendi virginem ad annum probationis in Ordine monialium Sanctae Mariae Magdalenae, Argentinae‹. 18. Jh.[50]

19. Straßburg, BNU, Cod. 3592. ›Ordnung der geistlichen Einkleidung in dem Orden der heiligen Mariae Magdalenae in Strasburg‹. 18. Jh.[51]

Die Handschriftenliste bestätigt einige Nachrichten in älteren Quellen über die Schreibtätigkeit der Nonnen des Magdalenenklosters sowie über die Einrichtung einer neuen Bibliothek durch ihren Beichtvater Engelinus von Braunschweig. Eine spätere Chronik berichtet, daß die Schwestern *schöne grosze missal und kirchenbücher* [...] besaßen, *so bei 400 jahren alt, und von mitschwestern geschrieben worden sind*.[52] Das erhaltene Seelbuch des Klosters (Nr. 17) erwähnt einen Buchmaler in der Straßburger Kartause, der an der Illumination ihrer Handschriften beteiligt war: *herr Erhart Knap zuo den chartußern, der uns vil kostlicher buochstaben gemacht inn unser grossen buocher und sus vil guttes geton*.[53] In der gleichen Quelle steht der Bericht, daß der 1481 verstorbene Meister Engelinus von Braunschweig beim Neubau des Klosters (1475–1484) *ein liberyg und dor inn sin buocher geordenet* habe.[54]

Für die Einordnung des Münchner Lektionars sind die Handschriften in Moskau (Nr. 5, erster Teil, fol. 2^v–73^v) und New York (Nr. 9) von besonderer Bedeutung, da beide Handschriften in der gleichen, für die Zeit um 1480 außerordentlich altertümlich wirkenden Textualis wie München, BSB, Cgm 157 geschrieben sind. Alle Buchstabenformen sind identisch, ebenso die diakritischen Zeichen, Abkürzungen, Ligaturen und Interpunktion. Die auffallendsten Kennzeichen dieser Schrift sind die in die Breite gezogenen Majuskeln (bei D sowohl eine breitere als auch eine engere Variante) und die hochgezogenen, mit Zackenornamentation verzierten Kadellen, die auf sehr vielen Seiten in der ersten Zeile stehen (vgl. Abb. 1). Diese Gemeinsamkeiten lassen zweifelsohne auf gleichzeitige Entstehung in der gleichen Schreibstube schließen, höchstwahrscheinlich handelt es sich jedoch um die Arbeit derselben Schreiberin, Katharina Ingolt, die die Fertigstellung der Moskauer und New Yorker Handschriften auf den 17. Oktober 1477 und den 14. April 1485 datierte. Auch die Berliner Handschrift Ms. germ. 4° 1877 vom 12. März 1480 (Nr. 6), die Kasseler Handschrift 4° Ms. theol. 111 von 1485/4. Dezember 1486 (Nr. 10) und der erste Teil der Handschrift Freiburg i. Br., UB, Hs. 1500, 14 (Nr. 12) wurden wahrscheinlich von Katharina Ingolt

---

[50] WICKERSHEIMER [Anm. 33], S. 629. Ein entsprechender Abschnitt ist schon in den beiden Handschriften des lateinisch-deutschen Rituale erhalten: Freiburg i. Br., UB, Hs. 1500, 14, fol. 56rb–61va; Budapest, Országos Széchényi Könyvtár, Cod. germ. 6, fol. 85^r–94^v.

[51] WICKERSHEIMER [Anm. 33], S. 629. Vgl. Freiburg i. Br., UB, Hs. 1500, 14, fol. 61vb–67vb; Budapest, Országos Széchényi Könyvtár, Cod. germ. 6, fol. 94^v–106^r.

[52] LÉON DACHEUX, Fragments de diverses vieilles chroniques, Mittheilungen der Gesellschaft für Erhaltung der geschichtlichen Denkmäler im Elsass, 2. Folge, 18 (1896/1897), S. 1–181 und 18*–34*, hier S. 110; vgl. PFLEGER [Anm. 21], S. 79, Anm. 5.

[53] SCHAEFLI [Anm. 49], S. 65.

[54] Ebd., S. 65, mit weiteren Angaben zur Bibliothek.

geschrieben.[55] Im Seelbuch des Reuerinnenklosters (Nr. 17) steht am 26. März der Eintrag *Item s(wester) Katherina Ingoltin xvͨviii ein swester diß closters*, aus dem hervorgeht, daß Katharina Ingolt am 26. März 1508 gestorben ist.[56] Für den gegenwärtigen Zusammenhang ist nicht nur die Zuschreibung der Münchner Handschrift an die 1477–1508 bezeugte Straßburger Reuerin von Bedeutung, sondern vor allem auch die Tatsache, daß die von der bisherigen Forschung ins 14. Jahrhundert datierte Handschrift erst um 1480 entstanden sein kann.[57]

Während die Berliner Exempelsammlung (Nr. 1) noch in der ersten Jahrhunderthälfte geschrieben wurde, stammen die anderen hier in Frage kommenden Handschriften aus dem letzten Drittel des 15. oder dem Anfang des 16. Jahrhunderts, als das Reuerinnenkloster zu einer der wichtigsten Wirkungsstätten der mit dem Namen des Johannes Geiler von Kaysersberg in Zusammenhang stehenden Reformbestrebungen wurde. Die Straßburger Reuerinnen genießen in der Geschichtsschreibung des neunzehnten und zwanzigsten Jahrhunderts einen ausgesprochen guten Ruf. 1862 schreibt MORITZ KERKER zur Situation in Straßburg: »Nur ein Kloster blieb unberührt von dem Sturme, unbefleckt vom Abfall, treu seinen Gelübden unter allen Verfolgungen; es war der Convent der Reuerinnen von St. Magdalena«[58] und 1876 LÉON DACHEUX: »Si elles n'étaient pas des modèles, n'avaient pas entièrement perdu l'esprit de leur état, […] elles se montrèrent accessibles à la reforme«.[59] 1974 nennt FRANCIS RAPP das Magdalenenkloster »l'un des cou-

---

[55] Meine Beobachtungen zur Schrift der Katharina Ingolt stützen sich auf die acht im Internet zugänglichen Abbildungen und zwei Farbdias der New Yorker Handschrift, auf einen vollständigen Film der Moskauer Handschrift, den ich Hans-Jochen Schiewer verdanke, auf einen Mikrofilm der Kasseler Handschrift sowie auf Autopsie der beiden heute in Berlin aufbewahrten Codices. Vgl. die in Anm. 38 genannte Farbabbildung aus Berlin, SBB-PK, Ms. germ. 4° 1877.

[56] Bibl. du Grand Séminaire, Cod. 35, p. 30. Hinweis von Louis Schaefli, dem ich eine Abschrift von dem entsprechenden Teil des Seelbuchs verdanke.

[57] Das Datierungsproblem beim Cgm 157, das durch den Nachweis der von Katharina Ingolt signierten Handschriften als gelöst gelten kann, hängt mit der von der Schreiberin verwendeten gotischen Textualis zusammen, die auf den ersten Blick sehr altertümlich aussieht. Für einen vergleichbaren Fall s. Göttingen, SUB, 8° Cod. Ms. theol. 295 (›Christi Leiden in einer Vision geschaut‹), der aus einem elsässischen Frauenkloster stammen soll und ebenfalls in die letzten Jahrzehnte des 15. Jahrhunderts zu datieren ist; dazu die genaue Beschreibung der Schrift unter Betonung der Kombinierung von Elementen der Bastarda mit einer gotischen Buchschrift bei HANS HORNUNG, Daniel Sudermann als Handschriftensammler. Ein Beitrag zur Straßburger Bibliotheksgeschichte, Diss. masch. Tübingen 1956 (zugänglich unter ‹http://www.manuscripta-mediaevalia.de/hs/kataloge/HSK0590.htm› [22.05.2009]), S. 257–260.

[58] MORITZ KERKER, Zur Geschichte des Predigtwesens in der letzten Hälfte des XV. Jahrhunderts mit besonderer Rücksicht auf das südwestliche Deutschland, Theologische Quartalschrift 44 (1862), S. 401.

[59] LÉON DACHEUX, Un réformateur catholique à la fin du XVᵉ siècle: Jean Geiler de Kaysersberg, prédicateur à la cathédrale de Strasbourg, 1478–1510. Étude sur sa vie et son temps, Paris/Straßburg 1876, S. 177, mit Verweis auf die Dominikanerinnen und St. Maria Magdalena.

vents dont l'austérité n'était discutée par personne à Strasbourg«.[60] Diese Urteile stützen sich in erster Linie auf die engen Beziehungen des Straßburger Dompredigers und Reformators Geiler von Kaysersberg zu den Reuerinnen, die durch die zahlreichen Schriften, die er ihnen widmete oder auf Grund von dort gehaltenen Predigten verfaßte, bezeugt sind.[61] Die Handschriftenproduktion – insbesondere die Fertigstellung eines umfangreichen deutschsprachigen Lektionars für die Lesungen bei Tisch oder im Kapitelsaal – bietet ein weiteres und wichtiges Zeugnis für die Erneuerung des religiösen Lebens im Reuerinnenkloster. Auch die Pflege einer altertümlich wirkenden Buchschrift, die beim Fehlen eines Schreiberkolophons, wie bei der Münchner Handschrift Cgm 157, von der bisherigen Forschung ins 14. Jahrhundert datiert wurde, ist im Kontext des Selbstverständnisses der Magdalenen als Vertreter einer auf alte Tradition gegründeten Observanz zu sehen.

Die Klosterreform in St. Magdalena, obwohl nur spärlich bezeugt, reicht in die Zeit des Basler Konzils (1431–1439) zurück. Die wichtigsten Nachrichten über die Vorgänge in dieser Zeit sind in einem auf den 20. September 1437 datierten Briefentwurf des Klosterpflegers Klaus Melburg (*Melbrůg*) und der Straßburger Altammeister Johannes Staheler und Hugo Dossenheim an den Generalprobst des Reuerinnenordens enthalten. Diesem Schreiben zufolge seien im Anschluß an eine Entscheidung des Konzils einige *erber herren vnd vetter* nach Straßburg geschickt worden, um *in etlichen clostern augustinus ordens visitacion vnd reformacio ze tůnd*, wobei im Reuerinnenkloster die observante Lebensführung und strenge Klausur mit Erfolg eingeführt worden seien:

> *vnd syend och also in das closter zů den ruwerin zu strasburg ⟨i⟩wers orde⟨n⟩s vnd ⟨i⟩wern vnderton komen vnd haben vnder den frowen des selben closters ein visitation vnd reformacion geton vnd die frowen des closters zu observancz des orde⟨n⟩s vnd geistlichen zucht vnd wese⟨n⟩s gestalt vnd gewiset vnd das selb closter beschlossen vnd habent sich och die frowen gůtlich dar jnne gehalten vnd wisen lassen zů solcher reformacion vnd obseruancio.*[62]

Im Jahre 1437 wurde ein letzter Versuch gemacht, das Magdalenenkloster dem Dominikanerorden anzuschließen. Der Dominikaner Peter von Gengenbach, Vikar des Nonnenklosters St. Nikolaus in undis, wurde vom päpstlichen Legaten Julian, Kardinalpriester von St. Sabina, mit der Einführung der dominikanischen Reform beauftragt. Dieses Vorhaben scheint vor allem an Streitig-

---

[60] RAPP [Anm. 23], S. 44.
[61] Zusammenfassung bei PFLEGER [Anm. 29]. Siehe auch VOLTMER [Anm. 5], S. 173–176, besonders S. 174, wo sie einen Sendbrief Geilers zitiert, in dem er die Reuerinnen als ›observante Schwestern‹ bezeichnet: *Das vnd ander dergleichen stuck / tringend mich vnsere Schwesteren zuo den Reüweren in Straszburg / die von den gnaden Gottes beschlossen seind inn der Obseruantz (als auch jr seind) ernstlich zuo ermanen [...].*
[62] Straßburg, Archives départementales, H 2975. Ich zitiere den Text nach einer Kopie, die mir Sigrid Schmitt zur Verfügung stellte. Ihr verdanke ich meine Kenntnis des Briefentwurfs.

keiten zwischen einem Teil des Konvents, der durch den Stadtrat Unterstützung fand, und den aus reformierten Dominikanerinnenklöstern herbeigeführten ortsfremden Nonnen gescheitert zu sein.[63] Daß die Straßburger Reuerinnen auch später dem Reformethos nicht fern standen, geht aus ihrer Beteiligung an der 1468/69 durchgeführten Reform der Schwestern in Hagenau hervor.[64] 1470 wurde eine Gebetsbruderschaft mit den observanten Franziskanerinnen geschlossen, die sich 1460 im unterelsässischen Barr niedergelassen hatten.[65] Aus mehreren Schriften der 70er Jahre geht hervor, daß die Nonnen des Reuerinnenklosters schon vor der Ankunft Geilers in Straßburg als observante Schwestern galten. Ihr Vikar, Paulus Munthart, Propst von Jung St. Peter und Kanoniker des St. Thomasstifts, berichtet in einem nach 1475 verfaßten Schreiben an den Stadtrat: *die frauen halten iren orden in gantzer strengekeit der observanz*.[66]

Der wichtigste Einschnitt im Leben der Reuerinnen ereignete sich während des Burgunderkriegs im Jahre 1475, als im Zuge der Abwehrmaßnahmen vor dem befürchteten Überfall des Burgunderherzogs fünf Klöster einschließlich des Reuerinnenklosters am Waseneck abgebrochen wurden.[67] Die Nonnen erhielten als Entschädigung den Blenkelinhof in der Utengasse (heute rue Sainte-Madeleine), wo sie erst einige Jahre später auf Grund von Spenden und mit Hilfe eines 1484 von Papst Sixtus IV. erlassenen Ablasses das neue Kloster und eine neue, mit prachtvollen Glasmalereien aus der Werkstatt des Peter Hemmel von Andlau ausgestattete Kirche errichten konnten. Aus der Ablaßbulle geht

---

[63] PFLEGER [Anm. 21], S. 11–15 (mit Angaben zu den Quellen und weiterer Literatur); Iohannes Meyer Ord. Praed., Buch der Reformacio Predigerordens, Buch IV und V, hg. von BENEDICTUS MARIA REICHERT, Leipzig 1908 (Quellen und Forschungen zur Geschichte des Dominikanerordens in Deutschland 3), S. 97 (Hinweis von Anne Winston-Allen). Siehe auch SCHMITT, Geistliche Frauen [Anm. 28], die in einem Anhang über die Geschichte des Reuerinnenklosters eine differenziertere Darstellung dieser Vorgänge bringt.

[64] S. oben S. 272.

[65] RAPP [Anm. 23], S. 148; S. 340.

[66] Straßburg, Archives départementales, II, 9/2, fol. 32^r. Auf ein weiteres Beispiel hat mich Sigrid Schmitt dankenswerterweise aufmerksam gemacht. Eine Nonne des observanten Dominikanerinnenklosters St. Agnes, die wegen eines Konflikts in ein anderes Kloster der strengen Observanz wechseln wollte, wurde 1470 von Bischof Ruprecht an das Magdalenenkloster verwiesen: *monasterium quousque Beate Marie Magdalene apud penitentes extra muros Argentinum situm similiter ordinis S. Augustini paris observantie in substancia* (Archives départementales, H 2975, fol. 5a^r).

[67] Zum folgenden s. PFLEGER [Anm. 21], S. 16–29. Für die 1904 durch einen Brand zerstörten Glasmalereien im Chor der Magdalenenkirche s. ROBERT BRUCK, Die elsässische Glasmalerei vom Beginn des XII. bis zum Ende des XVII. Jahrhunderts, Bd. 1, Straßburg 1901, S. 132–139 und Taf. 65–67; MICHEL HÉROLD/FRANÇOISE GATOUILLAT, Les vitraux de Lorraine et d'Alsace, Paris 1994 (Corpus Vitrearum: Recensement des vitraux anciens de la France 5), S. 239–241 (mit Literatur); FRANÇOISE GATOUILLAT, Un panneau de Sainte-Madeleine de Strasbourg entré au Musée de l'Oeuvre Notre-Dame, Cahiers alsaciens d'archéologie, d'art et d'histoire 37 (1994), S. 141–145.

hervor, daß um diese Zeit 50 Schwestern dem Reuerinnenkloster angehörten. Der Grundstein zur Kirche wurde am 20. Januar 1478 von Paulus Munthart in Anwesenheit von Meister Engelinus von Braunschweig, Beichtvater der Reuerinnen und dem erst kürzlich nach Straßburg berufenen Münsterprediger Johannes Geiler von Kaysersberg gelegt. In den folgenden Jahren, als die Schwestern in ihrem neuen Kloster etabliert waren, scheint sich die Predigttätigkeit Geilers entfaltet zu haben. Predigten Geilers vor den Reuerinnen sind zwar erst ab 1493 durch gesicherte Nachrichten bezeugt, aber es steht zu vermuten, daß die wahrscheinlich im Jahre 1483 unternommene Pilgerfahrt zu den heiligen Stätten der Magdalena in St. Maximin bei Marseille durch seine Beziehungen zum Magdalenenkloster angeregt wurde.[68] Rückblickend und höchstwahrscheinlich die in Geilers Schriften immer wieder genannten Reformgedanken auf die historische Situation zurückprojizierend, berichtet Beatus Rhenanus in seiner 1510 verfaßten Vita Geilers nicht nur davon, wie dieser die Messe bei den Reuerinnen gehalten, sondern außerdem, wie er bei den Schwestern, die dem Luxus und einem unsittlichen Leben zum Opfer gefallen seien, mit Erfolg die strenge Observanz eingeführt habe:

Peragebat sacrificium in aede virginum vestalium quas poenitentes vocant. Has, cum luxu et deliciis diffluerent nec pudicitia sic tuta satis videretur sub arctiorem vivendi regulam redegit. Non tamen deerant qui aut amissione lucri aut daemoniaco forsan oestro perciti sanctam observationis institutionem praepedire moliti sint, sed horum conatus favente deo sua prudentia facile superavit.[69]

Auch der Verfasser einer späteren Straßburger Chronik hat die Situation so verstanden, daß die Schwestern sich einer regelrechten Klosterreform unterzogen hatten: *Item ein löblich Kloster von der Poenitentie St. Mariae Magdalenae, genant die Reueren, was reformirt, und warent ob 50 personen do in, ward auch abgebrochen.*[70]

---

[68] Die erste datierbare Schrift Geilers, die er an die Reuerinnen richtete, ist die 1492 nach Gerson übersetzte ›Güldine Regel geistlicher Menschen‹; vgl. HERBERT KRAUME, ²VL, Bd. 2, 1980, Sp. 1143. Seine Predigten vor den Reuerinnen setzen mit den ›Sieben Qualen der geistlichen Hölle auf Erden‹ an Christi Himmelfahrt (18. Mai) 1493 ein; vgl. Johannes Geiler von Kaysersberg, Sämtliche Werke, Bd. I/2, hg. von GERHARD BAUER, Berlin 1991, S. X-XI, Textausgabe S. 498–509. Über die Pilgerfahrt nach Marseille s. zuletzt UWE ISRAEL, Johannes Geiler von Kaysersberg (1445–1510). Ein Straßburger Münsterprediger als Rechtsreformer, Berlin 1997 (Berliner Historische Studien 27), S. 128f.

[69] Jakob Wimpfeling/Beatus Rhenanus: Das Leben des Johannes Geiler von Kaysersberg, eingeleitet, kommentiert und hg. von OTTO HERDING unter Mitarbeit von DIETER MERTENS, München 1970 (Jacobi Wimpfelingi opera selecta 2,1), S. 92f. Zur Stelle PFLEGER [Anm. 21], S. 27; ROBERT WALTER, Beatus Rhenanus et Sebastian Brant. L'affaire des Pénitentes de Sainte Marie-Madeleine, Revue d'Alsace 107 (1981), S. 61–70, der die durch die Bemerkungen des Beatus Rhenanus erzeugte Kontroverse behandelt.

[70] DACHEUX [Anm. 52], S. 18*. Ähnlich noch BARTH [Anm. 24], Sp. 1377: »Die innere Erneuerung geht auf den Straßburger Münsterprediger Geiler von Kaysersberg zurück. Durch geistliche Vorträge und Predigten, die er Jahre hindurch im Kloster hielt, brachte er das nicht leichte Reformwerk zustande.«

Während die Schriften Geilers in den erhaltenen Handschriften aus dem Reuerinnenkloster nicht bezeugt sind (vgl. Anm. 29), enthält die Passionsharmonie in der Kasseler Handschrift 4° Ms. theol. 111 einen wichtigen Beleg für den Einfluß, den dieser eifrige Verfechter der Observanz auf das geistige Leben der Nonnen ausübte. Im zweiten Teil dieses Werks wird in einer Randbemerkung, die durch die Schreiberin Katherina Ingolt hinzugefügt wurde, auf Geiler von Kaysersberg verwiesen. Der Haupttext berichtet mit einer Übersetzung von Mt 26,47 davon, wie Judas und seine Begleiter in den Garten Gethsemane eintreten, um Jesus gefangenzunehmen:

Als vnser herre rette mit sinen iungren / vnd des do kam iudas der einer gewesen waz vs den xii / vnd mit ime ein grosse schar des volckes / mit laternen vnd woppen vnd mit swerten / vnd kolben / vnd die gesant woren von den fürsten der priester / vnd von den eltesten des volckes (fol. 194ʳ).

Am Rande notiert die Schreiberin: *Lucern ist ein falsch tútsch spricht doctor k.* Die Bemerkung bezieht sich auf die Stelle, wo von der Ausrüstung der Soldaten die Rede ist, die nach Mt 26,47 *cum gladiis et fustibus*, im Johannesevangelium jedoch *cum lanternis et facibus et armis* (Io 18,3) in den Garten kommen. Die Berichte aus Matthäus und Johannes sind hier, wie auch sonst in mittelalterlichen Passionsharmonien, kombiniert. Die Schreiberin kommentiert die Übersetzung *laternen* (für *lanternis*) durch Heranziehung einer Aussage des *doctor k(aysersberg)* zu einer Alternativübersetzung der Stelle, *lucern(en)*, die sie auf Grund der Autorität Geilers als unidiomatisch erklärt. Die Randbemerkung setzt ein Gespräch unter den Nonnen im Reuerinnenkloster über die korrekte Wiedergabe dieser Bibelstelle voraus, an dem Geiler beteiligt war, und in dem er sich gegen das in mittelalterlichen Bibelübersetzungen etwas ungewöhnliche, möglicherweise aus der gesprochenen elsässischen Mundart übernommene Wort *lucern* ausspricht.[71]

Daß der Umzug der Nonnen und die Errichtung einer neuen Kirche durch eine bewußte Erneuerung des geistigen Lebens begleitet wurde, geht insbesondere aus dem ›Ritus administrandi infirmos et sepeliendi‹ in einer Straßburger Handschrift (Nr. 11) hervor, der 1480 von Paulus Munthart und Engelinus von Braunschweig verfaßt wurde. In der Einleitung berichten die Verfasser, daß sie

---

[71] Die übliche Übersetzung für *lanterna* in Io 18,3 ist *laterne*; so u. a. Matthias von Beheim, Heinrich von St. Gallen: ›Passionstraktat Extendit manum‹, das ›Bremer Evangelistar‹, die ›Mentelinbibel‹, die von ROLF KLEMMT, Eine mittelhochdeutsche Evangeliensynopse der Passion Christi. Untersuchung und Text, Diss. Heidelberg 1964, herausgegebene alemannische Passionsharmonie (S. 224), die Karfreitagslesung in Zürich, ZB, Cod. C 52, fol. 61ʳ (›Einsiedeln-Zürcher Lektionar‹, Hs. Z), die Evangelienperikopen in Zürich, ZB, Cod. Rh. 158b, fol. 295ʳ, und die Freiburger Perikopenhandschrift (fol. 341ᵇ: *die komen dar mit lanternen vnd mit fackelen vnd mit geweffene*, fol. 373ᵇ jedoch: *mit swerten vnd mit stecken Vnd mit lutzen vnd fackelen vnd mit woffen*). Luther schreibt *lampen*. Das Deutsche Wörterbuch, Bd. 6, Leipzig 1885, Sp. 1222, weist das meist in poetischer Sprache bezeugte Wort *lucern* als elsässisch nach.

auf Wunsch der Priorin und der Schwestern, um künftige Streitigkeiten zu vermeiden, alle Riten, die beim Tod einer Schwester zu beobachten sind, aus verschiedenen älteren Quellen und auf Grund von mündlichen Berichten über die traditionellen Gepflogenheiten des Konvents zusammengetragen und in einem Buch aufgezeichnet haben:

> *Ad obuiandum futuris contentionibus disceptationibus et discrepantiis quae facile ex difformitate rituum possent oriri. Ad praeces religiose domine priorisse tociusque conuentus praedictarum sororum ordinationes subscriptas infirmas sorores, quo ad sacramenta ecclesiastica sepulturam exequias septimum et tricesimum. Respicientes in unum redegimus ex diuersis rotulis in ipsarum libris hinc inde respersis. Ex uiua quoque instructione quam ex ore earundem suscepimus et longeuis ipsarum consuetudinibus.*[72]

Diese Einleitung ist in einer der deutschen Fassungen des Werks übersetzt und erweitert:

> *Dar vmb daz durch gezúcknis geworlicher erfarunge der manigfaltikeit der wise, gesetzede vnd gewonheiten vnd der cerimonien, mit namen mit dem houbet neigen, knuwen, vf daz erttrich sich spreiten vnd des glichen, so dann gebúrlich ist in den gőtlichen emptren vnd in andren geistlichen ordenungen vnd obseruantien, besunder in der sammelung dis clostres, dick vnd vil sich erhebt vnd vf gestanden sind miszhelle, zweytracht, krieg vnd vnfride von den geistlichen personen, so ein wil sust, die ander wil so, so doch den selben geistlichen personen in mynne vnd liebe einhelliklichen verstricket mit dem bande des friden in dem huse gottes zimet zů wanndelen, har vmb wir Pảlus Munthart probst zů dem Iungen Sant Peter, licentiat der geistlichen recht, vnd in gegenwertikeit der swestren S. Marien Magdalenen orden zů den Ruweren gena⟨n⟩t in Stroszburg, vnd Engelinus von Brunswich, magister der fryen kúnst vnd licentiat der gőtlichen geschrift zů diser zit bichtvatter der selben swestren, engegen zů kummen vnd zů uersehen zůkúnftiklich solich miszhellikeit, zweytracht vnd irrunge, die do lichteclich entspringt vszer der vnglicheit mancherhande wisen gesetzet vnd gewonheiten,* [...] (Freiburg i. Br., UB, Hs. 1500,14, fol. 73[ra–va]).

Es ist durchaus wahrscheinlich, daß das Anfertigen eines anspruchsvoll redigierten Lektionars für die Tischlektüre (Nr. 8) parallel zu dieser Reform der Todesriten durchgeführt wurde. Als Initiatoren des Projekts kommen vor allem Paulus Munthart und Engelinus von Braunschweig in Frage, die in ihrer jeweiligen Position als Vicarius und Beichtvater die Verantwortung für das geistige Leben im Kloster trugen.

Von Paulus Munthart wissen wir, daß er aus Offenburg stammte, nach einem Rechtsstudium in Italien 1431 als Notar im päpstlichen Palast in Rom angestellt war, später Propst von Jung St. Peter in Straßburg und seit 1434 Kanoniker des St. Thomasstifts war, dem er 1480 seine reichhaltige wissenschaftliche Bibliothek vermachte. Erst um diese Zeit ist er als Vicarius und damit als Stellvertreter des Generalpropstes des Reuerinnenordens im Magdalenenkloster bezeugt. Er starb im Jahre 1481.[73]

---

[72] WALTER [Anm. 43], S. 60.
[73] Über Paulus Munthart s. ÉDOUARD SITZMANN, Dictionnaire de biographie des hommes célèbres de l'Alsace depuis les temps les plus reculés jusqu'à nos jours, Rix-

Meister Engelinus (oder Egeling) Becker stammte aus Braunschweig, hatte in Erfurt studiert (Immatrikulation WS 1440/1441), anschließend in Köln, wurde als direkter Vorgänger Gabriel Biels Domprediger in Mainz und war später Präbendarius der Kartäuser von St. Michael in Mainz und von St. Maria in Straßburg. Seine Tätigkeit in Straßburg ist schon im Zeitraum 1455/1466 bezeugt. Seine Bekanntschaft mit Gabriel Biel, der mit ihm zusammen an der Berufung Geilers von Kaysersberg auf die Straßburger Domprädikatur beteiligt war, ging auf die gemeinsamen Studienjahre in Erfurt zurück. Während seiner Mainzer Zeit verfaßte er – spätestens 1459 – eine aus theologischer Sicht beachtliche Meßauslegung, die Biel bei der Ausarbeitung seiner eigenen ›Expositio canonis missae‹ heranzog. Seit 1474/75 sind enge Beziehungen zu den Reuerinnen bezeugt, und kurz vor seinem Tod, der für 1481 bezeugt ist, machte er eine bedeutende Stiftung für den Bau des neuen Klosters in der Utengasse.[74] Ebenso wie Paulus Munthart dürfte auch Engelin von Braunschweig ein wichtiger Träger der Klosterreform gewesen sein.

Das Abschreiben von neuen liturgischen Büchern, teilweise schon vor dem Einzug in das neue Kloster (Nr. 2–3), und von normativen Texten des Reuerinnenordens – Augustinusregel mit Kommentar (Nr. 6 und 15), dem ›Ritus administrandi infirmos et sepeliendi‹ in zweisprachiger Anfertigung (Nr. 11–13) und dem Kapitelbuch zusammen mit den Constitutiones in beiden Sprachen (Nr. 14 und 16) – sowie die Einrichtung eines Seelbuchs (Nr. 17 mit Anm. 49) passen bestens zum Bild einer Klosterreform, die durch die gelehrten Priester Paulus Munthart und Engelinus von Braunschweig gepflegt und nach ihrem Tode durch die Predigttätigkeit und sonstige Beratung Geilers im Kloster fortgesetzt wurde. Hinzu kommt das Abschreiben von Heiligenlegenden, die auf die besonderen Interessen der Frauen gemünzt waren (Nr. 5), von deutschem Reformschrifttum (Johannes Nider, ›Die 24 goldenen Harfen‹, Nr. 10), sowie der deutschen Schriften elsässischer Dominikaner wie Johannes Kreutzer und Johannes Zierer (Nr. 5 und 9), die an der Pflege und

---

heim 1909–1910, Repr. Paris 1973, Bd. 1, S. 348; RAPP [Anm. 23], S. 230f., 300; Nouveau dictionnaire de biographie alsacienne, 6, 1997, S. 2776; NIGEL F. PALMER, Paulus Munthart, ²VL, Bd. 11, 2004, Sp. 1041–1043.

[74] Über Meister Engelinus s. Johannes Trithemius, Opera historica quotquot hactenus reperiri potuerunt omnia, hg. von MARQUARD FREHER, 2 Bde., Frankfurt a. M. 1601, Repr. 1966, Bd. 1, S. 164; ADOLPH FRANZ, Die Messe im deutschen Mittelalter. Beiträge zur Geschichte der Liturgie und des religiösen Volkslebens, Freiburg i. Br. 1902, Repr. Darmstadt 1963, S. 538–550; SITZMANN [Anm. 72], Bd. 1, S. 443; ULRICH BUBENHEIMER, Eg(g)eling Becker, ²VL, Bd. 1, 1978, Sp. 657f.; FRANCIS RAPP, in: Nouveau dictionnaire de biographie alsacienne, Bd. 2, 1986, S. 750f.; DERS., Jean Kreutzer, in: Dominicains et Dominicaines en Alsace XIIIe-XXe s. Actes du colloque de Guebwiller 8–9 avril 1994, hg. von JEAN-LUC EICHENLAUB, Colmar 1996, S. 111–122, hier S. 113.

Verbreitung der Observanz im Rahmen des eigenen Ordens beteiligt waren.[75] Der damit ermittelte ›Sitz im Leben‹ für das Münchner Lektionar und die weiteren Handschriften des Reuerinnenklosters paßt bestens zu der »engen Verknüpfung von strenger Observanz mit der Forderung von gemeinschaftlicher wie privater Lektüre«, die in vielen neueren Forschungsarbeiten zum 15. Jahrhundert beobachtet wurde, wobei in diesem Falle freilich die Besonderheit einer religiösen Erneuerung zu beachten ist, die nicht wie bei den Dominikanerinnen im Rahmen einer systematischen Ordensreform duchgeführt wurde.[76]

Während auf Grund dieser Überlegungen feststehen dürfte, daß das Anfertigen des in München erhaltenen Lektionars zum Reformprogramm des Straßburger Reuerinnenklosters zu zählen ist, bleibt noch die schwierige Frage zu erörtern, ob damit – wie beim ›Ritus administrandi infirmos et sepeliendi‹ – eine alte Tradition des Magdalenenklosters erneuert und weitergepflegt werden sollte, oder ob das Lektionar von anderswo übernommen und lediglich durch die Ergänzung einiger für die Reuerinnen spezifischer Texte ergänzt wurde. Hier gibt die Untersuchung der Zusatztexte im Basler ›Spiegel‹-Druck von 1476 einen nicht unbedeutenden Hinweis, der weiterführen könnte.

Der ›Spiegel menschlicher behaltnus mit den episteln und evangelien‹ enthält neben einem vollständigen Temporale, dessen handschriftliche Vorlage mit den Lektionaren in Freiburg und München engstens verwandt gewesen sein muß, eine Reihe von Lesungen und Glossen aus dem Sanctorale. Es handelt sich um den Festtag der Innocentes, der wegen der besonderen Behandlung der Festtage der Weihnachtszeit in der Freiburger Handschrift auch dort Aufnahme gefunden hat, und die Feste Mariae Geburt (8. September), Mariae Empfängnis (7. Dezember), Mariae Lichtmeß (2. Februar), Commemoratio Pauli (30. Juni) und Mariae Himmelfahrt (15. August), die in der Handschrift des Freiburger Franziskanerklosters fehlen. Auf die Meßlesungen folgt bei Innocentes und an den Marienfesten jeweils der entsprechende Abschnitt aus der ›Elsässischen Legenda aurea‹. Dadurch wird klar, daß die gemeinsame Vorlage für das Tempo-

---

[75] Johannes Kreutzers Lebensgang ist in manchen Aspekten vergleichbar mit dem von Engelinus von Braunschweig: Immatrikulation in Erfurt im Jahre 1442, 1454 Weltgeistlicher und Münsterprediger in Straßburg, später Mitglied des Domstifts und Domprediger in Basel, seit 1459 an der Universität Basel, 1462/63 dort Rektor, 1465 Eintritt in das observante Dominikanerkloster in Gebweiler und seitdem mit der Erweiterung der dominikanischen Reform befaßt, 1468 in Gebweiler gestorben; vgl. VOLKER HONEMANN, ²VL, Bd. 5, 1985, Sp. 358–363; RAPP [Anm. 74]; ELISABETH VOGELPOHL, Lassen, Tun und Leiden als Grundmuster zur Einübung geistlichen Lebens. Studien zu Johannes Kreutzer, Altenberge 1997 (Münsteraner Theologische Abhandlungen 50), S. 48–68. Johannes Zierer verfaßte seine ›De imitatione‹-Übersetzung im Jahre 1480 und war mit der Betreuung der reformierten Dominikanerinnen in St. Nikolaus in undis in Straßburg beauftragt; HANS-JOCHEN SCHIEWER, ²VL, Bd. 10, 2000, Sp. 1552–1554.

[76] WERNER WILLIAMS-KRAPP, Observanzbewegungen, monastische Spiritualität und geistliche Literatur im 15. Jahrhundert, Internationales Archiv für Sozialgeschichte der deutschen Literatur 20 (1995), S. 1–15, Zitat S. 4.

rale, auf die die Freiburger und Münchner Handschriften sowie der Basler ›Spiegel‹-Druck alle zurückzuleiten sind, ein Sanctorale enthielt, das ebenfalls mit Exzerpten aus der ›Elsässischen Legenda aurea‹ ausgestattet war. Der ›Spiegel‹ enthält auch eine weitere Lesung, die nicht dem Temporale eines Lektionars entnommen sein kann und deswegen ein zusätzliches Zeugnis für das Sanctorale der vom Redaktor des Drucks herangezogenen Vorlage bieten könnte. Auf fol. 61ʳ steht im Anschluß an Kapitel 14 des ›Speculum humanae salvationis‹ (Bekehrung der Maria Magdalena) und unmittelbar vor den Texten für den zweiten Fastensonntag die Lesung Lc 7,36–47, die zum Festtag der hl. Maria Magdalena (22. Juli bzw. Translatio 19. März oder Conversio 1. April)[77] gehört. Die Überschrift lautet: *Dis ewangelium schribet sanctus lucas vnd liset man es an sanct marie magdalenen tag luce am .vij.* Da sonst aus dem Sanctorale nur die Lesungen für Marienfeste und das Evangelium für die Commemoratio S. Pauli[78] in den ›Spiegel‹ Aufnahme fanden, scheint die Beibehaltung der Lesung für den Festtag der Maria Magdalena auf ein besonderes Interesse an dieser Heiligen hinzuweisen, wobei unsicher bleibt, ob damit die Interessen des Kompilators, der die Druckausgabe entworfen hat, oder der Gebrauchszusammenhang der Perikopenhandschrift, die er als Quelle heranzog, dafür verantwortlich zu machen sind. Im Sanctorale des Münchner Cgm 157 steht auf fol. 51ʳᵃ⁻ᵇ als Lesung für das Fest der Maria Magdalena die gleiche Perikope in einer etwas längeren Fassung (Lc 7,36–50), und zwar in einer Übersetzung, die an mehreren Stellen von dem ›Spiegel‹-Text abweicht, aber auch Gemeinsamkeiten aufweist, die durchaus auf eine gemeinsame deutsche Vorlage hinweisen könnten (vgl. Textanhang, Nr 1A und 1B).[79]

In der Münchner Handschrift folgt unmittelbar auf die Evangelienlesung für den Festtag der hl. Maria Magdalena eine Predigt über »Revertere, Sunamitis, revertere« (Ct 6,12), die im Textanhang als Nr. 2 abgedruckt wird. Diese Glosse, die ohne Nennung der Magdalena – aber mit deutlichem Bezug auf die ›Sünderin‹ oder ›Reuerin‹ der Bibelperikope – von der Bekehrung der sündigen Seele handelt, ist auch in der Freiburger Perikopenhandschrift überliefert, aber sie steht dort in einem anderen Kontext. Im Anschluß an die Lesungen des Temporale, die bis zum 25. Sonntag nach Dreifaltigkeit reichen, stehen vier Glossen ohne Bibellesungen für den 26. bis 29. Sonntag nach Dreifaltigkeit, danach als Glosse für den 28. Sonntag die Glosse über Ct 6,12. Glossen für diese Sonntage,

---

[77] Vgl. die Kalendarien des Straßburger Reuerinnenklosters in Budapest, Eötvös Lóránd Tudományegyetem, Egyetemi Könyvtár, Cod. lat. 33 (s. o. Nr. 4), Parma, Biblioteca Palatina, Mss. Parm. 854–855 (s. o. Nr. 8), und Mss. Parm. 1254–1255 (s. o. Nr. 2).

[78] Die Perikope Mt 19,27–29, die das Jesuswort über die Nachfolge Christi, die die Apostel unter Verzicht auf Familienleben und weltlichen Besitz zu leisten hatten, zum Inhalt hat, ist im Basler ›Spiegel‹ von 1476 auf fol. 230ʳᵃ unter den Lesungen des Commune sanctorum enthalten. Es handelt sich dabei um ein Thema, das auch für klausurierte Klosterfrauen seine Relevanz hatte.

[79] Die Unterschiede bei der deutschen Wiedergabe der Perikopen für die Marienfeste in Cgm 157 und dem ›Spiegel menschlicher behaltnis‹ sind wesentlich größer.

die im Kirchenjahr nur dann vorkommen, wenn Ostern früh liegt, sind selten. Höchstwahrscheinlich wurde eine Glosse für das Fest der Magdalena umfunktioniert und auf einer sekundären Überlieferungsstufe des Lektionars, aus der die Freiburger Handschrift geflossen ist, in den Anhang eingegliedert. Ein dritter Textzeuge für die Reuerin-Predigt ist als Streuüberlieferung in der oben genannten Zürcher Handschrift ZB, Cod. C 38, enthalten, in der sie ohne einen bestimmten liturgischen Bezug zusammen mit zwei weiteren Predigten, die in der Freiburger Handschrift am Schluß des Kirchenjahrs überliefert sind, mit der Überschrift *dises ist ain gůt sermo* eingetragen wurde.

Die gemeinsame Vorlage der vier Textzeugen dürfte die in der Münchner Handschrift und im ›Spiegel‹ überlieferte Lesung für den Festtag der hl. Maria Magdalena zusammen mit der in München, Freiburg und Zürich überlieferten Reuerin-Predigt enthalten haben. Diese Vorlage war möglicherweise, ebenso wie die Münchner Handschrift, die die gleiche hervorgehobene Stellung der Magdalena aufweist, für den Gebrauch in einem Kloster der Reuerinnen intendiert, was im 15. Jahrhundert vor allem als ein Hinweis auf das Straßburger Magdalenenkloster zu verstehen ist, obwohl das Kloster St. Maria Magdalena an den Steinen in Basel, das seit 1304 dem Dominikanerorden inkorporiert war und das ›Reuerinnenkloster‹ St. Maria Magdalena in Freiburg i. Br. (ab 1287/1316 Dominikanerinnen) ebenfalls in Frage kämen. Gegen diese These steht zwar der Befund, daß aus den Reuerinnenklöstern des südwestdeutschen Sprachraums vor dem letzten Viertel des 15. Jahrhunderts nur sehr wenige Handschriften erhalten sind und damit der Beweis für einen aktiven ›Literaturbetrieb‹ fehlt.[80] Andererseits böte die Herkunft aus dem Straßburger Magdalenenkloster eine sehr plausible Erklärung dafür, warum bei einem deutschsprachigen Lektionar, das aller Wahrscheinlichkeit nach – so wie später die Münchner Handschrift – für die Tisch- oder Kapitellesungen in einem observanten Frauenkloster gedacht war, jegliche Bezüge zur Liturgie der in diesem Raum durch so zahlreiche Klöster vertretenen Dominikanerinnen und Franziskanerinnen fehlen.[81]

Eine zweite Glosse in der Münchner Handschrift, eine bislang nur aus dieser Handschrift bekannte Predigt über die sieben Tugenden des hl. Augustinus und die zwölf Sterne, die er in seiner Krone trägt, die als Nr. 3 im Textanhang herausgegeben wird, enthält einige Indizien, die darauf hinweisen, daß sie für

---

[80] Vgl. jedoch die Überlegungen von KARL BERTAU, Die ›Goldene Schmiede‹ zwischen Rittern und Reuerinnen, in: Mittelalterliche Literatur und Kunst im Spannungsfeld von Hof und Kloster, hg. von NIGEL F. PALMER/HANS-JOCHEN SCHIEWER, Tübingen 1999, S. 113–140, hier S. 123–130, der die Straßburger und Basler Reuerinnen als mögliche Adressatinnen der ›Goldenen Schmiede‹ Konrads von Würzburg betrachtet.
[81] In Straßburg gab es bis 1475 neben dem adligen Damenstift St. Stephan sieben Dominikanerinnenklöster, von denen drei (St. Agnes, St. Margareta und St. Nikolaus in undis) reformiert waren, und zwei Klarissenklöster, vgl. LUZIAN PFLEGER, Kirchengeschichte der Stadt Straßburg im Mittelalter, Colmar 1941, S. 85–91.

ein der Augustinusregel verpflichtetes observantes Kloster verfaßt wurde. Eine erste Eingrenzung der Ordenszugehörigkeit der Adressatinnen ergibt sich, wie schon oben in anderem Kontext erwähnt, aus der Nennung von *vnsrem heiligen vatter sanctus Augustinus* in der Einleitung der Predigt (Z. 6f.), was zum Kontext eines für das Reuerinnenkloster angefertigten Lektionars bestens paßt, aber ebensogut auf Dominikanerinnen oder Augustinerinnen bezogen werden könnte. Die siebte Tugend des hl. Augustinus, die Verachtung der Welt, wird speziell aus der Sicht von klausurierten Ordensleuten formuliert:

> *Also súllent wir die zitlichen gůter versmohen vnd vns Gotte ergeben vnd in einen bewerten orden gon, wenne die menschen, die sich von der welt abscheiden vnd sich geben in ein beslossen kloster, die werden vor manigen súnden behütet* (Z. 76–79).

Die strenge Klausur gehört zu den wichtigsten und bei der Einführung der Observanz in den einzelnen Klöstern häufig umstrittensten Aspekten der spätmittelalterlichen Klosterreform. Im Straßburger Brief an den Generalprobst der Reuerinnen vom Jahre 1437 über die Einführung eines reformierten Klosterlebens in St. Maria Magdalena wird ausdrücklich gesagt, daß *das selb closter beschlossen* wurde.[82] Auch die Augustinuspredigt könnte sehr wohl, ebenso wie die Reuerin-Predigt am Festtag der hl. Maria Magdalena, für das observante Kloster der Straßburger Reuerinnen verfaßt worden sein.

Den Terminus ad quem für die deutschsprachige Perikopenhandschrift des Straßburger Reuerinnenklosters, die als Ausgangspunkt für die hier untersuchte Lektionarüberlieferung zu vermuten ist, bietet die oben genannte auf 1443 datierte Zürcher Handschrift mit Streuüberlieferung aus den ›Freiburger Perikopen‹, die allem Anschein nach aus der Johanniterkomturei Biberstein im Aargau stammt. Das Werk dürfte also noch vor der Jahrhundertmitte entstanden sein. Für diese Zeit sind bisher keine Quellen bekannt, die direkte Auskunft über das geistige Leben im Straßburger Reuerinnenkloster geben könnten, aber die oben mitgeteilte Nachricht aus dem Jahr 1437 über die Einführung der Observanz und der gleichzeitige Versuch, das Kloster dem Dominikanerorden anzuschließen, ließen einen Kontext erkennen, in dem die Erstellung eines neuen Lektionars für die Tisch- oder Kapitellesungen im Konvent durchaus plausibel wäre.

---

[82] S. o., S. 280. Zur Bedeutung der Klausur in der spätmittelalterlichen Klosterreform siehe HEIKE UFFMANN, Innen und außen: Raum und Klausur in reformierten Nonnenklöstern des späten Mittelalters, in: Lesen, Schreiben, Sticken und Erinnern. Beiträge zur Kultur- und Sozialgeschichte mittelalterlicher Frauenklöster, hg. von GABRIELA SIGNORI, Bielefeld 2000 (Religion in der Geschichte 7), S. 185–212. S. auch LENTES [Anm. 5], S. 104–107.

Anhang

1A. Evangelium am Festtag der Hl. Maria Magdalena (Lc 7,36–50)

München, BSB, Cgm 157, fol. 48rb–51rb

Daz ewangelium Luce .vii. vnd die bredige dozů. *[50va]* Rogabat Jesum quidam phariseus etc. In der zit bat ein phariseus Jesus, daz er bi ime esse. Er ging in sin hus vnd as mit ime. Vnd ein wip waz in der stat, ein súnderin, vnd do die gehorte, daz Jesus gesessen waz zů tische in dem huse des pharisey, do broht sú
5 ein edele salbe. Vnd stunt húnder ime bi sinen fůssen vnd begunde twahen sine fůsse vnd truckente sú mit irem hore vnd kusete sie vnd salbete sú mit iren salben. Do daz der phariseus ersach, der in geladen hat, do sprach er wider sich selber über ein: ›Wer diser ein prophete, er wuste, wie oder welle dis wip were, die in berůret, daz sie eine súnderin ist‹. Do antwurte ime Jesus vnd sprach:
10 ›Symon, ich han etwaz mit dir zů redende‹. Do sprach er: ›Meister, nů sage‹. ›Zwene schuldener die worent schuldig einem wůcherer. Der eine solte .v. hundert pfunt, der ander fúnftzig. Vnd do sie nút hattent, daz sie vergelten mŏhtent, do lies er sie bede lidig. Weler von disen zwein mynte in me?‹ Do antwurte Symon: ›Ich wenne der eine, dem do me ist vergeben‹. Jesus sprach zů ime: ›Du
15 hest reht geurteilet.‹ Vnd ker*[51rb]*te sich zů dem wibe vnd sprach zů Symon: ›Sihestu dis wip? Ich ging in din hus, vnd du entwůge mir nit myne fůsse. Si hat si aber geweschen mit iren trehen vnd hat sú getrúckenet mit irme hore. Du enkust mich nit, sit daz ich har in kam. Do horte sie nit vf kússende myne fůsse. Vnd myn hŏbt salbetest du nit mit olei. Dise die salbete aber myne fůsse mit
20 edeler salben. Dar vmb sage ich dir: ir sint vil súnden vergeben. Si hat vil gemynnet. Wem aber lútzel wurt verlossen, der mynnet ŏch mynner.‹ Vnd er sprach aber zů der frŏwen: ›Dir werdent verlossen din súnde‹. Vnd sú begundent in in selber sprechen, die do sossent essende: ›Wer ist dirre, der ŏch súnde verlosset?‹ Vnd er sprach aber zů dem wibe: ›Din glŏbe hat dich behalten. Gang
25 in friden.‹ Vnd dis ist daz ewangelium noch dem texte.

1B. Evangelium am Festtag der Hl. Maria Magdalena (Lc 17, 36–47)
›Spiegel menschlicher behaltnis mit den episteln und den evangelien‹

Basel: Bernhard Richel, 1476, fol. 61^(ra–v)

Dis ewangelium schribet sanctus ‹L›ucas vnd liset man es an sanct marie magdalenen tag luce am .vij.

IN der zit bat ein pharisei Jhesum das er mit yme esse. Vnd er ging in sin huß vnd aß mit yme. Vnd ein wip was in der stat ein súnderin. Vnd do sú horte daz Jhesus gesessen was in dem huse des pharisei Do brachte sú ein edele salbe Vnd stunt hinden an by sinen fůssen. Vnd begunde weschen sine fůsse. Vnd truck‹en›te sú mit irme hore. Vnd kuste sú vnd salbete sú mit ir salben. ¶ Do das symon der pharisey ersach der in geladen hette. Do sprach er wider sich selber über ein wer dirre ein wissage. Er wuste wie oder wer dis wyp were die in do růret das sú ein súnderin ist. Do antwurt yme. Jhesus vnd sprach. Symon ich habe dir etwas zů sagen. Do sprach er meyster nů sage. Do sprach vnser herre Es worent zwene schuldener eyme wůcherer schuldig. Der eine solte yme fúnffhundert pfunt. Der ander fúnffzyg pfunt. Do sú nit hattent das sú vergelten möchtent. do ließ er sú bede lidig Weller solte in aller meist liep han ¶ Do antwurt symon ich wene dem do me ist vergeben. Jhesus sprach du hest recht erteylet. Vnd kerte sich zů dem wibe vnd sprach zů symon sihestu dis wip. Jch ging in din huß. Do wůschestu mir nit mine fůsse. Sú hat sú aber geweschen mit iren trehenen. Vnd hat sú getruckenet mit irem hor. Du enkussetest mich nicht sit ich her *[61^(rb)]* in ging Min houbet entsalbetestu nit mit oley. Dise salbete aber myne fůsse mit edeler salben. dar vmb sage ich dir ir sint ir súnde vergeben.

2. Glosse über Ct 6,12 am Festtag der Hl. Maria Magdalena / 28. Sonntag nach Dreifaltigkeit

München, BSB, Cgm 157, fol. 51ʳᵇ–52ʳᵇ (um 1480) = M; Freiburg i. Ue., Franziskanerkloster, Cod. 17, p. 721ᵃ–723ᵇ (v. J. 1461) = Fr; Zürich, ZB, Cod. C 38, fol. 16ᵛ–17ʳ (Streuüberlieferung v. J. 1443) = Z

M

Dis ist die bredie an sancte Marie Magdalenen tag. Canticorum .iiii°. R‹euerte›re, Sunami‹tis, reuertere, vt intueamu›r te, etc.

‹......................› wort die ich ‹.......................› lattin han ‹......................ge›sprochen stont ‹.....................› schriben an den ‹......................›che der gesen/[51ᵛᵃ]ge, und
5 sprechent zů tůsche also: ›Gemynte sele, kere her wider zů mir von dinen sünden‹. Lieben kint, ir süllent wissen, daz vnsers herren fröide alzů mol dar an lit, daz er si bi der reinen selen vnd daz er sú vnder ögen ansehe. Vnd do von spricht er in dem Bůche der Wiszheit: ›Aller myn wollust ist dar an, daz ich sige bi des menschen kinde‹, vnd meinde die reinen selen. Vnd wil úch des sagen die
10 sachen, war vmb Got so gerne ist bi in. Er hat den menschen geschaffen noch sime bilde vnd noch dem bilde der heiligen driualtikeit, daz er getrucket het in des me‹n›schen sele. Vnd do von, so Got sich in des menschen sele siht, so siht er sin selbes bilde, also ein mensche tůt in eime spiegel. Vnd daz er also schöne ist, des fröwet sich Got, so er siht sine schöne in des menschen sele. Do von
15 spricht Dauid: ›Gottes ougen sint alle zit vf den gerehten menschen‹. Daz meinet, daz Got keret sine ‹......................› dem gereh‹...................› also vil ge‹..› me denne ein ‹..................› manigem ‹..............› also sie ir ‹............› [51ᵛᵇ]ne siht, noch tusent stunt gerner siht Got des gerehten menschen sele. Nů wissent ir ouch wol, so ein mensche den
20 spiegel vmb kert vnd daz holtz gegen den ögen kert, so mag er sin bilde nit gesehen. Also zů glicher wise, wenne ein mensche ein dot súnde tůt, so het er den rúcken gekeret gegen Got, vnd mag denne Got sin bilde in der sele nit gesehen, als wenig als du din bilde maht gesehen in dem spiegel, so du in vmb kerest. Nůn begert vnser herre, daz der súnder sich bekere vnd sin antlit gegen
25 ime kere, vnd spricht also zů im: ›Reuertere, Sunamitis. Myn gemynte sele, die ich noch mynem bilde han geschaffen vnd die myn spiegel ist, kere dich vmb von dinen súnden. Vt intueamur te. Daz ich vnd myn vatter vnd der heilige geist dich múgent angesehen, wenne alle vnser fröide ist do, daz wir dich ansehent. Wenne ich der vatter han dich mir geschaffen zů eime spiegel, dar vmb daz ich
30 myn antlit, daz ist mynen sů‹n›, gesehe.‹ Kinder, der sůn heisset des vatters antlit. ›Nů hestu mir den rúcken gekert, do von mag ich in diner selen mynen sůn nit gesehen. Do von kere [52ʳᵃ] dich vmb mit ruwen, bihte vnd bůsse von dinen súnden, so mag ich mich geschöwen in dir.‹ Also gar lieplich redet Got mit dem súnder. Vnd wissen, also wor daz ist, daz ich hie vor úch allen bin, also

wor ist daz, also vns die geschrift seit, daz Got alle wise het gegen vns, als eine 35
mŭtter, die einen einigen sůn het, vnd der sůn verschuldet, daz man in verurteilet zů dem tode, vnd denne iemans kunt vnd den sůn von dem tode erlost vnd
in siner mŭtter wider git, reht zů glicher wise, wenne ein mensche ein tot sůnde
tůt, so ist er gefangen von dem tůfel. vnd het Got vrteil ůber in geben, daz er des
ewigen todes sterben sol. Vnd war er gŏt, so gŏt er gegen dem ewigen tode, vnd 40
wo in der tot begriffet, do ist er ewiklich verloren. Wenne er aber ruwen gewinnet vmb sine sůnde vnd die mit andaht bihtet, so ist er alle zů hant erlöset
von dem ewigen tode. Do von wurt denne eine nuwe frŏide in Got vnd in dem
himelrich von allem himelschen her. Vnd alle die wile der me‹n›sch ist in tot
sůnden, wo er denne hin gŏt vnd stŏt, so ist der tůfel bi ime vnd fůret in. Do 45
von spricht *[52ʳᵇ]* vnser herre: ›Reuertere sunamitis. Ach, gemynte sele, kere her
wider zů mir von dinen sůnden, daz wir dich mŭgent angesehen. Kere wider
von dem ewigen tode, daz du nit do in vallest.‹ Lieben kint, der ist selig, den
Got hie ansiht, wenne der siht Got ewiklichen in iener welt. Vnd dar an lit alle
vnser selikeit, wenne wer Got siht, der siht die ewige frŏde vnd het alles, daz sin 50
hertz begert, also geschriben ist in dem Bůche der Wiszheit: ›Alle gůtten ding
sint mir kummen mit dir‹. Vnd also spricht die sele, so sú zů Gotte kunt: ›Alles,
daz myn hertz begert, daz habe ich alleine an diner angesiht‹. Daz vns dis allen
wider vare, daz helffe mir vnd úch die heilige driualtikeit. Amen.

28 *nach* alle: het M *(durchgestrichen)*

Fr/Z

Der xviij. sontag. ›Reuertere, Sunamitis, ut intueamur te.‹ Canticorum iiij°.

Lyeben kint, ir sullent wissen, das vnsers heren fröyd alzů mole dar an lit, das er sy by güten lúten, das er sy vnder ougen sehe. Douon sprach er in dem Bůch der Wißheit: ›Aller min wollust ist dar an, daz ich *[721ᵇ]* sige by des menschen
5 kinde‹, vnd meinde gůte lúte. Vnd wil uch das sagen die sache, warumb Gott gern ist by den gůten lúten. Er het den menschen geschaffen noch sim bilde vnd noch dem bild der götlichen driualtikeit, daz er getruckt *wurt* in des menschen sele. Vnd douon, so Gott in des menschen sele sicht, so sicht er in sin selbs bild, als ein mensch tůt in eim spiegel. Das er also schön ist, des frouwet sich
10 Gott, so er sicht sin schöne in des menschen sele. Douon sprach Dauit: ›Gottes ougen sint allezit vff den gerechten menschen‹. Das ist also vil gesprochen: Gott kert sin ougen niemer me von dem gerechten menschen. Vnd also ein můter, die nit me denne ein kint hett vnd das in manigem jore nie gesach, also sy irs kindes antlit gern sicht, also gern sicht Gott *gern* des gerechten menschen sele. Nů
15 wissent ir ouch wol, so ein mensch den spiegel *[722ᵃ]* vmb kert vnd das holtz gegen den ougen kert, so mag er sin bild in dem spiegel nit gesehen. Also zů glicher wise, wenne ein mensche ein totsúnde tůt, so het er den rúcken gekert gegen vnserm heren, vnd mag denne vnser here sin bilde nit gesehen in der sele, also lútzel also du din bilde maht gesehen in dem spiegel, so du in vmb kerest.
20 Nů begert vnser herre, das der súnder bekert vnd sin antlit gegen yme kere, vnd spricht also zů yme: ›Reuertere, Sunamitis‹. Das ist also vil gesprochen: ›Min gemynte sele, die ich noch mym bild hab geschaffen vnd die min spiegel ist, kere dich vmb von dinen súnden‹. ›Ut tueamur te‹, daz ist: ›Kere dich vmb von dinen súnden, das ich vnd *din* vatter vnd der heillig geist dich múgent an gesehen,
25 wenn alle vnser fröude ist daran, das wir *dick* an sehent. Wenn ich der vatter han dich mir geschaffen zů eim spiegel, darumb *[722ᵇ]* das ich min antlitz, das ist mynen sůn, gesehe in dir.‹ Kinder, der sůn heisset des vatters antlitz. ›Nůn hest du mir den rúcken gekert, douon mag ich in diner selen mynen sůn nit gesehen. Douon kere dich vmb mit ruwen vnd bichte von dinen súnden, so mag
30 ich mich geschouwen in dir.‹ Also gar lieplich redet Gott mit dem súnder. Wen ir súllent wissent, also wor das ist, das ich hie vor uch allen bin, also wor ist das, als vns die geschrift seit, das Gott alle wise het gegen vns, also ein frouwe, het die einen einigen sůn vnd der sůn verschuldet, das man in verurteilt zů dem tode, vnd danne etwer komet vnd den sún von dem tode löset vnd in siner
35 můter wyder git, zů glicher wise, wenn ein mensch ein totsúnd tůt, so ist er gefangen von dem túfel vnd het Gott vrteil vber in geben, das er des ewigen todes sterben sol. Vnd war er gat, so gat er gegen dem ewigen tode, wenn *[723ᵃ]* wo in der tot begriffet, do ist er ewiclich verlorn. Wenne aber das ist, das der ruwen gewynnet vmb sin súnde vnd die mit andaht bicht, so ist er all zů hant
40 erlöset von dem ewigen tode. Douon wurt denne ein nuwe fröud in Gott vnd in

Die Münchner Perikopenhandschrift Cgm 157

dem hymelrich von allem himelschen here. Vnd alle die wile der mensch ist in totsŭnden, wo er denn hingat oder sitzet, so ist der túfel by yme vnd fürt in. Douon so sprichet vnser here: ›Reuertere, Sunamitis‹ etc. Dis ist als vil gesprochen: ›Ach, mynnecliche sele, kere her wider zů mir von dinen súnden, das wir dich múgent angesehen. Kere wider von dem ewigen tode, das du nit vallest in den ewigen tot.‹ Lieben kint, der ist sellig, den Gott hie ansîht, wann der sicht Got ewiclich in jener welte. *Wan* daran lit alle vnser sellikeit, wenn wer Gott sicht, der sicht die ewige fröude vnd het alles, das sin hertz begert, also do stot in dem *[723ᵇ]* Bůch der Wißheit: ›Alle gůten dinge sint mir komen mit dir.‹ Das ist also vil gesprochen, das die sele spricht, so sú zů Gott komet: ›Alles, das min hertz begert, das hab ich allein an diner angesîcht‹. Nů bitten wir vnsern heren, das er vns helffe, das wir ym volgent vnd das wir in ewiclich sehen werdent. Das helff vns der vatter, der sůn vnd der heillig geist.

---

*Offensichtliche Schreibfehler in Fr werden durch * * kenntlich gemacht.*
1 dises ist ain gůt sermo SEuertere *[!]* sunamitis vt intueatur *[!]* te etc Canticis 16 Z   2 heren] *fehlt* Z   3 sehe] ansåhe Z   4 Aller] Alle Z   wollust] wol nüst Z   ist *über der Zeile* Fr   4f. des menschen kinde] dem mentschen Z   5 meinde] mante Z   die sache] *fehlt* Z   6 ist gern Z   nach by: den Z   6f. vnd noch dem bild] *fehlt* Z   7 wurt] håt Z   8 sicht jn dez mentschen sele Z   in (2)] *fehlt* Z   9 eim] dem Z   des] also Z   10 sprach] spricht Z   11 *nach* ougen: got kert kert sine ŏgen Z *(Dittographie)*   13 mengen jaren Z   sy] die Z   14 antlit] ŏgen Z   also gern] nŏch tusent stund gerner Z   gern (3)] *fehlt* Z   16 nit jn dem spiegel Z   17 ein (1)] der Z   kert Z   18 jn der sele nit gesehen Z   19 *nach* lútzel: also Z   *nach* bilde: nit Z   20 *nach* das: sich Z   bekere Z   21 Das] diß Z   23 *nach* vmb (1): daz ist ker dich dar vm Z   vmb (2)] dar vmb Z   24 din] min Z   25 dick] dich Z   *nach* ich: vnd Z   26 *nach* spiegel: das ic Fr *(durchgestrichen)*   min] mit *[!]* Z   27 gesehe] såhe Z   28 kert Z   29 *nach* vnd: mit Z   30 gar] er Z   Gott] vnser herr Z   31 ir] wir Z   *nach* wissent: wissen Fr *(Dittographie)*   das ist] *fehlt* Z   vor uch allen] allaine vor ůch Z   32 gegen vns håt Z   also] *fehlt* Z   32f. die ain anigen sun håt Z   33 *nach* verschuldet: håt Z   vertailet Z   34 *nach* tode (1): vnd man jn jeczo fůret zů dem tŏd Z   40 Douon] dar vmb Z   41 der mensch] er Z   42 *nach* totsúnden: der mentsch Z   43 so] *fehlt* Z   etc *fehlt* Z   45 múgent] müge *[!]* Z   ewigen tode] weg des Ewigen tŏdez Z   45f. das *bis* tot] *fehlt* Z   46 der (2)] er Z   47 Wan] vnd Z   wer] der Z   51 *nach* begert: herre Z   52 volgent vnd] nåch volgen múgen Z   werdent] *fehlt* Z   53 vns] vnd *[!]* Z   der sůn vnd der heillig geist] *fehlt* Z

3. Glosse über Sir 45,1 am Festtag des Hl. Augustinus

München, BSB, Cgm 157, fol. 53vb–55vb

Dis ist die an sant Augustinus tag. Dilectus deo et hominibus cuius memoria in benedic‹............ ....› lv°. c°.

‹............ ....›st ge‹............ ....›net vo› ‹............ ....
............›te vnd ‹............ ....› de› me› ‹............ ....›en. des
5 ‹............ ....›dehtnis ‹............ ....›n dem ‹...g........
....›t súllent wir mercken, verston vnd sprechen von vnsrem heiligen vatter sanctus Augustinus, wenne Got der herre hat in liep gehebt vnd ŏch die menschen. Vnd vij tugent hat er an ime gehebet, dar vmb er Got wol gevallen ist vnd den lúten.

10 Die erste tugent, die er an ime het gehebt, daz ist wiszheit, daz ist daz er wise vnd gelert ist gewesen in den natúrlichen kúnsten vnd alle ander hat übertroffen an kunst vnd an wiszheit. Aber daz waz, obe er bekert wart, do waz er so wise in den frigen kúnsten. Aber dar noch, do ime Got rŭfte vnd in wolte einen an[54ra]dren weg ziehen vnd ime einen andren weg geben zŭ erkennen, vnd er
15 der welt vrlop gab, do noch wart er also wise in den gŏtlichen kúnsten, daz er ein wirdiger lerer wart. Vnd het im der almehtige Got sine gnode ingegossen durch sinen heiligen geist, daz er alle lerer übertriffet an kunst, an wiszheit vnd an gnoden.

Zŭm andren mol so het er an ime gehebt lutterkeit, wenne noch dem daz er
20 bekert wart, so getet er keine grosse súnde noch dotsúnde me, wenne er hette alle zit ein rein, lutter hertz.

Die dirte tugent ist senftmŭtikeit wider zorn, wenne er trŭg gegen allen menschen ein senftmŭttig vnd ein milt hertz on vnderlos. Vnd also het er vns geleret, daz wir súllent senftmŭtig sin, sunderlich die ŏbren gegen iren vnder-
25 tonen, vnd súllent sú alle wegent frintlichen vnd sússiklichen stroffen vnd manen, wane die natur ist dar zŭ geneiget, daz sú nit wil, daz man sú ankunt mit hertikeit, wenne man bringet vil e den menschen von dem rehten mit senftikeit vnd mit frintlichen worten wenne [54rb] mit herten. Aber es sint ein teil, die hant gar herte herczen, die lont sich nit stroffen werder mit hertikeit noch mit gŭt-
30 tikeit. Do mŭs man ŏch etwan den selben sich scharfflich erzŏigen, vnd in zŭ wilen den eberzan lon sehen vnd dem beltz daz letz har vskeren vnd sú mit hertikeit stroffen. Vnd so man sú also gestroffet, vnd sú sich besserent, so sol man in aber frintlich sin vnd in die mŭtterlichen brúste zŏigen, wenne in dem hertz, daz do stroffet, sol nút denne sússikeit vsgon, wenne der herre spricht in
35 dem ewangelium: ›Lerent von mir, wenne ich senft bin vnd eins demŭttigen hertzen‹.

Daz iiij. ist miltikeit vnd barmhertzikeit gegen allen menschen, vnd súnderlich gegen den siechen. Spricht der herre: ›Waz ir dem aller mynsten důnt in myme namen, das tůnt ir mir‹.

Daz v. stúck ist gŏtliche liebe, die hette er úberflússeklichen zů Gotte vnd dem me‹n›schen.

Nů merckent die grosse liebe, die er zů Got hette, wenne vnser herre sprach einest zů im: ›Augustinus, wie liep hastu mich?‹ Do sprach er: *[54ᵛᵃ]* ›Also liep habe ich dich, kunde ich alle myne odren vnd alle mine glide zů einem seile vnd zů einem stricke gemachen vnd dich gebinden zů mir, daz du niemer gescheiden wurdest von mir, daz wolte ich tůn‹. Do sprach Got zů im: ›Hestu mich nuwent also liep?‹ ›Jo‹, sprach sanctus Augustinus, ›dúrstert dich vnd begertest du zů trincken, kunde ich denne alles myn geblůt zů einem edelen, gůtten balsam oder einem kŏstlichen trang gemachen, daz tete ich mit begirden.‹ Do sprach Got zům dirten mol: ›Vnd hestu mich nit lieber?‹ Do sprach sanctus Augustinus: ›Jo, herr, ich habe dich also liep, vnd were ich Got vnd werestu Augustinus, so wolt ich daz vnd gunde dir, daz du der riche Got werest vnd ich der arme Augustinus.‹ Hŏrent zů, wie liep er Got het, wenne er wolte, daz sin glider sich zůsammen mŏhtent biegen also ein seil, daz er Got mŏhte zů im gebinden. Jo, noch me, er meinet, er wolte ioch von grosser mynne sin blůt vergiessen vnd den herren do mitte drencken. Vnd zům dirten mol meinte er, were er Got vnd vnser herr Augustinus, *[54ᵛᵇ]* so gunde er Got von grosser liebe, die er zů ime hette, daz er Got wer, so wolte er der arme Augustinus sin. Wenne er sprach reht vnd wol vnd gunde Got der eren wol, wenne er bekante, daz es Got wol anstet, daz er sitzet in der ewikeit, vnd dis ist grosse liebe. Ŏch nym ich hie sant Johannes ewangelista zů eim exempel, der hat iiij stucke an ime, dar vmb in vnser herre lieber het denne die andren iungren. Daz erste stúck waz, daz er vns‹e›rn herren lieber het den die andren iungren. Daz ander, daz er ein iumpfrŏwe waz, wenn die iumpfrŏwelicheit get úber alle tugent vnd sú sitzet zů aller ŏberst in den himelen vnd treit daz aller hŏheste, schŏneste, wol bereitste krŏnelin, wenne die iumpfrŏwen sint gelŏbet úber alle menschen. Es sint vil kúscher mensche, aber nit gantz iumpfrŏwen. Es sint ŏch kúsche me‹n›schen in der e, aber nuwent an dem gemůte, nit an dem libe. Aber dise sint rehte iumpfrŏwen, die sint an dem libe kúsch vnd an dem gemůte vnd hertzen rein vnd vnbeflecket vnd ŏch dar zů demůttig sint. Vnd daz selbe heissent rehte iunfrŏ*[55ʳᵃ]*wen, vnd den selben wirt daz mynnekliche krŏnelin alleine, wenne iumpfrŏwelicheit die úbertriffet die kúschen menschen, wenne ein rehte iumpfrŏwe sin vnd ein kúsch mensch / ist zweigerleige. Daz iij. ist, daz er demůttig ist gesin fúr die andren iungren. Daz iiij. ist, daz er senftmůtig vnd milt ist gesin.

Die vj. tugent ist, daz er gantz demůttig ist gesin.

Die vij. tugent ist, daz er die welt gantz versmohete. Also súllent wir die zitlichen gůtter versmohen vnd vns Gotte ergeben vnd in einen bewerten orden gon, wenne die menschen, die sich von der welt abscheiden vnd sich geben in ein beslossen kloster, die werden vor manigen súnden behůtet.

80   Dise vij tugent het sanctus Augustinus an im gehebt vf daz aller hŏheste. Do von ist er Got vnd den menschen liep gewesen. Do durch het er erholet den segen der ewigen gedehtnisz dŏrt obenan vnd ein kron, die die selige tragent, gemaht mit xij sternen, die den seligen in dem vatterlande wurt geben vnd den vszerwelten fründen, die noch in diser elenden welt sint vnd Got dienent vnd in
85   vor ŏgen hant alle zit. *[55ʳᵇ]* Vnd besunder vnsren lieben vatter sanctus Augustinus, der do nit der mynst ist, vnd wart ime vf sin hŏbet gesetzet vnd treit sú mit grossen frŏiden vnd eren.

    Der erste stern an diser kronen ist gesuntheit mit gesundem gůttem luft vnd lust on siechtagen.
90   Der ander sterne ist iugent on alter.

    Der dirte stern ist settigunge on vrtrutz, wenne kein vertriessen kunt in sie.

    Der iiij. ist friheit, vnd dem hanget an snellikeit vnd subtilikeit on irrunge.

    Der v. ist hübscheit on vngestalt.

    Der vj. ist vndŏtlicheit dŏrt obenan in dem himel, do er beuindet die smak-
95   kende wiszheit, vnd versůchet, wie sůsse Got ist, vnd hŏrt daz sůsse getŏn, die sůsse stimme Iesu vnd Maria vnd aller lieben heiligen vnd engelen, jo, frŏide über frŏde vnd lust über lust.

    Der vij. ist überflüssikeit der ewigen glorien, also geschriben stot: ›Gloria et diuicie‹.
100   Der viij. ist fride on kriegen, wenne sú hant keinen krieg in dem himel. Wenne die aller mynste sele vnd die aller niderste in dem himel, die benieget als wol als die aller ŏberste sele, *[55ᵛᵃ]* wenne ieklicher ginnet der andren ire frŏide, wenne die aller niderste sele benieget also wol, also sú zů aller ŏberst ses.

    Der ix. ist sicherheit on sorgen, vnd ist der ŏberste an der kronen, wenne es
105   ist gar ein mynenklicher stern, wenne sú sint gesichert, daz ire frŏide niemer me zergot vnd daz sú Got ewiklich süllent schŏwen, vnd ir wunekliche frŏide kein ende hat, vnd daz sú süllent ewiklich wonen in dem rich, daz in ist bereit von angenge der welt vnd iemer ewiklich, also der herre zů den vsserwelten wurt sprechen an dem iungesten tage: ›Kummen, myn aller liebesten, in daz rich
110   myns vatters, do ir me süllent wonen ewiklichen, vnd daz úch niemer me wurt benummen‹.

    Der x. ist erkantnisse on irrunge, daz ist als vil gesprochen, also sie bekenent alle ding on mittel vnd sú wissent wol, wz in die menschen in diser zit gůtes noch důnt vnd hant geton vnd noch tůnt. Vnd sie bittent alle zit für die selben
115   menschen, wie wol sie es nit bedürffen, so sú in dem ewigen rich sint, aber es kunt den me‹n›schen zů statten, *[55ᵛᵇ]* die in daz gůt noch tůnt, vnd nimet in ein teil irer súnde ab.

    Der xj. stern ist ere on schande. Daz verstont also, daz es den behaltenen kein schand ist oder vnere in dem himel, die súnden, die sie etwen in diser zit
120   hant geton, vnd es ist in ein grosse ere.

    Nů mohtestu sprechen, ›Ich wuste gern, obe die selen, die in dem ewigen leben sint, ŏch an die súnden gedenckent, die sie in diser welt hant geton.‹ Jo,

Die Münchner Perikopenhandschrift Cgm 157   299

sprich ich, ein iegeliche sele in der ewikeit weis wol die súnden, die sie etwen het
geton, vnd weis der andren súnde vnd erkennen sú. Aber wenne sú gedencken
an ir súnde, so lobent sů Got sunderlichen, daz er in het in diser zit ruwen vnd   125
bekantnisse geben vmb ir súnde vnd si het erlóset von der ewigen verdampnisz
vnd sú zů den ewigen fröiden het erwelt.
   Öch ein iede sele lobet die sele sunderlichen, die bi ir sitzet, daz si sich von
den súnden het gekert vnd si durch daz liden vnses herren verdinet het die
ewige fröide vnd sin liden vnd bitter tot an ir nit verloren ist sunder behalten.   130
   Vnd ich wil úch ein glichnisz sagen. *[…]*

---

1 *Schreibfehler für* Dis ist die predige   10 er *(2) über der Zeile*   20 me *am Rande*   44 *nach* vnd *(1):* vnd *(Dittographie)*   55 *vor* noch: noch *(durchgestrichen)*   91 kein *am Rande*   107 in *(2) am Rande*   119 *nach* súnden: die súnde *(durchgestrichen)*   125 *nach* Got: sú got *(durchgestrichen)*   131 *Text bricht am Ende des Fragments ab; Kustode unten auf der Seite:* Ich sprich

Abb. München, BSB, Cgm 157, 51ʳ.

René Wetzel *(Université de Genève)*

Spricht maister Eberhart

Die Unfestigkeit von Autor, Text und Textbausteinen im
Cod. Bodmer 59 und in der Überlieferung weiterer mystischer
Sammelhandschriften des 15. Jahrhunderts.
Mit einem Exkurs zur Buch- und Bibliotheksgeschichte der
Kartause Buxheim

Teil I

Im Jahre 1953 erwarb der Schweizer Sammler Martin Bodmer im Wiener Antiquariat Hinterberger für seine in Cologny bei Genf gelegene ›Bibliothek der Weltliteratur‹[1] eine deutsche Sammelhandschrift mystischen Inhalts, die ihn wahrscheinlich wegen der Predigten Meister Eckharts besonders interessierte.[2] Sie stammte aus dem Vorbesitz eines anderen großen Sammlers, Eduard Langer (Braunau, 1852–1914),[3] der sie und weitere Handschriften 1883 auf einer Münchener Auktion erstanden hatte. Unter den Hammer kam damals ein Großteil der Bibliothek der Grafen von Waldbott-Bassenheim.[4] Die

---

[1] Martin Bodmer, Eine Bibliothek der Weltliteratur, Zürich 1947. Vorliegende Untersuchung ist nicht zuletzt auch als Dank an die Martin Bodmer-Stiftung in Cologny, an deren Direktor Prof. Dr. Charles Méla und ganz besonders an deren Vizedirektorin, Frau Elisabeth Macheret, zu verstehen, welche es ermöglichten, die Tagung ›Literarische Topographie des deutschsprachigen Südwestens im 14. und 15. Jahrhundert‹ (Cologny, 31. März bis 1. April 2005) im ›Historischen Saal‹ der Bibliotheca Bodmeriana abzuhalten. Vorliegender Beitrag stellt die überarbeitete Fassung des Eröffnungsvortrages dar.
[2] Cologny, Bibliotheca Bodmeriana, Cod. Bodmer 59. Vgl. Deutsche Handschriften des Mittelalters in der Bodmeriana. Katalog bearb. von René Wetzel. Mit einem Beitrag von Karin Schneider zum ehemaligen Kalocsa-Codex, Cologny-Genève 1994 (Bibliotheca Bodmeriana, Kataloge 7), Cod. Bodmer 59, S. 47–63.
[3] Vgl. Hugo Herrmann, Eduard Langer, Bohemia 7 (1966), S. 399–406; zur Langerschen Bibliothek ebd., S. 402f. und Walther Dolch, Geschichte und Einrichtung der Dr. Eduard Langerschen Bibliothek in Braunau i. B., Braunau 1913; die Handschrift trug in der Langerschen Sammlung die Nr. 467 (Stand I B 29); vgl. Philipp Strauch, Handschriftliches zur deutschen Mystik, ZfdPh 54 (1929), S. 283–296, hier: S. 290–293. Eine handschriftliche Beschreibung des Ms. 467 fertigte 1909 Walter Dolch zuhanden der Preußischen Akademie der Wissenschaften an (heute Handschriftenarchiv der Preußischen Akademie der Wissenschaften, Arbeitsstelle DTM, Berlin), digitalisiert: Braunau (Böhmen), Privatbibliothek Langer, 467 [heute: Cologny-Genf, Bibl. Bodmeriana, Cod. Bodmer 59] ‹http://www.bbaw.de/forschung/dtm/HSA/Braunau 700289380000.html› (23.04.2009).
[4] Catalog der Bibliothek des ehemaligen Carthäuser-Klosters und gräflich Waldbott-Bassenheimischen Schlosses Buxheim. Auction in München, München 1883 (XXX. Carl Förster'sche Kunstauction. Abtheilung II. Bibliotheca Buxiana). Zum Bestand dieser

besagte Handschrift[5] war 1810 in den Besitz dieser Familie auf Schloß Buxheim bei Memmingen (im Allgäu) gelangt. Sie gehörte zum Bücherbestand der benachbarten Kartause Buxheim, ursprünglich ein Kollegiatsstift, welches im Jahr 1402 dem Kartäuserorden übergeben wurde. Die Buxheimer Bibliothek fiel im Zuge der Säkularisation 1803 als Entschädigung für den Verlust der ab 1794 von Frankreich besetzten Reichsherrschaft Mylendonk am Niederrhein erst an Johann Friedrich Reichsgraf von Ostein (1735–1809) und ging in der Folge durch Erbschaft an Graf Friedrich Karl von Waldbott-Bassenheim über.[6]

Der Bibliothekseintrag *Cartusianorum in Buxheim* stammt wohl aus dem 16. Jahrhundert. Die Buxheimer Signatur *N 124* ist nicht älter; sie entspricht der Klassifizierung des um 1500 errichteten spätgotischen Bibliothekbaus.[7] Wie

---

Sammlung vgl. MAGDA FISCHER, Neue Funde zur Bibliotheksgeschichte Buxheims, Stud. Mitt. OSB 116 (2005), S. 437–457, hier: S. 454–457.

[5] Catalog [Anm. 4], Nr. 2406, S. 130.

[6] Zur 1402 gegründeten Kartause Buxheim und ihrer Geschichte vgl. FRIEDRICH STÖHLKER, Die Kartause Buxheim 1402–1803, 7 Folgen, Buxheim 1974–1978 (F. 1–4) und Salzburg 1987 (N. F. 1–3); ALBERT GRUYS, Cartusiana. Un instrument heuristique. A heuristic instrument. Ein heuristischer Apparat. Bd. 2. Maisons, Paris 1977, S. 254f.; HUBERTUS MARIA BLÜM, Buxheim an der Iller, in: Die Kartäuser. Der Orden der schweigenden Mönche, hg. von MARIJAN ZADNIKAR in Verbindung mit ADAM WIENAND, Wien/Köln 1983, S. 293–296; FRIEDRICH STÖHLKER, Die Kartause Buxheim. Ein Beitrag zur Geschichte des Kartäuserklosters in Deutschland, in: Das Buxheimer Chorgestühl. Beiträge zur Bau- und Kunstgeschichte der ehemaligen Reichskartause Buxheim und zur Restaurierung des Chorgestühls, hg. von MICHAEL PETZET, München 1994 (Arbeitshefte des Bayerischen Landesamts für Denkmalpflege 66), S. 15–58; MARION HARDER-MERKELBACH, Buxheim. Kartause und Pfarrkirche, Buxheim 1996; JAMES HOGG (Hg.), Die Reichskartause Buxheim 1402–2002 und der Kartäuserorden. Internationaler Kongreß 2002, Buxheim, 2 Bde., Salzburg 2003–2004 (Analecta Cartusiana 182); JÜRGEN KAISER, Gemeinschaftliche Einsamkeit. Kartäuserkloster Buxheim, in: J. K., Klöster in Bayern. 1200 Jahre Kunst, Kultur und Alltagsleben, Stuttgart 2005, S. 147–152.

[7] WOLFRAM D. SEXAUER, Frühneuhochdeutsche Schriften in Kartäuserbibliotheken. Untersuchungen zur Pflege der volkssprachlichen Literatur in Kartäuserklöstern des oberdeutschen Raums bis zum Einsetzen der Reformation, Frankfurt a. M. [usw.] 1978 (Europäische Hochschulschriften R. I, Bd. 247), S. 84f. Eine virtuelle Rekonstruktion der Buxheimer Bibliotheksbestände im 15. Jahrhundert anhand von Bibliotheks- und Auktionskatalogen des 15. bis 19. Jahrhunderts zu erstellen, hat sich WILLIAM WHOBREY an der Yale University zur Aufgabe gemacht: ⟨http://www.cls.yale.edu/buxheim/⟩, dort in der Bibliothek des 17. Jahrhunderts unter der Signatur N 124: ⟨http:// www. cls. yale. edu/ buxheim/ 1693/ 1693shelves.html⟩ bzw. ⟨http:// www. cls. yale.edu/ buxheim/ 1693/ 1693_124n/ 1693_124n.html⟩ (23.08.2009); vgl. WILLIAM WHOBREY, Die Buxheimer Kartausenbibliothek, in: Die Reichskartause Buxheim 1402–2002 und der Kartäuserorden. Internationaler Kongreß 2002, alte Bibliothek der Kartause Buxheim. Bd.1, hg. von JAMES HOGG, Salzburg 2003 (Analecta Cartusiana 182), S. 37–44. Zur Buxheimer Bibliothek und ihrem Schicksal vgl. auch VOLKER HONEMANN, The Buxheim Collection and its Dispersal, Renaissance Studies 9 (1995), S. 166–188.

lange die Handschrift, deren Teile aus dem 2. und 3. Drittel des 15. Jahrhunderts stammen, zu diesem Zeitpunkt bereits bei den Buxheimer Kartäusern lag, ob sie als Schenkung dorthin gelangte[8] oder gar dort geschrieben wurde,[9] ist nach wie vor umstritten. Es sind deshalb zusätzliche Kriterien beizuziehen, die über die äußere Überlieferungsgeschichte hinausgehen, wenn die Handschrift in der Literaturtopographie des 15. Jahrhunderts verortet und damit gleichzeitig auch ihr Stellenwert innerhalb der institutionellen Vernetzungen des Literaturbetriebs bestimmt werden soll. Diese zusätzlichen Kriterien betreffen vornehmlich die Textgeschichte der in der Handschrift überlieferten Stücke. Hier geben z. B. weitere Handschriften, die teilweise ebenfalls aus der Buxheimer Bibliothek stammen oder Texte aufweisen, die auf gemeinsamen Vorlagen fußen, oder aber für die gemeinsame Schreiberhände zu belegen sind, Hinweise wenn nicht auf eine konkrete Schreibstube, so doch auf deren Profil. Zu fragen ist aber auch nach der Verbreitung einzelner, in der Handschrift überlieferter Texte oder Textkonvolute außerhalb dieser Schreibstube und nach dem darin zum Ausdruck kommenden Interesse an diesen Texten bzw. nach dem Umgang mit ihnen. Schließlich und vor allem müssen jedoch auch die in der Sammelhandschrift überlieferten Texte als solche interessieren, ihre Zusammensetzung, ihre Verwendung und ihr Programm.

Teil II

Da die Handschrift unter einem zeitgenössischen Einband drei ursprünglich wohl selbständige Teile vereint,[10] sollen diese auch separat für sich betrachtet werden. Die beiden ersten Blöcke, die mit ihren 54 bzw. 130 Blättern den Hauptteil der Handschrift ausmachen, dürften wohl noch aus dem zweiten Drittel des 15. Jahrhunderts stammen, während der letzte, nur noch eine einzige

---

[8] Anhand des 1508 vom Kartäuser Ulrich Steinbach angelegten ›Liber benefactorum‹ (erhalten nur in einer um 1750 erstellten und bis 1786 fortlaufend ergänzten Abschrift in Frauenfeld, Thurgauische Kantonsbibliothek, Ms. Y,34), der die Bücherschenkungen zumeist nur global erfaßt, läßt sich unsere Handschrift auf jeden Fall nicht identifizieren. Vgl. den Abdruck der die Bücherschenkungen betreffenden Abschnitte in: Mittelalterliche Bibliothekskataloge Deutschlands und der Schweiz, Bd. 3,1, Bistum Augsburg, bearb. von PAUL RUF, München 1932, S. 81–86.
[9] Als vorsichtig postulierte Hypothese vertreten von NIGEL F. PALMER, Beobachtungen zu einer Gruppe von schwäbischen Mystik-Handschriften des 15. Jahrhunderts. Mit dem Textabdruck einer mystischen Spruchsammlung der Handschrift Reading, UL, MS. 137, in: Deutsche Mystik im abendländischen Zusammenhang. Neu erschlossene Texte, neue methodische Ansätze, neue theoretische Konzepte. Kolloquium Kloster Fischingen 1998, hg. von WALTER HAUG/WOLFRAM SCHNEIDER-LASTIN, Tübingen 2000, S. 605–652, hier S. 612.
[10] Zur kodikologischen Beschreibung und Zusammensetzung der Handschrift vgl. WETZEL [Anm. 2], S. 47–63.

Lage von neun Blättern umfassende Teil, in das letzte Drittel des Jahrhunderts zu datieren ist. Auch die unterschiedlichen Papiersorten, die Lagenzusammensetzungen sowie gewisse innere Kriterien sprechen für eine sekundär zusammengesetzte Sammelhandschrift.[11] Überdies erscheint der Schnitt des ersten Teils auffällig heller als bei den übrigen Teilen. Vom mystischen Inhalt her passen die drei Teile jedoch gut zusammen.

Der etwas über 50 Blätter starke erste Handschriftenblock (fol. 1–54) setzt, von einer einzigen Hand geschrieben, nach zwei leer gebliebenen Blättern mit dem vier Predigten umfassenden Zyklus Meister Eckharts zur ewigen Geburt des Wortes in der Seele ein (fol. 3^r–33^v).[12] Dieser Zyklus wird mit einem ebenfalls Eckhart zugeschriebenen Spruch (fol. 33^{v}f.) und einem rubrizierten *amen. / Amen. Deo gracias* (34^r) abgeschlossen. Eine zweite Hand trägt anschließend die Einleitung zur sogenannten ›Armutspredigt‹ (*Beati pauperes spiritu*) Meister Eckharts (fol. 34^r–35^v) und den Text dieser Predigt selbst nach (fol. 35^v–40^v).[13] Auch eine bunte Sammlung von über 50 Sprüchen verschiedener Meister und Väter, die zumindest teilweise aus Predigten Meister Eckharts exzerpiert wurden, sowie weitere Predigt- und Traktatexzerpte vornehmlich aus Werken Eckharts (aber auch Alberts des Großen)[14] stammen von diesem zweiten Schreiber, dessen Einträge jedoch mitten in Traktatexzerpten nach fol. 48^v unvermittelt abbrechen, da zumindest ein Blatt, wenn nicht eine Lage fehlen. Das nächste erhaltene Blatt (fol. 49) setzt dann von einer dritten Hand fragmentarisch mit dem Ende wahrscheinlich einer Spruchfolge ein und schließt den ersten Handschriftenteil mit einer Lehre für anfangende, zunehmende und zur Vollkommenheit strebende Menschen (fol. 49^r–51^v)[15] ab. Vor dem Einsatz des zweiten Teiles bleiben mehrere Blätter leer.

---

[11] Vgl. WETZEL [Anm. 2], S. 47–49 und unten.

[12] DW IV,1, Predigten 101–104, zuvor bereits ediert von FRANZ PFEIFFER, Deutsche Mystiker des vierzehnten Jahrhunderts, Bd. 2, Meister Eckhart, Leipzig 1857, Repr. Aalen 1962, Predigten I-IV. Vgl. auch JOSEF QUINT, Die Überlieferung der deutschen Predigten Meister Eckharts. Textkritisch untersucht von J. Qu., Bonn 1932, S. 1–79. Zur Konzeption des Zyklus vgl. CAROLINE F. MÖSCH, *Daz disiu geburt geschehe*. Meister Eckharts Predigtzyklus ›Von der êwigen geburt‹ und Johannes Taulers Predigten zum Weihnachtsfestkreis, Freiburg/Schweiz 2006 (Dokimion 31).

[13] DW II, Predigt 52 (die Einleitung ebd., S. 522–524); PFEIFFER [Anm. 12], Traktat 4, S. 417,38–418,35 (= Einleitung) und Predigt 87; MAX PAHNCKE, Materialien zu Meister Eckeharts Predigt über die Armut des Geistes, in: Festgabe Philipp Strauch zum 80. Geburtstag, hg. von GEORG BAESEKE/FERDINAND JOSEPH SCHNEIDER, Halle (Saale) 1932 (Hermaea 31), S. 67–87; vgl. QUINT [Anm. 12], S. 753–792. Zum Gehalt und dem historischen Rezeptionskontext der Armutspredigt vgl. CORNELIA RIZEK-PFISTER, Ein Weg zu Meister Eckharts Armutspredigt. Grundlagen einer Hermeneutik seiner deutschen Predigten, Bern [usw.] 2000 (Deutsche Literatur von den Anfängen bis 1700, Bd. 30).

[14] Fol. 40^v–48^v. Identifikation und Nachweise der Stücke (unvollständig) bei WETZEL [Anm. 2], S. 51–53.

[15] Bisher meines Wissens ungedruckt. (Variierende) Parallelüberlieferung: vgl. WETZEL [Anm. 2], S. 54.

Es fällt bei der Analyse dieses ersten Handschriftenteils auf, daß der Name Meister Eckharts nur ein einziges Mal vermerkt wird, und zwar bei dem Spruch, der den Predigtzyklus zur ewigen Geburt abschließt.[16] Die Predigten selbst, aber auch die Predigt- und Traktatauszüge bleiben anonym, wie auch die Quellen für die Spruchsammlungen nicht transparent gemacht werden, sondern nur die daraus exzerpierten Autoritäten genannt werden. Nun ist anonyme Überlieferung der Predigten Eckharts nichts Ungewöhnliches, eher schon die Regel, und auch durch die Häresieverdächtigungen des Inquisitionsverfahrens und die kirchliche Verurteilung einzelner Sätze wohl unschwer zu erklären.[17] Es fragt sich jedoch, ob und inwieweit die Schreiber und Rezipienten der Handschrift noch 150 Jahre nach Eckharts Tod in der Lage waren, die anonym überlieferten Predigten und Auszüge aus seinen Werken zu identifizieren. Es ist dann um so auffälliger, wenn Eckhart in diesem ersten Teil der Handschrift einmal doch namentlich genannt wird, wenn auch nicht als Autor der Predigten, so doch, wie schon angemerkt, für einen aus einer seiner Predigten stammenden Spruch. Der Predigtzyklus zur ewigen Geburt des Wortes wird in allen Handschriften stets geschlossen überliefert, wenn auch nicht immer in der gleichen Reihenfolge.[18] Dieser doch sehr konstanten Überlieferung steht gerade in unserer Handschrift eine Fragmentierung von Texten Eckharts gegenüber, wie sie in den Spruchsammlungen am deutlichsten wird, die wie eigentliche Steinbrüche von Eckhartpredigten und -traktaten sowie anderer mystischer Texte wirken. Es handelt sich um recht umfangreiche Zitatsammlungen, wobei im Falle der Eckhart-Predigten nicht nur Sätze des Meisters zitiert, sondern mit Vorliebe gerade die von Eckhart zitierten Autoritäten exzerpiert werden, sei es namentlich (wenn auch z. T. verballhornt wie im Beispiel des *Býschof Albrecht,* womit Albert der Große gemeint ist) oder anonym als ›Meister‹, ›Heiden‹ usw. Eckhart selbst ist da nur einer der nicht mit Namen aufgeführten ›Meister‹ und löst sich als Autor, der schon in den aufgenommenen Predigten höchstens für den intimen Eckhart-Kenner ersichtlich war, völlig in Luft auf. Wir gelangen mit diesen Texten in den verwirrenden und in der Forschung nach wie vor ungenügend ergründeten Bereich von literarischen Formen, die unter den Begriffen ›mysti-

---

[16] *Maister Ekkhart spricht jn ainer predy*, fol. 33ᵛ. Die Abkürzungen bei Zitaten aus der Handschrift werden hier und im folgenden in der Regel stillschweigend aufgelöst.
[17] Dies die *communis opinio*, gegen welche allerdings Georg Steer Einwände erhebt: »Tatsache ist: dies sind alles nur Hypothesen, die nicht durch überlieferungsgeschichtliche Untersuchungen abgesichert sind.« Georg Steer, Predigten und Predigtsammlungen Meister Eckharts in Handschriften des 14. Jahrhunderts, in: Deutsche Handschriften 1100–1400. Oxforder Kolloquium 1985, hg. von Volker Honemann / Nigel F. Palmer, Tübingen 1988, S. 399–407, hier zum Anonymitätsproblem S. 403f., das Zitat S. 403.
[18] Vgl. Georg Steer in DW IV,1, mit Diskussion der Echtheit von Pr. 104 (= Pfeiffer [Anm. 12], Predigt 3), die als einzige auch separat im Zusammenhang mit Taulerpredigten (inkorporiert in die vier ältesten Tauler-Drucke) erscheint. Vgl. auch Mösch [Anm. 12], S. 40–49.

sche Spruch- und Exempelsammlung‹,[19] ›Mosaiktraktate‹[20] und ›Komposittraktate‹[21] gefaßt werden, wobei die Übergänge als fließend zu betrachten sind, je nach Grad der Aufsplitterung der Quellen und der Kohärenz der neu zustande gekommenen Texte, für deren Urheber Begriffe wie ›Autor‹, ›Redaktor‹ oder ›Kompilator‹ ebenfalls je nach Fall nur schwankend und zögernd eingesetzt werden können. Nirgendwo zeigt sich die Unfestigkeit von Autorkonzept und Textbegriff in der mittelalterlichen Literatur stärker als hier.[22]

Versuchen wir, den ersten Teil der Handschrift programmatisch zu erfassen, so stellen wir fest, daß im Fall des Predigtzyklus und der sogenannten ›Armutspredigt‹ die einzigen Quästionenpredigten Meister Eckharts in deutscher Sprache zusammengestellt wurden.[23] Und nicht nur in den vier Predigten des Zyklus, sondern auch in dem darauf folgenden, Meister Eckhart zugeschriebenen Spruch[24] und in der ›Armutspredigt‹[25] geht es um die ewige Geburt Gottes in der Seele, und dies in einer atemberaubend kühnen Radikalität, die in der ›Armutspredigt‹ in folgenden Sätzen gipfelt: *In mîner geburt, dâ wurden alliu dinc geborn, und ich was sache mîn selbes und aller dinge; und haete ich gewolt, ich enwaere niht, noch alliu dinc enwaeren niht; und enwaere ich niht, sô enwaere ouch ›got‹ niht. Daz got ›got‹ ist, des bin ich ein sache; enwaere ich niht, sô enwaere got niht ›got‹.*[26] Es wäre nun genauer zu untersuchen, inwiefern die daran anschließenden Exzerpte und Spruchsammlungen im Sinne von autoritätsgestützten Sentenzen Argumente für die in den Predigten aufgeworfenen Quästiones liefern und so zur weiteren Meditation über und zur intellektuellen Auseinandersetzung mit dem Thema anregen. Soweit ich dies beurteilen kann,

---

[19] PALMER [Anm. 9], S. 605.
[20] HANS-JOCHEN SCHIEWER, Spamers Mosaiktraktate, ²VL, Bd. 9, Sp. 29–31.
[21] KURT RUH, Einführung, in: Die Blume der Schauung, hg. von KURT RUH, München 1991 (WPM16), S. 11–38, hier: S. 22.
[22] Vgl. etwa RÜDIGER SCHNELL, ›Autor‹ und ›Werk‹ im deutschen Mittelalter. Forschungskritik und Forschungsperspektiven, in: Neue Wege der Mittelalter-Philologie. Landshuter Kolloquium 1996, hg. von JOACHIM HEINZLE [u. a.], Berlin 1998 (Wolfram-Studien 15), S. 12–73; HANS-JOCHEN SCHIEWER, Fassung, Bearbeitung, Version und Edition, in: Deutsche Texte des Mittelalters zwischen Handschriftennähe und Rekonstruktion, hg. von MARTIN J. SCHUBERT, Tübingen 2005 (Beihefte zu editio 23), S. 35–50.
[23] Vgl. GEORG STEER, Meister Eckharts Predigtzyklus *von der êwigen geburt*. Mutmaßungen über die Zeit seiner Entstehung, in: Deutsche Mystik im abendländischen Zusammenhang. Neu erschlossene Texte, neue methodische Ansätze, neue theoretische Konzepte. Kolloquium Kloster Fischingen 1998, hg. von WALTER HAUG/WOLFRAM SCHNEIDER-LASTIN, Tübingen 2000, S. 253–281, hier S. 251.
[24] Charakteristischerweise wieder in Frageform wird das Thema des vorangehenden Zyklus aufgenommen (*Nun wz ist gottes geberen* [33ᵛ]; *Nu ist ain frâg ob der sel hôchste selikait lige in dem werk da sich got gaistlich jnn gebirt* [33ᵛ].)
[25] Die Einleitung dazu ist in Form eines Dialogs gestaltet, weswegen PAHNCKE [Anm. 13], S. 81–87, sie unter dem Titel ›Ein Dialog über die Armut des Geistes‹ (S. 81) abdruckt und behandelt.
[26] DW II, Predigt 52, S. 503,6–504,3.

umspielen die Spruchfolgen tatsächlich mehr oder weniger locker das Thema, indem sie vornehmlich um Gott und die Seele sowie um Gottes Wirken bzw. Gottes Einbildung in ihr kreisen, um ihre Gottförmigkeit und ihre Natur, bis hin zur Erörterung einer Möglichkeit des Erkennens Gottes durch die wirklich arme, d. h. von allem losgelöste, »einfältige« Seele und durch *verstandnus*.

Die Exzerpte und Spruchfolgen des ersten Handschriftenteils sind bislang in genau dieser Zusammensetzung in keiner anderen Handschrift nachzuweisen. Den Predigtzyklus zur ewigen Geburt des Wortes in der Seele hingegen finden wir mitsamt dem abschließenden Spruch und der Gebetsformel in einer von WERNER FECHTER 1974 in Erinnerung gebrachten Handschrift der Universitätsbibliothek von Pavia aus dem Vorbesitz der franziskanischen Tertiarinnen im Thalbach zu Bregenz.[27] Der Kalender mit Computus in dieser Handschrift beginnt mit dem Jahr 1455, so daß sie in ihrer jetzigen Zusammensetzung wohl auf dieses Jahr hin fertiggestellt wurde. Ein Nekrologeintrag für das Jahr 1485 (Tod der Gret Sütrin,[28] Mutter im Thalbach) belegt den Thalbacher Besitz der Handschrift zu dieser Zeit. Der Kalender gehört eindeutig in die Diözese Konstanz.[29] Bis zur Aufhebung des Klosters im Zuge der josephinischen Reform verblieb die Handschrift im Thalbach, gelangte dann von dort in die kaiserliche Bibliothek nach Innsbruck und 1783 nach Wien.[30] Auch diese Handschrift beginnt, und zwar ebenfalls auf einem separaten Faszikel, mit dem Predigtzyklus Meister Eckharts zur ewigen Geburt Gottes. Am Ende dieses Blockes haben zwei nachträglich arbeitende Hände[31] als Füllseleinträge zwei strophische Gedichte mystischen Inhalts[32] sowie eine kurze Frage-Antwort-Kette[33] aufgezeichnet, die als »Konglomerat von Exzerpten aus drei Werken Heinrich Seuses«[34] (›Vita‹, ›Briefbüchlein‹ und ›Büchlein der Wahrheit‹) angesehen werden kann und natürlich wiederum von ihrem Konzept und Interesse her im Hinblick auf die Quästionenform des Predigtzyklus und auf die Spruchsammlungen des Cod. Bodmer aufschlußreich ist. Der zweite Handschriftenblock der Thalbacher Handschrift enthält mit eigener Lagenzählung und von anderer Hand den pseudo-alberti-

---

[27] Pavia, Biblioteca universitaria, Ms. Aldini 155. WERNER FECHTER, Eine Thalbacher Handschrift mit Eckhart-Predigten, Exzerpten aus Seuse, dem Ps.-Albertinischen ›Paradisus animae‹ und anderem in Pavia, ZfdA 103 (1974), S. 311–333. Zu früheren Erwähnungen der Handschrift in der Forschung vgl. ebd., S. 311f.
[28] *schwöster gret Sütrin closnerin vn můter jm talbach zů pregencz*. Zitiert nach FECHTER [Anm. 27], S. 323. Wohl Maria Margaretha Sutterin, vgl. ebd.
[29] Ebd., S. 321f. Vielleicht diente als Grundlage ein Straßburger oder Trierer Kalendarium, wie FECHTER (ebd., Anm. 52) aufgrund einiger ›fremder‹ Heiliger vermutet.
[30] Ebd., S. 332f. und RUH in AfdA 83 (1972), S. 135. Wie die Handschrift von dort nach Pavia gelangte, ist nach wie vor unklar.
[31] Nach FECHTER [Anm. 27] (wie dann auch für die fünfte Hand) »mit hoher Wahrscheinlichkeit oder mit Sicherheit« (S. 330) von Thalbacher Schwestern eingetragen.
[32] Ediert von RUDI TESCH, Zwei geistliche Lieder aus Kodex ›Aldini 155‹, Jb. Volkslied 18 (1973), S. 84–87.
[33] Ediert bei FECHTER [Anm. 27], S. 316f.
[34] Ebd., S. 317.

nischen ›Paradisus anime‹ und vier gnomische Texte in Reimversen und rhythmischer Prosa (v. a. Sentenzen und Priameln).[35] Das Kalendarium ist von einer weiteren Hand dazugesetzt worden.

Auch wenn GEORG STEER in der gedruckt dokumentierten Diskussion zum Beitrag von NIGEL F. PALMER an der Fischinger Mystik-Tagung von 1998 den von WERNER FECHTER und daran anschließend im Katalog der deutschen Handschriften der Bodmeriana von mir selbst vertretenen Status der beiden Handschriften bezüglich des Predigtzyklus als Schwesterhandschriften mit gemeinsamer Vorlage und Schreibstube bestreitet, beweist seine eigene, 2003 herausgekommene kritische Edition dieser Predigten und die in dieser Edition vorangestellte überlieferungsgeschichtliche Analyse doch eindrücklich wieder das Gegenteil: Der Codex Bodmer (Bra3) und die Thalbacher Handschrift aus Pavia (Pv) gehen eindeutig auf eine gemeinsame Vorlage zurück, X2 im Stemma von STEER, wobei die gemeinsamen Fehler bisweilen sowohl auf X2 wie auf dessen Vorlage X1 zurückgehen können. Zu X1 gehört für alle vier Predigten aber die 1441 entstandene und im elsässischen Schriftdialekt gehaltene Salzburger Handschrift S1,[36] »die sich zeitweise im Besitz des Basler Franziskanerklosters befunden hat, aber kaum dort entstanden ist und deren ›Memento mori‹-Thematik [...] zu den Kartäusern gut passen würde«[37] und selbst wieder eine Sammelhandschrift mit vornehmlich Exzerpten aus geistlichen und mystischen Texten[38] darstellt. In drei der vier Predigten gesellt sich zu S1 als Schwesterhandschrift mit derselben Vorlage X1 die Zürcher Handschrift Z2, die ebenfalls mystisches Schrifttum enthält, darunter auch Seuses ›Großes Briefbuch‹ und sein ›Minnebüchlein‹.[39] Der pseudo-albertinische Text in der Thalbacher Handschrift mitsamt seiner gnomischen Nachträge besitzt eine andere aufschlußreiche Parallel-Überlieferung, und zwar in der Berliner Handschrift SBB-PK, Ms. germ. oct. 700.[40] Auch hier wurden die Texte – und zwar laut FECHTER von der selben

---

[35] Ediert ebd., S. 319f.
[36] Salzburg, UB, Cod. M I 476 (olim V3 H 148) vgl. ANNA JUNGREITHMAYR, Die deutschen Handschriften des Mittelalters der Universitätsbibliothek Salzburg, unter Mitarb. von JOSEF FELDNER/PETER H. PASCHER, Wien 1988 (Österr. Akad. der Wiss., phil.-hist. Klasse, Denkschriften, 196; Veröffentlichungen der Kommission für Schrift- und Buchwesen des Mittelalters III,2), S. 69–135.
[37] PALMER [Anm. 9], S. 612f.
[38] Daneben aber z. B. auch Freidank zugeschriebene Sprüche und Ps.-Engelharts von Ebrach ›Das Buch der Vollkommenheit‹ (Teilüberlieferung der Fassung A und C, vgl. Pseudo-Engelhart von Ebrach, Das Buch der Vollkommenheit, hg. von KARIN SCHNEIDER, Berlin 2006 (DTM 86), S. XVIIIf.).
[39] Zürich, Zentralbibliothek, Cod. C 96. LEO CUNIBERT MOHLBERG, Mittelalterliche Handschriften, Zürich 1952 (Katalog der Handschriften der Zentralbibliothek Zürich I), S. 50f. (Nr. 125). Die Provenienz bei MOHLBERG nicht angegeben, datiert ins 14./15. Jahrhundert.
[40] Im Katalog von HERMANN DEGERING, Kurzes Verzeichnis der germanischen Handschriften der Preußischen Staatsbibliothek. III. Die Handschriften in Oktavformat und Register zu Band I-III, Leipzig 1932 (Mitteilungen aus der Preußischen Staatsbiblio-

Hand wie in der Thalbacher Handschrift der Teil der vierten Hand![41] – auf einen separaten zweiten Faszikel gesetzt. Der vorangehende erste Handschriftenteil enthält in der Berliner Handschrift hingegen eine Sammlung von Predigten, die zu den ›Engelberger Predigten‹ gehören.[42] Bibliotheksheimat dieser Berliner Handschrift: wie beim Cod. Bodmer 59 die Kartause Buxheim!

Kein Text, aber doch wiederum eine identische Schreiberhand und erneut die gemeinsame Bibliotheksheimat Kartause Buxheim verbinden den ersten Faszikel des Cod. Bodmer 59 mit einer Handschrift, die sich heute in der Universitätsbibliothek von Reading befindet und deren wesentliche Handschriftenteile im Jahr 1435 abgeschlossen waren:[43] Dort zeichnet die erste der drei Hände im Bodmer Codex (und dort als dritte Hand) für den Eintrag der ›Lehren für anfangende, zunehmende und zur Vollkommenheit strebende Menschen‹[44] verantwortlich.[45] Auch das im ersten Teil des Codex Bodmer verwendete Papier deckt sich genau mit dem aus Reading.[46] Die Provenienz aus der gleichen Schreibstube wird damit, wie schon NIGEL F. PALMER folgern konnte,[47] zur Gewißheit. Und auch das inhaltliche Profil der Handschrift paßt. Die den beiden Codices gemeinsame Hand hat in der Buxheimer Handschrift aus Reading eine mystische Spruchsammlung eingetragen. Es folgen von einer zweiten Hand sieben Predigten Marquards von Lindau und von der dritten Haupthand Predigten Meister Eckharts.[48] Diese letzte Hand gehört laut Explicit ausdrücklich

---

thek 9), Repr. Graz 1970, nicht mehr erfaßt. Im Versteigerungskatalog von 1883 (cf. Anm. 4) Nr. 2370, vgl. ‹http:// www. cls. yale. edu / buxheim / unnumbered / berlin / 8ss700 / 8ss700.html› (23.04.2009) und SEXAUER [Anm. 7], S. 147.

[41] FECHTER [Anm. 27], S. 319.
[42] Ebd., S. 319, Anm. 38.
[43] Reading, University Library, MS. 137 (olim: Braunau, Dr. Eduard Langersche Bibliothek, Cod. 466). Vgl. STRAUCH [Anm. 3], S. 283–285; RÜDIGER BLUMRICH, Marquard von Lindau: Deutsche Predigten. Untersuchungen und Edition, Tübingen 1994 (TTG 34), S. 20*–22*, mit weiteren Nachweisen in der Literatur in Anm. 23; PALMER [Anm. 9], S. 607f; ‹http://www.cls.yale.edu/buxheim/1755/1755_221/1755_221.html› (23.04.2009).
[44] S. o., Anm. 15. In ihren ersten beiden Teilen propagieren die Lehren in je einer Achtteilung die üblichen Übungen, Geistes- und Lebenshaltungen sowie Tugenden, die auf dem mystischen Weg zur Vollkommenheit zu beachten sind. Der dritte Teil enthält dann keine Einteilung mehr und vertritt dezidiert die Auffassung, daß für die letzte Stufe keine *liplich arbait* (fol. 50^v) mehr nötig sei, sondern es allein auf die Geisteshaltung ankomme, auf das Herz, das bei Gott sein sollte und auf die Worte, die von Gott Zeugnis ablegen. Zur Vollkommenheit zu gelangen, sei sowohl für Weltliche – und hier gar auch für Reiche (Prototyp der reiche Abraham) – als auch erst recht für Ordensgeistliche *an all arbait* (fol. 51^r) möglich.
[45] Vgl. PALMER [Anm. 9], S. 609f.
[46] Ebd., S. 609.
[47] Ebd.
[48] Vgl. ebd., S. 608; BLUMRICH [Anm. 43], S. 20*–22*. Zusätze von drei weiteren Händen betreffen eine Marquard-Predigt, Meister Eckharts ›Von abegescheidenheit‹ sowie einen Brief an eine geistliche Freundin.

einem *schriber*, verweist also wohl auf einen Mann und damit nicht auf eine von Nonnen besetzte Schreibstube in einem Frauenkloster. Auf die acht Predigten Marquards, die in der Handschrift in Reading (R) überliefert werden, verweist ausdrücklich der Schreiber der Berliner Handschrift SBB-PK, Ms. germ. fol. 986 (B2),[49] der wohl aus einer gemeinsamen Vorlage 33 in R fehlende Predigten aufnimmt, so daß sich R und B2 ergänzen. Auch B2 stammt aus der Kartause Buxheim[50] und ist auf das Jahr 1448 datiert. Das Vorgehen des Schreibers bezüglich der Auswahl der Marquard-Predigten verweist für NIGEL F. PALMER sicher zu Recht auf eine institutionelle Bibliothek, in welcher die mehr als ein Jahrzehnt früher geschriebene Handschrift R schon vorhanden gewesen sein muß.[51] B2 enthält neben den Predigten Marquards auch solche Taulers, eine Vaterunserauslegung sowie einmal mehr eine mystische Spruch- und Traktatsammlung, worin Exzerpte von Werken Meister Eckharts eine prominente Rolle spielen, wenn auch hier wieder kaum der Autor der Quelle namentlich erwähnt wird. Eine Spruch- und Exempelsammlung wird eingeleitet durch den Satz: *Maister eg' vnd ander maister sprechent* [...].[52] Ob aus *Eger* ohne weiteres über *Ecker* bzw. *Eckert* auf Eckhart geschlossen wurde, ist fraglich. Abgeschlossen wird die Sammelhandschrift mit einer Predigt Meister Eckharts.

Teil III

Kommen wir nun auf die beiden anderen Teile der Bodmer-Handschrift zu sprechen: Der zweite Teil überliefert von einer ersten Hand geschrieben auf weit über hundert Blättern (fol. 55^r–162^r) mehr als ein Dutzend authentischer oder vermeintlicher Predigten Meister Eckharts vermischt mit Exzerpten aus dem Eckhart zugeschriebenen ›Liber positionum‹ und anderen Traktaten, dann Predigten, die gemeinhin Johannes von Sterngassen, Johannes von Nördlingen und Johannes Franke von Köln zugeschrieben wurden.[53] In zwei Fällen trifft die Identifizierung mit den gängigen Zuschreibungen überein, nämlich bei je einer Predigt des Johannes (?) von Sterngassen (Nr. 23; fol. 101^v–102^v) und des Johannes von Nördlingen (Nr. 24, fol. 102^v–109^v). Die

---

[49] Vgl. BLUMRICH [Anm. 43], S. 17*–19*. Der Schreibervermerk (fol. 132rb) abgedruckt ebd., S. 17*f. u. PALMER [Anm. 9], S. 607.
[50] SEXAUER [Anm. 7], S. 146; ‹http://www.cls.yale.edu/buxheim/unnumbered/berlin/germ2ss986/germ2ss986.html› (23.4.2009).
[51] PALMER [Anm. 9], S. 607. Etwas irritierend allerdings, daß der Schreiber von B2 bezüglich der acht nicht aufgenommenen Predigten vermerkt, diese finde man *in andren büchern*, was auf mehr als nur eine einzige Handschrift deuten würde. Vielleicht waren in der Bibliothek schon zwei Handschriften vorhanden, welche die selben acht Predigten überlieferten?
[52] BLUMRICH [Anm. 43], S. 19*.
[53] Vgl. WETZEL [Anm. 2], S. 54–59, Nr. 14–36.

Predigt des Johannes Franke von Köln wird hingegen *bruoder Bernhart* (Nr. 26, fol. 113ᵛ–122ᵛ), eine zweite Predigt des Johannes (?) von Sterngassen (Nr. 34, fol. 152ᵛ–154ᵛ) einem *maister Eberhart* zugeschrieben. Genauso wird in diesem zweiten Handschriftenteil jedoch auch fast durchwegs Meister Eckhart genannt, zuweilen heißt er aber auch *maister bernhart* (Nr. 20, fol. 85ᵛ) bzw. *magister bernhardus* (Nr. 21, fol. 89ʳ). Daß mit den beiden Verballhornungen des Autornamens Eckharts (Eberhard bzw. Bernhard) zumindest für den Schreiber nicht die gleiche Person gemeint sein konnte, liegt auf der Hand. Inwieweit wenigstens »Meister Eberhart« von ihm und den zeitgenössischen Rezipienten als Eckhart identifiziert werden konnte, bleibe dahingestellt. Eine Predigt Meister Eckharts wird Dietrich von Apolda (*Bruoder Diettrich von Appollay,* Nr. 28, fol. 126ᵛ) zugeschrieben. Die Auflösung des Autorkonzeptes ist also auch in diesem Handschriftenteil flagrant.

Ein kurzer anonymer und bislang anderswo nicht zu identifizierender Text, eine Lehre von der Geburt Gottes in der Seele (Nr. 32, fol. 145ʳf.), läßt das Hauptthema des ersten Handschriftenteils wieder aufblitzen und präzisiert im Sinne einer Rezipientenanweisung auch die vorangegangenen Texte:

> *DJe vor gesprochnen lerer über al in disem bůchli sol niemant jnne jrren wie got sich in die sel gebirt und die sel her wîder in sîch also daz man sprîcht si hab ain natůrlich wesen und lebe mit jm so verlürt der gaist doch nit sin istikait siner geschaffenhait* (fol. 145ʳ).

Der Hauptschreiber des zweiten Teils endet fol. 162ʳ mit einem *Explicit*, einem Gebet und einem leider unvollständigen Kolophon, aus welchem ohne Jahresangabe nur hervorgeht, daß sein Teil *jn octava pasce* vollendet wurde.

Drei weitere Hände haben auf den rund zwanzig folgenden Blättern dieses Teils (fol. 162ʳ–184ᵛ) vorwiegend kurze Texte (Nr. 38–47) eingetragen,[54] und auch hier steht Meister Eckhart wieder im Vordergrund, wenn er auch nie namentlich genannt wird. Auffallend ist allerdings, daß eine ganze Sequenz (Nr. 40–42; 44) mit Exzerpten aus Predigten und Traktaten Eckharts nach einem Frage- und Antwort-Schema aufgebaut ist (einleitend durchweg mit: *es ist ain frag*) und damit auch wieder das im ersten Handschriftenteil festgestellte Interesse am Dialogischen und an der scholastisch anmutenden Erörterung von theologischen und philosophischen Fragen bestätigt. Die mehr an der praktischen Mystik orientierten Lehren für anfangende, zunehmende und zur Vollkommenheit strebende Menschen im ersten Teil finden in diesem zweiten Teil ihre Entsprechung in zwei Betrachtungen, die eine dritte Hand eingetragen hat und in dieser Abfolge auch in einem Sammelband mystischer Schriften der Zentralbibliothek Zürich (C 96), dort fol. 101ᵛ–106ʳ und fol. 106ʳ–109ʳ),[55] zu finden sind: eine zum vierzehnfachen Tod und eine zu den acht verborgenen Leiden Jesu (Nr. 46, fol. 171ᵛ–178ᵛ; Nr. 47, fol. 179ᵛ–184ᵛ),

---

[54] Vgl. ebd., S. 59–62.
[55] MOHLBERG [Anm. 39], S. 50f. (Nr. 125).

doch bilden in der ganzen Handschrift diese Texte der praktischen Mystik die Ausnahme.[56]

Auch dieser zweite Handschriftenteil besitzt aufschlußreiche Vernetzungen: So ist dessen erste Schreiberhand identisch mit der Hand, welche für die Buxheimer und heute Berliner Handschrift SBB-PK Ms. germ. qu. 1132 verantwortlich zeichnet, eine umfangreiche Sammelhandschrift von ganz ähnlichem Profil wie der Bodmer Codex, mit einer Serie von Predigten Meister Eckharts, von Traktaten bzw. Traktatauszügen, Fragen, Sprüchen und Betrachtungen aus seinem näheren und weiteren Umkreis.[57] Auch dieser Codex zeigt wieder ein Interesse für Quaestionen und quaestionenartige Behandlung theologischer Themen, wie etwa der inkorporierte ›Vorsmak des êwigen lebennes‹[58] (fol. 122^r–164^r) belegt, ein theologischer Komposittraktat in Quaestionform, dessen Autor »im Bereich der unmittelbar an Eckhart anschließenden Diskussion seiner ›Jünger‹ anzusetzen [ist], nicht lange nach Eckharts Tod.«[59] Diese Handschrift entspricht für die Blätter 74^r–106^r größtenteils einer Handschrift [Eckhart-Sigle Bra1], die wie die Buxheimer Handschriften aus Reading und Cologny aus dem Vorbesitz Eduard Langers in Braunau stammt und sich nun in Heidelberg in der Sammlung Eis (Hs. 106) befindet, ohne daß ihre ursprüngliche Herkunft genau eruiert werden könnte.[60] Die Handschrift gehört zu einem *codex disiectus*, einer vielleicht erst in den 30er Jahren des 20. Jahrhunderts in drei Teile[61] getrennten Sammelhandschrift. Doch scheint es so, als seien die drei Teile auch ursprünglich schon heterogenen Ursprungs gewesen.[62] Auch diese Handschrift,

---

[56] Kaum der Rede wert sind die von einer vierten Hand abschließend eingetragenen Seelengebete mit Ablaß Pius' II. zu Mantua 1459 (Nr. 48), die mit einem jüngeren Zusatz versehen sind.

[57] HERMANN DEGERING, Kurzes Verzeichnis der germanischen Handschriften der Preußischen Staatsbibliothek. II. Die Handschriften in Quartformat, Leipzig 1926 (Mitteilungen aus der Preußischen Staatsbibliothek 8), Repr. Graz 1970, S. 193–195. In dieser Handschrift gelegentlich namentliche Erwähnungen Eckharts, wenn auch nicht für seine Predigten. Zur Buxheimer Provenienz vgl. SEXAUER [Anm. 7], S. 148; ‹http://www.cls.yale.edu/buxheim/unnumbered/berlin/4ss1132/4ss1132.html› (23.4.2009). In der Buxheimer Bibliothek trug die Handschrift die Signatur N 134 (Klassifikation des spätgotischen Bibliotheksbaus, s. o., S. 302).

[58] Vgl. KARL-HEINZ WITTE, Vorsmak des êwigen lebennes, ²VL, Bd. 10, 1999, Sp. 532–537.

[59] Ebd., Sp. 535.

[60] GERHARD EIS/HANS J. VERMEER, Nichteckhartische Texte in der Eckhart-Handschrift Bra1, in: Xenia medii aevi historiam illustrantia oblata Thomae Kaeppli O.P., hg. von RAYMUNDUS CREYTENS/PIUS KÜNZLE. Bd. 1, Rom 1978 (Storia e letteratura 141), S. 379–399, zum Cod. 106 S. 382–391. Es muß von einer gemeinsamen Vorlage ausgegangen werden, vgl. ebd. S. 383.

[61] Heidelberg, Sammlung Eis, Hs. 117 (olim Braunau, Eduard Langersche Bibliothek, Ms. 704), 106 (olim Braunau, Eduard Langersche Bibliothek, Ms. 702) und 131 (olim Braunau, Eduard Langersche Bibliothek, Ms. 703), alter Einband bei Hs. 131; vgl. EIS/VERMEER [Anm. 60], S. 379.

[62] »Ein solcher, auch der Provenienz nach gemischter Codex scheint eben Bra1 gewesen zu sein.« (Ebd., S. 394).

obgleich sie mindestens eine Generation älter ist als die bisher behandelten Codices,[63] besitzt ein vergleichbares literarisches Profil und wiederum recht umfangreiche Spruchsammlungen. GERHARD EIS und HANS J. VERMEER bringen die Handschrift mit Nürnberg in Verbindung (Dominikanerinnen und Klarissinnen), wo die Zusammenführung der drei Teile erfolgt sein könnte,[64] und vermuten einen Import der im alemannischen Schriftdialekt gehaltenen Texte aus dem elsässischen Dominikanerinnenkloster Schönensteinbach (Kolmarberg), das 1428 den Nürnberger Schwesterkonvent reformierte.[65] Allerdings schließen sie wegen der Nähe der Hs. Eis 106 bzw. von deren Eckhart-Predigt (PFEIFFER) 94 zu der aus Buxheim stammenden Berliner Handschrift Cod. germ. qu. 1132 – »der Zusammenhang ist so eng, daß Abschrift von ein und derselben unmittelbaren Vorlage angenommen werden kann«[66] – »daß auch Hs. 106 nicht in Schönensteinbach selbst entstand, sondern früh von Reformgeistlichen dorthin gebracht wurde. Ähnlich ließe sich die Buxheimer Herkunft des Berliner Codex erklären. Welcher wäre dann der (gemeinsame) Anfertigungsort (in einem Mönchskloster?)?«[67] Es wäre wohl angebracht, den Sprachdialekt von Hs. 106 neu zu untersuchen, um festzustellen, ob dieser Teil nicht vielleicht doch weiter östlich entstanden und separat nach Nürnberg gekommen sein könnte.

Nach Nürnberg könnte überdies auch eine andere Spur führen, nämlich die gemeinsame Vorlage für die Fassung B der Eckhart-Predigt 90 im Codex Bodmer 59 (fol. 130ᵛ–135ʳ) und in der Handschrift des Nürnberger Katharinenklosters Cod. Cent. IV 40 (N1),[68] die allerdings schon aus der zweiten Hälfte des 14. Jahrhunderts stammt.[69] Und nicht nur das: aus dieser Predigt-Fassung exzerpiert auch die gerade genannte Handschrift aus der Sammlung Langer bzw. Eis zwei Textstücke (ein Bernhard- und ein Augustinuszitat), die Textgemeinsamkeiten mit der Nürnberger Handschrift und dem Codex Bodmer (Bra3) besitzen.[70] Das literarische Profil des Nürnberger Manuskriptes überrascht auch hier nicht: Es setzt sich zusammen aus mystisch geprägten Predigten, Traktaten, Traktatstücken, Sprüchen und Spruchfolgen, Betrachtungen, Fragen und Belehrungen.

---

[63] Die einzelnen Teile sind nach EIS/VERMEER [Anm. 60] an die Wende vom 14. zum 15. Jahrhundert und in das beginnende 15. Jahrhundert zu datieren.
[64] Ebd., S. 381.
[65] Ebd., S. 380f. und 392–394.
[66] Ebd., S. 383. Auch ist der Schriftcharakter der beiden Handschriften offenbar sehr ähnlich (vgl. ebd.).
[67] Ebd.
[68] KARIN SCHNEIDER, Die deutschen mittelalterlichen Handschriften. Beschreibung des Buchschmucks von HEINZ ZIRNBAUER, Wiesbaden 1965 (Die deutschen Handschriften der Stadtbibliothek Nürnberg 17), S. 49–56.
[69] STEER DW IV,1, S. 43–53.
[70] Ebd., S. 51.

Die Vernetzungen einzelner Textstücke aus dem Bodmer Codex ließen sich noch weiter treiben,[71] doch will ich hier abbrechen und auch den dritten Teil des Codex Bodmer 59 nur noch ganz kurz erwähnen: Die Handschrift endet auf einer eigenen Lage und auf eigenem Papier mit einem sechsseitigen Eintrag aus dem letzten Drittel des 15. Jahrhunderts, nämlich einem bislang anderswo nicht nachzuweisenden Traktat ›De jubilo spiritus‹ (fol. 187ʳ–189ᵛ), der die Handschrift mit dem mystischen Ziel des *ewiger sålikait Enpfinden* (189ᵛ) auch programmatisch stimmig abrundet.

Teil IV

Abschließend sollen die gemachten Beobachtungen geordnet und die dabei aufgeworfenen offenen Fragen benannt werden:

1. Der Codex Bodmer 59 ist singulär in seiner ihm eigenen Zusammensetzung von Texten und in der Zusammenstellung von Exzerpten bzw. in der Redaktion von Spruchsammlungen. Er ist aber gleichzeitig auch typisch und symptomatisch für ein allgemeineres Phänomen, indem das gleiche Verfahren in einer beliebig zu erweiternden Serie von Handschriften festgestellt werden kann. Die Tradition solcher Textsammlungen scheint auf das 14. Jahrhundert zurückzugehen, die Vernetzungen gehen über die Ordensgrenzen hinaus und lassen sich geographisch nur großräumig eingrenzen. Es ist zu beherzigen, wovor NIGEL F. PALMER bezüglich der deutschsprachigen Literatur im Zisterzienserorden warnte:

---

[71] So befinden sich etwa die beiden Sterngassen-Predigten des Bodmer-Codex, d. h. hier die Nummern 23 (fol. 101ᵛ–102ᵛ) und 34 (152ᵛ–154ᵛ, hier *maister eberhart* zugeschrieben) auch in der aus der Basler Kartause (!) stammenden Handschrift aus der 2. Hälfte des 14. Jahrhunderts der UB Basel, B. XI. 10, fol. 145ʳ–153ʳ bzw. fol. 240ʳ–250ʳ. Das erste Stück abgedruckt nach der Basler Handschrift von WILHELM WACKERNAGEL, Altdeutsche Predigten und Gebete aus Handschriften, Basel 1846, Nr. 62, S. 163–166. Vgl. WETZEL [Anm. 2], S. 56 und 34. Auch diese Handschrift entspricht wieder gut dem Profil der bisher behandelten Sammelhandschriften; vgl. GUSTAV MEYER/MAX BURCKHARDT, Die mittelalterlichen Handschriften der Universitätsbibliothek Basel. Beschreibendes Verzeichnis. Abteilung B: Theologische Pergamenthandschriften. Zweiter Band: Signaturen B VIII-B XI, Basel 1966, S. 934–958. PALMER [Anm. 9], S. 610f., Anm. 15, verweist auch auf die aus Buxheim stammende Sammelhandschrift Utrecht, Universiteitsbibliotheek, cod. 9.B.8, mit Texten von Eckhart, Tauler und Marquard von Lindau, deren Zugehörigkeit zur Gruppe von »in einer gemeinsamen schwäbischen Schreibstube entstandenen Mystiker-Handschriften« (ebd., S. 610) zu überprüfen wäre. Siehe auch die weiter unten, Anm. 73, erwähnte Verwandtschaft einer weiteren Thalbacher und Buxheimer Handschrift (Wien, ÖNB, cod. 2837 und Sammlung Eis, Hs. 113).

Wenn literaturhistorische Zusammenhänge bei dieser Art von Schrifttum vorwiegend auf der Ebene der Überlieferung und ihrer Träger zu suchen sind, dann sollten wir uns davor hüten, diese Trägerschicht in einem exklusiven Sinne als franziskanisch oder zisterziensisch zu definieren. Die literarischen Beziehungen sind ordensübergreifend, nicht ordensspezifisch.[72]

Die überlieferungs- und textgeschichtliche Untersuchung dieser Tradition bildet ein Forschungsdesiderat ersten Ranges.

2. Die Handschrift schließt sich aufgrund von Schreiberidentitäten besonders eng zusammen mit einer Gruppe weiterer Handschriften mystischen Inhalts, die sich einst ebenfalls in der Bibliothek der Kartause Buxheim und in einem Fall im Tertiarinnenkloster Thalbach befunden hatten,[73] ohne daß bisher die Schreibstube, die für diese Handschriften verantwortlich zeichnete, wirklich schlüssig eruiert werden konnte. Nigel F. Palmer erwägt vorsichtig und als zu testende Hypothese eine Buxheimer Provenienz und schließt eine weltliche Schreibstube, für welche Werner Fechter dezidiert und im Anschluß an ihn etwas vorsichtiger auch ich selber plädierte,[74] aus, indem er bemerkt, daß die Schreiber über eine institutionelle Bibliothek im Hintergrund verfügt haben müssen.[75] Fechter hatte darauf hingewiesen, daß Thalbach zur Straßburger Minoritenprovinz gehörte und der Custodie »am See« in Konstanz unterstand. Die geistliche Betreuung erfolgte einerseits durch die Minoriten selbst und andererseits durch den Pfarrklerus (Mitte des 15. Jahrhundert amteten in Bregenz gleichzeitig mehr als fünfzehn Pfarrer und Kapläne), deren Mitglieder in Bregenz durch das Benediktinerstift Mehrerau und die Prämonstratenserabtei Weißenau bei Ravensburg präsentiert wurden oder deren Pfründen von Angehörigen des Montforter Grafenhauses bzw. des Bregenzer Bürgertums gestiftet worden waren.[76] »Zur *cura monialium* gehörte im lesefreudigen 15. Jahrhundert sicher auch die Beschaffung geeigneter geistlicher Lektüre.«[77] Zumindest im Fall der durch die Mehrerauer und Weißenauer Mönche besetzten oder präsentierten Pfarrer und Kapläne wäre der Hintergrund einer institutionellen Bibliothek

---

[72] Nigel F. Palmer, Deutschsprachige Literatur im Zisterzienserorden. Versuch einer Darstellung am Beispiel der ostschwäbischen Zisterzienser- und Zisterzienserinnenliteratur im Umkreis von Kloster Kaisheim im 13. und 14. Jahrhundert, in: Zisterziensisches Schreiben im Mittelalter – Das Skriptorium der Reiner Mönche. Beiträge der Internationalen Tagung im Zisterzienserstift Rein 2003, hg. von Anton Schwob/Karin Kranich-Hofbauer, Bern [usw.] 2005 (Jb. für Internationale Germanistik, R. A, Bd. 71), S. 231–266, hier S. 241.
[73] Fechter [Anm. 27], S. 331 erwähnt noch den Codex Wien, ÖNB, Cod. 2837 aus dem Kloster Thalbach. Er enthält offenbar den Traktat ›Von dreierlei Wesen der Menschen‹ (fol. 23^r–111vb) in einer mit der Buxheimer Handschrift 113 der Sammlung Eis (fol. 1^r–164^r) besonders eng verwandten Fassung.
[74] Ebd., S. 330–332 und Wetzel [Anm. 2], S. 47.
[75] Palmer [Anm. 9], S. 611f.
[76] Fechter [Anm. 27], S. 324–326.
[77] Ebd., S. 326.

durchaus gegeben. Dem wäre also zumindest für die Thalbacher Bibliothek oder einem Teil von ihr weiter nachzugehen. In einer der Buxheimer Handschriften wird deutlich, daß ein Schreiber, ein Mann also, als Kopist arbeitete. Und tatsächlich schloß auch FECHTER eine Redaktion der Thalbacher (und damit der mit ihr verbundenen Buxheimer) Pavia-Handschrift wie auch anderer Thalbacher Codices durch Thalbacher Schwestern aus.[78] Auch in diesen Handschriften nennen sich *schriber*, in mehreren Fällen gar namentlich,[79] im Wiener Cod. 2837 sogar mit Funktion: *Michahel geps priester / notarius 1476 publicus.*[80] Es verwundert allerdings schon, wie bereits FECHTER feststellte, daß etwa in der Thalbacher Handschrift bei gewissen Händen selbst elementare Lateinkenntnisse fehlten, etwa, wenn eine Hand im Kalendarium das Fest *in vencio* [statt *inventio*] *sancti* [statt *sanctae*] *crucis* in dieser Schreibweise verzeichnet[81] und eine andere Hand in einem Predigt-Incipit schreibt: *Ego vox clamantem*[!] *in dieser* [!] *penitenciam*, oder wenn ein Schreiber der Buxheimer Handschrift aus Reading vermerkt: *Exsplissit ain buch von der ler*[82] und somit Schreibweisen nach dem Gehör verzeichnet. Das würde doch eher für lateinisch nicht (gut) gebildete Schreiberinnen oder Schreiber sprechen. Doch schließt das eine Kartäuserprovenienz solcher Texte oder Handschriften wirklich aus? Zur Beantwortung dieser Frage bietet sich ein Exkurs zur recht gut erforschten Buch- und Bibliotheksgeschichte der Buxheimer Kartause an:

Exkurs zur Buch- und Bibliotheksgeschichte der Kartause Buxheim

WOLFRAM D. SEXAUER war wohl der erste, der darauf aufmerksam machte, daß zwischen den mittelalterlichen Kartäuser-Bibliothekskatalogen einerseits und der bibliothekshistorischen Erkenntnis bzw. dem modernen Bestand andererseits eine große Diskrepanz bezüglich des Anteils volkssprachlicher Bücher in den Kartausen besteht:[83] Während die Kataloge vom lateinischen Schrifttum dominiert werden und deutschsprachige Handschriften darin höchstens 1–2% ausmachen, läßt sich darüber hinaus eine viel größere Menge an ganz oder teilweise volkssprachlich gehaltenen Handschriften in den Beständen nachweisen, z. B. etwa je hundert in den Kartausen von Mainz, Basel und Buxheim (bei

---

[78] »Nichts deutet auf eigene Hss.-Produktion hin.« FECHTER [Anm. 27], S. 331. Nur die Füllseleinträge, eine Korrektur und ein Nachtrag schreibt er den Schwestern zu (ebd.). Zur Lage bei anderen Thalbacher Handschriften vgl. ebd., S. 326–330.

[79] Ebd., S. 327f.

[80] Hand V, ›Regel der Klausnerinnen‹ (fol. 147ra–150ra), zitiert nach FECHTER [Anm. 27], S. 327. Zur Familie Geps vgl. ebd., Anm. 83; ein Peter Geps ist für die fragliche Zeit in Konstanz nachzuweisen.

[81] Ebd., S. 331, Anm. 111.

[82] PALMER [Anm. 9], S. 608.

[83] SEXAUER [Anm. 7], S. 53f.

Gesamtbeständen von mehreren hundert Handschriften). Der einzige plausible Schluß, der daraus zu ziehen ist, dürfte die Existenz von Laienbibliotheken sein, wie sie aus einem zeitgenössischen Vermerk konkret für die Gütersteiner Kartause nachzuweisen ist.[84]

> Die Laienbibliothek kann [...] als eine eigentliche deutsche Bibliothek in Kartausen angesprochen werden, als das Gegenstück zur Mönchsbibliothek mit mutatis mutandis gleichem Ziel, Lese- und Studienstoff anzubieten. Nur, wie diese Laienbibliotheken im ganzen einst ausgesehen haben, läßt sich bislang anhand der wenigen erhaltenen Einzelstücke nicht sagen.[85]

SEXAUER hat zur Beantwortung dieser Frage und zur Modifikation des ersten Eindrucks selbst den ersten Schritt mit seiner Untersuchung der Basler, Buxheimer und Gütersteiner Bibliotheken geleistet. Vor allem für Basel, wo die Quellenlage auch bezüglich der deutschen Handschriften besonders glücklich ist, läßt sich ein Profil der Laienbibliothek erstellen, das sich auch auf andere Kartausen wie etwa Buxheim übertragen läßt:[86]

> Das Gesamtbild der Basler Laiensammlung ist das einer ausgezeichnet sortierten nichtwissenschaftlichen Gebrauchsbibliothek mit bei weitem überwiegender Betonung des christlichen Traktatschrifttums. Damit unterscheidet sich diese Bibliothek ganz grundsätzlich vom Charakter der Hauptsammlungen der Mönche, wie er den [...] Katalogen zu entnehmen ist. Die Mönchsbibliotheken sind danach immer ausgesprochen wissenschaftliche Sammlungen mit großen Anteilen der Schulgelehrsamkeit, der Patristik und der Scholastik gewesen. Eben das fehlt bei der Basler und Buxheimer Laienlektüre, wo es fast nur Schriften gibt, die keine höheren Bildungsvorbedingungen stellen.[87]

Im Gegensatz zu Basel mit seinem Schwerpunkt der Laienbibliothek im Bereich der Erbauung stellt SEXAUER in Buxheim bei grundsätzlich gleichem Profil doch mehr Predigttexte[88] und eine rege Schreibtätigkeit der Mönche selbst fest.[89]

---

[84] Vgl. ebd., S. 54f. Zu den Haupt-, Sonder- und Laienbrüderbibliotheken in Kartausen ebd. S. 55–57. Vgl. auch ROLAND DEIGENDESCH, Bücher und ihre Schenker – Die Bücherlisten der Kartause Güterstein in Württemberg, in: Bücher, Bibliotheken und Schriftkultur der Kartäuser. Festgabe zum 65. Geburtstag von Edward Potkowski, hg. von SÖNKE LORENZ, Stuttgart 2002 (Contubernium 59), S. 93–115, hier besonders S. 97. Ich erinnere daran, daß die Signaturen der deutschsprachigen Buxheimer Handschriften – wo überhaupt vorhanden – der Klassifikation des 16. Jahrhunderts entsprechen, sich also nicht von Anfang an in der Mönchsbibliothek befanden.
[85] SEXAUER [Anm. 7], S. 56.
[86] Ebd., S. 105–126; vgl. auch die leider ungedruckte Habilitationsschrift von VOLKER HONEMANN, Deutsche Literatur in der Laienbibliothek der Basler Kartause 1480–1520, Berlin (FU) 1982, auf die auch PALMER [Anm. 9], S. 612, Anm. 19, aufmerksam macht.
[87] SEXAUER [Anm. 7], S. 179.
[88] Doch auch in Basel sind Eckhart- und Taulerpredigten zu finden (ebd., S. 176)!
[89] Ebd., S. 178. Noch um 1500 werden (vom Prior Johannes Fabri und vermutlich im Klosterkerker als Buße) pseudoaugustinische und -bernhardische Traktate und Texte des Thomas a Kempis für Laien übersetzt (ebd.). Zu Fabri ebd., S. 132f.; STÖHLKER [Anm. 6], Folge 4. Der Personalschematismus I. 1402–1554, Buxheim 1978, S. 677f.

Dank der langjährigen Studien FRIEDRICH STÖHLKERS und vor allem dank dessen ›Personalschematismus‹ für die Jahre 1402–1454[90] sind wir bestens über die Zusammensetzung des Konvents und über die Tätigkeit seiner Mitglieder informiert. Was nun deutschsprachige Texte angeht – ich verzichte bewußt in diesem Rahmen auf die literarische Betätigung Buxheimer Mönche in lateinischer Sprache[91] –, so sticht sicherlich der vormalige Benediktiner und Prior von St. Ulrich und Afra in Augsburg bzw. gegen sein Lebensende Buxheimer Profeßmönch und Prior Johannes Mickel hervor, der das ›Alphabetum divini amoris‹, ein Werk der lateinischen Buchmystik, ins Deutsche übersetzte und 1493 in Memmingen gar drucken ließ.[92] Zu nennen ist auch Johannes Fabri, der als Prior angesichts einer anstehenden Visitation die Flucht ergriff und nach seiner Rückkehr während der dreijährigen Kerkerhaft »reumütig Buße [tat] und [...] seiner Situation entsprechende Werke der asketisch-mystischen Theologie aus der lateinischen in die deutsche Sprache [übersetzte], was für das Jahr 1499 eindeutig belegt ist.«[93] Johannes Weitmann oder Waidmann, vormals Pfarrer in Weißenhorn und Dekan des dortigen Landkapitels, ist »der einzige Buxheimer Kartäuser vor der Reformation, der ein umfangreiches Originalwerk in deutscher Sprache schuf, die *Fünfftzich Artickl des leidenns und sterbenns Christi*.«[94] Diese waren für einmal nicht direkt für den Konvent bestimmt, sondern stellten eine Auftragsarbeit für einen Gönner der Kartause mit Namen Wilhelm von Zell aus Mindelheim dar, der das Buch 1518 der Kartause schenkte.[95] Ein Neujahrslied von des Teufels Narrenkappe ist der einzige vollständige deutsche Text einer umfangreichen (438 Blätter starken) und inhaltlich sehr breit gefächerten Sam-

---

[90] STÖHLKER [Anm. 89]. Vgl. auch SEXAUER [Anm. 7], S. 127–136, der auf das damals noch nicht erschienene Werk STÖHLKERS zurückgreifen konnte.

[91] Betreffend Buxheimer Verfasser lat. Texte vgl. STÖHLKER [Anm. 89], Nrn. 6, 19, 35, 44, 46, 89, 232/231 und SEXAUER [Anm. 7], S. 127–136. Zu Schreibern, Kompilatoren und Autoren der Kartäuserprovinz Alemannia Inferior und zu schreibenden Kartäusern aus Buxheim oder solchen, die mit Buxheim in Verbindung standen, vgl. ERIK SODER VON GÜLDENSTUBBE, Schreiber, Kompilatoren, Autoren der Kartäuserprovinz Alemannia Inferior, in: Die Reichskartause Buxheim 1402–2002 und der Kartäuserorden. Internationaler Kongreß 2002, Buxheim, Bd. 1, hg. von JAMES HOGG, Salzburg 2003 (Analecta Cartusiana 182), S. 95–109.

[92] SEXAUER [Anm. 7], S. 131 f.; STÖHLKER [Anm. 89], S. 714 f.; SODER VON DER GÜLDENSTUBBE [Anm. 91], S. 107; HERRAD SPILLING, Johannes Mickel – Kartäuser oder Benediktiner? In: Bücher, Bibliotheken und Schriftkultur der Kartäuser. Festgabe zum 65. Geburtstag von Edward Potkowski, hg. von SÖNKE LORENZ, Stuttgart 2002 (Contubernium 59), S. 39–64; DIES., Johannes Mickels Beschäftigung mit Wissenschaft und Literatur, in: Bücher, Bibliotheken und Schriftkultur der Kartäuser. Festgabe zum 65. Geburtstag von Edward Potkowski, hg. von SÖNKE LORENZ, Stuttgart 2002 (Contubernium 59), S. 325–381.

[93] STÖHLKER [Anm. 89], S. 677; s. o. Anm. 89; vgl. auch SEXAUER [Anm. 7], S. 132; SODER VON DER GÜLDENSTUBBE [Anm. 91], S. 107.

[94] SEXAUER [Anm. 7], S. 134; STÖHLKER [Anm. 89], S. 765–768; SODER VON DER GÜLDENSTUBBE [Anm. 91], S. 108.

[95] Ebd.

melhandschrift noch des 15. Jahrhunderts, die Petrus Gryer oder Gyer (auch Petrus de Biel) 1481 zusammenstellte, im Jahr seiner Buxheimer Profeß.[96] Der Band, der um die vierzig Texte aus den Bereichen Theologie, religiöse Erbauung, Naturwissenschaft und Medizin[97] vereint, enthält auch eine lateinisch-deutsche Farbenlehre.[98] In der Buxheimer Bibliothek vorhanden waren, aber mittlerweile verschollen sind die Kapitelansprachen, die Markus Kreutzer (der allerdings eher Astheimer als Buxheimer Profeß war), 1508 wohl für Buxheim verfaßte.[99] In welcher Sprache die astrologische Abhandlung des Petrus Juliacensis (Peter von Jülich) gehalten war, von der keine Handschriften erhalten sind, auf Latein oder Deutsch, entzieht sich unserer Kenntnis.[100]

Es zeigt sich also eine rege literarische Tätigkeit gegen Ende des 15. und zu Beginn des 16. Jahrhunderts in der Buxheimer Kartause. Dazu kommen die für Kartausen typischen Bücherschenkungen, die auch in Buxheim von Beginn an bedeutend waren.[101] Vor allem wurde die Bibliothek zu Beginn des 16. Jahrhunderts durch die Sammlung von etwa 450 Handschriften und Inkunabeln bereichert, die der Biberacher Patriziersohn Hilprand Brandenburg (1442–1514) bei seinem späten Eintritt in die Kartause 1505 (Einkleidung; 1506 Promission als Donatpriester) mitbrachte.[102] OLIVER AUGE schätzt den Anteil der Schenkung am damaligen Bücherstand auf etwa einen Drittel.[103] Hilprand hatte sich 1459 in Wien als Student der Artes eingeschrieben und hielt sich spätestens ab 1467 in Pavia auf, wo er juristischen Studien nachging und nachweislich auch Handschriften erwarb.[104] Zumindest einen Teil der Bücher scheint Brandenburg in seiner anschließenden Basler Studienzeit erworben zu haben, wo er 1471 bis zum Rektorenamt aufstieg.[105] Die bisher als Handschriften aus Brandenburgs

---

[96] STÖHLKER [Anm. 89], S. 692–696; zur Handschrift ebd., S. 693–695, Anm. 4.
[97] Von Gryer ist überdies auch ein Arzneibuch überliefert, das er 1476 als Scholar in Memmingen schrieb, vgl. ebd., S. 693, Anm. 3.
[98] Ebd., S. 693, Anm. 4.
[99] STÖHLKER [Anm. 89], S. 671–673; SEXAUER [Anm. 7], S. 128 (mit der irrtümlichen und irrealistischen Datierung 1408); SODER VON DER GÜLDENSTUBBE [Anm. 91], S. 107.
[100] Vgl. SEXAUER [Anm. 7], S. 130; STÖHLKER [Anm. 89], S. 644–647.
[101] Zu erinnern ist noch einmal an den ›Liber benefactorum‹ von 1508 (s. o., Anm. 8). Schon der erste Profeßmönch (gest. 1427), Johannes Wigg aus Isny, steuerte den Grundstock bei und galt als großer Wohltäter. Vgl. SEXAUER [Anm. 7], S. 127f.; STÖHLKER [Anm. 89], S. 769–771.
[102] Vgl. STÖHLKER [Anm. 89], S. 842–848. PAUL NEEDHAM, The Library of Hilprand Brandenburg, Bibliothek und Wissenschaft 29 (1996), S. 95–125; DERS., Thirteen more Books from the Library of Hilprand Brandenburg, Einbandforschung 4 (1999), S. 23–25; OLIVER AUGE, Frömmigkeit, Bildung, Bücherliebe – Konstanten im Leben des Buxheimer Kartäusers Hilprand Brandenburg (1442–1514), in: Bücher, Bibliotheken und Schriftkultur der Kartäuser. Festgabe zum 65. Geburtstag von Edward Potkowski, hg. von SÖNKE LORENZ, Stuttgart 2002 (Contubernium 59), S. 399–421, hier S. 400, Anm. 6, auch ältere Literatur zu Brandenburg.
[103] AUGE [Anm. 102], S. 417.
[104] Ebd., S. 403 und 411.
[105] Ebd., S. 403 und 411–413.

Besitz identifizierten Stücke stammen – soweit eindeutig datierbar – aus der Zeit zwischen 1446 und 1470.[106] 1473 erfolgte die Priesterweihe. Als Kaplan versah er in der Folge verschiedene Pfründen in seiner Heimatstadt Biberach und in Wurzbach, bevor er 1486 von Graf Eberhard V. von Württemberg als Stiftsherr an das vornehme Heilig-Kreuz-Stift in Stuttgart berufen wurde. 1487 verzichtete er nach einem Unfall zu Pferd endgültig auf seine Biberacher Kaplanei.[107] Mit der Kartause Buxheim hatte Brandenburg offenbar schon Jahrzehnte vor seinem Eintritt Kontakt, denn der ›Liber benefactorum‹ spricht von fünfzig Jahren Wohltaten dieses Gönners, welcher der Kartause schon 1479 mehrere Bücher geschenkt haben soll und sie auch finanziell unterstützte.[108] Doch erst 1505 ließ er sich in Buxheim einkleiden, begann das Noviziat und legte ein Jahr später die Donatenpromission ab.[109] Als Donatpriester hatte Brandenburg allerdings nicht den gleichen Status wie die Mönche: Er blieb Weltgeistlicher, brauchte kein Gelübde abzulegen, sondern war nur durch einen jederzeit aufkündbaren Vertrag an die Einhaltung kartäusischer Lebensweise gebunden, und selbst die wurde ihm nicht in vollem Umfang zugemutet.[110] Doch zurück zu seiner Bibliothek: »Hilprand brachte Bibeln und Bibelauszüge, Exegese, Predigten, patristische, scholastische und mystische Texte mit in die Kartause, daneben aber eine umfangreiche Sammlung von Werken kirchenrechtlichen Inhalts.«[111] Dazu kamen antike Texte, so daß Buxheim erst durch Brandenburg auch zu einer humanistischen Bibliothek wurde.[112] Deutsche Bücher waren jedoch kaum dabei. Immerhin konnten aber Seuses ›Büchlein‹ und eine anonyme ›Ordnung zu Reden‹ identifiziert werden.[113]

Auch zwei andere Donatpriester, Rudolphus Rasser aus Basel, der 1489 als *Magister artium* und Weltpriester die Donatenpromission ablegte (gest. 1504)[114] sowie Joannes Farer aus Ottobeuren oder Konstanz, der 1505 als Weltpriester in die Kartause eintrat und 1518 starb,[115] brachten Bücher (Farer gleich deren fünfzig) mit nach Buxheim.

Daß in Buxheim auch ein Leihverkehr mit anderen Bibliotheken bestand, kann der Fall des bereits erwähnten Johann Mickel eindrücklich belegen, den

---

[106] NEEDHAM, Library [Anm. 102], S. 100f.; DERS., Thirteen more Books [Anm. 102], S. 24.
[107] Zur geistlichen Karriere Brandenburgs vgl. AUGE [Anm. 102], S. 404–410.
[108] Ebd., S. 413.
[109] Ebd., S. 414.
[110] STÖHLKER [Anm. 6], Folge 1. Äußere Geschichte der Kartause Buxheim 1402–1554, Buxheim 1974, S. 108 und STÖHLKER [Anm. 6], Folge 2. Verfassung der Kartause. Ordensdisziplin während der Reformationszeit. Kulturelle Betätigung der Mönche bis 1554. Bibliothek und Archiv, Buxheim 1975, S. 281–283; AUGE [Anm. 102], S. 414f.
[111] AUGE [Anm. 102], S. 417.
[112] Ebd., S. 418.
[113] Ebd.
[114] STÖHLKER [Anm. 89], Nr. 232/231 (S. 850f.).
[115] Ebd., Nr. 230/230 (S. 848).

HERRAD SPILLING aufgearbeitet hat.[116] Der ehemalige Benediktiner und Prior von St. Ulrich und Afra in Augsburg brachte bereits bei seinem Eintritt in Buxheim Bücher von seinem früheren Wirkungsort mit, darunter vielleicht die umstrittene ›Clavis physicae‹ des Honorius Augustodunensis, mit welcher er sich lange Zeit, u. a. auch im Rahmen eines Briefwechsel mit dem Augsburger Konvent, kritisch auseinandersetzte und deren Rückgabe er erbittert verweigerte.[117] Seine Ausleihwünsche begründete Mickel Augsburg gegenüber – die reale Situation in Buxheim wohl ganz bewußt heruntersetzend, um die Chancen zu erhöhen, die gewünschten Bücher auch wirklich zu erhalten – mit dem Umstand, *quod librorum apud nos summa est egestas*.[118] Neben

> Autoren und Werken, deren Ausleihe er eigenhändig bestätigte, und kleineren Faszikeln, die er als Geschenke erachtet hat, erbat er sich die *Summa theologica* des Antoninus Florentinus, sowie die deutsche Übersetzung der *Dialogi* Gregors des Großen, die 1473 in der Druckerei von St. Ulrich und Afra erschienen war. Briefe Bernhards von Clairvaux wurden Johannes Mickel auf seinen Wunsch am 10. Juli 1483 geschickt, kurze Zeit nach seiner Profeß als Kartäuser, zu welchem Festtag ihn die Augsburger Benediktiner bereits aus eigenem Antrieb mit Geschenken bedacht hatten.[119]

Aber es waren wahrscheinlich mehr Bände als aus den Briefen ersichtlich von Augsburg nach Buxheim und wieder zurück gereist.[120] Mickel fiel in Buxheim durch seinen übertriebenen Hang zur Askese auf, indem er sich z. B. bei seinem Eintritt standhaft weigerte, den verfallenen Ofen instand zu setzen, im Winter deshalb erbärmlich fror und dafür mit einer hartnäckigen Krankheit geschlagen wurde.[121] Man erwog sogar wegen seiner wiederholten Weigerung, die auch die Nahrungsaufnahme betraf, ihn noch als Novizen aus dem Konvent auszuschließen.[122] Bereits in Augsburg war er zusammen mit anderen Mönchen mit der Reformierung des Benediktinerstifts Ottobeuren beauftragt worden, kehrte von dort aber *propter suam importunitatem* vorzeitig nach St. Ulrich und Afra zurück.[123]

Die Fälle beweisen einerseits das rege schriftliterarische Leben in Buxheim, aber auch die sehr heterogene Zusammensetzung der Mönche im Konvent. Da der Orden über keine eigenen Schulen verfügte, mußte die Ausbildung in geistlichen Institutionen, *studia generalia* und Universitäten vor Eintritt in den Orden erfolgen.[124] Gerade die Buxheimer Belege zeigen, daß der Eintritt

---

[116] Vgl. SPILLING [Anm. 92].
[117] SPILLING, Mickel – Wissenschaft [Anm. 92], S. 332–346.
[118] Zitiert nach SPILLING, Mickel – Kartäuser [Anm. 92], S. 55, Anm. 84.
[119] Ebd., S. 55.
[120] Ebd., S. 57f.
[121] Ebd., S. 50f.
[122] Ebd., S. 53.
[123] Vgl. ebd., S. 46, Zitat ebd., Anm. 41.
[124] Vgl. SÖNKE LORENZ, Ausbreitung und Studium der Kartäuser in Mitteleuropa, in: Bücher, Bibliotheken und Schriftkultur der Kartäuser. Festgabe zum 65. Geburtstag von Edward Potkowski, hg. von SÖNKE LORENZ, Stuttgart 2002 (Contubernium 59), S. 1–19, hier: S. 16f.

in eine Kartause oder der Ordenswechsel, der im späteren Mittelalter und der Frühen Neuzeit keine Seltenheit darstellte,[125] öfters erst nach einer längeren Karriere als Welt- oder (im zweiten Fall) als Ordensgeistliche erfolgte. Den Kartäuserorden hatte Papst Martin V. einen *ordo praelucidus* genannt, er übernahm damit die Funktion eines Leitordens, der »allein durch seine Existenz ein stilles Reformpotential« darstellte.[126] SÖNKE LORENZ versteht denn auch die starke Expansion des Ordens im 14. und 15. Jahrhundert als Teil der Ordensreformen insgesamt, an welchem immer wieder auch Kartäuser wie Johannes Rode aktiv mitwirkten.[127] »Die Kartäuser-Autoren wandten sich bewußt von der im 14. und 15. Jahrhundert gängigen scholastischen, d. h. systematischen Theologie hin zu einer ›Mystischen Theologie‹, die sich auf die eigenen Erfahrungen des göttlichen Lebens durch das Gebet gründete und ihre Quellen in den älteren monastischen Werken der christlichen Tradition suchte.«[128] In Anschluß an GERARD ACHTEN[129] sieht LORENZ eine zumindest geistige Verbindung und Verwandtschaft in der spirituellen Inspiration von Kartäusern und *Devotio moderna*.[130]

Die ›Kartäuserspiritualität‹, wenn man überhaupt von einer solchen reden will,[131] ist somit gar nicht so verschieden von derjenigen anderer Orden, die sich der Reformierung des christlichen Lebens und seiner Strukturen in Kirche und Orden verschrieben hatten. Und so ist es sicherlich nicht verwunderlich, wenn für die Unterweisung und Lektüre der Laien in den Konventen auf Schriften zurückgegriffen wurde, die wir gerade auch bei den klausurierten Nonnen anderer Orden und Laienbrüderbibliotheken dieser Zeit zuhauf vorfinden, mit Predigten, Traktaten und Betrachtungen von Seuse, Tauler, Marquard von Lindau, Meister Eckhart und anderen Tenoren der spätmittelalterlichen Mystik. Noch einmal: »Die literarischen Beziehungen sind ordens-

---

[125] SPILLING, Mickel – Kartäuser [Anm. 92], S. 47.
[126] LORENZ [Anm. 124], S. 12.
[127] Ebd., S. 12f.
[128] Ebd., S. 14f. Vgl. auch Kartäusermystik und -mystiker. 3. Internationaler Kongreß über die Kartäusergeschichte und -spiritualität, 5 Bde., Salzburg 1981/82 (Analecta Cartusiana 55), hier besonders die Aufsätze von HERIBERT ROSSMANN zur Stellungnahme des Kartäusers Vinzenz von Aggsbach zur mystischen Theologie des Johannes Gerson (Bd. 5, S. 5–30) und von DIETER MERTENS zu Jakob von Paradies (1381–1465) über die mystische Theologie (ebd., S. 31–46); GERARD ACHTEN, Die Kartäuser und die mittelalterlichen Frömmigkeitsbewegungen, in: Die Kölner Kartause um 1500, hg. von WERNER SCHÄFKE, Köln 1991, S. 138–145.
[129] GERARD ACHTEN, Kartäuser und Devotio moderna. Kleiner Beitrag zur Geschichte der spätmittelalterlichen Mystik, in: Die Geschichte des Kartäuserordens. Internationaler Kongreß 1991, Bd. 2, hg. von JAMES HOGG, Salzburg 1992 (Analecta Cartusiana 125), S. 154–181.
[130] LORENZ [Anm. 124], S. 15f.
[131] Begriffe und festumrissene Konzepte etwa von ›Franziskaner-‹, ›Dominikaner-‹ oder ›Zisterzienserspiritualität‹ sind in den letzten Jahren zu Recht in Frage gestellt worden. Vgl. dazu PALMER [Anm. 72], S. 234.

übergreifend, nicht ordensspezifisch.«[132] Die Handschriften, die im Zusammenhang mit dem Codex Bodmer 59 und anderen Buxheimer Handschriften stehen und deren Profil im vorliegenden Beitrag zu zeichnen versucht wurde, sind ein eindrückliches Zeugnis dafür. Und doch scheinen sie mir in ihrer Verbindung von praktischer und spekulativer Mystik, von Wissenschaft (cf. Quaestionen) und Betrachtung, von Erbauung, Belehrung und Versenkung etwas von einem Interesse zu verraten, das besonders die Kartäuser charakterisiert. Insofern liegt eine kartäusische Herkunft solcher Handschriften und auch der behandelten Buxheimer und Thalbacher Codices durchaus im Bereich des Möglichen und Plausiblen.

Die Heterogenität einer Kartäuser Konventszusammensetzung mit unterschiedlichen Bildungsvorgaben könnte nicht zuletzt auch die Niveauunterschiede in der Beherrschung der lateinischen Sprache erklären, die in einzelnen Handschriften aufgefallen waren und zunächst an Laien erinnerten. Es ist aber auch nicht unmöglich, daß in den Kartausen Laienbrüder[133] selbst als Schreiber aktiv wurden: Wenn man sich STOEHLKERS ›Personalschematismus‹[134] anschaut, in welchem nicht nur die Profeßmönche, eine nicht unbeträchtliche Zahl an Hospites-Mönchen, die ihre Profeß in anderen Kartausen abgelegt hatten,[135] sowie die Postulanten und Novizen des Klerikerstandes für die Zeit von 1402 bis 1554 verzeichnet sind, sondern auch die Konversen (Hausprofessen, Hospites, Novizen), Redditen, Donaten und Präbendare aufgelistet werden, so findet man darunter mehr als einen, dem man die Beherrschung der Schrift zumuten möchte, etwa wenn sie, wie im Fall von Bernhardus[136] und von Conradus Wels,[137] im Geschäftsverkehr eingesetzt werden. Bruder Joannes (oder Wilhelm, Friedrich?) Gräter oder Graitenaw (gest. 1486) stammte aus einem alten Biberacher Patriziergeschlecht und wird als Konverse mehrfach mit juristischen Aufträgen der Kartause betraut und etwa in Rechtsstreitigkeiten als Anwalt der Kartause eingesetzt.[138] Bruder Joannes Ray (gest. 1563) stammte aus Aachen und informiert am 28. Juli 1546 »in einem, in seinem niederrheinischen Dialekt geschriebenen Brief den Prokurator über das gewaltsame Vorgehen des Rates von Memmingen gegen die Kartause vom selben Tag.«[139] Manche sind erst im

---

[132] PALMER [Anm. 72], S. 241 (vgl. oben S. 315); so ist z. B. laut ULRICH KÖPF bereits die frühe Kartäuserspiritualität nicht ohne die der Zisterzienser zu verstehen: ULRICH KÖPF, Zur Spiritualität der frühen Kartäuser und Zisterzienser, in: Bücher, Bibliotheken und Schriftkultur der Kartäuser. Festgabe zum 65. Geburtstag von Edward Potkowski, hg. von SÖNKE LORENZ, Stuttgart 2002 (Contubernium 59), S. 215–231.
[133] Zu deren heterogenen Zusammensetzung und Bildungsvoraussetzungen vgl. auch SEXAUER [Anm. 7], S. 154f.
[134] STÖHLKER [Anm. 89].
[135] Auch hier ist wieder ein Element der Vernetzung gegeben!
[136] STÖHLKER [Anm. 89], Nr. 162/163 (S. 813).
[137] Ebd., Nr. 167/216 (S. 816) und evt. Nr. 168/168 (S. 817).
[138] Ebd., Nr. 185/180, S. 824–826.
[139] Ebd., S. 829.

höheren Alter in die Kartause eingetreten, verschiedene stammen aus nicht unvermögenden Verhältnissen, wie ihre Schenkungen vermuten lassen, und dürften in dieser Epoche doch wenigstens über Grundkenntnisse im Lesen und Schreiben verfügt haben. Einige üben verantwortungsvolle Ämter in der Kartause aus, etwa das des Cellerars, die kaum mehr ohne Schriftlichkeit zu denken sind. Die Vorschrift, daß Laienbrüder mit Ausnahme von Kalendarien keinerlei Bücher besitzen durften und auch nicht *gesang oder geschrifft* lernen sollten, dürfte, wie VOKER HONEMANN sicher zu Recht bemerkt, im späten Mittelalter und der Frühen Neuzeit illusorisch geworden sein.[140]

3. Die im Titel meines Beitrages genannte Unfestigkeit von Autor, Text und Textbausteinen ist im Codex Bodmer 59 frappant. Die Texte werden bis hin zu einzelnen Sätzen zersetzt und neu zusammengesetzt bzw. sowohl untereinander als auch mit vollständigen Texten zu neuen Einheiten und Textgemeinschaften kombiniert und dies, wie die Existenz von wohl Hunderten von Handschriften dieser Art beweisen, in immer wieder anderen Kombinationen. Im Fall der Bodmer Handschrift sind überdies drei Handschriftenteile, die wohl ursprünglich nicht zusammengehörten, unter einem Einband zu einer neuen Textgemeinschaft vereint worden, die, wie wir gesehen haben, programmatisch durchaus Sinn macht. Auch dieses Verfahren haben wir bei mehreren anderen Buxheimer oder mit ihnen verbundenen Handschriften bemerken können. Die Bibliotheken und ihre Handschriften scheinen stets von neuem durchforstet und exzerpierend ausgewertet worden zu sein. Der Grad an Unfestigkeit ist dabei höchst unterschiedlich: Es können ganze Textgemeinschaften fast unverändert übernommen werden, wie im Fall von Eckharts Predigtzyklus von der ewigen Geburt der Seele, bei welchem im Bodmer Codex nur die Autorzuschreibung fehlt. Es können Texte mit Phantasiezuschreibungen versehen werden oder mit verballhornten Autornamen bzw. verallgemeinerten Bezeichnungen wie ›ein Meister‹. Im extremsten Fall, dem der Spruchsammlungen, werden aus den zugrundeliegenden Texten die Aussagen von Autoritäten exzerpiert und in die Spruchsammlung übertragen. Diese Spruchsammlungen wirken oft zusammenhanglos oder höchstens durch lockere Assoziationen untereinander und mit den mitüberlieferten Texten verbunden.

4. Die Funktion solcher Texte ist schwierig zu beurteilen. Wenn wir noch einmal den Codex Bodmer 59 im Überblick anschauen, so fällt ein deutlicher Hang zum Dialogisch-Belehrenden auf, v. a. in den Quästionenpredigten und den oft nach einem Frage- und Antwortschema aufgebauten Traktatstücken. In diesem Zusammenhang erscheinen die Spruchsammlungen wie Denkanstöße zu einer weiteren Beschäftigung mit den aufgeworfenen Fragen, die von allen Seiten umspielt werden. Gerade im Verbund mit den mystischen Betrachtungen scheinen mir diese Sammlungen mehr der intellektuellen und meditativen Übung

---

[140] HONEMANN [Anm. 86], S. 11; vgl. PALMER [Anm. 9], S. 612 und Anm. 19.

gedient zu haben denn etwa als Zitatsammlungen zum Zweck einer Auswertung im Hinblick auf Predigten oder Lehren. Auch das paßt recht gut zur Kartäuser-Frömmigkeit, ließ sich aber ebenfalls gut (etwa in Frauenkonvente wie in das Kloster Thalbach!) exportieren.

5. Zwar sind der Autor und sein Text im Verlauf der Zeit durch die ständigen Bearbeitungen, Zersetzungen und Neukombinationen einem Prozeß der Auflösung unterworfen. Das bedeutet aber nicht, daß Autoren oder besser gesagt: Autoritäten nicht als wichtig erachtet worden wären. Ganz im Gegenteil: In den Handschriften mit dem beschriebenen Profil wimmelt es von Namen und Zuschreibungen. Nur ist in den wenigsten Fällen ihre Authentizität gewährleistet, »denn zur dynamischen volkssprachigen Textualität der Vormoderne gehört auch, daß der Autor keine Authentisierungsinstanz, sondern eine Autorisierungs- und Auratisierungsinstanz ist.«[141] Dies scheint allerdings mehr ein Problem für uns heutige Leser und Forscher zu bilden als für die damaligen Rezipienten.

---

[141] SCHIEWER [Anm. 22], S. 49f.

Richard F. Fasching (Universität Freiburg/Schweiz)

Ein Text Heinrich Seuses?

Untersuchungen zum Prolog des ›Solothurner Legendars‹[*]

Im Hinblick auf die von BARBARA FLEITH und HANS-JOCHEN SCHIEWER vorbereitete Edition des sogenannten ›Solothurner Legendars‹[1] sollen in einem ersten Teil des vorliegenden Beitrags die Datierung und die Herkunft des Überlieferungsträgers der Legendensammlung (Codex S 451 der Zentralbibliothek Solothurn = S) neu geprüft und diskutiert werden. Dabei wird sich zeigen, daß der Textzeuge S möglicherweise jünger ist, als in der Forschung bisher angenommen. Dies gilt auch für den Prolog der Legendensammlung, der – wie in einem zweiten Teil gezeigt werden soll – formal eine auffallende Ähnlichkeit mit Heinrich Seuses im sogenannten ›Großen Briefbuch‹ überlieferten Unterweisungsschriften und stilistisch mit dem gesamten deutschen Werk des Mystikers aufweist sowie dieselbe L e i d e n s k o n z e p t i o n vertritt, die den Schriften Seuses zugrunde liegt.

---

[*] Für die Durchsicht und Diskussion des Manuskripts danke ich Eckart Conrad Lutz (Freiburg/Schweiz) und Nigel F. Palmer (Oxford). Die Untersuchungen basieren auf meiner 2005 von Hildegard Elisabeth Keller an der Universität Zürich angenommenen Lizentiatsarbeit mit dem Titel ›daz ir alle zit etwaz habent in den munt der sele ze legen. Inhalt und Funktion der Briefe Heinrich Seuses im Kontext ihrer Entstehung‹.

[1] Eine von MARIANNE WALLACH-FALLER mehrfach angekündigte und begonnene Edition blieb nach deren Tod längere Zeit liegen; vgl. MARIANNE WALLACH-FALLER, Marchwart Biberli. Ein mittelalterlicher Bibelübersetzer aus Zürich, Zürcher Taschenbuch 1980. NF 100 (1979), S. 54–72, hier S. 59, Anm. 27; DIES., Die erste deutsche Bibel? Zur Bibelübersetzung des Zürcher Dominikaners Marchwart Biberli, ZfdA 100 (1981), S. 35–57, hier S. 43, Anm. 24; DIES., Ein mittelhochdeutsches Dominikanerinnen-Legendar des 14. Jahrhunderts als mystagogischer Text?, in: Abendländische Mystik im Mittelalter. Symposion Kloster Engelberg 1984, hg. von KURT RUH, Stuttgart 1986 (German. Symposien. Berichtsbände 7), S. 388–401, hier S. 388. In der Forschung wird die Solothurner Legendensammlung auch ›Legendar des Marquard Biberli‹ genannt; vgl. KONRAD KUNZE, Minophilus und Zosimus von Anzarba. Alemannische Zeugnisse (1382) einer un- und einer kaum bekannten griechischen Legende, Anal. Boll. 94 (1976), S. 47–62, hier S. 49; WERNER WILLIAMS-KRAPP, Die deutschen und niederländischen Legendare des Mittelalters. Studien zu ihrer Überlieferungs-, Text- und Wirkungsgeschichte, Tübingen 1986 (TTG 20), S. 24; DARIA VASSILEVITCH, »Schrei der Seele« oder didaktische Stilisierung? Schwesternbücher aus Dominikanerinnenklöstern, in: Lesen, Schreiben, Sticken und Erinnern. Beiträge zur Kultur- und Sozialgeschichte mittelalterlicher Frauenklöster, hg. von GABRIELA SIGNORI, Bielefeld 2000 (Religion in der Geschichte 7), S. 213–229, hier S. 219; DARIA BAROW-VASSILEVITCH, »Ich schwime in der gotheit als ein adeler in dem lufft!« Heiligkeitsmuster in der Vitenliteratur des 13. und 14. Jahrhunderts, Göppingen 2005 (GAG 727), S. 69.

Untersuchungsgegenstand

Beim ›Solothurner Legendar‹ handelt es sich um zwei, ursprünglich getrennte, in ihrer Zusammenstellung im Solothurner Codex singulär überlieferte Sammlungen (Teil 1 und Teil 2 = T1 und T2) von Heiligenlegenden in deutscher Sprache.[2] Die Kurzbeschreibung der Handschrift mit einer Inhaltsübersicht bietet folgendes Bild:

S = Solothurn, Zentralbibliothek Codex S 451[3]

Perg., 285 Bll., 21 × 14,5 cm, 14. Jh., zwei Teile von je einer Hand. Einband (Pergament über Karton) aus dem 17. Jh.

Inhalt:

T1 (Hand 1):	Namens- und Festtagsverzeichnis, Prolog, 26 Legenden, Approbation, zwei Legenden.
1^v	Namensverzeichnis der ersten 24 Heiligen, mit drei Ausnahmen in der Reihenfolge der Legenden von T1. Die Namen der Protagonisten der zwei zusätzlichen Lebensbeschreibungen aus T1 von anderer Hand nachgetragen. Ergänzung durch die Namen der Heiligen aus T2 von einer jüngeren Hand.[4]
2^r–3^r	Prolog.
3^v–108^v	1. Julianus und Basilissa (3^v–25^v); 2. Anastasius Persa (25^v–32^v); 3. Marinus von Rom (32^v–39^v); 4. Erasmus von Formio (39^v–46^r); 5. Torpes von Pisa (46^r–50^v); 6. Quintinus von Vermand (50^v–56^r); 7. Longinus (56^r–60^v); 8. Thyrsus aus Asien (60^v–70^v); 9. Bonifatius von Tarsus (70^v–75^r); 10. Pelagia von Jerusalem (75^r–82^v); 11. (H)Adrianus von Nikomedien (82^v–89^v); 12. Basilius Magnus (89^v–101^r); 13. Arbogast von Straßburg (101^r–108^v).
108^v–109^v	Ausgesparter Raum, vermutlich für die Legende des Gallicanus reserviert. Diese ist allerdings Bestandteil der Agnes-Legende (197^r–205^v).
110^r–216^v	14. Juliana von Nikomedien (110^r–117^v); 15. Thekla von Ikonium (117^v–121^v); 16. Martina von Rom (121^v–130^v); 17. Martha von Bethanien (130^v–137^v); 18. Genovefa von Paris (137^v–147^v); 19. Columba von Sens (147^v–150^v); 20. Justina [und Cyprianus] von Antiochien (150^v–156^r); 21.

---

[2] Eine ähnliche Sammlung mit 25 deutschsprachigen Heiligenlegenden aus dem Jahr 1382 findet sich in der Handschrift G^2 II 58 der UB Basel. Von den Legenden in S enthält der Basler Codex elf ganz oder nur in Auszügen, z. T. mit abweichendem Schluß; vgl. VOLKER MERTENS, Das Predigtbuch des Priesters Konrad, Überlieferung, Gestalt, Gehalt und Texte, München 1971 (MTU 33), S. 14–28; KUNZE [Anm. 1], S. 47–49; Katalog der datierten Handschriften in der Schweiz in lateinischer Schrift vom Anfang des Mittelalters bis 1550, Bd. 1: Die Handschriften der Bibliotheken von Aarau, Appenzell und Basel, bearbeitet von BEAT MATTHIAS VON SCARPATETTI, Dietikon-Zürich 1977, Textbd. S. 216 u. Tafelbd., S. 21, Abb. 38.

[3] Vgl. Die mittelalterlichen Handschriften der Zentralbibliothek Solothurn, beschrieben von ALFONS SCHÖNHERR, Solothurn 1964, S. 57–61. Ein Volldigitalisat der Handschrift ist auf ‹www.e-codices.unifr.ch› verfügbar.

[4] GEITH datiert die Nachtragshand der Namen der Heiligen aus T2 auf das 16. oder gar 17. Jahrhundert; vgl. KARL-ERNST GEITH, Marchwart Biberli und das Solothurner Legendar Cod. S. 451, ZfdA 111 (1982), S. 9–21, hier S. 20.

	Fortunata von Caesarea (156^r–160^r); 22. Brigitta von Kildare (160^r–181^r); 23. Maria Magdalena (181^r–185^v); 24. Agnes von Rom (darin enthalten die Gallicanus- und die Johannes- und Paulus legende [185^v–205^v]); 25. Germanus von Auxerre (205^v–210^v); 26. Christophorus (210^v–216^v).
216^v	Approbation der Legenden durch Marquard Biberli (von derselben Hand, ganzer Text rot unterstrichen).
216^v–224^v	Anschließend und ebenfalls von derselben Hand zwei Nachträge: 27. Theophilus von Cilicien (216^v–219^v); 28. Christina von Stommeln (219^v–224^v).
225^{rv}	leer.
T2 (Hand 2):	13 Legenden.
226^r	leer.
226^v	Eintrag (Hand 2?): *Disú legende ist von dien drin kunegen.*
227^r–284^v	1. Drei Könige (227^r–233^v); 2. Theogenes von Hellespont (233^v–236^v); 3. Sabinianus und Sabina von Troyes (236^v–241^r); 4. Ignatius von Antiochien (241^r–245^r); 5. Agatha von Catania (245^r–251^v); 6. Justus von Auxerre (251^v–254^r); 7. Chrysanthus und Daria (254^r–256^v); 8. Vincentia und Margaritha (256^v–260^v); 9. Leonhardus von Noblac (260^v–263^v); 10. Thomas Apostel (263^v–265^r); 11. Ottilia von Hohenburg (265^r–269^v); 12. Barbara von Nicomedien (269^v–274^r); 13. Anastasia von Sirmium (274^r–284^v).

Teil I

Die Datierung und die Verfasserfrage des ›Solothurner Legendars‹[5]

ALFONS SCHÖNHERR hat 1964 die zwei Teile des ›Solothurner Legendars‹ in der Handschrift S auf etwa 1310 (T2) und etwa 1325 (T1) datiert[6] und aufgrund der Approbation den ganzen ersten Teil dem Zürcher Dominikaner Marquard Biberli zugeschrieben.[7] Diese Datierungen sowie die Zuschreibung an Biberli

---

[5] Einen guten Überblick über den Forschungsstand zum ›Solothurner Legendar‹ bietet auch CHRISTINE RUHRBERG, Der literarische Körper der Heiligen. Leben und Viten der Christina von Stommeln (1242–1312), Tübingen/Basel 1995 (Bibliotheca Germanica 35), S. 18f. u. S. 329–335.

[6] Vgl. SCHÖNHERR [Anm. 3], S. 60.

[7] Vgl. SCHÖNHERR [Anm. 3], S. 57. Marquard Biberli urkundet 1320 als *lesmeister* und ist 1325 als Prior der Dominikaner in Zürich bezeugt; vgl. KONRAD KUNZE, Biberli(n), Marquard, in ²VL, Bd. 1, 1978, Sp. 842f., hier Sp. 842; MARTINA WEHRLI-JOHNS, Geschichte des Zürcher Predigerkonvents (1230–1524). Mendikantentum zwischen Kirche, Adel und Stadt, Zürich 1980, S. 51, S. 203–205 u. S. 234; DIES., Zürich, in: Helvetia Sacra, Bd. IV/5.1 (1999), S. 466–501, hier S. 493f. Die in der Handschrift rot unterstrichene Approbation lautet wie folgt (Abdrucke aus Handschriften erfolgen – wenn nicht anders vermerkt – mit Ausnahme der s- und z-Schreibung diplomatisch, Rubrizierungen werden in Fettdruck wiedergegeben): [216va] *Dis heiligen sint bew^{r}te hei | ligen also / dc ir nam vnd | ir tag stet geschriben an* [216vb] *dem kalendarium / brůder | vn̄ d^r swestern brediger ordēs. | vn̄ wart ir vil zetv̇tsch braht | ab einem vil alten bůche. vn̄ | vb^{r}las es da vil*

wurden von der älteren Forschung kritiklos übernommen,[8] bis GEITH und KIRCHERT bezüglich der Verfasserfrage mit guten Gründen nachgewiesen haben, daß der Eintrag Biberlis lediglich als ›Expertise‹ und Approbation der Übersetzung der ersten 26 Legenden aus T1 zu verstehen ist, und weder die Abfassung der Legenden noch deren Übertragung in die deutsche Sprache vom Zürcher Prior stammen muß.[9] Nachdem Marquard Biberli nun nicht mehr mit Sicherheit als Verfasser des ›Solothurner Legendars‹ gelten konnte, wurde das Interesse an den Legendensammlungen in deutscher Sprache auf deren frühe Entstehungszeit, auf den Prolog sowie auf die Lebensbeschreibung der Begine Christina von Stommeln (1242–1312) in T1 gerichtet,[10] wobei für S stillschweigend die Datierungen SCHÖNHERRS (z. T. auch in vertauschter Reihenfolge) übernommen wurden.[11] Wie die Rekonstruktion der Genese des ›Solothurner Legendars‹ allerdings zeigt, müssen die Datierungsfragen bezüglich der einzelnen Teile weitgehend offen bleiben:

> Bestimmte lateinische Legenden von Heiligen werden ins Deutsche übertragen. Diese Sammlung (oder eventuell bereits ihre lateinische Vorlage) wird vom Zürcher Dominikaner Marquard Biberli, der 1320 und 1325 urkundlich faßbar ist, approbiert. Aus

---

bi alles ein | wiser Lesmeist' bredier ordēs | brůd' Marchwart Biberli. dē | gar kunt ist vmb d' heiligē | legende. d' sprach dc es gāz | vñ gerecht also wer.

[8] Vgl. KUNZE [Anm. 7], Sp. 842; WALLACH-FALLER, Biberli [Anm. 1], S. 64; DIES., Bibelübersetzung [Anm. 1], S. 45; WERNER WILLIAMS-KRAPP, Laienbildung und volkssprachliche Hagiographie im späten Mittelalter, in: Literatur und Laienbildung im Spätmittelalter und in der Reformationszeit. Symposion Wolfenbüttel 1981, hg. von LUDGER GRENZMANN/KARL STACKMANN, Stuttgart 1984 (German. Symposien. Berichtsbände 5), S. 697–709, hier S. 700; MARIANNE WALLACH-FALLER, Ein alemannischer Psalter aus dem 14. Jahrhundert. Hs. A. VI. 44 der Universitätsbibliothek Basel, Bl. 61–178, Freiburg/Schweiz 1982 (Spicilegium Friburgense 27), S. 90.

[9] Vgl. GEITH [Anm. 4], S. 19f.; KLAUS KIRCHERT, Rezension zu: WALLACH-FALLER, Psalter [Anm. 8], ZfdA 111 (1982), S. 130–146, Zitat S. 144. Die Verfasserschaft Biberlis bezweifelte bereits WEHRLI-JOHNS, Geschichte [Anm. 7], S. 203, Anm. 84.

[10] Obwohl der Christina-Kult mit der Übertragung der Gebeine nach Nideggen (1342) bereits im 14. Jahrhundert eingesetzt hat, erfolgte die Seligsprechung erst zu Beginn des 20. Jahrhunderts; vgl. Lexikon der deutschen Heiligen, Seligen, Ehrwürdigen und Gottseligen, hg. von JAKOB TORSY, Köln 1959, Sp. 313f., hier Sp. 314; RUHRBERG [Anm. 5], S. 137.

[11] Vgl. KUNZE [Anm. 1], S. 47; GEITH [Anm. 4], S. 10; WILLIAMS-KRAPP [Anm. 1], S. 24f.; GEORG STEER, Geistliche Prosa, in: DE BOOR, LG III 2/GLIER, S. 306–370, hier S. 314; HANS-JOCHEN SCHIEWER, Die beiden Sankt Johannsen, ein dominikanischer Johannes-Libellus und das literarische Leben im Bodenseeraum um 1300, OGS 22 (1993), S. 21–54, hier S. 46f.; RUHRBERG [Anm. 5], S. 18f.; HANS-JOCHEN SCHIEWER, Uslesen. Das Weiterwirken mystischen Gedankenguts im Kontext dominikanischer Frauengemeinschaften, in: Deutsche Mystik im abendländischen Zusammenhang. Neu erschlossene Texte, neue methodische Ansätze, neue theoretische Konzepte, hg. von WALTER HAUG/WOLFRAM SCHNEIDER-LASTIN, Tübingen 2000, S. 581–603, hier S. 584; JOHANNES JANOTA, Orientierung durch volkssprachige Schriftlichkeit (1280/90–1380/90), Tübingen 2004 (Gesch. der deutschen Lit. von den Anfängen bis zum Beginn der Neuzeit Bd. III/1), S. 446; BAROW-VASSILEVITCH [Anm. 1], S. 69, S. 78.

der deutschen Sammlung werden 26 Legenden zu einem Korpus zusammengestellt, dem ein Namensverzeichnis (z. T. mit Verweis auf den entsprechenden Festtag) und vielleicht bereits zu diesem Zeitpunkt ein Prolog vorangestellt werden. Dieser Grundbestand von 26 Legenden wird durch die Legende des Theophilus und die Lebensbeschreibung der Begine Christina von Stommeln ergänzt. Die Sammlung von nun 28 Lebensbeschreibungen mit dem Namensverzeichnis der 26 ersten Heiligen sowie dem vielleicht auch erst jetzt beigefügten Prolog bildet die Vorlage für den von einer einzigen Hand geschriebenen T1 in S. Eine Nachtragshand ergänzt – ohne auf den entsprechenden Festtag im Kalender zu verweisen – das Inhaltsverzeichnis durch den Namen des Hl. Theophilus und der Begine Christina von Stommeln. Vor oder nach der Abfassung von T1 entsteht von anderer Hand eine weitere Sammlung von dreizehn Heiligenlegenden (T2). Spätestens im 16./17. Jahrhundert werden die zwei Teile zusammengebunden und die Namen der Heiligen aus T2 – ebenfalls ohne Nennung des Festtags – im Namensverzeichnis von T1 nachgetragen.

Zeitlich einigermaßen eingrenzen läßt sich die Textgenese des ›Solothurner Legendars‹ folglich lediglich durch die Approbation Biberlis. Die Frage nach der Entstehungszeit der beiden Teile des Überlieferungsträgers S kann damit allerdings nicht beantwortet werden; sie soll unter Einbezug der Untersuchungen zur Herkunft von S später nochmals aufgegriffen werden.

Die Herkunft von S

Obwohl die paläographischen und inhaltlichen Untersuchungen keinen direkten Hinweis auf den Entstehungsort von S liefern, vermutete SCHÖNHERR aufgrund der Erwähnung Marquard Biberlis, daß die Handschrift in einem unter der Leitung der Zürcher Prediger stehenden Dominikanerinnenkonvent entstanden sei (Oetenbach, Schwyz oder Töss bei Winterthur). Als weiteren Hinweis auf den Entstehungsort fügte SCHÖNHERR an, daß es sich bei den Eröffnungsinitialen der beiden Teile von S (fol. 2ʳ und fol. 227ʳ) um ein »typisches Produkt einer Dominikanerinnen-Schreibstube […] von etwas derber Ausführung« handle, wie dies auch im Codex 141 der Engelberger Stiftsbibliothek (E) mit dem ›Büchlein der ewigen Weisheit‹ (Bdew) von Heinrich Seuse und in den beiden Sarner Handschriften Cod. membr. 30 und Cod. membr. 53 zu finden sei.[12] Beim Vergleich der von ihm beschriebenen Handschrift Ms. C 143 der Zentralbibliothek Zürich (Z), die das ›Horologium sapientiae‹ (Hor.) von Heinrich Seuse enthält, mit S und der mit ziemlicher Sicherheit aus Töss stammenden Engelberger Handschrift E hat zudem PIUS KÜNZLE 1977 konstatiert, daß die »Ornamente der großen Initialen und des dazugehörenden Blattrandes in allen drei Hss. überein« stimmen würden.[13] Dieser Gruppe von Handschrif-

---

[12] Vgl. SCHÖNHERR [Anm. 3], S. 60, Zitat ebd.
[13] Vgl. Heinrich Seuses Horologium Sapientiae. Erste kritische Ausgabe unter Benützung der Vorarbeiten von DOMINIKUS PLANZER hg. von PIUS KÜNZLE, Freiburg/Schweiz 1977 (Spicilegium Friburgense 23), S. 114–116, Zitat S. 115.

ten fügte KÜNZLE aufgrund der als identisch identifizierten Initialornamentik zwei weitere Codices an, nämlich das Dominikanerbrevier in der Handschrift MsMurQ 5 (ehemals Cod. Muri 85) des Staatsarchivs Aargau[14] sowie das Fragment eines Chorantiphonars, welches als Einbandhülle einer Rechnung des stadtzürcherischen Pfrundhauses St. Jakob aus dem Jahr 1553 diente (Zürich, Stadtarchiv, III.F. 87). Als Herkunft dieser fünf Codices bestimmte KÜNZLE die Schreibstube des Dominikanerinnenklosters Oetenbach in Zürich, wobei er die Übereinstimmung mit der Hand in E damit begründen wollte, daß eine Schreiberin aus Töss im Zürcher Dominikanerinnenkloster im Schreiben ausgebildet worden sei.[15] In der Forschung wurden die Thesen SCHÖNHERRS und KÜNZLES übernommen und als Herkunftsort von S entweder das Dominikanerinnenkloster Oetenbach in Zürich oder dasjenige in Töss bei Winterthur vermutet.[16]

Nun weist die Initialornamentik der genannten Codices in der Verwendung von Figuren aus dem Bereich der Drolerie mit Ausnahme der Initiale auf fol. 2[r] von S zwar Übereinstimmungen auf, bei genauer Prüfung lassen sich jedoch erkennbare Unterschiede in deren Ausführung ausmachen (für E, S und Z vgl. Abb. 2–4). So fällt auf, daß die Initialen des Aargauer Codex MsMurQ 5 sowie diejenige des Fragments des Chorantiphonars genauer und sorgfältiger als diejenigen in den anderen Codices ausgeführt sind; ihre Drakontopeden erinnern vielmehr an die filigranen Figuren einiger Initialen im Graduale von St. Katharinental.[17] Größere Ähnlichkeit mit der Ausstattung von E weisen hingegen

---

[14] Vgl. ELLEN J. BEER, Beiträge zur Oberrheinischen Buchmalerei in der ersten Hälfte des 14. Jahrhunderts unter besonderer Berücksichtigung der Initialornamentik, Basel 1959, S. 64f. u. Abb. 20 (Tafel 15). Das Brevier stammt aus einem Dominikanerinnenkloster der Diözese Konstanz, die Zuschreibung der älteren Forschung ins Oetenbacher Kloster läßt sich allerdings nicht halten; vgl. CHARLOTTE BRETSCHER-GISIGER/RUDOLF GAMPER, Katalog der mittelalterlichen Handschriften der Klöster Muri und Hermetschwil, Dietikon-Zürich 2005, S. 128.

[15] Vgl. KÜNZLE [Anm. 13], S. 115.

[16] Vgl. KUNZE [Anm. 7], Sp. 842; WALLACH-FALLER, Biberli [Anm. 1], S. 63; DIES., Psalter [Anm. 8], S. 90; DIES., Bibelübersetzung [Anm. 1], S. 43; GEITH [Anm. 4], S. 20; WALLACH-FALLER, Dominikanerinnen-Legendar [Anm. 1], S. 388; RUHRBERG [Anm. 5], S. 18.

[17] Vgl. ALBERT KNOEPFLI, Das Kloster St. Katharinenthal, Basel 1989 (Die Kunstdenkmäler des Kantons Thurgau 4), S. 177, Abb. 164. Zu einer Gruppe von Handschriften mit ähnlichem Buchschmuck zählt KESSLER neben der ›Engelberger Bibly‹ (Engelberg, Stiftsbibl., Cod. 6) und dem ›St. Katharinentaler Graduale‹ auch das für den dominikanischen Ritus bestimmte Antiphonar in der Handschrift Cod. Vat. lat. 10770 (vgl. CORDULA M. KESSLER, Gotische Buchmalerei des Bodenseeraumes. Aus der Zeit von 1260 bis 1340/50, in: Buchmalerei im Bodenseeraum 13. bis 16. Jahrhundert, hg. von EVA MOSER, Friedrichshafen 1997, S. 70–96 u. S. 218–252, hier S. 239f. u. Abb. S. 239), für dessen Herkunft KNOEPFLI das Kloster St. Katharinental in Diessenhofen annimmt; vgl. ebd., S. 180. Von anderer Ausführung ist die Initiale auf fol. 1[r] des Sarner Cod. membr. 53 aus dem 14. Jahrhundert mit den *Officia* für den Dominikanerorden; vgl. SCHÖNHERR [Anm. 3], S. 60; BRETSCHER-GISIGER/GAMPER [Anm. 14], S. 232f. Eine Abbildung findet sich in: Scriptoria Medii Aevi Helvetica. Denkmäler

die Initialen im bereits von SCHÖNHERR genannten, vermutlich aus dem Dominikanerinnenkloster St. Katharinental in Diessenhofen stammenden Psalterium (Sarnen, Benediktinerkollegium, Cod. membr. 30) aus der zweiten Hälfte des 14. Jahrhunderts auf.[18] Dieselbe Machart findet sich zudem im Dominikanerbrevier Codex 1909 der St. Galler Stiftsbibliothek, das sich laut einem Eintrag auf dem Spiegelblatt hinten spätestens im 15. Jahrhundert im Dominikanerinnenkloster St. Katharina in St. Gallen befand,[19] sowie auf fol. 5^v von Codex 153 der Engelberger Stiftsbibliothek, der wie E das ›Büchlein der ewigen Weisheit‹ von Heinrich Seuse enthält.[20] Obwohl die Ähnlichkeit der Initialornamentik laut KESSLER und SAUER als »wichtiges Kriterium für die Lokalisierung und Datierung von Handschriften« dienen kann,[21] läßt sich in der Ausführung der untersuchten Initialen lediglich ein ihnen gemeinsamer Duktus beobachten, der scheinbar besonders in Handschriften aus Dominikanerinnenklöstern der Diözese Konstanz verbreitet war.[22]

---

schweizerischer Schreibkunst des Mittelalters, Bd. 7. Schreibschulen der Diözese Konstanz. Aargauische Gotteshäuser, hg. von ANTON BRUCKNER, Genf 1955, Taf. 41.

[18] Vgl. BRETSCHER-GISIGER/GAMPER [Anm. 14], S. 194–196 sowie die Abbildung der Initiale auf fol. 128^v bei BRUCKNER [Anm. 17], Taf. 33.

[19] Das Spiegelblatt vorne bildet das Fragment einer Urkunde aus dem 15. Jahrhundert, in der ein Propst Friedrich und Convent sowie die Konstanzer Bürger *Johannsen Rükomen* und *Hainrich von Roggwiele* genannt werden; vgl. Die Handschriften der Stiftsbibliothek St. Gallen. Beschreibendes Verzeichnis Codices 1726–1984 (14.–19. Jahrhundert), bearbeitet von BEAT MATTHIAS VON SCARPATETTI, St. Gallen 1983, S. 182f.

[20] Vgl. Codicum Manu Scriptorum qui asservantur in Bibliotheca Monasterii O.S.B. Engelbergensis in Helvetia, hg. von BENEDIKT GOTTWALD, Freiburg i. Br. 1891, S. 149; Heinrich Seuse, Deutsche Schriften, hg. von KARL BIHLMEYER, Stuttgart 1907, S. 12*f. RUH vermutet, daß die beiden Handschriften etwa zeitgleich entstanden sind; vgl. KURT RUH, Deutsche Literatur im Benediktinerinnenkloster St. Andreas in Engelberg, Titlisgrüsse 67 (1981), S. 46–55 u. S. 77–88, hier S. 49; wieder abgedruckt in: DERS., Kleine Schriften, Bd. 2: Scholastik und Mystik im Spätmittelalter, Berlin 1984, S. 275–295; KURT RUH, Der Handschriftenbestand des St. Andreas-Klosters in Engelberg. Ein Überblick, in: Bewegung in der Beständigkeit. Zu Geschichte und Wirken der Benediktinerinnen von St. Andreas/Sarnen Obwalden, hg. von ROLF DE KEGEL, Alpnach 2000, S. 107–120, hier S. 116–118.

[21] Vgl. CORDULA M. KESSLER/CHRISTINE SAUER, Zur Buchmalerei im Umfeld des Zürcher Dominikanerklosters, in: Bettelorden, Bruderschaften und Beginen in Zürich. Stadtkultur und Seelenheil im Mittelalter, hg. von BARBARA HELBLING [u. a.], Zürich 2002, S. 133–150, hier S. 133.

[22] Ähnliche Initialen finden sich freilich auch in Klöstern anderer Diözesen und Obödienzen, so zum Beispiel in der Initiale auf fol. 354^r des ›Confessionale‹ des Dominikaners Johannes von Freiburg in der Handschrift Oxford, BL, MS. Laud Misc. 278 aus der 1. Hälfte des 14. Jahrhunderts (vgl. NIGEL F. PALMER, Zisterzienser und ihre Bücher. Die mittelalterliche Bibliotheksgeschichte von Kloster Eberbach im Rheingau unter besonderer Berücksichtigung der in Oxford und London aufbewahrten Handschriften, Regensburg 1998, S. 243, Abb. 168) oder in der Initiale auf fol. 129^v des um 1320 entstandenen Dominikanerantiphonars in der Colmarer Handschrift ms 308 der Bibliothèque de la Ville; vgl. JEFFREY F. HAMBURGER, La bibliothèque d'Unterlinden et l'art de la formation spirituelle, in: Les dominicaines d'Unterlinden, Bd. 1, Paris/Colmar 2000, S. 110–187, hier S. 119, Abb. 5.

Anders verhält es sich jedoch mit den Schreiberhänden der Handschriften E, S und Z, für die bereits KÜNZLE festgestellt hat, daß sie »täuschend ähnlich, wenn nicht identisch« seien.[23] Tatsächlich hat der genaue Vergleich des Schreibduktus der Hand in T1 von S (vgl. Abb. 1) mit demjenigen der Hand in E (vgl. Abb. 3) und der zweiten Hand in Z (vgl. Abb. 4) ergeben, daß in allen drei Codices dieselbe Hand tätig war.[24] Charakteristisch in der sorgfältig geschriebenen, formbetonten Textualis sind die stumpfwinklig gebrochenen, kaum

---

[23] KÜNZLE [Anm. 13], S. 115. Diesen Hinweis verdankte KÜNZLE interessanterweise ALFONS SCHÖNHERR, der bei dieser Gelegenheit die Zürcher Handschrift – und somit hypothetisch indirekt auch die von ihm beschriebene Handschrift S – auf spätestens 1340 datierte; vgl. ebd., S. 115, Anm. 2.

[24] Dies konnte von Dr. Rudolf Gamper (St. Gallen), dem ich an dieser Stelle für die eingehende Überprüfung der drei Codices danken möchte, bestätigt werden (mündliche Auskunft vom 21.9.2006). Die Schrift ist zudem sehr ähnlich – wenn nicht identisch – mit derjenigen in der Handschrift Ms. Rh 145c der Zentralbibliothek Zürich mit einer weiteren, unvollständigen Kopie von Seuses Bdew (vgl. BIHLMEYER [Anm. 20], S. 14*; Katalog der Handschriften der Zentralbibliothek Zürich, Bd. 1: Mittelalterliche Handschriften, hg. von LEO CUNIBERT MOHLBERG, Zürich 1952, S. 233). Der Codex aus dem Bestand des Benediktinerklosters Rheinau weicht gegen Ende der nicht von der Haupthand geschriebenen Vermahnung an die Abschreiber (S. 132) von den mir bekannten Handschriften des Bdew leicht ab (die entsprechende Stelle fehlt in der Schlußvermahnung der Florentiner Handschrift von 1367; vgl. MICHAEL DALLAPIAZZA, Eine Florentiner Handschrift von Seuses ›Büchlein der ewigen Weisheit‹, ZfdA 110 (1981), S. 106–109, hier S. 108) und schreibt anstelle von *das muͦss gerochen werden* (vgl. BIHLMEYER [Anm. 20] S. 325, Z. 27) *Der | muͦss allez dez guͦ [!] | daz hie stat beruͦ | bet wᵉden* (Zürich, ZB, Ms. Rh 145c, S. 132, Sp. b, Z. 12–15). Diese Version enthielt vor einer Korrektur lediglich Codex Ms. C 172 der Zürcher Zentralbibliothek, der sich gemäß Besitzereintrag zumindest im 15. Jahrhundert in der Bibliothek des Dominikanerinnenklosters Oetenbach in Zürich befand, von wo er auch entliehen wurde (*gebend es durch gott wider*) (vgl. BIHLMEYER [Anm. 20], S. 13*f., S. 36*; MOHLBERG (wie oben), S. 75; MARTINA WEHRLI-JOHNS/WOLFRAM SCHNEIDER-LASTIN, Zürich, Oetenbach, Helvetia Sacra, Bd. IV/5.2 (1999), S. 1019–1053, hier S. 1032; WOLFRAM SCHNEIDER-LASTIN, Literaturproduktion und Bibliothek in Oetenbach, in: Bettelorden, Bruderschaften und Beginen in Zürich. Stadtkultur und Seelenheil im Mittelalter, hg. von BARBARA HELBLING [u. a.], Zürich 2002, S. 189–197, hier S. 193–195, Abb. S. 195). Die in nachlässiger Schrift, im Gegensatz zum Haupttext einspaltig geschriebene Schlußvermahnung findet sich in Codex Ms. C 172 auf der ersten Seite eines unlinierten Pergamentdoppelblattes, dessen zweite Seite als Spiegelblatt auf den Rückendeckel aufgeklebt wurde. Von der Vermahnung an die Abschreiber (fol. 146ᵛ) wurden mehrere Wörter ausradiert (Z. 16 u. 17) und mit dem Wort *gerochē* überschrieben. Die Leerstelle enthielt ursprünglich *allez dez guͦ | tes d[...]hie s*[etwa acht Zeichen unleserlich]*t*, was der Fassung in Codex Ms. Rh 145c entspricht (für ihre Hilfe bei der Entzifferung der Stelle mit der UV-Lampe danke ich Frau Marlis Stähli, Handschriftenabteilung der Zentralbibliothek Zürich). Wann das Pergamentdoppelblatt der Handschrift Ms. C 172 beschrieben und korrigiert wurde (vor oder nach dem Einkleben in den Codex), läßt sich nicht mehr bestimmen. Daß die beiden Zürcher Handschriften, von denen sich eine mit Sicherheit im 15. Jahrhundert in der Oetenbacher Bibliothek befand, in irgendeiner Weise voneinander abhängig sind oder zumindest dieselbe Vorlage benutzt haben, ist jedoch sehr wahrscheinlich.

überhöhten Vorderbögen mit eingerolltem Haarstrich beim zweistöckigen Buchstaben a mit spitz angebrachtem Bauch, diejenigen beim Buchstaben d sowie die ebenfalls stumpfwinkligen, aufgesetzten Unterbögen beim Buchstaben g. In E variiert der Schreibduktus am stärksten, stimmt gegen Ende der Handschrift allerdings in zunehmendem Maß mit demjenigen von S und Z überein. Die beiden deutschsprachigen Handschriften E und S bieten nicht nur ein identisches Inventar an Abbreviaturen, sondern verwenden auch dasselbe Schreibsystem. Der Schreibdialekt weist in beiden Handschriften ins südalemannische Sprachgebiet, wie dies neben den üblichen alemannischen Formen die folgenden Merkmale zeigen: S schreibt ‹l› für ‹r› in *kilche* (etwa achzig mal, in E fehlt das Lexem); in beiden Handschriften fällt ‹h› bei den Schreibungen *welhe* aus (S schreibt dreißigmal *wele* gegenüber dreimal *welhe*, E schreibt zwölfmal *wele*).[25] Auffallende Unterschiede im Schreibsystem ergeben sich lediglich in den Schreibungen für das Lexem *zit* (was freilich mit der buchstabengetreuen Abschrift der Vorlage zusammenhängen kann): In S erscheint *zit* über zweihundertmal mit dem Graphem ‹z› und nur einmal mit ‹c›, in E mehr als vierzigmal mit dem Graphem ‹z› und um die fünfzehnmal mit ‹c› (allerdings mit einer erkennbaren Tendenz hin zur z-Schreibung, wie bei der Angleichung des Schreibduktus ebenfalls gegen Ende der Handschrift).

E = Engelberg, Stiftsbibliothek, Codex 141

Die einspaltig beschriebene Pergamenthandschrift mißt 16,5 × 11,8 cm und umfaßt 113 Blätter. Der mit rotem Leder überzogene Holzeinband, an dem Reste von zwei Messingschließen zu erkennen sind, ist jünger als die Handschrift, die vermutlich erst im ausgehenden 14. Jahrhundert unvollständig eingebunden wurde. Nach fol. 1 und fol. 2, welche die beiden letzten Blätter der ersten Sechserlage gewesen sein dürften, fehlen vier Lagen (2. bis 5. Sexternio). Es folgen acht numerierte Sexternionen und eine Achterlage, deren letztes Blatt als Spiegel auf den hinteren Deckel eingeklebt wurde. Der von einer einzigen Hand geschriebene und von mehreren Schreiberhänden, die nicht mit der Haupthand identisch sind, durchkorrigierte Codex beinhaltet etwa zwei Drittel des nach

---

[25] Vgl. BRUNO BOESCH, Untersuchungen zur alemannischen Urkundensprache des 13. Jahrhunderts. Laut- und Formenlehre, Bern 1946, S. 181f.; WERNER BESCH, Sprachlandschaften und Sprachausgleich im 15. Jahrhundert. Studien zur Erforschung der spätmittelhochdeutschen Schreibdialekte und zur Entstehung der neuhochdeutschen Schriftsprache, München 1967 (Bibliotheca Germanica 11), S. 181f.; HERMANN PAUL, Mittelhochdeutsche Grammatik. 24. Auflage, überarbeitet von PETER WIEHL/SIEGFRIED GROSSE, Tübingen 1998 (Sammlung kurzer Grammatiken germanischer Dialekte A. Hauptreihe 2), § 121, § 160, Anm. 2; vgl. dazu auch RUHRBERG [Anm. 5], S. 334, Anm. 27.

1328 verfaßten ›Büchleins der ewigen Weisheit‹ von Heinrich Seuse mit Schlußvermahnung (Bdew B202,12–204,1; B240,26 bis Schluß).[26] Der Engelberger Codex 141 mit einer frühen, unabhängig vom ›Exemplar‹ überlieferten Ausgabe des Bdew ist laut Ruh »[...] in Töss entstanden, unter den Augen und mit Beteiligung der Elsbeth Stagel.«[27] Indiz für die mutmaßliche Herkunft der Handschrift aus dem Dominikanerinnenkloster Töss bei Winterthur,[28] die aufgrund der identischen Schreiberhände auch für S und Z gilt, bildet der erste von drei Einträgen auf dem stark gebräunten fol. 113ᵛ des Engelberger Codex.[29]

Die Gebetsempfehlung für die Tösser Nonne Elsbeth Stagel

Der in einer nachlässigen Textualis geschriebene Eintrag ist eine Gebetsempfehlung für die Tösser Nonne Elsbeth Stagel, deren Eltern und drei ihrer Brüder:

---

[26] Vgl. Gottwald [Anm. 20], S. 144; Bihlmeyer [Anm. 20], S. 11*f. u. S. 101*–103*; Ruh, Literatur [Anm. 20], S. 48f.; Mathias Stauffacher, Untersuchungen zur handschriftlichen Überlieferung des ›Engelberger Predigers‹, Diss. masch., Universität Basel 1982, Kap. 3/34f.; Alois M. Haas/Kurt Ruh, Seuse, Heinrich OP, ²VL, Bd. 8, 1992, Sp. 1109–1129, hier Sp. 1114; Mathias Stauffacher, Johannes Friker in Luzern und Engelberg. Stadtschreiber, Laienpfründer des Klosters im Hof und geistlicher Förderer des Frauenklosters St. Andreas, Jahrbuch der Historischen Gesellschaft Luzern 12 (1994), S. 13–34, hier S. 27f.; Ruh, Handschriftenbestand [Anm. 20], S. 116–118. Ein Volldigitalisat der Handschrift findet sich auf ‹www.e-codices.unifr.ch›. – Vgl. zu dieser Handschrift auch den Beitrag von Johanna Thali im vorliegenden Band. Die Werke Seuses werden im folgenden nach der Ausgabe Karl Bihlmeyers (vgl. Anm. 20) mit der Sigle B, entsprechender Seitenzahl und Zeilennummer zitiert. Zur besseren Orientierung wird zusätzlich die Abkürzung der Schrift, aus der das Zitat stammt, angegeben. Ich danke Herrn Dr. Ralf Plate von der Arbeitsstelle des Mittelhochdeutschen Wörterbuchs an der Universität Trier (‹http://mhgta.uni-trier.de›), der mir die Ausgabe Bihlmeyers in elektronischer Form zur Verfügung gestellt hat.

[27] Ruh, Literatur [Anm. 20], S. 48f.

[28] Vgl. Bihlmeyer [Anm. 20], S. 12*; Martina Wehrli-Johns, Töss, Helvetia Sacra, Bd. IV/5.2 (1999), S. 901–934, hier S. 924; Stauffacher, Untersuchungen [Anm. 26], Kap. 3/33f.; Ders., Friker [Anm. 26], S. 27. Entgegen der älteren Forschung stammt aus dem Tösser Skriptorium mit Sicherheit allerdings lediglich ein zwischen 1343 und 1356 entstandenes Indulgenzverzeichnis (Zürich, Staatsarchiv, C II 13, Nr. 365); vgl. Marie-Claire Däniker-Gysin, Geschichte des Dominikanerinnenklosters Töß 1233–1525, Winterthur 1957 (289. Neujahrsblatt der Stadtbibliothek Winterthur 1958), S. 56–58 u. S. 94f.; Susanne Bürkle, Literatur im Kloster. Historische Funktion und rhetorische Legitimation frauenmystischer Texte des 14. Jahrhunderts, Tübingen/Basel 1999 (Bibliotheca Germanica 38), S. 182; Wehrli-Johns [ebd.], S. 923f.; Christian Folini, Katharinental und Töss. Zwei mystische Zentren in sozialgeschichtlicher Perspektive, Zürich 2007, S. 228 u. S. 298.

[29] Vgl. Däniker-Gysin [Anm. 28], Abb. im Anhang; Stauffacher, Friker [Anm. 26], Abb. S. 27.

Gedenkent[30] *dvr got · S · Elȳzabetē staglin*
zetõz in dem klost̄ vn̄ ir vat̄ Růdolfes
Margareten ir můt̄ vn̄ drier ir
brůd̄ · fridrihes · otten vn̄ Růdolfes[31]

Daß die Gebetsanweisung von Heinrich Seuses geistlicher Tochter Elsbeth Stagel[32] selbst stammt, ist sehr wahrscheinlich,[33] läßt sich allerdings mangels Vergleichsmaterial nicht belegen. Vom schriftstellerischen Schaffen Elsbeth Stagels wissen wir hauptsächlich aus den Beschreibungen in Seuses ›Vita‹, die freilich »cum grano salis zu nehmen« sind.[34] Nach dem darin entworfenen Rollenbild

---

[30] *kent* von gleicher Hand über der Zeile nachgetragen.
[31] Engelberg, Stiftsbibl., Cod. 141, fol. 113ᵛ; vgl. STAUFFACHER, Friker [Anm. 26], S. 27. Obwohl mit Ausnahme von Elsbeth Stagel alle in der Gebetsempfehlung erwähnten Personen sowie deren familiären Beziehungen urkundlich bezeugt sind (vgl. Urkundenbuch der Stadt und Landschaft Zürich, Zürich 1888–1957; Die Zürcher Stadtbücher des 14. und 15. Jahrhunderts, Leipzig 1899–1906; Die Zürcher Ratslisten 1225–1798, bearb. von WERNER SCHNYDER, Zürich 1962, Register S. 606f.; FOLINI [Anm. 28], S. 182, Anm. 646), läßt sich aufgrund der oftmals nicht einer bestimmten Generation zuordenbaren Familienangehörigen mit gleichem Vornamen jedoch kein eindeutiger Stammbaum für die Familie Stagel erstellen; vgl. dazu auch FRANZ X. WÖBER, Die Mülner von Zürich und ihr Sturz. Eine genealogische Studie Bd. 1, von den ältesten Zeiten bis zum Tode des Reichsvogtes Jacob des Mülner [1287], Wien 1893, S. 419f. Ein Nachtrag in Bd. 7 der v. a. auf Urkunden des Staatsarchivs Zürich basierenden *Stemmatologia Tigurina* von ERHARD DÜRSTELER aus dem 18. Jahrhundert (Zürich, Zentralbibliothek, Ms. E 22; vgl. Katalog der Handschriften der Zentralbibliothek Zürich Bd. 2. Neuere Handschriften seit 1500 [ältere schweizergeschichtliche inbegriffen], hg. von ERNST GAGLIARDI/LUDWIG FORRER, Zürich 1982, Sp. 468f.) nennt auf fol. 350ᵛ in einer Vergabung an das Kloster Oetenbach in Zürich zwar den Namen Elsbeth Stagel (vgl. FERDINAND VETTER, Ein Mystikerpaar des vierzehnten Jahrhunderts. Schwester Elsbeth Stagel in Töss und Vater Amandus [Suso] in Konstanz, Basel 1882 [Oeffentliche Vorträge Bd. 6, Heft 12], S. 52, Anm. 16), dieser wurde jedoch (mit anderer Tinte) zu *Elßbeth Böklj* korrigiert. Es handelt sich dabei nachweislich um die 1325 und 1326 urkundlich bezeugte Elisabeth Bockli, Oetenbacher Nonne und Muhme des Konrad Stagel; vgl. ANNEMARIE HALTER, Geschichte des Dominikanerinnen-Klosters Oetenbach in Zürich 1234–1525, Winterthur 1956, S. 174.
[32] BIHLMEYER und mit ihm auch HAAS schließen aus der Chronologie der ›Vita‹ Seuses, daß Elsbeth Stagel 1336/37 in Kontakt mit Heinrich Seuse trat; vgl. BIHLMEYER [Anm. 20], S. 124*; ALOIS M. HAAS, Stagel (Staglin), Elsbeth OP, ²VL, Bd. 9, 1995, Sp. 219–225, hier Sp. 220; DERS., Kunst rechter Gelassenheit. Themen und Schwerpunkte von Heinrich Seuses Mystik, 2. durchgesehene und verbesserte Auflage, Bern [u. a.] ²1996, S. 26. Da die Abfolge der Episoden innerhalb der ›Vita‹ dem geschilderten Entwicklungsweg des Dieners der ewigen Weisheit und seiner geistlichen Tochter, aber nicht unbedingt den realen Gegebenheiten entspricht, ist diese Angabe nicht verläßlich; vgl. WALTER BLANK, Heinrich Seuses ›Vita‹. Literarische Gestaltung und pastorale Funktion seines Schrifttums, ZfdA 122 (1993), S. 285–311, hier S. 288.
[33] Vgl. BIHLMEYER [Anm. 20], S. 12*; DÄNIKER-GYSIN [Anm. 28], S. 56; RUH, Literatur [Anm. 20], S. 49; STAUFFACHER, Friker [Anm. 26], S. 27; HAAS, Stagel [Anm. 32], Sp. 219; WEHRLI-JOHNS [Anm. 28], S. 912 u. 924; RUH, Handschriftenbestand [Anm. 20], S. 117.
[34] HAAS, Stagel [Anm. 32], Sp. 219. Die Frage der Authentizität des Geschilderten war im

war die Tösser Nonne nicht nur aktiv an der Entstehung der ›Vita‹ und des ›Kleinen Briefbuchs‹ (KlBfb) beteiligt,[35] sondern sie war auch Verfasserin – oder zumindest Kompilatorin – des im 14. Jahrhundert begonnenen ›Tösser Schwesternbuches‹:[36]

In dem kloster, da si wonete under den swôstran als ein spiegel aller tugenden, do braht si zů mit irem kranken libe ein vil gůt bůch; da stet an under andren dingen von den vergangnen heiligen swôstran, wie selklich die leptan und waz grosses wunders got mit in wurkte, daz vil reizlich ist ze andaht gůtherzigen menschen. (Vita B97,1–5)[37]

---

historischen Kontext auch gar nicht relevant. Wie HAMBURGER richtig bemerkt, sind die Erzählungen der ›Vita‹ »fictions that were to be taken as truth by a credulous audience«; vgl. JEFFREY F. HAMBURGER, The Use of Images in the Pastoral Care of Nuns: The Case of Heinrich Suso and the Dominicans, The Art Bulletin 71 (1989), S. 20–46, Zitat S. 22; wieder abgedruckt in: JEFFREY F. HAMBURGER, The Visual and the Visionary. Art and Female Spirituality in Late Medieval Germany, New York 1998, S. 197–232. Dabei war Wahrheit, wie RUHRBERG [Anm. 5], S. 156 für die Vitenschreibung feststellt, »nicht an Tatsachen gebunden, sondern an festgelegte Bedeutungen.« Ebenso beschreibt auch die ›Vita‹ Seuses im Gegensatz zu den empirischen Umständen alleine eine spirituelle Wahrheit; vgl. OTTO LANGER, Christliche Mystik im Mittelalter. Mystik und Rationalisierung – Stationen eines Konflikts, Darmstadt 2004, S. 367. Neben der ›Vita‹ berichtet auch der Ordenschronist Johannes Meyer in der größtenteils davon abhängigen Vorrede zum ›Tösser Schwesternbuch‹ aus Elsbeths Leben; vgl. KLAUS GRUBMÜLLER, Die Viten der Schwestern von Töss und Elsbeth Stagel (Überlieferung und literarische Einheit), AfdA 80 (1969), S. 171–204, hier S. 195f. Weitere Angaben finden sich zudem im ›Liber de viris illustribus Ordinis Praedicatorum‹ von 1466 und in der ›Chronica brevis Ordinis Praedicatorum‹ von 1470, die beide ebenfalls von Johannes Meyer verfaßt wurden; vgl. WERNER FECHTER, Meyer, Johannes OP, ²VL, Bd. 6, 1987, Sp. 474–489, hier Sp. 479–483; BRIGITTA STOLL, Die theologischen Denkfiguren bei Elsbeth Stagel und ihren Mitschwestern, in: Denkmodelle von Frauen im Mittelalter, hg. von BÉATRICE ACKLIN ZIMMERMANN, Freiburg/Schweiz 1994 (Dokimion 15), S. 149–172, hier S. 151; MARIE-LUISE EHRENSCHWENDTNER, Die Bildung der Dominikanerinnen in Süddeutschland vom 13. bis 15. Jahrhundert, Stuttgart 2004 (Contubernium 60), S. 252f.

[35] Vgl. HAAS, Stagel [Anm. 32], Sp. 219; DERS., Gelassenheit [Anm. 32], S. 26–29. Wie groß der Anteil Elsbeth Stagels an Seuses ›Vita‹ tatsächlich war, läßt sich nicht mehr ausmachen; vgl. URSULA PETERS, Religiöse Erfahrung als literarisches Faktum. Zur Vorgeschichte und Genese frauenmystischer Texte des 13. und 14. Jahrhunderts, Tübingen 1988 (Hermaea 56), S. 140; KURT RUH, Geschichte der abendländischen Mystik, Bd. 3. Die Mystik des deutschen Predigerordens und ihre Grundlegung durch die Hochscholastik, München 1996, S. 445.

[36] Vgl. GRUBMÜLLER [Anm. 34], S. 201; OTTO LANGER, Mystische Erfahrung und spirituelle Theologie. Zu Meister Eckharts Auseinandersetzung mit der Frauenfrömmigkeit seiner Zeit, München 1987 (MTU 91), S. 50f.; HAAS, Stagel [Anm. 32], Sp. 224; BÜRKLE [Anm. 28], S. 237–246.

[37] Die Bandbreite der Bedeutung des Ausdrucks *zů braht* reicht von ›vollbringen‹ bis zu ›vollenden‹, was der Übersetzung des lateinischen *completus (per ...)* entspricht, das üblicherweise die Vollendung der Abschrift eines Codex bezeichnet; vgl. GRUBMÜLLER [Anm. 34], S. 201.

Zudem wird in der ›Vita‹ berichtet, daß Elsbeth Stagel längere Texte (ab-)geschrieben habe:

> Si schreib an, wa ir út lustliches werden mohte, daz si und endrú menschen gefúrdren mohte zů gǒtlichen tugenden. Si tet als dú gewirbigú binlú, dú daz sůss hong uss den menigvaltigen blůmen in tragent. (Vita B96,13–16)

Der historische Kern des konstruierten Rollenbilds einer hinsichtlich des Sammelns klösterlicher Literatur fleißigen Nonne liegt vermutlich in Stagels Arbeit als Kompilatorin des ›Tösser Schwesternbuchs‹.[38] Angesprochen sein könnten hier aber auch andere Kompilationen, wie beispielsweise das ›Solothurner Legendar‹.

An anderer Stelle in der ›Vita‹ beklagt sich Seuse in seiner Rollenfigur des Dieners der ewigen Weisheit in einem Brief an Elsbeth darüber, daß sie ihm infolge ihrer Krankheit nicht mehr bei der Bücherproduktion behilflich sein könne:

> liebú tohter, got der hat nút allein dich dur mit getrofen, er hat och mich in dir gelezzet, wan ich nieman me hab, der mir mit sǒlichem flisse und gǒtlichen trúwen behulfen sie minú bůchlú ze volbringen, als du tet, die wil du gesund werd. (Vita B109,4–8)

Neben der in der ›Vita‹ legendarisch geschilderten Mitbeteiligung an Seuses Lebensbeschreibung kann an dieser Stelle auch die Abschrift oder Verbreitung von Werken Seuses (im Plural!) angesprochen sein. Dies würde für die wahrscheinlich aus Töss stammenden Handschriften E (Bdew) und Z (Hor.) zutreffen; beweiskräftige Belege dafür finden sich allerdings keine. Gesichert ist hingegen, daß die Tösser Nonnen zeitweise 37 Bücher des Zürcher Predigerkonvents aufbewahrten, die Mitte des 14. Jahrhunderts vom Stadtrat in Zürich eingefordert wurden.[39] Die

---

[38] Vgl. BURKHARD HASEBRINK, Zersetzung? Eine Neubewertung der Eckhartkompilation in Spamers Mosaiktraktaten, in: Contemplata aliis tradere. Studien zum Verhältnis von Literatur und Spiritualität, hg. von CLAUDIA BRINKER [u. a.], Bern [u. a.] 1995, S. 353–369, hier S. 358f.; wieder abgedruckt in: Literarische Formen des Mittelalters: Florilegien, Kompilationen, Kollektionen, hg. von KASPAR ELM, Wiesbaden 2000 (Wolfenbütteler Mittelalter-Studien 15), S. 73–90; SCHIEWER, Uslesen [Anm. 11], S. 595; HANS-JOCHEN SCHIEWER, Möglichkeiten und Grenzen schreibender Ordensfrauen im Spätmittelalter, in: Bettelorden, Bruderschaften und Beginen in Zürich. Stadtkultur und Seelenheil im Mittelalter, hg. von BARBARA HELBLING [u. a.], Zürich 2002, S. 179–187, hier S. 185. Anders sieht HAAS in dieser Stelle die Mitautorschaft Stagels an Seuses ›Vita‹ thematisiert; vgl. HAAS, Stagel [Anm. 32], Sp. 221; DERS., Gelassenheit [Anm. 32], S. 27f.

[39] Dies bezeugt eine um die Mitte des 14. Jahrhunderts verfaßte Urkunde aus dem Kloster Töss. Die entsprechende Stelle lautet im Originalwortlaut: *Wùssent das ỽns ỽnser geischlichen vetter der pͬor vñ die predier / nv lange | enpholhē hatten ze behaltenne / ane drù / vierzig bůch / dù senden wir ỽch gͬne wēne ir | wellēt / doch also daz des pͬors botte vñ sin worzeiche ǒch dabi si gegēwùrtig.* (Zürich, Staatsarchiv, C IV 6, Schachtel 5); vgl. dazu auch DÄNIKER-GYSIN, [Anm. 28], S. 61f.; WEHRLI-JOHNS, Zürich [Anm. 7], S. 480; FOLINI [Anm. 28], S. 229. Aus dem Bestand der ehemaligen Bibliothek des Zürcher Konvents können mit Sicherheit nur noch zwei Handschriften dem Predigerkloster zugeschrieben werden; vgl. WEHRLI-JOHNS, Zürich [Anm. 7], S. 480; DIES., Töss [Anm. 28], S. 911.

Zürcher Dominikaner, die für die Seelsorge der Tösser Schwestern zuständig waren,[40] weilten während des in der Auseinandersetzung Ludwigs des Bayern mit der Kurie über die Stadt Zürich verhängten Interdikts ab 1339 für drei Jahre im Chorherrenstift Heiligberg in Winterthur im Exil[41] und kamen nach dem Parteiwechsel der Stadt Winterthur im Jahre 1342 in den Terminhäusern Kaiserstuhl und Rapperswil unter, wo sie bis 1349 blieben.[42] Möglich ist, daß die Dominikaner die 37 Bücher infolge des Interdikts zur Aufbewahrung nach Töss gebracht hatten. Um welche Bücher es sich dabei gehandelt hat, läßt sich nicht mehr ausmachen; es ist jedoch durchaus denkbar, daß sich die von Biberli approbierte Vorlage für den ersten Teil des ›Solothurner Legendars‹ darunter befunden hat.

Der Predigerbruder Johannes von Ravensburg

Von gleicher Hand wie der Gebetseintrag für Elsbeth Stagel und unmittelbar daran anschließend folgt in E eine weitere Gebetsempfehlung, die – abgesehen von den ersten zwei Wörtern – von anderer Hand (?) mit schwarzer Tinte nachgezeichnet und an zwei Stellen korrigiert worden ist:

> Gedenkent ŏch eines Brŏdiers[43] hies
> Brůd͛ Iohans vō Rauenspurg vō dem
> man vch den merst⁻ [44] teil an dis Bůch
> gab[45]

Johannes von Ravensburg war entweder Stifter des Buches und/oder Lieferant von Schreibmaterial,[46] vielleicht aber auch Donator der unvollständigen Handschrift, die nur etwa 60 Prozent (den *merst⁻ teil*?) des Bdew enthält. BIHLMEYER vermutet im Predigerbruder aufgrund der Ordenszugehörigkeit den ehemaligen Reichsministerialen und Ritter Johannes von Ravensburg, der 1250 seine Burg Löwental bei Buchhorn den Dominikanern überließ und zu ihnen nach Konstanz zog.[47]

---

[40] Vgl. WEHRLI-JOHNS [Anm. 28], S. 902f.
[41] Vgl. Die Chronik des Laurencius Bosshart von Winterthur 1185–1532, hg. von KASPAR HAUSER, Basel 1905 (Quellen zur Schweizerischen Reformationsgeschichte 3), S. 11; PETER ZIEGLER, Zur Baugeschichte der Klöster Beerenberg und Heiligberg bei Winterthur, Winterthurer Jahrbuch 1969, S. 19–38, hier S. 28; ULRICH HELFENSTEIN, Heiligenberg bei Winterthur, in: Helvetia Sacra, Bd. II/2 (1977), S. 300–307, hier S. 300. Im nach 1225 gegründeten Chorherrenstift fanden die Zürcher Dominikaner bereits 1247 für mindestens drei Jahre Zuflucht; vgl. WEHRLI-JOHNS, Zürich [Anm. 7], S. 468.
[42] Vgl. WEHRLI-JOHNS, Geschichte [Anm. 7], S. 81f.; DIES., Zürich [Anm. 7], S. 470.
[43] Korrigiert zu *Brvdters*.
[44] Korrigiert zu *meyst⁻*.
[45] Engelberg, Stiftsbibl., Cod. 141, fol. 113ᵛ; vgl. STAUFFACHER, Friker [Anm. 26], S. 27.
[46] Vgl. WEHRLI-JOHNS, Geschichte [Anm. 7], S. 261, Anm. 7.
[47] Vgl. BIHLMEYER [Anm. 20], S. 12*, Anm. 2; ARNO BORST, Mönche am Bodensee:

Dieser Johannes starb allerdings bereits um 1268[48] und kann daher nicht mit dem mehr als fünfzig Jahre nach seinem Tod entstandenen Codex in Verbindung gebracht werden. Ein vermutlich anderer Johannes von Ravensburg wird am 20. April in einem Nachtrag des Kalendariums im Codex 632(615) der Stiftsbibliothek Einsiedeln (fol. 5ᵛ) erwähnt.[49] Das um 1280 angelegte Kalendarium, dessen Nachträge sich bis ins erste Viertel des 15. Jahrhunderts erstrecken, wurde gemäß den erwähnten Lokalpatronen wahrscheinlich im Chorfrauenstift Münsterlingen benutzt.[50] Da verschiedene nekrologische Einträge auf eine Verbindung mit dem Dominikanerkloster St. Nikolaus in Konstanz hinweisen,[51] welches für die *Cura* des nicht regulierten Münsterlinger Frauenkonvents zuständig war,[52] ist anzunehmen, daß der im Nachtrag erwähnte Johannes von Ravensburg ebenfalls aus Konstanz stammt. Vielleicht ist er mit dem in E erwähnten Prediger identisch.

Der ehemalige Stadtschreiber von Luzern Johannes Friker

Der dritte Eintrag, der sich in der Handschrift E vor den beiden genannten befindet, stammt nachweislich vom ehemaligen Stadtschreiber von Luzern Johannes Friker († 1388), der 1378 ins Luzerner Benediktinerkloster St. Leodegar im Hof zog, wo er – vermutlich als *iuris peritus* – eine Laienpfründe erhalten hat:[53]

610–1525, Sigmaringen 1978 (Bodensee-Bibliothek 5), S. 252. WEHRLI-JOHNS hält das Predigerkloster Zürich als Herkunftsort des Johannes von Ravensburg für möglich; vgl. WEHRLI-JOHNS, Geschichte [Anm. 7], S. 261, Anm. 7.

[48] Vgl. BRIGITTA HILBERLING, Das Dominikanerkloster St. Nikolaus auf der Insel vor Konstanz. Geschichte und Bedeutung, Sigmaringen/München 1969, S. 12 u. S. 80; ANDREAS WILTS, Beginen im Bodenseeraum, Sigmaringen 1994 (Bodensee-Bibliothek 37), S. 144, S. 147, S. 191f., S. 320, S. 360 u. S. 382f.

[49] BIHLMEYER [Anm. 20], S. 12*, Anm. 2 setzt diesen mit dem ehemaligen Ritter gleich.

[50] Als Entstehungsort der Handschrift gilt entweder das Dominikanerinnenkloster Klingental in Basel oder das Konstanzer Predigerkloster; vgl. Katalog der Handschriften in der Stiftsbibliothek Einsiedeln, Bd. 2. Codices 501–1318, bearb. und hg. von ODO LANG, Basel 2009, S. 178–182.

[51] Vgl. GALL MOREL, Necrolog eines Dominikanerklosters im Thurgau, Thurgauische Beiträge zur vaterländischen Geschichte 1 (1861), S. 45–50, hier S. 47; HILBERLING [Anm. 48], S. 14.

[52] Vgl. ELISABETH MEYER-MARTHALER, Zur älteren Geschichte des Klosters Münsterlingen, ZSchwKG 64 (1970), S. 153–172, hier S. 170f.; DIES./JÜRG SCHMUTZ, Münsterlingen, in: Helvetia Sacra, Bd. IV/2 (2004), S. 350–373, hier S. 355.

[53] Vgl. MATHIAS STAUFFACHER/PETER OCHSENBEIN, Friker, Johannes, ²VL, Bd. 2, 1980, Sp. 969–997, hier Sp. 969; STAUFFACHER, Untersuchungen [Anm. 26], Kap. 3/6–3/24; DERS., Friker [Anm. 26], S. 17–19.

*Gloria patri etc · Lob vnd ere si geseit / dem
vatter / vnd dem sun / vnd dem heiligen geist /
d͛ nu ist / vnd ie was / vnd iemͬ ist / an ende
Amen · Lieben geistlichen frowen / gedenket
ouch min Jo · Frikers / des alten Schribers
von lucͤn / der ůch / da half singen / dur got /
Datum cͤca verene · Anno dm̄ · Mccclxxviij*°[54]

Die Gebetsanweisung wird so verstanden, daß Friker die Handschrift 1378 aus seinem Besitz dem Engelberger Benediktinerinnenkloster vermacht hat.[55] Wie STAUFFACHER richtig erkannt hat, deutet der Eintrag Frikers allerdings lediglich darauf hin, daß der Stadtschreiber die Schwestern in Engelberg beim Chorgebet unterstützt – vermutlich als Kantor oder durch die Versorgung mit brauchbaren Psalterien und Brevieren – und sich als Geistlicher an das Frauenkloster gewandt hat.[56] Die Feststellung STAUFFACHERs, daß der Einband von E identisch ist mit denjenigen von zwei von Friker geschriebenen Ausgaben des ›bůch der tugenden‹ aus den Jahren 1381 und 1382 (Engelberg, Stiftsbibl., Cod. 243 und München, BSB, Cgm 5267),[57] läßt jedoch vermuten, daß Friker zumindest beim Binden von E (in Luzern?) mitbeteiligt war.[58] Die Frage, wie E nach Luzern oder direkt nach Engelberg gekommen ist, muß allerdings offen bleiben.

---

[54] Engelberg, Stiftsbibl., Cod. 141, fol. 113ᵛ; vgl. STAUFFACHER, Untersuchungen [Anm. 26], Kap. 3/35; DERS., Friker [Anm. 26], S. 27. Dem Eintrag folgen zwei ebenfalls von Friker geschriebene lateinische Zitate: *Quod altum est apud homines / abhominacio est apud deum ·* | *Valete omnes in timore dei / et permanete in eo / semper ·* (Engelberg, Stiftsbibl., Cod. 141, fol. 113ᵛ, die Abbreviaturen wurden aufgelöst); vgl. STAUFFACHER, Untersuchungen [Anm. 26], Kap. 3/35; DERS., Friker [Anm. 26], S. 27.

[55] Vgl. STAUFFACHER/OCHSENBEIN [Anm. 53], Sp. 970; RUH, Literatur [Anm. 20], S. 49; URSULA PETERS, Literatur in der Stadt. Studien zu den sozialen Voraussetzungen und kulturellen Organisationsformen städtischer Literatur im 13. und 14. Jahrhundert, Tübingen 1983 (Studien und Texte zur Sozialgeschichte der Literatur 7), S. 241; WEHRLI-JOHNS [Anm. 28], S. 924; RUH, Handschriftenbestand [Anm. 20], S. 116.

[56] Vgl. STAUFFACHER, Untersuchungen [Anm. 26], Kap. 3/35f.; DERS., Friker [Anm. 26], S. 28.

[57] Vgl. STAUFFACHER, Untersuchungen [Anm. 26], Kap. 3/34; DERS., Friker [Anm. 26], S. 28. Zu den Handschriften vgl. ›Das bůch der tugenden‹. Ein Compendium des 14. Jahrhunderts über Moral und Recht nach der ›Summa theologiae‹ II-II des Thomas von Aquin und anderen Werken der Scholastik und Kanonistik, Bd. 1. Einleitung. Mittelhochdeutscher Text, hg. von KLAUS BERG/MONIKA KASPER, Tübingen 1984 (TTG 7), S. XI–XIV u. S. XXVI–XXXII.

[58] Der Einband entspricht laut STAUFFACHER, Friker [Anm. 26], S. 28 nicht dem Duktus der Engelberger Codices aus dem 14. Jahrhundert. Daß die zwei Handschriften von Friker den Text ›Die zwölf Räte Jesu Christi‹ in derselben Sonderfassung, wie sie auch im zweiten Teil des ›Engelberger Gebetbuches‹ (fol. 161ᵛ–163ʳ) zu finden ist (vgl. BERG/KASPER [Anm. 57], S. XII, Anm. 2; GEROLD HAYER, ›Die zwölf Räte Jesu Christi‹, ²VL, Bd. 10, 1999, Sp. 1643–1645, hier Sp. 1644), enthalten, muß nicht bedeuten, daß Friker die Handschriften in Engelberg benutzt hat; von den zwei im 17./18. Jahrhundert zusammengebundenen, nicht nachweislich in Engelberg geschriebenen Teilen des ›Engelberger Gebetbuches‹ aus der 2. Hälfte des 14. Jahrhunderts stammt der jüngere vielleicht aus Luzern; vgl. PETER OCHSENBEIN, ›Engel-

Z = Zürich, Zentralbibliothek, Ms. C 143

Nicht mehr nahtlos rekonstruieren läßt sich auch der Besitzerwechsel des dritten, von derselben Hand wie S und E geschriebenen Codex. Die 214 Blätter zählende, nach einer zweispaltigen Vorlage einspaltig geschriebene Pergamenthandschrift mit einem mit dunkelrotem Leder überzogenen Holzdeckeleinband misst 17,9 × 12,7 cm. Zwischen den Blättern 119 und 120 findet sich ein eingeklebtes Blatt von der Größe 11,5 × 0,9 cm (Bl. 119a) mit einer Kreuzigungsdarstellung und einem Augustinus zugeschriebenen Gebet. Der Codex war bis Anfang des 18. Jahrhunderts im Besitz der Stiftsbibliothek in St. Gallen; möglich ist, daß die wahrscheinlich in Winterthur geschriebene Handschrift über das Dominikanerinnenkloster St. Katharina in St. Gallen dorthin gelangte.[59] Von den zwei deutlich voneinander abgrenzbaren Schreiberhänden ist die zweite, auf fol. 74^v einsetzende, mit derjenigen aus E und aus T1 von S identisch. Beim Inhalt des Codex handelt es sich um eine sehr frühe Überlieferung von Heinrich Seuses mit Sicherheit nach 1333 verfaßten ›Horologium sapientiae‹.[60]

Die Datierung der drei Handschriften S, E und Z

Die Tatsache, daß in den drei Codices dieselbe Hand tätig war, läßt die Datierung von S, E und Z wie folgt eingrenzen: Als *terminus post quem* für E gilt die Entstehungszeit von Seuses Bdew nach 1328. Mit Sicherheit war die Schreiberhand auch noch 1333, dem *terminus post quem* des Hor. tätig. Somit erstreckt sich die mögliche Entstehungszeit des ersten Teils von S, der in der Forschung nach wie vor auf etwa 1325 (z. T. auch 1310) datiert wird, bis in die dreißiger Jahre des 14. Jahrhunderts, was – wie sich zeigen wird – Konsequenzen für die Klärung der Verfasserfrage des Prologs aus S hat.

---

berger Gebetbuch‹, ²VL, Bd. 2, 1980, Sp. 529f., hier Sp. 529. Für das Frauenkloster schrieb Friker vermutlich auch den Codex 125 der Engelberger Stiftsbibliothek, den er gemäß einer Gebetsempfehlung *in sinem kosten durch gottes willen ge | ben / vnd in ùw^{s}m namen / mit sin selbs hant / ge | schriben* habe (Engelberg, Stiftsbibl., Cod. 125, fol. 36^v); vgl. STAUFFACHER, Friker [Anm. 26], S. 19f., Abb. S. 21.

[59] MOHLBERG [Anm. 24], S. 66f.; KÜNZLE [Anm. 13], S. 114–116.
[60] KÜNZLE [Anm. 13], S. 19–27; Heinrich Seuse, Das Buch der Wahrheit. Daz bůchli der warheit, kritisch hg. von LORIS STURLESE/RÜDIGER BLUMRICH, Hamburg 1993 (Philosophische Bibliothek 458), S. LXV.

Teil II

Formale, stilistische und inhaltliche Vergleiche zwischen dem Prolog des ›Solothurner Legendars‹ und den Schriften Heinrich Seuses[61]

SCHÖNHERR sah im Prolog des ›Solothurner Legendars‹ eine vielleicht von Marquard Biberli aus verschiedenen Schriften zusammengestellte Kompilation und verwies auf eine Parallelstelle im Bdew von Heinrich Seuse.[62] Obwohl MARTINA WEHRLI-JOHNS aufgrund dieser Stelle (Bdew B252,21) proklamiert hat, daß der Prolog unter dem Einfluß des Bdew entstanden und somit die Entstehungszeit von S »zu früh angesetzt« sei,[63] hielt WALLACH-FALLER kritiklos an SCHÖNHERRS Datierung fest und postulierte eine »umgekehrte Abhängigkeit«, indem sie Seuse nicht die Rolle des Gebenden, sondern des Nehmenden zuwies.[64] Da die Frühdatierung durch SCHÖNHERR Untersuchungen zur Abhängigkeit des Prologs von Seuses Schriften offenbar entgegengewirkt hat, soll hier das Abhängigkeitsverhältnis der untersuchten Texte im Hinblick auf Gattung, Stil und Inhalt erstmals eingehend geprüft werden. In die Untersuchungen werden dabei lediglich die mit Sicherheit als echt

---

[61] Vgl. dazu den Abdruck des Prologs im Anhang, der im folgenden mit ›Prolog‹ und entsprechender Zeilennummer zitiert wird. Ein zeilenweise erfolgter diplomatischer Abdruck mit z. T. anderer Lesung findet sich auch bei WALLACH-FALLER, Dominikanerinnen-Legendar [Anm. 1], S. 389–392.
[62] Vgl. SCHÖNHERR [Anm. 3], S. 57.
[63] Vgl. WEHRLI-JOHNS, Geschichte [Anm. 7], S. 204f., Zitat S. 205. Begründet hat WEHRLI-JOHNS die Abhängigkeit des Prologs von Heinrich Seuse mit dem im Bdew (Bdew B252,21) und im Prolog (Prolog 56) in Bezug auf das Leiden verwendeten Ausdruck *der hohen martrer genos* (vgl. WEHRLI-JOHNS, Geschichte [Anm. 7], S. 204, Anm. 87). Dieser Ausdruck wurde allerdings nicht nur von Seuse verwendet; in der Christina-Legende innerhalb des ›Solothurner Legendars‹ beispielsweise dient er als Übersetzung von *eris martyr* (vgl. RUHRBERG [Anm. 5], S. 330, Anm. 6) und im ›Tösser Schwesternbuch‹ zeichnet er die Pflegerin der Elisabeth von Ungarn aus: *Die was ain als grimme herte frow das sy ir als fil hertikait an tet das wir kainen zwifel dar an habent das sy der martrer gnoss sy von liden das man ir an tett* (Das Leben der Schwestern zu Töß, beschrieben von Elsbet Stagel samt der Vorrede von Johannes Meier und dem Leben der Prinzessin Elisabet von Ungarn, hg. von FERDINAND VETTER, Berlin 1906 [DTM 6], S. 102, Z. 1–3). Seuses Schilderungen über das rechte Leiden in Kap. XIII des Bdew fanden auszugsweise unter wörtlicher Zitierung von Bdew B252,21 auch Aufnahme in den Traktat ›Vom Leiden‹ (vgl. Texte aus der deutschen Mystik des 14. und 15. Jahrhunderts, hg. von ADOLF SPAMER, Jena 1912, S. 110, Z. 20) und in andere Kompilationen; vgl. KURT RUH, Vom Leiden, ²VL, Bd. 5, 1985, Sp. 679f.
[64] Vgl. WALLACH-FALLER, Bibelübersetzung [Anm. 1], S. 94, Anm. 1; DIES., Dominikanerinnen-Legendar [Anm. 1], S. 393, Zitat ebd.

geltenden deutschen Schriften Seuses einbezogen;[65] Parallelen zu Werken anderer Dominikanerprediger – mögen sie noch so augenfällig sein – sind nicht Gegenstand dieser Untersuchung und bleiben unberücksichtigt.

---

[65] Es sind dies neben den Büchern des ›Exemplars‹ (›Vita‹, ›Büchlein der ewigen Weisheit‹ [Bdew], ›Büchlein der Wahrheit‹ [Bdw] und ›Kleines Briefbuch‹ [KlBfb]) die Briefe des ›Großen Briefbuchs‹ (GrBfb) ohne die ›Minneregel‹. Von den vier in BIHLMEYERS Ausgabe gedruckten Predigten halte ich nur Predigt I für echt; sie wird ebenfalls in die Untersuchungen miteinbezogen. Die Predigten II und III stammen vermutlich von ein und demselben Verfasser aus der Eckhart-Schule. DENIFLE und CORIN schreiben Predigt II Tauler zu (vgl. HEINRICH DENIFLE, Taulers Bekehrung kritisch untersucht, Straßburg 1879 [QF 36], S. 36; Sermons de J. Tauler et autre écrits mystiques, Bd. 2. Le Codex Vindobonensis 2739, hg. von ADOLPHE L. CORIN, Liège/Paris 1929 [Bibl. de la faculté de philosophie et lettres de l'université de Liège 42], S. 469, Anm. 1), und auch RUH nimmt für diese Predigt die Autorschaft Taulers mit »großer Wahrscheinlichkeit« an; die unter den pseudo-taulerischen Schriften aufgeführte Predigt III nennt er allerdings eine »Seuse-Predigt«; vgl. KURT RUH, Tauler, Johannes OP, ²VL, Bd. 9, 1995, Sp. 631–662, hier Sp. 637–650, Zitate S. 637 u. S. 650. Zurückhaltender äußert er sich jedoch in: RUH, Mystik, [Anm. 35], S. 471. Daß Predigt IV vermutlich von Seuse stamme, begründet BIHLMEYER [Anm. 20], S. 121* damit, daß sie bereits im 14. Jahrhundert unter dessen Namen überliefert worden ist (*disen sermon predigete bruder henrich der susse*; vgl. BIHLMEYER [Anm. 20], S. 529, Anm. zu Z. 1; CORIN [wie oben] S. 401 nach dem Cod. 2739 der Österreichischen Nationalbibliothek in Wien. Datiert wird die Handschrift auf die 2. Hälfte des 14. Jahrhunderts; vgl. RUDOLF KILIAN WEIGAND, Predigen und Sammeln. Die Predigtanordnung in frühen Tauler-Handschriften, in: Studien zur deutschen Sprache und Literatur. Festschrift Konrad Kunze, hg. von VÁCLAV BOK [u. a.], Hamburg 2004 [Stud. zur Germanistik 10], S. 114–155, hier S. 142) und sich darin eine Episode aus Kapitel XIX der ›Vita‹ verarbeitet findet; vgl. auch JEAN LONGÈRE, La prédication médiévale, Paris 1983, S. 116f. Tatsächlich stimmt die Schulvision (Predigt IV B532,14–23) mit derjenigen aus der ›Vita‹ (Vita B53,13–54,15) und aus dem ›Horologium Sapientiae‹ (KÜNZLE [Anm. 13], S. 519, Z. 19 bis S. 526, Z. 11, im folgenden mit Hor. und entsprechender Seiten- und Zeilennummer zitiert) überein; die Konzeption des dreifachen Menschen (Predigt IV B529,14–19) findet sich so bei Seuse allerdings nicht und weist ebenfalls auf die Verfasserschaft Taulers hin, der das Thema in Predigt 68 ausführt; vgl. Die Predigten Taulers aus der Engelberger und der Freiburger Handschrift sowie aus Schmidts Abschriften der ehemaligen Straßburger Handschriften, hg. von FERDINAND VETTER, Berlin 1910 [DTM 11], S. 373, Z. 9–12; vgl. dazu auch die Hinweise auf die Parallelstellen zu den Predigten II und III bei BIHLMEYER [Anm. 20] (B529,1-B536,5). In der von BIHLMEYER genannten Episode vermute ich eine Erzählung, die entweder im Dominikanerorden bekannt war – und sowohl ins Hor. und in Seuses ›Vita‹ als auch in die Predigt IV Aufnahme fand – oder vom Verfasser der Predigt aus Seuses Schriften übernommen worden ist, wie dies bezüglich der Grundidee der Schulvision auch in den ›24 Harfen‹ Johannes Niders der Fall ist; vgl. ULLA WILLIAMS, Schul der weisheit. Spirituelle *artes*-Auslegung bei Johannes Nider. Mit Edition der ›14. Harfe‹, in: Überlieferungsgeschichtliche Editionen und Studien zur deutschen Literatur des Mittelalters. Kurt Ruh zum 75. Geburtstag, hg. von KONRAD KUNZE [u. a.], Tübingen 1989 (TTG 31), S. 391–424 hier S. 396. Die Zuschreibung an Seuse in der Wiener Handschrift reicht als Beweis für dessen Autorschaft m. E. nicht aus.

Prolog, Predigt oder Brief?

Aufgrund der äußeren Form hat WEHRLI-JOHNS festgehalten, daß es sich beim Prolog »in Wahrheit um eine an geistliche Frauen gerichtete deutsche Predigt« handle.[66] Tatsächlich weist der kurze Text die für den Aufbau einer Predigt konstitutiven Elemente auf, was allerdings nicht weiter erstaunt, da sowohl die *ars prædicandi* wie auch die *ars dictandi*, welche die Grundlage für Form und Inhalt mittelalterlicher Prologe bildet, lediglich Teilgebiete derselben – im Ordensstudium vermittelten – Rhetoriklehre darstellen.[67] So folgt auch der Aufbau des Prologs zum ›Solothurner Legendar‹ dem Predigtschema eines *sermo* des 13. Jahrhunderts:[68] Nach dem Schriftwort (Ct 2,5) in lateinischer Sprache, welches der *lectio* entspricht (Prolog 2), folgt im *exordium* das *prothema*, in dem mittels der Allegorese erklärt wird, in welchen Zusammenhang das Zitat zu stellen ist: Die Gott minnende, liebeskranke Seele braucht die Unterstützung von guten Menschen (Prolog 4–11). Durch eine *divisio thematis* wird anschließend das eigentliche Thema des Schriftwortes abgeleitet und in der *distinctio* erläutert: Die Lilien, Rosen und wohlschmeckenden Früchte bezeichnen die Jungfrauen, Märtyrer und Bekenner (Prolog 12–15). Über das eigentliche Bibelwort hinaus führen die in der *dilatatio* folgenden Erläuterungen: Die Heiligen sind Vorbilder und Wegbegleiter auf dem geistlichen Weg, insbesondere bezüglich der Leidensbereitschaft (Prolog 18–29). Nachdem ein Klagegebet den ersten Teil der *dilatatio* abgeschlossen hat (Prolog 30–34), wird in einem zweiten Teil das angesprochene Thema des rechten Leidens wieder aufgegriffen und traktatartig erläutert (Prolog 35–54). Den Abschluß des Prologs bildet die *conclusio*, die

---

[66] WEHRLI-JOHNS, Geschichte [Anm. 7], S. 204. Dem widerspricht mit nicht ganz nachvollziehbaren Argumenten WALLACH-FALLER, Dominikanerinnen-Legendar [Anm. 1], S. 389.

[67] Vgl. HENNING BRINKMANN, Der Prolog im Mittelalter als literarische Erscheinung. Bau und Aussage, WW 14 (1964), S. 1–21, hier S. 7; HANS M. SCHALLER, Ars dictaminis, Ars dictandi, in: LexMA, Bd. 1, 1980, Sp. 1034–1039, hier Sp. 1034; ECKART CONRAD LUTZ, Rhetorica Divina. Mittelhochdeutsche Prologgebete und die rhetorische Kultur des Mittelalters, Berlin/New York 1984 (Quellen und Forschungen zur Sprach- und Kulturgeschichte der germanischen Völker 82 [206]), S. 64.

[68] Zum Predigtschema vgl. DOROTHEA ROTH, Die mittelalterliche Predigttheorie und das Manuale curatorum des Johann Ulrich Surgant, Basel 1956 (Basler Beiträge zur Geschichtswissenschaft 58), S. 44–86; URS KAMBER, Arbor Amoris – Der Minnebaum. Ein Pseudo-Bonaventura-Traktat, hg. nach lateinischen und deutschen Handschriften des XIV. und XV. Jahrhunderts, Berlin 1964 (Phil.Stud.u.Qu. 20), S. 72–82; GERHARD STAMM, Studien zum ›Schwarzwälder Prediger‹, München 1969 (Medium aevum 18), S. 55–72; MONIKA HANSEN, Der Aufbau der mittelalterlichen Predigt unter besonderer Berücksichtigung der Mystiker Eckhart und Tauler, Diss. masch., Universität Hamburg 1972, S. 5–30. GERRIT CORNELIUS ZIELEMANN, Das Studium der deutschen und niederländischen Predigten des Mittelalters, in: Sô predigent etlîche. Beiträge zur deutschen und niederländischen Predigt im Mittelalter, hg. von KURT OTTO SEIDEL, Göppingen 1982 (GAG 378), S. 5–48, hier S. 7f.

Ein Text Heinrich Seuses? 347

im Stil der Paränese über die rechte Einstellung zum Leiden belehrt (Prolog 54–56). Dieses Schema mit seinen aus der *ars dictaminis* abgeleiteten Elementen liegt auch den im sogenannten ›Großen Briefbuch‹ (GrBfb) von Heinrich Seuse überlieferten Unterweisungsschriften zugrunde,[69] welche in der Forschung entweder zu den religiösen Briefen[70] oder zur Schriftpredigt[71] gezählt werden.[72] Im Spätmittelalter scheint das Bewußtsein einer klaren Abgrenzung zwischen diesen Gattungen allerdings nicht bestanden zu haben,[73] da sich Brief und Lesepredigt in ihrer Funktion nicht trennen ließen; beide hatten »Belehrung,

---

[69] Vgl. DEBRA LYNN STOUDT, The Stucture and Style of the Letters of Seuse's Grosses Briefbuch, Neuphilologische Mitteilungen 90 (1989), S. 359–367, hier S. 360.

[70] Vgl. CHRISTINE WAND-WITTKOWSKI, Briefe im Mittelalter. Der deutschsprachige Brief als weltliche und religiöse Literatur, Herne 2000, S. 277.

[71] Vgl. DEBRA LYNN STOUDT, The Vernacular Letters of Heinrich von Nördlingen and Heinrich Seuse, Diss. masch., University Chapel Hill 1986, S. 56 u. S. 169. Schon STEINHAUSEN war der Meinung, daß die Briefform bei Seuse »nur künstlich« verwendet worden sei und es sich bei den Pastoralbriefen um geistliche Ermahnungen und Predigten handle; vgl. GEORG STEINHAUSEN, Geschichte des deutschen Briefes. Zur Kulturgeschichte des deutschen Volkes. Teil 1, Berlin 1889, Repr. Dublin/Zürich 1968, S. 14, Zitat ebd.

[72] Da in den Überlieferungsträgern explizite Leseanweisungen fehlen, läßt sich nicht mit absoluter Sicherheit feststellen, ob die Briefe in der Privatandacht gelesen oder im Kollektiv vorgetragen wurden. STOUDT schließt aus der häufigen Verwendung des Verbs *hôren* in Imperativsätzen, daß die Briefe den Schwestern vorgelesen wurden; vgl. STOUDT [Anm. 71], S. 231. Das hinweisende *hôre* kann zwar als »Mündlichkeitssignal« gedient haben, wie dies für den Texttyp Predigt charakteristisch ist (vgl. HANS-JOCHEN SCHIEWER, Typ und Polyfunktionalität, Jb. für Internationale Germanistik 24.2 [1992], S. 44–47, hier S. 46), jedoch auch lediglich zur Erhaltung der Aufmerksamkeit der Leserinnen verwendet worden sein, wie STOUDT einige Seiten später selbst konstatiert; vgl. STOUDT [Anm. 71], S. 237. In der Regel waren Sendbriefe allerdings zur »Lektüre der ganzen Schwesternschaft« verfaßt und wurden vermutlich während der gemeinsamen Mahlzeiten in der Tischlesung laut vorgelesen; vgl. KURT RUH, Schürebrand, ²VL, Bd. 8, 1992, Sp. 876–880, Zitat Sp. 878. So handelt es sich bei den Texten aus dem GrBfb wohl hauptsächlich um predigtähnliche geistliche Ansprachen, die Seuse entweder zum Vorlesen ins Kloster gesandt oder dort selbst vorgetragen hat; vgl. BIHLMEYER [Anm. 20], S. 120*.

[73] Vgl. GILES CONSTABLE, Letters and Letter-Collections, Turnhout 1976 (Typologie des sources du moyen âge occidental 17), S. 12. In einer Berliner Handschrift aus dem 15. Jahrhundert findet sich als Hinweis auf eine Tauler-Predigt jedenfalls der Eintrag *der geistlich send brieff vol götlicher gnoden vnd trostes* (Berlin, SBB-PK, Ms. germ. 4° 193, fol. 141ᵛ; zitiert nach: HANS HORNUNG, Daniel Sudermann als Handschriftensammler. Ein Beitrag zur Strassburger Bibliotheksgeschichte, Diss. masch., Universität Tübingen 1956, S. 45). Auch die Sendbriefe Johannes Niders (um 1380–1438), die formal an Seuses Briefe erinnern, werden in den Handschriften des 15. Jahrhunderts teilweise zu den Predigten gerechnet und umgekehrt Niders Predigten zu den Briefen; vgl. MARGIT BRAND, Studien zu Johannes Niders deutschen Schriften, Rom 1998 (Institutum Historicum Fratrum Praedicatorum Romae. Dissertationes Historicae 23), S. 157, Anm. 2. Und für Seuses Schriften findet sich in der Berliner Handschrift Ms. germ. 8° 69 des 14./15. Jahrhunderts zu einigen Briefen des GrBfb die Überschrift *bredige*; vgl. BIHLMEYER [Anm. 20], S. 21*; STOUDT [Anm. 69], S. 367.

Ermahnung, Tadel, Trost [und] Anweisung zu einem christförmigen Leben«[74] zum Ziel. Dies ist auch die Intention des Prologs des ›Solothurner Legendars‹, der formal den Sendbriefen Seuses weitgehend entspricht und wie die Unterweisungsschriften im GrBfb durchaus selbständig gelesen werden kann.[75]

Der Aufbau von Heinrich Seuses Sendbriefen

Allen Briefen aus dem GrBfb Seuses sowie auch der mit Sicherheit echten Seuse-Predigt I liegt ein mit dem Briefinhalt zum Teil lediglich in losem Zusammenhang stehendes lateinisches Motto zugrunde,[76] welches für neun von insgesamt 27 Briefen aus dem Hohelied stammt.[77] Zum Vergleich der äußeren Struktur des Prologs des ›Solothurner Legendars‹ mit derjenigen der Briefe Seuses soll hier exemplarisch Brief XII (GrBfb XII B439,9–444,3) beigezogen werden. Der Brief aus dem GrBfb, der mit einigen Auslassungen und einer persönlichen Zuschrift an Elsbeth Stagel Eingang ins KlBfb fand (KlBfb III B367,2–368,30), läßt sich in unterschiedliche Abschnitte gliedern, in denen teils mehrere, teils nur einzelne Nonnen angesprochen werden. Der erste Teil des Briefes (GrBfb XII B439,9–440,13) weist folgende Struktur auf:[78] Nach dem lateinischen Motto

---

[74] Ruh, Mystik [Anm. 35], S. 471.
[75] Inhaltlich fehlt im Prolog ein direkter Bezug auf die Konzeption der folgenden Lebensbeschreibungen, wie ihn andere Prologe zu Legendensammlungen bieten; vgl. zum Beispiel den Prolog zur ›Legenda Aurea‹ (Iacopo da Varazze, Legenda aurea, con le miniature del codice Ambrosiano C 240 inf., hg. von Giovanni Paolo Maggioni, Florenz/Mailand 2007 [Edizione nazionale dei testi mediolatini 20, Serie 2,9], S. 2–13), den Prolog zu Hermanns von Fritzlar ›Heiligenleben‹ (Hermann von Fritzlar, Nikolaus von Straßburg, David von Augsburg, hg. von Franz Pfeiffer. Deutsche Mystiker des 14. Jahrhunderts, Bd. 1, Aalen 1962 [Repr. der Ausgabe Leipzig 1845], S. 3–5) oder die zwei Prologe zu den ›Alemannischen Vitaspatrum‹ (Ulla Williams, Die ›Alemannischen Vitaspatrum‹. Untersuchungen und Edition, Tübingen 1996 [TTG 45], S. 74–77); vgl. dazu auch Barow-Vassilevitch [Anm. 1], S. 72. Die Schilderungen des Leidens der Märtyrer, Bekenner und Jungfrauen sind im Prolog des ›Solothurner Legendars‹ ganz allgemein gehalten, und die ostentativ gemeinte Formulierung *wie dis heiligen* (Prolog 25f.) bezieht sich formal lediglich auf die Lektüre der im Bernhardzitat genannten *heiligen leben* (Prolog 20f.).
[76] Vgl. Paul Michel, Heinrich Seuse als Diener des göttlichen Wortes. Persuasive Strategien bei der Verwendung von Bibelzitaten im Dienste seiner pastoralen Aufgaben, in: Das »einig Ein«. Studien zu Theorie und Sprache der deutschen Mystik, hg. von Alois M. Haas/Heinrich Stirnimann, Freiburg/Schweiz 1980 (Dokimion 6), S. 281–367, hier S. 302f.
[77] Briefe III, V, VI, VII, X, XII, XV, XX und XXVI des GrBfb.
[78] Dem Briefformular folgend benennt Stoudt die verschiedenen Teile der Briefe des GrBfb anders (*captatio benevolentiæ* [nur in Brief X], *narratio*, *petitio* [nur in Brief XIII] und *conclusio*), kommt aber zum Schluß, daß die Briefe Seuses eher dem Predigtschema der *ars prædicandi* folgen; vgl. Stoudt [Anm. 71], S. 143–169 u. S. 285–291.

aus Ct 1,4 folgt in Variation die stereotype Wendung *Also stat geschriben an der minne bůch von der minnenden sele* (GrBfb XII B439,11). Das *exordium* bringt wie im Prolog mittels der Allegorese eine Erklärung des Mottos (GrBfb XII B439,11–18), aus welchem in der *divisio thematis* ein Aspekt herausgegriffen wird. In der *distinctio* wird mit der einleitenden Frage *Ach, nu hǒrent, ir schǒnen tǒhtren, waz meinet der heilig geist hier inne?* (GrBfb XII B439,19–21) anschließend das Thema des Briefes bestimmt. Nach der mit der Formel *Sehent, daz ist* (GrBfb XII B439,21) eingeleiteten Deutung und Entfaltung des Themas in der *dilatatio* schließt ein Klagegebet (GrBfb XII B440,9–13) den ersten Teil des Briefes ab. Die analoge Verwendung einzelner Elemente aus dem Predigtformular läßt auf einen dem Verfasser des Prologs und des Predigers Heinrich Seuse gemeinsamen Bildungshintergrund schließen.

Die Nennung von Autoritäten

Parallelen zwischen dem Prolog und Seuses Werk finden sich auch in der namentlichen Nennung der *auctoritates* Bernhard und Gregor, die beide zu Seuses favorisierten kirchlichen Autoritäten zählen. Unter den etwa vierzig namentlich zitierten klassischen Kirchenlehrern[79] erscheint in Seuses deutschen Schriften der in Prolog 20 genannte Bernhard zwölfmal (davon sechsmal in den Briefen und in Predigt I).[80] Gregor, der im Prolog ebenfalls namentlich aufgeführt wird (Prolog 38), wird von Seuse immerhin siebenmal genannt.[81] Von den im Prolog zitierten Stellen finden die im Mittelalter durchwegs Bernhard zugeschriebenen ›Epistula ad fratres de Monte Dei‹ des Wilhelm von Saint-Thierry bei Seuse lediglich in der vermutlich unechten Predigt (Predigt III B525,23–26) eine Entsprechung. Die ›Moralia in Iob‹ hingegen, die im Gregorzitat anklingen, werden von Seuse an mehreren Stellen zitiert.[82]

---

[79] Nicht berücksichtigt sind die biblischen Autoritäten und die in Kap. XXXV der ›Vita‹ häufig genannten Altväter.
[80] Vita B38,9; Vita B187,19; Vita B193,16; Bdew B197,25; Bdew B254,17f.; Bdew B256,6; KlBfb II B366,2; GrBfb V B424,6; GrBfb X B434,6; GrBfb XI B437,10; Predigt I B499,10; Predigt I B501,10f.; vgl. BENOÎT LAVAUD, Quand Suso cite ses sources (Quelques exemples), in: Divinitas Bd. 11 (1967) (Miscellanea André Combes Bd. 2), S. 729–745, hier S. 739–742; Zum Einfluß Bernhards auf Seuse vgl. GEORG STEER, Bernhard von Clairvaux als theologische Autorität für Meister Eckhart, Johannes Tauler und Heinrich Seuse, in: Bernhard von Clairvaux. Rezeption und Wirkung im Mittelalter und in der Neuzeit, hg. von KASPAR ELM, Wiesbaden 1994 (Wolfenbütteler Mittelalter-Studien 6), S. 233–259, hier S. 233–241.
[81] KlBfb IX B388,20; GrBfb III B418,1; GrBfb VIII B429,18; GrBfb XVI B455,12; GrBfb XIX B464,17 (= KlBfb VII B383,3f.); Predigt I B499,15; Predigt I B505,10; vgl. LAVAUD [Anm. 80], S. 738f.
[82] KlBfb IX B388,19f.; GrBfb XIX B464,17–21 (= KlBfb VII B383,3–5); GrBfb XVI B455,11–15; Predigt I B505,9–22.

Stilistische Untersuchungen

Neben den genannten formalen Ähnlichkeiten weist auch die im Prolog des ›Solothurner Legendars‹ und in Seuses Texten gleichartige Verwendung rhetorischer Stilmittel auf eine Verwandtschaft zwischen den Schriften hin. Mittels Untersuchungen der stilistischen Besonderheiten soll deshalb im folgenden eine mögliche Abhängigkeit des Prologs von Seuses Schriften geprüft werden, wobei neben dem Wortschatz im besonderen die von Seuse häufig verwendeten rhetorischen Stilmittel berücksichtigt werden.[83] Seuse hat seinen Stil nachweislich je nach Gattung und Zielpublikum der jeweiligen Schrift variiert und angepaßt,[84] weshalb neben den Briefen des GrBfb auch die übrigen deutschen Schriften des Dominikaners in die Untersuchung mit einbezogen werden. Da der Nachweis einer gemeinsamen Verwendung von z. T. allgemein gebräuchlichen Vergleichen und rhetorischen Formeln nicht zu einer eindeutigen Zuschreibung an einen bestimmten Autor ausreicht, soll der Prolog im Anschluß an die stilistischen Untersuchungen zudem auf inhaltliche Parallelen mit den Schriften Seuses hin untersucht werden.[85]

---

[83] Hinsichtlich des Satzbaus läßt sich für den Prolog eine Häufung von kurzen, einfach gebauten Sätzen beobachten, wie sie auch in Seuses Prosa nachweisbar ist; vgl. CARL HEYER, Stilgeschichtliche Studien über Heinrich Seuses Büchlein der Ewigen Weisheit, ZfdPh 46 (1915), S. 175–228 u. S. 393–443, hier S. 225; GABRIELE VON SIEGROTH-NELLESSEN, Versuch einer exakten Stiluntersuchung für Meister Eckhart, Johannes Tauler und Heinrich Seuse, München 1979 (Medium aevum 38), S. 118; STOUDT [Anm. 71], S. 219. Aufgrund der Textgattung und der Kürze des Prologs lassen diese Beobachtungen allerdings keine gültigen Aussagen über eine mögliche Abhängigkeit mit Seuses Werk machen.

[84] Vgl. BRUNO BOESCH, Seuses religiöse Sprache, in: Festschrift Friedrich Maurer. Zum Geburtstag am 5. Januar 1968, hg. von WERNER BESCH [u. a.], Düsseldorf 1968, S. 223–245, hier S. 234; WALTER BLANK, Zum Stilwandel in Seuses Briefbüchern, in: Heinrich Seuse. Studien zum 600. Todestag 1366–1966, hg. von EPHREM M. FILTHAUT, Köln 1966, S. 171–190; PAUL MICHEL, Stilwandel bei Heinrich Seuse, in: Verborum Amor. Studien zur Geschichte und Kunst der deutschen Sprache. Festschrift Stefan Sonderegger, hg. von HARALD BURGER [u. a.], Berlin/New York 1992, S. 297–341.

[85] Wie sich bezüglich des ›Minnebüchleins‹ gezeigt hat, können stilistische Untersuchungen eines Werkes dessen Zuweisung zu einem bekannten Autor nur schwer beweisen. Die z. T. ins Spekulative mündenden Beweisführungen von MOLINELLI-STEIN und MEISTER (vgl. BARBARA MOLINELLI-STEIN, Ein Beitrag zur Echtheitsfrage des »Minnebüchleins« [Heinrich Seuse?], in: ›Getempert und gemischet‹, für Wolfgang Mohr zum 65. Geburtstag von seinen Tübinger Schülern hg. von FRANZ HUNDSNURSCHER/ULRICH MÜLLER, Göppingen 1972 [GAG 65], S. 313–354; PETER MEISTER, Suso's [?] Minnebüchlein, Mystic Quarterly 15 [1989], S. 125–129) haben jedenfalls zu keinem anerkannten Ergebnis geführt, so daß Seuse nach wie vor nicht als Autor des Werks bezeichnet wird; vgl. RUH, Mystik [Anm. 35], S. 420.

Sprachliche Besonderheiten

Unter dem von NICKLAS und HEYER zusammengestellten, von Seuse übernommenen Wortschatz der Prediger des 13. Jahrhunderts finden sich einige Wörter auch im Prolog des ›Solothurner Legendars‹, so zum Beispiel *getrůwen* (Prolog 22f.), *liechten* (Prolog 14, Prolog 16), *fröidenriches* (Prolog 30), *bitter liden* (Prolog 27), *minneklicher* (Prolog 31) und *willen […] brechen* (Prolog 55f.).[86] Zweimal verwendet der Prolog auch das Kompositum *herzengirde* (Prolog 7 u. 16f.), bei dessen Form *herzenbegirde* (Vita B30,2 und öfter)[87] es sich laut NICK-LAS um eine Neuschöpfung von Seuse handelt.[88] Zudem fällt im ersten Teil des Prologs – wie dies auch in den Schriften Seuses zu beobachten ist –[89] eine Häufung von positiven oder negativen Akzentuierungen durch emotional getönte und wertende Adjektive auf: *das sůsse götlich lieb* (Prolog 6), *ein tugenthaftes, götliches herze* (Prolog 9), *gůter menschen tugentricher smak* (Prolog 10f.), *lieben kint* (Prolog 12), *die zarten, reinen jungfrowen* (Prolog 13), *die liechten bichter* (Prolog 14), *uf diser liechten heide* (Prolog 16), *under disen zarten blůmen* (Prolog 16), *einem erzegten menschen* (Prolog 24), *einen kůnen ritter* (Prolog 24f.), *er wirt des geherzer* (Prolog 25), *ellú besinten herzen* (Prolog 25), *manig bitter liden* (Prolog 27), *minneklicher got* (Prolog 31). Vertreten sind dabei auch die zu Seuses ›Lieblingswörtern‹ zählenden, stereotyp verwendeten Adjektive *zart* (Prolog 13 u. 16) und *sůss* (Prolog 6 u. 12).[90]

Die Verwendung rhetorischer Stilmittel

Neben den Wortneuschöpfungen wird als Besonderheit in Seuses Sprache immer wieder die der Verlebendigung dienende, affektmäßige und schmuckreiche

---

[86] Vgl. ANNA NICKLAS, Die Terminologie des Mystikers Heinrich Seuse unter besonderer Berücksichtigung der psychologischen, logischen, metaphysischen und mystischen Ausdrücke, Königsberg i. Pr. 1914, S. 142; HEYER [Anm. 83], S. 183–208.

[87] Vgl. UTA JOERESSEN, Die Terminologie der Innerlichkeit in den deutschen Werken Heinrich Seuses. Ein Beitrag zur Sprache der deutschen Mystik, Frankfurt a. M. [u. a.] 1983 (Europäische Hochschulschriften Reihe I. Deutsche Sprache und Literatur 704), S. 93f.

[88] Vgl. NICKLAS [Anm. 86], S. 24.

[89] Vgl. HEYER [Anm. 83], S. 214f.; JEAN A. BIZET, Suso et le Minnesang ou la morale de l'amour courtois, Paris 1945, S. 29; BARBARA MOLINELLI-STEIN, Seuse als Schriftsteller. Rhetorik und Rhythmus seiner Prosa, Diss. masch., Universität Tübingen 1966, S. 71–73.

[90] RUH, Mystik [Anm. 35], S. 474; vgl. auch HEYER [Anm. 83], S. 187f. u. S. 196; ADAM GEBHARD, Die Briefe und Predigten des Mystikers Heinrich Seuse, gen. Suso, nach ihren weltlichen Motiven und dichterischen Formeln betrachtet. Ein Beitrag zur deutschen Literatur- und Kulturgeschichte des 14. Jahrhunderts, Berlin/Leipzig 1920, S. 180 u. S. 199.

Sprache, die sich in unterschiedlichen rhetorischen Figuren niederschlägt, angeführt.[91] Solche stilistische Besonderheiten finden sich auch im kurzen Prolog des ›Solothurner Legendars‹ in nicht geringer Anzahl.[92]

1. Amplifikationsfiguren

1.1. Wiederholungsfiguren

Zwar in »bescheidenerem masse« als die Prediger des 13. Jahrhunderts, aber dennoch häufig verwendet Seuse zur Hervorhebung von Vorstellungselementen Wiederholungen eines Wortes oder Wortstammes.[93] Im Prolog sind solche *repetitiones* an verschiedenen Stellen zu finden: *Swer an sin lieb nit sin mag, und im doch sin lieb nit ze liebe werden mag* (Prolog 4), *Wie wo̊ltin sú ein blos, klinglontes, us erzogen swert erliden, so sú ein einig kleines wo̊rtlin von ungedult nit mugen erliden? Ald wie woltin sú krewelon erliden* (Prolog 45–47). Auch die im Bdew formelhaft verwendete Wiederholung *iemer und iemer*[94] kennt der Verfasser des Prologs: *der lon belibet iemer und iemer* (Prolog 28f.).[95] Ebenso finden sich im Prolog die von Seuse oft gebrauchten Stilmittel der Alliteration und der *figura etymologica*,[96] wie zum Beispiel in *brinnender brant* (Prolog 23), *erstritten und erevchten* (Prolog 33), *wůtenden wellen* (Prolog 40), *ein einig* (Prolog 46) oder in *valsches frúndlin* (Prolog 49). Zur Unterstreichung eines Gedankens gebraucht Seuse auch oft die synonyme Variation,[97] die im Prolog an einer Stelle verwendet wird: *Wa vil gnaden ane grosse arbeit! Wa vil geislich wol ane liplich we!* (Prolog 36f.).

1.2. Positionsfiguren

Unter den von Seuse verwendeten Stilmitteln nimmt auch der Parallelismus mit antithetischen Teilgliedern einen wichtigen Platz ein,[98] was HEYER damit be-

---

[91] Vgl. BIHLMEYER [Anm. 20], S. 146*; CONRAD GRÖBER, Der Mystiker Heinrich Seuse. Die Geschichte seines Lebens. Die Entstehung und Echtheit seiner Werke, Freiburg i. Br. 1941, S. 197f.; HAAS/RUH, [Anm. 26], Sp. 1125.
[92] Die Gliederung folgt der Figurenlehre bei CLEMENS OTTMERS, Rhetorik, Weimar 1996 (Sammlung Metzler 283), S. 155–198.
[93] Vgl. HEYER [Anm. 83], S. 394, Zitat ebd.; STOUDT [Anm. 69], S. 366.
[94] Vita B72,4; Bdew B238,4; Bdew B238,22; Bdew B238,25; Bdew B238,32; Bdew B239,10; Bdew B240,3; Bdew B246,19; vgl. HEYER [Anm. 83], S. 396.
[95] In VETTERS Ausgabe von Taulers Predigten (vgl. VETTER [Anm. 65]) findet sich *iemer* zwar 126 mal, die Formel *iemer und iemer* verwendet Tauler jedoch nicht.
[96] Vgl. HEYER [Anm. 83], S. 403; STOUDT [Anm. 71], S. 239–241; STOUDT [Anm. 69], S. 366.
[97] Vgl. HEYER [Anm. 83], S. 409.
[98] Vgl. HEYER [Anm. 83], S. 412; STOUDT [Anm. 71], S. 228; STOUDT [Anm. 69], S. 365.

gründet, daß sich darin Seuses Gedanken, die sich »ständig zwischen den stärksten kontrasten bewegen«, ausdrücken würden.[99] Es sind dies beispielsweise die Gegensätze irdisches/himmlisches Leben (GrBfb IV B421,17f.) oder innerer/äusserer Mensch (GrBfb XIII B444,9f.), wie sie auch der Prolog kennt: *was jamertales dis ist, was fröidenriches landes aber da ist.* (Prolog 30), *Wa vil gnaden ane grosse arbeit!* (Prolog 36), *Wa vil geislich wol ane liplich we!* (Prolog 36f.) oder das chiastisch aufgebaute Gregorzitat: *Was die sele vůret, das terret den lip, und das dem libe girlich ist, das ist der sele giftig* (Prolog 37f.).

1.3. Substitutionsfiguren

Als weitere Besonderheit in Seuses Sprachstil gilt auch die »metaphern- und bildreiche Diktion [...],«[100] für die der Mystiker nicht selten aus dem Fundus traditioneller Metaphern schöpft.[101] In der bekannten Feuer-Metaphorik bezeichnet im Prolog des ›Solothurner Legendars‹ der brennende Brand, der vor dem Erlöschen schützt (Prolog 23f.), die Erhaltung des in der Seele entfachten Glaubens durch die Heiligen. Seuse gebraucht dasselbe Bild zur Bezeichnung des Programms des gesamten Bdew (Bdew B324,5), und zu Beginn von Kap. IV der ›Vita‹ wird in derselben Metaphorik geschildert, wie die Minne zu Gott im Diener selbst initiiert wurde: *In den selben ziten ward neiswaz unmeziges fúres in sin sel gesendet, daz sin herz in gotlicher minne gar inbrünstig machete* (Vita B15,27f.).

In Seuses Brief X ist es zwar der Hl. Geist, der die Nonne *inbrúnstlich wider enzúnde als ie von erst* (GrBfb X B436,2f.), was allerdings durch die Vermittlung des Seelsorgers Seuse in seiner Rollenfigur des Dieners geschieht, damit er – wie in der ›Vita‹ ausgeführt wird – *ellú menschen durch sinú minnerichú wort und lere enzunti* (Vita B18,17f.). Ebendiese Funktion übernehmen im Prolog die als kühne Ritter bezeichneten Heiligen. Hier klingt die auf die höfische Literatur ansprechende und von Seuse als »besonderes Lieblingsmotiv« oft verwendete Metapher der geistlichen Ritterschaft an.[102] Gemäß der ›Vita‹ tritt Seuse in seiner Rollenfigur des Dieners nach einem anfangenden geistlichen Leben voller Selbstkasteiungen selbst in die *militia christi*, die passive Leidensbereitschaft für Christus ein (Vita B151,5f.) und folgt darin – angeregt durch die Meditation über das Hiobwort *Militia est vita hominis* (Iob 7,1) und im Anschluß an die

---

[99] Vgl. HEYER [Anm. 83], S. 417, Zitat ebd.
[100] HAAS/RUH, [Anm. 26], Sp. 1125; vgl. auch RUH, Mystik [Anm. 35], S. 475.
[101] Vgl. HEYER [Anm. 83], S. 419.
[102] GRETE LÜERS, Die Sprache der deutschen Mystik des Mittelalters im Werke der Mechthild von Magdeburg, München 1926, S. 245; vgl. auch BIHLMEYER [Anm. 20], S. 60*; HEYER [Anm. 83], S. 441f.; BLANK [Anm. 32], S. 301–307. Zu den höfisch-ritterlichen Termini in Seuses Werk vgl. GISELA BALDUS, Die Gestalt des ›dieners‹ im Werke Heinrich Seuses, Diss. masch., Universität Köln 1966, S. 82–85.

patristisch-monastische Tradition – dem Vorbild der frühchristlichen Märtyrer,[103] welche im Zusatz zum KlBfb von der ewigen Weisheit als fromme Ritter bezeichnet werden:

Schow die martrer unverdrossen, die ir blůt durch got hant vergossen! Ir frumen ritter, gehabent úch wol, kein liden úch erschrecken sol! (KlBf B398,10–13)

Ebenso wie der Ritter dem Knappen Schutzherr und Vorbild ist (GrBfb XVII B459,11–13), sind die frommen Ritter dem anfangenden Menschen Stützen und Vorbilder im geistlichen Leben, wie dies Seuse analog zum Prolog (Prolog 24f.) in Brief XVII des GrBfb unter Anführung eines lateinischen Zitats aus Ps 30,25 (XVII B459,10f.) vom *kůne[n] ritter David* berichtet (XVII B459,17).[104] Seuse selbst übernimmt in der ›Vita‹ in der Rollenfigur des Dieners der ewigen Weisheit als Vermittlerfigur gegenüber seiner geistlichen Tochter Elsbeth Stagel dieselbe Funktion,[105] was er ihr als Beichtvater auch in einem Brief offeriert:

Eya, eya, kint mins, dar umb so bút mir din hant und hap dich vast, nút an mich, sunder an den starcken geminten herren, dem du nu zů dienst in disen strit bist komen. (GrBfb XVII B460,15–17)[106]

1.4. Synekdoche

Wie bei Seuse finden sich auch im Prolog partikularisierende Synekdochen, in denen Personalpronomina und pronominale Adjektive *pars pro toto* durch die gegenständliche Bezeichnung *herz* oder *sele* ersetzt werden:[107] *einer got minnender, siechen sele* (Prolog 5f.), *Ein tugenthaftes, gǒtliches herze* (Prolog 9) und *nu merkent, ellú besinten herzen* (Prolog 25).

---

[103] Vgl. JULIUS SCHWIETERING, Zur Autorschaft von Seuses Vita, in: Humanismus, Mystik und Kunst in der Welt des späten Mittelalters, hg. von KURT KOCH, Leiden 1953 (Stud. und Texte zur Geistesgeschichte des Mittelalters 3), S. 146–158, hier S. 150f.; wieder abgedruckt in: JULIUS SCHWIETERING, Mystik und höfische Dichtung im Hochmittelalter, Tübingen 1962 (unveränderter Nachdruck der Ausgabe Darmstadt 1960), S. 107–122 sowie in: Altdeutsche und Altniederländische Mystik, hg. von KURT RUH, Darmstadt 1964 (WdF 23), S. 309–323; MARIA BINDSCHEDLER, Seuses Begriff der Ritterschaft, in: Heinrich Seuse. Studien zum 600. Todestag 1366–1966, hg. von EPHREM M. FILTHAUT, Köln 1966, S. 233–239, hier S. 233f.; ANNE-MARIE HOLENSTEIN-HASLER, Studien zur Vita Heinrich Seuses, ZSchwKG 62 (1968), S. 262–297; RUH, Mystik [Anm. 35], S. 448f.

[104] Vgl. STOUDT [Anm. 71], S. 235.

[105] Die Tendenz hin zur Öffnung des Kanons der Vorbilder im Glauben ist nicht nur in der Verbreitung von Lebensbeschreibungen vorbildlicher Nonnen in Schwesternbüchern und in der Lebensbeschreibung des Dieners innerhalb von Seuses ›Vita‹ zu beobachten, sondern auch in der Aufnahme der nicht kanonisch verbürgten Christina von Stommeln in die Sammlung der Heiligenlegenden in T1 des ›Solothurner Legendars‹. BAROW-VASSILEVITCH sieht darin gar die Etablierung von Bildern von »neuen Heiligen«; vgl. BAROW-VASSILEVITCH [Anm. 1], S. 213, Zitat ebd.

[106] Vgl. KlBfb IV B371,18–20.

[107] Vgl. HEYER [Anm. 83], S. 223–225.

2. Argumentationsfiguren

2.1. Kommunikative und appellative Figuren

Für die Satzformen des Bdew hat HEYER einen »[...] reichtum an affektmässigen satzformen [...]« in Fragen und Ausrufen festgestellt.[108] Solche appellative Figuren finden sich auch im Prolog an mehreren Stellen: *Owe, minneklicher got von himelrich, wie súln wir iemer dar komen?* (Prolog 31), *Wa vil gnaden ane grosse arbeit!* (Prolog 36), *Wa vil geislich wol ane liplich we!* (Prolog 36f.), *Wie wŏltin sú ein blos, klinglontes, us erzogen swert erliden, so sú ein einig kleines wŏrtlin von ungedult nit mugen erliden?* (Prolog 45f.), *Ald wie woltin sú krewelon erliden, so sú ein kleines ungemach nit mugen dulden?* (Prolog 46f.), *Ald wie wŏltin sú sich von allen ir fründen in den tot ergen, die ieze ein valsches fründlin us ir herzen dur got nit mugen lassen?* (Prolog 48f.).

Auffallend im ersten Teil des Prologs ist zudem der wie bei Seuse häufige Gebrauch emotionsgeladener Anrede- und Anrufungsformen,[109] die normalerweise v. a. bei der direkten Rede des Dialogs und in erzählenden Texten auftreten und der Kontaktaufnahme mit den Rezipienten dienen.[110] Sie lassen sich nicht nur im eingeschobenen Gebet finden (*Ach got, was jamertales dis ist* [Prolog 30], *Owe, minneklicher got* [Prolog 31]), sondern auch in der direkten Anrede an die Leser- oder Hörerinnen (*Ach lieben kint* [Prolog 12], *Ach, nu merkent* [Prolog 25], *Eýa, lieben kint* [Prolog 29], *Ach, nu lŭgent* [Prolog 35]). Seuse verwendet dieses rhetorische Ausdrucksmittel zur Gestaltung des Hörereinbezugs an unzähligen Stellen;[111] *ach* in seinem gesamten Werk um die hundertachtzigmal, *eya* um die hundertfünfundvierzigmal und *owe* gar mehr als dreihundertfünfzigmal.[112] Wie dies auch in Seuses Werk der Fall ist,[113] signalisieren die Interjektionen im Prolog mehr emphatische Anrufe als Ausrufe. Neben den Onomatopoiien findet sich im Prolog an zwei Stellen auch der von Seuse oft verwendete Ausdruck *gewerlich* (Prolog 16. u. 49).[114] Zudem verwendet der Prolog zum Hörereinbezug und zur Unterstreichung des Dialogverhältnisses neben *nu merkent* (Prolog 25) auch das von Seuse oft verwendete *lŭgent* (Prolog 35 u. 41),[115] welches bei ihm innerhalb der Allegorese als Hinweis auf den *sensus mysticus* des Gesagten zu lesen ist.[116]

---

[108] Vgl. HEYER [Anm. 83], S. 225, Zitat ebd. (Hervorhebung im Original).
[109] Vgl. STOUDT [Anm. 71], S. 220.
[110] Vgl. PAUL [Anm. 25], § 435.
[111] Vgl. PAUL HEITZ, Zur mystischen Stilkunst Heinrich Seuses in seinen deutschen Schriften. Teildruck, Halle 1914, S. 30–38; HEYER [Anm. 83], S. 213 u. S. 218–220; MOLINELLI-STEIN [Anm. 89], S. 62f.
[112] Im Vergleich dazu findet sich die Verwendung von Interjektionen in VETTERS Ausgabe von Taulers Predigten (vgl. VETTER [Anm. 65]) wie folgt: *ach* erscheint neunundreissigmal, *eya* zwölfmal und *owe* lediglich einmal.
[113] Vgl. MOLINELLI-STEIN [Anm. 89], S. 68.
[114] Vgl. STOUDT [Anm. 71], S. 248.
[115] Vgl. MOLINELLI-STEIN [Anm. 89], S. 63.
[116] Vgl. STOUDT [Anm. 71], S. 230.

2.2. Semantische Figuren zur Explikation und Veranschaulichung

Der Vergleich, daß es ebenso unmöglich sei, den Bodensee in einer Wanne zu überqueren wie ins Himmelreich zu gelangen, ohne vorher gelitten zu haben (Prolog 38–40), findet in Seuses Schriften zwar keine Entsprechung, weist durch die Nennung des Bodensees jedoch immerhin auf den gemeinsamen geographischen Wirkungsraum des Verfassers des Prologs und Seuses hin, der in der ›Vita‹ – allerdings in anderem Zusammenhang – von einer Bodenseeschiffahrt des Dieners berichtet (Vita B149,8).[117] Aus dem Bereich der Schiffahrt stammt zudem der Vergleich des Menschen, dem der Anblick Gottes entzogen wird, mit einem Schiffer, dem die Ruder entglitten sind, im Bdew (Bdew B289,17–19). Auch der Vergleich zwischen dem Leiden und dem sicheren Hafen, welcher die Seele vor den wütenden Wellen der Sünden schützt (Prolog 40f.), findet sich bei Seuse so nicht. Der Konstanzer Mystiker scheint jedoch mit dem zugrundeliegenden Bildbereich vertraut gewesen zu sein, wenn er in Brief X schreibt: *Ich weis einen brediger, so der von maniger starken wellen was hinder sich getriben* [...] (GrBfb X B436,17f.).

Inhaltliche Untersuchungen zum Prolog des ›Solothurner Legendars‹

Entgegen WALLACH-FALLER bietet der Prolog des ›Solothurner Legendars‹ keine dreiteilige mystagogische Anleitung für die Stufen »Via unitiva, Via illuminativa und Via purgativa (in dieser Reihenfolge!) [...]«,[118] sondern es werden mit dem Thema der richtigen Leidensbereitschaft lediglich die auf dem geistlichen Weg anfangenden Menschen angesprochen (vgl. Prolog 19). Dies geschieht allerdings wie üblich im Hinblick und mit Ausblick auf die *unio mystica*: Die minnekranke Braut aus dem Hohelied wird in der allegorischen Deutung der Perikopenstelle tropologisch mit der minnenden Seele des gläubigen Menschen gleichgesetzt.[119] Da dieser im irdischen Leben seinen geliebten Gott in der Unio

---

[117] BORST nennt die zwei Textzeugen in seiner Untersuchung zur Wortgeschichte des ›Bodensees‹, ohne sie jedoch miteinander in Verbindung zu bringen; vgl. ARNO BORST, Bodensee, Geschichte eines Wortes, in: Der Bodensee. Landschaft – Geschichte – Kultur, hg. von HELMUT MAURER, Sigmaringen 1982, S. 495–529, hier S. 516, Anm. 71.

[118] WALLACH-FALLER, Dominikanerinnen-Legendar [Anm. 1], S. 389. Dem folgen auch RUHRBERG [Anm. 5], S. 341 und BAROW-VASSILEVITCH [Anm. 1], S. 72, Anm. 27. WALLACH-FALLERS These vom mystischen Modell der *triplex via* als mystagogische Leseanleitung wurde von KURT RUH am Symposion 1984 »noch skeptisch aufgegriffen, jedoch aus Zeitgründen nicht mehr diskutiert«; vgl. KLAUS KIRCHERT, Diskussionsbericht, in: Abendländische Mystik im Mittelalter. Symposion Kloster Engelberg 1984, hg. von KURT RUH, Stuttgart 1986 (German. Symposien. Berichtsbände 7), S. 466–477, hier S. 471, Zitat ebd.

[119] Hier folgt der Prolog der traditionellen Bibelexegese, die bei der Auslegung von Ct 2,5

nicht unablässig schauen kann, wird er liebeskrank. Trost, Stärkung und Unterstützung in seinem Leiden erhält er in der Lektüre von Leidensgeschichten verstorbener, heiliger Menschen (Jungfrauen, Bekenner und Märtyrer), deren Lebensbeschreibungen zeigen, daß nach großen, aber relativ kurzen Qualen in diesem Leben ewige Freude im nächsten Leben – nämlich im himmlischen Paradies – folgt. Der zweite Teil des Prologs bringt in einer Abhandlung über die rechte Leidensbereitschaft eine Lese- und Deutungsanweisung für die genannten Leidensberichte, wobei kritisch über die praktische Anwendung des bereits Geschilderten reflektiert wird: In der Nachfolge der Heiligen ist nicht das aktive Martyrium erstrebenswert, sondern die Bereitschaft, sich allem auferlegten Leiden, sei dieses noch so gering, zuzuwenden und es geduldig zu ertragen. Nur auf diese Weise kann die erstrebte Aufnahme in den Kreis der Märtyrer erfolgen.

Der Prolog bietet folglich einerseits eine Aufforderung zum häufigen Lesen von Märtyrerberichten und Heiligenlegenden, andererseits eine Kritik am traditionellen *imitatio*-Gedanken sowie die Aufforderung, eine passive Leidensbereitschaft einzunehmen. Sie ist die Voraussetzung für den Übertritt ins Paradies, der – wenn auch nur sporadisch und endlich – bereits in diesem Leben vollzogen werden kann.

Inhaltliche Parallelen zwischen dem Prolog und Seuses Schriften

Dieses Konzept der rechten Einstellung zum Leiden liegt auch der ersten Stufe des geistlichen Wegs Elsbeth Stagels innerhalb der ›Vita‹ Heinrich Seuses zugrunde (Vita Kapitel XXXIII-XLV),[120] in welcher der Seelsorger anhand der Entwicklung seiner geistlichen Tochter prototypisch den geistlichen Weg einer jeden Nonne schildert. Einzelne Elemente der Empfehlungen für den spirituellen Weg finden sich zudem auch in den übrigen Unterweisungsschriften Seuses, wobei im Konzept der rechten Leidensbereitschaft auffallende Ähnlichkeiten zwischen den Schriften des Mystikers und dem Prolog des ›Solothurner Legendars‹ auszumachen sind. Auf solche soll im folgenden hingewiesen werden.

---

v. a. die Tugenden thematisiert; vgl. Das St. Trudperter Hohelied. Eine Lehre der liebenden Gotteserkenntnis, hg. von FRIEDRICH OHLY, Frankfurt a. M. 1998 (Bibl. deutscher Klassiker 155), S. 703.

[120] Vgl. CHRISTINE PLEUSER, Tradition und Ursprünglichkeit in der ›Vita‹ Seuses, in: Heinrich Seuse. Studien zum 600. Todestag 1366–1966, hg. von EPHREM M. FILTHAUT, Köln 1966, S. 135–160, hier S. 158f.; RUH, Mystik [Anm. 35], S. 445.

1. Hoheliedallegorese I: Der abwesende Geliebte (Prolog 4–7)

Ein zentrales Thema in Seuses Schriften bildet die in der allegorischen Hoheliedexegese gedeutete geistliche Brautschaft zwischen Christus und der Seele des Menschen.[121] Seuse selbst tritt aufgrund einer Audition in der Rollenfigur des Dieners innerhalb der ›Vita‹ in die Gottesbrautschaft mit der ewigen Weisheit ein (Vita B12,19–13,2),[122] wobei in der Stilisierung der Liebesbindung an die Weisheit unter Einbeziehung der Themen *minne* und *leid* traditionelle Hoheliedexegese mit den Vorstellungen des höfischen Minnedienstes verschmilzt.[123] Obwohl in Seuses Werk die mystische Interpretation in der Verarbeitung von Brautsymbolen, wie zum Beispiel des Topos des Minnebundes im Zusammenhang mit der Aufnahme von Novizinnen in den Nonnenstand (GrBfb I B407,9), eine äußerlich körperliche Komponente gewinnt, findet das Minnebündnis – wie auch im Bildbereich des Prologs – geistlich im Herzen statt (GrBfb III B419,5), im »innere[n] Zentrum, von dem alle Regungen des Menschen [...] ausgehen.«[124] Den im Prolog in der Deutung von Ct 2,5 topisch beschriebenen »Zustand der Verlassenheit von Gott als Mangelsituation, die einer Krankheit gleichkommt,« thematisiert Seuse ausführlich im Bdew (Bdew B233,11–20).[125] Über den geschilderten Gefühlswechsel zwischen Unio-Erfahrung und absoluter Leere im Getrenntsein erschrickt der Diener und beklagt sich, indem er spricht: *Wie siget min sele so kraftlos da hin von jamer und erbermde über die armen selen!* (Bdew B239,24f.). Dieser Wechsel zwischen Gottesnähe und Gottesferne – von der ewigen Weisheit als *minne spil* (Bdew B234,11) bezeichnet,[126] vom Diener jedoch als *mŭliches spil* (Bdew B234,16)

---

[121] Vgl. BALDUS [Anm. 102], S. 68.

[122] Vgl. MARKUS ENDERS, Das mystische Wissen bei Heinrich Seuse, Paderborn [u. a.] 1993 (Veröffentlichungen des Grabmann-Institutes NF 37), S. 129.

[123] Vgl. GEBHARD [Anm. 90], S. 152–199; vgl. HERMANN KUNISCH, Die mittelalterliche Mystik und die deutsche Sprache. Ein Grundriß, Literaturwissenschaftliches Jb. NF 6 (1965), S. 37–90, hier S. 73f.; ALOIS WINKLHOFER, Die Logosmystik des Heinrich Seuse, in: Heinrich Seuse. Studien zum 600. Todestag 1366–1966, hg. von EPHREM M. FILTHAUT, Köln 1966, S. 213–232, hier S. 222; BALDUS [Anm. 102], S. 70; VOLKER MERTENS, Der Bräutigam, die Braut – die Weisheit und ihr Diener. Geschlechterkonzepte der Brautmystik bei Bernhard und Seuse, in: Mystik – Überlieferung – Naturkunde. Gegenstände und Methoden mediävistischer Forschungspraxis, hg. von ROBERT LUFF/RUDOLF KILIAN WEIGAND, Tagung in Eichstätt am 16. und 17. April 1999, anläßlich der Begründung der »Forschungsstelle für Geistliche Literatur des Mittelalters« an der Katholischen Universität Eichstätt, Hildesheim [u. a.] 2002, S. 1–16, hier S. 11.

[124] JOERESSEN [Anm. 87], S. 14.

[125] Vgl. ALOIS M. HAAS, Schwermütigkeit. Ein Wort der deutschen Mystik, in: Verborum Amor. Studien zur Geschichte und Kunst der deutschen Sprache. Festschrift Stefan Sonderegger, hg. von HARALD BURGER [u.a], Berlin/New York 1992, S. 273–296, Zitat S. 283; wieder abgedruckt in: DERS., Gelassenheit [Anm. 32], S. 93–123; MICHEL, [Anm. 76], S. 330f.

[126] Vgl. BIZET [Anm. 89], S. 68f. Von dieser Gottesferne spricht Seuse auch in Kap. V des Bdew; vgl. Bdew B211,2–216,8.

empfunden – gehört laut der ewigen Weisheit zum irdischen Dasein; analog formuliert der Prolog (Prolog 5–7). Dieser Wechsel wird erst im jenseitigen Leben von der immerwährenden Gemeinschaft mit Gott abgelöst;[127] im diesseitigen Leben gewährt Gott die Beständigkeit der Liebe nur den *aller lutersten und der ewikeit dú aller glichsten* Menschen (Bdew B234,21f.). Begründet wird der ständige Wechsel zwischen Gottesnähe und Gottesferne im Bdew wie folgt: *Alle die wile liep bi liebe ist, so enweis liep nit, wie liep liep ist; swenn aber liep von liep gescheidet, so enphindet erst liep, wie lieb lieb waz* (Bdew B234,13–15).

2. Hoheliedallegorese II: Der Blumenschmuck (Prolog 12–15)

Auch die allegorische Deutung der Blumen und Früchte aus dem Hoheliedzitat, welche im Prolog zur Einführung des eigentlichen Themas dienen, verwendet Seuse sehr häufig, vor allem zur traditionellen Bezeichnung der vollkommenen Tugend.[128] Im Bdew findet sich allerdings eine weitere Deutungsmöglichkeit. Die Blumenmetaphorik wird dort zur Bezeichnung der schönen, himmlischen Heide (Bdew B242,10f.), des *caelum empyreum* (Bdew B241,27) verwendet. Die Rosen und Lilien stehen für die Blumen des himmlischen Paradieses (Bdew B222,8–10), welche die ewige Weisheit zieren (Bdew B224,23), und können – analog zum Prolog – gleichgesetzt werden mit den rubinrot gekleideten Märtyrern, den in *grůnender schonheit* (Bdew B244,2) leuchtenden Bekennern und den in engelhafter Lauterkeit glänzenden Jungfrauen, welche der ewigen Weisheit zur Seite sitzen (Bdew B243,24–244,5).[129]

3. Empfehlung der häufigen Lektüre der Heiligenleben (Prolog 18–21)

Als Vorbild auf dem anfangenden geistlichen Weg dienen laut dem Prolog der *heiligen leben* (Prolog 20f.). Diese sollen gemäß dem Bernhardzitat oft betrachtet werden, damit die Leidens- und Heilsgeschichten der Betrachterin zum Vorbild und zur Stärkung im eigenen Glauben dienen (Prolog 21–23). Zur Lektüre von Lebensbeschreibungen heiligmäßig lebender Menschen rät auch Heinrich Seuse in Brief VIII des GrBfb, wenn er die Adressatinnen auffordert: *Nement für úwer ǒgen die fromen vorbilder eins heiligen lebens* (GrBfb VIII B430,19f.)

---

[127] Vom *minnesiechtum* von Seuses Mutter ist in der ›Vita‹ die Rede (Vita B142,22–30); vgl. dazu ALOIS M. HAAS, Sermo Mysticus. Studien zu Theologie und Sprache der deutschen Mystik, Freiburg/Schweiz 1979 (Dokimion 4), S. 476. In Brief XX des GrBfb mit dem Motto *Annunciate dilecto, quia amore langueo* (Ct 5,8) geht Seuse allerdings nicht auf das *minnesiechtum* ein; vgl. GrBfb XX B466,2–468,4 u. KlBfb VIII B384,2–386,30.
[128] Vgl. GEBHARD [Anm. 90], S. 69–85; LÜERS [Anm. 102], S. 155.
[129] Vgl. ENDERS [Anm. 122], S. 273–276.

und die Nonnen anweist, den Heiligen, die laut dem Bdew Vorkoster und Vorbilder für die rechte Art des Leidens sind (Bdew B252,16–19), nachzufolgen (GrBfb VIII B430,24). Namentlich genannt und als Vorbilder aufgeführt werden in Seuses Schriften zum Beispiel die Hl. Agnes (GrBfb XI B439,1) sowie der Hl. Ignatius von Antiochia (KlBfb XI B392,25), deren Viten auch im ›Solothurner Legendar‹ zu finden sind. Seiner geistlichen Tochter sandte der Diener gemäß der ›Vita‹ zudem einige Altvätersprüche aus den ›Vitaspatrum‹ und den Werken Cassians zu (Vita B107,1f.), nachdem Elsbeth Stagel ihm zu Beginn ihres geistlichen Lebens mitgeteilt hatte, daß sie zur Unterweisung keine klugen Worte hören wolle, sondern praktische Anleitung zu *heiligem lebene* begehre (Vita B98,22).[130]

4. Irdisches Leiden bringt himmlische Freuden (Prolog 25–29)

Im Prolog wird als Anleitung zur Lektüre der Lebensbeschreibungen der Heiligen besonders auf das Betrachten des ertragenen Leids und der daraus erfolgten Seligkeit im *empyreum* hingewiesen (Prolog 25–29). Dies empfiehlt auch der Diener Elsbeth Stagel zum Trost in ihrer Krankheit, wenn er ihr in Brief III des KlBfb schildert, wie Gott zu einem leidenden Menschen spricht:

»*lůg an die grossen zal der heiligen, sih an daz schön lebend gemúre der himelschen Jerusalem, wie dú durlůhten steine der stat vorhin beschniten und gewúrket sint mit lidene, die nu so schon glenzend mit klarem liehte! Wie geschah der lieben sant Elsbeten? Paulus waz diser welt ein hinwerf; Job, Tobias giengen daz selb pfad. Der heilig Athanasius leid, als ob ellú disú welt sinen tod heti gesworn. Lůg, wie alle heiligen eintweder herzenblůt, ald aber libes und herzen blůt hein vergossen!*« (KlBfb III B367,21–368,1)[131]

---

[130] Vgl. WERNER WILLIAMS-KRAPP, *Nucleus totius perfectionis.* Die Altväterspiritualität in der ›Vita‹ Heinrich Seuses, in: Festschrift Walter Haug und Burghart Wachinger, hg. von JOHANNES JANOTA [u.a], Bd. 1, Tübingen 1992, S. 407–421, hier S. 416f.; ULLA WILLIAMS, *Vatter ler mich.* Zur Funktion von Verba und Dicta im Schrifttum der deutschen Mystik, in: Heinrich Seuses Philosophia spiritualis. Quellen, Konzept, Formen und Rezeption. Tagung Eichstätt 2.–4. Oktober 1991, hg. von RÜDIGER BLUMRICH/PHILIPP KAISER, Wiesbaden 1994 (Wissensliteratur im Mittelalter 17), S. 173–188; hier S. 173f. Ganz anders klingt eine Stelle in der dritten, z. T. Seuse zugeschriebenen Predigt, welche die im Prolog zitierte Ps.-Bernhard-Stelle paraphrasiert: *S. Bernhart schrybt dem anhebenden menschen, das sie einen woll geordenten menschen sich für augen sollen setzen und dencken in ire thůn und lassen:* »*woltu und getörstu disz sprechen oder thůn, wann disz der gůte mensch sege?*« *Vil eigenlicher sol man das lieblich bilt unsz herren in sich drucken, das doch wärlich und weselich unsz in und naere ist, dan wyr uns selben seyn; wann in im ist alle trost, alle gůt, alle freude, plenum gratiae et veritatis, alle gnade und warheyt ist in im* (Predigt III B525,23–526,2). Die für Seuse untypische Aufforderung an den anfangenden Menschen, keine anderen Vorbilder als Christus heranzuziehen, scheint mir ein weiteres Indiz dafür zu sein, daß Predigt III nicht von Seuse stammt; vgl. oben, Anm. 65.

[131] Vgl. auch die ausführlicheren Schilderungen im GrBfb (GrBfb XII B440,16–26).

Auch einer anonym bleibenden Nonne im anfangenden geistlichen Leben schreibt Seuse in Brief XVII des GrBfb, daß sie ihr Leiden im Hinblick auf den bevorstehenden himmlischen Lohn geduldig ertragen soll (GrBfb XVII B459,25–28). Seuse berichtet in diesem Zusammenhang ähnlich wie der Prolog, daß schon etliche Menschen zuvor das Leiden überwunden und den himmlischen Lohn empfangen haben:

> *Gedenk, daz maniger junger, schoner, lútseliger, edler und zarter mensche dinen strit hat ritterlich uberwunden, und in dem gevehte, in dem du ietze stast, manig zit stůnden und noch vil bitterlicher wurdent allenthalp an gevohten, und daz ist nu ire hertzenfrőde.* (GrBfb XVII B460,10–14)[132]

5. Kritik am Wunsch, das blutige Martyrium zu erreichen (Prolog 43–45)

Die Abhandlung über das **rechte Leiden** in Teil II des Prologs beginnt mit der Kritik am Menschen, der in die direkte Nachfolge der Märtyrer treten möchte, obwohl er die kleinsten, von außen auferlegten Leiden nicht erdulden kann (Prolog 43–45). Daß die Leidensnachfolge als »Teilhabe an der Passion Christi« nicht im traditionellen blutigen Martyrium oder dessen Nachahmung in der Selbstkasteiung[133] erfolgen muß, wird auch in einer Episode in der ›Vita‹ Seuses berichtet. Zu Beginn ihres Glaubenswegs verbietet der Diener seiner geistlichen Tochter Elsbeth Stagel nämlich blutige Selbstkasteiungen, wie er sie sich selbst während 22 Jahren zugefügt hat, und versichert ihr:[134]

> *Gott der hat mengerley crúzze, mit den er sin fründ kestget. Ich versich mich dez, daz dir got einer anderley krúz well uf dinen ruggen stossen, daz dir noh pinlicher wirt, denn semlichú kestgung sie; daz krúz enpfah gedulteklich, so es dir kome!* (Vita B108,22–25)

Im Anschluß an die bereits geschilderte Ermahnung, das Leiden der Heiligen zu betrachten, fordert Seuse von Elsbeth Stagel in Brief III des KlBfb ebenfalls keine aktive Nachahmung, sondern die passive Hinnahme des von Gott auferlegten Leidens:

---

[132] Vgl. KlBfb IV B371,13–17.
[133] Vgl. ULRICH KÖPF, Passionsfrömmigkeit, TRE, Bd. 27, 1997, S. 722–764, hier S. 725, Zitat ebd.
[134] Auch die für die *ruminatio* gedachte Vergegenwärtigung des Namens Jesu, den sich der Diener in Adaption der Ignatius-Legende als Monogramm auf die Brust tätowiert hat (Vita B16,9–11), erfährt in der Episode des gestickten Tüchleins der Elsbeth Stagel eine Entschärfung (Vita B154,7–155,4). Ganz im Sinne des prophylaktischen Aufrufs im Hor., dies nicht auf dieselbe Art wie der Diener zu tun und sich so in Gefahr zu bringen (Hor. 597,8–14), hat sich die Nonne den Namen Jesu nicht auf den Leib geritzt, sondern in einer »nur symbolisch blutige[n] Kopie« auf ein mitgeführtes Kleidungsstück gestickt; vgl. HILDEGARD ELISABETH KELLER, Kolophon im Herzen. Von beschrifteten Mönchen an den Rändern der Paläographie, Das Mittelalter 7/2 (2002), S. 157–182, Zitat S. 171.

> *Diz sölt ein lidender mensch an sehen und sich fröwen, daz got in mit lidene sinen aller liepsten fründen wil gelich machen. Dar umbe, so lass töden und martren, darben und torren, sid úns liden zů als grossem gůt mag bringen.* (KlBfb III B368,2–5)[135]

6. Das Dulden auferlegter Leiden ist besser als der Märtyrertod (Prolog 45–49)

Anstelle der Nachahmung des Märtyrertodes fordert auch der Verfasser des Prologs ein unblutiges Martyrium im passiven Erleiden und Erdulden von außen zugefügten Leidens, wie es von Seuse in Brief XII des GrBfb (GrBfb XII B443,4–21) und später in überarbeiteter Form in Kapitel XX der ›Vita‹ (Vita B58,3–16) in der Fußtuch-Episode geschildert wird.[136] In ähnlicher Terminologie wie der Prolog (Prolog 45f.) präzisiert Seuse in Brief IV des GrBfb dieses zu erduldende innere Leiden folgendermaßen:

> *Dis tůt we, so es gegenwúrtig ist: swigen und unred enpfahen und sich bi nüti, weder an worten noch an werken, rechen; dis wunden gant tiefer denne swertslege an der ersti, e daz man es gewonet.* (GrBfb IV B422,4–7)

Und in Predigt I wird Seuse sogar noch deutlicher, wenn er von den Menschen, die das innere Leiden erdulden, analog zum Prolog aussagt:

> *[…] so sint sú vor gottes ögen hohe marteler, wanne es tůt tusent stunt wirs, alle stunde also gemartelt werden, danne mit einem slage daz höbet verlieren.* (Predigt I B508,5–7)

7. Kriterien für den Eingang in den Kreis der Märtyrer (Prolog 54–56)

Der Prolog schließt mit einer Auflistung von sieben Eigenschaften, die ein leidender Mensch besitzen muß, damit er im Jenseits in den Kreis der Märtyrer eintreten kann. Angestrebt werden soll laut dem Prolog eine Form von Gelassenheit, die im Bereich des äußeren Menschen durch die »Entbildung des

---

[135] HOFMANN ergänzt in seiner Übersetzung von *sid úns liden zů als grossen gůt mag bringen* ganz richtig, wenn er die Stelle wie folgt wiedergibt: »[…] da uns (willig ertragenes) Leiden zu solch hohem Gute bringen kann«; Heinrich Seuse. Deutsche mystische Schriften. Aus dem Mittelhochdeutschen übertragen und hg. von GEORG HOFMANN, Zürich/Düsseldorf ²1999, S. 372. In Brief XII des GrBfb, der sich nicht explizit an Elsbeth Stagel richtet, wird an der entsprechenden Stelle die Reaktion auf die Betrachtung der Leidensbereitschaft der Heiligen mit einer Demutsgeste beschrieben: *Herre, dis stosset mich reht in mich selber, und so ich gerne etwenne einen ungedultigen gedank hetti, so erschamen ich mich berlich und gedenke: »owe, wer bin ich, daz du, geminter almehtiger herre, mich gerůchest dinen lieben fründen, dinen zarten heilgen glichen? Ich bin doch nút wirdig, daz du an mich armen verschulten menschen gedenkest. Owe, schöner herre, möht ich aber din minne und dine liebe, din zarten süssen heimeliche erwerben! Eya, herre, so töde, so marter, so vertrag mir nút uff ertrich!«* (GrBfb XII B440,27–441,3).

[136] Vgl. MICHEL [Anm. 76], S. 360–364.

Ichs«[137] in einer Weltentfremdung und im Bereich des inneren Menschen in einer »geistige[n] Selbstreduktion« im persönlichen Denken und Wollen mündet.[138] Zu den erforderlichen Eigenschaften für die Aufnahme in den Kreis der Märtyrer gehört laut dem Prolog, daß der leidende Mensch die Gemeinschaft mit ihm vertrauten Menschen meidet und verhaßte Feinde liebt (Prolog 54). Gemeint ist hier die von Seuse beschriebene Abkehr von *úpiger geselschaft* (Vita B9,27), die den anfangenden Menschen in seiner Entscheidung für die radikale Christusnachfolge verunsichert. Laut Seuse vermag gerade das Leiden dem Menschen die Welt zu entfremden und ihn »zur Offenheit gegenüber dem Nächsten« zu führen.[139]

Als weiterer Schritt hin zum Leerwerden soll der leidende Mensch alles vergängliche Gut lassen (Prolog 54). Von solcher Abgeschiedenheit von allem Irdischen spricht Seuse in Brief XVII des GrBfb, wenn er in der Rittermetaphorik vom Psalmisten berichtet:

Alsus geistlich ermůtet der kůne ritter David einen ieglichen erst anevahenden menschen, und fůret in in den ring des geistlichen strites, der da lit an einem frien urlob geben zerganklicher minne und zitlicher dinge [...]. (GrBfb XVII B459,17–20)

Zur *imitatio* der genannten Vorbilder führen gemäß dem Prolog die aktive Bereitschaft, Unannehmlichkeiten zu suchen und Verschmähungen zu begehren (Prolog 55). Ebensolche fordert die ewige Weisheit im Bdew vom Diener zur Erlangung der *conformitas cum Christo* (Bdew B215,30–216,3). Die dazu nötige Haltung soll gemäß den ›Hundert Betrachtungen‹ innerhalb des Bdew mit einem Gebet aktiv erbeten werden:

Also gib mir, min herr, liplich ungemach minnen und alle min růw in dir sůchen, vrömdes úbel willeklich liden, versmecht begeren, minen begirden erbleichen und allen minen glůsten ertöden. (Bdew B316,17–20)

Weiter wird vom leidenden Menschen im Prolog gefordert, daß er seinen eigenen Willen in allen Dingen brechen soll (Prolog 55f.). Vom vollkommen Lassen des eigenen Willens in den Willen Gottes spricht Seuse ganz allgemein in

---

[137] ALOIS M. HAAS, Nim din selbes war. Studien zur Lehre von der Selbsterkenntnis bei Meister Eckhart, Johannes Tauler und Heinrich Seuse, Freiburg/Schweiz 1971 (Dokimion 3), S. 208.

[138] Vgl. ALOIS M. HAAS, »... das Persönliche und Eigene verleugnen«. Mystische *vernichtigkeit vnd verworffenheit sein selbs* im Geiste Meister Eckharts, in: Individualität, hg. von MANFRED FRANK / ANSELM HAVERKAMP, München 1988 (Poetik und Hermeneutik 13), S. 106–122, Zitat S. 115; wieder abgedruckt in: DERS., Mystik als Aussage. Erfahrungs-, Denk- und Redeformen christlicher Mystik, Frankfurt a. M. 1996 (Suhrkamp-Taschenbuch Wissenschaft 1196), S. 310–335.

[139] ALOIS M. HAAS, ›Trage Leiden geduldiglich‹. Die Einstellung der deutschen Mystik zum Leiden, in: Lerne leiden. Leidensbewältigung in der Mystik, hg. von WOLFGANG BÖHME, Karlsruhe 1985 (Herrenalber Texte 67), S. 35–55 u. S. 80–89, hier S. 53, Zitat ebd.; wieder abgedruckt in: DERS., Gott leiden – Gott lieben. Zur volkssprachlichen Mystik im Mittelalter, 1989, S. 127–152.

der ›Vita‹ (Vita B161,1–4), im Bdew (Bdew B205,24–29) sowie im Bdw (Bdw B336,14–18). In Brief XIX des GrBfb illustriert er den Vorgang an einer konkreten Situation, wenn er eine Subpriorin, die dem Prediger unter Tränen klagt, daß sie ihr Amt aufgrund fehlender Disziplin der Nonnen nicht mehr ausüben könne (GrBfb XIX B462,24–463,1), im Hinblick auf ihre Vorbildfunktion (GrBfb XIX B463,19f.) folgendermaßen zurechtweist:

Ein usgenomen volkomen leben lit nút an trost alle stunde haben, es lit an eime uffgeben willen in gottes willen, daz si sur oder süsse [...]. (GrBfb XIX B465,12–14)[140]

Trotz ihrer Überforderung und trotz widriger Umstände (gemeint sind wohl die klösterlichen Verfallserscheinungen) soll die Nonne ihr Amt als Subpriorin wahrnehmen und die damit verbundenen Unannehmlichkeiten widerspruchslos dulden:

Und dar umb so sprich ich werlich, daz ietze meisterschaftampt haben und dem reht tůn daz ist nút gemaches pflegen, es ist marterleben. Und dar umb vor allen dingen so nement dis krútz willeclich uff úweren ruggen durch den, der daz jemerlich krútz durch úch trůg, und lant úwern sin und můt nider, die wile es got und úwer obren von úch wellen han. (GrBfb XIX B462,19–24)[141]

Wie von Seuse im Bdew geschildert wird (Bdew B250,20–252,29), läßt solches passiv erduldetes Leiden im Zustand der Gelassenheit, wie es auch im Prolog gefordert wird, den leidenden Menschen schließlich in den Kreis der Märtyrer eintreten, so daß die ewige Weisheit sagen kann: *Liden machet der martrer genoz [...]* (Bdew B252,21).

*

Die Übereinstimmung der Schreiberhände in Teil 1 der Solothurner Handschrift S 451 (S), im Engelberger Codex 141 (E) und im zweiten Teil der Zürcher Handschrift Ms. C 143 (Z) weist für den Entstehungsort aller drei Codices auf dasselbe Skriptorium hin. Dieses kann anhand einer Gebetsempfehlung in E mit ziemlicher Sicherheit als das Dominikanerinnenkloster in Töss bei Winterthur identifiziert werden. Möglich ist, daß dort unter Mitbeteiligung Elsbeth Stagels die Zusammenstellung des ›Solothurner Legendars‹ erfolgt ist. Die Handschrift mit dem ›Büchlein der ewigen Weisheit‹ von Heinrich Seuse (E) entstand nach 1328 und Z mit Seuses ›Horologium sapientiae‹ wurde nach 1333 geschrieben. Die Schreiberhand in S war somit noch in den dreißiger Jahren des 14. Jahrhunderts tätig; wann genau der Solothurner Codex S entstanden ist, läßt sich allerdings nicht bestimmen.

Der Prolog des ›Solothurner Legendars‹ richtet sich an anfangende Menschen auf dem geistlichen Weg, denen er eine Leseanweisung für Heiligenleben und eine Anweisung im rechten Umgang mit dem Leiden bietet. Er entspricht

---

[140] Vgl. KlBfb VII B383,19f.
[141] Vgl. KlBfb VII B381,17–21. Vgl. auch Bdew B249,11–13.

mit seinen für den Aufbau einer Predigt konstitutiven Elementen formal den im ›Großen Briefbuch‹ gesammelten Schriften von Heinrich Seuse. Möglicherweise ist der Text unabhängig vom ›Solothurner Legendar‹ entstanden und erst in einer sekundären Verwendung der Legendensammlung als Prolog vorangestellt worden. Der Vergleich des Prologs mit Seuses deutschen Schriften hat hinsichtlich Form, Stil und Inhalt eine so auffallende Anzahl an Parallelen ergeben, daß mit ziemlicher Sicherheit Heinrich Seuse als Verfasser des Prologs zum ›Solothurner Legendar‹ bestimmt werden kann.

Anhang

Edition des Prologs

Textgrundlage für die Edition des Prologs des ›Solothurner Legendars‹ bildet die singuläre Überlieferung in der Handschrift Codex S 451 der Zentralbibliothek in Solothurn (S), fol. 2ra–3rb. Im folgenden Abdruck wird die Originalgraphie analog zur Editionseinrichtung in BIHLMEYERs Seuse-Ausgabe durch die folgenden editorischen Eingriffe verändert:

- Regulierte Groß- (am Satzanfang und bei Eigennamen) und Kleinschreibung.
- Abbreviaturen werden stillschweigend aufgelöst, $\overset{e}{M}$ wird als *mensche(n)* und · S · als *sant* wiedergegeben.
- Die Getrennt- und Zusammenschreibung erfolgt auf der Basis von Lexer.
- *i* und *j* sowie *u* und *v* werden nach vokalischem und konsonantischem Lautwert dissimiliert, übergesetzte Striche und Buchstaben (*v̂, v́, ù, ú, u̇, ŭ*) werden einheitlich durch Akut (*ú*) wiedergegeben.
- Auf eine Realisierung von Schaft-s wird verzichtet; *s* steht auch für ſ.
- Zitate werden durch Anführungszeichen (›...‹) markiert, Autoritäten werden gesperrt gedruckt.
- Als Verständnishilfe werden eine moderne Interpunktion und eine Abschnittgliederung eingeführt; sie ersetzen die Zäsurierung durch Majuskeln und Rubrizierungen. Das unterstrichene lateinische Motto wird in Fettdruck wiedergegeben.

Prologus in libro sanctorum

Fulcite me floribus, stipate me malis, quia amore langueo.[142]

Also stet geschriben an der minne bůch.

Swer an sin lieb nit sin mag, und im doch sin lieb nit ze liebe werden mag,
5 der můs dike ein minnesiech herze tragen. Dis geschicht ŏch gar dike einer got
minnender, siechen sele, dú ane das sůsse gŏtlich lieb nit mag stan und es doch
in disem zite nach herzengirde nit mag haben. Dú siget also herzlos da hin und
begert, das man si zartlich understúz mit blůst und umbestek mit früchten, wan
si si minnesiech. Ein tugenthaftes, gŏtliches herze, das got sunder mittel nit ze
10 allen ziten niessen mag, dem bringet nit me kraft, denne gůter menschen [2rb]
tugentricher smak.

Ach lieben kint, weles sint nu die lýlien und die rosen und die sůssen, wol-
smakenden früchte? Das sint nit anders, denne die zarten, reinen jungfrowen,
die liechten bichter und die rubinroten martrer, mit dien dú himelsch heide
15 wúnklich hin glenzent ist.

Gewerlich, wer uf diser liechten heide under disen zarten blůmen mit herzengirde dik wonet, swer ir übernaturlichen lutselkeit schowet, der mag in aller
geislichen ůbung gekreftgot werden. Under allen dingen, dú einem menschen zů
gehŏrent, der in eim anevang ist eis gůten lebens, so ist eins vúrderlich, als sant
20 Bernhart spricht, das ein mensche gůtes bildes war neme und dik der heiligen
leben vúr sich neme,[143] wan da vindet er, in weler wise [2va] im von got gerůffet
ist, wie er im selben ein leben sol schepfen. Es gebirt in im ein gŏtliches ge-
trúwen und sterket in in allem liden und widerwerkeit. Ein brinnender brant
enbrennet manigen erlŏschnen. Der einem erzegten menschen einen kůnen rit-
25 ter zů stellet; er wirt des geherzer. Ach, nu merkent, ellú besinten herzen, wie
dis heiligen ir ere hein ervochten, mit wie grossen erbeiten sú die ewigen frŏide
hein erstritten, wie manig bitter liden sú hat übergangen und wie frŏlich sú nu
das mit ganzem herzlust niessent: Das liden ist da hin, aber der lon belibet iemer
und iemer. Eýa, lieben kint, wa werin wir da bi in!

30 Ach got, was jamertales dis ist, was frŏidenriches lan[2vb]des aber da ist.
Owe, minneklicher got von himelrich, wie súln wir iemer dar komen? Gebist
du das himelrich umb wúnschen, herre, so gewunnist du vil heiligen. Herre,
wan man es aber erstritten und ervechten můs, so trettent sú hinder sich: Du
hast vil diener, unz es beginnet we tůn.

35 Ach, nu lůgent ellú sament von dem ersten gerechten menschen Abel unz an
den hüttigen tag: Wa vil gnaden ane grosse arbeit! Wa vil geislich wol ane liplich
we! Was die sele vůret, das terret den lip, und das dem libe girlich ist, das ist der

---

[142] Ct 2,5.
[143] Wilhelm von Saint-Thierry, ›Epistola ad fratres de Monte Dei‹ 172,1–4 (SC 223, S. 280). Vgl. WALLACH-FALLER, Dominikanerinnen-Legendar [Anm. 1], S. 390.

sele giftig,[144] als sant Gregorius sprichet. Der ein gůt leben oder ze himelrich an sundrú liden wil komen, der tůt, als der in einer wan/*3ra*/nen über den Bodense wil schiffen. Wan liden ist ein port, das die sele vor dien wůtenden wellen der súnden beschirmet. Lůgent, wie dis heiligen martrer des ein gezúgnus gebent.

Nu sint etlichú menschen, dú strittent in inen selben, das sú ǒch gerne dur got wǒltin gemartret werden und merkent aber nit, das sú an dien minsten dingen so recht unlidig sint. Wie wǒltin sú ein blos, klinglontes, us erzogen swert erliden, so sú ein einig kleines wǒrtlin von ungedult nit mugen erliden? Ald wie woltin sú krewelon erliden, so sú ein kleines[145] ungemach nit mugen dulden? Ald wie wǒltin sú sich von allen ir fründen in den tot ergen, die ieze ein valsches /*3rb*/ fründlin us ir herzen dur got nit mugen lassen? Gewerlich, sú triegent sich selben. Ir vúnf sinne sint unbehůt, ir herz ungesamnet, ir wille under got ungedruket und als ir leben ungeůbet. Sú sint hie marterer von ir marterlichen leben, wan ein geislicher mensche gotlozklich, ein armer mensche gezwungenlich, ein lidender mensche unwilleklich machent einen martrer ane frucht. Aber lieb frúnt flien und leide vijent minnen, al zerganklich hab lassen, ungemach sůchen, versmecht begeren, sinen eigennen willen in allen dingen brechen, liden ane widersprechen: dú machent der hohen martrer genos.

---

[144] WALLACH-FALLER gibt als Quelle für das Gregorzitat folgende Stelle aus Kapitel IV.122 der ›Expositiones in primum regum‹ an: *Qui uero corpus sine mente reficiunt, mente mortui sunt, carne uiui.* (SC 449, S. 124); vgl. WALLACH-FALLER, Dominikanerinnen-Legendar [Anm. 1], S. 391. Die Stelle erinnert jedoch auch an den Grundsatz in Buch XIX,6 der ›Moralia in Iob‹: *Ad ima quippe pertrahit caro, ne extollat spiritus: et ad summa trahit spiritus, ne prosternat caro.* (PL 76, Sp. 103), der hier allerdings nicht sinngemäß übersetzt wurde.

[145] *s* am Rand nachgetragen.

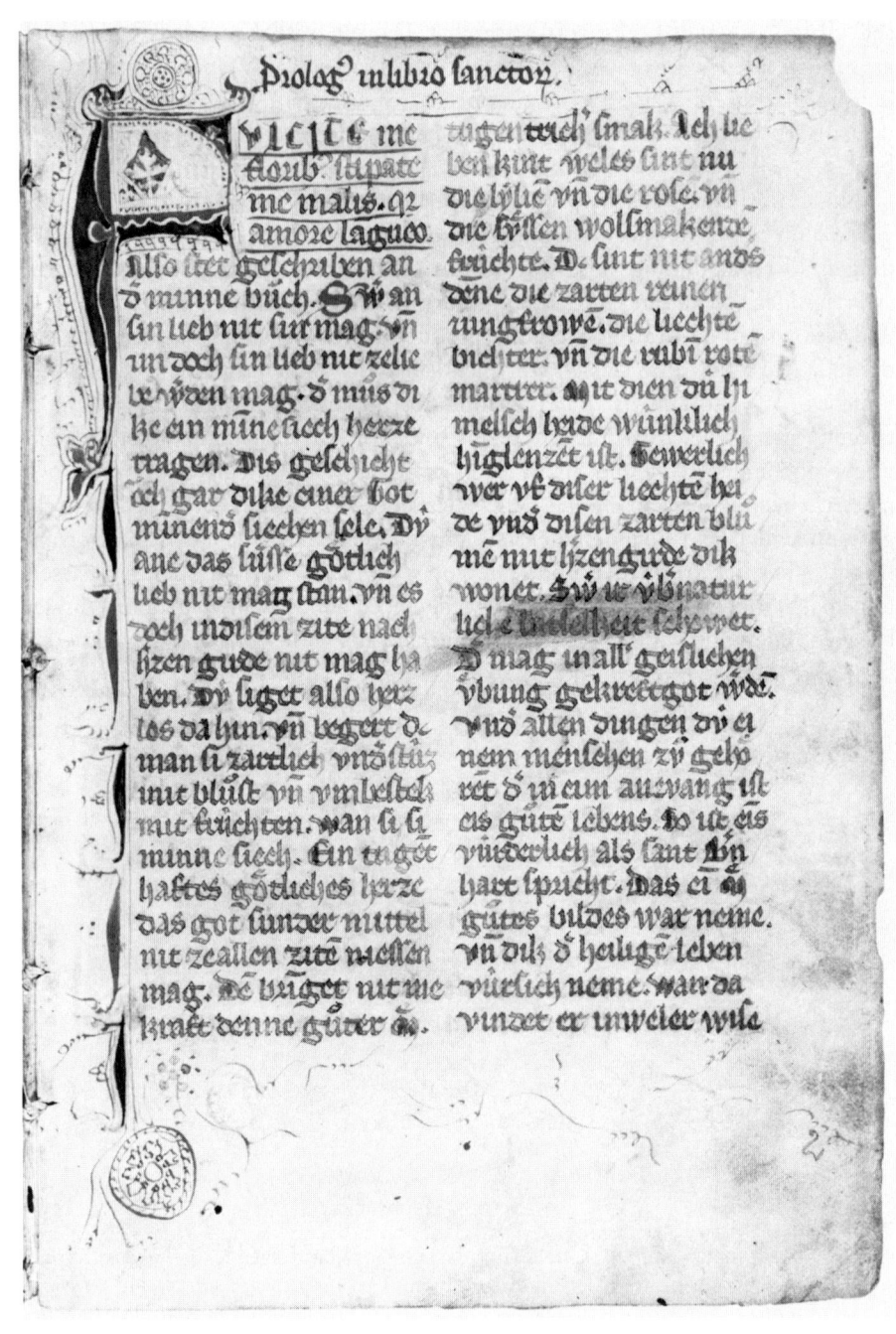

Abb. 1   Solothurner Legendar, Solothurn, ZB, Cod. S 451, fol. 2ʳ (21 × 14,5 cm).
Foto: ‹www.e-codices.unifr.ch›.

Ein Text Heinrich Seuses? 369

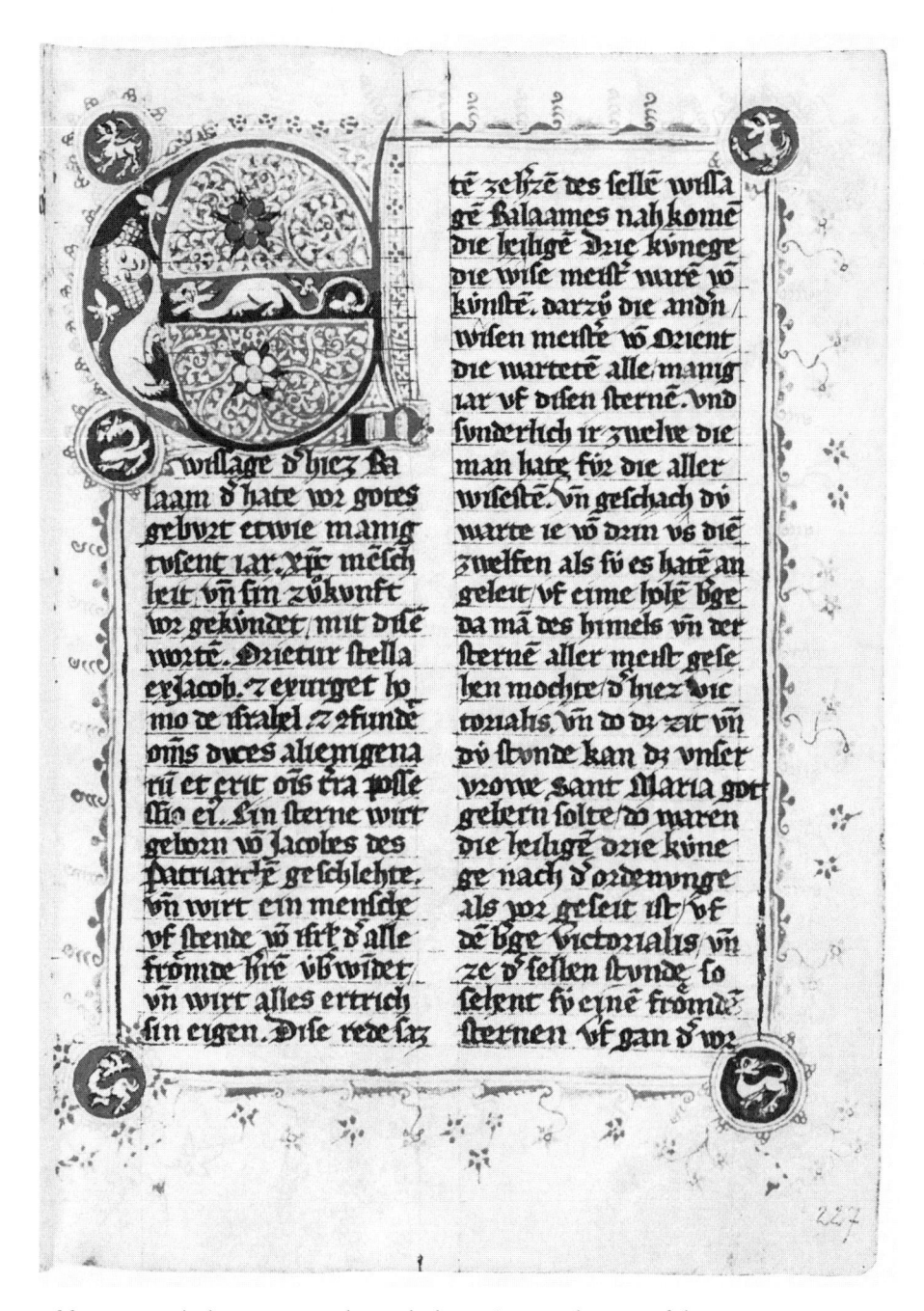

Abb. 2 Solothurner Legendar, Solothurn, ZB, Cod. S 451, fol. 227ʳ (21 × 14,5 cm).
Foto: ‹www.e-codices.unifr.ch›.

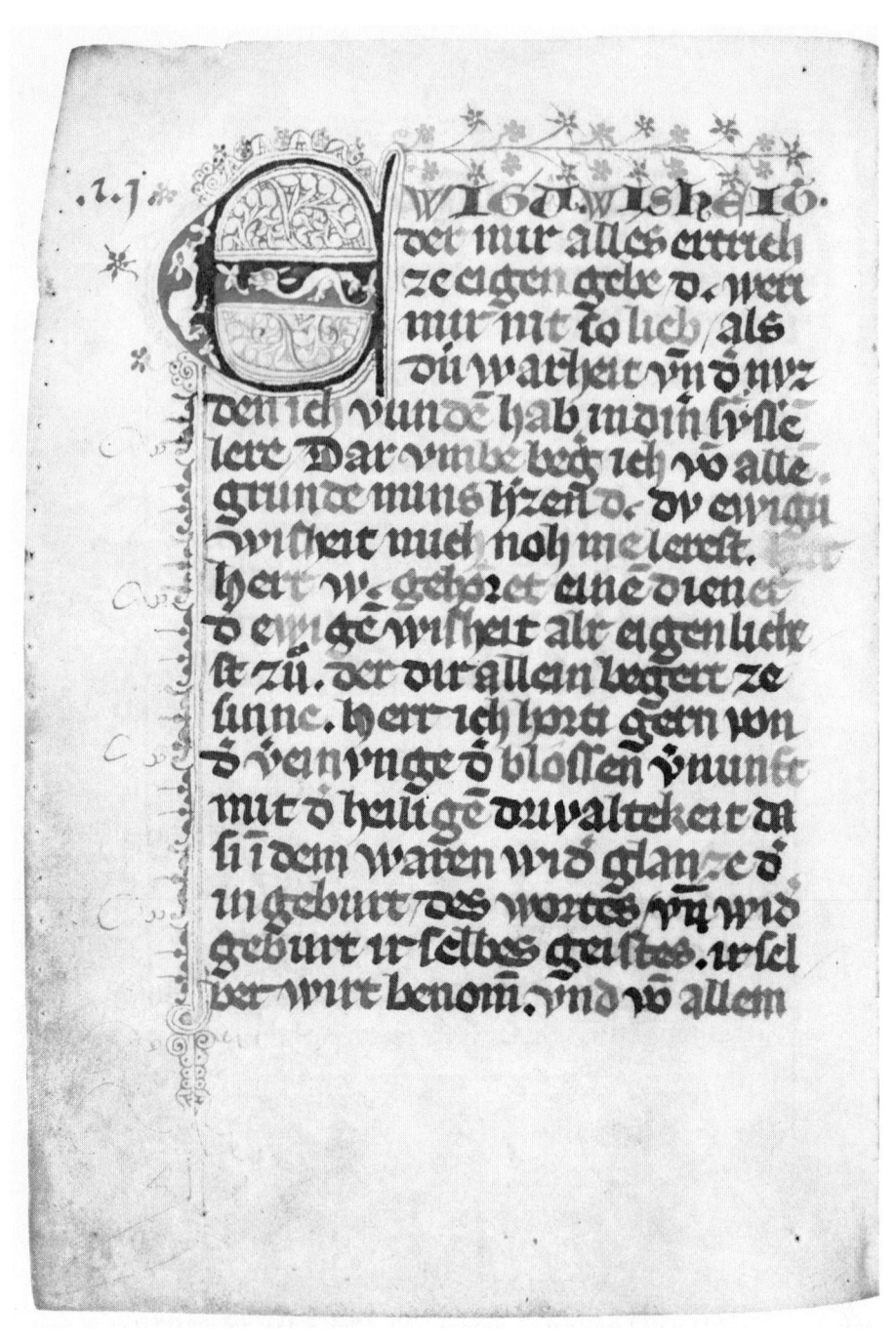

Abb. 3 Heinrich Seuse, Büchlein der ewigen Weisheit, Engelberg, Stiftsb., Cod. 141, fol. 52ᵛ (16,5 × 11,8 cm). Foto: ‹www.e-codices.unifr.ch›.

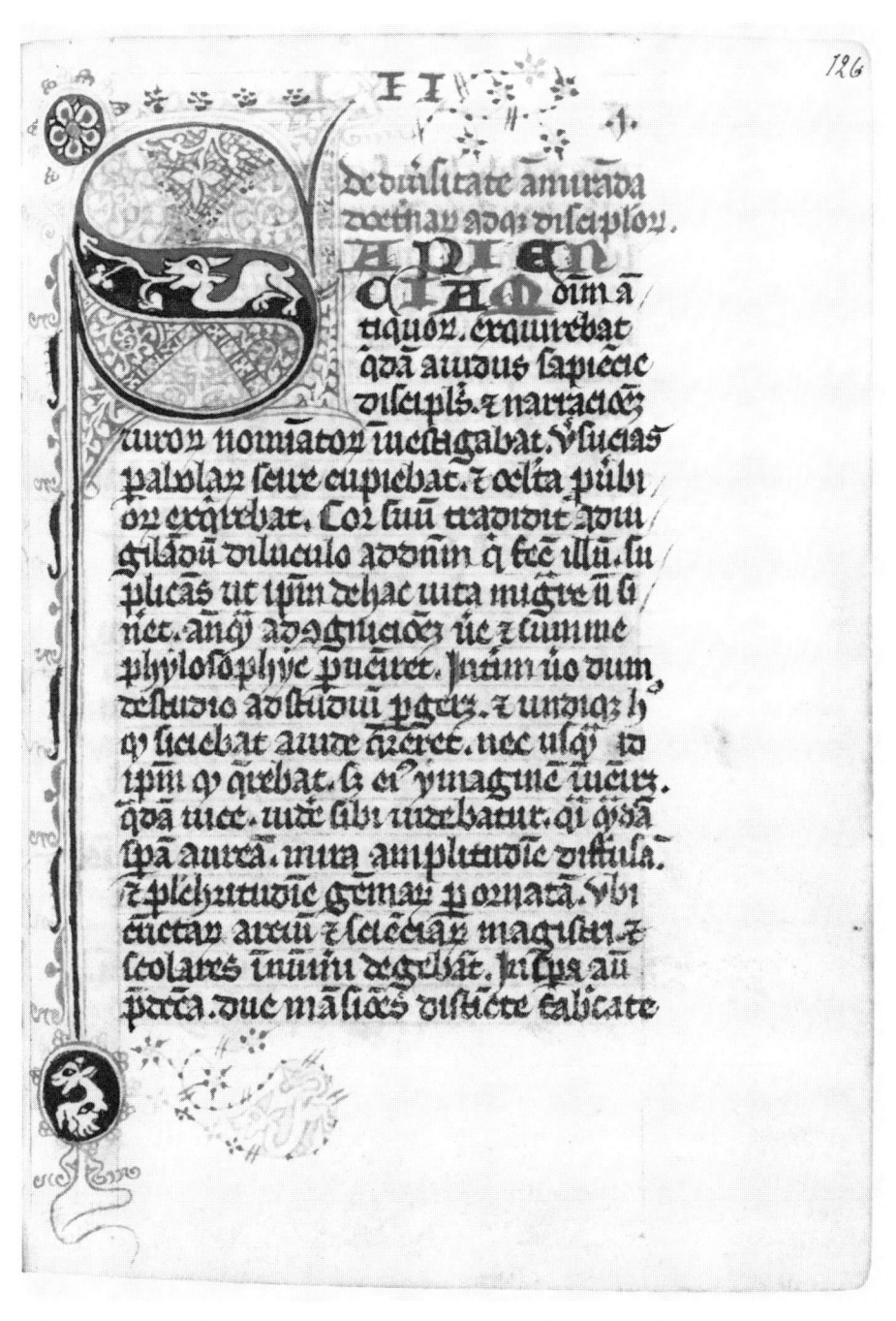

Abb. 4 Heinrich Seuse, Horologium sapientiae, Zürich, ZB, Ms. C 143, fol. 126ʳ (17,9 × 12,7 cm). Foto: Zentralbibliothek Zürich.

Annette Volfing (Oriel College, Oxford)

Körper, Natur und Eucharistie bei Tauler: Zur Allegorese der Verdauung

Vom späten 13. bis Ende des 14. Jahrhunderts erlebte der Südwesten des deutschsprachigen Raumes ein goldenes Zeitalter einer religiösen Literatur, die eine deutlich neue Ausrichtung bezüglich der zentralen Themen des christlichen Lebens aufwies. Während man die großen Leitfiguren Eckhart, Seuse und Tauler hauptsächlich mit der Verbreitung eines ausgeprägt mystischen Ansatzes (*visio Dei*, Erlebnis der Unio, und ›Gottesgeburt‹ in der Seele) assoziiert, können diese Themen nicht isoliert davon betrachtet werden, wie diese Autoren scholastische Schriften und ältere Mönchsliteratur rezipieren oder praktisch auf die Belastungen des Seelsorgeamtes reagieren. Andere, im gleichen Zeitraum schreibende Autoren wie Marquard von Lindau und – weitet man das Gebiet nach Osten aus, so daß es Franken mit einschließt – der Mönch von Heilsbronn beschäftigen sich mit der mystischen Tradition nur am Rande. Allen gemein ist jedoch eine ausgeprägte Tendenz zur Verinnerlichung und Introspektion. Während HAAS speziell in den Werken Eckharts, Taulers und Seuses eine vertiefte Beschäftigung mit dem Thema der Selbsterkenntnis identifiziert,[1] läßt sich diese Aussage möglicherweise auf den gesamten religiösen Literaturbetrieb der Region ausweiten, was sich in einer facettenreichen Analyse der kollektiven und individuellen *natura humana* manifestiert.

Ein solcher Ansatz problematisiert zwangsläufig die Stellung des menschlichen Körpers. Auf der einen Seite weist er ›dem Inneren‹ ausnahmslos Priorität über ›das Äußere‹ zu, was eine starke Anlehnung an das Modell einer christlich-neuplatonischen Gegenüberstellung von äußerem und innerem Mensch impliziert.[2] Obwohl diese beiden Kategorien häufig mit dem Körper zum einen und der Seele zum anderen assoziiert werden,[3] wird der Dualismus von ›Innerem‹

---

[1] ALOIS HAAS, *Nim din selbes war*. Studien zur Lehre von der Selbsterkenntnis bei Meister Eckhart, Johannes Tauler und Heinrich Seuse, Freiburg/Schweiz 1971 (FZPhTh 3).

[2] Zum Hintergrund dieses Modells siehe JAN ASSMANN, Die Erfindung des inneren Menschen: Studien zur religiösen Anthropologie, Gütersloh 1993 (Studien zum Verstehen fremder Religionen 6). Zu Taulers gelegentlichem Gebrauch aufwendiger anthropologischer Modelle, denen zufolge der Mensch aus drei oder sogar vier Teilen besteht, siehe HAAS [Anm. 1], S. 133–139; LOUISE GNÄDINGER, Johannes Tauler. Lebenswelt und mystische Lehre, München 1993, S. 129–136.

[3] Zu einer differenzierteren Definition des inneren Menschen siehe ALOIS HAAS, Gottleiden-Gottlieben. Zur volksprachlichen Mystik im Mittelalter, Frankfurt a. M. 1989,

und ›Äußerem‹ auch gern damit rhetorisch abgestützt, daß dem inneren Menschen ein separater, spiritueller Körper zugeschrieben wird, komplett mit eigenen Organen und Sinnen. Während die Diskussion des inneren Auges der vielleicht am weitesten verbreitete Allgemeinplatz ist,[4] stellt Seuses Konstrukt eines inneren Mundes, der stets und ständig auf *etwas guter bilde ald sprüch* kauen sollte, ein weiteres Beispiel für diese rhetorische Praktik dar.[5] Doch wenn auch der innere, nicht greifbare Körper als nobler und deshalb besser zur Gottesbegegnung geeignet gelten mag als der rohe äußere Körper, bleibt die Tatsache, daß das Schlüsselereignis der Heilsgeschichte, nämlich die Menschwerdung Jesu Christi, sich durch seine Annahme genau dieses äußeren Körpers manifestierte, wie es auch der äußere Körper ist, dem schließlich die leibliche Auferstehung widerfährt: Christus, dessen *resurrectio [...] exemplar et causa nostra resurrectionis* bildet,[6] besitzt auch nach der Auferstehung, in seiner Glorie, denselben menschlichen Körper – einmal abgesehen von gewissen Unterschieden zwischen diesem glorifizierten und dem irdischen Körper, der normalen physiologischen Prozessen wie Nahrungsaufnahme und Verdauung unterworfen war.[7] Im Hinblick hierauf erscheint der äußere Körper, der jetzt nicht mehr als unwürdig und belanglos abgetan werden kann, von grundlegender Bedeutung für das Verständnis von persönlicher Identität. Wie BYNUM aufgezeigt hat, wird die Angst vor dem körperlichen Verfall, vor Aufzehrung und Auflösung, die seit der Spätantike ein immer wiederkehrendes Motiv der religiösen Literatur darstellt, im späten 13. und frühen 14. Jahrhundert mit besonderer Intensität durch optimistische Bilder von der »reunion or incorruption of parts« ausgedrückt.[8] Dies bestärkt nicht nur die Überzeugung, »that self is by

---

S. 84: »Der ›innere Mensch‹ – gemäß der schon platonischen, dann auch paulinischen Typologie – meint den ganzen Menschen unter dem Aspekt seiner Innerlichkeit, der identisch ist mit seiner psychologisch-soziologischen und theologischen Erfahrungsoffenheit (im Umgang mit sich selber, mit dem Menschen, mit Gott).«

[4] Vgl. GUDRUN SCHLEUSINGER-EICHHOLZ, Das Auge im Mittelalter, München 1985 (MMS 35.1–2), S. 953–1075.

[5] Heinrich Seuse, Deutsche Schriften. Im Auftrag der Württembergischen Kommission für Landesgeschichte, hg. von KARL BIHLMEYER, Stuttgart 1907, Brief 11, S. 391.

[6] Thomas von Aquin, Summa Theologiae 4, 54, 2 (sc), in: S. Thomae Opera hg. von ROBERTO BUSA, 7 Bde., Stuttgart/Bad Cannstatt 1980, Bd. 2, S. 853; besprochen von THOMAS MARSCHLER, Auferstehung und Himmelfahrt Christi in der scholastischen Theologie bis zu Thomas von Aquin, Münster 2003 (Beiträge zur Geschichte der Philosophie und Theologie des Mittelalters N. F. 64/II), S. 388.

[7] MARSCHLER [Anm. 6], S. 375; vgl. auch S. 384–389 (zum Glauben an »die Verklärung des substantiell identischen Leibes«). Zum zeitgenössischen volkssprachlichen Interesse am auferstandenen Leib Christi siehe, z. B., Predigt 12 (von Giselher von Slatheim) in der Sammlung ›Paradisus animae intelligentis‹ (›Paradis der fornuftigen sele‹). Aus der Oxforder Handschrift Cod. Laud. Misc. 479 nach EDUARD SIEVERS' Abschrift hg. von PHILIPP STRAUCH, Berlin 1919 (DTM 30), S. 30–33.

[8] CAROLINE WALKER BYNUM, The Resurrection of the Body in Western Christianity 200–1336, New York 1995, S. 317.

definition embodied«,⁹ sondern auch das Verständnis vom äußeren, irdischen Körper als »both the location and the object of desire«.¹⁰ Die Eucharistie, da sie von ihrem Wesen her in einem komplexen Verhältnis zu Christi verklärten, himmlischen Körper steht,¹¹ ist von besonderer Bedeutung für den Menschen mit seinem Leib auf Erden. Die ›Pointe‹ ist nicht nur, daß die Eucharistie dem Kommunikanten eine Erfahrung direkten physischen Kontaktes mit dem Leib Christi möglich macht, sondern, und dies ist ausschlaggebend, daß die Einnahme und Verdauung des eucharistischen Körpers Christi auf paradoxe Weise die Hoffnung des Kommunikanten verstärkt, letztendlich einmal den nicht verzehrbaren, nicht verdaulichen Zustand von Christi himmlischem Körper zu teilen. Um noch einmal BYNUM zu zitieren:

> To rise with all our organs and pieces intact is a victory over digestion – not only the digestion threatened by torturers and cannibals but most of all that proffered by natural process itself [...] The eucharist is a guarantee that the risen body we shall all become cannot be consumed. (S. 56) [...] Eucharist is central to salvation because by digesting it we become indigestible to natural process. (S. 111)¹²

Gegenstand dieser Untersuchung ist die literarische Funktion von Taulers Einsatz des Verdauungsmotivs, sowohl im allgemeinen wie auch im Bezug auf die Eucharistie. Von den vier Predigten Taulers, die er zu Fronleichnam verfaßte und die sich somit speziell mit der Eucharistie befassen (32, 33, 60c, 60f), findet sich in den beiden letzten eine ausführliche und etwas befremdliche Allegorese der physiologischen Prozesse, die sich bei der Verdauung der Eucharistie vollziehen.¹³ Hier dient das Bild der Verdauung dazu, die zugrunde liegende Reziprozität zwischen Gott und den Menschen darzulegen: Auf geistiger Ebene verdaue Gott den Kommunikanten auf die gleiche Art und Weise wie der Kommunikant den im Brot präsenten Christus tatsächlich verdaue. Insofern gehört

---

⁹ BYNUM [Anm. 8], S. 225.
¹⁰ BYNUM [Anm. 8], S. 317.
¹¹ Zur Veranschaulichung der Beziehung zwischen Abendmahl und Auferstehung in religiösen Ritualen der Zeit siehe MIRI RUBIN, Corpus Christi. The Eucharist in Late Medieval Culture, Cambridge 1991, S. 294–296.
¹² BYNUM [Anm. 8], S. 56 und S. 111.
¹³ Die Predigten Taulers aus der Engelberger und der Freiburger Handschrift sowie aus Schmidts Abschriften der ehemaligen Straßburger Handschriften hg. von FERDINAND VETTER, Berlin 1910 (DTM 11). Predigt 60c und 60f der Engelberger Handschrift entsprechen Predigt 30 und 31 der Straßburger Handschrift. Predigt 32 und 33 (zu Io 6,55 *Caro mea vere cibus est*) bilden eine inhaltliche Einheit, und Predigt 60c und 60f (zu Io 6,56: *Qui manducat meam carnem et bibit meum sanguinem, in me manet et ego in eo*) sind ebenfalls eng mit einander verbunden. Es herrscht Konsensus, daß die vier Predigten in einem relativ kurzen Zeitraum verfaßt wurden, in der Abfolge 60c, 60f, 32, 33; wie auch der Rest seines religiösen Schriftwerkes stehen sie in Zusammenhang mit seinem Engagement in der *cura monialium*. Eine detaillierte Erörterung aller vier Predigten findet sich bei ANTJE WILLING, Literatur und Ordensreform im 15. Jahrhundert. Deutsche Abendmahlschriften im Nürnberger Katharinenkloster, Münster 2004 (Studien und Texte zum Mittelalter und zur frühen Neuzeit 4), S. 133–160.

Taulers Darstellung der Verdauung der Eucharistie zu den mystischen Gemeinplätzen des gegenseitigen Ernährens, die auch im nicht-eucharistischen Zusammenhang vorkommen, zum Beispiel in der Anrede Gottes in den Offenbarungen der Elsbeth von Oye: [*Ich suge doch alle zit von dir*], *solte ich denne nit dir wider ingiezzen daz aller sûzzeste marg miner gottlicher natur.*[14]

Für Tauler ist die Verdauungsfunktion nicht nur ein grundlegendes Merkmal des irdischen Leibes des Menschen (wir verzehren unsere Nahrung und leben unsererseits in der Angst, von anderen verzehrt zu werden), sondern auch eine Metapher für Verinnerlichung und ein Brückenschlag über die Kluft zwischen ›Äußerem‹ und ›Innerem‹. Er geht sogar noch weiter, wenn er etwa nahe legt, Gott habe die Eucharistie genau deshalb instituiert, um eine intim-eindringliche Verbindung mit dem menschlichen Körper zu schaffen:

Nu ist enkein materielich ding das als nahe und inwendiklich den menschen kume als essen und trinken, das der mensche zû dem munde in nimet, und dar umbe das er [= Gott] *sich in das aller nechste und inwendigeste uns vereinde, so vant er dise wunderlichen wise.* (Predigt 60c, S. 293, 31–34)

Die Analogie mit sexueller Vereinigung liegt auf der Hand. Angesichts der Tatsache, daß Sexualfunktion und Verdauung die zwei wesentlichen Aspekte des menschlichen Organismus darstellen, bilden Metaphern gegenseitiger Assimilation durch Verdauung ein natürliches Pendant zu den sehr viel bekannteren Metaphern, die die Rhetorik von Brautmystik und geistlicher ›Gemahelschaft‹ untermauern.

Wie in Teil II dieses Aufsatzes noch ausführlicher erörtert wird, leitet sich Taulers Metapher von der gegenseitigen Verdauung letztendlich aus dem Kontext der Brautmystik her, hat sie doch zur Quelle eine weithin bekannte Stelle aus Bernhards von Clairvaux Predigt 71 zum Hohelied. Ein Vergleich mit der Art und Weise wie Eckhart, der Mönch von Heilsbronn und Marquard von Lindau dieses Material in ihren jeweiligen Erörterungen der Eucharistie integrieren, wird jedoch die idiosynkratische Natur von Taulers Ansatz deutlich machen, der sich für eine Bearbeitung der Stelle entscheidet, welche die Physiologie der Verdauung mit provozierender und programmatischer Grobheit unterstreicht.

Im Kontext der exponierten Stellung, die dem menschlichen Körper auch an anderen Stellen in Taulers Predigten eingeräumt wird, wirft dieser Ansatz eine Anzahl von Fragen auf, die Auswirkungen auf die literarische Topographie haben. Taulers Entscheidung, die Physiologie der Verdauung in den Vordergrund zu rücken, führt zu einer ungewöhnlichen Gegenüberstellung verschiedener intellektueller Positionen und Informationskategorien, die einen Eindruck von

---

[14] Elsbeth von Oye, Offenbarungen 51,15–52,3. Dieses Zitat stammt aus der noch unveröffentlichten Ausgabe von WOLFRAM SCHNEIDER-LASTIN, die auf dem Nachlaß PETER OCHSENBEINS basiert. Ich danke Gregor Wünsche dafür, daß er mich auf diese Stelle aufmerksam gemacht hat.

den Kenntnissen vermittelt, die Tauler und seiner Leserschaft zur Verfügung standen: Hier ließe sich auf enzyklopädische und scholastische Traditionen, auf populär-wissenschaftliche Diätetik- und Gesundheitslehren sowie sogar, mit einer gewissen Vorsicht, auf mündlich überliefertes Gemeingut hinweisen. Noch wesentlicher an Taulers Bearbeitung der Bernhard-Predigt ist aber, daß sie, obwohl ohnegleichen und deutlich unterscheidbar von denjenigen seiner Zeitgenossen, auch ein Beispiel darstellt für einen neuen, unverkennbar regional geprägten Ansatz zum introspektiven Denken über die menschliche Natur, den menschlichen Körper und die Beziehung, in der beide zum Körper Christi stehen.

In diesem Aufsatz möchte ich herausarbeiten, daß die Darstellung des Körpers in Taulers Predigten zwei Funktionen hat. Erstens wird der Körper als Objekt beschaulicher Betrachtung und Besinnung angesehen und eine demütige Annahme der Unzulänglichkeit des Körpers als ein besonders angemessener Ausgangspunkt für die *verklerung* der Seele anempfohlen. Zweitens wird die Seele oder auch der innere Mensch deswegen metaphorisch als ein Leib dargestellt, um das Verständnis der *verklerung* als eine Art ›Prä-Resurrektion‹ zu unterstreichen, die, obgleich sie der Seele schon während dieses Lebens widerfährt, der Auferstehung analog ist, welche der Körper nach dem Tod erlangt. Diese Schlußfolgerungen sind das Resultat von drei argumentativen Schritten: Teil I des Aufsatzes befaßt sich mit dem Stellenwert des Terminus *nature* innerhalb von Taulers Predigten, indem aufgezeigt wird, daß Tauler nicht vor einer wenigstens teilweisen Identifikation der menschlichen Natur mit dem menschlichen Körper zurückschreckt. Die didaktische Strategie, die ihren Ausgangspunkt in der Identifikation des Menschen mit seinem Körper hat, liefert den Rahmen zur stark physiologischen Orientierung der eucharistischen Predigten 60c und 60f (Teil II), kommt aber auch in nicht-eucharistischen Kontexten zum Einsatz (Teil III).

Teil I

In der mittelalterlichen lateinischen Literatur wird der Begriff *natura* im Sinne dreier verschiedener Konzepte benutzt, die alle einen Bezug zu Taulers Ansatz besitzen. Erstens wird *natura* synonym mit *essentia* (im Mittelhochdeutschen in der Regel mit *wesen* oder *wesunge* wiedergegeben) verwendet: Die jeweilige *natura* macht irgendetwas zu dem speziellen Etwas, das es ist, und jedwede Substanz hat daher ihre *natura*. In bezug auf Gott wird gewöhnlich darauf hingewiesen, daß alle Personen der Trinität an derselben Natur teilhaben; in bezug auf die Menschen heißt es, daß die menschliche Natur dem Sündenfall und der Erbsünde unterworfen ist. Bei der Berührung zwischen dem Menschlichen und dem Göttlichen in der Inkarnation ist es üblich, von den zwei Naturen Christi zu sprechen.[15] Des weiteren drückt *natura* die Summe aller körperlichen Phänomene und Abläufe innerhalb der Welt (oder doch zumindest der sublunaren Welt) aus. In diesem Sinn ist der Ausdruck häufig mit Vorstellungen von Gesetz und Gesetzmäßigkeit verbunden: Das Universum gilt als geordnet genau deshalb, weil sich das Verhalten aller Substanzen in Übereinstimmung mit ihrer Natur (im ersten Sinne des Ausdrucks) vorhersehen läßt. In diesem Sinne bietet sich der Begriff *natura* zur anschaulichen Personifikation an und findet sich häufig in der Gattung der philosophischen Allegorie.[16] Drittens wird der Begriff *natura* innerhalb der Wendung *veritas humanae naturae* als Fachterminus benutzt, um denjenigen Teil des Körpers zu beschreiben, der auferstehen wird. Diese Wendung ist relevant im Hinblick auf das sogenannte Problem der ›Assimilation‹, eine theologische Debatte darüber, ob und in welchem Maße die Nahrung, die ein Mensch im Laufe seines Lebens zu sich nimmt, teilweise oder in ihrer Gesamtheit vom menschlichen Körper aufgenommen und so mit ihm auferstehen wird.[17] Gemäß Petrus Lombardus rührte die wahre Substanz eines jeden menschlichen Körpers (d. h. das, was auferstehen wird) in ihrer Totalität von Adam her, und während Nahrung das Wachstum des Körpers anregte, würde sie nicht mit ihm unauflöslich vereinigt. Diese Sichtweise war anfangs des 13. Jahrhunderts aufgegeben worden, wie REYNOLDS bemerkt: »Common sense had prevailed, and theologians accepted what natural philosophy and medicine taught about digestion and growth: that the body assimilates nutriment, and that matter grows only inasmuch as fresh matter is added to it.«[18] Trotzdem lieferte dieser Disput eine ausgedehnte Plattform für weitere *quæstiones* und blieb so bis ins 14. Jahrhundert hinein relevant: Wie sowohl BYNUM als auch REYNOLDS in ihren jeweiligen Monographien veranschaulichen, reflektieren hypothetische Probleme besonders im Zusammenhang mit Kannibalismus die weiterhin andauernde Beschäftigung mit der Integrität des auferstandenen Leibes.[19]

---

[15] Eine Zusammenfassung des mhd. Vokabulars zur Trinität findet sich bei Annette Volfing, Heinrich von Mügeln, ›Der meide kranz‹. A Commentary, Tübingen 1997 (MTU 111), S. 232–236.

[16] Zu dieser literarischen Tradition siehe GEORGE D. ECONOMOU, The Goddess natura in Medieval Literature, Cambridge/Mass. 1972; CHRISTOPH HUBER, Die Aufnahme und Verarbeitung des Alanus ab Insulis in mittelhochdeutschen Dichtungen: Untersuchungen zu Thomasin von Zerklære, Gottfried von Straßburg, Frauenlob, Heinrich von Neustadt, Heinrich von St. Gallen, Heinrich von Mügeln und Johannes von Tepl, Zürich/München 1988 (MTU 89).

[17] Zu diesem Problem siehe WALTER H. PRINCIPE, »The Truth of Human Nature« according to Thomas Aquinas: Theology and Science in Interaction, in: Philosophy and the God of Abraham. Essays in Memory of James A. Weisheipl, OP., hg. von R. JAMES LONG, Toronto 1991 (Papers in Medieval Studies 12), S. 161–177; PHILIP LYNDON REYNOLDS, Food & the Body. Some Peculiar Questions in High Medieval Theology, Leiden 1999; MARSCHLER [Anm. 6], S. 371–376.

[18] REYNOLDS [Anm. 17], S. 1.

[19] Das grundlegende intellektuelle Problem, das der Kannibalismus aufwirft, ist die Ei-

Tauler verwendet den Begriff ›Natur‹ überwiegend in Übereinstimmung mit der ersten Bedeutung (d. h. *natura* als *essentia*). Er verweist auf die *nature* der Tiere (Predigt 45, S.198,12), auf *engelsche nature* (Predigt 33, S.129,24) und auf die *gotliche nature* (Predigt 1, S. 10,7; Predigt 32, S. 121,27), von der er sagt, der Mensch solle nicht so vermessen sein zu denken, er könne an ihr in vollem Maße teilhaben. Die Personen der Trinität würden über *einikeit der naturen* verfügen (Predigt 60d, S. 299,13), während Christus unser *snôde kranke verdorbene nature* (Predigt 60c, S. 293,22f.) auf sich genommen habe. Was die menschliche *nature* betrifft, so liegt die Betonung deutlich auf ihrer Gefallenheit. Während sie einst einen gewissen *adel* (Predigt 32, S. 120,11 und 13) besessen habe, wird sie jetzt als *leid* (Predigt 50, S. 226,36), *arm* (Predigt 50, S. 227,34), voll von *jomer* (Predigt 45, S. 198,21f.), und *krank und wunderlichen sere geneiget nider wert ze vil gebresten und velle* (Predigt 57, S. 266,26f.) charakterisiert.[20] Obwohl gewisse Tugenden dem Menschen grundsätzlich noch natürlich seien,[21] habe der Sündenfall bewirkt, daß der Mensch die Harmonie mit seiner eigenen Natur verloren habe und seine von Natur aus tugendhaften Impulse in Richtung unwürdiger Rezipienten fehlgeleitet würden (d. h. er liebt die Schöpfung mehr als den Schöpfer).[22]

Er verwendet den Begriff *nature* nicht in der zweiten, oben erwähnten Bedeutung, d. h. als Summe aller Naturphänomene. Selbst die Formulierung *was die nature wůrket, das hat alwegen etwas flecken* (Predigt 69, S. 380,13), die im

---

gentumsfrage spezifischer Teile des Fleisches: Nehmen wir der Einfachheit halber an, ein Kannibale hätte das Bein eines anderen Menschen gegessen, und dieses Bein wäre jetzt völlig von dem Körper des Kannibalen assimiliert worden, würde das Bein als Teil des Kannibalen auferstehen oder als Teil des ursprünglichen Eigentümers?

[20] Tauler personifiziert *nature*, indem er ihr nicht nur Neigungen sondern auch Vorlieben zuschreibt; z. B. sagt er, daß *nature*, von ihrer Neigung her faul, sich immer ausruhen will (*wil ir růwe do nemen, es si geistlich oder liplich, inwendig oder uswendig*; Predigt 46, S. 202,20–21). Nichtsdestoweniger soll *nature* trotz ihrer Faulheit lieber bis nach Rom reisen wollen (d. h. eine lange, strapaziöse Reise unternehmen), als sich dem schmerzhaften Prozeß der Wiedergeburt zu unterziehen (Predigt 60f, S. 315,28–31).

[21] Tauler unterscheidet z. B. zwischen den *natůrlichen* Tugenden (Predigt 23, S. 93,3–4: *demůtikeit, senftmůtekeit, miltekeit, barmhertzikeit, stillekeit*) und den *sittelichen* Tugenden (Predigt 23, S. 93,5–6: *wisheit, gerechtikeit, stercke, messikeit*).

[22] Dies wird am nachhaltigsten zum Ausdruck gebracht, wenn er von der Minne schreibt: *Nu het der minnencliche erbarmherzige Got die tugent alzůmole gesenket in unser nature [...] Die ander tugent ist wore gotteliche minne; die tugent het Got gepflanzet und gewurtzelt in die nature. Von naturen minnet der mensche [...] Beda sprach, es were also unmugelich das der mensche lebete one minne, also das der mensche lebete one sele. Stunde nu der mensche in rehter ordenunge siner naturen, so mûste er Got me minnen denne sich selber. Das ist ein jemerlich ding das der mensche sin edel art also verkert und daz neigeliche werg siner nature kert zů den creaturen und lot den schöppfer der naturen.* (Predigt 60h, S. 322,11–323,9). Tauler beklagt sich ebenso über die Wertlosigkeit menschlicher Zuneigung, z. B. in der Wendung *die klebl̂icheit die in der leiden nature lit.* (Predigt 50, S. 226,35–36).

ersten Moment den Topos von *natura artifex* widerzuspiegeln scheint, stellt mit höherer Wahrscheinlichkeit eine weitere Bestätigung der Unvollkommenheit der menschlichen Natur in all ihren Handlungen dar. Ganz ähnlich besagt die Aussage *von der vergiftikeit des ersten valles so ist die nature also nider gesunken in das niderste teil* (Predigt 46, S. 202,12f.) nicht, daß die gesamte Schöpfung gefallen sei, sondern vielmehr, daß speziell die menschliche Natur nicht mehr das ist, was sie einmal war. Die Vorstellung der sinnlich erfaßbaren Welt als ein geordnetes System von Abläufen ist jedoch bei Tauler zentral, wo die Gefallenheit des Menschen sich locker an die stoffliche und körperliche menschliche *corruptio* anknüpft. Tauler fordert zur Erkenntnis der negativ bewerteten Körperlichkeit des *usseren* Menschen auf:

Nu heben wir den usseren menschen an. Sich an was du bist: wannen ab bist du komen? Von einer unfletiger fuler böser unreiner materien, die unmütsamlich und ein ungelust ist an ir selber und allen menschen. Und nu was bist du worden? Ein unrein smekender sak vol bochtes (Predigt 45, S. 197,31–198,2).[23]

Indem er dann die zahlreichen körperlichen Gebrechen des Menschen der Schönheit und Unabhängigkeit der im Dienste menschlichen Überlebens ausgebeuteten Tiere gegenüberstellt, benutzt Tauler die Wendung *din arme nature* im eindeutigen Sinne von ›dein armseliger Körper‹:

Nu sich, was gehört wunders her zů das din arme nature enthalten werde! und do ab nimet man dar zů grossen lust und übet grosse gebresten an der nützunge der toten vihe. (Predigt 45, S. 198,17–19)

Der ungewöhnliche Sprachgebrauch des mhd. *nature* deutet hier auf Kenntnis der Wendung *veritas naturae humanae* als Kunstausdruck für den Teil des Körpers hin, der auferstehen wird, wenngleich hier bemerkt werden soll, daß Tauler sich nicht direkt auf den auferstandenen Körper bezieht, sondern vom irdischen Körper spricht. Seine Terminologie weist eine gewisse Logik auf: Wenn *veritas humanae naturae* den auferstandenen Körper beschreibt, ist es durchaus nachvollziehbar, daß *natura humana* unter Weglassung der *veritas* als Bezeichnung für den irdischen Körpers dient. Wie dem auch sei, dieser Sprachgebrauch stellt eine idiosynkratische Abweichung von der normalen scholastischen Praxis dar.

Auf der anderen Seite könnte der Gebrauch des Terminus *nature*, um den menschlichen Körper zu beschreiben, auch als Aussage darüber verstanden werden, was genau denn die menschliche *essentia* (d. h. *natura* in seiner ersten Bedeutung) ausmacht. Mit anderen Worten: Das, was ein menschliches Wesen zu einem menschlichen Wesen macht, ist eben sein Körper.[24] In Übereinstim-

---

[23] Zur Tradition der Schmutzigkeit des Körpers und dessen Löcher siehe MEINLOF SCHUMACHER, Sündenschmutz und Herzensreinheit. Studien zur Metaphorik der Sünde in lateinischer und deutscher Literatur des Mittelalters, Münster 1996 (MMS 73), S. 259–261 und S. 318–319.

[24] Die Mehrdeutigkeit in Taulers Gebrauch des Terminus *nature* läßt sich auch mit Verweis auf Predigt 60c illustrieren, wo darauf aufmerksam gemacht wird, daß ein Nah-

mung mit dieser Entsprechung zwischen menschlichem Körper und (gefallener) menschlicher Natur wird *krankheit*, so charakteristisch für die menschliche Natur, oft als körperliche Schwäche interpretiert (eine Tendenz zur Müdigkeit oder mangelnder Gesundheit), statt als moralische Unzulänglichkeit. Tauler stellt den Körper somit nicht als böse, sondern als erbärmlich dar. Wie schon erwähnt werden die Schwierigkeiten des Menschen im Umgang mit seiner Umwelt in Predigt 45 besonders lebhaft veranschaulicht, wo Tauler die Abhängigkeit des Menschen vom Tier erörtert. Diese Verbindung von *nature* nicht mit äußerlicher, sondern mit moralischer Schwäche, ist implizit auch in Taulers Unterscheidung zwischen natürlichem und sündigem *gebreste* (Predigt 60h, S. 322,20–30), wobei lediglich der letztere zur Verdammung führt.[25]

In seiner Haltung dem menschlichen Körper gegenüber zeigt Taulers Sichtweise Ähnlichkeiten mit pastoralen Erwägungen praktischer Art, die auch auf andere Autoren seines Umfelds deutlich erkennbare Auswirkungen zeigen. Für Tauler bildet der Körper an sich nicht den *locus* von *verklerung* und *unio*. Diese Vorgänge sind vielmehr stark verinnerlicht und werden im nicht-körperlichen *grunt* der Seele angesiedelt.[26] Deswegen ist Tauler eindeutig kein Anhänger der zu dieser Zeit üblichen asketischen Praktiken wie Fasten, Nachtwachen oder Selbstgeißelung – im Gegenteil, er lehnt diese ab, weil sie zu Hochmut führen könnten.[27] Seine Predigten machen deutlich, daß der Erfüllung unserer körper-

---

rungsmittel seine eigene *nature* (substanzielle Essenz) verliere, wenn es gegessen wird, und in menschliche *nature* (d. h. sowohl in den menschlichen Körper als auch in die menschliche substanzielle Essenz) übergehe: *Wan sol die spise in des menschen nature gewandelt werden, so můs si von not ir selber entwerden. Wan ein ieklich ding, sol es werden des es nůt enist, so můs es al zemole des entwerden das es ist; sol holtz fúr werden, so můs es von not siner holtzheit entwerden* (S. 295,30–33).

[25] Ähnlich bedeutet auch die Aussage, daß Christus *unser snöde kranke verdorbene nature* (Predigt 60c, S. 293,22f.) angenommen hat, lediglich, daß Christus in der Menschwerdung die Schwächen des menschlichen Körpers auf sich genommen und demzufolge Schmerzen und Müdigkeit gelitten habe, und nicht, daß er an der moralischen Korruption des Sündenfalls teilgehabt hätte.

[26] Zum Terminus *grunt* siehe PAUL WYSER, Der »Seelengrund« in Taulers Predigten, in: Lebendiges Mittelalter. Festgabe für Wolfgang Stammler, hg. von der Philosophischen Fakultät der Universität Freiburg, Schweiz, Freiburg/Schweiz 1958, S. 203–311. Zum *grunt* als Illustration von Taulers Tendenz zur Verinnerlichung siehe auch CHRISTINE PLEUSER, Die Benennungen und der Begriff des Leides bei J. Tauler, Berlin 1967 (PhStQu 38), S. 52, die Taulers Ansiedlung des »Ortes des Gottesbildes« im *grunt* mit der Einstellung Alberts des Großen kontrastiert, der in diesem Kontext den Intellekt vorzieht (S. 51). Während andere Dominikaner dazu neigen, mit vertikalen Hierarchien zu operieren, wählt Tauler Metaphern, die den Gegensatz von Interiorität und Exteriorität betonen. »So ist der ›grunt‹ als Ort der Gottesbegegnung nicht ein – ontologisch gesehenes – Oben wie bei Thomas und Eckhart, sondern ein ›Innen‹, dessen ethische Bedeutung ständig und ohne Übergang in eine ontologische umschlägt« (S. 52).

[27] Vgl. CAROLINE WALKER BYNUM, Holy Feast and Holy Fast, The Religious Significance of Food to Medieval Women, Berkeley/Los Angeles 1988, S. 108.

lichen Bedürfnisse nichts inhärent Sündliches anhaftet.[28] Er insistiert darauf, daß der Mensch nicht versuchen solle, die Grenzen seiner menschlichen Natur zu überwinden, sondern Bedürfnisse wie Schlaf oder Hunger demütig annehme, da sie ihm von Gott auferlegt seien, ob es dem Menschen gefalle oder nicht (Predigt 21, S. 86,30–87,6). Taulers Festhalten an diesem Standpunkt wird von Rulman Merswin in dessen ›Buch von den vier Jahren seines anfangenden Lebens‹ ausgeführt, der Tauler als einen eher frustrierenden Beichtvater darstellt, der es dem autobiographischen Ich rundweg verbietet, den asketischen Praktiken nachzugehen, die diesem so attraktiv erscheinen.[29]

Trotz dieser Ablehnung der Askese betrachtet Tauler den Körper sehr wohl als eine Hürde bei der Erlangung von *verklerung*. Für ihn bedeutet die *visio Dei* die Unterwerfung von *nature* durch die Gnade Gottes (Predigt 50, S. 227,31–228,4): *vernúwunge* (Predigt 69, S. 377,9); sie könne nur stattfinden, wenn die *nature* des Menschen *under getruket* worden sei (Predigt 69, S. 377,10), doch Tauler sieht vor, daß dieser Vorgang sich aus Gnade und nicht aus der Willenskraft des einzelnen ableite.[30] Mit dieser Position steht im Einklang, daß Tauler die Praxis der geistigen Kommunion unterstützt: Obwohl häufig darauf hingewiesen wird, daß die meisten Menschen aus dem leiblichen (eucharistischen) Kontakt mit Christus Nutzen ziehen, wird in Taulers Darstellung letztendlich deutlich, daß diese Art von Kontakt einem spirituellen Sich-Einlassen mit dem Göttlichen untergeordnet wird. Tauler befürwortet die geistige Kommunion nicht nur aus pragmatischen Gründen (z. B. um zu vermeiden, daß Priester durch die Nachfrage nach täglicher Kommunion überfordert werden),[31] sondern bemerkt auch, daß für die mit einer höher entwickelten Spiritualität versehenen Menschen das Verlangen nach der Eucharistie zu einem körperlichen Bedürfnis werden kann, dem die geistig Fortgeschrittenen besser widerstehen sollten.[32]

---

[28] Nachdem Taulers Ich sich vernichtend über die trivialen Zerstreuungen äußert, die die Aufmerksamkeit von der Spiritualität ablenken, wird die Aussage gemildert: *Hie mit ensint die ding nút gemeint der man not hat oder die man dur Got hat oder in Gotte hat, oder óch der man nút von nature wol ab scheiden enkan, als dem hunger lust der spise und dem turste lust des trankes und dem múden die raste und dem gevangen der slaf* [...] (Predigt 49, 220,31–34).

[29] Merswins Vier anfangende Jahre – Des Gottesfreundes Fünfmannenbuch (Die sog. Autographa), Schriften aus der Gottesfreund-Literatur 2, hg. von PHILIPP STRAUCH, Halle 1927 (Altdeutsche Textbibliothek 23), S. 6, 9–10.

[30] Vgl. Predigt 55, S. 258,10f.: *Durch dies minnekliche túr sol man gan mit einem durbruche der nature* [...].

[31] Predigt 60f, S. 313,28–33: *Nu wie dicke? Dannanvon sprichet sant Ambrosius: ›diz ist unser tegelich brot‹. Wo nemen wir nu den priester der uns tegelichen gebe? Liebes kint, sich: obe dir hie von dem priester verseit wurt, so sich das du in rechter gelossenheit und in frieden blibest, und val uf din niht und nút zwifele, er wurt dir geistliche vil lichte fruchtberlicher, denne obe er wurde dir in dem sacramente* [...].

[32] Predigt 60f, S. 315,31–316,7.

Dennoch bilde die Eucharistie einen besonderen Zugang zur Gnade, eben weil sie die Fähigkeit besitze, *nature* zu überwinden (Predigt 57, S. 266,24–267,2). Hier kommt das Verdauungsparadox zum Ausdruck, das für Tauler die Eucharistie charakterisiert: Die Hostie werde zwar nach ihrer Aufnahme von der *nature* (im Sinne von ›Körper‹) des Menschen assimiliert, was anscheinend dazu führe, daß die menschliche *nature* (sowohl im Sinne von ›Körper‹ wie auch von gefallener *essentia*) die Hostie überwinde, doch im gleichen Moment helfe die Hostie der *nature*, sich selbst zu überwinden und besiege sie.

Obwohl dieser Wandel seinen Ursprung im Körper hat, kann er natürlich nicht auf rein physiologischer Ebene erklärt werden. Es sollte hier angemerkt werden, daß rein physiologisch von den Scholastikern kein Unterschied zwischen der Verdauung der Hostie und der Verdauung anderer Nahrungsstoffe angenommen wurde. Thomas von Aquin z. B. erläutert, wie die Hostie den Kommunikanten nährt, indem sie, genau wie alle anderen Nahrungsmittel auch, in dessen Substanz übergeht.[33] Wenn Tauler dementsprechend in Predigt 32 die dynamische Qualität der lebendigen Eucharistie mit anderen Formen von Nahrung vergleicht, die in sich selbst tot sind und von Magen, Leber und Venen passiv verdaut werden, hat er sich von Betrachtungen des äußeren Körpers bereits entfernt. Der innere Raum, in dem die Hostie empfangen wird, kann nicht ohne weiteres mit den Verdauungsorganen des äußeren Körpers gleichgesetzt werden, sondern muß als etwas verstanden werden, das eine andere Art von Interiorität besitzt.

> *Ander spise die der mensche nützet, die ist in ir selber tot und snöde und enpfohet leben in dem menschen und wurt in ime geedelt; mer dise edele spise die lebet und ist selber das wesen des lebendes, und alle die die von diser spisen gelabet und gespiset werdent, die lebent eweklichen* (S. 119,6–10).[34]

Die lebendige Eucharistie hat offensichtlich eine nachhaltige Wirkung auf das gesamte System, in das sie einverleibt wird: Während sie vom äußeren Menschen (dem Körper) verdaut wird, reinigt sie den inneren Menschen (den *geist*), indem sie ihn von der Vereinigung mit dem Körper befreit und ihn aus *alle[r] sine[r] krangheit und natürlicheit und ungelicheit* heraushebt. Nachdem er auf diese Weise *gelütert* worden ist, wird er *verklert* (Predigt 32, S. 120,25f.), und findet schließlich Auflösung in *gotteliche[r] ikeit* (Predigt 32,

---

[33] Thomas von Aquin, Summa Theologiae [Anm. 6] 3a, 77, 6 (co), Bd. 2, S. 898.
[34] Diese Stelle impliziert, daß normale Nahrungsmittel durch den Kontakt mit dem lebendigen menschlichen Körper veredelt würden; dies steht in Kontrast zur Aussage in Predigt 45, S. 198,2–4, der zufolge der menschliche Körper so unrein sei, daß er alle edle Nahrung, die er aufnimmt, ebenfalls verderbe: *Und kein so rein, so edel spise noch trank in dich enkumet noch so schön noch so rein, es enwerde ein unfletig unlidelich smekent unreinikeit in dir.* Obwohl es hier eindeutig um ein ›normales‹ Nahrungsmittel geht, erinnert die Rhetorik daran, wie die Einnahme der Eucharistie von unwürdigen Kommunikanten (»schmutzigen Fässern«) häufig beschrieben wird; vgl. SCHUMACHER [Anm. 23], S. 327.

S. 120,30).[35] Äußeres und Inneres finden sich in der größten erdenklichen Opposition zueinander, wenn Tauler die *verklerung* der Seele mit der anhaltenden Krankheit des Körpers kontrastiert:

> *und wie wiltu dem vorborgen abgrunde nohe kummen das dise edele spise wurket innerliche in demme geluterstern geiste der furklert ist, noch denne das der arme usser mensche trege und slefferig und ungefüget ist zů allen dingen.* (Predigt 32, S. 121,32–35)

Da der Begriff *verklerung* typischerweise mit dem himmlischen, auferstandenen Körper[36] Christi assoziiert wird, verhilft die Eucharistie der Seele in diesem Leben zu einem Vorgeschmack auf die Glorie, die der Körper erst nach dem Tod erfährt. Eine solche ›Prä-Resurrektion‹ hat für die Seele jedoch einen Verlust an Individuierung innerhalb der Unio zur Folge; im Gegensatz dazu macht die effektive Auferstehung des Körpers nach dem Tode eine Beibehaltung der Individuierung möglich.

Während in Predigt 32 die Verweise auf die Auflösung der Seele in *götteliche einikeit* deutlich illustrieren, auf welche Art die Teilhabe an der Eucharistie dazu dient, nicht nur der Sündhaftigkeit, sondern auch der Individuierung des inneren Menschen entgegenzuwirken, verleiht Predigt 30c diesem Gedankengang weiteren metaphorischen Nachdruck durch die Idee, daß die Hostie selbst zur Verdauung fähig ist. Sie wird mit fast surrealem Effekt als ein Nahrungsmittel ›mit Zähnen‹ dargestellt, welches vertilgt, während es vertilgt wird und dabei alle Unzulänglichkeit des Kommunikanten verzehrt:

> *Dis heilige sacrament das tŏwet und vertŏwet alles das bŏs ist, das unnǔtze und des ze vil ist, und wirffet es us* […]. (S. 296, 9–11)

Die Zuschreibung von Verdauungsfähigkeiten an eine individuelle Hostie findet nur teilweise eine Entsprechung in dem bernhardischen Bild von Gott, der den Kommunikanten verdaut, welches den Predigten 60c und 60f als Grundlage dient und gleich in Teil II detailliert analysiert wird. Die eben zitierte Stelle darf durchaus so verstanden werden, daß sie eine spezifische Äquivalenz zwischen der Hostie und dem irdischen Körper Jesu (der selbstverständlich regelmäßig Nahrung gekaut, geschluckt und verdaut hat) postuliere. Insofern finden sich hier Anklänge an Traditionen von Volksfrömmigkeit, denen zufolge Visionäre in der Hostie einen menschlichen Körper (in der Regel ein kleines Kind) sahen.[37] Die Stelle impliziert nicht nur eine starke Identifikation jeder einzelnen Hostie mit dem verklärten Leib Christi, sondern auch Vertrautheit mit dem Dogma der Konkomitanz – der Lehre, die besagt, daß der ganze Christus in jedem der Elemente und in jedem Partikel des Abendmahls gegenwärtig ist.

---

[35] Vgl. WILLING [Anm. 13], S. 6: »Setzt ein Autor eucharistische Unio und mystische Unio gleich, so wird er seinem Publikum auch den Weg zur eucharistischen Vereinigung, die Vorbereitung auf die würdige Kommunion, als *via mystica* darstellen.«

[36] Z. B. Predigt 32, S. 124,11; Predigt 33, S. 125,11.

[37] Zu den Einzelheiten des Kind-Jesu-Wunders, siehe RUBIN [Anm. 11], S. 135–139; WILLING [Anm. 13], S. 85.

Diese Stelle ist dementsprechend ein weiteres Zeugnis für die wichtige Rolle, welche die Vorstellung von Christi körperlicher Integrität für das zeitgenössische Verständnis der individuellen Auferstehung spielt.[38]

Teil II

Die Quelle der den Predigten 60c und 60f zu Grunde liegenden Metapher einer gegenseitigen Verdauung (Gott ißt und verdaut den Kommunikanten gerade so, wie der Kommunikant Gott ißt und verdaut) ist Bernhards von Clairvaux Predigt Nr. 70 zum Hohelied, in der der Vers *Ego dilecto meo, et dilectus meus mihi, Qui pascitur inter lilia* (Ct 6,2) wie folgt interpretiert wird:

> *Ita ergo et cum pascitur pascit, et pascitur cum pascit, simul nos suo gaudio spirituali reficiens, et de nostro aeque spirituali provectu gaudens. Cibus eius pænitentia mea, cibus eius salus mea, cibus eius ego ipse. Annon cinerem tamquam panem manducat? ego autem quia peccator sum, cinis sum, et manducer ab eo. Mandor cum arguor, glutior cum instituor, decoquor cum immutor, digeror cum transformor, unior cum conformor. Nolite mirari hoc: et manducat nos, et manducator a nobis, quo arctius illi adstringamur.*[39]

Dieses Bild vom Gott, der seine Kreaturen ernährt und von ihnen ernährt wird, bezieht sich nicht auf die Unio, so wie diese in der spekulativen Mystik eines Meister Eckhart verstanden und bei WILLING folgendermaßen formuliert wird: »Das Verdauern versinnbildlicht nach Bernhard die diesseitige Unio, die er nicht als eine wesenhafte Vereinigung versteht, sondern als eine Gleichförmigkeit des menschlichen Willens mit dem Willen Gottes.«[40] Es hat auch keinen direkten Bezug auf die Eucharistie: d. h. es geht nicht darum, daß die Hostie *literaliter* gegessen wird, sondern eher darum, daß Gott den Menschen geistlich mit seinem Beistand ernährt. Dennoch ist die Anknüpfung an die Eucharistie natürlich naheliegend, und es überrascht nicht, daß diese Bernhard-Stelle »kanonische Autorität in den Eucharistietraktaten deutscher Sprache« erlangte,[41] mit mehr oder weniger direktem Einwirken nicht nur auf die Mystiker Eckhart und Tauler, sondern auch auf den Mönch von Heilsbronn und auf Marquard von Lindau. Diese Vielfalt der Bearbeitungen liefert einen Kontext für den idiosyn-

---

[38] Im Kontext der Eucharistie dient die Konkomitanzlehre dazu, zwei Prinzipien zu bestätigen: erstens, daß alle drei Substanzen Christi (d. h. sowohl Seele und göttliche Natur als auch der Leib) in der Eucharistie gegenwärtig seien, und zweitens, daß unter jeder sakramentalen Gestalt Leib und Blut gegeben seien.

[39] Sancti Bernardi Opera, hg. von JEAN LECLERQ [u. a.], Rom 1958 (Editiones Cistercienses), Bd. 2, S. 217. Die Hervorhebungen sind meine eigenen. Spezifische Erörterungen von Taulers Gebrauch dieser Passage finden sich bei HAAS [Anm. 1], S. 99; GNÄDINGER [Anm. 2], S. 344–347, WILLING [Anm. 13], S. 146–150.

[40] WILLING [Anm. 13], S. 118.

[41] WILLING [Anm. 13], S. 146.

kratischen Charakter von Taulers Darstellung der Metapher: Seine rhetorische Strategie hebt sich deutlich von den anderen ab, wenn er mit Enthusiasmus und (quasi-)Gelehrtheit seine Vorliebe zum physiologischen Detail zum Einsatz bringt.

Im Mittelalter bedienten sich medizinische Autoren in der Regel eines Modells von drei oder vier *digestiones* (Verdauungsphasen).[42] Diese finden im Magen, in der Leber, in den Blutgefäßen und in den Gliedern statt. Wenn Autoren mit nur drei Phasen arbeiten, werden die letzten beiden gewöhnlich als eine Phase verstanden. Im Magen wird die Nahrung zu Saft reduziert und von Fremdkörpern befreit. Die zweite Verdauungsphase findet in der Leber statt, von wo die Nahrung in der Form von Humoren in die Venen und Glieder gelangt. In der gerade zitierten Predigt scheinen die drei passiven Verben (*decoquor* ›Ich werde gekocht‹;[43] *digeror* ›Ich werde verdaut‹; *unior* ›Ich werde vereint‹) das medizinisch ›korrekte‹ Paradigma der drei *digestiones* zu reflektieren, ohne daß jedoch das jeweils betroffene Organ erwähnt würde.

Die anderen bereits genannten Autoren (Eckhart, der Mönch und Marquard) verwenden dieses Paradigma nicht. Von den dreien interessiert sich Eckhart am wenigsten für Physiologie und für die Bewahrung der Struktur von Bernhards Allegorese der verschiedenen *digestiones*. In Predigt 20A extrapoliert er stattdessen den eher generellen Gedanken Bernhards, daß die Teilnahme an der Eucharistie zu einer Unio zwischen Gott und dem Menschen führt, die genauso eng oder enger ist wie die zwischen dem menschlichen Körper und den Nahrungsmitteln, die dieser gewöhnlich aufnimmt:

> *Dâ von hât er sich bekleidet mit dem rocke der glîchnisse des brôtes, englîches als diu lîplich spîse gewandelt wirt mit mîner sêle, daz enkein winkelîn in mîner natûre niht enist, ez enwerde dar în vereinet. Wan ein kraft ist in der natûre, die scheidet abe daz grôbeste und wirfet ez ûz, und daz edelste treget si ûf, daz niendert sô vil als ein nâdelspitze enist, ez ensî dâ mite vereinet. Daz ich vor vierzehen tagen az, daz ist alsô ein mit mîner sêle, alz daz ich in mîner muoter lîbe enpfienc. Alsô ist, der lûterlîche enpfæhet dise spîse: der wirt alsô wærlîche mit ir ein, als vleisch und bluot mit mîner sêle ein ist.* (EW, Predigt 20A, Bd. 1, S. 224,6–16)[44]

---

[42] REYNOLDS [Anm. 17], S. 108 f.; KONRAD GOEHL, Guido d'Arezzo der Jüngere und sein ›Liber mitis‹ I-II, Hannover 1984 (Würzburger med. hist. Forsch. 32), S. 110; TRUDE EHLERT, Komplexionenlehre und Diätik im Buch Sidrach, in: Licht der Natur. Medizin in Fachliteratur und Dichtung. Festschrift für Gundolf Keil zum 60. Geburtstag, hg. von JOSEF DOMES, Göppingen 1994 (GAG 585), S. 81–100, hier S. 90.

[43] Im Lateinischen wie auch im Mittelhochdeutschen wird die Verdauung im Magen gemeinhin durch die Metapher des Kochens ausgedrückt, weil auf die geschluckten Nahrungsmittel Hitze einwirkt wie in der Küche zur Zubereitung eines Mahles. Vgl. die Einleitung zum ›Arzneibuch‹ Ortolfs von Baierland nach der ältesten Handschrift (14. Jh.) (Stadtarchiv Köln W 4° 24*), hg. von JAMES FOLLAN, Stuttgart 1963, S. 85: *Der mage yst alze eyn grope, dat sych dy spyse inne dauwe vnde süde, vnde yst alz eyn koch vnde eyn knecht, wente he allen leden dy spyse vorbereydet. Dy fuchtenket hat he von deme dranke, dy hytte vnde dat für hat he von deme herten vnde von der lebern.*

[44] Vgl. auch die Aussagen in EW, Predigt 6, Bd. 1, S. 88,23 f.: *Diu spîse, die ich izze, diu*

Was die verdauungstechnische Erörterung betrifft, begnügt sich Eckhart mit der Bemerkung, daß die Nahrung so aufgespalten wird, daß Abfallstoffe ausgeschieden werden, während der verbleibende Rest zu einem Teil des menschlichen Körpers wird. Angesichts der kontroversenreichen Diskussionen, welche die Frage der *veritas humanae naturae* schon ausgelöst hatte, läßt sich dieses letzte Zitat als eine sehr klare Befürwortung der Lesart der vollen Assimilierung verstehen: Die aufgenommene Nahrung ist in gleichem Maße *veritas humanae naturae* wie die körperliche Substanz, die von einer Mutter an ihr Kind weitergegeben wird (und folglich von Adam an seine Nachkommen).

Der Mönch von Heilsbronn neigt weniger zur Spekulation und gibt in der Hauptsache sowohl die der Bernhard-Passage zugrundeliegende Spiritualität als auch deren rhetorische Struktur sinngetreuer wieder.[45] Er bettet die Passage in einen von zwei längeren Exkursen in seinem ›Buch von den sechs Namen des Fronleichnams‹[46] ein – eine Abhandlung, die sich ansonsten stark an den Traktat ›De corpore christi‹ des Albertus Magnus anlehnt – und vereinigt auf diese Weise Bernhards zentrales Bild der gegenseitigen Verdauung mit der Kraut-Allegorese, die er aus diesem Traktat ableitet. Albertus stellt die Behauptung auf, daß selbst eine bescheidenes Kraut Dankbarkeit empfände, wäre es sich bewusst, daß es vom edlen menschlichen Organismus aufgenommen würde, und sich deshalb nicht über die schmerzhaften Vorgänge beklagte, denen es unterzogen würde (nämlich dem Pflücken, Hacken, Kochen und Essen).[47] Umso mehr sollte der vernunftbegabte Mensch gewillt sein, sich Christus für die Art der Assimilation, die ihm das Abendmahl möglich mache, dankbar zu zeigen. Die Synthese von Bernhard und Albert hat beim Mönch die Darstellung des Kommunikanten als einem Kraut zur Folge, das gepflanzt, gepflückt, in der Küche zerkleinert und dann in einem Topf gekocht wird, noch bevor es in den Mund Gottes gelangt, wo es zerkaut und heruntergeschluckt wird.[48] Der

---

wirt alsô vereinet mit mînem lîbe als mîn lîp mit mîner sêle; und in EW, Traktat 2, Bd. II, S. 398,23–30: *Die rede der underscheidunge: Jâ, in dem lîchamen unsers herren wirt diu sêle alsô nâhe in got vüeget, daz alle die engel, weder von Cherubîn noch von Seraphîn, enmügen den underscheit niht gewizzen noch vinden zwischen in beiden. Wan, swâ sie got rüerent, dâ rüerent sie die sêle, und swâ die sêle, dâ got. Nie enwart sô nâhiu einunge, wan diu sêle ist vil næher mit got vereinet dan lîp und sêle, die einen menschen machent.*

[45] Vgl. WILLING [Anm. 13], S. 121.
[46] Der Mönch von Heilsbronn, ›Buch von den sechs Namen des Fronleichnams‹, in: Der Mönch von Heilsbronn, hg. von JOHANN FRIEDRICH L. THEODOR MERZDORF, Berlin 1870, S. 3–68. Vgl. KURT ILLING, Alberts des Großen ›Super Missam‹-Traktat in mittelhochdeutschen Übertragungen, München 1975 (MTU 3), S. 44–48; WILLING [Anm. 13], S. 95–131.
[47] Albertus Magnus, De corpore christi (Liber de sacramento Eucharistiae), in: Opera omnia, hg. von AUGUSTE und ÉMILE BORGNET, 38 Bde., Paris 1892–1899, Bd. 38, d. 3, tr. 1, cp. 8,2, S. 272.
[48] Das Augenmerk, das auf die aufwendige Zubereitung des menschlichen Bissens für den göttlichen Verzehr gelenkt wird, reflektiert die ebenfalls aufwendige Vorbereitung

Mönch versteht also die Teilnahme an der Eucharistie als eine Art der *imitatio Christi*, wobei der Kommunikant einwilligt, sich den geistigen Qualen seines eigenen Leidensweges zu unterziehen. Obwohl es hier um eine deutliche *amplificatio* der Bernhard-Stelle geht, zeigt der Mönch jedoch kein Interesse daran, sich tiefer auf deren physiologische Komponente einzulassen. Trotz der Vielfalt an Stadien bei der Vorbereitung und beim Essen (*prehen, prüen, hacken, sieden, chawen*), scheint der Mönch, wenn es zur eigentlichen Verdauung kommt, das medizinische Paradigma, das bei Bernhard implizit wird, zu übersehen und sich sogar nur zweier Stufen (*däwen* und *ainen*, S. 43) zu bedienen.

Marquard von Lindau, der etwas später als der Mönch und Tauler schreibt, vermeidet in seinem Eucharistie-Traktat sowohl die sorgfältig durchkonstruierte allegorische *amplificatio* des ersteren als auch die physiologische Schocktaktik des letzteren. Da er mit Taulers Werken aller Wahrscheinlichkeit nach vertraut war, darf man in seiner betont nüchternen und zurückhaltenden Handhabung des Bernhard-Materials wohl sogar ein Korrektiv zu Tauler vermuten.[49] Marquard vermittelt die grundsätzliche Struktur des bernhardischen Bildes, scheint sich aber dann vorwiegend für das Stadium des Kauens zu interessieren, d. h. für die Art und Weise, wie Gott dem Menschen auf unangenehme Weise auf das Gewissen beißt. Das Phänomen der Gewissensbisse wird sogar als Maßstab für die Wirkung des Sakramentes hervorgehoben:

> *Vnd darumb spricht sanctus Bernhardus:* »Qui comedit me.« *Der mich isset, der wirt geessen. Dz ist nit andrs denn ein bissen der conciencie vnd ein jniges straffen, so dem menschen werdent vff getan sin ougen, dz er ansicht sin grossen gebresten* (S. 312,21–23).[50]

Seine Betrachtung der Verdauung als solcher beschränkt sich auf die Feststellung, daß alle Nahrungsmittel, Hostien inbegriffen, von der Substanz der essenden Person aufgenommen werden:

> *Du weist wol, dz die spise, die man isset, die enwirdet ir selbs vnd enpfachet an sich gelicheit vnsers lebens. Sus můstu essen werden von diner conciencie vnd můst dines lebens entwerden vnd Cristus leben in dich enpfachen.* (S. 312,34–313,2)[51]

---

der Heiligen Hostie in der Ikonographie der eucharistischen Mühle; siehe dazu Rubin [Anm. 11], S. 312–316.

[49] Zu Marquards Rezeption von Tauler siehe Willing [Anm. 13], S. 208–225.

[50] Der Eucharistie-Traktat Marquards von Lindau, hg. von Annelies Julia Hofmann, Tübingen 1960 (Hermaea 7), S. 312.

[51] Auch bei Marquard findet sich später im Werk eine Analogie, die auf der Erfahrung der Verdauung aufbaut: *Du weist wol, so ein mensch ein edels trank hett genomen, schutt er denn kalt wasser dar vff in sin magen, dz trank verdurb da von vnd möcht gewurken nicht. Sus ist es ouch, so man dz sacrament enpfachet vnd man denn dar vff frömde bilde vnd bekvumbernisse vnd mangvaltikeit in dz hertz lat* [...] (S. 313,32–314,2). Früher hatte Marquard auch darauf aufmerksam gemacht, daß das Sakrament aufhört zu existieren, sobald es seine akzidentelle Ähnlichkeit mit dem Brot verloren hat – d. h. sobald es verdaut worden ist – und er meint, dieser Vorgang würde *so vil zites* [...], *als man ein mess gesprechen mag oder noch in kurzerem* (S. 266,20–22) dauern.

Im Gegensatz zu diesen drei Autoren geht Tauler sehr viel weiter in seinen Versuchen, die menschliche Verdauung darzustellen und zu erklären:

> *Sant Bernhardus sprichet: ›als wir dise spise essent, so werden wir gessen‹. Die lipliche spise die wir essen zů dem munde in, die kůwet man zů dem ersten, und denne get si senfteklich durch di kelen bis in den magen, und do wirt si verzert von der hitze der lebern. Und der mage der kochet die spise und teilet das grobe, das bôse von dem gůten. Und wenne ein mensche als vil spise esse als eines phundes gros, des enkunt an die nature nůt als vil als das aller minste gewichte. Das ander wirffet der mage al tôwende alles us in manigen enden. Und als es in den magen kumet, so hat es noch denne wol dri grete e es zů der naturen kome; und das der mage denne also gekochet und getôwet hat mit der natůrlichen hitze, so kumet ein oberste kraft der selen, die Got dar zů geordent hat, und teilet das al umbe dem hôbte und dem herzen und eime ieklichen gelide, und wirt denne fleisch und blůt, und dis gat durch die aderen. Recht alsus ist dem lichamen unsers herren. Als die lipliche spise in uns wirt gewandelt, recht also wer dise wirdekliche isset, der wirt gewandelt in die spise* (Predigt 60c, S. 294,3–17).[52]

Obwohl diese Stelle teilweise obskur formuliert ist und einige Konfusion über das Zusammenspiel von Magen und Leber herrscht, zeichnet sich doch deutlich ab, daß Tauler von *dri grete[n]* der Verdauung ausgeht, und daß die Schlüsselorgane der Magen (in dem das *kochen* stattfindet), die Leber und schließlich die Venen und Gliedmaßen des Körpers sind. Die Stelle macht ebenfalls deutlich, daß nur ein geringer Teil der Nahrung vom Körper assimiliert wird (*kumt [...] an der nature*), während der Rest ausgeschieden wird.

Wenn das Thema der menschlichen Verdauung losgelöst von seinem gelehrt-medizinischen Kontext betrachtet wird, ist es immer dazu angetan, Überempfindlichkeiten oder Ekel auszulösen. Es erscheint daher wahrscheinlich, daß sich ein noch größeres Unbehagen einstellt – und zwar sowohl bei den Autoren wie bei der Leserschaft – wenn dieselben Verdauungsfunktionen auch Gott zugeschrieben werden. Dieses Unbehagen findet sich wieder, wenn etwa der Mönch von Heilsbronn seine Allegorese des Verdauungsprozesses mit den Worten verteidigt *Und wann dise red ungewônleich ist, dâvon wil ich sie beweren mit der schrift.*[53] Es läßt sich auch in der auffällig kurzen und klinischen Darstellung von Bernhards Metapher bei Marquard erahnen, der sich überdies auch vorwiegend auf die am wenigsten anstößigen Verdauungsstufen konzentriert (das Kauen im Gegensatz zum eigentlichen Verdauen oder Ausscheiden). Auf der anderen Seite tendiert Tauler zum anderen Extrem, indem er bewußt, vorsätzlich und mit Nachdruck auf schockierende und unbehagliche Details eingeht. Während z. B. Bernhard lediglich das Gegessenwerden des Menschen durch Gott erwähnt, ergreift Tauler die Gelegenheit, detailliert darauf einzugehen, wie der Mensch beim normalen Essen das Eingenommene hin und her bewegt, indem er es zerkaut:

---

[52] Vgl. Anm. 24.
[53] Der Mönch von Heilsbronn, Buch von den sechs Namen des Fronleichnams [Anm. 46], S. 42.

Sprach S. Bernhardus: ›wenne wir Got essen, so werden wir von im gessen; so isset er uns.‹ Wenne isset uns Got? Das tůt er wenne er in uns unser gebresten straffet und unser inwendigen ōgen uf tůt und git uns zu erkennende unser gebresten; wan sin essen das straffet die consciencie, das bissen und das kůwen: als man die spise in dem munde wirffet um her und dar, also wirt der mensche in dem straffende Gotz har und dar geworfen in angst und vorchte und in trurikeit und in grosse bitterkeit, und enweis wie es im ergan sůlle. (Predigt 60c, S. 294,23–30)

Keine Variante des Prozesses der Nahrungsaufnahme bleibt unerwähnt, z. B. geht Tauler auf die Möglichkeit ein, Gott könnte den Menschen metaphorisch ausspeien. Wenn ein menschlicher Bissen sich als unwürdig erweise, würde er vom Magen Gottes herausgeworfen: *Unser Herre wirffet si usser sinem magen als der eine spise wider git* (Predigt 60c, S. 296,24f.).

Man sollte sich hier vergegenwärtigen, daß im Mittelalter das Konzept der *ruminatio* eine beliebte Technik inhaltlicher Wiederholung und Einprägung war. David von Augsburg z. B. verwendet das Bild der Seele, die sich vor lauter Glück und aus der Überfülle ihres Herzens erbricht,[54] und die Schockwirkung eines Gottes, der nicht nur kaut, sondern sich auch übergibt, kann leicht überbewertet werden – schließlich liefert auch Apc 3,16 die Bestätigung für die Annehmbarkeit dieses Bildes.[55] Es ließe sich aber auch argumentieren, daß das Bild sich in seiner Kraßheit weniger für Gott anbietet als vielmehr für den Teufel, stellt sich doch unweigerlich die Assoziation mit Luzifer ein, der im ›Fließenden Licht der Gottheit‹ Sodomiten verschlingt, um sie wenig später wieder herauszuwürgen.[56]

Taulers Predigt 60f reagiert defensiv auf eine möglicherweise zu erwartende Kritik an seiner Rhetorik und rückt für sein Publikum so die Möglichkeit in den Vordergrund, daß die eben konstruierten Analogien als anstößig empfunden werden könnten. Bei der Verteidigung seiner programmatischen Anwendung physiologischer Metaphorik argumentiert Tauler unter Hinweis auf die Auto-

---

[54] David von Augsburg, Septem gradus orationis, in: JAQUES HEERICKX, Le Septem gradus orationis de David d'Augsbourg, Revue d'ascétique et de mystique 14 (1933), S. 146–170, hier S. 160. Zitiert von NIKLAUS LARGIER, Inner Senses – Outer Senses. The Practice of Emotions in Medieval Mysticism, in: Codierungen von Emotionen im Mittelalter, hg. von C. STEPHEN JEAGER/INGRID KASTEN, Berlin 2003, S. 3–15, hier S. 11.

[55] Apc 3,16: *sed quia tepidus es, et nec frigidus, nec calidus, incipiam te evomere ex ore meo.*

[56] Mechthild von Magdeburg, Das fließende Licht der Gottheit. Nach der Einsiedler Handschrift in kritischem Vergleich mit der gesamten Überlieferung hg. von HANS NEUMANN/GISELA VOLLMANN-PROFE, München 1990 (MTU 100), III,21,36–39: *Alle die sodomiten varent im dur sinen hals und wonent im in sinem buche; wenne er sinen atten zühet, so varent si in sinen buch, wenne er aber hüstet, so varent si wider us.* Zur Assoziation von Sünde und Erbrochenem siehe auch den homiletischen Gemeinplatz, der Menschen, die sich nach der Beichte wieder der Sünde zuwenden, mit Hunden vergleicht, die zu ihrem eigenen Erbrochenen zurückkehren. Vgl. SCHUMACHER [Anm. 23], S. 378.

rität Bernhards, daß deren Verurteilung von Seiten kultivierter Kreise als grob und geschmacklos lediglich von unangebrachtem Hochmut zeuge. Ein demütiges Herz würde an der Metaphorik nichts anstößiges finden, im Gegenteil, es würde an ihr ›Geschmack finden‹:[57]

> *Nu müssent wir aber sant Bernhart für uns nemmen, der do sprach von eime liplichen essende, bi der er von diser spise wil sprechen also von eime kuwende und slindende und kochende und töwende. Von dem das dis gröbelichen hillet, so sullent sich hüten die subtilen vor dem vigentlichen hochvertigen geiste, wanne eime gemütigen geiste smackent nidere ding.* (S. 310,17–21)

Das Wortspiel mit *smackent* ist vorsätzlich und unterstreicht die Angebrachtheit von Gleichnissen, die die armselige *nature* des Menschen zum Kern haben: Das demütige Herz findet Geschmack (im metaphorischen Sinne) an Erörterungen zum Thema Essen, Geschmack und Verdauung (sowohl im wörtlichen wie im metaphorischen Sinne), und emuliert so die Demut, die Christus in seiner Menschwerdung offenbar macht.

Teil III

Um Taulers Umsetzung dieser seelsorgerischen Strategie im weiteren Sinne zu verdeutlichen, sollen schließlich zwei nicht-eucharistische Passagen angeführt werden, in denen moralische Lehren aus Verdauungsprozessen gezogen werden.

Predigt 36 postuliert einen komplizierten und medizinisch eher unhaltbaren Zusammenhang zwischen religiöser Apathie, Verdauung und Schwangerschaft. In den Überlegungen zu materialistischen Personen, die von ihren emotionellen Bindungen zu anderen Menschen (*creaturen*) völlig erfüllt sind und keinen Appetit auf die Hingabe zu Gott haben, wird erstens behauptet, es sei, als litten sie an einem Verdauungsleiden, dessen übelriechende Blähungen die Betroffenen am Genuß guten Essens hindern würden. Zweitens seien sie wie schwangere Frauen, denen man nachsagt, sie hätten ein Verlangen danach, Erde und anderes *unrein ding* zu essen (S. 136,21).[58] Beide Analogien sind an und für sich medi-

---

[57] In Predigt 60f stellt Tauler seinen karnivoren Gott von einer neuen überraschenden Seite dar: Gott wird mit einem Kaiser verglichen, dessen Jagdhunde ihre Beute zerreißen, so daß er sie schließlich essen kann: *Got ist der keiser der dise gejagete spise essen wil.* (S. 312,17); *Liebes kint, stant vaste, es schadet dir nüt: du solt gejaget sin.* (S. 312,21f.). Dies konstituiert eine Inversion des Einhorn-Stoffes. Traditionell spricht man davon, daß Christus in der Eucharistie vom Menschen gegessen wird; es ist ebenso eine Konvention, Christus als Einhorn darzustellen, daß von Hunden gejagt und am Ende getötet wird. In seinem Eifer, die Eucharistie als einen gegenseitigen Vorgang aufzuzeigen, verkehrt Tauler das Einhornmotiv, und macht den Menschen zur Beute, die von Gott gegessen werden wird.
[58] Zum Appetit schwangerer Frauen auf ungewöhnliche Nahrungsmittel siehe BRITTA-JULIANE KRUSE, »Die Arznei ist Goldes Wert«. Mittelalterliche Frauenrezepte, Ber-

zinisch korrekt vom damaligen Wissensstandpunkt aus. Tauler zögert jedoch nicht, die zwei Elemente im Dienste seines didaktischen Zieles zu verschmelzen, so daß sich eine etwas schiefe Entsprechung zwischen den beiden ergibt: Der Magen der besagten Sünder sei nicht nur *vol mistes des creaturen* (S. 136,22), sondern die Sünder seien gleichzeitig spirituell schwanger *von den creaturen* (S. 136,25) geworden – ein Zustand, der sie dazu bewege, noch mehr Dung zu verschlingen. Zumindest sei bei einer echten Schwangerschaft, so Tauler, die *materie* in der Gebärmutter stets um eine höhere Form bemüht,[59] in der ›geistigen‹ Schwangerschaft dieser Sünder sei ein solcher wertvoller Entwicklungsprozess jedoch nicht möglich. Stattdessen seien die Sünder auf die negativen Aspekte der Schwangerschaft beschränkt (das Verlangen nach Schmutz und Dung): *der gesmak ist enweg, des magen kropf ist verfulet; si nohent sere dem ewigen tode* (S. 137,8f.).

Tauler geht möglicherweise davon aus, daß seine Zuhörerschaft bereit war, diese implizite Gleichsetzung vom Magen und der Gebärmutter zu akzeptieren, weil sie keinen Zugang zu einer gelehrten systematischen Darstellung des menschlichen Körpers hatte; obwohl sie zwar sowohl Verdauungsstörungen als auch die beschriebenen Schwangerschaftssymptome entweder aus eigener Erfahrung oder vom Hörensagen gekannt haben könnten, hätten ihre Kenntnisse nicht zur Unterscheidung zwischen den Funktionen der verschiedenen inneren Organe gereicht. Vielleicht verläßt er sich auch auf die Tatsache, daß sein Publikum mit der metaphorischen Repräsentation des Leibes als Topf, in dem das Kind gekocht wird, bereits aus populären Gesundheitslehren und frauenmedizinischen Texten wie dem ›Secretum Secretorum‹ vertraut war.[60] Da der Magen auch ein Organ ist, das mit dem Kochen verbunden wird, mag es naheliegend gewesen sein, eine Lehre zu entwerfen, die eigentlich auf der Identifikation der beiden Organe basierte.

---

lin/New York 1999, S. 131, 161, 211, 236f. Die meisten Autoren betonen die Tatsache, daß schwangere Frauen ein Bedürfnis verspüren, Dinge zu essen, die sie vorher nicht gegessen hätten, doch diese Dinge werden gewöhnlich von den Autoren nicht als schmutzig oder unrein abgelehnt. Siehe jedoch *De secretis mulierum*, hg. von SALVATORE DE RENZI, Napoli 1857–1859 (Collectio salernitana 4), Kap. 20, Z. 414 : *Forte cibis nocuis si pregnans appetat uti.*

[59] Es verändere seine Form, indem es sich von einer Union mit einer Tiergestalt zu der mit einer menschlichen Gestalt verwandele, und erlange schließlich eine rationale Form, die *nach Got gebildet* sei (Predigt 36, S. 136,32f.).

[60] Die Schlüsselstelle (*Scias, quod matrix embrioni est sicut olla ferculo decoquendo*) findet man in den drei lat. Editionen des ›Secretum Secretorum‹: Hiltgart von Hürnheim, Mittelhochdeutsche Prosaübersetzung des Secretum secretorum, hg. von REINHOLD MÖLLER, Berlin 1963 (DTM 56), Cap. 76,1; Opera hactenus inedita Rogeri Baconi, hg. von ROBERT STEELE, Oxford 1920, Fasc. 5, S. 166; Das Brief- und Memorialbuch des Albert Behaim, hg. von THOMAS FRENZ/PETER HERDE, München 2000 (MGH: Briefe des späteren Mittelalters 1), S. 336.

Trotz des eindeutigen Mißbehagens, das Tauler im vorigen Beispiel an dem *mist des creaturen* findet, sind menschliche Ausscheidungen nicht völlig negativ besetzt. In Predigt 6 konzentriert sich Tauler neuerlich auf das Endprodukt der Verdauung, aber diesmal in einem anderen Kontext. Exkremente repräsentieren hier die Schwächen, die der menschlichen *nature* anhaften, aber genau wie der Dung für den Gärtner bei seiner Arbeit nützlich sei, so solle auch der Mensch die Bürde seiner Schwächen annehmen und akzeptieren, daß diese letztendlich zum Erblühen seiner Tugenden beitragen würden.

> *die bůrde soltu lichtecliche tragen und dine eigene gebresten, die dir leit sint und nit überwinden kanst noch enmachst; so leg dich under die bůrde zů lidende in dem gőttelichen willen und gip es Gotte. Daz pfert daz machet den mist in dem stalle, und wie der mist einen unflat und einen stang an im selber het, daz selbe pfert zůhet den selben mist mit grosser arbeite uf daz velt, und wehsset dannan uz edel schöne weisse und der edel sůsse win, der niemer also gewůhsse und were der mist nit do. Also din mist das sint dine eigene gebresten, den du nit getůn enkanst und nůt abegelegen noch überwinden kanst, die trag mit arbeit und mit flisse uf den acker des minneclichen willen Gottes in rechter gelossenheit din selbes. Spreite dinen mist uf das edel velt, on allen zwifel do wehsset in einer temůtigen gelossenheit edel wunnecliche frucht us.* (S. 27,25–28,4)

Diese Aufforderung, sich mit dem eigenen *mist* auseinanderzusetzen, bildet noch ein Beipiel dafür, wie Tauler in seiner Auslegung des menschlichen Körpers bewußt und provozierend geschmacklos ist. Die Fülle physiologischer Details sowohl in den zwei letzten Beispielen, als auch in den eucharistischen Predigten ist bemerkenswert. Auf der einen Seite hat sich Tauler offensichtlich einiges an medizinischem Wissen aus der enzyklopädischen Tradition angeeignet und in allegorische Zusammenhänge eingearbeitet, wo dies nicht unbedingt notwendig wäre. Obwohl es schließlich ein Gemeinplatz der abendländischen Literatur ist, Nahrungsaufnahme und Verdauung als Metaphern für Verinnerlichung und Umsetzung zu benutzen, bewerkstelligen die meisten Autoren dies, ohne sich in den Funktionen der verschiedenen inneren Organe zu verlieren. Im Prolog zum ›Tristan‹ z. B. gelingt es Gottfried von Straßburg sehr wohl, die Idee vom eßbaren Text zu vermitteln, ohne auf Magensäfte, Leberfunktion und Ausscheidungen einzugehen.[61] Auch Bernhards Darstellung von der eßbaren Seele funktioniert ohne expliziten Rückgriff auf physiologische Zusammenhänge.

Auf der anderen Seite macht die Schwangerschaftspassage aber deutlich, daß Tauler in seiner Verarbeitung medizinischer Informationen manchmal eher großzügig mit den Fakten umgeht: Medizinische Kenntnisse besitzen für ihn keinen Eigenwert, sondern sind nur insofern wertvoll, als sie sich zur Konstruktion moralischer Lehren eignen. Im Interesse rhetorischer Zugkraft schreckt er deshalb nicht davor zurück, zweifelhafte, nur auf Metaphorik basierende Querverbindungen herzustellen. Diese Praxis unterstreicht die Tatsa-

---

[61] Gottfried von Straßburg, Tristan, hg. von FRIEDRICH RANKE/RÜDIGER KROHN, übersetzt von RÜDIGER KROHN, Bd. 1, Stuttgart, 3. durchges. Aufl. 1985, Z. 230–240.

che, daß der Körper für Tauler nicht das Objekt eines eigenständigen, objektiven Interesses darstellt, sondern nur insofern wichtig ist, als der Mensch dazu angeregt werden kann, durch Besinnung auf den Körper spirituellen Nutzen zu ziehen. Dieses Verständnis des menschlichen Körpers mag wohl ansatzweise im Hinblick auf die christliche hermeneutische Tradition erklärt werden, der zufolge alle in der Natur vorkommenden Dinge ihren Wert in erster Linie in bezug auf ihre potentielle spirituelle Bedeutung erhalten.

Mit seinem impliziten Programm der Introspektion und seiner ständigen Auseinandersetzung mit der Frage, in welcher Beziehung der Mensch zu seinem Körper als Objekt intellektueller und meditativer Betrachtung stehen sollte, geht Tauler jedoch noch weiter:

Erstens ist die Abscheu vor der eigenen Körperlichkeit, die er mit großem Aufwand bei seinen Lesern hervorruft und bestärkt, so angelegt, daß sie eine Art von *imitatio Christi* auf der Grundlage erniedrigender Selbstbeobachtung auslösen soll. Letzten Endes haben alle Varianten seiner Verdauungs-Allegorese die Funktion, durch Betonung der Tatsache, daß die menschliche *nature* (im Sinne von *essentia*) unauflöslich an den unwürdigen Körper gebunden ist, das Publikum in eine angemessen demütige Gemütsverfassung zu versetzen, die dann durch Hinweis auf das volle Ausmaß der Selbsterniedrigung Christi in der Menschwerdung noch bestärkt wird. Ähnlich verhält es sich mit den eucharistischen Predigten: Wenn Gott vermeintlich schockierende Verdauungsvorgänge zugeschrieben werden, wird nicht Gott sondern die Leserschaft abgewertet. Die grundlegende Botschaft der Predigten ist, daß die in ihrer eigenen Körperlichkeit gefesselten Menschen, Gott nur durch Metaphern, die in den niedersten Prozessen ihres eigenen Organismus verwurzelt sind, begreifen können.

Zweitens konfiguriert sich der Dualismus von Äußerem und Innerem mit besonderer Vielschichtigkeit im eucharistischen Kontext, dessen Akzent gleichermaßen auf dem vergänglichen menschlichen Körper und dem auferstandenen Körper Christi liegt. Dies geschieht nicht zuletzt mit Hilfe des Paradoxes, daß die Assimilation der Hostie durch den Körper der Seele einen Vorgeschmack auf die *verklerunge* erweist, die dem Körper nach dem Tode gewährt wird. So betrachtet liegt die wahre Bedeutung von Taulers Ausschmückung der bernhardischen Metapher weniger in der ›schockierenden‹ Vorstellung eines kauenden, verdauenden Gottes, als in der Reduzierung des inneren Menschen auf einen metaphorischen Körper. Wenn schließlich Auferstehung etwas kategorisch Körperliches darstellt, muß gezeigt werden, daß die zur *verklerung* befähigte Seele ebenso Gefahr läuft, der metaphorischen Verdauung zum Opfer zu fallen (mit dem einhergehenden Verlust an Individuierung), wie der äußerliche Körper der realen Verdauung von Tieren, Kannibalen und natürlichen Vorgängen zum Opfer fallen kann.

Wolfram Schneider-Lastin

Leben und Offenbarungen der Elsbeth von Oye

Textkritische Edition der Vita aus dem ›Ötenbacher Schwesternbuch‹

In memoriam Walter Haug

Das im folgenden edierte ›Puchlein des lebens und der offenbarung swester Elsbethen von Oÿe‹ wurde 1994 in einer Handschrift der Biblioteka Uniwersytecka in Wrocław (Breslau) entdeckt.[1] Dieser Codex erwies sich als bisher unbekannte ›Fortsetzung‹ einer von Johannes Meyer OP um 1450 zusammengestellten und redigierten Ausgabe von Schwesternbüchern aus den Dominikanerinnenklöstern Töß, St. Katharinenthal bei Dießenhofen, Ötenbach und St. Michael in Bern. Die einzige erhaltene, um 1460 im Nürnberger Katharinenkloster hergestellte Abschrift des Meyerschen Sammelwerks wurde schon an ihrem Entstehungsort auf zwei Bände aufgeteilt, wobei die Bandgrenze mitten durch das Schwesternbuch aus Ötenbach (ÖSb) verläuft. Ende des 16. Jahrhunderts wurden die beiden Bände getrennt, so daß sie sich heute in zwei verschiedenen Bibliotheken befinden: Band 1 in der Stadtbibliothek in Nürnberg (Cod. Cent. V, 10ᵃ; künftig: N), Band 2 gelangte auf Umwegen Mitte des 19. Jahrhunderts in die Universitätsbibliothek Breslau (Ms. IV F 194ᵃ; künftig: B) und blieb dort unentdeckt.

Die Bandgrenze teilt jedoch nicht nur das ›Ötenbacher Schwesternbuch‹ in zwei Teile, sondern auch die Vita der Elsbeth von Oye, die mit den auf sie folgenden Viten der Adelheit von Freiburg[2] und der Margarethe Stülinger das Schwesternbuch beschließt. Genauer gesagt: Die Vorrede zur Vita Elsbeths befindet sich am Ende der Nürnberger Handschrift (N, fol. 140ʳᵇ–141ᵛᵃ) – und war damit schon vor dem Breslauer Fund bekannt[3] –, der Hauptteil des ›Puchleins‹

---

[1] Zum Handschriftenfund s. ausführlich WOLFRAM SCHNEIDER-LASTIN, Die Fortsetzung des Ötenbacher Schwesternbuchs und andere vermißte Texte in Breslau, ZfdA 124 (1995), S. 201–210.

[2] WOLFRAM SCHNEIDER-LASTIN, Von der Begine zur Chorschwester: Die Vita der Adelheit von Freiburg aus dem ›Ötenbacher Schwesternbuch‹. Textkritische Edition mit Kommentar, in: Deutsche Mystik im abendländischen Zusammenhang. Neu erschlossene Texte, neue methodische Ansätze, neue theoretische Konzepte. Kolloquium Kloster Fischingen 1998, hg. von WALTER HAUG/WOLFRAM SCHNEIDER-LASTIN, Tübingen 2000, S. 515–561.

[3] Ausgabe: Die Stiftung des Klosters Oetenbach und das Leben der seligen Schwestern daselbst. Aus der Nürnberger Handschrift hg. von H(EINRICH) ZELLER-WERDMÜLLER/J(AKOB) BÄCHTOLD, Zürcher Taschenbuch NF 12 (1889), S. 213–276, hier S. 274–276.

bildet, beginnend mit dem Inhaltsverzeichnis (*register*), den Auftakt des neu entdeckten Breslauer Zwillings (B, fol. 1ra–33vb).[4]

›Leben und Offenbarungen‹ der Elsbeth von Oye (wahrscheinl. 1289–1339) ist das Werk eines zeitgenössischen anonymen Dominikaners, der kurz nach Elsbeths Tod Teile aus den Aufzeichnungen der von ihm verehrten Ordensschwester zu einer Art ›Vita‹ zusammenfügte. In seiner Vorrede verteidigt er Elsbeth gegen den Vorwurf der Selbstüberhebung und stellt sie hinsichtlich ihrer Wirkung auf die Mitmenschen in eine Reihe mit den Propheten, Märtyrern, Kirchenvätern und -lehrern. Hier nennt er auch die Prinzipien seiner Redaktion: *das es dest begreiffenlicher sei, so ist sein* (= davon) *ein teil abgelassen* (= weggelassen) *und ist mit grossem fleiß recht geordenet und etliche ire wort verwandelt, doch in geleichem sinne* (Vorrede, 28–30). Das heißt, der Redaktor hat das vorgefundene Material gekürzt und völlig neu, nämlich thematisch, geordnet, dabei aber – und das ist wichtig – Elsbeths Wortlaut weitgehend unverändert gelassen. Da ein Büchlein Elsbeths, das der Redaktor für die Abfassung von ›Leben und Offenbarungen‹ benutzt hat, erhalten blieb, können die Aussagen des Redaktors verifiziert und seine Arbeit nachvollzogen werden.

Bei dem erhaltenen Büchlein handelt es sich um Codex Ms. Rh. 159 der Zentralbibliothek Zürich (künftig: Z), in dem Elsbeth eigenhändig ihre ›Offenbarungen‹ zu Pergament gebracht hat.[5] Das Autograph zeigt deutliche Spuren einer sich über längere Zeit hinziehenden überarbeitenden »Relektüre« des Textes durch seine Autorin:[6] vielfältige Korrekturen; Ergänzungen und Erweiterungen am Rand oder auf frei gebliebenem Raum, aber auch auf eingenähten Zetteln; massive Rasuren, die zum Teil neu beschriftet wurden, in der Mehrheit aber einen verstümmelten Text zur Folge hatten; dazuhin Seiten mit skizzenhaften, nicht zu Ende formulierten Sätzen.

Anhand der Bearbeitungsspuren in Z kann zweifelsfrei nachgewiesen werden, daß dem Redaktor bei der Kompilation der Vita tatsächlich das erhaltene Zürcher Autograph vorgelegen haben muß. Aufschlußreich sind vor allem die Stellen, an denen Elsbeth durch ersatzlose, wenig sorgfältige Rasuren oder durch mehrfache Korrekturen einen gestörten Text hinterließ. Einerseits ver-

---

[4] Durch den Fund der ›Fortsetzung‹ erwies sich die bisher rätselhafte Bemerkung am Rand von N, fol. 140rb – *Der prologus gehort fur dz erst register am anfang des puchs* – als Hinweis auf die künstliche Trennung von Vorrede und Hauptteil.

[5] Vgl. WOLFRAM SCHNEIDER-LASTIN, Das Handexemplar einer mittelalterlichen Autorin. Zur Edition der Offenbarungen Elsbeths von Oye, editio 8 (1994), S. 53–70. Eine Edition der ›Offenbarungen‹ zusammen mit der gesamten Handschrift Z ist in Vorbereitung.

[6] Dazu und zur Interpretation des Textes MONIKA GSELL, Das fließende Blut der ›Offenbarungen‹ Elsbeths von Oye, in: HAUG/SCHNEIDER-LASTIN [Anm. 2], S. 455–482, hier S. 461f. – Zur Autorin s. jetzt BURKHARD HASEBRINK, Elsbeth von Oye, Offenbarungen (um 1340), in: Literarische Performativität. Lektüren vormoderner Texte, hg. von CORNELIA HERBERICHS/CHRISTIAN KIENING, Zürich 2008 (Medienwandel – Medienwechsel – Medienwissen. Historische Perspektiven 3), S. 259–279.

Leben und Offenbarungen der Elsbeth von Oye 397

suchte der Redaktor aus dem verstümmelten einen sinnvollen Text zu rekonstruieren, meist aber übersprang er die korrupten Stellen, wodurch sich freilich nicht selten ein gestörter Sinn ergab.[7] Einige ergänzende Korrekturen Elsbeths am Rand ihrer Handschrift hat er übersehen oder sie an falscher Stelle eingefügt.[8]

Mehr als ein Drittel des Textes von ›Leben und Offenbarungen‹ wurden aus Codex Z exzerpiert.[9] Das übrige Material bezog der Redaktor aus weiteren Aufzeichnungen Elsbeths, die heute verloren sind.[10] Wieviele Büchlein, ähnlich dem erhaltenen Z, Elsbeth geschrieben hat, wissen wir nicht. Ebenso unbekannt ist, wieviele davon Elsbeth überhaupt überlebt haben, denn möglicherweise hat die Ötenbacher Schwester als Reaktion auf Angriffe ihrer Umgebung nicht nur einzelne Offenbarungen in ihren Aufzeichnungen durch Rasur zerstört, sondern ganze Niederschriften vernichtet: *Vil hoher antwurt hat si selber untergetan und verdilget*, so schreibt der Redaktor ohne weitere Angaben in seiner Vorrede (33f.). Ihm müssen für seine Arbeit außer Z mindestens ein weiteres, sehr wahrscheinlich aber mehrere Büchlein Elsbeths vorgelegen haben, die er als Ausgangsbasis für seine Kompilation herangezogen hat (im Stemma bezeichnet als $Z_{2,3}$).[11] In der Schrift ›Leben und Offenbarungen der Elsbeth von Oye‹ (im Stemma [L]) sind somit wesentliche Teile der verlorenen Aufzeichnungen der Ötenbacher Schwester bewahrt und dies – dank der behutsamen Vorgehensweise des Redaktors – in kaum veränderter Gestalt.[12] Dieser Befund bezieht sich freilich nur auf die mikrostrukturelle Ebene der Textbausteine, der Offenbarungseinheiten und Antworten Gottes. Durch die Auflösung der vorgefundenen Textkohärenz und die nunmehr thematische Anordnung der Einzelteile ist aus den unstrukturierten, repetitiven Leidensschilderungen Elsbeths (wie wir sie

---

[7] Siehe z. B.: I,64f.; VI,18; XXXIV,67–70 85 110, jeweils mit den Erläuterungen im Apparat.
[8] Siehe z. B.: XVII,9; I,179, jeweils mit den Erläuterungen im Apparat.
[9] Die aus Z stammenden Textstücke sind in der Edition mit ‹...› abgegrenzt; die Fundstellen werden in margine angegeben.
[10] Bemerkenswert sind sechs Dubletten, das heißt Textstücke, die innerhalb des Werks zweimal an verschiedenen Stellen erscheinen (vgl. z. B. VIII,29–33 – XXV,10–15), zwei davon aus Z. Dabei ist unklar, ob der Redaktor diese Stücke mehrfach aus seinen Vorlagen entnommen hat oder ob diese bereits die Wiederholungen enthielten.
[11] Mehrere Aufzeichnungen kennt auch noch ein weiterer Dominikaner, der rund 50 Jahre nach Elsbeths Tod eine Apologie auf seine Ordensschwester verfaßt hat, die er hinten in den erhaltenen Codex Z eintrug (s. Zeugn. III im Anhang); in dieser Verteidigungsschrift spricht der Verfasser von Elsbeths *büchlinen* (Z, S. 164) und weiß von Tilgungen in Elsbeths Aufzeichnungen über die Eucharistie (S. 165, 171), ein Thema, zu dem sie sich in Z nirgends äußert.
[12] In ›Leben und Offenbarungen‹ ist auch der Text eines in Z ehemals eingenähten, heute aber verlorenen Zettels überliefert, auf dem Elsbeth die Ergänzung zu einer Offenbarung von Johannes Evangelista notierte, s. Apparat zu XXXIV,17–19.

zumindest in Z fassen können) ein Text mit völlig neuem Charakter entstanden: die »Darstellung eines Leidensweges, als Auszug einer Vita«.[13]

Das Werk gliedert sich in drei Teile: Nach Vorrede und Inhaltsverzeichnis schildern die Kapitel I–XX Elsbeths äußere und innere Leiden und ihre göttlichen Offenbarungen in der 1. Person. Darin eingebettet ist das aus der Feder des Redaktors stammende Kapitel III (*In welcher weisse die antwurt mochten sein geschehen*), in welchem er mit apologetischer Intention die verschiedenen Offenbarungsformen und die Stellungnahmen einiger Kirchenväter und -lehrer von Augustin bis Thomas von Aquin darlegt. Deutlich von diesem ersten Teil abgesetzt sind die Kapitel XXI–XXXI, überschrieben mit *gemeine ler und antwort*. Der Redaktor betont, daß diese allgemeinen Lehren und Offenbarungen auch Elsbeth als Autorin haben, bis auf zwei Stücke, die nicht von ihr stammen:[14] *Dise gemeine ler und antwurt von got [...] sint auch alle ir biß an zwu, die si selber darunter vermischet, das si dest minner vermeret würde, und heisent darumb gemein, wann si lere allen menschen gemeinicklichen geben.* Offenbar sah sich der Redaktor zu diesem Hinweis veranlaßt, weil in den Offenbarungen der folgenden Kapitel die bisherige Ich-Erzählerin gegenüber einem anonymen *mensch* deutlich zurücktritt (*Ein mensch begerte zu wissen ... Dis wart im geantwurt ...*).[15] Nicht eindeutig bestimmbar ist freilich der Bezug des Relativsatzes (*die si selber darunter vermischet*). Es ist sehr wahrscheinlich, daß er sich nicht auf die beiden Fremdstücke (*zwu*), sondern auf die *gemeine ler und antwurt* bezieht. Dies würde bedeuten, daß Elsbeth, um dem Vorwurf der Selbstüberhebung zu begegnen und sich nicht durch eine *singularitas* ihrer Offenbarungen ins Gerede zu bringen (*das si dest minner vermeret würde*), Teile ihrer Offenbarungen ›anonymisiert‹ hat, indem sie das *ich* durch ein weniger angreifbares *ein mensch* ersetzt und diese ›entschärften‹ Offenbarungen als allgemeine, alle Menschen betreffenden Antworten Gottes unter ihre anderen Offenbarungen *vermischet* hat.[16] Der dritte Teil der Vita (in der Zählung der Edition: Kap. XXXII–XXXVI) besteht aus Offenbarungen, die Elsbeth nicht von Gott/Christus, sondern von anderen ›Personen‹ empfangen hat: von Maria, ihrem Engel, Johannes Evangelista, Maria Magdalena und Meister Eckhart.[17] Es hat den Anschein, als sei diese Gruppe von Offenbarungen erst in einem zweiten Schritt –

---

[13] KLAUS HAENEL, Textgeschichtliche Untersuchungen zum sogenannten ›Puchlein des lebens und der offenbarung swester Elsbethen von Oye‹, Diss. (masch.), Göttingen 1958, S. 125 (HAENEL bezieht sich hier auf die ihm vorliegende lateinische Übersetzung des ›Puchleins‹; s. u.).

[14] Welches die beiden fremden Stücke sind, konnte bisher nicht eruiert werden.

[15] Die 1. Person findet sich lediglich in Kap. XXI,45–47, XXII,28–32.33–35, XXIV,11–15, XXVI,31–35, XXXI. Zum umgekehrten Fall – einer anonymisierten Offenbarung innerhalb des Ich-Teils der Kap. I–XX – s. Kap. X,76–80.

[16] Zu beobachten ist diese Redaktion an einer Stelle in Z (142,9): Dort korrigierte Elsbeth den ursprünglichen Wortlaut *Diz wort wart ze mir gesprochin* zu *Diz wort sprach got zů einem menschen*. Siehe dazu auch SCHNEIDER-LASTIN [Anm. 2], S. 521.

[17] Letztere wurde bereits ediert in SCHNEIDER-LASTIN [Anm. 1], S. 210.

quasi als Anhang – der Vita hinzugefügt worden. Indizien dafür könnten ihr Fehlen im Inhaltsverzeichnis und die fehlende Kapitel-Numerierung sein.

Wann die ursprünglich selbständige Vita in die Vitensammlung des ›Ötenbacher Schwesternbuchs‹ Aufnahme fand – ob schon im 14. Jahrhundert oder erst im Zusammenhang mit der Sammlungs- und Redaktionstätigkeit des Johannes Meyer –, ist unbekannt; sicher ist nur, daß Meyer die von ihm selbst verfaßte Vita der Margarethe Stülinger als letzte der Ötenbacher Vitenreihe hinzugefügt hat. Das Stiftungsbuch (und möglicherweise noch andere Partien) des Schwesternbuchs hat er in wesentlichen Teilen überarbeitet, die Elsbeth-Vita aus dem 14. Jahrhundert scheint er dagegen nicht angetastet zu haben.

›Leben und Offenbarungen‹ war jedenfalls schon sehr früh der Ausgangspunkt einer bis ins 17. Jahrhundert reichenden Rezeption geworden. Bald nachdem der Redaktor aus Elsbeths Offenbarungsschriften seine Vita verfertigt hatte, entstand noch vor 1348 eine weitere Redaktion des Elsbethschen Œuvres: ein lehrhafter Traktat über gottgefälliges Leiden (im Stemma [Tr]). Zu über zwei Dritteln stellt dieser neue Text ein direktes Exzerpt aus der ersten Bearbeitung dar. Der anonyme Kompilator (oder die Kompilatorin) hat aus mehreren Kapiteln der Vita Abschnitte herausgeschrieben und diese mit Teilen aus Z, die nicht in der Vita stehen, in der Form eines kunstvollen Mosaiks in anderer Reihenfolge wieder zusammengesetzt.[18] Anders als bei ›Leben und Offenbarungen‹ diente aber jetzt nachweislich nicht der Codex Z als Materialbasis, sondern eine Abschrift desselben (im Stemma als Z_X bezeichnet).[19] Außer den Teilen aus [L] und Z enthält die Traktatfassung auch einige Stücke, die weder in Z noch in [L] nachzuweisen sind. Zweifellos handelt es sich bei diesem Sondergut aber um weiteres Textmaterial aus der Feder Elsbeths (im Stemma angedeutet durch eine gestrichelte Linie zwischen $Z_{2,3}$ und Z_X). Überliefert ist die zweite Redaktion von Elsbeths Offenbarungen in mehreren Handschriften aus dem 15. Jahrhundert (im Stemma sind davon die drei umfangreichsten aufgeführt, wobei der Karlsruher Textzeuge K die umfangreichste, vielleicht aber nicht vollständige Fassung darstellt). Neben den Manuskripten, welche die Traktatfassung in unterschiedlicher Vollständigkeit enthalten, gibt es eine breite Streuüberlieferung, die lediglich einzelne, aus ihrem Zusammenhang herausgelöste, in anderer Weise neu zusammengesetzte und auch mit fremdem Text kombinierte Teile des Textes bieten.[20]

---

[18] Zur Kompilationstechnik in den Dominikanerinnenklöstern des Spätmittelalters s. HANS-JOCHEN SCHIEWER, *Uslesen*. Das Weiterwirken mystischen Gedankenguts im Kontext dominikanischer Frauengemeinschaften, in: HAUG/SCHNEIDER-LASTIN [Anm. 2], S. 581–603, bes. S. 593–595.

[19] Siehe dazu SCHNEIDER-LASTIN [Anm. 5], S. 57f.

[20] Eine Liste der Textzeugen bietet PETER OCHSENBEIN, Die Offenbarungen Elsbeths von Oye als Dokument leidensfixierter Mystik, in: Abendländische Mystik im Mittelalter. Symposion Kloster Engelberg 1984, hg. von KURT RUH, Stuttgart 1986 (Germanistische Symposien-Berichtsbände 7), S. 423–442, hier S. 425. Zu ergänzen sind: Freiburg i. Br., UB, Slg. Leuchte, Hs. 1500,8, fol. 85^v–87^v (Mitte 15. Jh.); Berlin, SBB-

Vor 1625 wurde ›Leben und Offenbarungen‹ von dem Kartäuser Matthias Thanner ins Lateinische übersetzt: ›Vita et doctrina venerabilis virginis Elisabeth ex Eicken‹ (im Stemma [V]). Diese Übersetzung ist in zwei Abschriften erhalten, die sich heute in den Stiftsbibliotheken von Einsiedeln (E) und Melk (M) befinden. Sie ist nicht ganz vollständig – so wurde etwa die Kasteiung Kap. I,139–141 und die Offenbarung von Meister Eckhart weggelassen –, andererseits hat sie der Übersetzer mit erläuternden *Annotationes* versehen.

Die Vita der Elsbeth von Oye ist damit Glied und neuer Ausgangspunkt einer langen Bearbeitungs- und Rezeptionskette, die von den eigenhändigen Aufzeichnungen der Autorin über mehrere Redaktionen bis hin zur Übersetzung ins Lateinische reicht. Zu untersuchen bleibt, inwieweit diese Überlieferungskette des Elsbethschen Corpus – in ihrer Vollständigkeit singulär – Modellcharakter beanspruchen darf und Rückschlüsse auf die Entstehung anderer Zeugnisse der spätmittelalterlichen Viten- und Offenbarungsliteratur, zumal der dominikanischen Schwesternbücher, erlaubt. Am Modell Elsbeth läßt sich wie nirgends sonst beobachten, welchen Veränderungen autographe Aufzeichnungen ausgesetzt waren, wie der mehrstufige Prozeß einer Entindividualisierung, welche gleichzeitig Schutz und Exemplarität gewährte, schließlich zu ihrer approbierten Kodifizierung in Schwesternbuch und lehrhaftem Traktat führte.

Einrichtung der Edition

Ziel der Edition ist die Präsentation eines lesbaren, zitierfähigen und in sich stimmigen Textes. Angesichts der mangelhaften Qualität der Handschrift ist dieses Ziel nur bedingt zu erreichen. Anders als die Schreiberin des ersten Teils des ›Ötenbacher Schwesternbuchs‹ in der Nürnberger Handschrift, hatte die Kopistin der Fortsetzung in der Breslauer Handschrift offensichtlich große Mühe bei der Abschrift ihrer alemannischen Vorlage. Dies zeigt sich an der hohen Zahl von Fehlern, die ihr bei der Abschrift unterliefen. Die Fehler wurden zum Teil von ihr selbst, überwiegend aber von einer Korrekturhand nach der Vorlage, und zwar häufig durch Rasur, gebessert. Ein anderer Typ nachträglicher Änderungen in der Handschrift ist die vereinzelt durchgeführte Anpassung alemannischer Wortformen an den bairisch-nürnbergischen Lautstand (z. B. *gütti* zu *gütte*; *wuchen* zu *wochen*; *helfe* zu *hilfe*; *wiss* zu *weiss*; *lib* zu *leib*; *ungehure* zu *ungeheure*; *zugen* zu *zeugen*), wobei sich nicht mehr eindeutig feststellen läßt, ob sie von der Schreiberin oder von der zweiten Hand herrühren. Eindeutig aus der Feder der Korrektorin stammt jedoch der Zusatz von Interpretamenten zu alemannischen Wörtern, die in Nürnberg nicht ohne wei-

PK, Mgq 191, fol. 201ᵛ–202ʳ (4. V. 14. Jh.); Salzburg, UB, Cod. M I 476, fol. 167ᵛ–168ʳ (1441). Für den Hinweis auf die beiden letzten Hss. danke ich Gregor Wünsche, Freiburg i. Br.

teres verständlich waren. Sie treten in der Vita nur an einer Stelle auf (z. B. *oder* am Rand für *ald*), sind in anderen Teilen des ›Ötenbacher Schwesternbuchs‹ aber häufiger. Die Korrekturen der Schreiberin und der Korrektorin werden in der Edition – meist ohne Nachweis – übernommen; dasselbe gilt auch für die nachträgliche Angleichung an den bairischen Lautstand. Die genannten Interpretamente zu alemannischen Wörtern werden dagegen nur im Apparat verzeichnet.

Der edierte Text folgt im wesentlichen der Handschrift. Zur leichteren Lesbarkeit wurden jedoch folgende Änderungen vorgenommen, die nicht eigens bezeichnet sind:
– *u* und *v* werden nach ihrem Lautwert ausgeglichen: *u* wird für den Vokal, *v* für den Konsonanten geschrieben. Entsprechendes gilt für *i*, *j*, *y*, *ÿ*: für den Vollvokal wird stets *i*, für den Halbvokal *j* geschrieben (Ausnahme: *Oÿe*, *Eÿe*).
– Unverändert belassen werden die diakritischen Zeichen: *unsåglich*, *låutterlich*; *plůte* (neben *plut*, *blůttigen*), *unmůsselicher*; *verpörgenlichen*, *sölt*; *übunge*, *süssen*, *müterlichen*, *ernewert*. Ausnahmen: hsl. *ů* zur Unterscheidung von nachfolgendem *n* erscheint in der Edition als *u*, z.B. in: *übüng*, *schirmünge*, *ermüntter*, *sünes*, *gepünden* (neben *gebunden*), *grünt*; *ỏ* für den Diphthong *ou* wird mit *o̊* wiedergegeben: *o̊ch* für hsl. *ỏch* (neben *auch*), *to̊gen* für *tögen* (neben *taugen*).
– *s* steht auch für *ſ*.
– Die häufigen Fälle von *r*- und *l*-Metathese (*trust* für *turst* [neben *turstes*], *verdorssen* für *verdrossen*, *blid* für *bild*) werden stillschweigend verbessert.
– Abkürzungen werden, wenn eindeutig, stillschweigend aufgelöst.
– Groß- und Kleinschreibung: Satzanfänge und Eigennamen werden groß, alle anderen Wörter konsequent klein geschrieben.
– Die Getrennt- und Zusammenschreibung orientiert sich an modernen Lesegewohnheiten. Ebenfalls aus Gründen der Lesbarkeit wird eine gemäßigt moderne Interpunktion eingeführt.
– Gegen die Handschrift wird der Text in Abschnitte gegliedert.
– Mechanische Fehler der Schreiberin werden zur Entlastung des Apparates stillschweigend gebessert (z. B. *ninamt* zu *nimant*, *gölichen* zu *götlichen*). Entsprechendes gilt für Dittographien.

Dem Editionstext beigegeben sind zwei Apparate:

Im e r s t e n Apparat werden nachgewiesen: a) Eingriffe des Herausgebers in den Text (dort kursiv markiert) mit Angabe der Lesarten von Z und E, Lesarten von K nur in Ausnahmefällen; b) Abweichungen des Textes von Z (sofern diese nicht nur lautlicher, morphologischer oder syntaktischer Natur sind) und/oder E. Bieten diese Abweichungen den nach Einschätzung des Herausgebers vermutlich ursprünglichen Text, so werden sie gesperrt gesetzt; c) Korrekturen der Schreiberin oder von anderer Hand in der Zeile oder am Rand ohne Streichung des bisherigen Wortlauts (diese Korrekturen werden stets in den edierten Text aufgenommen).

Im zweiten Apparat erscheinen: a) die Erklärung schwer- oder mißverständlicher Wörter und Wendungen (eine Angabe erfolgt in der Regel nur beim ersten Vorkommen des Wortes oder der Wendung); b) der Hinweis auf Besonderheiten in Z (Rasuren, Korrekturen), die zur Erhellung einer Stelle in B beitragen können; c) der Nachweis von Bibelstellen; d) die Auflösung von Tagesangaben; e) der Hinweis auf Text-Dubletten.

In einem Anhang zur Edition der Vita werden Zeugnisse zur Biographie und Nachwirkung Elsbeths von Oye bis zum 17. Jahrhundert präsentiert.

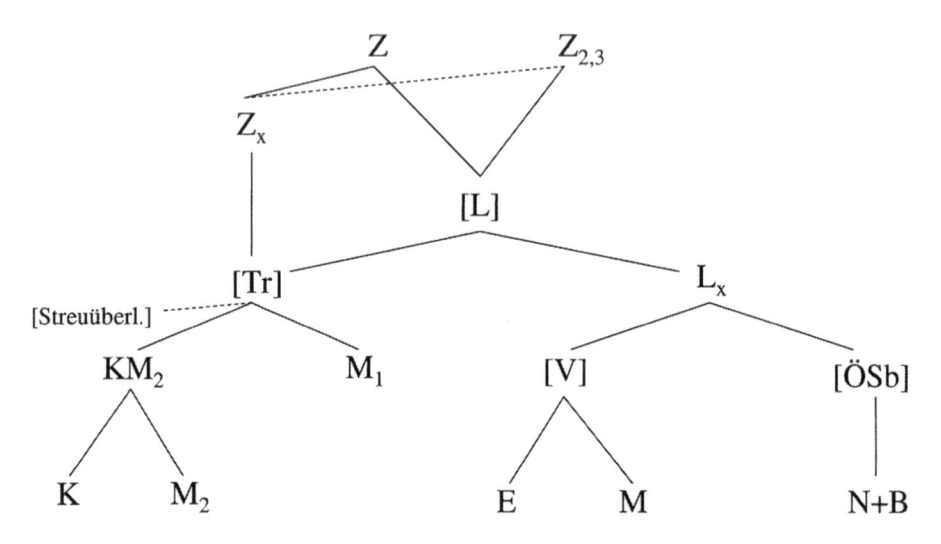

Überlieferung der ›Offenbarungen‹ Elsbeths von Oye

Verwendete Siglen

Z	Zürich, ZB, Ms. Rh. 159 (Autograph Elsbeths, zwischen 1320 und 1339)
[L]	1. Redaktion eines anonymen Dominikaners: ›Leben und Offenbarungen der Schwester Elsbeth von Oye‹ (nach 1339)
[ÖSb]	›Ötenbacher Schwesternbuch‹ (erhaltene Fassung um 1454)
N	Nürnberg, StB, Cod. Cent V, 10^a, fol. 140rb–141va (Katharinenkloster Nürnberg um 1460)
B	Breslau, UB, Ms. IV F 194^a, fol. 1ra–33vb (Fortsetzung von N, vollendet nach 1460)
[V]	Lat. Übersetzung von Matthias Thanner OCart: ›Vita et doctrina venerabilis virginis Elisabeth ex Eicken‹ (vor 1625)
E	Einsiedeln, Stiftsbibl., Cod. 470 (um 1635)
M	Melk, Stiftsbibl., cod. 1920 (um 1725)
[Tr]	2. Redaktion: Traktat *Ein gütt mönsch begert von got* (vor 1348)
K	Karlsruhe, Bad. LB, Cod. St. Peter pap. 16, fol. 192^r–205^r (1458/60)
M$_1$	München, BSB, Cgm 8120, fol. 61^r–81^v (1. H. 15. Jh.)
M$_2$	München, BSB, Cgm 419, fol. 218^r–226^r (1464/55)

Siglen in [ ] bezeichnen die verschiedenen Bearbeitungen von Elsbeths ›Offenbarungen‹, die anderen stehen für erhaltene oder erschlossene Handschriften.

Abb.   Elsbeth von Oye mit Kreuz und Geißel. Initiale zu Beginn ihrer Vita im
›Ötenbacher Schwesternbuch‹, Universitätsbibliothek Wrocław (Breslau),
Cod. IV F 194a, fol. 1vb.

Puchlein des lebens und der offenbarung swester Elsbethen von Oÿe

[Vorrede]

[N 140rb] Hie facht an die vorrede in das puchlein des lebens und der offenbarung swester Elsbethen von Oÿe predigerordens des closters ze Öttenbach in der stat Zurich.

5 ›Flores apparuerunt, vineae florentes odorem dederunt.‹ Dise wörtlein stand geschriben an der minne puch und sprechent ze teuczsche also: ›Die blümen sind erschinen, die plüenden weingarten hand irn schmack gegeben.‹ Wann das menschlich gemüt seiget von nattur *[140va]* in den schlaff der verdrossenheit, so bedarff es alle zeit als ein sieche, das man es wecke und ermuntter ze dem
10 ursprunge der ewikeit, da sein beginnen und sein lenden ist.

Und also hat der ewig vater menschlich geschlecht ermundert von angenge des zeittes und tut pis an den obent der welte. Des ersten mit den weißsagen, als geschriben stet: ›Surrexit Helias. Es stund auff Helias und seine wort prunnen als ein vackel.‹ Diß geschah auch in dem wünicklichen zeit der gnaden, das do
15 prachte die gewere sunne des veterlichen herczen mit dem glancz seiner menschlichen gegenwurtikeit, die da klarlichen ernewert himelreich und ertrich, und darnach die heiligen marterer mit irm rosenvarben plute und die heiligen junckfrawen mit ir engelischen lautterkeit. Dise ernewung hat auch got getun mit sant Dominicus und dem hohen lerer sant Thomas und dem hohen lerer
20 sant Bernhart und andern lerern, die als der morgensterne in der vinster diser welt hand geleuchtet und mit *[140vb]* ir süssen lere hand manig versunken hercze von dem tod erwecket und in dem geist erneweret.

Dise ernewung ist auch nun geschehen von dem ausgenomenlichen gutten menschen, von der reinen swester Elsbeth von Eÿe heiligem leben und wortten,
25 in der got wunderlichen und ubernattürlichen gewürcket hat. Und die sind unser labes leben so vil mer erwecken, so vil es got newlicher und gegenwürtiklicher von unserm geistlichen geswisteret gewürcket hat. Und wie das alles gancz und gar nach warheit der geschrifft müge bestan, doch das es dest begreiffenlicher sei, so ist sein ein teil abgelassen und ist mit grossem fleiß recht

---

4 *am Rd. Hinweis auf die Zusammengehörigkeit der Vorrede mit dem durch Bandgrenze getrennten Hauptteil der Vita am Beginn von Hs. B:* Der prologus geho(rt) | fur dz erst register | am anfang des puc(hs)

5 Ct 2,12f. 8 seiget *'sinkt'* 12 weißsagen *'Propheten'* 13f. Eccli 48,1 15 gewere *'wahre'* 25 sind, *urspr. vermutl.* sünt *o. ä.* = süllent *(vgl.* quod debet *M), umgedeutet zu einer Form von* sîn 26 labes *'laues'; von mhd.* lâ, lâb 27 wie, *hier:* 'wiewohl, wenn auch' 28 der geschrifft *'der Hl. Schrift'*

geordenet und etliche ire wort verwandelt, doch in geleichem sinne. Vil wörtlein 30
sol man einvaltiklich nach irem einvaltigenn sinne nemen als die wort, do gesprochen ward: ›als einer lauttern creatur müglichen ist‹. Das meint si nit nach dem allerhöchsten pünctlein über alle geheiligten heiligen. Vil hoher antwort hat si selber untergetan und verdilget.

Wer nun gottes wunder von *[141^(ra)]* der geschrifft ald an das betrachten kan, 35 den bedarff nit wunder nemen an den wunderlichen ungehorten übungen. Wann als got ist unbegriffen an seinen retten, also ist er wunderlichen und selczen an seinen getteten in allen heiligen, als der weissag David sprichet. Und wer auch ir reines leben bekande, daz si hat von de*m*, das si sechsjerig in das closter kam ze Öttenpach *und* uncz pis in das einundfunffczigest jar got dienet 40 in enger gewissen und strenger haltung ires ordens, der endarff nit zweiffeln an dem gut, das ir got hat getün. Wann der sich einem wilden heiden als gar ze grund hette gelossen, er müste von natturlicher art sich neigen in genedikeit, wie sölte sich denn der lebend prunn alles guttes enthalten ze fliessen in sein eigen stat? Und als vil man es an ir erkennen mochte, do kam si hiezu von disen 45 dingen: von der ledigen abgescheidenheit, die sie het von allen creaturen, von emcziger einikeit und von ingezogenheit des gmüttes und ob *[141^(rb)]* allen dingen von der inprünstigen minne und begirde der geleicheit des mitleidens unsers herrn Jesu Christi, an vil ander tugent, in den si ausgenomenlichen leuchte. Ire wort warent so gar lebend und minnreiche und alle ir wandel so gar blüg und 50 götlich, das man möcht han gedocht, das got ein engelische creatur in ein menschlich bilde hette verkeret, und was auch eigenlichen in dem geist also.

Sider uns nun got des engelischen menschen gegenwurtikeit hot berawbet und als wir es in dem lauttern gelauben genczlich got getrawen mügen, das er si hat güret von disem elend in das vaterland, in die hohe pfallencz seiner göt- 55 lichen natture, da ein ende hat als ir leiden und nun mit vollem lüste neusset das grundlass gut, da si hie noch so sere getürstet hat, so süllent wir an iren heiligen wortten und wercken uns selber reiczen, das geistlich creücz Jesu Christi ze tragen, das ist, eigen willen nach gelüsten in allen dingen ausgan und in dem leib nach *[141^(va)]* dem geist ze leben. Wann das ist das gewere creücz, an dem ein 60 mensch im selber und der welt stirbet und got allein lebet, als sant Paulus sprichet etc.

Explicit prologus. Hie hat ein ende die vorrede etc.

Pit got fur die schreiberin.

---

35 ald] *über der Zeile:* oder   39 dem das si hat   40 und *fehlt*   40 uncz pis] pis *evtl. Interpretament; zu* uncz pis *s. Schweiz. Idiotikon I,360*   64 *Ende von Hs.* N

35 ald an das *'oder ohne sie (die Hl. Schrift)'*   37f. Ps 67,36   38 selczen *'seltsam, wundersam'; von mhd.* seltsæne   39 bekande *'kennengelernt hat, überblickt'*   49 an, *hier: 'abgesehen von'*   50 blüg *'zurückhaltend, züchtig'; mißverstanden von Thanner:* florida M   57 da si hie noch *'danach sie hier'*   60f. Gal 6,14

[B 1ra] Incipit registrum
Diß ist das register der capitelen dis puchleins

I. Von ir usser übunge und irem strengen leidenne
II. Von ir inwendigen leidunge
III. In welcher weiß die antwurt mochten geschehen
IV. In welchem adel sie von gotte geminnet und gecziret ist
V. Wie si got reiczet auf geleicheit seines kreuczes und wie ir begriffenlichen sölt werden sein dotmiger smercze
VI. Was got begirde und turstes hette nach irm kreuze
VII. Wie er si sterckte und daz es nit ir werck was
VIII. In welchen hohen adel si got volbringen wolte allein von seinem freien willen
IX. Von dem vetterlichen zarten, das der sun hett in ir
X. Von gelossenheit in hertikeit
XI. Wie süssiglichen got in ir gewürcket hatt
XII. Von dem adel der gehorsam und von dem nucz *[1rb]* des siechtagen
XIII. Wie ir got kein minne dekeines menschen noch lust dekeiner creature wolt vertragen
XIV. Wie verporgenlichen got in ir würckte
XV. Das ir leiden kam von sunderlicher zartheit, in der si got minnete
XVI. Von dem süssen liebkossen, das got mit ir hette
XVII. Das ir übunge warlich von gott warent
XVIII. Wie si got kreftiget wider den veinde
XIX. Wie miltiglichen got ir gepresten verswendet hatt
XX. Was ir got guttes tet von grosser begirde des sacramentes

Die gemein antwort

XXI. Von hoher volkomenheit des lebens
XXII. Von großer adelkeit des leidens
XXIII. Von taugenlichen wandel und wie man betten und begeren sol
XXIV. Von den hohen frogen, in den sie von got ausgerichtet ward
[1va] XXV. Was sei die lieplichste minne, die höhste lautterkeit, die geleichste gleicheit

---

1ff. *Das Register fehlt EM*   5 mochten] mochten sein *III,1*   6 gotte] *danach:* ewiklichen *IV,1*   11 welchem; *vgl. VIII,1*   13 der sun] got *IX,1*   25 tet] gab *XX,1*   29 tugenlichen   32 gleicheit] *danach:* vnd die naturlichest naturlicheit *XXV,2*

---

13 zarten – ir *'Liebkosen, das der Sohn in ihr erfuhr'; vgl. IX,1*   24 gepresten verswendet *'Schwächen getilgt, Versagen ungeschehen gemacht'*   26 gemein antwort *'allgemeinen (d. h. für alle Menschen geltenden) Antworten'*   29 taugenlichen *'heimlichem'*   30 in den sie – ausgerichtet ward *'auf die sie ... Antwort erhielt'*

XXVI. Von der unsåglichen minne, in der got unser heil volprachte
XXVII. Von dem grossen gut, das do würcket das minnewallende blut und leiden Jesu Christi
XXVIII. Was guttes die gleicheit der geistlichen kreuczigunge der selen pringet
XXIX. Wie gar minnicklichen sich got erpeutet allen menschen
XXX. Von sunderlicher minne, die got erczeiget etlichen menschen
XXXI. Wie gnediklichen ir got wolte tun an der stund des todes

XXXII. Von unser frawen
XXXIII. Von irem engel
XXXIV. Von san Johannes ewangelist
XXXV. Von sant Maria Magdalena
XXXVI. Von meister Eghart

34f. und leiden] vnsers herren *XXVII,2*   40–44 *Die Titel der Kap. XXXII–XXXVI erscheinen in der Hs. nicht im Register, sie wurden hier nach den Überschriften ergänzt*   44 *nach dem Register folgt auf Rasur ein Verweis auf die Legende der hl. Euphrasia am Ende des Codex:* Von Sᵃ Eufraxie legend | An dem Clviij plat, *darunter urspr. wohl:* (Explicit regist)rū | h(ie hat ein en)de diz | registrū

Leben und Offenbarungen der Elsbeth von Oye 409

Hie hebt und facht an daz buch des heiligen strengen lebens und wirdigen hohen offenwarung der seligen swester Elisabeten von Oÿe, einer swester predigerordens des closters ze Öttenbach in der provincie teuczsches landes.

[1vb] I. Von usser übunge und irm strengen leidende

›Von meinen kintlichen tagen hab ich des begird gehabt, ob ich sein wirdig were gesein, das ich ein mitleiden sölte haben mit den blüenden minnezeichen unsers herren Jesu Christi, die er enpfing an seinem kreucze.‹ ›Ich hette ze einer zeit herczenlichen durst darnach. Do wart gesprochen dise wort: ›Wie möchte ich dir dises verzeihen, darnach mich ewiklichen hat getürstet? Mein turst hat in diser sach vörkumen dein begirde.‹

›Ich was gar jung, do ich mir selber machet ein geisel mit nadeln und vilt mich domit, also das sie mir gar dick in dem fleische tieff steckten, das ich sie gar kaum herwider außzoch.‹ ›Es ward ze mir gesprochen: ›Das ist meines vatters [2ra] gnükliche an dir, das er mein geleicheit vindet an dir. Und wann ich meinem vater nie miniklicher werck erzeigete denn mit dem tode meines kreuczes, mit dem ich im menschlich künne erloste, derselben gleich begert er von dir, daz du alle zeit mit mir gecreucziget werdest, und dein kreucz sol in mir ein ewig widerglast geben in das antlucz meines vaters.‹ Ich erkande wol, das mich got mit disem worte stercken wolt auf die leidunge meines kreuczes. Ze derselben zeit weiste er mich inwendig gar lütterlichen darauff, wie ich mein kreucze machen sölte und in welcher weiße er es wölte von mir, wann ich vernam es sider noch e von nie keinem menschen in söllcher weisse. Wenn öch got sunderlichen pin in keiner weiße wolte von mir mit meinem kreucze und sunderlichen von der unrwe, die etwenn wart doran, als hienach geschriben ist, so weiste mich [2rb] got inwendig gar lütterlichen darauff mit außgenomenen worten, anders were es mir gar unlidig gesein von meiner krankheit und von fremdikeit der übunge.

Ich trug ein kleines kreuczlein auf meiner rechten seitten mit spiczigen eisnen neglen, und das was wol minder denn das groß kreucz, das ich an das trug in daz neunde jar von weinnachten uncz ze den pfingsten, und das was mir meistig alle zeit eingedrucket in mein fleisch als ein ingesigel in ein wachs. Aber das klein kreuczlein was mir etliche weiße peinlicher denn das ander, wann so ich

Z 105,1–7
Z 113,1–9
Z 77,13–18
Z 3,14–4,15

---

3 blüenden] blůtinden *Z*, vernantium *E*   5 dise] diz *Z*   8 vilt] *Korrektur am Rd., im Text:* slug; ville *Z*, diverberatione *E*   11 gnükliche] gůnlichi *Z*, desiderium et beneplacitum *E*   11f. meinen   14 kreucz] k r u z e g e n *Z*, crucifixio *E*

6 verzeihen *'versagen, abschlagen'*   6f. hat – vörkumen dein begirde *'ist ... deiner Begierde zuvorgekommen, vorausgegangen'*   8 vilt *'schlug, geißelte'; von mhd.* villen   11 gnükliche *'Genugtuung, Vergnügen'*   13 gleich *'Gleichheit'; Abk.* glich *für* glicheit *in Z vom Redaktor offenbar nicht erkannt*   20 keiner, *hier: 'irgendeiner'*   21 unrwe *'Pein, Plage (des Ungeziefers)'; von mhd.* unruowe   26 an das *'außer jenem (kleinen)'*

darauf lag oder ich mein arme unbedachtiglichen zu mir ließ, so enpfieng ich 30
mangen bitteren eindruck und warent mir die nagel ze etlicher zeit als gesichtig
ze sehen in meiner seiten als an dem holcz, do sie eingelasen warent. Dis
kreucz trug ich unser lieben frawen *[2va]* ze lob durch das mitleiden, das si hette
mit irem lieben sun Jesu Christo ze der zeit seiner marter und seines todes, und

Z 123,16–124,2 ward gesprochen: ›Dein blutig essende kreucz ist mir alle zeit heilende das 35
blüende ser meines müterlichen herczen.‹

Und an dem tag kathedra sancti Petri: ›Du sölt von disem leben nit scheiden

Z 16,7–12 on bevinden der pitter meiner wunden.‹ ›Ich han mich dick als gar peinlichen
gekreucziget mit meinem creucz, das mich des befindlichen dünckte, das sich

Z 17,1–18,9 mein marck zerliese in meinem gepein.‹ ›Do wart gesprochen: ›Es ist natürlich, 40
das es dir unleidlich ist, aber übernatürlichen ist, das du es leidest.‹ Ich könde
der peinlichen not kein geleicheit geben, denn ob ein lebende slange sich geslossen hete umb meinen leib und von mir süg mein innerstes marck. Diß zeigte
ich got einest, wan es was mir von meiner *[2vb]* krankheit unleidig. Do ward
gesprochen also: ›Du bedarft zu deiner creuczigunge dekeiner natürlichen kraft 45
wann allein der lebenden magenkraft meiner götlichen nature. Als mir mein
vatter alle zeit einsleuset sein götlich wesen und sein natture, also sleusset dir
dein kreucz in das adel meiner götlichen natture.‹

Z 19,1–20,1 ›Ich hat mein creucz von mir geleit zwen tage, doch nit von hertikeit meines
herczen. Darnach kürczlichen zuckte mir got, was ich inwendig het. Das was 50
mir unleidig und zeigte es got. Do wart gesprochen also von got zu mir: ›Wenne
daz kint nit sauget von der muter, so hat es nit mer leblicheit.‹ Das verstund ich
also, das ich mein kreucz wider nemen sölte.

Ich zeigte got ze einer zeit, das mir mein creucz gar peinlichen were. Do ward

Z 20,8–12 gesprochen:‹ ›Als mein göt*[3ra]*liche nature gemenschet ward in der person 55
meines sunes, also wirt dein menschliche nature vergotet in dem peinlichen sere

Z 21,4–7 deines creuczes.‹ ›Das peinlich sere deines kreuczes sol dir werden ein süsses
niessen in der lebenden magenkraft meiner götlichen nature.‹

Z 59,1–13 ›An sant Kathrinen tag geschach mir gar gütlichen von gotte. Ich ward süs-
siklichen erwecket lange vor metten und ward zu mir gesprochen also: ›Dein 60
kreucz ist ein newegeborne rünsadern, durch die das minnewallende blut meines kreuczigeten sunes einflissende und einklingende ist in den tiffen grund
meines vetterlichen herczen.‹ Nach der metten peiniget ich mich gar grimmik-
lichen mit meinem kreucz. Mir warent die nagel eingetruket in mein fleisch‹

35 blutig essende] blůt giezzinde Z, mordax et cruenta E   36 blüende] blůtinde Z,
fehlt E   57 -es *versehentl. bei Korrektur mitgestr.*   62 tiffen] tiefsten Z, altissimum E
64 meinen

31f. als gesichtig ze sehen, *gemeint ist:* 'so wenig sichtbar'   37 Kathedra Petri: 22. Februar
40 *nach* gepein *folgt in* Z: unt was mir daz von miner krankheit gar unlidig, *woran das Folgende anknüpft*   50 zuckte 'entzog'   59 Hl. Katharina: 25. November   61 rünsadern
'Fließader'   64f. *zwischen* fleisch *und* von: *durch Korrektur gestörte Textpassage in* Z *vom
Redaktor übersprungen*

Leben und Offenbarungen der Elsbeth von Oye 411

65 'von dem peinlichen peinen, die mir zugevallen warent von etlicher sach, *[3ʳᵇ]*   Z 60,1–65,5
die hienach geschriben sint. Mich dauchte des, were es müglichen gesein, ich
hette mein gepein durchgraben zu meinem fleische von rechter bitterkeit. In der
gegenwürtikeit diser peine wart zu mir gesprochen von gotte: ›Du hast gedrenket mein bluttent wunden. Du hast auferwecket die mejestat meines vaters, mit
70 der er an dir würcken wil sein inresten und verborgenesten willen.‹ Ich wolt diß
nit also blosklichen han geschriben. Do ward gesprochen also: ›Das ist mein
günlich, das erkant werde, was mein minnekraft würcket an meinen usserwelten.‹
Meines eingetrückten kreuczes in mein fleisch meistig alle zeit des achten ich
75 klein wider der peinlichen pitterkeit, die ich leide von der unrwe, die do wirt an
meinem gewande und auch an dem gürtel, mit dem ich zu mir schlöß *[3ᵛᵃ]* mein
kreucz. Etwann han ich mein gewant getragen also lange, das es von feul nit mer
an mir gehangen mochte, und ward den sollche unrw daran und auch an dem
gurtel, mit dem ich zu mir schloss mein kreucz, das es unseglichen ist. Und so
80 das ungewürme an mir aufwiel tag und nacht und alle zeit als ein ameshauff,
ander gleicheit konde ich im nit geben, so ward ich inwendig so sere betwungen
darzu, das ich etwen sas von none unczen ze vesper, das ich mein hand nimer
getorst auferheben mir selben ze deheiner schirmunge. Etwenne so mich mein
nature darzu twang, das ich mir selben dehein underliebe wolte han gegeben,
85 und mir daz ungewurme unzallichen viel in mein hende, so muste ich es wider
lassen gan an meinen leip. Och durch die glicheit, als unserem herren ein seil
[3ᵛᵇ] geleit ward an sein hende, do er vor gericht stund und geben was in seiner
feinden hend, also leit ich dick mein hende in ein seile, so das aufwallend allerunseglichest an mir waz, das ich mir selben deheinen schirm möchte gegeben,
90 ob mich mein natur darzu wolte han getwungen. Und daz waz ein so blutende
sere, daz mich dick dauchte, ich möchte mein gebein han durchgraben zu meinem fleisch von der durchschneidenden angst, der ich zu der zeit bevand.
Eines tages sass ich in diser bitterkeit von none unczen ze vesper und begerte,
das mein bluttend sere ein mitblüende hette mit dem seinen auß des vaters
95 herczen. Do ward zu mir gesprochen also: ›Es hat nit allein ein mitblüen
mit mir ausser des vatters herczen, mer es ist ein frucht und ein blust meines
bluttes.‹'
'Etwen ward ich getwungen, so ich mein gewand und *[4ʳᵃ]* mein kreucze von   Z 65,14–69,14
mir gelegte und es von unrw nit mer erleiden mochte an dem herczen, in dem

---

65 die – warent] d e r ... w a s Z, qui ... accesserat *E*   66 sint] i s t Z, (causa) posita *E*
66 gesein] *über der Zeile:* wesen   72 gnülich *(korr. aus* gnüklich?*); über der Zeile:* er *(für*
gerlich*);* m i r g ů n l i c h Z, Placet mihi *E*   72 mein minnekraft] m i nˢ m i n n e k r a f t Z, amoris
meị vis *E*   74f. Meines – klein] M i n k rů z e i s t m i r m e i s t i g a l l e z i t i n g e d r u k e t i n m i n
fleisch ... des achte ich kleine Z, Crucem meam propemodum semper carni meae infixam parvi
facio *E*   75 weder; wdˢ Z   80 aufwiel] wiel *Korrektur am Rd., im Text:* auf lief; uf wiel Z,
ebulliebant *E*   94 seinen] s u n e Z, filio *E*

---

65 die – warent, *müßte heißen:* der ... was   72 günlich *'Wohlgefallen'*   80 aufwiel
'brodelte'; von mhd. ûfwallen   84 dehein underliebe *'(irgend)eine zeitweilige Schonung';
von mhd.* underlibe   96 blust *'Blüte'*

leibe bevand ich nie dekeiner krankheit davon, und so die unrw gar daran verdarb und denne mein gewand was, als es mit blut besprenget were, wa das ungewürme da auff lag, wann es mich als gar ersogen hette und ich mich des nit weren wolte: do ward ich getwungen, das ich mein gewand und mein kreucz wider zu mir nemen must. Und ward dann die unrw alle wider lebendig an meinem leibe, und das was ein solche pein, das ich im kein gleicheit konde geben, denn ob ein lebender slange sich geschlossen hette umb meinen leibe und von mir suge mein innerstes marck. Ich han auch sollche pein dick gehabt von diser leidung, das mich des *[4ʳᵇ]* befintlichen dunckel, das sich mein marck zerliesse in meinem gepein.

Ze einer zeit sass ich in grosser bitterkeit von der leidung, als hie geschriben ist. Ich zeigte es gotte und begerte, das er sein gerüchte. Do ward zu mir gesprochen: ›Ich han dich alle zeit gegenwürtig vor den augen meiner magenkraft in den aufwal*len*den blutigen wunden meines sunes und do sich ich dich an mit der miniklichsten vetterlichsten herczlichkeit, als ie angeplicket ward kein creatur.‹

An sant Thomas tag vor weinnachten waz dise leidung als unmessig an mir, recht als das ungewurme auff mich sneitte. So ich *ie* mer ablegte, so es ie unsåglicher aufwiel. Do sprach ich zu gotte: ›Herr, diß mag recht nit mer sein. Ich muß mir selben etliche unterlieb *[4ᵛᵃ]* geben.‹ Do ward zu mir gesprochen das wort gar jemerlich: ›Ich gewan nie miltikeit noch entlieben mir selber, auf daz du mir miltikeit erzeigtest.‹

Z 71,5–72,1 ʻSo ich mein kreucz etwen von mir leit einen tag oder zwen von hertikeit meines herczen, wan es was mir des ersten gar unleidlich, wan das es got nun gar minicklich mit mir treit alle zeit, so ward ich als krank an dem leibe, das ich kaum gebeittet, das ich es wider nam, und was denn sicher, das mir paß ward, wan ich sein dick befunden han.ʼ

Z 73,1–75,14 ʻIch han mein kreucz dick als peinlichen geslossen umb meinen leib, das ich kaum *einen* ottenzug nam. Es krachete also sere, als es von einander wolte springen, und warent mir denn die nagel als grimeklichen eingedrücket, daz ich dick gedochte, weder mir leidiger were, daz sie mir in dem fleisch *[4ᵛᵇ]* steckenten oder das ich si herwider außzüg. Doch was mir, als ich in einem süssen meientaw sesse, so kein ander unrw darinnen ward.

Ze einem mal was ich in grosser peine von der unrwe, die darinnen worden was. Do ward zu mir gesprochen: ›Dis ist nit dein werk, allein es ist mein

---

113 aufwal|den   117 ie *fehlt*   118 auf fiel; uf wiel Z, ebulliebant E   128 einen ottenzug nam] zug nam *als Korrektur am Rd., im Text:* den otten mocht geczihen; wenig dekeinen aten zug nam Z

111 sein gerüchte, *hier:* ʻsich dessen annehmeʼ *oder:* ʻes gnädig aufnehmeʼ; *von mhd.* geruochen
116 *Hl. Thomas:* 21. Dezember   120 entlieben ʻSchonen, Schonungʼ; *von mhd.* entliben

Leben und Offenbarungen der Elsbeth von Oye 413

werck, und wenn ich es an dir würken, so ergeuße ich mein magenkraft in den innersten grunt deiner sele.‹ Diß wort ist mir dicke bewert: Wenn got dise pein würcket an mir, so enpfalle ich mir selber also gar, das ich aller meiner geliden ungewaltig wirden mir selber ze keiner behelffung.

Ich bin auch ze dem minsten ze acht malen getwungen ze nissenne die unreinikeit, die ander menschen außspuwen, und ward des sunderlichen betwungen mit de*m* peinen, den got leid von dem speichel *[5ᵣᵃ]* der juden.

Den gürtel, damit ich zu mir schloß mein kreucz, hab ich auch gemachet mit nageln, und krümenten sich etwen in einander leicht czwen oder drei, und wa sich die schlissent in mein seiten, do ergruben sie mich gar tieff.› ‹Ich fragte got   Z 76,1–13
also: ›Herre, ist mein nature als gar ungeordent zu tugentlicher übunge, das ich so fremder und so unmenschlicher leidung bedarf ze verderbenne mein natürlicheit?‹ Do ward mir geantwurt also: ›Es geschihet nit von keiner unord*e*nunge deiner natur, es ist mein ewig ord*e*nunge gesein, das du mir külest meinen prinnenden turst, den ich ewiglichen han gehabt nach der minne deines herczen.‹›

‹Ich stecke mein kreucz meistig alle zeit also peinlich in mein fleische, so ich   Z 78,1–79,10
mir selben etwenn domit entlieben wil, *[5ʳᵇ]* das ich es usser dem fleisch lössen must, als man ein insigel löst ausser einem wachß. Ich han auch dick befunden gegenwürtiglichen, so ich mir selber unterliebe hett gegeben mit meinem kreucz und es denne noch der none zeit oder etwen ze ander zeit, so got sunderlichen pein von mir wolte mit meinem kreucz, das mir die nagel als grimenklichen geschlossen wurden in mein fleisch ane alles mein zutun, das ich im keine geleicheit konde gegeben, dann als man mir peinlichen mein fleisch mit kreulen zärte von meinem leibe. Ettwen ist mir auch, als der ein blutige wunden reibet mit salcze.›

‹Mir was gar verdrossen, von disen dingen ze schreiben.› ‹Ich wolt es nit also   Z 77,1f. 79,10–12
plöslichen han geschriben.› ‹Do ward ich sein so sere inwendig von got ge-   Z 77,3–5
twungen, er wolt mich sein nit erlan, und ward gesprochen also: *[5ᵥᵃ]* ‹›Daz ist   Z 79,15–80,17
mein günliche und meins herczen lust, daz offenbar werde, wie minniklichen du mich getragen hast in dem innersten grunt deiner sel.‹

Ich nam es zu einer zeit gar unminniklichen von got auf, das er als gar peinlichen übunge wolt von mir. Ich sprach: ›Herre, du möchtest es nit geleiden an etlichen menschen, des ich wene.‹ Do ward gesprochen also: ›Was ich meinem eingepornen sun geeiget und vernatturet han, dem ich nit geleisten möcht wann minnikliche vetterliche herczlikeit, das sol nimantz anders von mir aufnemen denn als das miniklichest werck, als ich gewürken mag in meiner freunden herczen.›

139–141 fehlt *E*   141 den   143 etwen] etwa *Z*, interdum *E*   146 unmenschlicher] unmůsselicher *Z*, vitiosa *E*   147 vnordunge   148 orden|nunge   153 must] můs *Z*, cogar *E*   155 noch] nachte *Z*, post *E*   164 günliche] *über der Zeile:* ere *(für* gereliche*)*

144 schlissent, *in Z und E ganzer Satz im Präsens*   158 kreulen ›Krallen‹   168 des ich wene ›wie ich meine‹; *von mhd.* wænen

Z 33,13–35,4 ›Zu einer zeit kürczlichen vor der weinnachten ward ich getwungen, das ich mein kreucz und mein gewant wider nemen must mit so unseglicher unrwe, die worden waß daran, das ich es nit ge*[5ᵛᵇ]*worten kan. Do ich innen ward, das es got meinte, do starb mir mein hercz in meinem leibe als einem menschen, den man zu dem tode füren wil, wan es was mir als ein tode. Es was ein übernatürlich leiden, das weiß got allein wol. Do gab ich got meinen willen in der meinunge, als er zu der hochczeit geruchte an sich nemen mein bilde, und begerte auch, das er mir geruchte anlegen sein bilde volkomenlichen. Do ich mich erwag diser leidunge, do zeigte ich es gotte, das er sein geruchte.‹ Darnach

Z 36,2–7 nach hohen worten ward auch gesprochen: ››Als menschlich künne in meinem plut widergeporen ist meinem vater, also wil ich dich und ander menschen wider lebendig machen in deinem plut und einsenken in den grunt meines va-

Z 37,1–39,8 ters.‹ ›Mit dem wort ward mir zu versten *[6ʳᵃ]* geben so lauter geleicheit und vereinunge zwischen got und meiner sele, das ich es nit geworten kan.

An dem freitag vor sant Lucien tag was ich lang aufgestanden vor metten. Ich mocht nit wol schlaffen von der plutigen angst, die mir gegenwurtig was. Ich nam mein gewant und mein kreucz wider zu mir, als dovor geschriben ist, und do die unrw wider kom an mich, das was ein so schneidende sere, das ich im kein gleicheit kan gegeben, wann als der mit pfeilen zu mir schüsse. Auch geschach mir als grimiklichen we von smacke dez gewandes, wan es was so ungenem von übertragen, das mich dauchte, das mein hercz müste versincken in meinem leibe. Do mich dise pitterkeit so gar durchschneid an herczen und an leibe, do sprach ich zu gote also: ›Ach herre, wie ist dein ordenung *[6ʳᵇ]* so gar wunderlichen an mir, das ich bei lebendem leibe ein speiß worden pin der würmen.‹ Do zeigte mir got gar jemerlich auf daz wort: ›Ego autem sum vermis et non homo‹, und ward gesprochen diß wort gar kleglich: ›Ich han mich durch dich geleichet einem wurme und nit einem menschen. Wiltu mich den versmehen durch mein verworfenheit, also das du nit wilt sein mein speise?‹‹

Z 103,14–104,16 ›Darnach eines males ward zu mir gesprochen: ›Ich wil mit dir sein nach der miniklichsten vetterligkeit, als es müglichen ist lautter creature.‹ Darnach uber etwan lang hat ich von mir gelegt mein kreucz, doch nit einen ganczen tag. Zuhant wart mir gar we an dem leibe. Ich viel auch in hertikeit und wart gar verfinstert in mir selber. Do sprach ich zu got also: ›Wa nun *[6ᵛᵃ]* vetterliche miltikeit?‹ Zuhant wart mir geantwurt: ›Wa nun *sun*liche geleicheit?‹, und ich nam bald wider mein kreucz zu mir.‹

---

178 Do] doch Z, veruntamen E   179 hochczeit] hoch *fehlt Z E*   203 etwan] etwie Z
206 miltikeit] minneklicheit Z, affectus E   206 semliche; sunlichú Z, filialis E

179f. *und begerte auch, die Ergänzung* unt bigerte *am Rd. in Z wurde vom Redaktor versehentl. hier statt nach* gotte *Zeile 181 eingefügt*   181 erwag ›entschloß (zu), einließ (auf)‹; *von mhd.* erwegen   181 sein geruchte, *hier:* ›es gnädig aufnehme, es ihm gefiele‹   187 *Hl. Lucia: 13. Dezember*   193 übertragen ›zu langem, häufigem Tragen‹   197f. Ps 22,7

Leben und Offenbarungen der Elsbeth von Oye 415

ʿIch hât auch eins mals von mir geleit mein kreucz. Daz wolt got nit vergut   Z 123,7–14
han. Ich gedocht: ›Herr, du wilt mich recht nimer lan gerwen.‹ Do wart ge-
210 sprochen: ›Mein begirde gerwet auch nimer nach der minne deines herczen.‹ʾ

ʿIch sprach zu einer zeit also: ›Herre, du sölt nit czürnen, das mich etwan   Z 33,5–12
jamert, wenne ein ende sölle nemen mein pitter kreucz.‹ Do wart gesprochen
mineklich: ›Als natürlich es dir ist ze einer peine, als minniklichen ist es mir zu
grundlosem herczenlüste.‹ʾ

215 ʿGot ist mir etwann lang gar senfte gesein mit der unseglichen unrwe, die   Z 118,12–119,8
etwen ward an meinem kreucz, als es mir geordenet waz zu leiden. Zu einer zeit
sprach ich zu got *[6ᵛᵇ]* also: ›Herre, wilt du söllicher peine nit mere von mir oder
was meinestu hiemitte?‹ Do ward gesprochen also: ›Dein plutig kreucz hat also
verwunt mein vetterlich hercze, das ich solliche peine nit mer geleiden mag an
220 dir.‹ʾ

ʿGot nimmet alle zeit als gar löblich und miniklichen von mir mein kreu-   Z 30,12–31,10
czegunge, das mich dicke wunder nimmet, ob got meine die gegenwurtigen
pein, die ich ieczunt hab, al*d* ob er mir icht peinlichers geordenet habe. Dis
zeigte ich gote. Do ward gesprochen als gar minniklichen: ›Genüngte es dich
225 nit, so söl es aber mich genüngen, nachdem als ich erkenne die gruntlossen
krankheit deiner nature.‹ʾ

Ich sprach eines males zu got, do was ich in grimenlicher pitterkeit: ʿ›Herr,   Z 81,11–82,3
pin ich mit dir gekreucziget?‹ Do ward gesprochen: ›Du bist mit *[7ʳᵃ]* mir gekreucziget, also daz dein kreucz mein kreucz wider grünenden und pluenden
230 machen sol in der leutten herczen, den es gar tödig und vergessenlichen worden
was.‹ʾ

Do ich mein kreucz trug in das newnde jar von weinachten bis zu den pfingsten, do ward gesprochen: ʿ›Dein kreucz ist volpracht in der wallenden hicze   Z 135,12f.
meines plutes.‹ʾ Do leit ich es von mir.

II. Von der inwendigen leidung

ʿWas ich geliden han von dem kreucz, daz ich aüsserlichen trug, oder von   Z 135,14–17
andern außwendigen peinen, das dunckt mich ein kleines leiden wider dem
wess*en* creucze und peine, den ich in mir tragen.ʾ ʿZe einer zeit was mir, als der   Z 113,10–114,8
5 ein scharpffes swert gestecket hette in mein seiten und das alle zeit in meinem
herczen umbgetriben würde als ein mülrade, ander gleicheit konde ich im nit
geben noch meinem befinden. *[7ʳᵇ]* Und das was ein so unvertragenlichs leiden
und pein, das ich sprach: ›Owe herr, was wilt du oder was meinst du hiemitte?‹

---

215 etwann] etwie *Z*   221 mir] *danach Z:* uf   223 als; al*d Z*, vel *E*   II,4 wessende;
wezzin *Z*, acerba *E*

208f. vergut han ʿbilligenʾ   209 gerwen ʿruhen, zur Ruhe kommenʾ; von mhd. geruowen
II,4 wessen ʿscharfenʾ

Do ward ein wort under den andern gesprochen: ›Ein blutgiessendes sper hab ich in dir eingenatturet, das mir alle zeit usgissen sol das brinnende herczenblut deines herczen.‹ Mir ist villeicht ze hundert mallen des tages, als sich ein messer kere in meiner seitten, und so ich die seitten von ausen anrüret, so vahet es an zu graben gar pitterlichen. Diße pein rürte mich ettwan nit, wan so ich allein was, aber nun rürt es mich, wa ich pin, mit inwendigem ergrabenne. Aber mit aussern zeichen offent es sich vor den leuten nicht, aber ich pin in als unleidiger pein inwendig, das mein ruff stet ist zu gotte: ›Herre, sich di schneidenden waffen *[7ᵛᵃ]* erparmherczigclichen an, mit den du mich gewundet hast xxv jar.‹

Ich klackte einem guttem menschen, das ich von ettlicher sache als vil leidunge han. Zu einer zeit begerte er, daz er meiner leidung wefünde. Do was im, wie im ein fewren strol durch sein haubt ging und alle sein gelid gekrewcziget würden, und ward zu im gesprochen: ›In söllcher leidunge ist der mensch am meisten alle zeit.‹

Etwenn ist mir, als der mir die hautte von dem fleisch schelle und es alles zusamen plüte. Etwen wirt der wandel von schütten als ungestüme, das mich dunckt, daz sich mir etwas in dem haubte verkere. Diser pein ist mer, wenn ich könne oder müg geschriben. 'Ich kan kein ander gleich geben, wann als do ein mensch ein ploß swert vor seinen augen sicht und sein haubt itzunt in sterbenter not geneigt hat zu einem todslage.' Und das es dester begreifflicher *[7ᵛᵇ]* sei, do wart diß wort gesprochen zu einer zeit, do ich in söllcher pein was: ›So ich dich von minnen gelan in deiner feint hent, als mich mein vater ließ in meiner feint hent, so spilt mein eigen natur in der pluttigen angst deines herczen.‹

Z 135,18–136,3

III. In welcher weisse die antwurt mochten sein geschehen

›Audiam quid loquatur in me dominus deus.‹ Also sprichet der weissag Davit in dem psalter: ›Ich wil hören, was der herr in mir spreche.‹ Wer die liechten varbe gehören und das süse gedön gesehen mag, der mag daz intowen des wortlosen wortes geworten, und sunderlich wenne das beschihet in einem ploßen schawen und niesen sein selbsheit. Aber wenn die stunde selczen und kurcz ist, als sant Bernhart spricht, so ist ein ander einsprechen: daz beschiht mit einem uber*[8ʳᵃ]*natürlichen liecht und doch mit vernüftigen formen, in dem got mit einem lieplichen kossen etlichen menschen, die in so hoher einvaltiger abgescheidenheit stant, zu ettlicher zeit sein verporgenheit offenwaret. Es stet geschriben an einem buche der weisheit: ›Cum simplicibus sermocinacio eius.‹

---

11 ich; sese *E*   12 anrüret] contrecto *E*   14 ergrabenne] enne *als Korrektur über der Zeile, im Text:* -unge   21 war   III,11 an – weisheit] in libro proverbiorum *E*

13 ettwan nit, wan so *'früher nur, wenn'*   19 wefünde = befünde   21 der mensch, *gemeint ist:* Elsbeth   24 schütten *'Schütteln'*   26 gleich *'Gleichheit', vgl. I,13*   31 spilt *'erfreut sich'*   III,2 Ps 84,9   6 selczen, *hier: 'selten'*   9 kossen *'sprechen'; von mhd.* kôsen   11 Prv 3,32

Das sprichet, das got hat sein kossen mit dem einvalltigen. Und also möcht diß einsprechen sein.

Aber wie ein mensch müg haben ein unterscheid, wen es von got oder von eignen sinnen kome? Do spricht sant Thomas, das ettliche offenwarunge ist also von gotte, daz ein mensch zumal an allen czweifel sicher ist; auch etlich einsprechen, daz zu ettlicher zeit menschliches gemüt als unwissende leidet, als sant Augustinus spricht, daz ist als taugen, *[8ʳᵇ]* als sant Thomas spricht, das der mensch etwenn nit eigentlichen kan erkennen, was gottes oder was sein selbs ist. Doch, als sant Gregorius uber Eschielem schreibet, die weissagen in ir offenbarunge wurdent geswinde hierinnen von dem heiligen geiste geweiset und außgericht, das ir lautter gemüte nit irrite. Sant Augustinus schreibet von seiner seligen muter, das die sprach, das si mit neiswas unseglichem einsmacke, den sie nit geworten könde, hat einen unterscheid unter warer offenwarunge gotes und ir eignen sele, das sie heiset ein treümliche offenwarunge. Sant Thomas spricht, das die offenwarunge, di da beschihet mit dem blosen schawen der worheit, ist edler und wirdiger denn die da beschihet mit leiplicher geleicheit, wan si näher ist dem schawen der glori. Wann nun diß *[8ᵛᵃ]* ein sunderliche selczene gab ist von gotte, so sol sich ir nimant mit lerer hant, das ist mit kleinen werken annemen, dem es von got nit ist gegeben.

Dise wort wurdent zu ir gesprochen von gotte: ›Ich han von vetterlicher hertzlicheit sölch einsprechen in dein sele, das du ein mitwürckerin seiest mit mir meiner götlichen werken in der weise, als ich si eingossen hab deiner vernunft, das du si also eingiesest in meiner freunden herczen, und das du die frucht der worte nissende werdest in mir noch dem höchsten adel, als si gewurken mügen in meiner freünde herczen. Wolte ich mich nicht meinen gelideren erzeigen durch dich, ich offenwarte dir nit als dick die verporgenheit meiner taugen.‹

IV. In welchem adel si von got ewiklichen geziret und geminnet ist

[8ᵛᵇ] Also ward gesprochen von got: ›Es muß offenwar werden, wie miniklichen ich dich getragen han in meinen vetterlichen herczen vor angenge der welte.‹ Und also sprach der vater gar miniklichen: ›Du pist ein frölicher widerplick den augen meiner magenkraft, in dem ich mit spilender frewde außklingen wil mein ewig wort mit dem spilensten herczenlust, als es müglichen ist einer creature, und mit begirde meines vetterlichen herczen sencke ich mich alle zeit in

---

23 neiswas] *Korrektur am Rd., im Text:* etwas   IV,3 von; *ante* E, *vgl. Zeile 18*

12 dem, *zu erwarten wäre:* den   12 diß, *gemeint ist:* das von Elsbeth erfahrene   17 leidet, *hier:* 'erfährt, erlebt'   18 taugen 'heimlich'   20 weissagen 'Propheten'   23 neiswas = ich enweis was   24 unter, *hier:* 'zwischen'   27 geleicheit, *hier:* 'Gestalt'   30 annemen 'anmaßen'   IV,5 spilender 'vergnügter, lebhafter'

den tiffen grunt deiner sele.‹ Ich begerte eines guten jares von got und auch, daz er mir zeigte, wie er wölte sein mit mir. Do wart gesprochen also: ›Ich wil mit dir sein mit der vetterlichsten minniklicheit, als es müglichen ist einem lauttern *[9ʳᵃ]* menschen.‹ ›Herr, ich weiß von vetterlicher miniklicheit nit, ich bevand ir nie von keinem menschen. Darumb czeig mir, wie du wöllest sein mit mir.‹ Do wart gesprochen: ›Mit wessenlicher gegenwurtikeit wil ich sein mir dir in dem inersten grunt deiner sele.‹ ›Herre, was wurket dein wessenliche gegenwürtikeit?‹ ›Si ist allezeit auswurcken den taugen herczenlust meines vetterlichen herczen.‹ ›Herre, was ist dein taugener herczenlust?‹ ›Das ist mein natürlich sun, den ich ewiglichen gepildet han in der verporgenen triskamer meiner götlichen drivaltikeit, und do bist du vor angenge der welt mein fröliches herczenspil gewesen.‹ ›Herre, warumb pin ich dein spilendes herczenspil? Ich weiß nit sach an mir, warumb es sei.‹ Do wart gesprochen also: ›Do hab ich dir daz inge/*9ʳᵇ*/naturet und geeigent, das mir mit dir alle zeit ein spilendes beiwesen gibet.‹ ›Herr, czeige mir, waz daz sei.‹ Do ward aber gesprochen: ›Es ist ein ingenaturte gleicheit und eigenschaft des innersten und verporgenesten adels meiner götlichen nature.‹ ›Herre, was ist dein innerstes und verporgenestes adel?‹ ›Das ist ein lautter ge*freiet* wesen von allem dem, das creatürlicher bilde von meinem veterlichem herczen ie gefloß.‹ ›Herr, zeige mir, wi hast du mir ingenaturet das adel deiner götlichen natur.‹ Do ward gesprochen diße drew wort also: ›Ich hab dir ingenaturet den taugenesten kleinfügesten heimlichsten eingang in die wustenunge meiner götlichen nature, den ein lauter creature gehaben mag. Ich hab dir ingenaturet daz vergeselichst vergessen *[9ᵛᵃ]* aller creatürlicher bilde, das müglichen ist einem lautern menschen, in dem widerglestenden bildreichestem bilde meines natürlichen suns. Ich hab dir eingenaturet das taugenste frölichste widergrunen in der spilende grüne meiner ewigen geburt, daz müglichen ist einer lautern creatur.‹ ›Himlischer vater, widergrune mich als blüstenklich in der grünenden grüne deines ewigen wortes, das ich minneklichen müsse sein anzesehen den augen deiner magenkraft.‹ ›Mit meinem ewigen worte hab ich dich als ingeslossenlich geslossen in mein vetterlich hercze in ewikeit und in zeit, daz kein ewig mitel geschehen mag zwißen mir und deiner sel.‹

8 tiffen] imum E   25 geÿnert; libera E, gebessert nach XXIV,2   27 ward] sunt E

15 u. ö. taugen *'heimlichen'*   17 triskamer *'Schatzkammer'*   23 eigenschaft *'Teilhabe'*
24–26 Herre – gefloß, *vgl. Dublette XXIV,2–4*   27 ward, *müßte heißen:* wurdent

V. Wie si got reiczet auff gleicheit seines kreuczes und wie ir begriffenlich solt werden sein todlicher smercz

[9ᵛᵇ] ‹›Du solt bei meinem sun hangen an dem kreucz und in seiner gleicheit sölt du mir gevallen und in seiner gleicheit sol ich dich minnen werden.‹› ‹Zu einer zeit warent mir die nagel gar peinnlichen getrücket in mein fleisch. Auch was mir, als der mit pfeilen zu mir schüsse. Do wart gesprochen diß wort: ›Wilt du mir nachvolgen sein, so muß dein leben also geschaffen sein.‹ Und einest also: ›Es sol dir nit unleidig sein, das ich dich nit anplicken mag denn in der gleichensten gleicheit meines natürlichen suns, der mir minniklicher und natürlicher ist denn alles, daz von meinem vetterlichen herczen ie gefloß.‹ ‹Ich sprach zu got: ›Herre, mein hercz ist durchsöifft mit bitterkeit und angst, was du wöllest von mir.‹ [10ʳᵃ] Do wart gesprochen also: ›Du must leben und doch sterben ubernatürlichen allen gebrestlichen dingen, als vil es müglichen ist.‹ ›Herr, was sol wurken disen tod?‹ ›Daz sol die gleicheit meines kreuczes tün.‹ ‹Ich hab dir nit minicklicher noch günlicher kleid zu gebene denne ein geleicheit meines eingebornen suns, daz die augen meiner magenkraft settet allezeit mit sünlicher herczlichkeit.‹ Ie tögner leiden, ie gleicher leiden. Mein leiden waz verporgenlichen allen creatürlichen sinnen.‹

Got minnet nit leiplich gemach. Des wirde ich in manger weiß gar entpfintlichen innen. Eines schreib ich euch, dobei ir es wol verstent: Ich wolte mir selben etwaz gewunnen han fur die kelten in unserem stul, in dem ich stunde in dem kore, und dauchte mich, das ich sein not[10ʳᵇ]tdurftig were, wann ich nach der metten in dem kor beleib und von krankheit des haubtes der stuben hicze nit geleiden mag. Und ich ward widerslagen in mich und ward gesprochen von unserem lieben herre Jesu Christo: ›Do ich stund an meinem kreucze, do waz meiner füssen uffenthalt nit wan ein scharpffer nagel.‹

Es sint leicht xv jar, do ward gesprochen diß wort: ›Der wüttende ton meines minwallenden blutes sol durchdringen die inersten gehörde deiner sele.‹ Ich han dick begert ze wissen, wie diß wort zu verstene wer. Nun in disem jar ist es von got erleuchtet also: ›Ein begrif meines todmigen smerczen sol eingossen werden deiner vernunft.‹ ›Herre, welches ist des menschen pein, der do hat ein begreiffen deines tödmigen smerczen?‹ ›Den pein kan nimant geworten dann der allein, der ein würker [10ᵛᵃ] ist der peine.‹ ›Owe herre, wie söl ich das

---

7 sein¹ *zu tilgen?; fehlt* Z   15 hab] hatt Z, possum E   15 geleicheit] glich kleit Z, similitudine E   24 Und – mich] Sed interius ob hoc expavi E   27 tod; sonus E   30 todmigen] *am Rd.:* lich *(für todlichen)*   32–39 begreif(fe), begreiffen *jeweils korr. aus* begrif(fe)   32 tödmigen] *am Rd.:* lichen *(für tödlichen)*

11 durchsöifft *'durchtränkt'; von mhd.* durchsöufen   15 günlicher *'besseres, herrlicheres'*
16 settet *'sättigt'; von mhd.* setten   24 widerslagen in mich *'in meine Schranken gewiesen'*
25 stund, *hier:* 'hing'   26 uffenthalt *'Halt, Stütze'*

geleiden, daz nimant geworten kan?‹ Do wart geantwurtet: ›Als starck der würcker ist, also starck ist auch sein aufenthalt.‹ ›Herre, was selikeit leit mir an dem begreiffen deines tötlichen smerczen?‹ ›Die selikeit geleit dir daran, daz ich in dir meinem vater zeigen die frucht meines plutes. Als miniklich ich dir bin, als leicht wirt dir der begreiffe meines tödlichen smerczen. Als peinlichen der begreif ist, als feurende wirt dein prunst.‹ 35

VI. Was got begirde und durstes hat noch irem creucze

Z 25,1–26,7 ⸢An dem angenge der übunge, von der hie geschriben stet, hat ich mich also manigvalteklichen geübet in etlicher weise, die ich nit geschreiben mag. Und do leucht mir blösklich, wie miniklich mich der sun erbot seinem vater, und ward ge*[10vb]*sprochen von des sunes person diß wort gar miniklich: ›Vater, ist dir nit wol gelungen an diser sele oder reichest du nit gewaltiglichen in deinem reich?‹ Darnach gab der vater antwurt seinem sun und wart diß wort gesprochen: ›Mir ist an ir gelungen, also daz ich dich in dem plutigen sere ir kreucz*es* mit spilender freude alle zeit gebir in dem grunt meines vetterlichen herczen.‹⸣ 5

Z 52,4–7 Es ward auch gesprochen: ⸢›Als das kint rw suchet bei seiner muter herczen, also hab ich widerflucht und rwe an dem peinlichen ser deines kreuczes.‹⸣ ⸢Ich vorchte, daz mein übunge gar unendlich were. Do ward gesprochen:⸣ ›Fürcht sein nit, ⸢ich bedarf deiner übunge nicht zu der würckunge, die ich hab in dir, wann daz du mir külest meinen prinnenden durst. Dein *[11ra]* pein ist nit so gross als meines herczen lust, das du dich mir minicklich erbiettest.‹ Des tages het ich gottes marter nit ubergangen.⸣ Do wart gesprochen: ⸢›Du sölt mir noch mit deinem mitleiden senften und salben mein wunden.‹⸣ Es ward gesprochen: 10
Z 129,9f.
Z 130,1–10

Z 135,7–9 ⸢›Las mich nun trinken dein kreucz, es wirt hienach durch dich fliessende das mer meiner gotheit.‹⸣ 15

VII. Wie er sie sterckt und das es nit ir werck waß

Z 28,9–29,14 Es wart gesprochen eines mals, do sass ich in grosser pitterkeit: ⸢›Als unnattürlich es dir ist ze leiden, als miniklichen ist es meiner begirde alle zeit von dir.‹ Do sprach ich: ›Ach herre, du czeigest mir gegenwürtiglichen, das es mir unnatürlich ist ze leiden. Wie söl ich es geleiden durch dein gütt?‹ Do wart 5

VI,8 kreucz   VII,3 miniklichen] naturlich unt als minneklich Z, gratum et iucundum E

34f. Als – aufenthalt, *vgl. Dublette VII,21f.*   35 aufenthalt *'Unterstützung'*   VI,6 reichest *'herrschst'; von mhd.* rîchen   16 gottes – ubergangen *'die Betrachtung des Leidens Christi nicht unterlassen'*   18 trinken – kreucz, *müßte heißen:* trinken von deinem kreucze; *vom Redaktor nicht bemerkt, daß in seiner Vorlage (Z 135,8) bei der Korrektur von* svge *(von* d· k*) zu* trīkī *mittels Rasur auch angrenzendes von* mitbetroffen *wurde*

Leben und Offenbarungen der Elsbeth von Oye 421

gesprochen: ›Was ich wil, das mag *[11ʳᵇ]* ich wol.‹ Ich sprach ze gotte: ›Herre, was bedarft du diser unmüsselicher leidunge von mir?‹ Do ward gesprochen also: ›Nicht mere dann allein daz gesŏget werde der herczlust, den ich allezeit hab nach der ubernatürlichen würckunge, die ich haben wil in dir mit spilender freude der inersten tŏgent meins vetterlichen herczen.‹ Und auch eines males: ›Nit von der kraft deines fleisches noch plutes würckest du diß werk, mere mit dem vergötteten blut meines suns.‹ Mein prinnender herczenlust, den ich alle zeit habe an dem peinlichen sere deins kreuczes, söl dir süß machen dein pitterkeit.‹   Z 6,14–7,3

'An unser frawen obent hette ich unseglichen pein von diser leidung. Des morgens nach der meß sprach ich: ›Owe herre, weist du nit, waz ich gelitten han?‹ Do ward gesprochen *[11ᵛᵃ]* miltiklichen: ›E du es erlidest, do was es von mir geflossen an meinem kreucz, und darumb hast du es nit erliden, di magenkraft meines plutes hat es erliden.‹   Z 137,2–12

Ich was einest in groser angst von dem pein, den er von mir wolt, und ward gesprochen gar tröstlich: ›Als starck der würcker ist, als starck ist auch sein aufenthalt.‹ 'Ich hett zu einer zeit grosse pein von der leidunge, als hie geschriben ist. Do wart gesprochen: ›Das ich befunden han, das muß auch dir befündenlichen nach deiner vermüglicheit werden.‹   Z 137,13–17

VIII. In welchen hohen adel si got volbringen wolt allein von sein freien willen

Also ward gesprochen von dem vater gar minicklich: ›Als ich nit aufgehören möcht in aller meiner wurkunge, e ich menschlich künne volbrechte auf sein hochste selikeit, also *[11ᵛᵇ]* wil ich nit auffgehören an diser wurkunge, di ich habe in dir, e ich dich gewürcke ze einem durchgevallenden widerglestenden bilde, in dem sich die augen meiner magenkraft ewenklichen erwunen und erspilen sönd nach grundlosem herczenluste.‹ Er sprach gar miniklichen zu meiner sel: ›Ich wil dir nit me rüffen üsserlich, sunder innerlich mit dem süßen harffenklangke meines ewigen wortes. Ich wil dich würken zu einem werke, in dem ich alle zeit anplicken di früchte meiner geburte. Du hast nit vater denn allein der dich außgesant hat von seinem vetterlichen herczen zu einem urkunde und bewerunge der edelkeit und magenkraft seiner götlichen nature.‹ Also wart gesprochen: ›Als man zwen spigel *[12ʳᵃ]* in einander sicht, also sölt du angesehen

---

7 bedarf|du   12 vergötteten] in gnaturten unt vergotteten Z, deificati E   17 erleidest; irlitest Z, tolerares E   VIII,6 durch gevallende

7 unmüsselicher 'mühseligen, beschwerlichen'   8 gesŏget 'gesäugt'   15 unser frawen obent, Vigil vor Mariä Verkündigung: 25. März   21f. Als – aufenthalt, vgl. Dublette V,34f.   22 aufenthalt 'Unterstützung'   VIII,6 durchgevallenden 'durch und durch gefallenden'?, vgl. E: amabilissimam   12 urkunde 'Zeugnis'

werden von mir in spiegellicher weiss in meinem sune.‹ Hienach wart mir daz wort erleuchtet also: ›In meinem sun wil ich dich würcken zu der hochsten lautterkeit, in der ich ewicklichen anplicken wil den spilenden widerblick meiner götlichen nature; zu der gleichesten gleicheit, in der ich mich ewiglichen gesatten wil der ineresten taugensten volbrachsten wercke, die ich gewircket han in meinem sune; zu der natürlichsten natürlicheit, in der ich ewicklichen anschawen wil daz vereinen, daz vernaturen, das ewig minepant götlicher und menschlicher nature. Die minne, die mich ewicklichen heisset ein wort des vater, dieselbe minne heisset dich ein herczespil seiner nature.‹

Do dise *[12ʳᵇ]* wort gesprochen wurden, do wårent mir gar girlichen gesein etliche übunge, die got löblichen wårent gesein. Do wart mir ein gleicheit gegeben: ›Als der kunig git von freiem willen, dem er wil, und begert nit lones, also beger ich nit me, denn das ich mir selb miniklich si in dir und in der würkunge, die ich haben wil in dir nach dem adel meiner götlichen nature.‹

Ich fragte got also: ›Herre, waz ist die höchste lautterkeit?‹ ›Daz allerminst vermenget ist mit keiner natürlichkeit.‹ ›Herre, was ist die gleicheste gleicheit?‹ ›Das dem ersten bilde allerglichest ist.‹ ›Was ist daz?‹ ›Daz allereinvaltigest ist.‹ ›Herre, waz ist di natürlichste natürlicheit?‹ ›Das allerminst nature geleisten mag, daz ist allernatürlichst dem unnattürlichsten.‹

[12ᵛᵃ] IX. Von dem vetterlichen zarten, daz got het in ir

Es wart also gesprochen: ›Ich wil heute meinem sune vetterlicheit erzeigen in dir, also daz er in meiner vetterlichen person sehe und spigel, daz er ist mein adel und mein magenkraft, und wil mit im und durch in an dir würken gleicheit in unglicheit.‹ Von disen worten ward mein hercz ernewert und gab got gewalt, daz er mich machte blint und lam und waß söllicher widerwertikeit were, und das iglicher blutestrophe, der sich natürlichen geübet hette in mir, einen tod leiden sölte. Do ward diß wort gesprochen von des suns persone: ›Vatter, als miniklich dir sei, daz ich in dir sehe und spigel, daz ich bin dein adel und dein *[12ᵛᵇ]* magenkraft, als miniklich würck mit mir in diser sele, daz ich in ir wurcken sehe, daz ich pin dein adel und dein magenkraft.‹ ›Meinem sun sol vetterlichen gezartet werden in dir durch die sünlichen gleicheit, die er gewürcket hat in dir, dem ich alle zeit einspigel mein natürlich adel.‹

20 meinen   IX,1 got] *Register:* der sun, *vgl.* Quam paterne deus pater unigenito filio suo in ipsa blanditus sit *E*   7 jgliches

25 gleicheit, *hier: 'Gleichnis'*   29–33 Herre – unnatürlichsten, *vgl. Dublette XXV,10–15*
IX,1 zarten – ir *'Liebkosen, das Gott (zu ergänzen: seinem Sohn) in ihr erwies'*

Leben und Offenbarungen der Elsbeth von Oye

X. Von gelossenheit in hertikeit

ʻIch sass eins mals in grosser bitterkeit von dem leidenne. Do waz mir auch got gar herte. Do sprach ich also: ›Herr, weist du nit, waz ich geton han, oder geruchest du, sein nit ze wissenne, daz du dich so gar sere birgest vor mir?‹ Do wurdent gesprochen dise wort: ›Söllich bergen drücket mein gleicheit in den inresten grunt der sele. Als natürlich mein wesen ist in dem herczen meines vaters, *[13ra]* als miniklich ist mir ze wonen pei der sele, an der ich gleicheit vinde der plüenden wunden meiner minne.‹ʼ Z 39,9–40,7

ʻIch was zu einer zeit in grosser hertikeit. Ich zeigte es got, wann es was mir unleidlich. Do ward gesprochen: ›So du in deiner pitterkeit ie mer von mir geplößet wirst alles trostes, so mir daz peinlich ser deines kreuczes ie spilender ist in dem herczen meines vaters. Den frölichen herczenlust, den ich würken wil in dir durch daz peinlich sere deines kreuczes ist unverstantlich, unbegreiffenlich allen creatürlichen sinnen, und daz geschiht, darumb daz mich als ingrüntlich von dir gehercziget hat die peinlich gleicheit meines creuczigeten suns.‹ʼ Z 83,3–84,5

ʻIch håtte zu *[13rb]* einer zeit sunderliche pein von der leidung meines kreucz, doch håt ich hertikeit. Daz was mir nit leidig. Do ward gesprochen: ›Weder ist dir miniklicher, mein rwe in dir oder dein rwe in mir? Als du dein kreuz gesigelt hast auf dein hercz, also hab ich mich versigelt in den tieffen grunt deiner sele. Was mag mir miniklicher gesein von dir, denn das du alle zeit in meiner gefanknuß pist von den panden deines kreuczes, als ich auch ewiklich in gefancknuß pin gewest deiner minne. Das plutige pant deines kreuczes hat mich gebunden und unmechtig gemacht, hertikeit zu erzeigen gegen der kranckeit deiner nature.‹ʼ Z 101,11–102,16

ʻIch sprach eines males zu gott also: ›Ach herre, wie söl es mir ergan, daz ich so gar hert pin, *[13va]* das ich so gar selten weinen mag dein marter?‹ Do zeiget mir got auf die leidung meins kreuczes und wart gesprochen: ›Plutig treher sind mir gar miniklich.‹ʼ Z 119,13–120,4

Ich was eines males in hertikeit und das was mir unleidig. Ich zeigte es got. Do ward gesprochen: ›Als taugen dir ist der spilende herczlust, den ich habe alle zeit in dem herczen meines vaters, als taugen ist dir der herczlust, den ich hab in dem innersten grunt deiner sele.‹ ›Ach herre, wie macht du denn imer mein hercze so plutiklichen verwunden, das du dich so sere pirgest vor mir?‹ Do wart gesprochen diß wort: ›Das plutig verwunden deines herczen, das du allezeit hast noch mir, ist ein salben und ein widerbesliessen der versertten *[13vb]* und aufgeprochen wunden meiner minne. Dein traurikeit naturet sich alle zeit

---

8 plüenden] blůtinden Z, cruentis E   20 tieffen] tiefstin Z, profundissimum E

6–8 Als – minne, *vgl. Dublette XXVIII,9–11*   36 noch mir ʻmeinetwegenʼ

ze spilender freude in der innersten verporgenheit meines vetterlichen herczen. Ich heilen mein wunden in der pitterkeit deiner sele.‹

Und ze einer zeit ward gesprochen: ›So bewerst du mir die edelkeit meiner nature, so du mir nachjagest an bevinden der süssikeit meiner nature.‹

Ich verweis meinen herren sant Johannes, das ich als lang gelitten hett an sein getrewes mitleiden. Do wart gesprochen: ›Ie trostloßer leiden, ie süsser niessen.‹

Eines males gab ich got grossen itwis, daz er mir gar hert were, und er doch von mir wolte leidunge, die mir gar swer was. Dis leid got gar gedultigklichen von mir.

Ich hette zu einer zeit gar grosse *[14ra]* hertikeit und was mir das gar unleidig. Do zeigte mir got auff große bitterkeit und leidunge, die got von mir wolte. Do sprach ich zu got mit gedanck: ›Herre, wilt du mir dein selbs nit geben wann in söllcher pitterkeit, als du mir gezeiget hast? Daz ist mir gar swer.‹ Do ward gesprochen von got also: ›Du bist nit mer enpfenklich des ausfußes meiner götlichen edelkait denn in der gleichsten gleicheit, als ein lauter creatur getragen mag. Flüsse leiden nit von dem edelsten grunt meiner götlichen nature, ich hette daz nit als gar geeigent dem, den ich allezeit mit spilender freude gepir von meinem vetterlichen herczen.‹

Ich hette hertikeit zu einer zeit, daz tet mir gar we. Ich sprach: ›Herre, *[14rb]* nun tu mir, wie du wilt, ich wil dir doch nachjagen iemer me, diewiel ich leben.‹ Do ward gesprochen also: ›Nach der sicherheit halte ich mich allezeit wider dich.‹ ›Herre, du weist wol, daz herczenlust noch herczenfreud mein gemüt nimer berüren mag wan allein von deiner miniklichen gegenwürtikeit.‹ Do wart gesprochen: ›Dein senlich gemüte ist alle zeit grunende und plüende vor den augen meiner magenkraft, als ich ewiklichen grunen und plüen auß dem herczen meines vatters. Mein spilender herczenlust ist alle zeit spilende darnach, daz ich in dir gerwe nach der miniklichsten miniklicheit, als es müglichen ist einer creatur.‹

Ich zürnete zu einer zeit sere mit got, das er mir als hert waz mit *[14va]* seinem trost. Do wart gesprochen: ›Ist es nit zu begenne, das ich allezeit an dir verderbe und vernichte alles das, daz von fleische und von plute komen mag? Encziche ich dir etwenne inwendig meinen trost, so ist mir doch nit leidig, wann das gesehenn werde nach ausserm bilde, daz mir miniklich bei dir ist ze wonen alle zeit.‹

Ich was in hertikeit. Ich begerte ze wissen, waz es meinte. Do wart gesprochen: ›Es ist nit ein verschulde leidung, mere sie hat dir gesachet und geursprunget ein übernatürlicheit zu der edelkeit meiner götlichen natur. Dein pluttig senen spilt alle zeit in dem herczen meines vaters.‹

54 daz] *Korrektur über der Zeile, im Text:* si

41f. an *'ohne'*   44 itwis *'Vorwurf'*   49 mit gedanck *'in Gedanken'*   53–55 Flüsse – herczen, *vgl. Dublette XXII,22–25*   58 Nach der sicherheit *'Aufgrund deiner Zusicherung'*
64f. einer creatur, *zu verstehen: in einem Geschöpf*   67 zu begenne = wegenne *'(hoch) zu schätzen'; von mhd.* wegen   73f. gesachet und geursprunget *'bewirkt und hervorgebracht'*

Ein mensch gab got itwis, daz er im als gar hert were und er sein freünte als minniklich und süsiklich *[14vb]* tröste. Do wart im geantwurt also: ›Was gelag dir zu deiner ewigen selikeit an der spilenden freude, die ich ane angenge han gehabt in mir selber, e das ich auff ertrich kam und in peine und in pitterkeit
80 würckte dein ewig heil?‹

XI. Wi susiklich got in ir gewurckt hat

Got hat mir einen inerlichen durst geben nach seiner mitleidung, daz mir nie pein so süß wart, und han got etwan mein leben gar freilich aufgeben, so daz bevinden als pitter waz in etlicher zeit. Wenne ich mein ausseren sinne einge-
5 slosse, so hab ich nit vil anders zu tan denne widerzukaffene in den ursprunk, auß dem ich gefloßen pin; und daz würket got mit einem so senlichen jamer, daz *[15ra]* mir zu der zeit als pitter ist mich geben ausserlichen sachen, daz ich im nit geleichen kan, wann als der mich leiplich verseret oder wundet.

Ich pin etwenn in betrachtunge gestanden auf der sexte *und* von none *uncz* zu
10 vesper, und ist mir gar dick, als der in einen lauttern spigel plicket, so ich betrachte die peine unsers herren, und daz ist davon, daz es got lang in mir geübt hett.

Daz wort, daz unser herr sprach: ›Und ist, daz ich erhaben würde von der erde etc.‹, das waz mir zu einer zeit gar lüstlich und würckte alls süsiklich in
15 meiner sele, daz ich sprach: ›Herre, war wildu mich ziehen?‹ Da wart geantwurt: ›In mein peinlicheit, in mein gleicheit, als vil es dir müglich ist.‹

Mich dauchte, daz mir got gar herte wer. Do *[15rb]* wart gesprochen süsiklich: ›Es ist meiner klaren verstantnuß verborgenlich habe ich dir dekein unminne erzeiget. Ich han mir an dir funden, daz ich süche, darumb hab ich rw pei dir.
20 Als peinleich ist dem kinde, so man es prichet von seiner muter herczen, so es saugen wil von ir, als werdent verseret mein wunden, so si nit alle zeit angesehen werdent von deiner vernuft mit miniklicher herczlichkeit. Als sich daz kint leit auf seiner muter hercz, so es saugen wil von ir, also sleusse ich dir alle zeit auf die dürstenten wunden meiner minne, das si getrenket werden von den
25 innersten inadern deiner sele.‹

Got hat zu einer zeit als gar miniklich gewürket, daz ich sprach: ›Herre, hat mich dekein creatur als inerlich geminnet, daz es *[15va]* dich beweget hat zu fliessene?‹ Do wart gesprochen: ›Nicht hat mich darzu beweget wann allein das

---

XI,4f. eingeslosse] o c c l u d o *E*   9f. vō none vn̄; post sextam interdum a nona usque ad vesperas *E*   19 süche] quaerebam *E*

77 gelag *'nützte, trug ... bei'; von mhd. geligen*   XI,2 inerlichen, *hier: 'innigen'*
5 widerzukaffene *'zurückzuschauen'*   13f. Io 12,32: Si exaltatus fuero a terra, omnia traham ad meipsum *(so E)*   27 inerlich, *hier: 'innig'*

adel meiner götlichen nature, daz ich dir eingenaturet hab mit gruntloßer girde meines vetterlichen herczen.‹ 30

Ich hette zu einer zeit ein gar miniklich gegenwurtikeit gotes. Do wart zu mir gesprochen also: ›Es ist nicht das rüren, als so ich dir gib zu prauchen meines eingepornes suns nach deiner möglicheit, als ich sein ewicklich han geprauchet und er mein. Wa mir nit geben wirt sach zu hertikeit, da mag ich nit fliessen wann miltiglichen und erparmherczighchen.‹ 35

XII. Von dem adel der gehorsame und von dem nucze dez siechtagen

[15ᵛᵇ] Got weiste mich inwendig gar laůtterlich auf die tugent der gehorsam. Zu einer zeit waz mir gar peinlich zu gan auß dem kor zu gemeinem werck. Do wart zu mir gesprochen: ›Ich pin alle zeit mit dir nachjagende nach deinem heil, 5 und wa ich das allerlaůtterlichest an dir außwürcken mag, do ist dir mein minikliche beiwesen allergegenwürtigst.‹

Zu einer zeit wolt ich mich etlicher gehorsam han entseit durch innwendige rwe meines herczen. Do wart gesprochen also: ›Ist diß ein rwe, daz ich mich dir nit allzeit erzeige in miniklichen werken?‹ Zu einem mal waz mir gar peinlichen 10 ze gan von der rwe meines herczen. Do wart gesprochen: *[16ʳᵃ]* ›Nu brich du auß, so prich ich ein.‹

Ich hette zu einer zeit ein gar minniklich gegenwurtikeit gottes und was mir peinlich zu gan von der rw meines herzen. Da ward gesprochen also: ›Do ich dir erwerben wolt den anplick meiner götlichen nature, do würkte ich allezeit dein 15 heil in pein und in pitterkeit meines herczen und meiner sel. Czweifelst du an mir, das ich mein götliche magenkraft an dir nit außwürcken müge, wo ich oder wi ich wil?‹

Ich wolte mich *han* entseit etlicher gehorsam. Do wart gesprochen also: ›Ich wil nit, daz du dein selbs wöllest oder mügest sein in dekeiner sache.‹ Mir waß 20 gar swer zu gan auser der meße eines tages, do ich mich der gehorsam lassen muste. Do wart gesprochen: ›Also du nun *[16ʳᵇ]* auser gast, also wirstu hernach eingen in di verporgenheit meiner taugen. Wapei erkant wirt, das ich der allein pin, dem du nachjagest alle zeit. Das ist mein günliche und mein herczlust.‹

Ich hette zu einer czeit geübet etliche gehorsam, die gar klein waß. Do wart 25 gesprochen: ›Dein gehorsam hat mich furgespannen den augen meines vaters, und bitt ich fur dich mit den pludenten wunden meiner minne.‹ Do sprach ich zu got also: ›Herr, warumb würckestu alle zeit so minniklich mit mir, und ich dir kein sach darzu gib?‹ Do wart daz wort gesprochen: ›W*a* als gar minniklich

XII,19 han *fehlt*   29 was; ubi *E*

32 rüren *'Berühren'*   XII,5 nachjagende – heil *'und verfolge dabei dein Heil'*

Leben und Offenbarungen der Elsbeth von Oye

30 mit einander vereinet ist, do muß allezeit minikliche würkunge sein. Daz ist mein *[16ᵛᵃ]* herczlust, daz ich weiß, daz ich der allein pin, den du suchest und meinest in allen sachen.‹

Ich hette mich geübet an ettlicher gehorsam, und ward gesprochen also: ›Es kumpt noch die zeit, daz alle dein übunge hinfliessende wirt von inniger süs-
35 sikeit. Sölte dein hercz nit pei mir sein in der ewigkeit, ich wil doch weselich wonen mit dir in der zeit?‹

Mir waz sichtag nit leidig. Da wart gesprochen also: ›In meiner würckunge sleusse ich mich neher in dich, denn du dich in deiner würckunge gesliessen mügest in mich. Wilt du hertikeit von mir gelauben, und ich dir alle zeit mil-
40 tikeit erzeigen? Du were in der sach nit wider mich, ich wil auch nit sein wider dich.‹

Ich waz siech. Ich forchte, daz es mir nit verfenk*[16ᵛᵇ]*lich were. Do ward gesprochen: ›Wie möchte dann unfruchper beleiben mein eigen werk? Dein will ergeusset sich alle zeit in mich als dein werck.‹ Ich begerte, daz got in mir
45 gehaben möchte sein eigen werck. Do ward gesprochen: ›So du vor gewürckest, darnach so gat mein eigen werck.‹

XIII. Wie ir got kein minne dekeines menschen noch lust dekeiner creatur wolt vertragen

Ich hette lust an einem menschen gewürcket und darumb wart ich von got gestroffet und wart gesprochen: ›Das ist mir nit leidig, daz dir günlich sei, daz
5 mir peinlich ist.‹ Ich gedacht, wie gar mir got etwenne verpittert hett des menschen gegenwurtikeit, und da wart gesprochen diß wort: ›Betrübt dich daz von mir, *[17ʳᵃ]* daz ich nit leiden mag, daz dir ichts minniklich sei wann ich allein?‹ Also wart gesprochen: ›Darumb hab ich dich als ploß gelossen aller menschen, das du kein *minner* habest, der dir vergessenlich oder unechtig machet den
10 verporgen schacz meines vetterlichen herczen. Daz ist mir nit leidig von dir, waz dein gemüt zeuhet von mir. Mich benuget nit von dir, daz du mir die creatur aufgibest minniklich und willeklich, mer ich wil, daz die creatur ein durchsneidende sere sei deinem herczen.‹ Do sprach ich zu gotte mit meinen gedenckten. Do wart gesprochen: ›Ich han mich dir gegeben. Daz wer mir ein
15 peinlich sere, möchte ich pein geleiden, daz dein herczlust geligen möchte an dekeinem geformirten bilde. Ich wil von dir ein außcziehen in dich *[17ʳᵇ]* selber

---

30 würk|gunge   42 verfenk|glich   XIII,9 nimer; *amatorem* E   14 *vermutl. Textverlust nach* gedenckten, *vgl. auch* Rationem huius quaerens audivi: … E

35f. ich – dir *'wo ich doch … wohnen will'*   39 von mir gelauben *'mir unterstellen'* 39f. und ich dir – erzeigen *'wo ich dir doch … erzeige'*   42 verfenklich *'nützlich'* XIII,3 lust – gewürcket *'Freude, Wohlgefallen an einem Menschen gefunden'*; zur Sache vgl. Zeugn. IIIa, Randbemerkung zu S. 156f.   5 etwenne, *hier:* '*einst, einmal*'   9 unechtig *'gering, unbedeutend'*   11 Mich benuget *'mir genügt'; von mhd.* benüegen   16 dekeinem – bilde *'irgendeinem Geschöpf'*

auß allen dingen, das du kleinfüg werdest, also daz ich dich in mich bergen müge und ich dich mit der sunen meiner götlichen natur durchgleste und vereine, als di sune den luft in sich vereinet. Der einikeit, der ich beger mit dir ze haben, werent deine werck gar ze klein. Ich beger nimans fur mich selber zu den dingen, mit den ich mich dir minniklich machen wil.‹

Mir viel zu einer zeit etwas sorgen zu. Do wart gesprochen von unserm herrn Jesu Christo: ›Hab allein sorg umb das ser meiner wunden; daz bevilhet dich mir ze besorgen geistlich und leiplich.‹

Ich was zu einer zeit in etlichem kumer, der mir doch mein hercz nit vil berürte. Got mocht es nit geleiden und wart gesprochen also: ›Ich han dir enkein *[17ᵛᵃ]* ander kungreich befolhen dan die günlichen pfalentz meins minreichen herczen.‹

XIV. Wi verpörgenlichen got in ir wurckte

Hie sprach der sun gar miniclichen zu meiner sel: ›Du leuchtest nit vor den augen meines vaters, als du scheinest vor den menschen. Dein sol nimant günliche haben wan ich allein, und dein armut sol ewiglichen grunen und plüen aus mir vor meinem vater.‹ Ich fragte got mit meinem gedancke also: ›Herre, hast du mir als gar geeigent und vernaturet das adel deiner götlichen nature, als du mir dick gezeiget hast, wie birget sich daz so gar an mir?‹ Do wart diß wort gesprochen von des suns person also: ›Ich bin nit *[17ᵛᵇ]* außwurckende an dir, sunder einwurckende den inersten und den verborgensten willen meins vaters.‹ Ich begerte zu wissen, wie diß wurcken zu versten were. Do wart gesprochen: ›Es ist uberverstentlich, ubernaturlich, ungesprochenlich. Ich und der vater allein künen gewegen das adel diser würkunge.‹ ›Herre, mir wer gar begirlich zu wissene, wenne du inwürkende werest an mir.‹ Do wart gesprochen also: ›Wenn die öbern kreft deiner sel aufgezogen sint in daz ploß wesen meines vaters und da mit mir sügent und nisent die inerste veiste seiner vetterlichen süssikeit.‹ ›Herr, wen sint die öbern kreft meiner sel uffgezogen in daz bloß wesen deines vaters?‹ *[18ʳᵃ]* Do wart gesprochen also: ›Wenn begirde der creatur dein hercz nit berüren mag, das sei dir ein wares zeichen, daz die süssikeit meiner nature ein widerfluß hat in dich.‹

27 günlichen pfalentz] regale palatium E   27 (pfalentz) zu; *fehlt* E   XIV,15 süget

19 Der einikeit *'Für die Vereinung'*   23f. bevilhet – leiplich *'anempfiehlt dich meiner Sorge für (deinen) Geist und Leib'*

Leben und Offenbarungen der Elsbeth von Oye 429

XV. Daz ir leiden kam von sunderlicher zartheit, in der si got minede

'Ich sprach zu gotte also: ›Herre, ich wolte dir als minicklich sein, das du nit als blutende pin an mir möchtest geleiden.‹ Do wart gesprochen gar miniklich: ›Es geschihet von zarte und das ich es nit vermag, es muß an dir erkant werden daz verborgenest adel, daz müglichen ist einer creatur.‹ ›Herre, ich mane dich, daz ich dir ellendklich nachgan mit pluttender pitterkeit alle zeit und daz du von der gruntloßen miltikeit deines götlichen herczen dein vetterliche rutte gar selten gespart hast an mir [18ʳᵇ] von meinen kintlichen tagen, es wer inwendig oder außwendig leiden, das du alle zeit wilt von mir und das ich getragen han mit dir allein an alle hilf dekeines menschen. Herre, diß zeige ich dir mit den bitterlichen trehen meines kreuczes und bitte dich von dem tieffen grunde meiner sel, daz du schir an mir volpringen wölest dein miniklichen geheiß durch dein unsegliche miltikeit. Herre, du weist wol, das ich dir geloßen pin von allen menschen und nimant han noch ni gewan wan dich allein. Daz laß zu herczen gan deiner natürlichen miltikeit und hör mein gepet vetterlich.‹ Do wart gesprochen diß wort: ›Alle dein geheiß, die ich dir geheissen hab, die wil ich volpringen an dir, nochdem als [18ᵛᵃ] den gruntlosen grunt meiner götlichen natur ewicklichen getürstet hat inbrunstiglichen nach deinem heil.‹'

Ich zeigte got mein elende und mein armut. Do antwurt er also: ›Gewan ich der dingen ie uberflüßikeit, der ich dir mangel lan?‹ ›Herre, was ist armut des geistes?‹ ›Der mein reich ist und allen creaturen arm.‹ ›Herre, pin ich dir lieb? Ich pin nimant lieb.‹ ›Wie miniklich ich sei, dennoch bin ich mir selber miniklich in dir.‹

Mein hercz angstete zu einer zeit als pitterlich auf leiden. Ich sprach: ›Owe herre, was wiltu mir tun?‹ Do wart gesprochen süßiglichen: ›Verzag nit, mein kraft ist ungemeßen in aller der leidung meiner freunde.‹ ›Herre, ich versich [18ᵛᵇ] mich eines sweren kreuczes, du tust mir als gar gütlich.‹ ›Wie mag dir daz kreucz swer gesein, das sich da leinet auf die magenkraft meiner gotheit?‹ ›Herre, ich kan nit süssicklich sprechen von dir, als dein freunt künent.‹ ›Kanstu nit sprechen von mir, so kanstu mich aber leiden. Wer mich leiden mag in der pitterkeit seiner sele, das fleuset allein von der magenkraft meiner gotheit. Ie leutter du pist, ie miniklicher mir dein leiden ist.‹

Z 45,6–48,2

---

12 tieffen] tiefsten Z, imo E

5 es nit vermag ʻnicht umhin kannʼ   13 geheiß ʻVerheißungenʼ   27f. versich mich ʻmache mich gefaßt (auf), fürchteʼ

XVI. Von dem süßen liebkoßen, daz got mit ir het

›Mein herczlust hat daz gewürcket vor angenge der welt, daz ich wil sein dein einig liep. Mein gehörde ist allzeit aufgeslossen zu dem rufe deines herczen. Die *[19^(ra)]* einikeit deines herczen ist ein durchdringende kraft meiner gotheit, als vil es müglich ist einer creatur. Ich würke in dir ein taugens verjagen aller creature. Du sölt bevinden zartnuße rechter einikeit. Ich jagen dir alle zeit nach mit brinnendem turste. Dein außgang ist mir nit leidig, dein eingang ist mir alle zeit begirlich. Darumb hab ich mich dir geeiget, daz du mich geben macht, wem du wilt. Dein turst ist mir begirlicher den dein trincken, dein turst ist mein trincken.‹

Ich gedacht zu einer zeit an einen menschen, mit dem got miniclich wonung hette. Ich hette es auch gern besser gehebt. Do wart gesprochen lieplich: ›Was ich gegen imant tun, ich minne und vinde an dir mein geleicheit.‹

[19^(rb)] Ich hette zu einer zeit wundrunge von etlicher gesichte, waz es möcht sein. Do wart gesprochen also: ›Ich hab vil taugner wonunge bei dir in manger weiß, die dir gar unerkantlich ist.‹

Zu einer zeit was ich gar in sunderlicher pein. Ich wart also herczlich weinende, do ich saß pei der gemeine und werckte, das ich vörcht, daz man sein inen würde. Ich sprach: ›Herr, ich wil hinauß gan und wil mich pei dir ergiessen von trehenne.‹ Do wart gesprochen: ›Du bedarfst mich nit verne suchen den in dem inersten grunt deiner sel.‹ ›Herre, was würckestu in dem inersten grunt meiner sele?‹ ›Einen spigelichen widerplick in daz lautter pilde meiner drivaltikeit.‹ In wie lauterem glast dise offennunge gegeben *[19^(va)]* wart, das kan ich nit geschreiben.

XVII. Das ir ubung warlich von got warent

Z 29,15–30,11 ‹Ich han dicke vorchte gehabt, daz diße übunge villeicht nit von got were, wan si als gar fremd ist in etlicher weiß. Diß zeigte ich got. Do wart gesprochen gar miniklich: ›Was sach hast du mir ie darzu gegeben, daz ich dein nit allzeit hut mit vetterlicher herczlicheit als miniklichen, als ich ie getet keiner creatur?‹›

Ich hett forchte von etlicher hande sache, ob es ein trügnuße were. Do wart geantwurtet: ›Mein einfaltikeit mag dein einfaltikeit nit betrigen.‹

Z 41,2–42,12 ‹Ich sprach zu einer zeit: ›Himlischer vater, bei deinem urlaub beswer ich dich bei der minne deines natürlichen suns und des spilenden widerplickes, den du alle zeit frölich nimest in seiner *[19^(vb)]* person, daz du mir zeigest, öb mein

---

XVI,4 ist – gotheit '*durchdringt mit Macht meine Gottheit*' 18 pei der gemeine '*bei der Gemeinschaft (der Schwestern), im Konvent*' XVII,9 und, *danach in Z:* mane dich; *als Einfügung am Rd. vermutl. vom Redaktor übersehen*

übung lǎuterlich von dir geflossen sei ald ob sich dekein falsch darzu gemischet habe, si ist so gar fremde und unmüsklich. Herre, la mich genießen, das du erkennest mein einfaltikeit und auch wol weist, das ich dich allein suchen in meiner pitterkeit, und la dich erparmen mein herczliche angst, die ich dicke hab,
15 ob du es seiest oder nit, und zeige mir deinen willen in diser sache.‹ Do wart gesprochen also: ›Als ingrüntlich mich gehercziget hant die blutenden wunden meins suns, als worhaftiklich und als miniklich hat mich sein minn getwungen, sein gleicheit an dir zu würckenne.‹ ›Herr, du weist doch wol, daz mir vilnahe   Z 97,12–98,1 als gewönlich di nagel meins kreuczes zu tragenne sind in meinem fleisch als daz
20 [20ra] gewant an meinem leib.‹ ›Hab enkein wunderunge von der fremdikeit   Z 89,14–93,9 deiner übunge; es ist auch gar wunderlich, das hienach gewürcket wirt.‹ ›Herr, welich sint die werck?‹ ›Si sint, als ich si ewiklich mir selber ze spilender freude geordent hab in der verborgenheit meiner götlichen drivaltikeit.‹ ›Herr, noch ist mir unerkant, welche si sint.‹ Do wart gesprochen: ›Si sind außgesündert und
25 außgenaturet von aller leiplicheit.‹ ›Herr, was würcken die werck, die außgenaturet sind von aller leiplicheit?‹ Do wart gesprochen: ›Si innaturent und widerpildent sich alle zeit in dem widerglestenden bild meines natürlichen suns.‹ ›Herre, was lieplicheit geleit mir an meinen wercken? Du weist doch wol, daz ich dich allein suche und [20rb] meine in allen sachen.‹ Do wart gesprochen: ›Die
30 liplicheit deiner werck ligt daran, daz daz auge deiner vernuft nicht alle zeit gestecket ist in daz widerglestende bilde meins natürlichen suns und da ansehen und beschawen *mag*, wie geleich oder ungeleich deine werck seint der gleicheit seiner werck.‹ ›Herr, wapei mag ich verstan, wenn ich geleicheit habe seiner werck?‹ Des wart geantwurt also: ›Wenn dein frölicher herczlust allerfreuden-
35 reichest ist in der peinlichen bitterkeit deiner werck.‹ ›Owe herre, du weist doch wol, das menschliche kranckheit nit spilender freude haben mag in blüttender pitterkeit.‹ Do wart geantwurt also: ›Wenne menschliche natur vergötet wirt, so wirt gewurcket sälche herczenspil.‹ ›Herre, wenn wilt du vergöten mein menschliche nature?‹ ›So alle die inersten [20va] inadern deiner sel durchwallen
40 und durchgangen sind mit der allersüsten süsikeit meiner götlichen nature.‹ ›Herr, wenn sol daz geschehen?‹ ›So ich mich süßiglich und günlich alle zeit ausgewürcken mag an dem inersten grunt deiner sel.‹

32 mag *fehlt (entspr. Z)*

28–30 li(e)plicheit = leiplicheit

XVIII. Wie sie got kreftiget wider den feint

Ich hette zu einer zeit grosse versuchunge von dem feinde, und wart geantwurtet also: ›Alz gehass dir sind dein feinde, als miniklich halte ich mich wider dich, und als si sich allezeit fleisent deines falles, also hab ich alle zeit wart auf dich, daz ich dich aufenthalte in dem gewalt meiner inerkeit. Als natürlich dir ist erzeigen die krancheit deiner nature, als girlich ist mir alle zeit, in dich zu gißen die magenkraft meiner inersten süßikeit, mit der ich dir geheil und senfte dein wunden. Ich behütte mir selber mein [20vb] eigen rwestat, nochdem als ich erkenne, das es mir gemese ist.‹

Ich vand mich selber in großer ungeleicheit und das was mir peinlich. Do wart gesprochen also: ›Das eines andern menschen gedanck nit rüret zu dekeine peine, das ist dir als ein tod. Ich hüte dein alle zeit mit veterlicher herczlicheit in allen sachen, von den du vangnüße oder flecken möchtest enpfahen.‹ Ich rüfte zu got und wart gesprochen: ›Der feint peiniget nicht an dir wann die gleicheit meines pildes. Du hast mich roßenvarb gemacht an meinem kreucz, ich wil dich liechtvarb machen.‹

Ich was in groser versuchunge, und do wart gesprochen: ›Schleusse dich in mein wunden vor den bedeckten lagen deiner feinde. Darumb hab ich aufgeschlosen, das du dich einschliessest.‹

XIX. Wie miltiglich got ir gepresten verswendet hatte

[21ra] Einer zeite sprach ich zu got also: ›Herre, das ich alle mein tag nit gelebet han nach deinem inersten und verborgensten willen, wie ist das ein so durchsneidende sere meinem herczen.‹ Do wart gesprochen diße wort: ›Alles, das geprestlich gewesen ist an dir, daz ist so gar vergessenlich und geverret den augen meines gewaltes, das ich es nimermer angeplicken wil noch enmag.‹ Und zu einer zeit: ›Wie dick wilt du mir die gepresten zeigen, die ich vor langer zeit versmelczet han in der prunst meiner gotheit?‹ ›Owe herr, wopei mag ich dis sicher sein?‹ Do wart gesprochen süßiklich: ›Es ist mein natur, das ich nit liegen mag.‹

Ich zeigte got zu einer zeit mein gebresten kleglich, der unzållich was. Do wart gesprochen: ›Nicht ist dir miniklich wann ich allein, doch natürlich leben mag sich selber [21rb] nit verberen. Als ich dir gewalt hab geben, mein wunden ze ſliessene in dein vernunft, also hab ich dir auch gewalt gegeben, dein

---

XIX,14 fliessene; imprimendi E

XVIII,4f. hab – dich 'gebe ... acht auf dich, trage ... Sorge um dich'   5 aufenthalte 'beschütze'   18 vor – lagen 'zum Schutz vor den geheimen Nachstellungen'   XIX,1 gepresten verswendet 'Schwächen getilgt, Versagen ungeschehen gemacht'   13 verberen 'aufgeben, verleugnen'; von mhd. verbern

gebresten zu verbergenne in die plutgiesenden wunden meiner minne. Ich pin der allein, der die schuld kan gewegen, ich mag si auch vergeben. Und was du auch nit weist, das wil ich auch nit wissen.‹

Ich was zu einer zeit in kumer, wie ich mein schulde gebeichten künde, und warent mein sinne gar verworren. Do wart gesprochen: ›Der feint suchet nit die lauterkeit deiner sel, sunder das er zerstör dein hercze.‹ Und zu einer zeit was ich auch in sölchem kummer. Do wart gesprochen sußiglich: ›Dir ist niht erkant, was gemachelliche minne verswenden mag? Mein rwe in dir läutteret alle die flecken deiner sele.‹ ›Mein herr, wann ist dein rwe in mir?‹ *[21va]* ›Denn ist mein rwe in dir, so mein begirde dein hercz sündert von allen åuserlichen sachen.‹

XX. Was ir got gutes gab von groser begirde des sacramentes

Nach gottes lichnam hette ich zu einer zeit herczenlichen turst. Do wart gesprochen also: ›Diser turst trincket me in sich, denn ob du mich leiplich enpfingest. Dein durst hat mich gemachet darnach dürstende, daz ich dich gesatte mit vetterlicher hertzlicheit, mit prüderlicher minne, mit einer senften rwe meins götlichen geistes.‹

An aller heiligen tag wer mir gar girlichen gesein, gotes leichnam zu entpfahen. Do wolt mir in nimant geben. Do wart diß wort gesprochen gar minniklich: ›Von dem prinendem turst trincket götlich nature.‹ Do sprach ich zu got also mit meinen gedancken: ›Owe herr, was han aber *[21vb]* ich dan?‹ Do wart gesprochen gar miltiglich: ›Du hast nit miner wenn mich und alles, das ich geleisten mag.‹ Noch hette ich gern gotes leichnam. Do wart aber gesprochen: ›Mir was girlicher, von dir ze trincken, denn das du von mir getrenket werdest. Es enist enkein werck so übernatürlich, das mir müglich ist zu wurcken in einer lauter creature, es sei mir auch minniklich ze würckene in deiner sel.‹

Ich hette zu einer zeit grosse hertikeit, do ich gotes leichnam enpfangen hette, und was mir gar peinlich, und wart gesprochen also: ›Was ist dir miniklicher von mir denn der pitter tod, den ich geliden han durch dich? Also ist mir nit miniklicher von dir denn das sterbende und das verwunt gemüte, das du hast nach mir.‹

Ich hette kumer von *[22ra]* unrechter vorchte. Ich wolt zu einer zeit gotes leichnam nicht han entpfangen. Do wart gesprochen: ›Was mag dich wirdiglicher bereiten den mein eigen werck? Dein leiden eigent mich dir. Wilt du mich denne nit enpfahen, so wil aber ich dich enpfahen.‹

XX,13 was] est *E*

22 gemachelliche *'eheliche, des Bräutigams'* 22 verswenden *'zum Verschwinden bringen, vertreiben'* XX,7 Allerheiligen: 1. November 11 nit miner wenn *'nichts weniger als'* 23 dir, danach *E:* quare me sumere detractas?

Dise gemeine ler und antwurt von got, die hernach geschriben stant, sint auch alle ir biß an zwu, die si selber darunter vermischet, das si dest minner vermeret würde, und heisent darumb gemein, wann si lere allen menschen gemeinicklichen geben.

XXI. Von hoher volkomenheit des lebens

›Das nechste ist, allen dingen sterben und mir allein leben. Nicht ist, daz natürlicher und eigentlicher würcke das ewig leben denne alle zeit ein tödung, ein sterbende gemüte allen geschaffen dingen und untergeworffen und entsincken und vernichten sich selber *[21ʳᵇ]* unter alle creatur. Wa aller dingen vergessen wirt in mir, in dem wercke widergleste ich in mir selber nach dem natürlichesten und inersten adel meiner nature. Nimant mag haben mein geleicheit und mein gegenwürtikeit denn der allein, der allen dingen als tod ist als das, daz nie wesen noch natur enpfing. Der alle zeit stirbet in im selber, der hat alle zeit ein newen anfang seins lebens in mir. In dem warhaftesten tod aller geschaffner ding ligt verporgen daz lieplichste und natürlichste leben.‹

Ein mensch begerte zu wissen, wenn der mensch zu grunt tod were. Dis wart im geantwurt also: ›Wenn dir gebrestliche ding als unnatürliche werden nach deiner mügliche, als übernatürlich und geferret si sint dem adel meiner götlichen natur.‹ ›Herr, was sol würken dißen tod?‹ ›Daz sol tun *[22ᵛᵃ]* di gegenwürtikeit meines todes und meines sterbenden lebens, in dem ich alle zeit würckete das heil menschliches künes. Ein söllich gemüte, das do wuste und eitel worden ist aller geschaffner dinge noch in sich nicht geformen noch gepilden mag dekein creatürlicheit, machet mich beweglich außzugissene di innersten süßikeit meiner götlichen nature. Ein außgang aller geschaffner dingen auser deinem gemüte machet mich dir ingande. Ich bin ein höhe ob allen dingen, alle zeit hab ich ubernatürliche würckunge in mir selber, und darumb, so sich der mensch übernatürlicher vertieffet unter alle ding, so er ie ubernatürlicher von mir geczogen wirt über alle ding.‹

Ein mensch begerte von *[22ᵛᵇ]* gotte eins lebens, in dem er gotes inicklich bevinden möchte. Des wart im geantwurt von got also: ›Darzu gehörent vier ding. Daz erste: Ein gruntlos ellende von allen geschaffen dingen. Das ander: Ein vergessen und ein nichtwissen von allen creaturen. Das trit ist ein stetes widersehen in den ursprunck mit einem ellenden durchschneidenden jamer. Daz vierde ist ein würcken, in dem ich næher eingetrücket oder eingepildet wurde.‹ Darnach wart ein antwurt gegeben über dise wort in der messe also:

Vorspann,1–4 Divina responsa ad homines omnes pertinentia *E*   3 alle   XXI,30f. in dem – wurde] per quam ... homo mihi imprimitur *E*

Vorspann,2f. vermeret würde *'ins Gerede käme'?; von mhd.* vermæren   XXI,30f. in dem ich – wurde, *anders Zeile 38f.*

›Ein gruntlose elende ist, das dir als vergessenlich sei, ob dir imant icht sülle sein gepunden oder du imant, als vergessenlich es dir wirt auf dem jungsten pünck-lein deins todes.‹ Darnach wart gesprochen also: ›Wildu leben in der zeit über zeit und ane wissen von [23ʳᵃ] creaturen, so sol deiner verstentnüße alle zeit hinsincken und vergessenlich werden alles, das natur geleisten mag. Ein stetes widersehen in den ursprung ist, das dir aller dinge gegenwurtigkeit, in den du mich nicht bevindest, dir ein wunden sei alle zeit. Ein würcken, in dem ein mensch nåher eingetrüket und eingepildet wirdet: Die wurkunge geschihet in dem wessenlichen entgiessenne, in dem ich alle zeit wesen und nature entpfahe von meines vaters persone. Und so ich den menschen mer nåhen dem auẞwalle und in mich walle, so er ie låutterlicher mir eingebildet wirt. Wenn die sele ein stette widerfliessen hat in daz ploẞe wesen meiner götlichen nature, so hab ich in ir ein eigen wercke nach dem verporgenesten adel meiner götlichen nature.‹

Ich begerte wissen, [23ʳᵇ] wie der sele wonung wer. Do wart mir geantwurt also: ›Si ist gelåutert auf ir höchste seligkeit, die ir nimer genomen mag wer-den.‹

XXII. Von grosser edelkeit des leidens

Ein mensch gedachte zu einer zeit, das got ein mensch so gar minicklich an sich zeuhet und den andern so peinlich. Des wart im geantwurtet also: ›Was duncket dich minicklicher und edeler denn das mir allergleichest ist? Das ist leiden. Oder geleid ie creatur als pitterlich, als ich geliden han? Oder waran mag ich eigent-licher auẞgewürcken mein natürlich adel denne an dem, daz mir allergleichest ist? Daz ist leiden. Es geleit ni mensch als pitterlich, als ich geliden han, und was doch ni mensch als lauter und als un[23ᵛᵃ]verschuldet, als ich was. Wa wart meines eingebornen sunes mer gespotet, denn do er mein verjach zu einem ewigen vater. Ane meine götliche natur gewürckt ni kein ding as adelich in menschlicher nature als leidunge, und als si adellicher wurket, also wirt si auch von *grösserer* minne gegeben. So die sach unverschulter ist, von der man leidet, so man erkenen sol, das es got von lauter minne des vetterlichen herczen gibt. Ich sihe alle zeit in die kranckheit menschlicher nature und von minne und von gerechtikeit mag ich ir nit mer aufgelegen, denn ich weiß, das si getragen mag. Die krone muß gar scharflich eingetrucket werden, di da wider grunen und blüen sol vor meinem vater. Der tieffe versencket werden wil in das gruntloẞ mer der götheit, der muß auch [23ᵛᵇ] gar tieffe gesencket werden in das mer der pitterkeit. Der hoch aufgeczogen sol werden von dem ertrich, der muß auch hoch aufgeczogen werden an das kreucz der leidunge. Alle, die sich mir gelei-chent in peine und in pitterkeit, di söllen auch mit mir enpfahen den auẞwal und

41 auffwalle; emanationem *E*   12 grosser

einwal, in dem ich alle zeit entpfahe wesen und natur von meinem vater. Flüsse
leiden nit von dem edelsten grunde meiner götlichen natur, ich het si nit so gar
geeigenet dem, den ich alle zeit mit spilender frewde gepir von meinem vetterlichen herczen. Die leidung meiner freunde fleusset nit von hertikeit, sunder
von der miltesten miltikeit meins vetterlichen herczen. Darumb pin ich mitlei-
dende des menschen bitterkeit, das er *[24ʳᵃ]* mir vereinet werd.‹

Mich dauchte zu einer zeit, das mir got gar hert wer in etlicher leidunge, die
er wolt von mir. Ich zeigte es got. Do wart gesprochen also: ›Do mein sun
gelasen wart von allem troste an dem kreucze, do was sein leidung allernüczest
menschlichem künne. Wenn di sele gelautert wirt in der leidunge, so wider-
spigelt si sich in dem sune als der sun in seinem vater.‹

Ich begerte zu wissen, warumb mich got durchechte. Do sach ich, das es
anders nit was wann daz, das er wolte, das ich würde daz, das man nit durch-
echten mag.

XXIII. Von *taugen*lichem wandel und wi man peten und begeren solle

›Hab *taugen*lichen wandel, daz *ich taugen*lichen in dir würcken müge. Hab in
taugen alles, das ich in dir würcke. Wa*[24ʳᵇ]*von bin ich miniklicher allen creaturen denn von der verporgenheit meiner tȍgen? Ich hab alle mein werck also
gewürcket in meinem sun, daz es noch nie verstanden mit einem gedancke noch
nie gerüret ward von allen creaturen, und daz ist zu versten: nach einem ganczen begriffe. Alle ding süllent und müssent mit ordenung geschehen, das ist
gemesse und natürlich meiner götlichen magenkraft.‹

›Das ist ein war anbetten, so die ȍbern krefte der sel aufgerichtet sint in mich
und da alle zeit in sich zihent und sügent die innersten süßikeit meiner natur.
Beger meiner götlichen gegenwürtikeit also, in der ich alle zeit eingieße den
außfluß meiner götlichen edelkeit und der außfluß allezeit außwürcke an dir daz
adel meiner götlichen *[24ᵛᵃ]* nature. Beger ale zeit einer wachsender wissende
ungesprochenlicher dinge, in den wirt dir vergessenlich alles, das man geworten
mag.‹›

XXIII,1–4 taugen(–)] tugent(–), *in Zeile 3f. jeweils korr. aus* togent(–); secreta, occulta, occulte, secretum *E*   3 ich *fehlt*; valeam *E*

22–25 Flüsse – herczen, *vgl. Dublette X,53–55*   33 durchechte *'verfolge, schlecht behandle'; von mhd.* durchæchten?   XXIII,1 taugenlichem *'heimlichem'*   7 gerüret *'begriffen'*

XXIV. Von den hochen frogen, in den si von got außgerichtet ward

›Herre, was ist dein inerstes und verborgenstes adel?‹ ›Daz ist ein lauter gefreiet wesen von allem dem, das creatürlicher bilde von meinem veterlichen herczen ie gefloss.‹

5 Ein mensch begert zu wissenne, waz des heiligen geistes gehörde were, als unser herr Jesus Christus sprach zu seinen jungern: ›Alles, das er gehöret von meinem vater, das wirt er euch kundende.‹ Des wart im geantwurt von des heiligen geistes persone gar süßiglich und wart gesprochen also: ›Das entsliessen des gruntloßen abgrundes, das ausfliesen des ungeformiten bildes, [24vb] das
10 widerfliesen des pildreichen bildes, das ist mein gehörde alle zeit.‹

Ich gedachte des wortes, als Christus sprach zu seinen jungern ›Ich lasse euch mein frid, ich gibe euch meinen frid‹: ›Herr, welches ist der frid, den du gibst?‹ Do wart geantwurt: ›Er wirt nit beraubet mit keiner ungeleicheit.‹ ›Herr, wie ist der fride, der do übertrifet alle menschliche sinne?‹ ›In dem fride blicket noch
15 bilde noch gleichnüße.‹

Von des vaters person ward gesprochen: ›Ich mochte daz nicht vor meinem sun gehaben, daz ich sein berhaftig were, allein ich mitteilte im, das er meinem geist und seinem alle zeit ußfliesende sei mit mir. Er ist alle zeit ein ingrunen, ein außbluen die berenden innigsten süßigkeit meins vetterlichen herczen. Ich
20 hab meinen sun alle zeit als geboren von meinem [25ra] veterlichen herczen, daz er zu seiner leblichi nit mer bedorfte denn der wesenlichen süßikeit meiner natur. Und so der mensch minder neusset leiplicher ding, so er glicher auffenthalten wirt mit meinem sun von dem lüstlichen safft meiner innigsten süssikeit.‹

25 Von des sunes persone: ›Wan ich de*m* menschen nit geeigen möchte meiner götlichen nature, darumb nam ich an mich sein nature, das wir also vereinet würden. Es wart nie sel noch leip so gar vereinet mit einander, als låutterlich mein fleisch und mein plut vereinet ist mit meiner götlichen nature. Als vil mer mein sel vereinet ist mit meiner götlichen nature denne kein ander sele, als vil
30 mag ein sel mer entpfahen götliches adels denn ein andre.‹

Got zeigte, [25vb] wie gar vereinet und vernaturet ist die sele mit dem ewigen wort in dem ersten ausfluß, und wart gesprochen also: ›Ein ieglich gedanck, der ein mitel machet an diser vereinunge, sölte dem menschen sein als ein tod. Der gedanck mag nicht anders geleiden, der mich einschliessen sol in sich. Das rü-
35 ren, als mich der mensch rüret mit seiner girde und meinunge, ist als ungeleich dem rüren auf dem altar, als vil ich unbegriffenlicher pin nach meiner götlichen nature denne nach meiner menschlichen nature.‹

25 den; homini *E*

---

1 in den sie – außgerichtet ward '*auf die sie ... Anwort erhielt*'   2–4 Herre – gefloss, *vgl. Dublette IV,24–26*   6f. *Vgl.* Io 16,13   11f. Io 14,27   17 berhaftig were '*geboren habe*'
19 berenden '*fruchttragende*'   21 seiner leblichi '*seinem Leben*'   23 auffenthalten '*genährt*'

XXV. Was sei die lieblichste minne, die höchste lauterikeit, die gleichest gleicheit und die naturlichest naturlicheit

[25ᵛᵃ] Ein mensch begerte zu wissen, wie man zu der lieplichsten minne sölte komen. Da wart im von got geantwurtet also: ›Zu der lieplichsten minne kumt man mit der gemeinesten minne.‹ ›Welches ist die gemeinest minne?‹ ›Das laůterlich durch meinen willen geschicht. Der nit minnet geschaffner dinge, der weiß, wi mein götlich fluß alle ding aufhaltet. Der auß allen dingen das pest nimmet, der weiß, wie mein götlich fluß alle ding edelet.‹ ›Herr, wer ist dein geminter?‹ ›Der mich allermeist minnet.‹ ›Wer *ist der*?‹ ›Der allerminst bevindet, was uswendig mir ist.‹ ›Was ist daz?‹ ›Das ist sünd und untugent.‹ ›Herr, was ist di höchste lautterkeit?‹ *[25ᵛᵇ]* ›Das allerminst vermenget ist mit dekeiner natürlicheit.‹ ›Herre, was ist di gleichest gleicheit?‹ ›Das dem ersten bilde allergleichest ist.‹ ›Waz ist das?‹ ›Das allereinfaltigest ist.‹ ›Herre, was ist die natürlichste natürlicheit?‹ ›Das allerminnste nature geleisten mag, daz ist allernatürlichest dem unnatürlichen.‹ ›Herre, was ist dein spilender herczlust?‹ Da wart geantwurtet: ›Daz außklingen und einklingen meines ewigen wortes.‹

XXVI. Von der unseglichen minne, in der got unser heil volbrocht hat

›Mein tod was mir allezeit gegenwürtig mit dem gerenden turste, durch den menschen zu leiden nach dem allerpittersten, als er mir zu leidene was.‹ Also wart gesprochen von got: ›Ich waz edel und arm und zart und ellende und auß allen frewden geborn und mit herczleid überladen. *[26ʳᵃ]* Mich benügte des nit allein, das ich ein hinwurff und ein verworfenheit was meiner handgetat, ich beschlusse dennoch als gar vor in das adel meiner götlichen nature, daz alle, di mein verjahen, di wurden gepeiniget und gehasset von den menschen. Daz ser und der prinende turst, den ich alle zeit hett nach dem menschen, gab ein auswal und ein außfluß dem minnenwalenden plute meines herczen. Das were mir pitterer gesein danne der tod, den ich leid an dem kreucz, wer ein plutestropfen in mir beliben, den ich von meinem minnenden herczen nicht het außgegossen durch ewig heil des menschen. Als das ingesigel dem wachss eindrücket sein forme, also hat der minne kraft, mit der ich den menschen geminnet han, eingetrücket sein pilde in mein hende und mein füsse. Als mein *[26ʳᵇ]* wunden sint erhölt mit den scharfen nageln, also hab ich sie wider gefüllet mit der süssen

---

XXV,5 Das] Quae *E* 9 der ist

XXV,10–15 Herr – unnatürlichen, *vgl. Dublette VIII,29–33*   XXVI,7 meiner handgetat *'meiner Schöpfung, für meine Geschöpfe'*   8 beschlusse dennoch *'verschloß, verbarg außerdem'*

Leben und Offenbarungen der Elsbeth von Oye 439

innerkeit meiner nature, daz si sich allezeit ergiessen in di kranckheit menschlicher natur. Mein plut ist alle zeit ein balende pad von der prust meiner götheit,
20 den menschen zu waschene von seinen sünden.‹

An dem palmtag: ›Herr, warumb woltestu heut mallos werden, daz ist: das dich nimant zu tisch lüd?‹ Do wart gesprochen: ›Die hungermal meiner gelider warent mein speise.‹

Ein mensch betrachtete, wie peinlich got sein feinde warent zu sehenne zu
25 der zeit, do er gefangen wart. Des wart im geantwurt also: ›In der zeit warent mir mein feint gegenwürtig als ein freunt, der dem andern wil helffen volpringen das minicklichste werck, das er ie gewürckte. Als mich mein vater in sünlicher weiß alle zeit schleusset in sein veterlich hercz, also schleusse ich allezeit menschliche kunne in brüderlicher weiße in die aufgesloßen wunden meiner
30 minne.‹

'Got zeigte mir gar kleglich, wie gar er verflossen und ersigen was seins   Z 55,12–56,10
plutes, do er genomen wart von der seul, und wart gesprochen also: ›Nu sich, wie gar mich dein minne ersogen hat. Sölt mir darumb nit minniklich sein, von dir ze trincken? Wie manig minnezeichen du an mir angeplicken macht, wenne
35 du mich ansihest mit den unzallichen wunden meiner minne.‹'

Ein mensch begerte zu wissen, wavon unser herr Jesus Christus mit dem worte sunderlich wölte gegeben werden in den tod, do er sich nante gotes sun. Dez ward *[26vb]* im geantwurt also: ›Mir was minniklich, das ich meinem vater alle zeit erzeigte in sünlicher herczlicheit, das er was ein sach meines todes.‹

XXVII. Von dem grossen gutte, daz da wurcket daz minewalende blut unsers herren Jesu Christi

›Als unvergessenlich mir ist daz adel meiner götlichen nature, also das ich sein allezeit gebrauch mit gruntloser wollust, als unvergessenlich ist mir alle zeit
5 durchgiessen und durchfliessen menschlich künne mit dem minnewalenden blute meines suns. Nicht ist, das mein veterlich hercz so gar zu grunt rüre und so vetterlich werck von mir sauge und zihe, als die pitter seines todes und die waggüße seines plutes. Als mein eingeporner sun ewiglich geflossen ist von meinem *[27ra]* vetterlichen herczen, also hat sein plut, das vermenget ist mit
10 götlicher nature, das ist nit ze verstin nach einer vermischunge, mer also, das es vergotet ist von götlicher nature von der einikeit der persone, das hat alle zeit ein klingenden indos in mein veterlich hercz, mir ze kulene den prinenden turst, den ich ewiglich gehabt han nach menschlicher nature. Ich trincke alle zeit usser

---

19 prust] ardore *E*, b r u n s t *K*   31 ersigen] er *als Korrektur am Rd., im Text:* ver-; irsigen *Z*
XXVII,10f. das ist – persone *fehlt E*

---

19 balende = walende   21 *Palmsonntag: Sonntag vor Ostern*   XXVII,8 waggüße 'Ergießungen'

den waggüssen meines natürlichen suns und in dem tranck *wirde ich als* miniklich gesattet mit sünlicher herczlikeit, das ich nit vermag, ich müß mich minniklich ergiessen allen den, die mein begeren. Mein sun verwiset alle menschen gegen mir mit minnen und mit lobe und sein wunden sint frisch und grün vor meinen vetterlichen augen und die gegenwürtikeit seiner wunden bewegent mich alle zeit, *[27ʳᵇ]* gnade und erbermde außzugiessene menschlichem künne. Meins sunes kreucz ist allezeit ein ingiessender kenel der lebenden, innigen süssikeit meiner götlichen natture. Meins suns kreucz hat *e*uch aufgetragen in die ewikeit und sein nagel hand *e*uch genagelt in mein vetterlich gemüte und fürgespannen den augen meiner magenkraft und sein ruten, die do hinflussent seins natürlichen blutes, hand nidergeslagen alle ewre feinde. Mein wil ist mein wurcken. Durch die durchgraben wunden meines natürlichen suns sol allzeit fliesen di gruntlose erbermde meines vetterlichen herczen. Meines sunes wunden sint versigelt auf mein hercz als ein insigel und zusliesent und einsliesent mir alle zeit menschlich künne. 'Si hant mir vergesenlich gemachet und in mir *[27ᵛᵃ]* vernichtet den val menschliches künnes und die verdienten rache meiner getat.'

Z 13,7–11

XXVIII. Was gutes die gleicheit der geistlichen creuczunge der sel pringet

Also ward gesprochen: 'Mit meiner würkunge bin ich frei, ich würcke, wo ich wil. Doch wer mir allerpeinlichest zeiget seinen durst, der wirt allerwaglichst von mir getrencket.' 'Herre, was peinlichen turstes meinest du?' Do wart mir also geantwurt: 'Ich mein di pein oder di gleicheit meines kreuczigenten suns mit willen oder mit wercken. Wie spilende die sele wirt angeplicket von den augen meiner magenkraft, an der ich gleicheit vinde der plüenden wunden meines suns. 'Als natürlich mein wesen ist in dem herczen meines vaters, *[27ᵛᵇ]* als natürlich und miniclich ist mir zu wonen bei der sel, an der ich gleicheit vinde der plüende wunden meiner minne.' Wem ich das peinlichste leben han geordent in der zeit, der sol auch in der ewigkeit niessende werden die allersüssesten, innersten süßikeit meiner götlichen nature. Ich mag nit komen in der sele grunt nach wessenlicheit der tugende, e außgewurczelt wirt alle natürlicheit. Als ungrüntlich der grunt ist meiner götlichen nature, als ungrüntlich wirt mein vater gerczigget von der sel, in der er gleicheit vindet der plüenden wunden in ime. Was mag mir günlicher und miniklicher gesein von meiner leidunge, denne das

Z 40,3–7

14 wir ich deñ alls *korr. aus* wir den alls   21f. auch; vos *E*   30 getat] gerechtikeit *Z K*, fehlt *E*   XXVIII,10 natürlich und] *fehlt Z*, naturale et *E*   11 plüende] blůtinden *Z*, floridorum *E*   16 plüenden *korr. aus* plůtenden; vernantium *E*

20 kenel 'Röhre'   30 meiner getat 'an meinem Geschöpf'   XXVIII,4 allerwaglichst 'im Überfluß'   9–11 Als – minne, vgl. Dublette X,6–8

si gleicheit würcket an dem, durch den ich si geliden han, und frucht und wucher bringe an *[28ra]* im? Nicht ist mir günlicher vor dem ewigen anlucz meiner magenkraft, denne daz gesehen werde, wie übernatürlich mit der magenkraft meiner süßikeit gewürcket und geliten ist durch mich.‹

XXIX. Wie gar minicklich sich got erbeutet allen menschen

›Es wart ni muter so girlich herczlicher trewe von irem eingeporen kinde, als girlich mir alle zeit ist minniklich irbietten und miniklich werck der sele, die ich gebildet han noch meiner götlichen drivaltikeit. Ich begere alle zeit frucht von meiner wurckunge in meiner freünde herczen. Des menschen kranckheit ist unseglich von menschlicher nature und die begirde ist gruntloße, die ich hab nach des menschen heil und das er sich mir minniklich erbiette, und di gruntlose *[28rb]* girde, die ich hab nach seiner minne, und die gruntlose erpermde meines vetterlichen herczen machent kleine ding groß. Als natürlich dem menschen sint sein gebresten, als natürlich ist mich ir erbarmen und vergeben. Ich bin ein außwürcker gebrestlicher dinge und bin ein eingiesser der dinge, die da ewicklichen grünent und fruchtpar sint. Ich pin es allein, der da ubernatürlich würcken mag in der kranckheit menschlicher nature. Mein natur ist allezeit geprestliche ding außwürcken und in mich würcken und versencken. Das ist mir natürlich und minnicklich: gebresten auswurcken und mir selber mein eigen rwestat bereiten, das ich wonung müg han in der sel und ir alle zeit eingiessen die inerste süssikeit meiner nature. Wa mir *[28va]* stat gelassen wirt, do pin ich ein eingieser mein selbs. Es wart nie kung so traurig noch so ellende, so im benumen wirt reichsnen in seinem reich, als ich pin, so es mir benomen wirt in meinem eigen reiche, der sele. Als wenig ich mich entgötten mag von meiner götlichen nature, als wening macht du an mich abgelegen di krankheit deiner nature. Mit der inersten süßikeit meiner adellichen magenkraft, das mein ewig wort ist, hab ich in einem augenplicke dez menschen werck veredelt und wirdig gemachet, daz si den menschen pergen in mich und mein götlich adel ewicklich darauß grünet und blüet. In keiner würckunge gebrauch ich meins selbs natürlicher noch günlicher mit gruntloßer wollust denn in der wurckunge, die ich *[28vb]* wurcke von meinem natürlichen adel an alle pette und voderung der creature.‹

XXIX,25 einer; nulla *E*

XXIX,19 reichsnen '*herrschen*'   27 an '*ohne*'

XXX. Von sunderlicher minne, di got erzeiget etlichen menschen

›Etlicher mensch ist als gar in mich vernaturet und mir vereinet, das mir peinlicher ist, ein tag im fremde ze sein denn eine*m* andern menschen alles sein leben. Da leuchtet ein mensch gar adellichen innen. Als pitter dem leib ein tod ist, als pitter ist mir, das ich nit wonunge hab in der sel. Als ich ein ander pin nach götlicher natur den nach menschlicher nature, also muß der mensch ein ander natur enpfahen, in dem ich mein eigen werk haben sol. Wa nature abgat, da wurcke ich übernatürlich. Niemant mag natürlich unnatür*[29ra]*lich gemachen denn ich allein. Lautterkeit und gleicheit zeuhet in sich mein nature und nimet von mir alles, das sie begert. Als ich gemarteret ward an dem kreucz von meinen feinden, also wirde ich anders gemartert mit der außczihunge, die ich haben sölt *auß* der sel, in der mir als gar minniklich und natürlich ze wurckenne were das adel meiner götlichen nature.‹

XXXI. Wie gnadenklich ir got wolt tun an der stunde irs dotes

Ich hette zu einer zeit ein gar ellenden jamer nach got. Do wart gesprochen also: ›Es mag wol geschehen, das ich dich in kurczer zeit bereitte zu der angesicht meiner götlichen nature. Ich han dich mir selber alle zeit geflöhet, noch kumt daz zeit, das ich mich mit dir vereinen wil.‹

Ich begerte zu einer zeit von got veterlicher erparmherczikeit auf den *[29rb]* jungsten puncten meines todes. Do ward mir gezeiget: ›Ich hab dein plut als gar in mich verwallen, das es mit meinem blute allezeit ein außwallen und ein inwallen hat in den tieffen grunt meines vatters. Die blüenden rünsadern meiner funf zeichen hant allzeit ein steten influß in den inersten grunt deiner sele.‹ Und wart gesprochen gar miltiklich: ›Enkein gericht mag ich geleisten uber daz plut, das als gar vereinet ist mit dem vergötten plut meines suns.‹ Ich begerte von got, das er mich nit lang liess in peinen nach meinem tode. Da wart gesprochen: ›Ich mag dich in der zeit nit ellend gelassen, sölte ich dir denne meiner gegenwurtikeit verzihen in der ewikeit?‹

XXX,3 eines   8f. natürlich – gemachen] naturam pessumdare atque in melius commutare *E*
12 sölt] *Korrektur über der Zeile, im Text:* muß   12 auß] in; ex *E*   XXXI,2 jar; admodum *E*   9 tieffen] imum *E*

XXX,11 anders 'noch einmal'   11f. mit der außczihunge – sel 'wenn ich von der Seele ausziehen müßte'   XXXI,4 geflöhet 'ferngehalten, auf Distanz gehalten'; von mhd. vlœhen

XXXII. Von unser frawen

Dise wort wurdent zu ir gesprochen *[29^(va)]* von unser lieben frawen under vil andren.

ʿIch begerte, etwas zu wissene von der pein unser lieben frawen. Da wart gesprochen: ›Mein pein mag sich nit geworten in menschlicher zungen. Der die pein in mir getragen hat, der erkennet allein di pitterkeit meiner sele. Als ubernattürlich mein müterlicher nam waz, als ubernatürlich was mein müterlich ser.‹ ʿIch klackte unser lieben frawen, das mir ir kint gar hert wer mit seinem troste. Da sprach si süßiglich: ›Dir ist nit erkant, waz dein turst leblicher art in sich gesauget von der lebenden natur meins suns.‹ Und zu einer zeit: ›Dein ruff ist mir minniklich und noch minniklicher, daz ich in erhoren wil nach deiner höchsten seligkeit. Die anhaftung deines herczen ist mir *[29^(vb)]* minniklicher *von dir*, denn ich dir müg gesein, wann ich erkenne låutterlicher, wi dich mein kint geedelt hat in im selber.‹ ›Süsse fraw, wie hat mich dein kint geedelt in im selber?‹ ›Mit der låuttersten außblickunge seins natürlichen adels.‹

In einer zeit an einem stillen freitag hett ich geren etwaz mitleiden gehabt mit unser frawen. Do wart von ir gesprochen disse wort: ›Als ich an meinem kinde geliden han die ordenung seins himlischen vaters, also sölt du leiden di pein, di dir geordent ist von meinem kinde.‹ Ich klagte ir die großen angst zu einer zeit, die ich het auf künftige pein, die got geoffentbaret hat. Do sprach si miltiglich: ›Als natürlichen mir ist mein müterlicher name, als natürlich ist mir daz mitleiden, daz ich han mit den glideren *[30^(ra)]* meines kindes.‹ Ich begerte erparmherczikeit von ir umb etwas sache. Do wart gesprochen miltiklich: ›Es ist mir natürlich, das ich mein müterliche erbermde allezeit mere ergeusse in meines kindes gelid, denn es an mich gefodert werde.‹

Z 140,7–14

Z 140,1–6

XXXIII. Von irem engel

ʿVon meinem engel begerte ich trostes. Do sprach er: ›Von götlicher ordenung waz mir nit minniklichers ze habenne in meiner pflicht denne dein vergotte sel.‹

Z 139,1–4

XXXII,1 *Die Numerierung der Kap. XXXII–XXXVI fehlt*   12f. minniklicher – gesein] mỹniklicher dē ich dir müg gesein von dir; abs te gratior est, quam ego tibi esse queam E XXXIII,1 *Siehe zu Kap. XXXII,1*

XXXII,7 mein müterlicher nam *'meine Mutterschaft'*   16 *Stiller Freitag: Karfreitag*

XXXIV. Von san Johannes ewangelist

Z 141,1–143,17 ›Dise wort sint gesprochen von sant Johannes ewangelist: ›Ane das plut und 2 fleische, das ich vereiniget han mit meiner götlichen nature, und mein muter allein do wart nie creatur minniklicher und natürlicher mit mir vereinet, denne er ist. *[30rb]* Alles, daz ein creatur enpfahen mag, daz hat alle zeit ein außklingen auß meinem vetterlichen herczen in daz inerste seiner sele. Er ist ein außgiesser meiner götlichen süssikeit und ein einslieser meiner außerwelten. Enkeinen natürlichen tod mochte ich geleiden an im, sunder einen ubernatürlichen tod wurckte ich an im mit dem durchsneidenden jamer, den er alle zeit hat nach mir. Als gruntloß mein turst was noch seiner minne, als gruntloßiklich drückte ich im allezeit ein die plutige minnezeichen meines kreuczes.‹

Dis wort sprach got zu einem menschen von sant Johannes ewangelist an seinem tage: ›Ich vermag mein gewalt nicht, ich muß mein magenkraft ergiessen in meiner freünden herczen durch meinen geminten, wann *[30va]* sein minnewerck hand als inre gerüret mein grunt, das mir alle minnewerck von meinen freunden miniklichen müßen sein.‹

Mein herr sant Johannes sprach zu mir also: ›Der vater anplicket dich also in dem glast meiner sel.‹ Dis was mir nit gar tröstlich. Ich wolte, daz mich der vater anplicket in seinem sune. Do sprach sant Johannes: ›In der gefewersten flammen, die lauter creatur getragen mag, hab ich alle zeit ein widerflammen in di prunst götlicher natur.‹ ›Herr sant Johannes, mit wie spilender frewde anplickest du den spigel der gotheit?‹ ›Ich sihe den vater alle zeit an mit außplickender flammen seiner ewigen minne.‹ ›Herr sant Johannes, in weler czartnüße neussest du di inersten veise seiner veterlichen wesenlichen süßikeit?‹ Di antwurt: ›Der anplick seiner ewigen gepurt durchsöffet alle zeit *[30vb]* di inersten krefte meiner sel.‹

Dise wort sprach sant Johannes ewangelist von im selber zu einem menschen: ›Als unsers herrn Jesu Christi plut außwiel auser seinen wunden, also hat es alle zeit ein aufwallen in mir mit einer durchschneidenden pitterkeit meines herczen und meiner sele. Mein augen warent allezeit gestecket in daz ser seiner wunden.‹ ›Herr sant Johannes, wie was deinem herczen, da du sachst als unmildiglichen zerphlanczen und durchgraben den zarten leib unser herren Jesu Christi?‹ Do sprach er: ›Die begirde meines herczen enpfieng mit unsåglichem jamer

---

1 *Siehe zu Kap. XXXII,1*   6f. außgiesser – süssikeit] margiezzer Z, divinam meam dulcedinem erogat *E*   7 ein flieser; in sliezer Z, congregat *E*   10f. Als – kreuczes *fehlt hier in E, vgl. aber Dublette Zeile 43–45*   15 meī|ne wˇck; minne werk Z, charitatis opera *E*   17–19 anplicket dich – Johannes, *in Z urspr. auf eingenähtem, heute verlorengegangenem Zettel*   19 gefewersten] *Korrektur am Rd., im Text:* ein gefürstetē; in gefürtesten Z   24 weise; veissi Z, pinguedine *E*   24 wesenlichen süßikeit] marges Z, essentialis dulcedinis *E*

2 von, *hier u. ö.: 'über'*   Ane *'Ausgenommen, Abgesehen von'*   12f. *Johannes Evangelist: 27. Dezember*   32 zerphlanczen, *vermutl. entstellt aus* zerphlagen *'quälen'*

Leben und Offenbarungen der Elsbeth von Oye

alle di wunden seiner minne.‹ ›Herr sant Johannes, wie verwunt was dein gemüt,
do du sehe außwallen das rosenvarbe plut des götlichen herczen?‹ Do sprach er:
›Alle die krefte meiner sel warent in bevindung tödiges smerczen.‹ Ich gedachte
an *[31ʳᵃ]* di pitterkeit meines herren sant Johannes, die er het unter dem kreucze.
Geantwurt: ›Als groß als mein pein, als senftmütig was mein hercz. Sein auß-
wallendig plut innaturte mir das wesen der tugende.‹ ›Herr sant Johannes, wie
waz deinem herczen do, do du erhörtest den starcken ruf: »Mein got, mein got,
wem hast du mich gelan?«‹ Geantwurt wart das wort: ›Die kraft und die ordenung seines himelischen vaters was mein aufenhalt.‹

    Unser herr sprach diß wort von sant Johannes zu einem menschen: ‹›Als   Z 142,4–8
gruntloß mein turst was nach seiner minne, als gruntloslich drückte ich im alle
zeit ein die blüttigen minnezeichen meines kreuczes.‹› ›Herre sant Johannes, wie
ist der eindrucke zu verstin?‹ Geantwurt: ›Als lauter mein verstantnüße was zu
der edelkeit seiner nature, als plutig was der eintruck, den ich alle zeit entpfien-
ge von den plutigen wunden seiner minne.‹ ›Herr sant *[31ʳᵇ]* Johannes, wi pitter
was dir nach seiner mitleidunge?‹ ›Als pitter was der eintruck.‹ ›Herr sant Johannes, wie pitter waz der *eintruck*?‹ Aber geantwurt: ›Als versogenlich sein
plut durchgangen hat alle die krefte meiner sel, als bitter was der eintruck mei-
nez herczen.‹

    Sant Johannes sprach also: ›Das blutig hercz Jesu Christi hette nit allein ein
wallen in mich, mer ein begreiffen seines tödigen smerczen wart eingetrücket
dem inersten grunt meiner sel.‹ ›Herr sant Johannes, gib mir etwaz gleicheit der
pein unsers herren Jesu Christi.‹ Do sprach sant Johannes: ›Nim war, wie *ungleich* sei helischer pein und der anplick des ewigen spiegels, also fürtraf der tod
unsers herren Jesu Christi aller creatur leiden.‹ ›Herr sant Johannes, wie plü-
tende was dein hercz, do du in so smeher weiß deinen schopffer vor dir sechst
füren an den tod des kreuczes?‹ ›So sein *[31ᵛᵃ]* menschlich bild ie smeher schein
vor den augen der menschen, so mein verstantnüß ie leuterer was zu der edelkeit seiner natur.‹

    ‹Diße wort wurden von got zu mir gesprochen von sant Johannes ewangelist: Z 145,1–150,18
›Als ich in meiner muter zu einem pfleger gab auf ertriche, als hab ich in dir
gegeben, das er sei ein miteler czwischen mir und deiner sel und er allezeit
gunlich und mit spilender frewde mir einklinge in mein vetterlich hercze als
dein ubunge in der brinenden brunst seiner minnebewegunge und de*m* minicklichen czarten. Als ich in mir selber han erwelt zu spilender frewde in meiner
ewigkeit, han ich dir gegeben daz minicklichste lieb, das ich han for den augen
meiner magenkraft. Als, das er mir einklinget in der prinneden prunst *[31ᵛᵇ]*

---

41 wem] quare *E*   50 ingedenck; Frage fehlt *E*   56 gleich; dispar *E*   67 den

42 aufenhalt ʻHalt, Stützeʼ   43–45 Als – kreuczes, vgl. Dublette Zeile 10f.   67–70 und
dem minicklichen – magenkraft, vgl. Z 145,13–146,6 *(Rasuren!), anders E:* Amantissimum
dilectum, quem equidem in coelis habeo amore ardentem dulcesque a me blanditias recipien-
tem, ita tibi dedi, sicut eum ab aeterno in delicium cordis mei elegi.   68 czarten ʻLiebkosenʼ

seiner minnebewegunge, hat nit state wann in dem inersten grunt meiner götlichen nature. Minicklicher noch naturlicher ward mein gleicheit noch mein natürlich adel in nie creatur gegossen, denne es ist in in, unt mein gleicheit, die ich gewürcket hab in im, hat mich getwungen dir eingiessen di wagüsse meiner innersten götlichen süssikeit, die dir außflössen sind alle ungleicheit, als vil es 75 müglich ist.‹

Ich batt meinen herrn sant Johannes, das er mir eines gütes jares wünschet von got und mir auch zeigte, wie got mit mir wölte sein. Do sprach er süßiklich: ›Got wil sein mit dir als ein heiler und ein widersliesser aller deiner wunden.‹ ›In welcher weiß wil er mich heilen?‹ ›Mit einem spiegellichen widerglaste *[32ʳᵃ]* 80 seiner götlichen gleicheit.‹ ›Wil er das würken von lautterer parmherczikeit ald muß ich es foderen mit leidunge?‹ Do sprach sant Johannes: ›Was du mer leidest, daz ist nit geheissen dein leiden, es ist geheissen ein außwürckende kraft seines gewaltes.‹ ›Owe herr sant Johannes, der leidunge han ich vil gehabt, die sein eigen kraft in mir trug, und mir doch mein hercz angstet gruntlich darauff, was 85 er von mir wolte.‹ Do sprach mein herr sant Johannes gar senftiklich: ›Ist nit ie vorgegangen die leidunge seiner freunde und darnach an in *außwürcken die eigen* kraft seines gewaltes?‹ Hienach viel ich in grosse pitterkeit. Sant Johannes sprach: ›Got hat es gewegen vür ein leiden, das dich verseret hat.‹›

Z 147,1–7 ‹›Herr sant Johannes, wie nach ist mir der anplick des ewigen spiegels? Mich 90 *[32ʳᵇ]* beginnet sere jameren nach meinem geminten.‹ Do sprach er süßiglich: ›So unser jamer nach dir ie mer auffzuges hat, so uns dein zukunft ie spilender ist.‹›

Z 151,1–153,8 ‹Also sprach zu mir der minikliche junger, den Jesus da minnet: ›Als ich es alle zeit anplicke in dem spigel der ewigkeit, was dich allernehest eingedringen 95 mag in die verborgene triskommer götlicher näture, also hab ich es dir gevordert von dem vetterlichen herczen, di gleichsten gleicheit seins kreuczegtten suns. Als mir unser lieber herr Jesus Christus alle zeit eintruckte in den tieffen grunt meiner sel di blutigen wunden seiner mine, also eindruckest du im alle zeit di minnebewegung meines herczen mit dem plutigen ser deines kreuczes. Ich bin 100 allezeit ein gebietter gottes willen nach allem *[32ᵛᵃ]* meinem herczenluste.‹ ›Ach herre mein, warumb gebütest du im denn nicht, daz er mich czihe in die inersten wüstunge seiner götlichen nature?‹ Des antwurtet er mir also: ›Darumb hab ich dir gevordert von dem vetterlichen herczen die plütendesten gleicheit seines kreuczigtens suns, daz du in dem minwalenden blut seines suns alle zeit ein 105 widerfliessen habest in den tiefsten grunt seiner götlichen natur.‹ ›Wabei mag ich

---

75 sind] s u n Z, deleturos E   79 wider fliesser; in Z radiert, fehlt E   86 ist es (entspr. Z) 87f. ein auß würckē der eigenē kraft; uz wirkin die egin kraft Z, propria eius virtus potenter ... operata est E   98 lieber *fehlt Z E*   98 tieffen] tiefsten Z, imum E

---

74 wagüsse *'Fluten'*   85 und mir – angstet, *vgl.* Z 150,7–9 (Rasur!)   92 auffzuges hat *'hinausgezogen, verlängert wird'*   92 zukunft *'Ankunft'*   96 triskommer *'Schatzkammer'*

Leben und Offenbarungen der Elsbeth von Oye 447

wissen, wenn ich *ein* widerfliessen habe in den grunt götlicher nature?‹ Do wart gesprochen: ›Wem ich geordenet habe di glei*ch*sten gleicheit meines kreuczes, der hat auch alle zeit das weslichste widerfliessen mit mir in den tiefsten grunt
110 meines vaters.‹ ›Es leuchte*t* bilde *in* widerbilde und erspiegelt sich glast *[32ᵛᵇ]*   Z 154,1–155,12 in widerglaste, und daz komet von der gefreiten einikeit deines gemütes. Mein minne, die allezeit gekreuczigt ward mit Christo, die smelczet im in den grunt seiner götlichen nature dein kreucze und auch daz mei*n*e. Waz die gegenwürtikeit seiner kreuczunge an mir gewürcket hat, daz ist dir geeigent als mir. Mit
115 einem todmigen smerczen meins herczen und meiner sel hatte sein plut alle zeit ein widerwallen in mich.‹

Mich dauchte zu einer zeit, daz mir mein herr Sant Johannes gar hert were mit seinem trost. Ich mante in meiner plutigen geisel, mit der ich mich dicke gefi*l*et han durch sein gerliche. Da sprach er süssiglich: ›In dem ich aneblicke
120 dein trew, der glestet alle zeit in *[33ʳᵃ]* daz auge meiner verstantnüße.‹

Ich vörchte, daz ich in schulde wer gefallen von etlicher versuchunge. Ich sprach: ›Herr sant Johannes, du geruchest villeicht meines dienstes nit mere.‹ Do sprach er also: ›So dein sele ie spiegellichern glast geit in das pilde der drivaltikeit, so mir dein dinst ie gerlicher ist.‹

XXXV. Von sant Maria Magdalena

Es wurden gesprochen dise wörtlein under andern von sant Maria Magdalena: ›Ich würckte in ir ein obent aller geschaffner dingen. Darnach luchte ich in ir den morgenrat, der da ewiklichen geflammet hat auser meinem vetterlichen
5 herczen. Darnach würckte ich in ir einen mitentag mit der sünnen meiner götlichen nature. Si entpfing alle zeit ein eintruck meines bildes und mit dem eintruck *[33ʳᵇ]* und der gleicheit meines bildes hatte si alle zeit ein insmeltzen in mich. Ir minnebewegunge hat uns außwüttende gemachet mein inerste götliche süssikeit als daz mer, so es außwürffet die merwunder und die tögni, di es in im
10 beslossen hatt. Amen.‹

---

107 ein *fehlt*; ein wider vliezzin Z   108 gleisch|sten   110 leuchte; luchtet Z, lucet E
110 in *fehlt (entspr. Z)*, Imago in opposita imagine E   113 meine] meīne   113 Wa; Quod E
119 gefeilet; gevillit Z, *versehentl. diphthongiert?*   119 gerliche] er *als Korrektur über der Zeile, im Text:* günliche; gŭnliche Z, gratia E   XXXV,1 *Siehe zu Kap. XXXII,1*

110 *Sprecherwechsel von Christus zu Johannes, verdeckt durch Auslassung einer in Z radierten Passage*   XXXV,2 von, *hier:* 'über'   9 tögni 'Geheimnisse'

XXXVI. Von meister Eghart

Die heilige swester Elsbeth von Oÿe, die håt als grosse genode zu meister Egharts lere und wenne si die hörte, so ward si von inbrünstiger gnade erleuchtet, daz sie mit grosser andacht an unsern herrn kam und begerte zu wissen, wie sein leben vor seinem minniklichen antlucz were, so sein lere so vol gnaden wer vor den leutten. Do wart zu ir gesprochen: ›Er hat nit mer leblicheit denn allein von der lebenden magenkraft meiner götlichen nature und die magenkraft meiner götlichen nature hat allezeit *[33 va]* ein außfluß und ein durchfluß in allen seinen wercken.‹ ›Herre, welches sint die werck?‹ Do wart geantwurt: ›Si sint gesündert von aller leiplicheit und eingetrüket der gleichsten gleicheit. Ich bin mit im, also daz er alle zeit in dem gegenwürtigen sich entphahet den spilenden widerplick meines ewigen bildes. Mein ewig wort spilt allzeit in seiner sele, als es vor angenge der welt gespilt hat in meinem veterlichen herczen. Er ist mein verporgene triskamer, in der mein götliche drivaltikeit alle zeit außwürcket ir natürlich adel. Als mein vater im selber gevallet in mir, also gevalle ich mir in im an dem nachwurckenne meines bildes. Er ist ein widerfliessendes mer in mich, in dem ich *[33 vb]* alle zeit minniklich enpfahe meine totten gelider. Er ist ein spilender widerplick, in dem sich mein aigen natur alle zeit gernlichet mit gruntlosem herczlust.‹ Do diß der selligen swester Elspet von gote ward geöffnet, do hette si meister Eghart nochtenne nie gesehen leiplichen.

---

1 *Siehe zu Kap. XXXII,1; das Kapitel fehlt in E vollständig*   10 allen   11 dem

14 triskamer *'Schatzkammer'*   20 nochtenne *'damals noch'*

Anhang: Zeugnisse zu Biographie und Nachwirkung Elsbeths

Über das Leben der Dominikanerin Elsbeth von Oye haben sich nur wenige Nachrichten erhalten. Anders als viele ihrer Mitschwestern im Ötenbacher Konvent ist sie in keiner Urkunde faßbar. Auch von ihr selbst erfahren wir nichts über ihre äußere Biographie: Die eigenhändig geschriebenen ›Offenbarungen‹ geben keine Auskunft, sie enthalten auch keine Anspielungen auf Ereignisse außerhalb der Klostermauern, die Rückschlüsse auf eine zeitliche Situierung der Autorin erlaubten. Elsbeths Lebensdaten, ihre Herkunft, ihr Kontakt mit Zeitgenossen und deren Reaktion auf ihre Askesepraktiken und Auditionsberichte können nur indirekt aus einer Reihe späterer Quellen erschlossen werden, die einzeln betrachtet wenig aussagekräftig sein mögen, in der Zusammenschau aber doch die Umrisse einer Biographie sichtbar werden lassen.

Den genauesten Hinweis gibt jener anonyme Dominikaner, der kurz nach dem Tod der ihm ganz offensichtlich noch persönlich bekannten und von ihm geschätzten Ordensschwester aus ihren hinterlassenen Schriften ein *puchlein des lebens und der offenbarung swester Elsbethen von Oÿe* redigierte. In der von ihm verfaßten Vorrede erwähnt er die Aufnahme der sechsjährigen Elsbeth ins Zürcher Dominikanerinnenkloster Ötenbach sowie ihren Tod im 51. Lebensjahr: *das si sechsjerig in das closter kam ze Öttenpach und pis in das einundfunfczigest jar got dienet* (›Leben und Offenbarungen‹, Vorrede, 39f.). Jahreszahlen werden allerdings nicht mitgeteilt. Zu einer näheren zeitlichen Bestimmung der 50 Lebensjahre Elsbeths müssen andere Quellen herangezogen werden. Im ›Ötenbacher Schwesternbuch‹ tritt Elsbeth nicht nur mit ihrer Vita, sondern auch noch an zwei weiteren Stellen in Erscheinung: innerhalb der Vita der Subpriorin Elsbeth von Beggenhofen (Klostereintritt wohl 1281, † 1340) und als Empfängerin einer Offenbarung über ihre verstorbene Mitschwester Mechthild von Opfikon, die sich seit 1291 im Konvent befindet.[1] Elsbeth von Oye wird damit als Zeitgenossin dieser beiden Schwestern für die erste Hälfte des 14. Jahrhunderts in Ötenbach bezeugt (s. Zeugn. II). In dieselbe Zeit weist auch eine Erwähnung in Johannes Meyers ›Buch der Ersetzung‹ von 1455. Im 9. Kapitel entwirft der Ordenschronist der Dominikaner eine Chronik der Generalmeister, deren einzelnen Amtsperioden er jeweils prominente Ordensangehörige zuordnet. Meyer nennt Elsbeth innerhalb der von 1324–1332 währenden Amtszeit des Barnabas von Vercelli, wo er sie in eine Reihe stellt mit so berühmten Namen wie Meister Eckhart, Tauler, Seuse, Katharina von Gebersweiler und Elsbeth Stagel. In diesem Zeitabschnitt scheint Elsbeth durch ihr Schreiben und Tun zu Bekanntheit und Ansehen im Orden gekommen zu sein

---

[1] Zu den beiden Schwestern s. ANNEMARIE HALTER, Geschichte des Dominikanerinnen-Klosters Oetenbach in Zürich 1234–1525, Winterthur 1956, S. 56. Die beiden Elsbeths verwechselt KURT RUH, Geschichte der abendländischen Mystik, Bd. 3, München 1996, S. 242.

(s. Zeugn. IV). Die Jahreszahl 1324, vermutlich abgeleitet vom Amtsantritt jenes Generalmeisters, findet sich auch in der Eloge auf Elsbeth in Konrad Sittards ›Kurtzer Chronica der General Maister O. P.‹ (1596): *Hat gelebt umb daz Jar 1324* (Zeugn. VII,14). In Matthias Thanners Kurzbiographie von 1625, die Bernhard Pez 1725 im 8. Band seiner ›Bibliotheca ascetica‹ veröffentlichte, wird die Ötenbacher Schwester dagegen an den Anfang des 13. Jahrhunderts verlegt: *Vixit haec Angelica virgo circa annum Domini MCCX* (Zeugn. IX,22). Diese Datierung muß freilich auf ein Versehen von Thanner oder Pez zurückgehen und meint vermutlich das Jahr 1310. Eine zeitliche Grenze für Elsbeths Leben setzt die von der ersten Bearbeitung abhängige und damit ebenfalls erst nach ihrem Tod entstandene zweite Redaktion ihrer Offenbarungen, die Traktatfassung *Ein gütt mönsch begert von got*. Da der früheste Textzeuge um das Jahr 1348 datiert werden kann,[2] muß Elsbeth zu diesem Zeitpunkt bereits verstorben sein. Aufgrund der bisher bekannten Zeugnisse konnte die Lebenszeit Elsbeths von der Forschung nur vage mit »um 1290/1340« umschrieben werden.[3]

Auf Vermutungen angewiesen war sie hinsichtlich der geographischen und familiären Herkunft der Zürcher Schwester. Die Vorschläge reichten von der Zuordnung zum Geschlecht »Unter Oyen in Uri«[4] bis zur Annahme, Elsbeth sei eine »gebürtige Zürcherin« aus einer dort in der zweiten Hälfte des 14. Jahrhunderts nachweisbaren Familie »von Ouw« gewesen.[5] Mit ihrem Votum für Zürich hat ANNEMARIE HALTER gleichzeitig die bis dahin bestehende Auffassung verdrängt, Elsbeth stamme aus dem schweizerischen Eiken bei Rheinfelden. Diese Zuordnung geht vermutlich auf Matthias Thanner († 1648), Kartäuser in Freiburg im Breisgau und Übersetzer von ›Leben und Offenbarungen‹ ins Lateinische, zurück. Er brachte irrtümlich die seit dem 15. Jahrhundert vorherr-

---

[2] München, Bayer. Staatsbibl., Cgm 717, 82^r–84^r.
[3] So HANS NEUMANN, Elsbeth von Oye, ²VL II, Sp. 511; vgl. PETER OCHSENBEIN, Leidensmystik in dominikanischen Frauenklöstern des 14. Jahrhunderts am Beispiel der Elsbeth von Oye, in: Religiöse Frauenbewegung und mystische Frömmigkeit im Mittelalter, hg. von PETER DINZELBACHER/DIETER R. BAUER, Köln/Wien 1988, S. 356: »zwischen 1280 und 1350«.
[4] Die Stiftung des Klosters Oetenbach und das Leben der seligen Schwestern daselbst. Aus der Nürnberger Handschrift hg. von H(EINRICH) ZELLER-WERDMÜLLER/J(AKOB) BÄCHTOLD, Zürcher Taschenbuch NF 12 (1889), S. 276 Anm. 4.
[5] So erstmals 1956 HALTER [Anm. 1], S. 59f. Als Argument dient ihr zum einen der Umstand, daß Johannes Meyer im Register seines ›Liber de illustribus viris O. P.‹ von 1466 Elsbeth als *Elizabeth de Thurego ex monasterio Ötenbach* anführt (Zeugn. V,1). Dies vermag jedoch als Beleg ebensowenig zu überzeugen wie ihr Hinweis auf die Anekdote aus der ›Apologie‹ über *ein armi frŏw us der stat, was ir gespilli* ('Freundin'; Zeugn. III, Randbemerkung zu S. 156f.,5–8). Eine Verlegung der Episode in Elsbeths Kinderzeit vor ihrem Klostereintritt (!) verkennt 1. die Bedeutung des mhd. Wortes *gespilli*, 2. die Tatsache, daß die Aufweichung der strengen Klausurvorschriften in Ötenbach Außenkontakte sehr wohl ermöglichte (vgl. HALTER [Anm. 1], S. 109f.), vor allem aber 3. die Funktion der Geschichte als Illustrierung von Elsbeths gottgewollter Isolation.

schende Namensvariante »von Eige (Ôyge, Ayge)« (s. Zeugn. IV-VII) mit dem aargauischen Dorf in Verbindung und übertrug Elsbeths Namen folgerichtig mit *ex* bzw. *de Eycken*.[6] In seiner Kurzbiographie von 1625 erläutert er dann ihre Herkunft entsprechend: *Soror Elizabeth de Eycken, pago Comitatus Rhinfeldensis in Superiori Germania* (Zeugn. IX,3f.). Diese Namensform hat sich nach der Veröffentlichung des Textes 1725 durch Pez auch im Deutschen durchgesetzt[7] und bis ins 20. Jahrhundert gehalten;[8] erst HALTER gab Elsbeth von Oye ihren ursprünglichen Namen zurück.

Eine bisher nicht beachtete Quelle liefert nun möglicherweise den Schlüssel zur Präzisierung von Elsbeths Lebenszeit und zur Klärung ihrer Herkunft. Es handelt sich um den ›Liber vitae‹ des Berner Dominikanerinnenklosters St. Michael in der Insel, ein mit kurzen Ausführungen zur Geschichte des Konvents angereichertes Verzeichnis der Schwestern, die *in disem closter vor uns gelebt hand*.[9] Dieses Verzeichnis wurde von der Priorin Anna von Sissach (seit 1445 in Bern, † 1462) angelegt und nach ihrem Tod bis 1492 weitergeführt.[10] Im Zeitraum zwischen der Inkorporation des Konvents 1294 und seiner Auflösung in der ersten Hälfte des Jahres 1295 erscheint in der Liste auch der Name *Elisabeth von Eige* (Zeugn. I,11). Da weitere Angaben zu dieser Schwester fehlen, ist eine Identifizierung schwierig, doch machen es die folgenden Beobachtungen wahrscheinlich, daß sie identisch ist mit Elsbeth von Oye. Eine Namensdifferenz besteht jedenfalls nur scheinbar: Johannes Meyer verwendet in seinem ungefähr zeitgleich mit dem ›Liber vitae‹ entstandenen ›Buch der Ersetzung‹ exakt dieselbe Namensform für die Ötenbacher Schwester (s. Zeugn. IV,1).[11]

---

[6] Erstmals in seiner vor 1625 entstandenen Übersetzung von ›Leben und Offenbarungen‹, vgl. Einsiedeln, Stiftsbibl., Cod. 470, fol. 484^r; Melk, Stiftsbibl., Cod. 1920, fol. 1^r. Vgl. auch Zeugn. VI,1 und VII,3, je mit Apparat.

[7] Friedrich Steill, Geistlicher Lustgarten des Heiligen Predigerordens, Köln 1676, S. 320, und ders., Ephemerides dominicano-sacrae, Teil. 1, Dillingen 1691, S. 293^b, nennt Elsbeth noch *von Ayge* bzw. *Eyge* (Zeugn. X,1; XI,5).

[8] Vgl. z. B. WALTER MUSCHG, Die Mystik in der Schweiz 1200–1500, Frauenfeld/Leipzig 1935, S. 196: »Elsbeth von Eiken – einem Dorf bei Rheinfelden«.

[9] Bern, Burgerbibl., Cod. A 53, fol. 72ra–75va, hier fol. 72rb. Zum Inhalt des Codex vgl. HERMANN HAGEN, Catalogus codicum Bernensium (Bibliotheca Bongarsiana), Bern 1875, S. 80f.

[10] Vgl. CLAUDIA ENGLER, ›Bern, St. Michael in der Insel‹, in: Helvetia sacra IV/5, Basel 1999, S. 629.

[11] Als Quellen für den *Liber vitae* nennt die Kompilatorin das *büchlin der stiftung desselben closters* (fol. 72ra) sowie *iarzitbücher und selbücher und briefinstrument* ('Urkunden') *und desgleichen, die ich finden kan in dem convent der brüderen ze Bern prediger ordens ze Bern und ôch hier dis closters in sant Michels insel* (72rb). Doch weder in der Klosterchronik noch im erhaltenen Berner Urkundenbestand findet sich Elsbeths Name, so daß ungeklärt bleiben muß, woher ihn Anna von Sissach genommen hat. Die Chronik wurde erst 1994 aufgefunden in Cod. IV F 194^a der Universitätsbibl. Breslau, fol. 81vb–148va, vgl. WOLFRAM SCHNEIDER-LASTIN, Die Fortsetzung des Ötenbacher Schwesternbuchs und andere vermißte Texte in Breslau, ZfdA 124 (1995), S. 201–210, hier S. 203f. u. 207.

Anders als für Zürich läßt sich in Bern eine Familie von Oye nachweisen.[12] Als erster Vertreter dieser im 14. und 15. Jahrhundert gut bezeugten, im 16. Jahrhundert offenbar ausgestorbenen Patrizierfamilie erscheint ein »Conradus de Oeia« als Zeuge in einer Kaufurkunde vom 31.1.1293. Im darauffolgenden Jahr 1294 bekleidet dieser *burgensis in Berno* das wichtige Amt eines Sechszehners, zwischen 1301 und 1306 tritt er mehrfach als Zeuge oder als Käufer von Liegenschaften in Erscheinung. In einer Urkunde vom 17.9.1330 wird er als verstorben gemeldet und als Schwiegervater von Otto von Gisenstein, des Gatten seiner Tochter Anna, bezeichnet; erwähnt wird außerdem ein verstorbener Sohn.[13] Die im ›Liber vitae‹ aufgeführte *Elisabeth* entstammt mit Sicherheit dieser Berner Familie, wahrscheinlich ist sie sogar eine sehr nahe Verwandte des Konrad von Oye. Der mutmaßliche Zeitpunkt ihrer Aufnahme bei den Dominikanerinnen, die Verbindung zu Ötenbach und weitere Anhaltspunkte für ihre Identität mit Elsbeth ergeben sich aus der Geschichte des Inselklosters im ersten Jahrzehnt seines Bestehens.[14]

Das Berner Dominikanerinnenkloster, 1285 gestiftet von Mechthild von Seedorf, befand sich zuerst außerhalb von Bern in Brunnadern (St. Bernhardsbrunn). Im Jahr 1294 erreichte der Konvent seine Inkorporation in den Orden und wurde der Cura der Berner Prediger unterstellt. Zur Beförderung dominikanischer Ordensgewohnheiten wurden vier erfahrene Schwestern aus dem Dominikanerinnenkloster Ötenbach nach Bern geschickt, damit *die swestern daselbs nach rechter wessentlicher form der geistlicheit des ordens würden underweist und volkumenlichen gelert*.[15] Namentlich bekannt ist nur Anna; sie fungierte als neue Priorin.[16] Die Eingliederung des Konvents in den Prediger-

---

[12] Nach SAMUEL RUDOLF WALTHARD (1772–1855), Généalogie (Bern, Burgerbibl., Mss. hist. helv. XII 49), Bd. 2, S. 107, hat diese Familie »pris le nom d'Ey, village qui faisait anciennement partie de la Seigneurie d'Oltigen«, also das heutige Oberei, westlich von Bern. WALTHARD verzeichnet auch das Wappen der Familie.

[13] Fontes Rerum Bernensium (FRB) 3, Nr. 560 S. 551 (1293 Jan. 31); Nr. 611 S. 602 (1295 Feb. 3, muß heißen: 1294); zu den Urkunden 1301–1306 s. Register zu FRB 4 s. v. ›Oeya von, Conrad‹; FRB 5, Nr. 719 S. 761 (1330 Sept. 17); Anna: FRB 6, Nr. 571 S. 559; zu weiteren Mitgliedern der Familie im 14. Jh. s. Register zu FRB 4–8.

[14] Vgl. GOTTLIEB STUDER, Zur Geschichte des Insel-Klosters, Archiv des Historischen Vereins Bern (AHVB) 4 (1858/1860), Heft 1, S. 1–38; ENGLER [Anm. 10], S. 611f.

[15] Klosterchronik [Anm. 11], fol. 95va.

[16] Über den Zeitpunkt der Entsendung der vier Nonnen gibt es widersprüchliche Aussagen in den Quellen (nicht bemerkt von HALTER [Anm. 1], S. 53): Das ›Ötenbacher Schwesternbuch‹ verlegt sie in die Amtsperiode des Provinzials Hermann von Minden (1286–1290), d. h. in die Zeit des *neu angefangen* Klosters Brunnadern (ZELLER-WERDMÜLLER/BÄCHTOLD [Anm. 4], S. 236f.); Johannes Meyer übernimmt diese Datierung in seinem Verzeichnis der Provinziale der Teutonia: *Br. Hermannus von Minda ... sant auch vier swestern von ... Oetenbach in das angefangen swester closter Brunnader* (QF I, S. 27). Dagegen schildern der ›Liber vitae‹ (Zeugn. I,1–4) und (ausführlich) die Klosterchronik [Anm. 11] (fol. 93va–96rb) die Entsendung als Folge der Inkorporation im Jahr 1294. Doch auch in der Darstellung der Chronik scheinen zeitliche Unstimmigkeiten zu stecken, wenn als Urheber des Unternehmens der *wirdig vater*

orden und eine damit verbundene Festigung des klösterlichen Lebens war wohl für nicht wenige Frauen ein Anreiz, sich dieser religiösen Gemeinschaft anzuschließen, so daß *der convente der swestern ze Brunadern mercklichen zunam an zal der personen.*[17] Ebenso dürften begüterte Familien aus Bern und Umgebung ihre Töchter, wie auch andernorts häufig schon im zarten Kindesalter, in die Obhut der Dominikanerinnen gegeben haben. Zu einem nicht genannten Zeitpunkt desselben Jahres 1294 war allerdings der erste Sitz des Klosters in Brunnadern zerstört worden und mußte aufgegeben werden. Der Konvent zog näher an die Stadt auf eine Aareinsel, genannt Mariental, und errichtete dort ein neues Kloster. Doch schon in der ersten Hälfte des Jahres 1295 fielen die ebenerbauten Gebäude vollständig einer Brandstiftung zum Opfer. Die meisten Schwestern verließen daraufhin, versehen mit Gut und Geld, die Gemeinschaft, einige wechselten in andere Klöster und Orden, darunter drei Schwestern zu den Augustinerinnen nach Interlaken. Obwohl dafür keine Belege vorliegen, kann als sicher gelten, daß die nur vorübergehend nach Bern geholten vier Ötenbacher Schwestern nach dem Brand des Klosters wieder in ihren Heimatkonvent nach Zürich zurückgekehrt sind. Die verbliebenen Frauen lebten innerhalb der Stadtmauern als beginenähnliche Gemeinschaft, bis erst im Jahr 1439 im Zuge der Observanzbewegung wieder ein klausurierter Konvent eingerichtet werden konnte.

Wenn Elsbeth von Oye – und die genannten Indizien sprechen für diese Annahme – identisch ist mit der im ›Liber vitae‹ genannten Schwester gleichen Namens, lassen sich die ersten Jahre ihres Lebens wie folgt skizzieren: Geboren in Bern als Tochter der dort ansässigen Patrizierfamilie von Oye; vermutlich 1294/1295, d. h. im Alter von etwa fünf Jahren, Aufnahme in das Dominikane-

---

bruder Heinr, der do was provincial uber teutzsches lant (95ra) genannt wird (gemeint sein kann nur H. Engerlin, im Amt 1281–86) und weiter ausgeführt wird: *Und do si auser furent auser irem closter und von Öttenbach, do warent in dem selben closter Ottenbach hundert und xx swestern* (96rb). Die Zahl von 120 Nonnen erwähnt das ›Ötenbacher Schwesternbuch‹ im Zusammenhang mit der Übersiedlung des ganzen Ötenbacher Konvents nach Zürich im Jahr 1285 (s. ZELLER-WERDMÜLLER/BÄCHTOLD, S. 235). Für den späteren Zeitpunkt der Entsendung nach der Inkorporation spricht allerdings, daß die erste Priorin in Brunnadern, Mechthild de Ripa, noch am 12. 5. 1293 (s. FRB 3, Nr. 566 S. 557) im Amt ist, die Ötenbacherin Anna also erst nach diesem Termin als neue Priorin eingesetzt werden konnte. Vermutlich gab es jedoch schon seit 1286 Pläne und auch erste Anläufe zur Entsendung, die dann erst 1294 zu einem Abschluß gebracht werden konnten. Die Chronik selbst bietet hierfür einen Anhaltspunkt: Im Brief, den Provinzial Heinrich in dieser Angelegenheit an den Prior von Zürich sandte, schrieb er, *das die swestren nit e schuldig werent, diß ze tan*, bis Brunnadern ein abgeschlossenes Kloster sei und *si mit gutter sicherheit zimlichen noch ordens recht da wol wonen möchten* (95[va/b]). Offenbar war diese Bedingung erst nach der Inkorporation erfüllt. Dies würde die Widersprüche in den Quellen erklären und aufheben.

[17] Klosterchronik [Anm. 11], fol. 94vb.

rinnenkloster in Brunnadern oder Mariental;[18] nach der fast vollständigen Auflösung des Berner Konvents um die Jahresmitte 1295 Übersiedlung nach Zürich in das dortige Frauenkloster Ötenbach zusammen mit den dorthin zurückkehrenden vier Schwestern; Aufnahme in Ötenbach im Alter von sechs Jahren. Von ihrem im ›Ötenbacher Schwesternbuch‹ angegebenen Eintrittsalter in Zürich aus gerechnet, ergeben sich für die Lebenszeit Elsbeths die Jahre 1289 bis 1339.[19]

Elsbeth blieb in Ötenbach bis zu ihrem Tod, jedenfalls ist sie dort verstorben. Ihr Klosterleben war, nach ihrer eigenen Aussage wie auch der ihrer Biographen, geprägt von strenger Askese und Kasteiung. Dies verbindet sie freilich mit anderen Schwestern ihres Ordens. Die dominikanischen Nonnenviten enthalten zahlreiche Berichte über asketische Praktiken, die von der Entsagung bei Speise und Trank bis hin zu selbstzerstörerischem Zufügen körperlicher Pein reichen konnten. Wie aus einer Notiz des ›Ötenbacher Schwesternbuchs‹ über ihre Zeitgenossin Elsbeth von Beggenhofen hervorgeht, wurden diese ›Übungen‹ von den Frauen auch gemeinsam durchgeführt: *si het sich etwen mit der seligen andechtigen swester Elsbeth von Oye und andern heiligen swestern erpotten in etwas kestigung des leibes, als si inen selber auffleitten durch got* (Zeugn. IIa,1–3). Elsbeth von Oye scheint ihren Körper schon von früher Jugend auf gemartert zu haben: *Ich was gar jung, do ich mir selber machte ein geisil mit nadeln unt ville mich da mit, also daz si mir gar dike alz tieffe gestekt in dem fleische, daz ich si kum her wider uz geziche* (Z 77,13–18). Ihre Kasteiungspraxis erfährt jedoch eine entscheidende Steigerung und Radikalisierung durch eine neun Jahre währende, jewils in die Zeit von Weihnachten bis Pfingsten fallende Selbstkreuzigung, die sie mit dem Ziel einer größtmöglichen Compassio und Gleichwerdung mit dem gepeinigten und gekreuzigten Christus auf sich nimmt. Als Marterwerkzeuge dienen ihr dabei, neben einem verrotteten, verlausten Gewand, ein großes Kreuz, das sie auf dem Rücken trägt, sowie ein kleineres, mit spitzigen Eisennägeln versehenes, welches sie sich mit einem ebenfalls nagelbesetzten Gürtel an die rechte Seite schnallt.[20] Diese extreme

---

[18] Möglicherweise war über die Mitgift oder eine Vergabung der Eltern an das Kloster eine Urkunde ausgestellt worden, die heute verloren ist, Anna von Sissach für ihr Verzeichnis der Schwestern aber noch zur Verfügung stand. Ob sie aber die von ihr aufgeführte *Elisabeth* mit der berühmten Ötenbacherin gleichsetzte, muß offen bleiben. Aus dem allen Namen zugesetzten Attribut *S(wester)* kann jedenfalls nichts abgeleitet werden.

[19] Der bei Steill, Ephemerides [Anm. 7] im Namenregister s. v. 'B. Elisabetha von Eige' angegebene 8. Juni als Gedenk- und damit Todestag Elsbeths ist wohl nachträgliche Erfindung.

[20] Von zwei Kreuzen ist lediglich an einer Stelle in ›Leben und Offenbarungen‹ die Rede: *Ich trug ein kleines kreuzlein auf meiner rechten seitten mit spiczigen eisnen neglen, und das was wol minder denn das groß kreucz, das ich an das* ['außer jenem (kleinen)'] *trug in daz neunde jar von weinnachten uncz ze den pfingsten ..., aber das klein kreuczlein was mir etliche weiße peinlicher* (›Leben und Offenbarungen‹ I,25–29). Im Autograph ihrer ›Offenbarungen‹ spricht Elsbeth nur von *min krúze* (vgl. aber Z 60,1 die gestrichenen Wörter *eī and⁵ holz*), so daß unklar bleibt, um welches der beiden

Form blutiger Askese begründete – neben ihren Schriften – offenbar ihren Ruf und eine über ihren Tod fortdauernde Verehrung.[21] Auch sie selbst ist sich der Beispiellosigkeit ihres Tuns bewußt, von dem sie sagt: *ich vernam es sider noch e von nie keinem menschen in söllcher weisse* (›Leben und Offenbarungen‹ I,18f.).[22] Wohl in den 1320er Jahren schreibt sie ihre Leidenserfahrungen und göttlichen Auditionen in mehreren *búchlinen* nieder (Zeugn. III,25), von denen sich eines in der Originalfassung der Autorin erhalten hat.

Sowohl Elsbeths Leben wie ihre Schriften scheinen – zu ihren Lebzeiten wie auch noch lange danach – Anlass für heftige Diskussionen gegeben zu haben. Dies zeigt sich vor allem in den beiden Texten, welche die ebenso verehrte wie umstrittene Ötenbacher Schwester in Schutz zu nehmen suchten: die Vorrede zu ihrer Vita wie die ungefähr ein halbes Jahrhundert nach ihrem Tod entstandene Apologie (Zeugn. III), in welcher Elsbeth als Märtyrerin, Fürbitterin und Heilige präsentiert wird.

Kreuze es sich jeweils handelt, doch bin ich mit MUSCHG der Auffassung, daß die Marter des kleineren Kreuzes den »Angelpunkt des seelischen Dramas« (S. 197) bildet. Unklar ist auch, ob der Zeitraum von Weihnachten bis Pfingsten während neun Jahren für beide Kreuze gilt; aus einigen Tagesangaben (Z 37,5f., 49,1f., 59,1) geht jedenfalls hervor, daß die Aufnahme des (kleinen?) Kreuzes auch schon im November oder Dezember stattfinden konnte.

[21] So wird sie im Breslauer Codex des ›Ötenbacher Schwesternbuchs‹ in der Initiale zu ihrer Vita (fol. 1vb) mit Kreuz und Geißel dargestellt (s. Abb.).

[22] In Kap. 15 und 16 von Seuses ›Vita‹ (Heinrich Seuse, Deutsche Schriften, hg. von KARL BIHLMEYER, Stuttgart 1907, S. 39–44) wird allerdings in auffallender Parallelität von denselben Torturen berichtet, teilweise sogar mit denselben Formulierungen: Seuse (geb. um 1295/97) trug demnach ebenfalls jahrelang ein nagelgespicktes Kreuz auf dem Rücken *ze lobe dem nahtringenden herzleide der reinen gotes múter, daz ir herz und sele zú der stunde sines jemerlichen todes so gar durwundete* (S. 41,3ff., hier 15–17, vgl. ›Leben und Offenbarungen‹ I,32–34), auch er wurde von Ungeziefer befallen, so daß *im was dik, als ob er in einem anbeshaufen legi von angschlichi des gewúrmes* (S. 39,21–23, vgl. Z 62,6–10), und fesselte ebenso wie Elsbeth seine Hände, damit er *in diser marter dest minr underlibi gewunne* (S. 40,2ff., vgl. Z 63,2–64,4). Die inhaltlichen und wörtlichen Gemeinsamkeiten sind so groß, daß ohne Zweifel eine direkte Verbindung zwischen Elsbeths Aufzeichnungen und Seuses ›Vita‹ bestehen muß. MUSCHG [Anm. 8] schien sich über die Richtung der Abhängigkeit noch nicht schlüssig zu sein: Meinte er zuerst, angesichts der Übereinstimmungen müsse »wohl Seuse als eigentlicher Lehrer Elsbeths betrachtet werden« (S. 198, Anm. 1), kommt er an einer anderen Stelle seines Buches zu dem umgekehrten Schluß: »Die Erzählungen im 15. und 16. Kapitel des 'Seusen' müssen also von den älteren Offenbarungen abhängig sein« (S. 424, Anm. zu S. 257). Da Seuse seine ›Vita‹ (deren genaue Autorschaft bis heute nicht vollständig geklärt ist) erst kurz vor seinem Tod (1366) veröffentlichte (vgl. ²VL VIII, Sp. 1114 u. 1121), kommt nur die zweite Möglichkeit in Betracht. Eine Erklärung für die Parallelität von Seuses Askese-Kapiteln mit den Schilderungen Elsbeths gibt WERNER WILLIAMS-KRAPP, *Nucleus totius perfectionis*. Die Altväterspiritualität in der ›Vita‹ Heinrich Seuses, in: Festschrift Walter Haug und Burghart Wachinger, Bd. 1, Tübingen 1992, S. 407–421, hier S. 417f. Vgl. auch UTA STÖRMER-CAYSA, Einführung in die mittelalterliche Mystik. Überarb. und erg. Neuausgabe, Leipzig 2004 (RUB 17646), S. 157f.

I. Liber vitae des Berner Inselklosters

Das lebend bůch der swestren sant Michels insel prediger ordens ze Berne *wurde höchstwahrscheinlich von der Priorin Anna von Sissach († 1462) angelegt und nach ihrem Tod bis 1492 fortgeführt. Es ist ein mit kurzen historischen Einschüben versehenes Verzeichnis der Schwestern, die* in disem closter vor uns gelebt hand *(72rb). Innerhalb des Zeitraums zwischen der Inkorporation des Konvents mit nachfolgender Entsendung von vier Ötenbacher Schwestern (1294) und der Zerstörung des Klosters Marienthal durch Brandstiftung (1. Hälfte 1295) erscheint in der Liste auch der Name* Elisabeth von Eige. *Mit großer Wahrscheinlichkeit stammt diese Nonne aus der in Bern ansässigen Familie von Oye und ist vermutlich identisch mit Elsbeth von Oye (in Johannes Meyers ›Buch der Ersetzung‹ wird exakt dieselbe Namensform für die berühmte Ötenbacherin verwendet), die somit als Kind zunächst in den Berner Konvent gegeben worden war und erst nach dessen nahezu vollständiger Auflösung im Jahr 1295 nach Zürich kam, vermutlich mit den zurückkehrenden Ötenbacher Schwestern.*

Überlieferung: Bern, Burgerbibl. Cod. A 53, fol. 72ra–75va, hier 72vb–73ra

[72vb] Do nun daz closter incorporiert ward prediger orden, als du findest in der cronica, do gab inen der provincial swestren des ordens von dem closter ze Zůrich genant Öttenbach und eine ward gesetzet zů einer priorin, daz sie daz closter sölte regieren noch ordens volkomner gewonheit.

    Swester Anna von Zůrich priorin 5
    Swester B · von Zůrich
    Swester E · von Zůrich
    Swester D · von Zůrich

Dis vier swestren kament von Zůrich und lebten geistlichen.

    Swester Berchta zem Bach 10
    Swester Elisabeth von Eige
    Swester Angnes von Bůrzen
    Swester Anna von Bůchholtz
    Swester Salme von Kilchberg
    Swester Anna von Müliberg 15
    Swester Mechtild von Růsinkin
    Swester Berchta von Ried
    Swester Angnes von Bargen
    Swester Ita Kinigin
    Swester Ellma von Kriechstetten 20

Darnach als dis closter etliche jar gestanden was und die swestren got dem [73ra] herren mit andacht gedienat hatten vil zit, do kam es darzů, daz das closter von unfrid zerstört ward, als du findest in der cronica an dem blat . Do erwurbent si von dem römschen küng Adolfus ein ander closterstat und buwten do ein closter an dem wasser der Ar gelich als ein insel und ward daz closter 25

---

23 u. 27 *nach* blat *wurde von der Autorin Platz für die Blattzahl ausgespart*

geheissen Maria tal in der insel, als do wisent die coppien des selben römschen keissers brief geschriben an dem blat .

Es folgen die Namen von 12 Schwestern

Do dis closter unlang gestůnd, do ward es von etlichen kinden der bosheit gantz und gar stört.

II. Ötenbacher Schwesternbuch

Außer in ihrer eigenen Vita wird Elsbeth von Oye noch an zwei weiteren Stellen im Ötenbacher Schwesternbuch erwähnt: innerhalb der Vita der Elsbeth von Beggenhofen (Klostereintritt wohl 1281, †1340) und als Empfängerin einer Offenbarung über ihre verstorbene Mitschwester Mechthild von Opfikon (im Konvent seit 1291). Elsbeth ist damit als Zeitgenossin dieser zwei Schwestern bezeugt. In Gestalt der Offenbarung über Mechthild überliefert das Schwesternbuch außerdem einen weiteren, vermutlich authentischen Elsbeth-Text.

Überlieferung: Nürnberg, Stadtbibl. Cod. Cent. V, 10ᵃ, hier fol. 135ᵛ u. 140ʳ
Ausgabe: ZELLER-WERDMÜLLER/BÄCHTOLD [Anm. 4], S. 262f. u. 273f.

a) Aus der Vita der Elsbeth von Beggenhofen

[135ᵛᵃ] Si het sich etwen mit der seligen andechtigen swester Elsbeth von Oye und andern heiligen swestern erpotten in etwas kestigung des leibes, als si inen selber auffleitten durch got. Und so si darinen gottes willen süchte, so gab er ir ze erkennen, das er es nit wölte von ir. Aber die peinigung, die er auff si leit, die was als [135ᵛᵇ] unmessiklichen peinlichen, das si etliches nit geworten kond, joch die ir peichtiger warent und ander prediger und von andern örden weiss pfaffen, mit denen si davon rett; wann in allen dem, das got mit ir würcket, do nam si gelerter leutten ratt, wie si sich darinen sölt halten. Do dauchte si, das es also verporgenlichen und so wunderlichen were, das si ir nie wort darauff antwurtent. Denn ze einem mal klagte si es meister Eckhart, der sprach: ›Do gehört kein zeitlich weisheit zu, es ist ein lauter gottes werck. Do hilffet nichcz für, denn das man sich in einer freien gelasenheit gottes treuen befelhe.‹ Und des enpfand si, das dem also was.

b) Offenbarung über Mechthild von Opfikon

[140ʳᵃ] Diß ist, wie der almechtig got offenbaret das heilig selig leben swester Hilta von Oppfinkon.

Do die heilige swester Hilta von Oppfinkon gestarb, do pat die selige swester Elisabeth von Oye gar ernstlichen fur si und manet unsern herrn ires herten

---

IIa,2 (sich) erpotten in 'auf sich genommen'   6 joch 'wie auch, noch'   10f. Do – zu, zu verstehen: Zum Verständnis der von Gott aufgelegten Leiden hilft keine menschliche Weisheit

lebens und ir armut, in der si lange zeit got mit fleiß gedienet het. Do ward ir
geantwurtet: ›Si ist eingetragen in die verporgene triskammer meiner götlichen
drivaltikeit. Si ist offenbar worden und vernatturet ze spiegelicher gesicht vor
den augen meiner magenkrafft. Ir dürre ist ze marg worden und ir *[140ʳᵇ]* jamer
ze spilender frewd in dem widerplick meiner götlichen nattur. Der innersten
gehörde ir sel hab ich eingeleittet den spilenden harpffenklanck meines ewigen
wortes. Als minniklichen mir alle zeit ze trincken ist von den plutgiessenden
waggüssen meines gecreüczigeten sunes, als brünnende was mein turst nach der
spilenden gegenwürtikeit ir sel.‹

III. Apologie

Apologetischer Nachtrag in Elsbeths Autograph-Handschrift, Ende des 14. Jhs.; der Autor ist unbekannt, wahrscheinlich ein Dominikaner. Dieselbe Hand versah auch einige vorhergehende Seiten mit Randbemerkungen, die jedoch keinen unmittelbaren Bezug zu den daneben stehenden Offenbarungen Elsbeths aufweisen.
Überlieferung: Zürich, Zentralbibl. Ms. Rh. 159, S. 150–159 u. 160–178

a) Randbemerkungen

[150 links u. unten] O du heiligi jungfrö, wie bistu so heinlih heilig in dim liden! ›Du hŏrst den geist und weist nit, wannen er kunt.‹ Also ist es *[151 unten]* ŏch umb dich und ›ieklicher, der geborn ist von dem geist‹, als üns Christus het geseit. *[152 oben]* Ja, in früntlicher minnsamer wis bestat dis wol.

[156] Als si sprichet, got hab ira etliches menschen gegenwürtikeit verbitert: daz was ein armi frŏw us der stat, was ir gespilli, dera gab si etwenn ein überworden 6 mŭsli, da gieng biterkeit us. Daz han ich von dien frŏwen im kloster gehört, die es von dien hor*[157 unten]*ten, die in ira tagen lebten.

[159 unten] Christus sprach ze sant Peter: ›Ich kum ze Rom aber gekrüzget werden.‹

b) Nachtragstext

[160] O du wolsmekender blŭm, heiligi magt und marterin, wie hestu in diner biterkeit und von minne lidender marter und in sterbendem gemŭt gehabt so sŭs *[161]* antwert von dinem gemahel und so heilsam lebend machendi salbung

---

6 triskammer *'Schatzkammer'*   12 waggüssen *'Ergießungen'*   IIIa,2f. Io 3,8   5–7 *Vgl. dazu* Leben und Offenbarungen XIII,5f.   5 etliches, *hier* 'eines'   6 gespilli *'Freundin'* überworden *'übrig gebliebenes'*   7 da gieng biterkeit us *'daraus entstand Bitterkeit'; unklar bleibt, ob sich diese Aussage auf eine einmalige Essensgabe (etwenn* 'einmal'*) oder – eher – auf das Freundschaftsverhältnis und sein Ende bezieht (etwenn* 'ab und zu'*)*   9f. Jacobus a Voragine, Legenda aurea, Cap. 84. De s. Petro apostolo (374,14f.): venio Romam iterum crucifigi. *Siehe auch unten Zeile 96f.*   IIIb,2 gehaben *'gehabt'*

Leben und Offenbarungen der Elsbeth von Oye 459

von dem lebenden geist nun von hǒren frǒwt und sterkt; wie denn dich! Es het
nieman als nachlich verstanden von der vereinung gǒtlicher mit menschlicher
natur als die von minn lidenden, sich selb verlǒgnenden, got meinenden menschen, und der bistu wol eis gesin. Darum glǒb ich, daz dir got geofnet het sin
heinlichi, die der welt unnemlich ist. Des sint dir dini wort vertilget, me: gotz
wort. Also beschah ǒch *[162]* dem grossen sant Gregorio und Augustino und
andren, den ir bůher ein teil verbrent wurden. Wan die welt ist ze grob und mag
es nit gehǒren noh reht verstan, aber der den geist gotes hetti, der verstůndi wol
underscheid, waz von got wer oder der natur oder von dem menschen. Wir
merken doh kuntlich, wie clein ein mensch dur die liebi gotes tůt, er wirt dest
gnadenricher und sin gemůt dest heiterer; wie denn dera, die mit so grosser
ůbung got sůhent als du und ander! Wie was der lident sant Paulus so vol
gǒtlicher ofnung, daz er kum verstanden wirt, und *[163]* sprach: ›Wir sint gnů
wirdig des lidens diser zit ze der kůnftigen gůnlichi, die in ůns geoffnet wirt.‹
Und ander vil martrer und megt als Lucia, Katherina, wie konden die so wislich
reden in ir liden von got, und der heilig Iob gerett nie als vernůnftklich wisi
tieffi hohi wort als in sim liden und in siner versůhung. Er bekant kůnftigi und
vergangni ding und Thobias daz selb *[164]* und Ciprianus der martrer. Du
gezeihneti von got, daz bewist din demůtiges nahvolgen Christo in swachen
kleidren in din abgescheidenheit, din minnend ůbung und din grab. Ich glǒb dir
und han die warheit in der gǒtlichen geschrift als vil gesůht und gelesen als
tuseng ander gelerter, des ist got min gezůg. Und als, daz ich in dinen bůchlinen
gelesen han, des vind ich zůgnus in der heiligen geschrift.

An vier sinnen ist din lesen getilget: ze*m [165]* ersten, da si redet von eim
wider infliessen in gǒtlich natur, zem andren mal von vereinung oder vermischung, zem dritten vom sacrament, zem vierden, daz got von ir spis und trank
hab genomen.

Thomas und der meister von den hohen sinnen sprechent, daz es unmuglich
si, daz die gǒtlich natur in dekein andri gang ald dekeini in si von ir volkomenen
luteren einikeit wegen, und darumb die gotheit und menscheit werdent nit ge-
einget in einikeit der natur, allein in einikeit der person in Christo. *[166]* Nu
sprichet Hilarius de trinitate libro viii°: ›In Christo pater etc. Der vatter in

4 *nach* dich *ist radiert:* bitt got fůr mih des bit ich dich   21 und Ciprianus der martrer *am ob. Rd. nachgetr.*   27 ze

4 wie denn dich *'wie sehr dann erst dich'*   5 nachlich *'tief, genau'*   7 eis = eines
8 unnemlich *'unnennbar'*   13 wie clein *'wie wenig (auch)'*   14 wie denn dera *'wie dann erst (das Gemüt) derer'*   16f. *Vgl.* Rm 8,18   16 gnů, *alem. Form von mhd.* genuoc; gůnlichi *'Herrlichkeit'*   18–21 *Zu Lucia, Katharina von Alexandria und Cyprian s.* Jacobus a Voragine, Legenda aurea, Cap. 4 172 *u.* 132   23 din grab, *zu verstehen: die Wunder an deinem Grab*   27 sinnen, *hier 'Gedanken, Themen'*   28f. vereinung oder vermischung, *scil. der göttlichen und der menschlichen Natur*   29 sacrament, *gemeint: die Eucharistie*
31–34 *Vgl.* Thomas von Aquin, Summa theol. III q. 2 art. 1 corp. *u.* art. 2 corp.   31 meister von den hohen sinnen, *Verdeutschung des scholast. Ehrentitels 'Magister sententiarum' für Petrus Lombardus*   32 dekein(i), *hier 'irgendeine'*   35–39 *Vgl.* Hilarius von Poitiers, De trinitate VIII cap. 13–17 (PL 10, 246–249) *mit* Io 6,56 *u.* 57f.

Christo und Christus in úns, disi einigent úns wie die einikeit. Von der natúrlichen warheit Christi in úns, von disen dingen ze reden ist nit menschlichen sinnen ald unwissender verstantnus, es si denn, daz wir es von im gelernen, so retin wir verkerlich. Christus sprichet: »Min lib ist ein wari spis etc.« Aber Hilarius: ›Und disi spis geessen und getrunken wúrkent, daz wir in Christo und Christus in úns ist. Aber daz in úns natúrlich disi eingung si, daz bewist er und *[167]* sprichet: »Wer min fleisch isst und min blůt trinkt, der blibt in etc. Als mich der lebend vater het gesant und ich leb dur den vater, und der mich ist, der lebet dur mih.« Wölti er nit volkomeni einung und natúrlichi erzögen, warumb leiti er denn hiefúr etlich grat und orden, wie wir fúrnemen, in die einung, ob úns enkein natúrlih eigenschaft dur die niessung sis fleisch und blůt wúrd geben und dur die er des gegåbnen sunes, der in úns blibend ist und wir in im. Na der mass und er lebet dur den vater, na der ei*[168]*genschaft lebin wir dur in. Darumb so wir natúrlih na dem fleisch dur in lebin, daz ist: der natur sis fleisches glihent, warumb denn nit natúrlich nah dem geist?‹ Dis als het Hilarius geret und stat in dem bůh de trinitate. Als dú gotheit des wortes gotz eini ist und elli welt erfúlt, wan got gemeinsamet sich, also ist öch der lib Christi ein und gemeinsamet sih. Augustinus: ›Der herr, wan er lidend was fúr úns, enphal úns sin blůt und sinen lib, den er öch úns *[169]* machet, wan sin lib, daz ist dú heiligi kilch, sin wir worden und dur sin erbermd, daz wir enphan, daz sin wir.‹ Ambrosius: ›Christus het geliten umb die kilhen und Christus lib ist dú kilch.‹ Paulus: ›Ein got, ein lib, ein geist, ein zůversicht; únser růffung ein töf, ein glöb.‹ Ein kerz teilt ir lieht an ir minrung und dú sunne, der es recht nemi. Sant Thomas und sant Hilarius hand all war, wan dú götlich natur stat unvermischet und luter unzerteilt und git doh got alli ding und het er nit dest minr, wan ob tugend sölicher natur sint als wisheit und kunst, daz si sich gemeinsamet, *[170]* wan all min kunst möht ich eim andren gen und blib doch gantz in mir. Daz selb: Min red gib ich vil menschen und blibt mir doch. Der gehöri, der hör. Wir sehen an natúrlichen dingen, daz got grossi wandlung tůt. Er kert elli wasser Egipten einist in blůt, ein růten in fleisch, wasser in win, brot in fleisch, Lothes wib in saltz, all tag wasser, daz ist daz saf der bömen, in mengerley obs und die samen in der erd in krut etc. Und der mensch het ein mitel stat zwischent der höhisti und nidristi. Den het er geordnet mit friem willen, daz er ker *[171]* ze der höhi als die, von den gesprochen ist: ›Ir sint göt‹, als ze der nidristi als der,

---

50 glihe*n*t   54f. daz – kilch *am ob. Rd. nachgetragen*

36–39 Von der – verkerlich, *vgl.* ebd. cap. 14 (247): Non est humano aut saeculi sensu in Dei rebus loquendum ... De naturali enim in nobis Christi veritate quae dicimus, nisi ab eo didicimus, stulte atque impie dicimus.   52 gemeinsamet sich *'teilt sich mit'*   53–55 Augustin, Sermo 229 (PL 38, 1103 und 46, 835)   56 Ambrosius, De excessu fratris sui Satyri, lib. 1, § 47 (PL 16 [1880] = Ambrosius 2/1, col. 1363 A)   57 *Vgl.* Eph 4,4–6   58 an *'ohne'*   60 er = êre   63 Der – hör, *Anklang an* Mt 11,15 u. ö.   64–66 *Zu* wasser in blůt *vgl.* Ex 7,14–25, růten in fleisch Ex 4,2f., wasser in wein Io 2,1–11, brot in fleisch Mt 26,26 par., Lothes wib in saltz Gn 19,26   69 Ps 81,6 Io 10,34

70 von dem gesprochen ist: ›Einr under úch ist der tůfel.‹ Ob nu disi heilig jungfrŏ von Ey wider in ir ursprung gekert ist, wer sol daz nit wellen hŏren?

Nu von dem, so ir daz sacrament nit werden kond und si es lies dur friden in minn und demůtiger gelassenheit. Merk Augustinus, der sprichet: ›Waz bereitestu dinem zan ze essen? Glŏb und du hest gessen.‹ *[172]* Centurio, der Christum in sin hus nit enphieng und sprach: ›Herr, ich bin nit wirdig, daz du under min tach gangist, sprich allein ein wort etc.‹, der enphieng von Christo, des er begert, als wol als Regulus und Iairus, die in in ir hus batten, und er ŏch kam; und daz was sis grossen glŏben schuld, wan Christus lobt sinen glŏben und sprach: ›Ich han nit so vil glŏben funden in Israel.‹ Und an einr andren stat: ›Elli
80 ding sint muglich dem glŏbenden‹, und des glich vil vinden wir in der gŏtlichen geschrift.

Nu von dem *[173]* vierden, so si schribt, daz got von ir gespist si, als da ůnser herr ze ira sprichet: ›Ich han ein ůbernatůrlich trank von dir getrunken‹, und aber: ›Ist dir nit minklicher, daz ich von dir gespist werd denn du von mir?‹ Des
85 glih ist vertilget. Nu hŏrent, in apocalipsi sprichet Christus: ›Der mir uftůt, ze dem gan ich in und issen mit im ze nacht‹; daz ist joh merer denn ze imbis! Und do er bi der heidin ob dem brunnen und si von siner gegenwůrtikeit und von s*iner* heiligen ler wegen sich bek*ert* und sich selb lies, daz bewist ir bredien, wan si fult all *[174]* die stat, und der krůg, den si lies stan, do sprach ůnser herr ze
90 den jungren, do si sprachen ›Meister, iss‹: ›Ich han spis, die ir nit wissen*t*. Min spis ist etc.‹ Hat er nit mit ira und si mit im geessen? Ja sicher, und in cantica canticorum sprichet dů minnend sel: ›Ibi dabo tibi ubera mea. Da gib ich dir min milch etc.‹

Ŏch da si redet uf sŏlich wis, daz got lidi. An got geviel nie liden. Er mag nit
95 liden und ist doch in etlicher ⟨...⟩ ze nemen *sprichet* ⟨...⟩ in *Isaia*: ›Ir hant ⟨...⟩ in ůwern *[175]* sůnden‹, und ze sant Peter: ›Ich kum gen Rom andrist gekrůzget werden‹, und aber: ›Der mir die minen betrůbt, der grift mir in min ŏg.‹

Der sŏlich hohi red, als disi heiligi jungfrŏ redet, verbůrg vor groben lůten, als wol gelert als ungelert, und si heinlich hielt, daz wer gůt. Got het ie und ie
100 ein wolgefallen gehan an dien, die dur sinen willen lident und tůnd und land, und het inen *[176]* sich selb und sin heinlichi geofnet, als Christus sprichet: ›Ich offnen mich selb im‹, und aber: ›Der vatter git einen gůten geist dien, die in bittend.‹ Und den hest ŏch du von dim himelschen vater gehan. Der in verstat

---

70 tůf   88 siner u. bekert] *Pergament am Rd. beschädigt*   90 wissē   95 *nach* etlicher *sind drei Zeilen stark abgeblaßt und nicht mehr durchgängig lesbar*

70 Io 6,71   72f. *Vgl.* Leben und Offenbarungen XX,7ff.   73f. *Vgl.* Augustin, Tract. in Io. ev. 15,12 (CChr 36 254,8f.)   74–79 *Zu* Centurio *vgl.* Mt 8,5–13 par., *zit. sind* V. 8 u. 10; *zu* Regulus *vgl.* Io 4,46–54, *zu* Iairus Mc 5,22–43 par.   79f. Mc 9,22   83 *Vgl.* Offenbarungen Z 100,12   84 *Zitat in dieser Form in Elsbeths erhaltenen Schriften nicht belegbar, vgl. aber* Leben und Offenbarungen XX,13   85f. Apc 3,20   86–91 *Vgl.* Io 4,5–42, *zit. sind* V. 31f. u. 34   92f. Ct 7,12   95f. *Vermutl.* Is 43,24: servire me fecisti in peccatis tuis *mit Einfluß von* Mal 2,17: laborare fecistis Dominum in sermonibus vestris.   96f. *Siehe oben zu* IIIa,9f.   97 *Vgl.* Zach 2,8   101f. Io 14,21   102f. Lc 11,13

reht, der ergret sich nit noh tilget dich. Christus sprichet: ›Selig ist, der an mir nit geergret wirt.‹ All die unseligen ergroten sih und noh tůnd. Der got und dir dis ze lob het geschriben, fůr den bit dinen gemahel.

[177] Als, daz swimmen oder fliegen wil, daz machet ein crùtz, und ŏch dik der springen wil, und dis sint die ringesten weg. Der visch springt dik uf uber daz wasser, daz sin natůrlih stat ist, daz der luft nit ist. Aber der sun gotes, der hirzen sun, der einhornen, als in cantica canticorum stat, het ŏch *[178]* ein crůtz gemacht und also überflogen und übersprungen all berg und bühel und ůns gereitz ze fluk als der adler sin jungen, und du im na mit dim krůtz in dirr wis, ander in andrer wis. Eis fus daz gat, so eis treit es in dem gemůt min mitliden des nehsten eis eis im liden umb die gerehtikeit mit ⟨...⟩

IV. Johannes Meyer, Buch der Ersetzung (1455)

In Kap. 9 gibt Meyer eine weitgefaßte Chronik der Generalmeister des Dominikanerordens, deren Amtsperioden er jeweils auch bedeutende Ordensangehörige zuordnet. Elsbeth von Oye erscheint innerhalb der Amtszeit des Barnabas de Vercellis (1324–1332) und bildet hier eine Reihe mit Kardinal Matthaeus de Ursinis, Venturinus, Meister Eckhart, Tauler, Hertwig von Dierberg, Peter von Lahr, Seuse, Katharina von Gebersweiler (Gueberschwihr) sowie den Tößer Nonnen Elisabeth von Ungarn und Elsbeth Stagel. Herausgestellt wird von Meyer das besondere Vertrauensverhältnis, das Meister Eckhart mit Elsbeth von Oye verband.

Überlieferung: Tübingen, Universitätsbibl. Hs. Md 456, fol. 3^r–76^r, hier 37$^{r/v}$; der zitierte Abschnitt textgleich in Bloomington, Indiana Univ., Lilly Libr., Ricketts mss. 198, fol. 135^r–242^r, hier 204vb

[37^r] Schwöster Elisabeth von Eige die lept in dem orden l jar in grosser ingezogner andacht und in strenger hertikait, die si mit isinen krůczen und spiczigen nageln von grossen gaiselschlegen iren lib kestigen was. Ir leben und ir manigvaltigen offenbarung, die ir got kunt tet, stond geschriben an dem bůch des lebens der schwöstren des klosters Öttenbach, da si inn gelept hat. *[37^v]* Der sälig maister Eckhardus der hatt sunder andacht und götliche hainlichait zů diser selgen schwöster.

113f. ḡ *am Pergament-Rd., danach sind die letzten sechs Zeilen stark abgeblaßt und nur noch z. T. lesbar*

104f. Mt 11,6 par.   109f. *Vgl.* hinnulus cervorum Ct 2,9.17 8,14 *und* filius unicornium Ps 28,6; *traditionell auf Christus bezogen, vgl.* Glossa *je zur Stelle*   111f. überflogen – fluk, *vgl.* Ct 2,8.10   IV,1 l = 50   4f. bůch – Öttenbach, *gemeint: das Ötenbacher Schwesternbuch*   6f. hatt – schwöster *'brachte dieser seligen Schwester besonderes Wohlwollen entgegen und hatte ein spirituelles Vertrauensverhältnis zu ihr'*

V. Johannes Meyer, Liber de illustribus viris O.P. (1466)

In seiner Sammlung von Elogien auf hervorragende Mitglieder seines Ordens führt Meyer im abschließenden sechsten Teil auch 23 verehrungswürdige Schwestern auf. Elsbeth von Oye ist das zwölfte Elogium gewidmet, im Gesamtregister erscheint sie mit der Namensform Elizabeth de Thurego.

Überlieferung: Basel, Universitätsbibl. Cod. E III 12 (olim D IV 9), fol. 1ʳ–46ᵛ, hier 11ʳ u. 42ʳ Nr. 12
Ausgabe: PAULUS VON LOË, QF 12, Leipzig 1918, S. 21 u. 67 Nr. 12

[11ʳ] Elizabeth de Thurego ex monasterio Ōtenbach

[42ʳ] Elizabeth de Ōyge pure et innocentis vite a puericia exstitit, decus virginitatis conservavit perpetuo illibatum. Denique in monasterio Ōtenbach in Alemania Constanciensis diocesis castri Thuricensis a iuventute sua usque ad obitum suum religiosissime conversata velud singulare iubar sanctitatis emicuit. Erat enim sanctitatis exemplum, religionis forma, puritatis speculum, regularis observancie precipua observatrix.

VI. Georg Epp, De illustribus viris ac sanctimonialibus O.P. (1506)

Quelle für dieses Werk ist der ›Liber de illustribus viris‹ von Johannes Meyer. Epp ergänzt das wörtlich von dort übernommene Elogium auf Elsbeth um den Hinweis auf die häufigen Wunder an ihrem Grab. Matthias Thanner stellt den Eppschen Elsbeth-Passus seiner vor 1625 verfaßten Übersetzung von ›Leben und Offenbarungen‹ voran, wobei er, neben geringfügigen Änderungen einzelner Wörter, auch die ursprüngliche Namensform de Ayge umschreibt zu ex Eicken.

Überlieferung: Georgius Epp, De illustribus viris ac sanctimonialibus sacri ordinis Predicatorum, [Basel] 1506, hier fol. 12ʳᵇ; Melk, Stiftsbibl. Cod. 1920, fol. 2ʳ (M); Einsiedeln, Stiftsbibl. Cod. 470, fol. 484ʳ (E)

[12ʳᵇ] Helisabet de Ayge puręet innocentis vitę a puericia extitit. Decus virginitatis conservavit perpetuo illibatum. Denique in monasterio Otenbach in Alemania Constanciensis diocesis a iuventute sua usque ad obitum suum religiosissime conversata velut singulare iubar sanctitatis emicuit. Erat enim sanctitatis exemplum, religionis forma, puritatis speculum, abstinentię et regularis observantię pręcipua observatrix. Pręterea hęc soror beata tantę religionis et sanctitatis fuit, quod nullus sufficit enarrare. Ad cuius tumulum crebre divinitus miracula fiunt.

VI,1 de Ayge] ex Eicken (Eycken) *ME*   puericia] *M* cunabulis *E*   Decus] florem *ME*
3 suum] *fehlt ME*   6 Pręterea] Porro *ME*   7 quod – sufficit] ut .. sufficiat *ME*

VII. Konrad Sittard, Kurtze Chronica der General Maister O. P. (1596)

Wie in Johannes Meyers ›Buch der Ersetzung‹ ordnet auch Sittard in seiner Chronik den einzelnen Generalmeistern hervorragende Brüder und Schwestern zu, die während den jeweiligen Amtszeiten gelebt haben. Elsbeth von Oye erscheint wiederum im Kapitel über den 15. Generalmeister, Barnabas de Vercellis (1324–1332). Ausführlichere Angaben zum Leben der heiligen und seligen Junckfrawen und Schwestern Prediger Ordens, so von der zeit deß Heiligen Dominici biß auff uns im Orden gelebt und mit Wunderzaichen geleuchtet oder sonsten ein seliges End genommen haben bietet aber erst ein Anhang zur Chronik. Dort sind die Schwestern nach ordnung deß Alphabeths aufgeführt. Die Eloge auf Elsbeth ist deutlich Georg Epp verpflichtet, erwähnt darüber hinaus aber Elsbeths schmerzfreien Tod und die Jahreszahl 1324, die vom Amtsantritt des Barnabas de Vercellis abgeleitet sein dürfte. Eine lateinische Version dieses Textes bildet zusammen mit der Passage aus Epp den Vorspann zu Thanners Übersetzung von ›Leben und Offenbarungen‹.

Überlieferung: Konrad Sittard (= Conradus Zittardus), Kurtze Chronica ... der General Maister Prediger Ordens, Dillingen 1596, hier S. 47 u. 137; Melk, Stiftsbibl. Cod. 1920, fol. 2ʳ (M); Einsiedeln, Stiftsbibl. Cod. 470, fol. 484ʳ/ᵛ (E)

[47] In denselben zeiten lebten auch vil selige Schwestern in dem Orden, als Schwester Elisabeth Steiglin, Schwester Elisabeth, deß Königs Andree von Ungern Tochter, Schwester Elisabeth von Eyge und noch andere mehr, so ein heyliges Leben gefürt und mit Wunderzaichen geleuchtet.

[137] Elizabeth von Oyge ist gewesen eines unschuldigen rainen Lebens von Jugent auff und ein Zier Junckfräwlicher rainigkait und hat gelebt in grosser Gaistlichheit in dem Kloster Otenbach im Costnitzer Bisthumb und sich unstrefflich gehalten in allem ihrem thůn und lassen; war sehr demůtig, hůtet sich vor dem zorn, also daß sie niemaln zorgnig gesehen worden dann wider die Laster; war allzeit fridsam und eines Englischen Gemůts und hat geleuchtet in diser Welt wie ein schöner Stern an dem Himmel. Als die zeit ihres Tods verhanden, nam sie ein sehr Christliches end ohn sondern grossen schmertzen und ist gefürt worden von den lieben Engeln zů der ewigen Hochzeit ihres lieben Gespons, den sie also hertzlich geliebt hat. Hat gelebt umb daz Jar 1324.

5 von Oyge] ex Eicken (Eyken) *ME*   7 Costnitzer] Constantiensis *ME*

VIII. Carmen in angelicam virginem Elizabeth

Der Hymnus auf Elsbeth in Hexametern steht zu Beginn der Übersetzung Matthias Thanners von ›Leben und Offenbarungen‹ im Melker Textzeugen; er fehlt in der Einsiedler Handschrift. Die Autorschaft ist unsicher, denkbar ist jedoch, daß Thanner selbst das Carmen verfaßte.
Überlieferung: Melk, Stiftsbibl. Cod. 1920, fol. 1ᵛ

[1ᵛ] Dum, sacra virgo, refers, quam blande ac suaviter in te
Ipsemet Omnipotens fuerit persaepe locutus,
Prorsus dulce melos nostras transmittis ad aures,
Iubila quod parit atque animum super aethera tollit.
5   Delicium cordis divini, mellea virgo,
Nectar et ambrosiam tua vox dulcedine vincit.
In te ceu speculo sese spectavit amanter
Coelestis Sponsus, sed adhuc sua lumina pascis.

IX. Matthias Thanner, De vitis aliquot aliarum virginum (1625)

Seine Ausgabe des Unterlindener Schwesternbuchs vom Jahr 1625 versah der Kartäuser Thanner mit einem Anhang von weiteren Lebensbeschreibungen: Appendix de vitis aliquot aliarum pietate praestantium ejusdem ordinis virginum e diversis mss. codd. collecta. *Das Autograph Thanners, gleichzeitig die Vorlage für den geplanten, vermutlich aber überhaupt nicht zustandegekommenen Druck, ist nicht erhalten. Die Handschrift diente allerdings noch 1725 Bernhard Pez als Grundlage für seine Edition des Unterlindener Schwesternbuchs im 8. Band der Bibliotheca ascetica. Aus Thanners umfangreichem Appendix übernahm Pez dabei nach eigener Aussage lediglich die Kapitel der Schwestern* quarum scilicet vitae aut omnino incognitae, aut certe perpaucis notae existimavi. *Zu diesen zählte er offenbar auch dasjenige der Elsbeth von Oye.*

In ihrer Lebensbeschreibung gibt Thanner eine knappe Zusammenfassung seiner lateinischen Übersetzung von ›Leben und Offenbarungen‹. Eine deutsche Version dieses Textes befand sich offenbar in seinem Heimatkonvent Freiburg im Breisgau: in Cartusia Friburgensi; *sie diente ihm vermutlich als Vorlage. Elsbeths Name wird in der lateinischen Übertragung mit* de Eycken *wiedergegeben und ihre Herkunft irrtümlich mit dem aargauischen Dorf Eiken in Verbindung gebracht. Die Jahresangabe 1210 beruht entweder auf einem Versehen Thanners oder aber auf einem Lese- oder Druckfehler von Pez.*

Überlieferung: B. Pez, Bibliotheca ascetica antiquo-nova VIII, Ratisbonae 1725, hier cap. 6, S. 446 f.

[446] De Elizabeth de Eycken, Sorore Monasterii Ottenbacensis Ordinis Sancti Patris Dominici.

Soror Elizabeth de Eycken, pago Comitatus Rhinfeldensis in Superiori Germania, anno aetatis suae sexto ingressa est Coenobium Ottenbacense, Constantiensis Dioecesis, in quo usque ad annum aetatis suae quinquagesimum primum tam religiose ac sancte vixit, Christique crucifixi, Sponsi sui amo*[447]*re tam immanes cruciatus sustinuit, ut verbis explicari non possit.

Scripsit ipsamet Germanice, quo pacto Deus eam a teneris annis traxerit, duxerit, instituerit. Quae institutiones adeo sublimes sunt, ut non paucae illarum a paucis, etiam Religiosis, intelligantur. Tantum divinum amorem spirant, ut vel durissima corda emollire, Deique amore accendere queant. Noluit talia scribere. Sed coegit eam Deus: ›volo‹, inquiens, ›manifestum evadat, quam amanter et suaviter te in Divino corde meo ante Mundi constitutionem gestaverim‹. Appellat ipsam jucundissimum objectum oculorum suae Divinae Majestatis, gratissimum Divini cordis sui delitium. Affirmavit, se animam ejus efficere purum speculum sanctissimae Trinitatis, amabilissimam et splendidissimam imaginem, in qua oculi Majestatis suae sese pro immenso desiderio jucundissime aeternum sint oblectaturi. Voluit ipse unus esse amor ejus. Non permisit illi ullius hominis amorem aut favorem, nec ullius creaturae solatium, ut nusquam cor ejus haereret, aut in ulla re creata delectationem perciperet, sed in Deo solo.

Vixit haec Angelica virgo circa annum Domini MCCX. Claruit post mortem miraculis. Habentur ipsius scripta in Cartusia Friburgensi.

X. Friedrich Steill, Geistlicher Lustgarten des Hl. Predigerordens (1676)

Quelle ist Epps ›Liber de illustribus viris‹

Überlieferung: P. Friedrich Steill O. P., Geistlicher Lustgarten des Heiligen Predigerordens, Cöln 1676, S. 320 (zum 28. Oktober)

[320] Item B. Elisabeth von Ayge / deren Heiligkeit so groß ware daß eß kaum möglich außzusprechen / ein warer spiegel und Ebenbilt einer in Gott verliebten Seel / hatt ihr seeliges Leben beschlossen in dem Kloster Otenbach in Costnitzer Bistumb / und seind bey ihrem Grab viele Wunderzeichen geschehen.

XI. Friedrich Steill, Ephemerides dominicano-sacrae (1691)

Überlieferung: Friedrich Steill, Ephemerides dominicano-sacrae Das ist Heiligkeit und Tugendvoller Geruch ..., 1. Teil, Dillingen 1691, Namenregister u. S. 293ᵇ (zum 10. Juni!)

[o. S.] B. Elisabethae von Eige Sel Ged. 8. Juni O̊tenbach

[293ᵇ] In dem Jahr 1344 ist das General-Capitel unter dem Hochw. P. Petro von Palma zu Podio gehalten worden [...]
   Umb diese Zeit lebten zwo göttliche Closter Frauen in Teutschland / nemlich Elisabetha von Eyge / welche als ein Spigel der Tugenden / und klare Form der Geistlichkeit / 50. Jahr gelebt in dem Closter Oetenbach in der Stadt Zürich im Schweitzerland. Die andere / Catharina von Gebweiler / gewesene Priorin zu unter Linden in der Stadt Collmar [...].

Im Sammelband erwähnte Orte im deutschsprachigen Südwesten

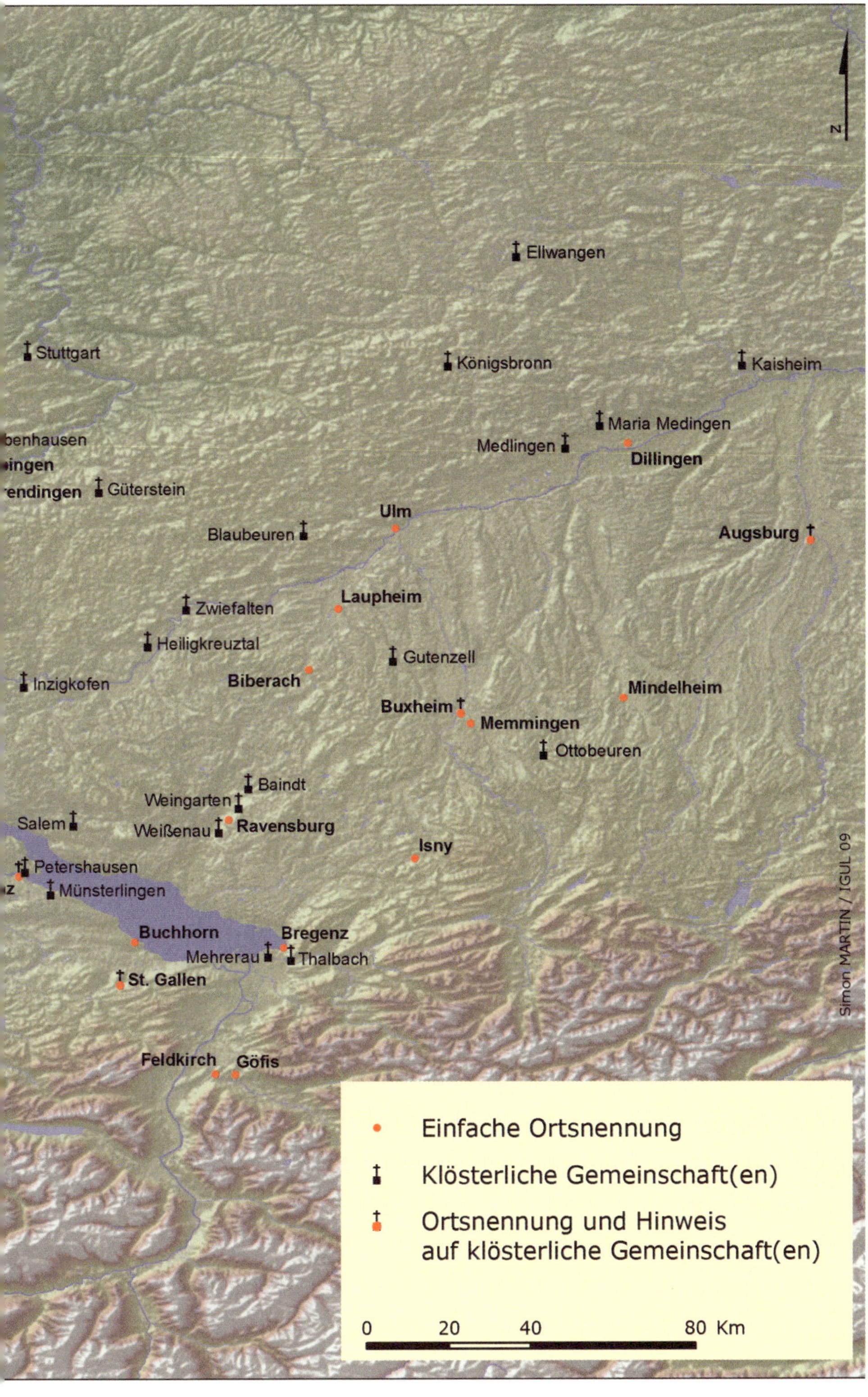

N
Ellwangen
Stuttgart
Königsbronn
Kaisheim
Maria Medingen
Medlingen
Dillingen
benhausen
ingen
endingen
Güterstein
Ulm
Blaubeuren
Augsburg
Laupheim
Zwiefalten
Heiligkreuztal
Gutenzell
Inzigkofen
Biberach
Mindelheim
Buxheim
Memmingen
Ottobeuren
Baindt
Weingarten
Salem
Weißenau
Ravensburg
Isny
Petershausen
z
Münsterlingen
Buchhorn
Bregenz
Mehrerau
Thalbach
St. Gallen
Feldkirch
Göfis
Simon MARTIN / IGUL 09
Einfache Ortsnennung
Klösterliche Gemeinschaft(en)
Ortsnennung und Hinweis auf klösterliche Gemeinschaft(en)
0 20 40 80 Km

Register historischer Personen, Werke und Orte

›Acht Seligkeiten‹ 193
›Acht Verse St. Bernhards‹ (Die acht sogenannten ›Bernhardschen Psalmverse‹) 163, 202
Adelheit von Freiburg (Dominikanerin in Ötenbach) 395
Adelwip s. Hadewijch
Admont (OSB) 131
Adolf von Nassau, dt. König 456
Agnes von Mülheim (Priorin von St. Margaretha und St. Agnes in Straßburg) 148f., 151
Agnes von Ungarn (Agnes von Österreich) 238
Albertus Magnus OP 304f., 381
 ›De corpore domini‹ (›De corpore Christi‹) 387
Ps.-Albertus Magnus
 ›Paradisus animae‹ 308
Albrecht der Kolbe 18
Albrecht I. von Kastell (Konstanzer Domherr) 224
Albrecht II. von Kastell (Konstanzer Domherr) 224
Albrecht von Hohenberg (Domherr und Bischof) 222
›Alemannische Passionsharmonie‹ 283
›Alemannische Vitaspatrum‹ 175, 348
›Alexius A‹ 205
›Alexius B‹ 205
›Alle herschaft dienet‹ 192
›Alphabetum divini amoris‹ 318
Ambrosius 382, 460
Amiens 7
Amtenhausen (Benediktinerinnen) 17
Andreas, König von Ungarn (*Andree von Ungarn*) 464
Angnes von Bargen (Dominikanerin in Brunnadern oder Mariental) 456

Angnes von Bůrzen (Dominikanerin in Brunnadern oder Mariental) 456
Anna von Bůchholtz (Dominikanerin in Brunnadern oder Mariental) 456
Anna von Müliberg (Dominikanerin in Brunnadern oder Mariental) 456
Anna von Sissach (Priorin der Dominikanerinnen in St. Michael in Bern) 451, 454, 456
›Annales Caesarienses‹ (Kaisheim [OCist]) 111
Anselm von Canterbury 34
Ps.-Anselm von Canterbury
 ›Admonitio morienti‹ (›Exhortatio ad fratrem moriturum‹, dt.) 170, 199f.
Antonius von Florenz OP (Antoninus Florentinus)
 ›Summa theologica‹ 321
Anzy-le-Duc (OSB-Priorat) 134
Arbedo 258
Aristoteles 42
Arras 7
Augsburg 63, 158, 166, 321
 Franziskanerkreis 15
 St. Ulrich und Afra (OSB) 318, 321
 St. Katharina (Dominikanerinnen) 178
Augustinus 28, 267–271, 288f., 296–298, 343, 398, 417, 459–461
 ›De Genesi ad litteram‹ 22
Aulhausen (später Marienhausen) (Zisterzienserinnen) 246
Auronius 44

Baindt (Zisterzienserinnen) 112
›Barbara-Legende‹, dt. 275
Barnabas von Vercelli OP (Generalmeister) 449, 462, 464
Barr, Franziskanerinnenkloster 281

Bartholomäus von Trient OP 60
Basel 63, 84, 87, 234, 241, 265, 286
   Franziskanerkloster 308
   Gottesfreundekreis 90
   Kartause 314, 316f.
   Konzil 280
   St. Maria Magdalena an den Steinen (ad Lapides) (Reuerinnen/später Dominikanerinnen) 177, 182, 271f.
   Universität 286
›Basler Reformpredigten‹ 177, 180
Baumgarten (OCist) 110
›Baumgarten geistlicher Herzen‹ 13–37
Beatus Rhenanus
   ›Vita Ioannis Geileri de Caesaremontani‹ (›Vita Geilers von Kaysersberg‹) 282
Bebenhausen (OCist) 100–105, 108f., 111, 114, 116, 121–123
›Bebenhauser Legendar‹ 101f.
›Bebenhäuser Gesamturbar‹/›Bebenhäuser Urbar‹ 105, 114, 117
›Bebenhäuser Traditionsbuch‹ 111
Becker, Engelinus (von Braunschweig) (*Engelinus von Brunswich*; *Egeling*) 264, 276–278, 282, 284–286
Beda Venerabilis 379
Beger(in), Ursula (Reuerin in Straßburg) 264, 274f.
Benedikt (von Nursia)
   ›Regula Sancti Benedicti‹ 247f., 253
Berchta von Ried (Dominikanerin in Brunnadern oder Mariental) 456
Berchta zem Bach (Dominikanerin in Brunnadern oder Mariental) 456
Bergamo, S. Maria Maggiore 122
Bern 62, 452f.
   Mariental (Dominikanerinnen) (*Maria tal*) 453, 456f.
   St. Michael (in der Insel) (Dominikanerinnen) 395f., 451, 456
Bernhard von Clairvaux OCist (*sant Bernhard*) 13f., 19, 21–37, 321, 349, 366, 376, 377, 385–391, 393, 405
   ›De consideratione ad Eugenium papam‹ 14f., 20–22, 26–35
Ps.-Bernhard 360
   ›Formula honestae vitae‹/›Octo puncta perfectionis assequendae‹, dt. 267
Bernhelm OCist 108
   ›Oculus memorie‹ (Eberbach) 106

Berthold von Regensburg OFM 25
Berthold von Tuttlingen 221
Berthold von Zähringen, Herzog 8
›Betrachtung der Passion nach den sieben Tagzeiten‹ 192f.
Besserer, Eberhard (Frühmessner in Derendingen) 104
Beutler(in), Magdalena s. Magdalena von Freiburg
Biberach 320
Biberli(n), Marquard OP (Lesmeister und Prior in Zürich) 327, 329–331, 344
Biberstein (Kanton Aargau) (Johanniterkomturei) 265, 289
Biel, Gabriel (Domprediger in Mainz) 285
   ›Expositio canonis missae‹ 285
›Binger Rotulus‹ (Eberbach [OCist]) 113
Birgitta von Schweden 190
Bissner, Elisabeth (Dominikanerin in St. Katharina in Straßburg) 146
Blarer, Albrecht (Bischof) 216
Blaubeuren (OSB) 11
Bockli, Elisabeth (Dominikanerin in Ötenbach) (*Elßbeth Böklj*) 337
Boethius 20
Bologna 6
Bonacursus de Gloria OP (Erzbischof von Tyrus) 123
Bonaventura OFM 121–123, 146
   ›Legenda sancti Francisci‹ 45, 148, 150
   ›Lignum vitae‹ 102, 121–126
Ps.-Bonaventura
   ›Meditationes vitae Christi‹ 146
Brandenburg, Hilprand (Biberacher Patriziersohn) 319f.
Brant, Sebastian 265
Braunschweig 63, 285
Bregenz 315
›Bremer Evangelistar‹ 283
Bremgarten (Kanton Aargau) 50
Bronnbach (OCist) 110f.
Brucker (oder Bruekerin), Maria (Reuerin in Straßburg) 264, 274
Brugg (Kanton Aargau) 252
Brunnadern (bei Bern), St. Bernhardsbrunn (Dominikanerinnen) 452–454
Buchhorn, Burg Löwental (Kanton Thurgau) 340
›Bůch der Tugenden‹ (›Der Tugenden Buch‹) 254, 256, 259, 342

Register historischer Personen, Werke und Orte

Buxheim
   Kartause 301, 303, 309f., 315–321
   Schloß 302

Cabelisin, Apollonia (Schwester in
   in Freiburg) 143
›Carmen in angelicam virginem Elizabeth‹
   465
Cassian 360
›Cent nouvelles nouvelles‹ 61
›Charta caritatis‹ (Cîteaux [OCist]) 130
Chrétien de Troyes
   ›Perceval ou le Conte du Graal‹ 3
   ›Erste Fortsetzung‹ 3
   ›Fortsetzung des Manessier‹ 3
   ›Zweite Fortsetzung‹ 3
   ›Elucidation‹ 3
›Christi Leiden in einer Vision geschaut‹ 279
Christina von Stommeln (Begine) 329–331, 354
›Christophorus‹, Verslegende C 205
›Christus und die minnende Seele‹ 143
›Chronik von Salmansweiler‹ (Salem [OCist]) 112
Chuono (Chŏno) (Mönch in Engelberg) 245
Cicero 44
Cîteaux (OCist) 113, 130
Clairvaux (OCist) 108
Clara von Assisi 269
Cluny (OSB) 128, 130–135, 139f.
›Codex aureus‹ (Lützel [OCist]) 110
›Codex Salemitanus‹ (Salem [OCist]) 112
Colin, Philipp (Straßburger Bürger) 1–3, 5
Colmar 164, 183
   OP-Konvent 159f.
   Minoritenkloster 167
   St. Martin (Stiftskirche) 167
   Unterlinden (Dominikanerinnen) 11, 160, 162, 171, 177, 184, 465, 467
Costnitzer Bisthumb s. Konstanz, Diözese
Coudrette
   ›Mélusine‹ 61, 68–70, 80
Curia (Familie in Konstanz) 223

David von Augsburg OFM 15, 390
›De jubilo spiritus‹ 314
›Der ewig Vrsprung‹ 141–144, 150f., 152f.
›Der Heiligen Leben‹ 260

Derendingen 104
›Der Tugenden Buch‹ s . ›Bŭch der tugenden‹
›Deutsches Gebetbuch‹ (Freiburger Klarakonvent) 142
Dießenhofen, St. Katharinental (Dominikanerinnen) 173–176, 181f., 332–333, 395
Diethelm von Steinegg (Konstanzer Domherr) 224
Dietrich von Apolda OP (*Diettrich von Appollay*) 311
Dietrich von Freiberg OP (Provinzial) 161, 177,182
Dietrich von Kolle OP (Provinzial) 177
Dionysius Aeropagita 52, 55
Ps.-Dionysius Aeropagita
   ›De theologia mystica‹ 103
   ›Von drei Lichtern‹ 193
Dominicus 405, 464
Dorlisheim (Johanniterkomturei) 93–95, 272
Dorothea von Kippenheim (Dominikanerin in Unterlinden)
   ›Ulrichsvita‹-Übersetzung 11
Dossenheim, Hugo (Altammeister in Straßburg) 280
Durandus, Guillelmus
   ›Rationale divinorum officiorum‹ 250

Eberbach (OCist) 106, 113, 246
Eberhard V., Graf von Württemberg 320
Maister Eberhart
   s. Eckhart, Meister
Ebner, Christine (Dominikanerin in Engelthal) 234
Ebner, Margareta (Dominikanerin in Maria Medingen) 234
Ebrach (OCist) 105f., 111, 114
Meister Eckhart OP (*maister Eghart/ Eberhart*) 84, 95, 170, 194, 250, 254, 272, 301–325, 345, 373, 376, 381, 385f., 398, 408
   ›Armutspredigt‹ (*Beati pauperes spiritu*) (›Ein Dialog über die Armut des Geistes‹) 304, 306
   ›Liber positionum‹ 310
   ›Von Abegescheidenheit‹ 161f., 309
   ›Von der êwigen geburt‹ (Zyklus zur ewigen Geburt des Wortes in der Seele) 304f., 307, 324

Eghenvelder, Liebhard (Stadtschreiber in Pressburg) 168
Eichstätt, St. Walburga (Benediktinerinnen) 145, 149
Eiken (bei Rheinfelden) (Kanton Aargau) 450f., 465
›Ein gütt mönsch begert von got‹ 403, 450
›Einsiedeln-Zürcher Lektionar‹ 266, 283
Elisabeth(a) von Eige (bzw. *Ayge, Eyge*)
 s. Elsbeth von Oye
Elisabeth von Ungarn (Dominikanerin in Töss) 344, 462
›Elisabethpsalter‹ 138
Elizabeth de Eycken (bzw. *Öyge*)
 s. Elsbeth von Oye
Elizabeth de Thurego
 s. Elsbeth von Oye
Ellma von Kriechstetten (Dominikanerin in Brunnadern oder Mariental) 456
Ellwangen (OSB) 107
›Elsässische Legenda Aurea‹ 183
Elsbeth von Beggenhofen (Subpriorin der Dominikanerinnen in Ötenbach) 449, 454, 457
Elsbeth von Eiken s. Elsbeth von Oye
Elsbeth von Oye (*Elsbeth von Eÿe*) (Dominikanerin in Ötenbach) 376, 395–400, 402, 404, 409, 449–458, 461–467
 ›Offenbarungen‹ 396–399, 402f., 454, 457f., 461
 s. auch ›Leben und Offenbarungen der Elsbeth von Oye‹
Engelberg
 St. Andreas, Frauenkonvent des Doppelklosters (OSB) 229–262, 342
›Engelberger Bibly‹ 332
›Engelberger Gebetbuch‹ 258f., 342
›Engelberger Predigten‹ 175f., 239, 241, 251, 255, 309
Ps.-Engelhart von Ebrach
 ›Das Buch der Vollkommenheit‹ 189, 194, 308
Engelinus von Braunschweig
 s. Becker, Engelinus
Engelthal (Dominikanerinnen) 115, 158, 234
Engerlin, Heinrich OP (Provinzial) (*bruder Heinr*) 453
Epp, Georg OP
 ›De illustribus viris ac sanctimonialibus O.P.‹ 463, 466

Erfurt 285f.
 Reuerinnenkonvent 270
 St. Peter (OSB) 135
Erhard von Dürningen (Priester) 96
›Es sprichet sant Iheronymus‹ 58
Eschbach 93
Eudes von Châteauroux (Bischof) 43
Eugen III., Papst (Papst Eugenius) 28, 36
Ey s. Oberei

Fabri, Johannes OCart (Prior in Buxheim) 317f.
Falkenstein, Familie von 109
Farer, Joannes (aus Ottobeuren oder Konstanz) 320
Feldkirch 18
Fischart, Johann
 ›Peter von Staufenberg‹-Bearbeitung 74
Florenz
 Monticelli (Klarissenkonvent) 121
 S. Croce (OFM) 122
Förster, Conrad OP (Subprior im Nürnberger OP-Konvent) 150
Franke, Johannes (von Köln) OP 310f.
Frankfurt am Main, Reuerinnenkonvent 271
Franz von Meyronnes OFM 58
Freiburg im Breisgau 6, 11, 142f., 251f., 263
 Kartause (*Cartusia Friburgensis*) 450, 466
 St. Agnes (Dominikanerinnen) 143
 St. Katharina (Dominikanerinnen) 143
 St. Klara (Klarissen) 142
 St. Maria Magdalena (Reuerinnen, später Dominikanerinnen) 151, 271–273, 288
Freiburg im Üchtland, Franziskanerkloster 265, 267, 286
›Freiburger Perikopen‹ 263–266, 275, 289
Freidank 308
Freising 222
Fricker, Johannes s. Friker, Johannes
Fridauer, Bartholomäus (Weltpriester, OSB in Engelberg) (*Bartholomäus Fridower*) 176, 241
Friedrich I. (Barbarossa), Kaiser 6
Friedrich Karl, Graf von Waldbott-Bassenheim 302
Friedrich (Probst des Dominikanerinnenklosters St. Katharina in St. Gallen) 333
Friker, Johannes (*Jo. Friker*) (Stadtschreiber in Luzern) 241, 252–256, 262, 341f.

Frienisberg (OCist) (Kanton Bern) 110
Frowin von Engelberg OSB (Abt) 242
›Fünfzehn Zeichen der Geburtsnacht
    Christi‹ 192, 195

Gaddi, Taddeo (Maler) 122
›Gebet- und Andachtsbuch‹
›Gebet- und Andachtsbuch‹ (Freiburger
    Klarissenkonvent) 142
›Gebetbuch‹ (St. Katharina, Straßburg) 146
›Gebetbuch‹ (St. Nikolaus in undis,
    Straßburg) 146
›Gebetbuch der Ursula Begerin‹, dt. 264,
    274f.
›Gebete für einen Sterbenden‹ 200
Gebhard III. (Bischof von Konstanz) 134
Gebweiler s. Guebwiller
Geiler von Kaysersberg, Johannes 264f.,
    273, 279–283, 285
    ›Die güldene Regel geistlicher Menschen‹
        273, 282
    ›Sieben Qualen der geistlichen Hölle auf
        Erden‹ (Predigt) 282
›Geistliche Schule darin man leret das abc‹
    276
›Geistliches Kloster‹ 192
Geps (Familie in Konstanz)
    Michahel 316
    Peter 316
Gerhard III., Graf von Geldern 8
Gerson, Johannes 282, 322
Gervasius von Tilbury
    ›Otia imperialia‹ 80
Gilbert de la Porrée 20
Giselher von Slatheim OP 374
Göfis (bei Feldkirch) 18
Gossembrot (Augsburger Geschlecht) 11
Gottesfreunde 83–97
Gottesthal (Rheingau) (Zisterzienserinnen)
    246
Gottfried von Straßburg
    ›Tristan‹ 393
Göttweig (OSB) 131
›Graf Rudolf‹ 70
Gräter (oder Graitenaw), Joannes (Wilhelm,
    Friedrich?) (Biberacher Patrizier) 323
Graz 63
›Grazer Marienleben‹ 45, 58
Gregor der Große 349, 417, 459
    ›Dialogi de vita et miraculis patrum
        italicorum‹ 321

›Expositiones in primum regum‹ 367
›Moralia in Iob‹ 349, 367
Gregor IX., Papst 42, 271, 277
Groenendal (Priorat der Augustiner-
    chorherren) 92
›Großes Gebet der Eidgenossen‹ 258
›Großer Tauler‹ 170
Gryer (Gyer), Petrus (Petrus de Biel) (Kar-
    täuser in Buxheim) 319
Gueberschwihr (Gebersweiler) 164
Guebwiller (Gebweiler)
    OP-Konvent 286
Günterstal (Zisterzienserinnen) 105–107,
    109, 114
›Günterstaler Güterbuch‹ 107
Guota (Meisterin im Benediktinerinnen-
    kloster Engelberg) 245
Gutenzell (Zisterzienserinnen) 115
Güterstein (OCart) 317
Gyer, Petrus s. Gryer, Petrus

Habernaß, Konrad (Kantor des Konstanzer
    Stifts St. Johann) 224
Habsburger (Dynastie) 238, 258
    Rudolf von Habsburg, dt. König 238
Hadewijch (Adelwip) 83–97
Hadlaub, Johannes 216
Haguenau (Hagenau)
    Johanniterkomturei 93
    St. Katharinenklause (*frouwen zu sancte
        katherinen der Johanserin*) 84f., 93, 272f.
    Reuerinnenkonvent 272, 281
Hainrich von Roggwiele 333
Haller, Kunigunde (Priorin des
    Dominikanerinnenkloster St. Katharina
    in Nürnberg) 150
Haller, Magdalena (2. Ehefrau des Hartmann
    Schedel) 150
Hartmann von Aue
    ›Erec‹ 67
Hasenclow, Petrus (Colmarer Bürger)
    165f., 172, 187, 201, 207f.
Haspel 219
Heidelberg 63, 312
Heiligkreuztal (Zisterzienserinnen) 106
Heimbach (Diözese Speyer) (*Heynbach*) 96
Heimo (Haimo) von Hirsau OSB 136
Heinrich von Dießenhofen (Konstanzer
    Domherr) 221f., 224
Heinrich von Gerlingen (*Heinrice
    von Gerlingen*) (Luzerner Bürger) 256

Heinrich von Hewen (Domprobst von Konstanz) 224
Heinrich von Klingenberg (Bischof von Konstanz) 215f.
Heinrich von Langenstein
›Speculum anime‹ (›Commendatio animae‹) 200
Heinrich von Mehlishofen (Konstanzer Stiftsherr) 222
Heinrich von München
›Weltchronik‹ 56
Heinrich von Nördlingen 90–93, 95, 234
Heinrich von Rumersheim (Chorherr) 93
Heinrich von St. Gallen
›Marienleben‹ 58
›Extendit manum‹ (Passionstraktat) 283
Heinrich von Veldeke
›Eneit‹ (›Eneasroman‹) 6
Heinzelin von Konstanz 222
Hel, Erhard OP (Lektor) 177
Helisabet de Ayge
s. Elsbeth von Oye
Hemmel, Peter (von Andlau) (Glasmaler) 281
Hermann von Fritzlar
›Heiligenleben‹ 348
Hermann von Minden OP (*Hermannus von Minda*) (Provinzial) 452
Hermann von Stockach (Konstanzer Domherr) 219, 223
Hermetschwil (Benediktinerinnenkloster) (Kanton Aargau) 241
Herrenalb (OCist) 110f., 114
Hertwig von Dierberg OP 462
Hieronymus (*Jeronimus*) 43
Hilarius von Poitiers
›De trinitate‹ 459f.
Hilta von Oppfinkon
s. Mechthild von Opfikon
Hiltalingen, Johannes
s. Meister des Lehrgesprächs
Himmel, Johannes (von Weits) (*Hansz Himel*) (Rektor der Universität Wien) 177, 179
Hirsau 128–140
St. Peter und Paul (OSB) 135
Hirzelin 216
›Histoire de la belle Mélusine‹ 64
›Historia primitiva‹ (Bronnbach [OCist]) 111

›Hochalemannische Predigten‹ 174f., 180–182, 196–198
Honorius Augustodunensis
›Clavis physicae‹ 321
Horaz 44
›Hortulus animae‹ 200
Hugo von Cluny OSB (Abt) 132
Hugo de Folieto CanAug
›De claustro animae‹ 138
Hugo von St. Cher 58
Hugo von Trimberg 46
›Der Renner‹ 44
Humbert von Romans OP (Ordensgeneral) 271
›Expositio regulae b. Augustini‹
s. ›Regula S. Augustini‹, dt.

Ida von Boulogne 8
Iglau 63
Ingolt, Katharina (*Katerin Ingoltin/ Katherina Ingoltin*) (Reuerin in Straßburg) 149, 264, 275f., 278f., 283
Innozenz II., Papst 139
Innozenz IV., Papst 271
Innsbruck 307
Interlaken (Augustinerinnen) (Kanton Bern) 453
Inzigkofen (Augustinerchorfrauenstift) 9f., 165
Isny 221

Jacobus a (de) Voragine OP
›Legenda aurea‹ 60, 175, 204, 348, 458f.
Jakob von Paradies OCart (Theologe und Reformschriftsteller) 322
Jauer, Nikolaus 177, 180
Jean d'Arras
›Mélusine‹ 61
Jean, duc de Berry 61
Johann Friedrich Karl, Reichsgraf von Ostein 302
Johann von Böhmen, König 7f.
Johann von Konstanz 216
Johann von Ravensburg 223
›Vita Bischof Nikolaus' von Frauenfeld‹ 223
Johannes Evangelista 397f., 408, 444–447
Johannes von Bolsenheim OSB (Prior von Engelberg) 241

Johannes von Brandenturn 177, 179
Johannes von Freiburg OP
 ›Confessionale seu Tractatus de instructione confessorum‹ 333
Johannes von Mailliaco OP (Jean de Mailly) 60
Johannes von Nördlingen 310
Johannes von Ravensburg OP 255, 340f.
Johannes von Sterngassen OP 310f., 314
Julian (Kardinalpriester von St. Sabina) 280

Kaiserstuhl, Terminhaus der OP (Kanton Aargau) 340
Kaisheim (*Keizheim*) (OCist) 103, 106, 111, 114, 122, 243
Kalteisen, Heinrich OP 177f., 180
Kappel (OCist) (Kanton Zürich) 110
Karl der Große, Kaiser 135
Karl IV., Kaiser 225
Karlsruhe 141
›Karwochenbüchlein‹ 248f.
›Katharina-Legende‹, dt. 275
Katharina von Gebersweiler (Gueberschwihr) (Priorin in Unterlinden) 449, 462, 467
 ›Unterlindener Schwesternbuch‹ 465
›Kindheitserzählung des Thomas‹ 59
Kinigin, Ita (Dominikanerin in Brunnadern oder Mariental) 456
›Klarenbuch‹ 143, 146, 149, 155
Knap, Erhart OCart (Buchmaler) 264, 278
Köln 10, 285
 Reuerinnenkonvent 271f.
Königsbronn (OCist) 110f.
Konrad (Mönch in Hirsau)
 s. Peregrinus
Pfaffe Konrad
 ›Rolandslied‹ 233
Konrad von Ammenhausen
 ›Schachzabelbuch‹ 168
Konrad von Fußesbrunnen
 ›Die Kindheit Jesu‹ 45, 58
Konrad von Heimesfurt
 ›Urstende‹ 45, 58
 ›Von unser vrouwen hinvart‹ 45, 58
Konrad von Klingenberg (Konstanzer Domherr?) 224
Konrad von Lustnau OCist (Abt von Bebenhausen) 104

Konrad von Würzburg
 ›Die goldene Schmiede‹ 95, 288
 ›Der Welt Lohn‹ 176
Konstanz 134, 220–222, 227, 340
 Bischofshof 215, 217, 219–226
 Diözese 128, 222, 225, 332f., 463f., 466
 Haus zur Kunkel 219, 223
 Kanzlei 221
 Minoritencustodie ›am See‹ 315
 Münster 224
 St. Johann (Stadtstift) 223f.
 St. Nikolaus (OP-Konvent) 174, 341
›Konstanzer Liebesbriefe‹ 219
›Konstanzer Weltchronik‹ 219
Kreutzer, Johannes OP 285f.
 ›Geistliche Ernte‹ 275
 ›Geistlicher Mai‹ 275
 ›Geistliche Martinsnacht I und II‹ 276
 ›Herbstjubel I-II‹ 275
Kreutzer, Markus OCart 319
Krontal (OCist Niederelsaß) 272

›Landgrafenpsalter‹ 138
Lauber, Diebold 243
Laufenberg, Heinrich 10
Laupheim (bei Biberach) 18
›Leben Jesu‹ 146, 148, 156
›Leben und Legend der seligen Sanct Elysabethen‹ (›Vita‹) 143, 145, 154
›Leben und Offenbarungen der Elsbeth von Oye‹ (*Puchlein des lebens und der offenbarung swester Elsbethen von Oÿe*) 395–467
›Leben vnsers aller seligsten vatter Sanctus Franciscus‹ 144
›Legendar des Marquard Biberli‹ s. ›Solothurner Legendar‹
›Legende Johannis des Evangelisten‹ 151
›Lehre vom vollkommen Leben‹ 187
›Lehren für anfangende, zunehmende und zur Vollkommenheit strebende Menschen‹ 309
›Lehrsystem der deutschen Mystik‹ 201
Lexington, Stephan OCist (Abt von Clairvaux)
 ›Registrum epistolarum‹ (›Briefbuch‹) 113
›Liber vitae‹ (*lebend bůch*) (St. Michael in Bern) 451f., 456f.

›Liber ordinarius‹ (Rheinau [OSB]) 129, 132
Lichtenthal (bei Baden-Baden)
  (Zisterzienserinnen) 146, 151
›Liden vertilget vil sunden‹ 194
Lieberin, Felicitas (von Ulm)
  (Dominikanerin in Medlingen) 178f.
›Liederhandschrift X‹ 219, 221
›Lignum vitae‹ s. Bonaventura
Lochner, Stephan (Maler) 148
Lübeck 63
Lucelle (Lützel) (OCist) (Oberelsaß) 110
Ludolf von Sachsen
  ›Vita Christi‹ 146, 256
Ludwig der Bayer 340
Lusignan (Adelsgeschlecht) 61
Luther, Martin 283
  ›Tischreden‹ 74
Lüttich, St. Jakob 122
Lützel s. Lucelle
Luzern 245, 252, 257f., 262, 341f.
  St. Leodegar im Hof (Benediktinerstift) 252, 258, 262, 341

Magdalena von Freiburg (Magdalena Beutler)
(Klarissin in Freiburg)
  ›Erklärung des Vaterunser‹
  (›Paternoster-Gebetbuch‹) 10
Mainz 6
  Reuerinnenkonvent 272
  St. Michaelsberg (OCart) 285, 316
›Manessische Liederhandschrift‹ 216
Mantua 312
Margarete von Waltersberg (Benediktinerin in Engelberg) 257
Margaretha am Grund (Benediktinerin in Engelberg) 258
Margaretha zum goldenen Ring (Basler Bürgerin) 92, 185
Maria Medingen (Gemeinde Mödingen) (Dominikanerinnen) 178, 234
Marquard von Lindau OFM 221, 256, 261, 309f., 314, 322, 373, 376, 385f., 388f.
  ›Dekalogerklärung‹ (›Erklärung der zehn Gebote‹) 171, 191
Martial 44
Martin V., Papst 322
Matthaeus de Ursinis (Kardinal) 462
Matthias von Beheim 283
Maulbronn (OCist) 110f., 114
Mechthild de Ripa (Priorin im Dominikanerinnenkonvent Brunnadern) 453

Mechthild von Magdeburg
  ›Das fließende Licht der Gottheit‹ 87, 90, 94, 161–163, 179, 182, 203f., 214, 234, 390
Mechthild von Opfikon (Dominikanerin in Ötenbach) 449, 457
Mechthild von Růsinkin (Dominikanerin in Brunnadern oder Marienthal) 456
Mechthild von Seedorf (Stifterin von St. Michael in Bern) 452
Medingen (bei Lüneburg)
  (Zisterzienserinnen) 255
Medlingen (heute Obermedlingen bei Lauingen) (Dominikanerinnen) 178, 181
Mehrerau (OSB) 315
Meiger, Johannes OCist 108
Meigerin, Anna (Äbtissin von Günterstal) 109
Meister des ›Frankfurter Paradiesgärtleins‹ 141, 148
Meister des Lehrgesprächs (Johannes Hiltalingen OESA?)
  ›Des menschen adel, val vnd erlösunge‹ (›Audi-filia-Dialog‹) 163, 165, 169, 201
›Meister Eckhart und der nackte Knabe‹ 173
Melburg, Klaus 280
Melk (OSB) 240
Memmingen 302, 318f., 323
›Memoriale‹ (Bronnbach [OCist]) 112
Menger, Konrad 257f.
Mentel(in), Johannes
  ›Mentelinbibel‹ 283
Merswin, Rulman 91–93, 185
  ›Bůch von den drien durchbrüchen‹ (zugeschrieben) 254
  ›Büchlein von den vier Jahren seines anfangenden Lebens‹ 382
  ›Meisterbuch‹ 254
Metensis, Johannes OFM 122
Meyer, Johannes OP 338, 395, 399, 452
  ›Buch der Ämter‹ (auch ›Ämterbuch‹ oder ›Amtbuch‹) 149
  ›Buch der Ersetzung‹ 449, 451, 456, 462, 464
  ›Chronica brevis Ordinis Praedicatorum‹ (›Chronik der Generalmeister Predigerordens‹) 165, 338
  ›Liber de illustribus viris Ordinis Praedicatorum‹ 338, 450, 463

Michael de Leone
> Hausbuch‹ 222
› Manuale‹ 222
Michael de Massa OESA
› Vita Christi‹ 146f.
Mickel, Johannes OCart (Prior in Buxheim) 318, 320f.
Mindelheim 318
Mirer, Walther 255
Moggio (OSB) 128
Mönch von Heilsbronn OCist 170, 373, 376, 385–389
› Buch von den sechs Namen des Fronleichnams‹ (›Von den sechs Namen der Eucharistie‹) 203
Montceaux-l'Eglise (OSB-Priorat) 134
Montfort, Grafen von 315
Mörlin, Margareta (Ehefrau von Hans Stöckli) 18
Müller, Johannes (Schreiber) 221
Münsterlingen (Chorfrauenstift) (Kanton Thurgau) 341
Munthart, Paulus 264, 276f., 281–285
› Ritus administrandi infirmos et sepeliendi‹ lat. 264, 283f.
› Ritus administrandi infirmos et sepeliendi‹ dt., einzelne Texte lat. 276f., 285f.
Muntprat, Elisabeth (Dominikanerin in St. Katharina in St. Gallen) 165
Muri (OSB Doppelkloster) (Kanton Aargau) 259
Mütinger, Johannes 219, 221

Nagolten, Prediger von 170f., 200
Neuburg (Neubourg) (OCist) 110
Neuenkirch (Kanton Luzern) Reuerinnenkonvent 271
Nideggen (Stadt bei Düren) 330
Nider, Johannes OP
› Die 24 goldenen Harfen‹, dt. 276, 285, 345, 347
Nidwalden (Kanton Nidwalden) 258
Brůder Nicolaus (Deutschherr) 95
Nikolaus von Löwen 95, 254
Nikolaus von Sachs OP (Lektor) 173
Nikolaus von Straßburg OP 180f., 190
Notker I. von St. Gallen
› Liber hymnorum‹ 132

Nürnberg 63, 158f., 184, 261, 313, 400
St. Katharina (Dominikanerinnen) 10, 158, 170f., 173, 181, 184, 250f., 260, 313, 395

Oberei (bei Bern) (Kanton Bern) 452
Obwalden (Kanton Obwalden) 258
Odo/Udo von Châteauroux s. Eudes von Châteauroux
Offenbach, Heinrich (Kanoniker aus Isny) 219, 221
Offenburg 284
› Ordnung der geistlichen Einkleidung in dem Orden der heiligen Mariae Magdalenae in Strasburg‹ 278
› Ordnung zu Reden‹ 278
› Ordo recipiendi virginem ad annum probationis in Ordine monalium Sanctae Mariae Magdalenae‹ 278
Ortolf von Baierland
› Arzneibuch‹ 386
Orvieto, S. Giovenale 122
› Ötenbacher Schwesternbuch‹ 395, 399–449, 455, 457, 462
Otloh von St. Emmeram OSB 136
Ottenrüti, Johannes OSB (in Engelberg) 259
Otto der Bogner (Augsburger Bürger) 6
Otto von Gisenstein (Gysenstein) 452
Otto von Hachberg (Bischof von Konstanz) 216
Otto von Passau OFM 261
› Die vierundzwanzig Alten‹ 183, 242
Otto von Rhineegg (Generalvikar in Konstanz) 223
Ottobeuren (OSB) 321
Ouw, von (Zürcher Familie) s. Zürich
Ovid 44
Oye, von (Berner Patrizierfamilie) 452f., 456
Anna 452
Conradus de Oeia (Konrad von Oye) 452
Elsbeth s. Elsbeth von Oye

Pacino di Buonaguida 121
Pairis (OCist) (Oberelsaß) 110
› Papst und Kaplan‹ 200
› Paradiesgärtlein‹ s. Meister des › Frankfurter Paradiesgärtleins‹

›Paradisus animae intelligentis‹ (›Paradis der fornuftigen sele‹) 308, 374
Paris, Universität 58
Partenay, Grafen von
    Guillaume VII Larchevêque 61
    Jean II 61
Paulinzella (Benediktinerinnen) 136
Paulus, Apostel 27, 29–31, 33, 35–37, 55, 360, 406, 459f.
Pavia 307f., 319
Peregrinus, alias Konrad OSB (Mönch in Hirsau) 138
Peter von Gengenbach OP (Vikar in St. Nikolaus in undis) 280
Peter von Jülich (Petrus Juliacensis) 319
Peter von Lahr 462
Petershausen (OSB) 134
Petrus de Biel s. Gryer, Petrus
Petrus Lombardus 378
Petrus von Palma 467
Pforzheim
    Dominikanerinnenkonvent 181
    Reuerinnenkonvent (später Dominikanerinnenkonvent) 271
Pherekydes von Syos 44
Philipp, Bruder OCart
    ›Marienleben‹ 45, 55–59
Philipp der Gute, Herzog 6
Pine, Samson 2f., 5
Pistoia, S. Francesco 122
Pius II., Papst 312
Podio 467
›Pommersfeldener Johannes-Libellus‹ 174f.
›Prosalancelot‹ 5
›Protevangelium des Jakobus‹ 43, 58
Prüfening (OSB) 135
›Pseudo-Matthäus-Evangelium‹ 59
Puchlein des lebens und der offenbarung swester Elsbethen von Oÿe
    s. ›Leben und Offenbarungen der Elsbeth von Oye‹

Ransanus, Petrus
    ›Vita des hl. Vinzenz Ferrer‹ 161, 164f., 183f., 198f.
Rapperswil, Terminhaus der OP (Kanton St. Gallen) 340
Rappoltstein, Grafen von 1, 5–8
    Johann 7
    Ulrich V. 1, 5–8

›Rappoltsteiner Parzival‹ 1–3, 5–8
›Rappoltsteinisches Urkundenbuch‹ 6
Rasser, Rudolphus (aus Basel) 320
Ravensburg 315
Ray, Johannes (aus Aachen) 323
›Raymond de Château-Rousset‹
    s. Gervasius von Tilbury, ›Otia imperialia‹
›Regel der Klausnerinnen‹ 316
›Regel der Sanct Clara swestern orden‹ 143, 149
›Regel des Ordens Marie Magdalene‹ 277
Regensburg,
    Reuerinnenkonvent (ab 1281 Klarissenkonvent) 271f.
    St. Emmeram (OSB) 132f.
›Regula Marie‹ 45
›Regula S. Augustini‹, dt. 275
Regula, Schwester OCist (Lichtenthaler Schreibmeisterin) 147f., 151, 156
›Relatio Dietheri‹ (Bronnbach [OCist]) 111
Rheinau (OSB) (Kanton Zürich) 129, 334
Rheinfelden (Kanton Aargau) 450
Reinhardsbrunn (OSB) 138
Richel, Bernhard (Basler Drucker) 63f.
Richental, Ulrich (Domherr in Konstanz) 224
Rode, Johannes OCart (Abt von St. Matthias in Trier) 322
Rom 284
    St. Sixtus (Dominikanerinnen) 271
Rottenmünster (Zisterzienserinnen) 106
Rouffach (Ruffach) 164
Rudolf von Liebegg
    ›Pastorale novellum‹ 222
Rudolf IV., Markgraf von Hochberg, Graf von Neuenburg 61f.
Johannsen Rükomen (Konstanzer Bürger) 333
Ruprecht von der Pfalz (Bischof von Straßburg) 281
Ruusbroec, Jan van 86, 92
    ›Die chierheit van der gheestelijker brulocht‹ (›Brulocht‹/›Büchlein von der geistlichen Hochzeit‹) 10, 90, 92, 96

S. Leo (bei Bitonto) 122
S. Maria del Casale (bei Brindisi) 122
Salem (OCist) 102, 104, 110–112
Sallust 101
    ›Bellum Jugurthinum‹

Salme von Kilchberg (Dominikanerin in Brunnadern oder Mariental) 456
Sarnen (Kanton Obwalden)
Savigny (OCist) 113f.
Schaffhausen 223, 241
Allerheiligen (OSB) 135
Schedel, Hartmann 150
Schedelin (Colmarer Bürgerfamilie)
  Cůntzman 183
  Heinrich (Hennyn) 165–167, 183
  Johannes (Hans) 157–214
Scherl, Johannes OP (Probst und Lektor in St. Katharina in St. Gallen) 165
Schmid (Familie)
  Hartmann 257
  Rudi (Zürcher Bürger) 257
Schönau (OCist) 108, 110f., 114
Schönensteinbach (Dominikanerinnen) 171f., 181, 313
Schöntal (OCist) 110f.
Schulmeister, Nikolaus (Luzerner Stadtschreiber) 256f., 262
Schuttern (Ortenau) (OSB) 129
Schwyz 258
  Dominikanerinnenkonvent 331
›Secretum secretorum‹ 392
Seitz (OCart) 55
Sempach (Kanton Luzern) 258
Seneca 33
Sesto al Reghena (OSB) (bei Udine) 122
Seuse, Heinrich OP 221, 261, 320, 327, 336–339, 348–365, 373f., 449, 462
  ›Briefbüchlein‹ (›Kleines Briefbuch‹) 307, 338, 344, 348f., 354, 359–362, 364
  ›Büchlein der ewigen Weisheit‹ 162, 170, 194, 251, 254f., 261, 331, 333f., 336, 339f., 343f., 352–360, 363f.
  – mit den ›Hundert Betrachtungen‹ 162, 251, 254
  ›Büchlein der Wahrheit‹ 344
  ›Exemplar‹ 96, 251, 255, 336, 344
  ›Großes Briefbuch‹ 308, 327, 344, 347–350, 365
  ›Horologium Sapientiae‹ 331, 339, 343, 345, 361, 364, 371
  ›Lectulus noster floridus‹ 198
  ›Minnebüchlein‹ (›Minneregel‹) 308, 344, 350
  ›Vita‹ 307, 337–339, 344f., 352f., 356–358, 360–364, 455

Sibilla von Bondorf (Klarissin in Freiburg) 45, 142–146, 148–151, 154f.
Sigeboto von Paulinzella OSB
  ›Vita Paulinae‹ 136
Sittard, Konrad (Conrad Zittard)
  ›Kurtze Chronica der General Maister O.P.‹ 450, 464
Sixtus IV., Papst 281
Sölden (Benediktinerinnenkonvent) 10
›Soliloquium quod habuit Jesus cum Maria matre sua‹ 45
›Solothurner Legendar‹ 204, 327–331, 339f., 344, 346, 348, 350–357, 360, 364f., 368f.
›Spamerscher Mosaiktraktat‹ 194
›Speculum artis bene moriendi‹ 171, 200
›Speculum humanae salvationis‹ 263
›Speculum theologiae‹ 122f.
›Speculum virginum‹ 138, 140
Speyer
  Reuerinnenkonvent (ab 1303 Dominikanerinnenkonvent) 271
›Spiegel menschlicher behaltnis mit den episteln und den evangelien‹ 263, 265, 286, 291
›Sprüche der zwölf Anachoreten‹ 175
St. Blasien (OSB) 107
St. Gallen
  St. Katharina (Dominikanerinnen) 9–11, 165, 333, 343
St. Georgen (OSB) 15, 131
›St. Georgener Predigten‹ 13–37, 180
›St. Katharinentaler Graduale‹ 332
St. Maximin (bei Marseille) 282
St. Paul im Lavanttal 142f.
St. Urban (OCist) (Kanton Luzern) 110
Stagel (Zürcher Familie)
  Elsbeth (*Elyzabeten Staglin*) (Dominikanerin in Töss) 255, 337–340, 348, 354, 357, 360–362, 449, 462, 464
  fridrih 255, 337
  Konrad 337
  Margarete 255, 337
  Otto 255, 337
  Růdolf 255, 337
  Růdolf (jun.) 255, 337
Staheler (von Sachsbach), (Straßburger Altammeister) 280
Stans (Kanton Nidwalden) 241
Staufenberg, Familie von 109

Elisabeth Steiglin (Dominikanerin) 464
Steill, Friedrich 466f.
    ›Ephemerides dominicano-sacrae‹ 467
    ›Geistlicher Lustgarten des
    Hl. Predigerordens‹ 466
Steimer, Magdalena (Klarissin in Freiburg, später in Straßburg) 155
Steinbach, Ulrich OCart
    ›Liber benefactorum‹ 303
Steinschaber, Adam (Drucker in Genf) 64
Stingeler, Ursula (Reuerin in Straßburg) 264, 277
Stöckli, Hans (Stadtammann von Feldkirch) 18
Straßburg 10, 63, 84, 251f., 262, 264–272, 279f., 286
    Blenkelinhof (in der Utengasse, heute rue Sainte-Madeleine) 281
    Diözese 274, 277
    Gottesfreunde 10
    Johanniterkommende auf dem Grünenwörth 93, 96
    Jung St. Peter (Kanoniker) 281, 284
    Kartause 256, 278
    OP-Konvent 256
    St. Agnes (Dominikanerinnen) 145, 148, 281, 288
    St. Margaretha (Dominikanerinnen) 145, 148, 288
    St. Klara auf dem Wörth (Klarissen) 142
    St. Maria Magdalena (Magdalenenkloster) (Reuerinnen) 149, 263–300
    St. Nikolaus in undis (Dominikanerinnen) 85, 87, 95f., 149, 151, 172f., 177, 181, 265, 273, 280, 286, 288
    St. Stephan (adliges Damenstift) 288
    St. Thomasstift (Kanoniker) 281, 284
Stülinger, Margarethe (Dominikanerin in Ötenbach) 399
Stuttgart
    Heilig-Kreuz-Stift 320
Sudermann, Daniel 84, 86f.
›Südmittelniederländische Legenda Aurea‹ 259
Sütrin, Gret *(gret Sütrin)* (wohl Maria Margaretha Sutterin in Thalbach) 307

Tauler, Johannes OP 10, 91–93, 170, 250f., 254, 261, 305, 310, 314, 322, 345, 352, 355, 373–394, 449, 462
    ›Von den zwölf nutzen unsers herren lîchames‹ 170
Ps.-Tauler-Predigt
    ›Von dreierlei Abenden‹ 170, 204
Tennenbach (OCist) 105–111, 114
›Tennenbacher Güterbuch‹ 107–109, 118
Terenz 8
Thalbach (franziskanische Tertiarinnen) 307, 315, 325
Thanner, Matthias OCart 406, 463–465
    ›Vita et doctrina venerabilis Elisabeth ex Eicken‹ 400, 403, 450
    ›De vitis aliquot aliarum virginum‹ 465
Thomas (Hemerken) a Kempis 317
    ›De imitatione Christi‹ 276
Thomas von Aquin OP 398, 405, 417
    ›Summa theologica‹ 383
Thomas von Wien 177
Thüring von Ringoltingen
    ›Melusine‹ 61–82
Tiefenthal (Zisterzienserinnen) 246
›Tleven ons heren Ihesu Cristi‹ 147
Tortsch, Johannes
    ›Bürde der Welt‹ 190
Töss (Kanton Zürich), Dominkanerinnen 255, 331f., 336, 339f., 364, 395
›Tösser Schwesternbuch‹ 338f., 344
Tournai 7
Trient, Konzil 237
Trithemius (Tritheim), Johannes OSB 138
›Trivulzio-Bibel‹ 122
Tübingen 102, 104, 123

Ulrich vom Grünenwörth 180f.
Ulrich von Klingenberg (Konstanzer Domherr/Reichsvogt) 224
Ulrich von Rappoltstein
    s. Rappoltstein, Grafen von
Ulrich von Türheim
    ›Rennewart‹ 6
Unter Oyen (Geschlecht in Uri) 450
Uri 258, 450

Vannes 165
Varnbühler, Angela (Engel) OP (Priorin von St. Katharina in St. Gallen) 10

›Vaterunserauslegung‹ 188f.
Venturin von Bergamo OP 462
Villingen 10
  Bickenkloster (Klarissen) 149, 151
Vinzenz von Aggsbach OCart 322
Vinzenz von Beauvais OP 60
  ›Speculum historiale‹ (›Weltchronik‹) 102
Viol, Walpurga (Benediktinerin in
  Engelberg) 239
›Vita beate virginis Marie et salvatoris
  rhythmica‹ (›Vita Rhythmica‹) 41–60
›Vita S. Augustini‹, dt. 275
›Vitaspatrum‹ 243, 274, 360
Vogt, Elisabeth (Klarissin in St. Klara
  in Freiburg) 154
Volmar von Hirsau OSB (Abt in Hirsau)
  139
›Vom Leiden‹ 344
›Vom Nutzen des Leidens‹ 204
›Vom Schweigen‹ 189
›Von den drîn fragen‹ 254
›Von den Geboten des Neuen Testamentes‹
  170, 203
›Von den Seelen im Fegefeuer‹ 171
›Von den zweiundzwanzig Zeichen der
  Geburt Christi‹ 191
›Von drei geistlichen Festen‹ 190
›Von dreierlei Wesen der Menschen‹ 315
›Von göttlicher Güte‹ 170, 203
›Von Pfaffen, die spielen und trinken‹ 189
›Von Sündenvergebung‹ 190
›Von sweygen chumt vil nutz‹ 189
›Von vier Lichtern‹ 193
Vordere Au (bei Einsiedeln)
  (Frauengemeinschaft) (Kanton Schwyz)
  234
›Vorsmak des êwigen lebennes‹ 312

Walter von Neunkirch (Chorherr zu
  St. Johann in Konstanz, Kustos)
  219, 223
Walther I. von Iberg OSB (Abt in
  Engelberg) 244f.
Walther II. von Cham OSB (Abt in
  Engelberg) 245
Walther von Rheinau
  ›Marienleben‹ 45, 50f., 57–59
›Wasserburger Codex‹ 219
Weingarten (OSB) 107, 129
›Weingartner Liederhandschrift‹ 219

Weissenau (bei Ravensburg) (OPräm) 315
Weißenburg s. Wissembourg
Weißenhorn 318
Waidmann (Weitmann), Johannes OCart
  *Fünfftzich Artickl des leidenns und
  sterbenns Christi* 318
Wels, Conradus 323
Werner von Wollishofen (Stiftsherr in
  Konstanz) 222
Wernher der Schweizer
  ›Marienleben‹ 45, 52–58
Wernher, Priester
  ›Driu liet von der maget‹ 45f., 58
Wettingen (OCist) (Kanton Aargau) 110
Wien 216, 307, 319
Wigg, Johannes (aus Isny) 319
Wilhelm von Hirsau OSB 135–137
  ›Constitutiones Hirsaugiensis‹ 131–133
Wilhelm von Saint-Thierry OSB/OCist
  ›Epistula ad fratres de Monte Dei‹
  (›Aurea epistola‹) 349
Wilhelm von Zell 318
Williram von Ebersberg OSB
  ›Expositio in Cantica Canticorum‹
  (›Hoheliedkommentar‹) 136
  ›Vita Sancti Aurelii‹
  (›Aurelius-Vita‹) 136f.
Wimpfeling (Wimpheling), Jakob 365
Winterthur 340, 343
  Heiligberg (Chorherrenstift) 340
Wirnt von Grafenberg
  ›Wigalois‹ 168, 176
Wisse, Klaus (Straßburger Bürger) 1–3, 5
Wissembourg (Weißenburg) (OSB) 272
Wittenwiler, Heinrich
  ›Der Ring‹ 216
Wolfram von Eschenbach
  ›Parzival‹ 1–3
Worms, Reuerinnenkonvent 271f.
›Wunder der Hl. drei Könige‹ 192, 195
Wurzbach 320
Würzburg 222
  Franziskanerkloster 94

Zainer, Günther (Drucker in Augsburg) 264
›Zehn Gebote und Ägyptische Plagen‹ 192
Zenlin, Johannes OCist (Abt von
  Tennenbach) 107
Zierer, Johannes OP 285
  ›De imitatione‹-Übersetzung 271, 276,
  286

›Zimmerische Chronik‹ 221
Zofingen (Kanton Aargau) 10
›Zürcher Wappenrolle‹ 219
Zürich
   diocesis castri Thuricensis 463
   Lindenhof 219
   Manesse-Kreis 215
   Ötenbach (Dominikanerinnen) 257, 331f., 334, 395, 405f., 409, 449, 452, 453f., 456, 464

Pfrundhaus St. Jakob 332
von Ouw (Familie) 450

Zwiefalten (OSB) 129, 135, 139
›Zwiefaltener Passionale‹ 136
›Zwölf Artikel des Apostolischen Glaubensbekenntnisses gegen die Anfechtung dreier Feinde‹ 189
›Zwölf gute Menschen und der Jüngling‹ 195
›Zwölf Räte Jesu Christi‹ 342

Handschriftenregister

Aarau, Staatsarchiv Aargau
    MsMurQu 5 (olim: Co. Muri 85) *332*

Annaberg (Erzgebirge), Kirchenbibliothek
    Cod. 329 (olim: D 187) *205*

Augsburg, Staats- und Stadtbibliothek
    2° Cod. 151 *264*
    2° Cod. 231 *171, 200*

Augsburg, Universitätsbibliothek
    Cod. I.3.8° 10 *202*
    Cod. III.1.4° 8 *171, 200*
    Cod. III.1.4° 9 *190, 194*
    Cod. III.1.8° 23 *193*
    Cod. III.1.8° 29 *192f.*
    Cod. III.1.8° 37 *190*

Bamberg, Staatsbibliothek
    Cod. Hist. 148a *188*
    Cod. Lit. 110 *149, 151*

Basel, Universitätsbibliothek
    Codex A VI 38 *151*
    Codex A VIII 58 *96*
    Codex B IX 15 *200*
    Codex B XI 10 *314*
    Codex E III 12 *463*
    Codex E III 13 *171*
    Codex G² II 58 *328*

Berlin, Staatsbibliothek zu Berlin – Preussischer Kulturbesitz
    Ms. germ. fol. 741 *178–181, 196–198*
    Ms. germ. fol. 863 *274*
    Ms. germ. fol. 986 *310*
    Ms. germ. qu. 90 *178*
    Ms. germ. qu. 149 *84, 86, 172, 195f.*
    Ms. germ. qu. 164 *273*
    Ms. germ. qu. 166 *177, 179f.*
    Ms. germ. qu. 171 *178*
    Ms. germ. qu. 189 *178*
    Ms. germ. qu. 191 *95, 399f.*
    Ms. germ. qu. 192 *171*
    Ms. germ. qu. 193 *347*
    Ms. germ. qu. 197 *273*
    Ms. germ. qu. 199 *182*
    Ms. germ. qu. 202 *273*
    Ms. germ. qu. 206 *96, 177, 179f.*
    Ms. germ. qu. 866 *251*
    Ms. germ. qu. 1131 *194*
    Ms. germ. qu. 1132 *312f.*
    Ms. germ. qu. 1133 *180*
    Ms. germ. qu. 1187 *149*
    Ms. germ. qu. 1588 *178*
    Ms. germ. qu. 1589 *188*
    Ms. germ. qu. 1877 *275, 278f.*
    Ms. germ. qu. 1929 *181*
    Ms. germ. oct. 12 *84–86, 272*
    Ms. germ. oct. 30 *180*
    Ms. germ. oct. 53 *146*
    Ms. germ. oct. 65 *173, 195*
    Ms. germ. oct. 69 *347*
    Ms. germ. oct. 501 *172, 195f.*
    Ms. germ. oct. 700 *308*

Bern, Burgerbibliothek
    Cod. 801 *274*
    Cod. A 53 *451, 456*

Bloomington, Lilly Library, University of Indiana
    MS Ricketts 198 *149, 462*

Braunau (Broumov), ehem. Privatbibliothek Eduard Langer
    Ms. 458 *194*
    Ms. 467 *301*

Breslau, Biblioteka Uniwersytecka
  Ms. IV F 194a   *395, 403f., 451*

Budapest, Eötvös Lóránd Tudományegyetem, Egyetemi Könyvtár (UB)
  Cod. lat. 33   *277, 287*

Budapest, Országos Széchényi Könyvtár (Széchényi-Nationalbibliothek)
  Cod. germ. 6   *277f.*

Cividale, Museo Archeologico Nazionale
  Ms. CXXXVII   *138*

Coburg, Landesbibliothek
  Ms. Sche. 16   *190*

Colmar, Archives municipales de Colmar
  Fonds de l'Hôpital Civil B1   *167*

Colmar, Archives départementales du Haut-Rhin
  7 J 19   *110*

Colmar, Bibliothèque Consistoriale Protestante de Colmar
  Ms. 279   *161–163, 165f., 168, 170–173, 176f., 179–182, 184, 187–198, 208–210*
  Ms. 280   *161, 163f., 168, 183, 198f., 206, 209*
  Ms. 282   *161*
  Ms. 321   *162f., 170, 199–201, 209, 211*
  Ms. 1935   *161*
  Ms. 1937   *161*
  Ms. 1938   *161*
  Ms. 1939   *161*
  Ms. 1941/43   *161*
  Ms. 1945   *163, 165f., 201, 207, 209, 212*
  Ms. 1947   *161, 163, 166, 202, 209, 213*
  Ms. 1949   *161*
  Ms. 1950   *162*
  Ms. 1951   *161*
  Ms. 1952   *162*
  Ms. 2137   *161, 163, 166, 170, 182, 203–205, 209, 214*

Colmar, Bibliothèque municipale
  Ms. 261   *162, 183*
  Ms. 263   *171, 184*
  Ms. 269   *171, 191*
  Ms. 271   *162*

Ms. 308   *333*
Ms. 331   *129*
Ms. 343   *183*

Darmstadt, Hessische LB
  Cod. 2777   *122*

Einsiedeln, Stiftsbibliothek
  Cod. 277 (1014)   *87, 185*
  Cod. 278 (1040)   *185*
  Cod. 470 (906)   *403, 451, 463f.*
  Cod. 632 (615)   *341*

Engelberg, Stiftsbibliothek
  Cod. 6   *240f., 243, 254´, 332*
  Cod. 26   *245, 255, 259*
  Cod. 72   *239, 244, 247f., 250, 253*
  Cod. 85   *239*
  Cod. 97   *239*
  Cod. 109   *240, 255*
  Cod. 114   *239*
  Cod. 124   *239, 250f.*
  Cod. 125   *239, 253f., 342f.*
  Cod. 140   *258*
  Cod. 141   *239, 251, 255f., 331, 335–342, 370*
  Cod. 152   *239*
  Cod. 153   *239, 251, 333*
  Cod. 155   *239, 258f.*
  Cod. 159   *239*
  Cod. 239   *239, 242*
  Cod. 240   *239*
  Cod. 241   *239, 248*
  Cod. 242   *239*
  Cod. 243   *239, 256, 259, 342*
  Cod. 301   *239*
  Cod. 302   *239, 251, 257*
  Cod. 303   *239*
  Cod. 314   *255*
  Cod. 334   *239*
  Cod. 335   *239f., 251*
  Cod. 336   *239f., 251, 255, 255*
  Cod. 337   *239f., 251*
  Cod. 338   *239, 249*
  Cod. 339   *239, 256*
  Cod. 340   *254*
  Cod. 341   *239*
  Cod. 386   *239*
  Cod. 413   *239f.*

Frauenfeld, Thurgauische Kantonsbibliothek
Ms. Y,34 *303*

Freiburg i. Br., Universitätsbibliothek
Hs. 79 *171*
Hs. 192 *58*
Hs. 335 *257*
Hs. 464 *16, 18, 192*
Hs. 1500,8 (olim: Berliner Privatbesitz, Ms. Leuchte) *399*
Hs. 1500,14 (olim: Berliner Privatbesitz, Ms. Leuchte XIV) *276–279, 284*

Freiburg i. Br., Augustinermuseum
Inv. Nr. 11739 *142, 151*

Freiburg/Schweiz, Franziskanerkloster
Cod. 17 *263f., 267, 292*

Genf-Cologny, Bibliotheca Bodmeriana
Cod. Bodmer 59 *301–325*

Göttingen, Staats- und Universitätsbibliothek
8° Cod. Ms. theol. 295 *279*

Graz, Zentralbibliothek der Wiener Franziskanerprovinz
A 67/24 *190*

Hamburg, Staats- und Univesitätsbibliothek
Cod. theol. 2009c (olim: Braunau, Privatbibliothek Eduard Langer, Ms. 459) *179, 182, 195, 197*

Heidelberg, Sammlung Eis
Hs. 106 (olim: Braunau, Dr. Eduard Langersche Bibliothek, Ms. 702) *312f.*
Hs. 113 (olim: Braunau, Dr. Eduard Langersche Bibliothek, Ms. 374) *314f.*
Hs. 117 (olim: Braunau, Dr. Eduard Langersche Bibliothek, Ms. 704) *312*
Hs. 131 (olim: Braunau, Dr. Eduard Langersche Bibliothek, Ms. 703) *312*

Heidelberg, Universitätsbibliothek
Cpg 24 *16*
Cpg 69 *171, 200*
Cpg 537 *171, 204*
Cod. Sal. VIII 77 *172*
Heid. Handschrift 64 (olim: Handschrift 359) *193*

Hohenfurt (Vyšší Brod), Stiftsbilbliothek
Cod. 1 VB LXII *200*

Innsbruck, Tiroler Landesmuseum Ferdinandeum
Cod. FB 1519/VI *50*

Innsbruck, Universitätsbibliothek
Cod. 712 *200*

Karlsruhe, Badische Landesbibliothek
Cod. Donaueschingen 115 *173, 175, 195*
Cod. Donaueschingen 206 *264*
Cod. Donaueschingen 437 *142f., 152f.*
Cod. K 1004 *101*
Cod. K 1606 *101*
Cod. Lichtenthal 140 *200*
Cod. Lichtenthal 70 *147f., 156*
Cod. St. Blasien 76 *179–181, 196f.*
Cod. St. Georgen Perg. 35 *50*
Cod. St. Georgen 36 *16f.*
Cod. St. Georgen 37 *16, 18f., 35*
Cod. St. Georgen 38 *16*
Cod. St. Peter pap. 4 *146*
Cod. St. Peter pap. 16 *403*
Cod. St. Peter pap. 46 *273*
Cod. St. Peter pap. 47 *273*
Cod. St. Peter pap. 80 *273*
Cod. St. Peter perg. 80 *273*
Cod. St. Peter perg. 82 *123*
Cod. St. Peter perg. 85 *194*
Cod. Thennenbach 4 *143, 146, 149, 155*

Karlsruhe, Generallandesarchiv
Hs. 65/435 *112*
Hs. 66/1162–1165 *112*

Kassel, Universitätsbibliothek und Murhardsche Bibliothek der Stadt Kassel
4° Ms. theol. 111 *276, 278, 283*
4° Ms. Hass. 3 *188*

Köln, Historisches Archiv
Best. 7004 (GB 4°) 192 *122*
Best. 7020 W 4° 24* *386*

Königsberg, Staats- und Universitätsbibliothek
Hs. 2914 [verschollen] *192*

Leipzig, Universitätsbibliothek
   Ms. 688 *266*

Leipzig, Deutsche Nationalbibliothek, Deutsches Buch- und Schriftmuseum
   Klemm Sammlung I, 104 *143, 154*

London, British Library
   Add. Ms. 15686 *143, 149*
   Add. Ms. 15710 *144*
   Add. Ms. 22279 *239*
   Add. Ms. 22280 *239*
   Arundel Ms. 44 *138*

Luzern, Zentral- und Hochschulbibliothek
   P.Msc. 4/4° *109*

Mailand, Archivo Storico Civico e Biblioteca Trivulziana
   Cod. 2139 *122*

Manchester, John Rylands University Library
   Ms. lat. 95 *259*

Melk, Stiftsbibliothek
   Cod. 982 (alt 348; G8) *190*
   Cod. 1920 (alt 1634) *403, 451, 463–465*

Mons, Bibliothèque de l'Université de Mons-Hainaut
   Ms. 331/206 *7*

Moskau, Rossijskaja gosudarstvennaja biblioteka
   Fond 68, Nr. 446 (In. 1310) *275*

München, BSB
   Cgm 157 *263–300*
   Cgm 257 *102*
   Cgm 267 *190*
   Cgm 354 *190, 192*
   Cgm 419 *403*
   Cgm 461 *190*
   Cgm 468 *190*
   Cgm 531 *174f., 176, 182, 196–198*
   Cgm 605 *190*
   Cgm 717 *450*
   Cgm 784 *190*
   Cgm 5067 *16, 190*
   Cgm 5140 *195*
   Cgm 5267 *254, 256, 259, 342*
   Cgm 6247 *15*
   Cgm 8120 *403*
   Clm 692 *150*
   Clm 28180 *122*
   Einblatt III, 52f *143*

New York, Columbia University Library
   X242.1.S *276*

Nürnberg, Germanisches Nationalmuseum
   Hs. 16567 *179*

Nürnberg, Stadtbibliothek
   Cod. Cent. IV, 40 *313*
   Cod. Cent. V, 10a *395, 403, 457*
   Cod. Cent. VI, 59 *170, 188f., 204*
   Cod. Cent. VI, 61 *190*
   Cod. Cent. VI, 100 *190*
   Cod. Cent. VII, 35 *170, 203*
   Cod. Cent. VII, 40 *200*
   Cod. Cent. VII, 88 *170, 200*

Oxford, Bodleian Library
   Ms. Laud Misc. 237 *246*
   Ms. Laud Misc. 278 *333*
   Ms. Laud Misc. 479 *374*

Paris, Bibliothèque national de la France
   Ms. fr. 122 *6*
   Ms. fr. 12576 *7*
   Ms. n. a. fr. 6614 *7*

Paris, Bibliothèque Mazarine
   Cod. 920 *89*

Parma, Biblioteca Palatina
   Mss. Parm. 854–855 *276, 287*
   Mss. Parm. 1254–1255 *274, 287*

Pavia, Biblioteca universitaria
   Ms. Aldini 155 *307*

Perugia, Biblioteca Augusta di Perugia
   Ms E 27 [Cod. 280] *122*

Pommersfelden, Gräflich-Schönbornsche Bibliothek
   Cod. 120 *174*

Prag, Nationalbibliothek
   Cod. XVI.G.19 *205*

Reading, University Library
 MS. 137 (olim: Braunau,
 Dr. Eduard Langersche Bibliothek,
 Cod. 466) *309*

Rom, Città del Vaticano, Biblioteca
 Apostolica Vaticana
 Cod. Vat. lat. 10770 *332*

Salzburg, Universitätsbibliothek
 Cod. M I 476
 (olim: V3 H 148) *308, 400*

Sarnen, Benediktinerkollegium
 Cod. membr. 30 *331, 333*
 Cod. membr. 53 *331f.*

Scheyern, Bibliothek des Benediktinerstiftes
 Ms. 48 *184, 199*

Sélestat, Bibliothèque Humaniste
 Ms. 69 *143*

Solothurn, Zentralbibliothek
 Cod. S 451 *204, 327–335, 364–369*

St. Gallen, Stiftsbibliothek
 Cod. 963 *197*
 Cod. 966 *173f., 192, 195*
 Cod. 1004 *176, 202*
 Cod. 1033 *175*
 Cod. 1866 *190, 191*
 Cod. 1876 *176*
 Cod. 1878 *175f.*
 Cod. 1909 *333*
 Cod. 1911 *176*
 Cod. 1919 *176*
 Cod. 1921 *176*

St. Paul im Lavanttal, Archiv der
 Benediktinerabtei
 MS 2/2 (olim: MS 25/1,16) *142f., 145*

Straßburg, Archives départementales du
 Bas-Rhin
 Cod. H 2975 *280f.*
 II, 9/2 *281*

Straßburg, Bibliothèque des Musées de
 Strasbourg
 LA.8–175 *276*

Straßburg, Bibliothèque du Grand Séminaire
 Ms. 35 (olim: 179) *277, 279*
 Ms. 755 (olim 30) *146*
 Augustinusregel, dt. (olim 85)
 [verschollen] *277*

Straßburg, Bibliothèque Nationale et
Universitaire
 Cod. 306 (lat. 254) *274*
 Cod. 3590 *277*
 Cod. 3591 *278*
 Cod. 3592 *278*

Stuttgart, Hauptstaatsarchiv
 A 303 Bd. 1327 *102*
 A 303 Bd. 1328 *102*
 A 303 Bd. 1331 *102*
 A 474 Bü 1 *103*
 A 474 Bü 37 *102*
 H 102/31 *110*
 H 102/8 Bd. 1 *106*
 H 102/8 Bd. 2 *103*
 H 102/8 Bd. 3 *117*
 H 222 Bd. 169 *107*
 H 232 Bd. 140 *106*
 H 235 Nr. 22 *107*
 J 1 Bd. 206 *111*
 J 522 A 264 *103*
 J 522 A 723 *103, 123, 126*
 J 522 B II Nr. 174 *102*
 J 522 B IV Nr. 49 *102*
 J 522 B IV Nr. 65 *102*
 J 522 B IV Nr. 150 *102*

Stuttgart, Württembergische
Landesbibliothek
 HB I, 147 *101*
 HB II 24 *138*
 Cod. bibl. 2° 56–58 *136*
 Cod. brev. 88 *194*
 Cod. theol. et phil. 8° 27 *19*
 Cod. theol. et phil. 8° 144 *50*

Thorn (Toruń), Biblioteka Uniwersytecka
 Rps 7/II (früher Königsberg, Staats- und
 Universitätsbibliothek, Hs. 905) *192*

Tübingen, Universitätsbibliothek
    Hs. Mh 953 *101*
    Hs. Md 456 *9, 462*

Utrecht, Universiteitsbibliotheek
    Cod. 9 B 8 *314*

Wien, ÖNB
    Cod. 2739 *345*
    Cod. 2837 *314–316*

Wil, Klosterarchiv St. Katharina
    M 42 *176*
    M 47 *176*

Würzburg, Franziskanerkloster
    Hs. I 110 *94*

Zürich, Staatsarchiv des Kantons Zürich
    C II 13, Nr. 365 *336*
    C IV 6, Schachtel 5 *339*

Zürich, Stadtarchiv
    III.F. 87 *332*

Zürich, Zentralbibliothek
    Cod. A 131 *176*
    Cod. C 10f *257*
    Cod. C 38 *264, 288, 292*
    Cod. C 52 *283*
    Cod. C 79c *50*
    Cod. C 96 *308, 311*
    Cod. C 143 *331, 343, 364, 371*
    Cod. C 172 *334*
    Cod. Rh. 145c *334, 334*
    Cod. Rh. 158b *283*
    Cod. Rh. 159 *396, 403, 458*